일본어의 오용 평가

韓国人日本語学習者の誤りについての評価の研究

조남성 저

보고사

まえがき

　本書は、学位論文(博士)の「韓国人日本語学習者の誤りについての評価の研究」を加筆・修正したもので、韓国人日本語学習者によく見られる誤りについての日本語母語話者の評価を調べた。即ち、書面で伝える場合の送り手に対する受け手の反応を分析したもので、言語伝達においての誤りの重みを探っている。すべての誤りは同等でなくて、重みが違うため、伝達重視の授業では、意思の伝達を大きく妨げる誤りを優先的に訂正する必要がある。

　外国語学習における重要な目標の一つは、文化の相互理解及び伝達である。お互いの文化についての関心と理解が言語伝達を円滑するのに影響する。そして、誤りの重みの評定は、学習者の国の文化(キムチのこと)の理解度によって違ってくるのではないかと考えられる。勿論、日本語母語話者の属性(年齢, 性別, 職業, 学力等)によって、その評定は違う。

　外国語学習においての誤りは、学習者がよりよい言語規則を習おうとする際にやむをえず発生するものである。そのため誤りについての評価の研究は、学習者が犯した誤りを否定的に見ているのではなく、積極的な意思の伝達を助けるために、最小限の重大な誤りを訂正し、指導するのが主な目的なのである。

　学位を取得してから約10年が経った。遅ればせながら韓国人日本語学習者に少しでも役立てばという思いで出版を決心した。ご指導くださった大坪一夫先生に改めて感謝申し上げたい。そして寶庫社の出版関係者にも心より感謝申し上げる。

2008年 7月

趙 南星

서문

   이 책은 학위(박사) 논문 '한국인 일본어 학습자의 오용에 대한 평가 연구'를 수정·가필한 것으로, 한국인 일본어 학습자에게 잘 나타나는 오용에 대한 일본어 모어화자의 평가를 조사했다. 즉 서면으로 전달하는 경우, 전달자에 대한 수신자의 반응을 분석한 것으로, 언어 전달에서 오용의 중대성을 찾고 있다. 모든 오용은 동등하지 않고 중대성이 다르므로, 전달 중시의 수업에서는 의사 전달을 크게 방해하는 오용을 우선적으로 정정할 필요가 있다.

   외국어 학습의 중요한 목표의 하나는 문화의 상호 이해 및 전달이다. 서로의 문화에 대한 관심과 이해가 언어 전달을 원활하게 하는 데 영향을 준다. 그리고 오용의 중대성 판단은 학습자 나라의 문화(김치에 대해서)에 대한 이해도에 따라서 달라지는 것은 아닌가 생각한다. 물론 일본어 모어화자의 속성(연령, 성별, 직업, 학력 등)에 따라서도 판단은 달라진다.

   외국어 학습에서 보다 좋은 언어 규칙을 배우려고 한다면 오용의 발생은 불가피하다. 오용 평가의 연구는 학습자가 오용을 범한 것을 부정적으로 보고 있지 않다. 적극적인 의사 전달을 돕기 위해서 최소한의 중대한 오용을 우선적으로 정정하고 지도하는 것이 목적이다.

   학위 취득 후 10여 년의 시간이 흘렀다. 다소 늦었지만 한국인 일본어 학습자에게 조금이나마 도움이 되었으면 하는 마음에서 출판을 결심하게 되었다. 지도해 주신 오쯔보 가즈오 교수님에게 새삼 감사의 말씀을 드린다. 그리고 보고사 관계자 여러분에게도 감사드린다.

目次

第1章 序論 ······· 11

第2章 誤りの評価に関する研究の現況と本研究の目的 ······ 15

  2.1 誤りの分析と誤りの評価 ······· 15

  2.2 誤りの評価 ······· 16

    2.2.1 誤りの判定 ······· 17

    2.2.2 誤りの種類 ······· 17

    2.2.3 誤りの評価の基準 ······· 18

    2.2.4 誤りの評価者 ······· 22

  2.3 日本語教育における誤りの分析と誤りの評価 ······· 24

  2.4 本研究の目的 ······· 25

  2.5 本論文の構成 ······· 28

第3章 韓国人日本語学習者の誤りについての調査 ······· 31

  3.1 調査の目的 ······· 31

  3.2 調査の範囲と方法 ······· 31

    3.2.1 調査用紙 ······· 31

    3.2.2 誤りの調査の方法 ······· 32

  3.3 インフォーマント(韓国人日本語学習者) ······· 32

  3.4 調査の状況 ······· 33

  3.5 調査に用いた誤り ······· 34

  3.6 調査の文章 ······· 47

3.7　調査の結果 ……………………………………………………… 48

　3.7.1　学習レベル別の答えの種類 ……………………………… 48

　3.7.2　問題別最も頻度の高い、誤りの原因と種類 …………… 74

　3.7.3　評価の材料の回答数 ……………………………………… 79

3.8　まとめ …………………………………………………………… 81

第4章　本研究の方法 ……………………………………………… 83

4.1　本研究の範囲と方法 …………………………………………… 83

　4.1.1　調査用紙の構成 …………………………………………… 83

　4.1.2　誤りの重要度についての調査の方法 …………………… 85

　4.1.3　統計的な評価の方法 ……………………………………… 86

4.2　インフォーマント(日本語母語話者) ………………………… 87

4.3　調査の状況 ……………………………………………………… 92

4.4　調査の文章 ……………………………………………………… 92

第5章　誤りの全体的な評価 ……………………………………… 93

5.1　誤りの重要度—全体的な分析— ……………………………… 93

　5.1.1　誤りの重要度の概念に対するインフォーマントの態度 ……… 93

　5.1.2　尺度値の使用率 …………………………………………… 94

　5.1.3　誤り全体の重要度 ………………………………………… 94

　5.1.4　誤りの84問題の重要度 …………………………………… 96

5.2　誤りの重要度—原因・領域別の分析— ……………………… 103

　5.2.1　原因別の誤り ……………………………………………… 103

　5.2.2　領域別の誤り ……………………………………………… 104

　5.2.3　49種類別の誤り …………………………………………… 107

5.3　誤りの重要度—性別・年齢別の分析— ……………………… 112

　5.3.1　性別 ………………………………………………………… 112

　5.3.2　年齢別 ……………………………………………………… 112

5.4　誤りの重要度—社会的要因別の分析— ……………………… 114

　5.4.1　話せる方言 ………………………………………………… 114

　5.4.2　職業別 ……………………………………………………… 115

　5.4.3　学歴別 ……………………………………………………… 117

5.4.4 韓国語の学習歴の有無 ……………………………………… 118

5.4.5 韓国語の学習歴の程度 ……………………………………… 118

5.4.6 外国人との対話の経験の有無 ………………………… 119

5.4.7 外国人との対話の経験の程度 ………………………… 120

5.4.8 外国人の日本語の誤文を読んだ経験の有無 ……… 120

5.4.9 外国人の日本語の誤文を読んだ経験の程度 ……… 121

5.4.10 話せる外国語の有無 ………………………………… 122

5.4.11 韓国語を話す能力の有無 …………………………… 122

5.4.12 外国に住んだ経験の有無 …………………………… 123

5.5 誤りの重要度—韓国文化の理解度による分析— …………… 123

5.5.1 韓国のキムチについての知識 ………………………… 123

5.5.2 韓国に対する関心 ……………………………………… 124

5.5.3 韓国についての知識 …………………………………… 125

5.6 まとめ ……………………………………………………………… 125

第6章 誤りの原因別の評価 ………………………………………… 131

6.1 誤りの原因別の重要度—性別・年齢別の分析— …………… 131

6.1.1 性別 ………………………………………………………… 131

6.1.2 年齢別 ……………………………………………………… 132

6.2 誤りの原因別の重要度—社会的要因別の分析— …………… 133

6.2.1 職業別 ……………………………………………………… 133

6.2.2 学歴別 ……………………………………………………… 134

6.2.3 韓国語の学習歴の有無 ………………………………… 135

6.2.4 外国人との対話の経験の有無 ………………………… 135

6.2.5 外国人との対話の経験の程度 ………………………… 136

6.2.6 外国人の日本語の誤文を読んだ経験の有無 ……… 137

6.2.7 外国人の日本語の誤文を読んだ経験の程度 ……… 138

6.2.8 話せる外国語の有無 …………………………………… 139

6.2.9 外国に住んだ経験の有無 ……………………………… 139

6.3 誤りの原因別の重要度—韓国文化の理解度による分析— … 140

6.3.1 韓国のキムチについての知識 ………………………… 140

6.3.2 韓国に対する関心 ……………………………………… 141

6.3.3 韓国についての知識 …………………………………… 142

6.4 まとめ ……………………………………………………………… 143

第7章　誤りの領域別の評価　147

7.1　誤りの領域別の重要度—性別・年齢別の分析—　147
7.1.1　性別　147
7.1.2　年齢別　148

7.2　誤りの領域別の重要度—社会的要因別の分析—　149
7.2.1　職業別　149
7.2.2　学歴別　150
7.2.3　韓国語の学習歴の有無　151
7.2.4　外国人との対話の経験の有無　152
7.2.5　外国人との対話の経験の程度　153
7.2.6　外国人の日本語の誤文を読んだ経験の有無　154
7.2.7　外国人の日本語の誤文を読んだ経験の程度　155
7.2.8　話せる外国語の有無　156
7.2.9　外国に住んだ経験の有無　157

7.3　誤りの領域別の重要度—韓国文化の理解度による分析—　158
7.3.1　韓国のキムチについての知識　158
7.3.2　韓国に対する関心　159
7.3.3　韓国についての知識　160

7.4　まとめ　161

第8章　誤りの訂正の分析　165

8.1　誤りの訂正に対する全体的な分析　165
8.1.1　誤りの訂正の内訳　165
8.1.2　誤りの訂正の数　166

8.2　各問題の誤りの訂正の種類と重要度　168

8.3　日本語母語話者の要因による、各問題の誤りに対する訂正の種類別の人数　188

8.4　まとめ　197

第9章　性別・年齢による誤りの評価　199
—誤りの49種類別の分析—

9.1　語彙論的な誤り　199

9.1.1 品詞の取り違え …… 199

9.1.2 動詞 …… 201

9.1.3 補助動詞 …… 203

9.1.4 慣用的な動詞句 …… 205

9.1.5 形容詞 …… 207

9.1.6 ダ …… 209

9.1.7 名詞 …… 211

9.1.8 副詞 …… 215

9.1.9 連体詞 …… 217

9.1.10 コソア …… 219

9.1.11 不定語 …… 220

9.1.12 数量詞 …… 223

9.1.13 接続詞 …… 224

9.1.14 熟語 …… 226

9.2 形態論的な誤り …… 228

9.3 シンタクス・意味論的な誤り …… 230

9.3.1 補語 …… 230

9.3.2 ヴォイス …… 245

9.3.3 テンス・アスペクト …… 257

9.3.4 接続 …… 260

9.3.5 モダリティ …… 278

9.3.6 表現 …… 290

9.4 まとめ …… 292

第10章 社会的要因別の誤りの評価 …… 297

10.1 職業別 …… 297

10.2 学歴別 …… 302

10.3 韓国語の学習歴の有無 …… 306

10.4 外国人との対話の経験の有無 …… 310

10.5 外国人との対話の経験の程度 …… 314

10.6 外国人の日本語の誤文を読んだ経験の有無 …… 317

10.7 外国人の日本語の誤文を読んだ経験の程度 …… 321

10.8 話せる外国語の有無 …… 324

10.9　外国に住んだ経験の有無 …………………………………… 327

10.10　まとめ ……………………………………………………… 331

第11章　韓国文化の理解度による誤りの評価 ………………… 333

11.1　韓国のキムチについての知識 ……………………………… 333

11.2　韓国に対する関心 …………………………………………… 336

11.3　韓国についての知識 ………………………………………… 340

11.4　まとめ ………………………………………………………… 342

第12章　結論 …………………………………………………… 345

12.1　本研究の結果の要約 ………………………………………… 345

12.2　本研究の意義と日本語教育への応用 ……………………… 352

12.3　今後の研究課題 ……………………………………………… 356

注 …………………………………………………………………… 358

参考文献 …………………………………………………………… 366

付録 ………………………………………………………………… 370

　1.　韓国人日本語学習者に対する調査用紙 …………………… 370

　2.　「日本語学習者の誤り」に関する調査用紙 ………………… 377

　3.　インフォーマントの日本語母語話者の内訳 ……………… 387

　4.　各問題の誤りを評価する際の、尺度値の使用率 ………… 391

　5.　誤りの重要度の順位 ………………………………………… 398

　6.　誤りの重要度とその順位 …………………………………… 405

　7.　誤りの重要度 ………………………………………………… 424

　8.　日本語母語話者の要因による、
　　　各問題の誤りに対する訂正の種類別の人数 ……………… 461

第1章　序論

　現在、言語学習の重要な目標として、コミュニケーションが強調されており、外国語学習の初期の段階から重視されている。そしてこの場合には正確な文法より意味の伝達が優先されている。たとえば、コミュニケーションを教えるというコンテクストでは、言語教材が提示されたあとで、何が教えられているのかを学習者が理解しているかどうか、確認するための質問がなされる。その質問に対しては、文法的に正確であるか否かという点ではなく、質問の内容(意図)を学習者が理解したかどうかが判定基準として重要とされる。

　コミュニケーションを重視する外国語学習においては、まだ十分に習得していないことをしようとして犯した誤りは、本当の誤りではないと考える。自分ではまだどのように言ってよいのか自信のないものを何とか表現してみようと試みることは、外国語を習得する際の重要な特徴をなしている。習得しようとする外国語をあらゆる場面で完全に正確に流暢に使いこなせる段階まで到達する人はまれだからである。

　そして、外国語学習において誤りは、学習者がよりよい規則を習得しようとすればやむをえないものである。誤りを犯すことは学習者が学習するために用いる1つの手段であるとみなすことができるからである。言い換えれば、それは、学習者が学習している言葉の特性について自己の仮説を試す際に用いる方法のひとつである。しかし、誤りが円滑なコミュニケーションを阻害することは確かである。さらに、同じ誤りでもコミュニケーションの相手(受け手)の要因によっては、理解できなかったり、不快感を与えたり、不自然なものとして受け取れられたりし、コミュニケーションを妨げる度合いに差が出てくる。それは誤りの特性、すなわち誤りの領域・原因とも関係があると考えられる。誤りの領域としては意味上の語彙論的な誤り、文法上の形態論的な誤り、シンタクス・意味論的な誤りなどがある。誤りの原因としては、学習者の母語からの干渉によるものと学習者の目標言語内の問題によるものとがある。さらに、学習者の母国の文化に関わる内容を伝達しようとしているのかなどによっても違ってくるであろう。

　一方、外国語(日本語)教師は学習者の意欲をそがないように誤りを訂正する必要がある。誤りが起こればその重要度を判定して、許されざる誤りを選んで優先的に訂正することが要求される。我々が誤りの重要度を決定するときには、まず学習目標を考えなければならない。もし学習目標が絶対的な言語的正確さの達成にあるのならば、誤りはすべて重要であり、同一の尺度(scale)で評価すべきである。しかし、もし学習目標がコミュニカティブな成功(success)にあるのならば、我々は違った評価の尺度を用意しなければならない。つまり学習目標が違えば、評価の尺度も変えなければならないということである。

　本研究では、コミュニカティブな成功が外国語教授の主要な目標の一つであると仮定する。この学習目標において、客観的な誤りの評価の基準が必要である。それは、言語学者あるいは外国語教師ではなく、メッセージの受け手側(目標言語母語話者)の、言語的直観による判定をもとにした基準であると考えられるが、その基準はまだ設けられていない。特に、コミュニケーション上の効果(effect)すなわち文章内の誤りに対する理解度、不快度、自然度などを考えた誤りの重要度(error gravity)を調べる試みは、日本語教育においては本格的になされていない。これまでの研究は主に送り手の表現からの誤りを研究の対象としており、コミュニケーション上の受け手の見地からの分析が欠けている。また、誤りの評価(error evaluation)についても、評価者である日本語母語話者は主に少人数の大学生と日本語教師などで、日本語母語話者の多様な要因(性別、年齢別、職業別、学歴別、韓国語の学習歴の有無、外国人との対話の経験の有無及び程度、外国人の日本語の誤文を読んだ経験の有無及び程度、話せる外国語の有無、外国に住んだ経験の有無など)、学習者の母国の文化の理解度による評価までは考慮されていない。

　本研究での、コミュニケーション上の効果から見た誤りについての重要度すなわち誤りの評価は、従来のような学習者の誤り自体の分析(誤りの種類、原因、頻度)によっては知りえない、実際的な伝達重視の言語教授上においての、誤りの訂正などに役立つであるう。また、具体的なコース・デザインや教材作成、矯正プログラム、テスト法開発、教授法などに応用することができる。そして、評価をもとにした誤りのランクづけの試みは、たとえば誤りを訂正する際にどれを優先するかを決定するなど、誤りの分析の実践的応用の側面に資するところが大きいと考えられる。誤りの分析に関する研究と、実際の言語教育とを直接結びつけるのにも役立つと思われる。

第2章 誤りの評価に関する研究の
現況と本研究の目的

　本章では、誤りの評価に関する先行研究について、誤りの分析と誤りの評価との関係、そして誤りの評価においての誤りの判定・種類・評価の基準・評価者などを概観し、日本語教育における誤りの分析と誤りの評価について考察する。

2.1　誤りの分析と誤りの評価

　誤りの分析はCorder(1967)の論文「The Significance of Learners' Errors」をはじめとして、主に第2言語学習の普遍性を追求してきた。すなわち学習者の学習程度及び過程を明らかにする手段として使われた。これは学習上の多くの欠陥を明らかにするもので、その結果を応用して何を、どこで強調するかを決定するには至らなかった。誤りの評価はあまり関心を持たれなかったのである。

　しかしJohansson(1975:17)は誤りの評価を誤りの分析の中に位置づけることを試みた(→図2-1)。誤りの分析から得られた情報が言語教育において意味あるものになるためには、その情報の評価は不可欠である。図2-1からわかるように、誤りの重要順位決定(priority ranking)は、頻度と重要度の二つの観点から行われることが示されている。前者は学習困難点を量的に把握しようとするもので、誤りのない正確な外国語を使える能力を至善とする考えに立っている。しかし、後者は誤りに対する許容度(tolerance)、つまり母語話者にどれくらい理解されうるかという考

えに立っている。そして、誤りの評価をもとにした誤りのランクづけの試みは、た
とえば誤りを訂正する際にどれを優先するかを決定するなど、誤りの分析の実践
的応用の側面に資するところが大きいと考えられる。そして最終段階として、言
語コース、教材、矯正コース、テスト法が位置づけられている。それ以来、誤りの
評価は誤りについての重要度の研究として本格的に考えられるようになった。

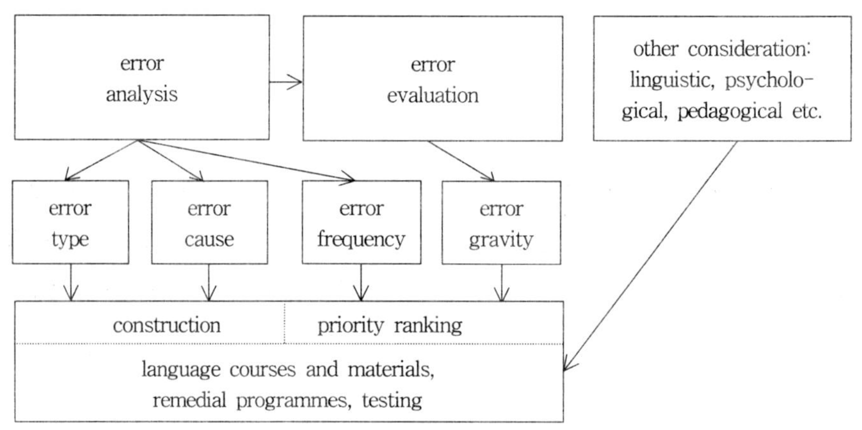

図2-1　誤りの分析と誤りの評価(Johansson, 1975)

2.2　誤りの評価

　従来の誤りの分析は、誤りの類型、原因、頻度を調べることが主であり、コ
ミュニケーションの事象の一面しかとらえていなかった。すなわち、送り手(学習
者)の表現だけの分析で、受け手(目標言語母語話者)の知覚(perception)にはあまり関
心が持たれなかった。

　しかし、最近、外国語教育でコミュニケーションが重視されるようになり、受
け手の知覚にも関心が持たれるようになった。誤りの評価は、主に学習者の目標
言語によるコミュニケーションがうまくできるかどうかを明らかにするために、学
習者の言語表現(犯された誤り自体の分析)よりは、その表現に対する目標言語母語
話者の反応に焦点を合わせている。したがって誤りの評価すなわち誤りの重要度

の評定は、学習者の目標言語母語話者の直観による。またその評定の基準はコミュニケーションの成功(success)であろう。

2.2.1　誤りの判定

文法(学校文法)は言語運用(performance)を十分には考慮に入れていないので、現実の社会で用いられている言語の誤りの判定基準とは、かなり隔たりがある。現実には使われないような発話や文が正しいと認められたり、反対に、理解度(comprehensibility)のかなり高い発話や文も文法違反で、逸脱と認定されることが少なくない。しかし実際には母語で話すときには文法規範に合致しなくても、十分理解され、正しい言語運用と容認されたり、他方、文法に合致しているはずの発話も、場面との関連で理解困難とか、相手に苛立ちを感じさせて、真意が伝わらないこともしばしば経験される。

したがって、実際の言語運用上の誤りの判定には、文法性(grammaticality)とは別の次元の、具体的な場面を考慮に入れた理解度や、適切さすなわち自然なものとして受け入れられるかの自然度(naturalness)、ひいては相手の感情や印象に及ぼす影響をも考慮した不快度(irritability)が必要であろう。

2.2.2　誤りの種類

コミュニカティブアプローチ(communicative approach)では、学習目標がコミュニカティブな成功にあって、誤りの評価に対する基準としてよく認知度(intelligibility)が採用されてきた。そして、これを基準として誤りがどのくらいコミュニケーションを妨げるかを調べる際、誤りの種類も影響することがわかった。多くの研究者、Nickel(1973)、Olson(1973)、Johansson(1978)、Guntermann(1978)などは、一般に文法的な誤りより語彙的な(意味上の)誤りがコミュニケーションを妨げると言っている。

Johansson(1978:109)も、理解の度合いは誤りの種類(type)によって異なるが、語彙的な誤りはほとんどの場合理解の度合いに影響を与え、一方で文法的な誤りは限られた場合にのみ影響すると言っている。

Chastain(1981)は、理解の妨げとなるのは、主に語の使用に関する誤りで、理解はできるが容認できないものの多くは語形式上の誤りであるという。

Khalil(1985)は意味的な誤りが文法的な誤りより理解しにくいと言っている。しかし、誤りの種類は自然度の評価には影響を与えないと報告している。

以上の先行研究からみると、理解度の評価には言語的な誤りの種類が影響していると思われる。Hughes and Lascaratou(1982:180)も言っているように、言語的な誤りのカテゴリーは、ある誤りがコミュニケーションに影響しているかどうかの正確な予測を提供してくれるであろう。

一方、不快度はほとんどの場合文法上の誤りに影響され、語彙の面は文体上の誤りに限られていると、Johansson(1973:109)は言っている。しかし、これは具体的な調査の結果でもなく、その他の本格的な研究もあまり見られない。不快度と自然度の評定の場合、誤りの種類が影響するかどうかについては、これからの研究を待たなければならない。

また、コミュニカティブな成功を考えた誤りの分類としては、学習者の母語干渉と非母語干渉(目標言語内)の誤りが予想される。前者は目標言語話者(受け手)にあまりなじみがない(目標言語話者が普段使っていない)表現なので、後者よりメッセージの理解を妨げると思われる。

Vann, Meyer, and Lorenz(1984)は、母語話者の犯さないような誤りが、容認度の観点から厳しく評価されたという。これについては、まだ本格的な研究がなされていないが、本論ではこれについても調べたいと思う。すなわち、学習者の母語の干渉による誤りかどうかが、理解度、不快度、自然度についての評価に影響を与えるかどうかを問題としてとりあげる。

2.2.3　誤りの評価の基準

コミュニケーションにおける誤りの評価の基準(criteria)としては、一般に理解度、認知度、自然度、容認度(acceptability)、不快度などが挙げられる。しかし、認知度(あるメッセージが理解できる能力)は理解度とほぼ同じ概念として使われ、また認知度は自然度とほぼ同じ概念として、文法性とともに発話の自然さ判別テストでよく使われてきた。以下、コミュニケーション上の効率を考えた、総体的な誤りの評価ができる基準として理解度、不快度、自然度について述べたい。

2.2.3.1　理解度

　伝達効果の度合いによる誤りの分類を行なった最初の研究は、Burt and Kiparsky(1972)、Burt(1975)である。Burt and Kiparskyは世界中の英語学習者の(統語上の)誤りを集め、英語母語話者に(誤りのある)文の相対的な理解度を評定してもらい、局部的誤り(local error)と全体的誤り(global error)に分類した。後者は文全体に影響を及ぼし、意思の伝達を大きく妨げるもので、前者はある文の１つの要素(構成素)にのみ影響を及ぼし、大きく伝達を妨げることがほとんどないものである。

　一方、Johansson(1973:105)は誤りの評価の観点として、理解度以外に不快度をも考慮した。誤りが相手(聞き手)を疲れさせたり苛立たせたりするため、意思疎通の大きな妨げになる可能性を言っている。そして、Johansson(1973:105〜106)の誤りの評価(→図2-2)では、ある誤りが理解度にも影響がなく、不快感も起こさないとすれば、誤りの重要度の階層(hierarchy)で低い位置に来るものと考えられる。

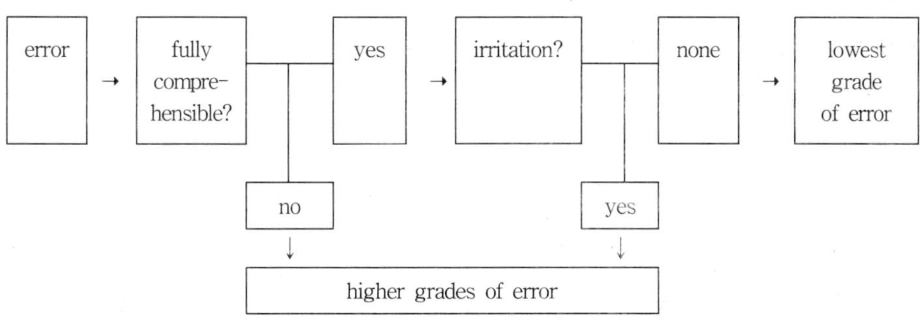

図2-2　誤りの評価(Johansson、1973)

　Guntermann(1978:250)もコミュニケーションの事象(communication event)で相手(聞き手)を考慮に入れ、伝達内容の理解を妨げる誤りと母語話者に否定的反応を起こす誤りを訂正すべき(重要度がある)ものと指摘している。

　Chastain(1980)は理解度、容認度の観点から、バージニア大学のスペイン語学習者の誤り22種類を含んだ35文(教師が重要と考えるもの)をマドリードの48人に評価させた。また、Chastain(1981)は同じ観点から、同じ大学のアメリカ人スペイン語学習者の書いた10パラグラフをマドリードの27人に評価させた。2つの研究の結果、理解の妨げとなるのは、主に語の使用に関する(意味上の)もので、理解はできるが容認できないもののほとんどは語形式上(文法上)の誤りであった。

　Piazza(1980)も理解度と不快度の観点から、アメリカ人フランス語学習者の犯した文法的な誤りをパリのリセの学生264人に評価させた。この研究の結果、一般に理解度が上がれば不快度が下がり、逆に理解度が下がれば不快度が上がるということがわかった。また両基準では、理解度よりも不快度の方に厳しい評価がなされた。書かれたものと話されたものによる差では、同じ誤りでも、前者のほうが理解度は高く、不快度が低くなると指摘している。

　Ludwig(1982)はコミュニケーションという視点で、受け手の立場で見た第2言語学習者による誤りを研究した12の論文を概括している。その多くの研究では誤りを理解度、容認度、不快度の3つの観点から評価している。目標言語を英語としたOlsson(1972)(スウェーデン人学習者が口頭テストで発話した受動態の文)、Chastain(1980)、Piazza(1980)の実験から、第2言語学習者の犯した誤りを含む文の理解度は、音声で与えられた場合より書かれたものとして与えられた場合の方が、さらに文脈の中で与えられた場合の方がその度合いが高くなると報告されている。

　Hughes and Lascaratou(1982)は誤りの重要度を調査する設問で、誤りの重大さ(seriousness)を0-5の尺度で評価させた。そして尺度5を選択した場合には、その理由も書くように指示した。その結果、被調査者のギリシア人の英語教師は誤りの重要度の評定において、規則(rule)違反という基準に依ったのに対して、母語話者の非教師はほとんどの場合、認知度の基準に依って評定したことがわかった。母語話者の英語教師は上の2つの基準を使ったが、認知度の方をより重視した。

2.2.3.2　不快度

　大部分のコミュニケーションの状況で母語話者は言語の形式(form)にはわずかな注意しか払わず、主にメッセージの意味に焦点を合わせている。不快度はコミュニケーションに対する受け手の知覚を妨げるメッセージの形式から生じる。それは規範から逸脱した言語的な発話に対する受け手(読み手、聞き手)の感情的な反応である。理解度はかなり客観的に、不快度はかなり主観的に評価されているが、これらは密接に関係している。

　前(「2.2.3.1」)にも述べたように、不快度を理解度とともに評価の1つの観点として示したのはJohansson(1973)、Guntermann(1978)、Piazza(1980)などである。

　また、Ludwig(1982:275)はコミュニケーションにおいて受け手の知覚を阻害するものとして、理解度と密接な関係を持つ不快度について述べている。すなわち一般に理解度が上がるほど不快度は下がって、両基準は反比例の関係にある。前者はかなり客観的な評定ができるが、後者はそうではない。そして個人の要因の差によるところが大きいといっている。個人の要因としては年齢、性、学歴、職業、社会階級(social　class)、外国人との親密さの度合いなどがあげられている。そして誤りの重要度の評定に影響するこの個人差及び文化的な多様性を考慮した研究はほとんどなされていないと指摘している。

　上記の研究者たち(Johansson(1973)、Piazza(1980)、Ludwig(1982))は理解度と不快度が密接な関係、しかも反比例の関係にあると言っている。しかし、実際あるメッセージが理解できたとしても、それに関係なく受け手が誤りによって苛立たされることはいくらでもあると考えられる。

2.2.3.3　自然度

　自然度とはある誤りが当該言語としてどのくらい自然だと言えるか、すなわちどのくらい自然なものとして受け入れられる(容認できる)かということである。したがって自然度と容認度はほぼ同じ概念とみなしてもいいであろう。

　Khalil(1985)はベツレヘム大学のアラビア人学生一年生の作文から文法的な誤り(20個)と意味的な誤り(10個)を抽出し、イリノイ大学の240人の学生に認知度と自然度の観点から評価してもらった。その結果、ある言語表現の誤りが認知度より自然度に影響することがわかった。

　容認度の観点から調査した研究は、Politzer(1978)、Chastain(1980)(→2.2.3.1)、Delisle(1982)、Vann, Meyer, and Lorenz(1984)、Hultfors(1986)、Santos(1988)などが挙げられる(→2.2.4)。

　Ludwig(1982:277)は誤りの評価の観点として、言語的な基準(norms)を逸脱した度合いを表す容認度をあげている。母語話者には、与えられたメッセージの内容を理解するのみでなく、その形が容認されるものか否かを評定できる能力が備わっているという。しかし、この容認度の評定は不快度と同様に、一般に個人の要因、すなわち年齢、学歴の差、そして言語共同体の基準などによって影響されると言っている。

2.2.4 誤りの評価者

　コミュニケーション上の効率を考えた誤りの評価は、母語話者の直観的な評定による。研究者自身、さらに外国人の誤りに慣れている分析者自身の評定は、自然な評定とは言いがたい。多様な社会的な要因を持つ母語話者のインフォーマントの評定による研究が必要である。しかし、これまでの研究は、少人数のインフォーマントによる、性別、年齢別、そしていくつかの社会的要因を条件とした調査である。そこで、これまでの研究の多くは、基本的にはpilot studyと認識されるべきものである。

　Johansson(1978:8)は誤りの評価に影響する、コミュニケーションの受け手(母語話者)の要因として、年齢、教育、地域・階級方言(social dialect)、外国人との交際の度合いを挙げている。

　Politzer(1978)は英語を母語とするドイツ語学習者の誤りを、13〜16歳の146(男80、女66)人に評定させた。さまざまな種類の誤りを1つずつ含む文をペアにして60組作り、それぞれのペアを音読して聞かせ、どちらがよりおかしいかを評定させた。その主な結果は、インフォーマントの要因すなわち学校(教育的背景)、性、年齢によって、ある誤りの重大さの評定に差を示すというものである。特に学校の経験は文法上の誤りの重要度の評定に最も重要な要因となっている。

　Delisle(1982)はPolitzer(1978)の結果を確認するような形で、類似のデザインで英語を母語とするドイツ語学習者の誤りを、193人のドイツ人学生(10〜17歳)に評定させた。いろいろな種類の誤りを1つずつ含む文をペアにして60組作り、それぞれのペアを読ませてどちらがよりおかしいかを評定させた。その主な結果は、10〜12歳と13〜17歳のインフォーマントが誤りの重要度の評定に差を示すというものである。そして教育的背景による差は見られたが、性別による差はないという。

　Ensz(1982)はアメリカ人フランス語学習者の典型的な口頭上の誤りを多様な要因(年齢、性、職業、地域別)のフランス人250人に聞かせた。発音、文法、語彙の誤りを配慮して作った5つのモデル文章を、5段階尺度のSD法(5項目)を用いて評価させた。その主な結果は、5つのモデル文章の中で文法的な誤りだけを含んだものがいちばん否定的な反応を引き起こすというものである。それは母語話者のすべての要因別でも同じである。

　Vann, Meyer, and Lorenz(1984)は、第2言語学習者がよく犯す12種類の誤りを含んだ36の文を、アイオワ州立大学の教官に読ませて容認度の観点から5段階尺度で評価させた。評価者の教官は専門分野別に(A)社会科学、教育、人文、(B)生物科学、農学、(C)物理、数学、工学の3グループ、さらに年齢を10歳刻みで4グループに分けた。その主な結果は次のとおりである。専門分野別では(C)(B)(A)の順で、年齢別には45〜54, 35〜44, 35以下、55歳以上の順で評価が厳しかった。誤りの種類では母語話者の犯さないような誤りに対し、厳しい評価がなされた。

　Hultfors(1986)は、外国語としての英語話者と特にスウェーデン人英語話者の典型的な語彙・文法上の70個の誤りを理解度と容認度の観点から、イギリスに住んでいる英語母語話者に5段階尺度で評価させた。Hultforsは容認度の観点からは、テストの(誤りのある)文を評価者自身が使っているかどうかを明らかにしようとした。これは実際の調査では、外国性(foreignness)の度合いで評定させた。そしてある文や発話が外国性があればあるほど、コミュニケーションを妨げているようだとし、外国性の度合いの調査は間接的に不快度を調べているであろうと言っている。評価者のインフォーマントは444人で、年齢、性、社会的要因において多様である。その主な結果は次のとおりである。全体的にテストの文はかなり理解できるが、外国性があると評定された。年齢別(10代(14〜19歳)、成人(20〜64歳)、年金受給者(65歳以上))に見ると、理解度においては10代は成人と年金受給者より厳しく評価した(理解できなかった)。外国性の度合いにおいてはあまり差が見られなかった。性別では女子より男子がテストの文が理解できず、外国性があると評定した。そして、社会的要因(①教育の程度、②外国人との交際、③外国語の知識、④外国に住んだ経験、⑤職業など)を見ると①②④において、理解度についての評価の差が有意であるもの(テストの文)が多かった。すなわち、教育水準が高い、外国人との交際が多い、外国に住んだ経験があるほうがテストの文がよく理解できた。外国性の度合いにおいては、あまり差が見られなかった。

Santos(1988)は、カリフォルニア大学ロスアンゼルス校の178人の教官に、英語学習者の2人(韓国人と中国人)によって書かれた英作文を、「内容」「言語」の2つの面から10段階尺度で評価してもらった。その結果、言語より内容のほうが厳しく評価された。言語の面では誤りの種類別に理解度、容認度、不快度それぞれの度合いを調べたが、その主な結果は次のとおりである。誤りの種類別では語彙の誤りがより厳しく評価された。専門分野別では人文・社会科学より自然科学の教官の方が、年齢別では年長者より若い教官の方が厳しく評価した。特に不快度においては年長者が若い教官より寛大に評価した。評価の基準では容認度、不快度、理解度の順で厳しかった。

2.3 日本語教育における誤りの分析と誤りの評価

これまで日本語教育における誤りの分析は、中間言語体系を各レベル(音韻、形態素、統語など)で解明していこうとする学習理論志向の(第2言語習得過程を明らかにしていこうとする)理論的アプローチの立場をとっているが、日本語の習得過程を明らかにし、習得理論の構築も目指す誤りの分析・中間言語分析の動きはまだ初歩的段階にある[1]。日本語の誤りの分析では、日本語の内側のみで論じていたのでは分からない多くの日本語の文法規則の問題点を、日本語学習者の誤り(の分類、原因の解明)を通して考え、客観的に日本語の構造を明らかにすることを主な目的としている[2]。また誤りの分析を教材の開発や教授(法)へのフィードバック(前もって説明する、強化を行うなど)に活用しようとしている[3]。しかしこのような研究は、送り手(学習者)の表現からの誤りだけを研究の対象とし、コミュニケーション上の受け手(母語話者)の見地からの分析が欠けている。したがって、英語教育における後者の立場とは、目指す方向がかなり違うと言えよう。

　一方、誤りの分析を日本語教育へ直接応用しようとした、すなわち母語話者の評定から誤りの重要度を調べる、実践的アプローチが全くなかったわけではない。趙(1991b、1992、1993a・b・c、1994、1995a・b、1996)[4]の仮名書き、外来語表記、漢字の読み方、語彙(特に漢語)、助詞、文法の誤りに対する評価がある。これらは伝達上の影響からみた誤りの評価であるが、まだ初歩的段階にとどまっている。まず、評価者は主に少人数の大学生と日本語教師で、日本語母語話者の多様な要因(例えば、性別、年齢、学歴、職業…など)までは考慮されていない。評価の材料である誤りは、表記上のものが多く、特定の語彙と文法に限られている。そしてほとんど言語的文脈(linguistic　context)が無視されたまま、文脈から孤立した文が提示されている。また評価の基準すなわち理解度、自然度、容認度がそれぞれ使われているし、不快度の観点も欠けている。理解度、不快度、自然度の3基準からの総合的な評価が必要であろう。また、日本語母語話者の学習者の国の文化に対する理解度が、誤りの評価にもたらす差などはまったく考慮に入れられていないのである。

2.4　本研究の目的

　この研究の目的は、誤りの評価すなわち応用言語学でなおざりにされてきた誤りの相対的な重要度を調べることである。その理論的な背景は誤りの分析(error analysis)にあり、言語教育への直接応用を志向する実践的アプローチである(→図

2-1)。

　本研究は文章内の誤りの相対的な重要度を調べる試験的なもの(pilot study)で、韓国人日本語学習者(メッセージの送り手)の誤りを日本語母語話者(受け手)がどのように評価するかを調べる。また、日本語母語話者の要因によって、誤りの評価に差が見られるかどうかを調べる。これはコミュニカティブな立場で、誤りのコミュニケーション上の効果を考えたものである。そして日本語母語話者による学習者の各誤りの訂正が日本語母語話者間で同じであるかどうかを調べる。それによって学習者の誤りに対応する現在の日本語母語話者の言語使用の実態も明らかになると考えた。

　本研究では3章において、評価の材料である誤りを明らかにする。すなわち、韓国人日本語学習者の翻訳(韓国語を日本語に訳す)上の、誤りの種類・原因・頻度などを調べる。誤りの領域・原因によって、誤りの重要度に差があるのではないかと考えたためである。また、誤りの頻度によっては、学習レベルによる学習の程度及び問題点が把握でき、しかも誤りの評価の結果が効率的に教授・学習にフィードバックできると考えたためである。

　本研究の目的の詳細は次のとおりである。

(1) 誤りの全体的な評価(5章)

　誤りは1つの基準で評価できるほど単純なものではない。また基準自体も評価に大きな影響を与えると思われる。したがって、ここではコミュニケーション上の効果を問題とし、具体的には総体的な誤りの評価ができる基準として理解度、不快度、自然度を考えた。すなわち、具体的な場面を考慮に入れた理解度や、適切な、すなわち自然なものとして受け入れられるかどうかの自然度、相手の感情や印象に及ぼす影響をも考慮した不快度である。この3つの基準別に、誤りの重要度について、また3つの基準間には何らかの関係があるかどうかを調べる。

(2) 誤りの原因別の評価(6章)

　従来、誤りの分析で行なわれた誤りの原因と、誤りの重要度との関わりを、日本語母語話者の要因別に調べる。誤りの原因は教授・学習の便宜上、大きく「1.学習者の母語(韓国語)の干渉による誤り」と「2.韓国語の干渉以外(日本語内)の誤り」の2つに分けて考えた。

　文法的構造がよく似ている韓・日語間の逐語的翻訳をすることにおいて、韓国語の習慣の干渉の結果として生じるものが、日本語母語話者とのコミュニケーションを大きく妨げると考えられるためである。

(3) 誤りの領域別の評価(7章)

　従来、誤りの分析で行なわれていた誤りの領域とその重要度との関わりを、日本語母語話者の要因別に調べる。誤りの領域は大きく「1.語彙論的な誤り」「2.形態論的な誤り」「3.シンタクス・意味論的な誤り」の3つに分けた。

　文法上の誤り(領域2・3)と意味上の誤り(領域1)ではどちらがよりコミュニケーションを妨げるかを調べるためである。

(4) 誤りの訂正の分析(8章)

　誤りを評価する際、日本語母語話者による文章内の各誤りの訂正は同じであるかどうかを調べる。そして、誤りの原因・領域による誤りの訂正の数に差があるか、また日本語母語話者の要因によって訂正の種類の人数に差があるかどうかを調べる。あわせて、その誤りの訂正の種類による誤りの重要度が同じであるかどうかも調べたい。

(5) 性別・年齢別の誤りの評価(9章)

　誤りの重要度の評定は、評価者(日本語母語話者)の要因によって違ってくるのではないかと考えられる。その要因としては生得的な「性」「年齢」などが挙げられる。ここではこれらの要因別に、84個の誤りの各々の重要度について調べる。そして、84個の誤りを49種類の誤りに分けて、同じ種類の誤りについての重要度に差があるかどうかを調べる。

(6) 社会的要因別の誤りの評価(10章)

　誤りの重要度の評定は、評価者(日本語母語話者)の要因によって違ってくるのではないかと考えられる。その要因としては社会的な「職業」「学歴」「韓国語の学習歴の有無」「外国人との対話の経験の有無及び程度」「外国人の日本語の誤文を読んだ経験の有無及び程度」「話せる外国語の有無」「外国に住んだ経験の有無」などが挙げられる。ここではこれらの要因別に、84個の誤りの各々の重要度について調べる。

(5)(6)の結果からは、日本語母語話者の要因による許容できる日本語能力の範囲が明らかになるし、言語に関わる日本語学習者の役割の重要性も予想されると思われる。

(7) 韓国文化の理解度による誤りの評価(11章)

誤りの重要度の評定は、学習者の国の文化の理解度によって違ってくるのではないかと考えられる。その要因としては「韓国のキムチについての知識」「韓国に対する関心」「韓国についての知識」などが挙げられる。ここではこれらの3つの要因別に、84個の誤りの各々の重要度について調べる。

ここでは日本語学習者と日本語母語話者とのコミュニケーションで、お互いの文化についての関心と理解が、コミュニケーションを円滑するのに影響するかどうかがわかるであろう。

2.5 本論文の構成

本論文は第1章の序論と第12章の結論を含め、全12章から構成される。

第2章では、誤りの評価に関する先行研究について、誤りの分析と誤りの評価の関係、そして、誤りの評価において、誤りの判定・種類・評価の基準・評価者などを概観し、日本語教育における誤りの分析と誤りの評価について述べる。

第3章では、本研究で用いられる評価の材料である韓国人日本語学習者の誤りについて考察する。具体的には、韓国人日本語学習者の誤りの頻度・原因・種類を学習レベル別に明らかにする。

第4章では、本研究の方法について述べる。

第5章では、誤りの全体的な評価、すなわち、誤りの重要度に対する全体的な分析、誤りの重要度に対する原因・領域別の分析、誤り(84問題全体)の重要度に対する日本語母語話者の要因別の分析を行う。

　第6章では、誤りの原因別(「韓国語の干渉による誤り」と「日本語内の問題による誤り」)の重要度について考察する。具体的には日本語母語話者の要因別、すなわち「性別・年齢別」「社会的要因別」「韓国文化の理解度による要因別」に、誤りの重要度を原因別に考察する。

　第7章では、誤りの領域別(「語彙論的な誤り」と「形態論的な誤り」と「シンタクス・意味論的な誤り」)の重要度について考察する。具体的には日本語母語話者の要因別、すなわち「性別・年齢別」「社会的要因別」「韓国文化の理解度による要因別」に、誤りの重要度を領域別に考察する。

　第8章では、日本語母語話者が学習者の誤りを評価する際、どのように訂正しているかを明らかにする。

　第9章では、84個の誤りを49種類の誤りにわけて分析する。そして、性別・年齢別に84個の各誤りの重要度について考察する。

　第10章では、社会的要因別に84個の各誤りの重要度について考察する。

　第11章では、韓国文化の理解度による要因別に、84個の各誤りの重要度について考察する。

　第12章では、本研究の結果の要約及びその考察、また、今後の研究課題などについて述べる。

　以上、本論文の構成を図示すると以下のとおりである。

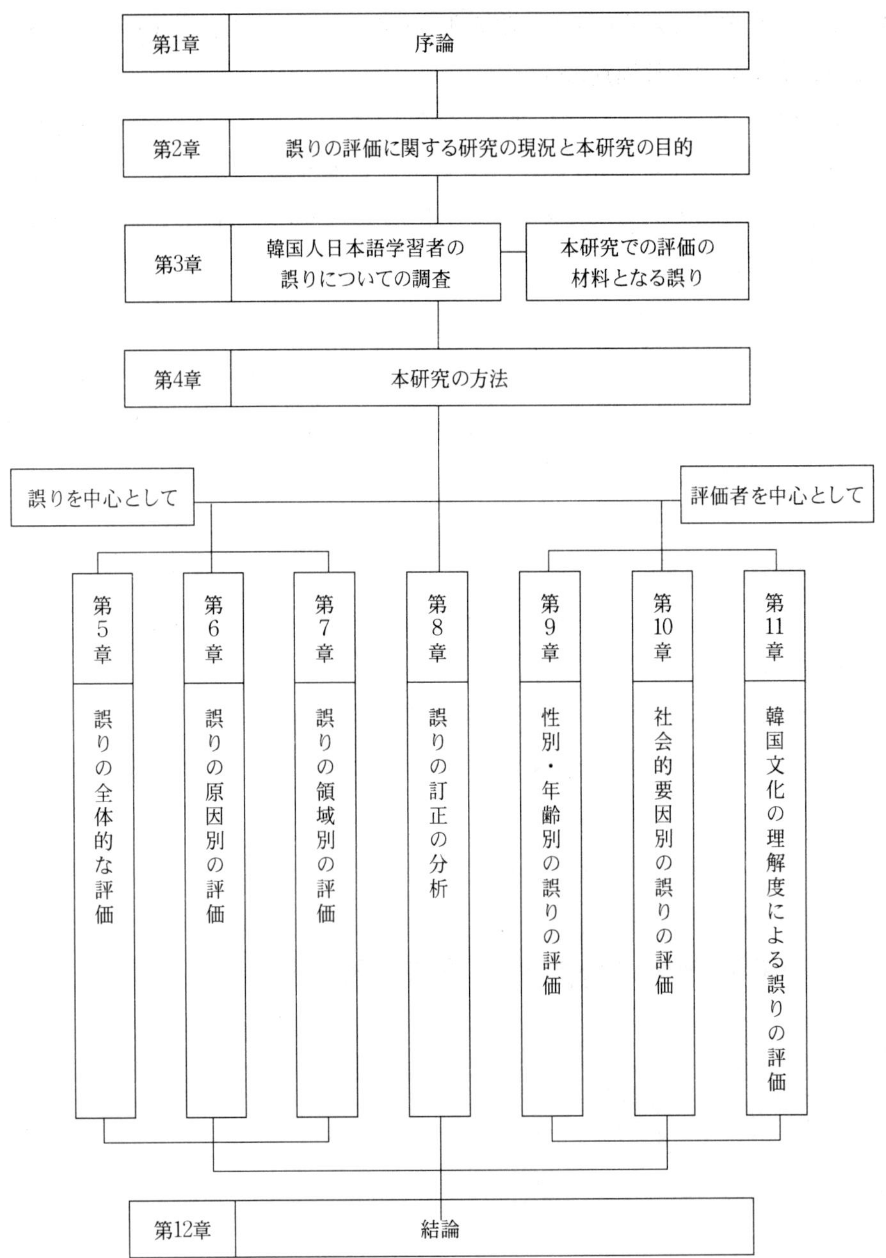

第1章　序論
第2章　誤りの評価に関する研究の現況と本研究の目的
第3章　韓国人日本語学習者の誤りについての調査
本研究での評価の材料となる誤り
第4章　本研究の方法
誤りを中心として
評価者を中心として
第5章　誤りの全体的な評価
第6章　誤りの原因別の評価
第7章　誤りの領域別の評価
第8章　誤りの訂正の分析
第9章　性別・年齢別の誤りの評価
第10章　社会的要因別の誤りの評価
第11章　韓国文化の理解度による誤りの評価
第12章　結論

第3章 韓国人日本語学習者の誤りについての調査

本章では、本研究で用いられる評価の材料である韓国人日本語学習者の誤りについて考察する。

3.1 調査の目的

本調査では、韓国人日本語学習者の翻訳上(韓国語を日本語に訳す際)の誤りを調べる。すなわち、各問題の中で最も頻度の高い誤りを明らかにする。これは誤りの重要度を調べる評価の材料として使われるが、一方で評価の結果を実際の教授・学習に容易にフィードバックできるようにするためである。具体的には次のようなものを調べる。

(1) 学習レベル別の答えの種類。
(2) 問題別最も頻度が高い誤答(評価の材料の誤り)の原因と領域。

3.2 調査の範囲と方法

3.2.1 調査用紙

調査用紙の文章は2つの言語で書いてある。上の行は韓国語、下の行は日本語である。学習者には、韓国語の文章の□で囲んだ部分のみを、日本語に訳して（　　　）の中に書き入れるように提示した(→付録1)。訳す部分を提示したのは、文章全体を訳すことが学習者に大きな負担になることと、対象とした部分以外の余計な回答をできるだけ避けるためである。特に後者のために、文脈上最も適切だと考えられるものを1つだけ書くように、また極端な意訳をしないように提示した。

3.2.2 誤りの調査の方法

自由作文は誤りを収集するのによく用いられている。しかしそこには大きな問題点がある。それは学習者が不得意な言語構造を避けて、正しかろうが間違っていようが自身のあるものだけを選ぶ、すなわち誤りを避けようとする現象、回避行動(avoidance behavior)があるからである。自由作文から集めた誤りの頻度を考えると、回避行動もあって、ある1つの誤りを数量化するのに多少問題があると思われる。

したがって、ここでは翻訳による方法で誤りを集めることにした。まず学習上の問題点の所在をつきとめるために、また余計な誤りが起こらないように、文章全体の中で必要な部分だけを訳すよう提示した。こうすれば不得意な言語表現を避けることができないであろうと考えた。また一定の誤りの数量化も可能となるであろう。

3.3　インフォーマント(韓国人日本語学習者)

インフォーマントは韓国の大学で日本語(または日本文学)を専攻する274(男、女それぞれ37、237)人である。学年別には2年生90人、3年生91人、4年生93人で、平均年齢は満21.9(19〜27)歳である。調査の対象とした大学は6つでAはソウル、Bはソウル周辺、C、D、E、Fは地方に所在している。表3-1は「韓国人日本語学習者の内訳」を示している。

表3-1　韓国人日本語学習者の内訳

学年	大学別の人数(274人)						＜(　)内の数字は男子で内数＞	平均年齢(満)
	A	B	C	D	E	F	合計	
2年生	25(−)	—	21(6)	24(3)	20(3)	—	90(12)人	20.8(19〜24)歳
3年生	21(−)	22(4)	23(4)	25(3)	—	—	91(11)人	21.9(20〜26)歳
4年生	19(−)	15(2)	15(5)	16(2)	15(3)	13(2)	93(14)人	23.1(21〜27)歳

　表3-2は学習者の所属している大学別「日本語の熟練科目の時間数」を示している。表3-2からわかるように、日本語の熟練科目(読解・会話・作文・文法(口語)・漢字)の時間数は1、2年生の時に多く、3年生の半分、4年生のほとんどが選択科目として開設されている。つまり、日本語の基礎的な4技能(読み、書き、話し、聞き)はほぼ1、2年生の時に学習していると言える。

表3-2　日本語の熟練科目の時間数

学年	学期 (1学期当たり16週)	大学別の日本語の熟練科目の時間数 ＜(　)外は必須科目、(　)内は選択科目の時間数＞					
		A	B	C	D	E	F
1年生	1	5(−)	11(−)	—	6(−)	7(−)	−(3)
	2	5(−)	8(3)	3(−)	3(3)	7(−)	−(2)
2年生	1	5(−)	9(3)	6(6)	3(9)	9(3)	6(2)
	2	8(−)	3(6)	−(9)	3(9)	9(3)	6(−)
3年生	1	2(−)	3(−)	−(6)	—	−(2)	3(−)
	2	5(−)	3(−)	−(3)	—	−(2)	3(3)
4年生	1	2(−)	—	—	—	−(3)	—
	2	0(−)	—	−(3)	—	−(3)	—

3.4　調査の状況

　調査は1994年10〜11月に行なわれたが、様々な地域の大学(知り合いの先生)に依頼し、直接あるいは郵便で回答してもらった。回収率は91.3％(274/300人)であった。

　調査用紙は1種類で、韓国人日本語学習者にはすべて同じものが与えられた。調

査は宿題(期間は1~2週間)として行なわれた。その際、時間や辞書などの制限はな
く、名前も書いてもらわなかった。そして大学名は協力してくれた先生たちの要
請によって匿名とした。そして回答する際、学習者どうしはコミュニケーションし
ない(または先生に質問しない)ように、他の学習者の答えを写さないようにした。ま
た途中で回答をやめずに、できるだけ無回答がないようにお願いした。

3.5　調査に用いた誤り

　本調査に用いた誤り(問題)は、まず梅田(1980、1982)、黄(1988)、森田(1989)、寺
村(1990)、趙(1991、1993a、1995a、b)、李(1983、1994)などの論文、著書を参照して
[1]、大学2年生(日本語専攻者)によく見られる誤りを選んだ[2]。そして、それを韓国
の大学で日本語を教えている3人の韓国人教師(男(41歳):教師経歴7年、男(48歳):12
年、女(38歳):9年)と1人の日本人教師(男(36歳):教師経歴8年(韓国語の学習歴6年))に
チェックしてもらった。

　ここで、2年生を基準としたのは、学習レベルの高い3、4年生を考えて選べば、
2年生にはまだ学習していないものが多く、学習していない項目の誤りは誤りとは
言えないためである。それで問題はすべてのインフォーマントの韓国人日本語学習
者が既に学習した項目からのものとした。2年生の誤り(問題)の特徴としては、韓
国語を日本語で直訳したことからのものと、類似する表現の使い分けが難しいこ
とからのものが大部分である。

　そして、本研究で評価の材料とした誤り(問題)は、実際翻訳テストですべて誤答
率が高い(典型的な)ものではない。しかし、問題を選ぶ時には、できるだけ一般性
(generality)と頻度(frequency)、種類、特に文章の内容をよく配慮して作成した。

　以下、調査に用いた問題について、参照した資料からの同類の(または、類似し
た)例を挙げながら述べる。(以下韓国語をK、日本語をJと表す。また、*印は誤り、そ
の右側の(　　)内のものは正しい形を表す。そして、<　>内の数字は、調査に用いた問題
例の番号である(→表3-7、付録2)。)

(1) 名詞(漢語)：問1、問2

　Kの語彙の中には、Jと同様に漢語の占める比重が大きいので、学習上有利である。しかし、同じ漢語だからといってもKとJで意味がつねに同じとは限らないし、さらにKで用いる漢語の中にはJでは使われないものも多い。前者の例として「<問2>飲食*(食べ物)」「工夫*(勉強)」「学生*(生徒)」など、後者の例としては「<問1>日語*(日本語)(森田1989:85)」「食口*(家族)」「男便*(夫)」などがある(梅田1980:44、趙1993:32〜35)。これらはすべてKをJに直訳した誤りである。

(2) 受け身：問3

　Kの「漢語動詞＋되다」はJの「漢語動詞＋する、される」に当たる。すなわち、Kの「感染되다、判明되다」「開催되다、發行되다」はJの「感染する、判明する」「開催される、発行される」に当たる(生越1982:55)。それで、「<問3>発達された*(発達した)(Kの「발달됨」をJの「発達された」に直訳した。)」「…ダムが発達されて*(発達して)いる(森田1989:54)」などの誤りをよく犯す。

(3) 連用形：問4

　連用形による接続の誤りである。形容詞の中止法で接続動詞「て」が省略できる、先行学習の干渉から、「<問4>日本だけではなくて*(なく)、…」「今は考える立場ではなくて*(なく)習う立場で…／今の競争がひどい業界にあわなくて*(あわなく)、もっと新しい…(寺村1990:334)」などの誤りをよく犯す。

(4) 引用：問5

　KをJに直訳した引用の誤りである。「<問5>キムチを考えれば*(と言えば)…」はKの「를　생각하면」をJの「を　考えれば」に直訳した。これはKの「생각하다」がJの「考える、思う」に当たるので、よく「を　思えば*(といえば)」にも直訳される。

(5) 語彙(副詞、数量詞、形容詞、接続詞、連体詞)：問6、問16、問33、問37、
　　問42、問73、問77

　語彙に関しては類語の誤りが多いことは容易に想像されることである。特に基本的な語については用法も多様で、類語も多いので、日本語学習者には負担が大き

く、誤りも多くなる。その例として、動詞の「…日本語が難しいかどうか<u>知らなかった</u>*（わからなかった）／…問題の解決策を<u>思った</u>*（考えた）（森田1989:16、19）」、形容詞の「<問37>細い、細かい」「…<u>うれしい</u>*（楽しい）気持ちになりました（森田1989:37）」、形容動詞の「大切だ、重要だ」、副詞の「<問6>まず、先に」「<問77>…みることを<u>きっと</u>*（ぜひ）勧めます」「…友だちといっしょに<u>きっと</u>*（ぜひ）行きたかった（森田1989:48）」、連体詞の「<問73>どんな、ある」、数量詞の「<問16>一回、一度」、接続詞の「<問33>それなら、それでは」「<問42>ところが、ところで」「かれの国が、<u>すぐ</u>*（すなわち）金官伽倻である（森田1989:52）」などがある。

(6) 助詞（格助詞トシテ、取り立て詞ダケ、条件、動詞句の並立、格助詞カラ、格助詞ニツイテ、原因・理由）：問7、問11、問18、問27、問51、問57、問65、問79

　文法的な誤りとして最も目につくものは、助詞関係の誤りである。KとJの助詞は文法的機能や意味が類似するが、個々の助詞の用法は決して1対1では対応していない。助詞の誤りは大きく「Kの1つの単語がJの2つ以上単語（意味）に当たるもの」「Kを機械的に直訳して、Jとしての不自然な表現になるもの」の2つに分けられる。

　前者の誤りとして、「<問7>…発酵食品<u>で</u>*（として）有名…（Kの「으로서」はJの「で、として」に当たる。）」「日本語を専門科目<u>で</u>*（として）勉強しました（森田1989:64）」「1つの例<u>で</u>*（として）あげると…（森田1980:38）」「研究生<u>で</u>*（として）勉強している…（寺村1990:245）」「世界的観光地<u>で</u>*（として）しられております（李1983:124）」、「<問11>とうがらしを使わないで塩<u>ばかり</u>*（だけ）使って…（Kの「만」はJの「ばかり、だけ」に当たる。）」「まいにち<u>ねてて</u>んじょう<u>だけ</u>*（ばかり）見上げるくらし…（李1983:129）」、「<問18>…市場に<u>行ったら</u>*（行くと）…／<問65>…すっぱく<u>なれば</u>*（なったら）どうしたらいい…（Kの「라면」はJの「たら、と、ば」に当たる。）」「国へ<u>帰ると</u>*（帰ったら）、いろいろな学んだ知識をつかって…（寺村1990:327）」「あめが<u>ふれ　　ば</u>*（たら）うんどうかいをえんきしましょう（李1983:127）」、「<問51>どこ<u>で</u>*（から）出てくる…（Kの「에서」はJの「で、から」に当たる。）」「…暑い国<u>で</u>*（から）鳥がとんできました（森田1989:61）」「日本<u>で</u>*（から）来た友だち…（梅田1980:38）」「その声がどこ<u>で</u>*（から）出るのか…（李1983:123）」、「<問57>…家族<u>について</u>*（に対する）母の心です（Kの「에　대해서」はJの「について、に対して」に当

たる。）」「日本に対した*(についての)本をたくさん読もうと…(森田1989:65)」、「<問
79>辛いから*(ので)あまり食べすぎないように…(Kの「때문에」はJの「から、ので」に当
たる。）」「<問27>…匂うし、辛くて*(辛いので)…(Kの「서」はJの「て、から、ので」に当
たる。）」「…3年生になったから*(なったので、なって)、…(趙1995a:126)」「はんだん力
がなく て*(ので)すぐうけ入れます／みちがけわしいし、にもつがおもく て*(ので)
すぐつかれてしまいました(李1983:126)」などがある。

(7) 品詞の取り違え：問8

　Kでは、漢語名詞を用言化する場合に、「する」に当たる「하다」を付けて、動詞・
形容詞にするが、Jでは「する」を付けて動詞、「だ」を付けて形容動詞にする。それ
で、Kでは存在しない形容動詞を「漢語動詞＋する(Kの形容詞)」にする傾向があ
る。その例として、「<問8>有名する*(有名だ)／重要する*(重要だ)／親切する*(親
切だ)(梅田1980:43、岡崎1992:215、森田1990:42)」「…劣るのは当然する*(当然な)こと
である／…便利します*(便利です)(寺村1990:42、95)」などがある。これらはすべてK
の「하다」をJの「する」に直訳した誤りである。

(8) 助詞(格助詞デ、取り立て詞マデ、格助詞ニ、格助詞デ、格助詞ニヨッテ、名詞句
　　の並立、取り立て詞ハ、格助詞ト、格助詞ニ、連体助詞ノ)：問9、問10、問15、
　　問23、問24、問43、問46、問52、問56、問61、問63

　助詞は、Kを機械的に直訳すると、Jとして不思議な表現になる、誤りの例は次の
とおりである。「<問9>最近には*(では)…(Kの「에는」をJの「には」に直訳した。）」、「<問
10>…輸出までも*(も)しています(Kの「까지 도」をJの「まで も」に直訳した。）」「…今ま
で*(φ)大邱でいっしょにすんでいる人は…(李1983:130)」、「<問15>昔に*(φ)は…(K
の「옛날 에」をJの「昔 に」に直訳した。）(梅田1980:39)」「夏に*(φ)は…(寺村1990:225)」「朝
に*(φ)はやく…／来年に*(φ)大学院に行きます…(李1983:119)」、「<問23>家庭は*
(では)…(Kの「은」をJの「は」に直訳した。）」、「<問24>12月初めまで*(までに)は…(Kの
「까지 는」をJの「まで は」に直訳した。）」「…9時まで*(までに)は帰ると思います(李1994:
24)」「…8時まで*(までに)学校へ行きます(趙1995a:126)」(Jでは「まで」と「までに」の区別
があるが、Kでは区別なく「까지」を使う。(梅田1980:38))、「<問43>家庭にしたがって

（によって）…（Kの「에 따라서」をJの「によって」に直訳した。）」、「＜問46＞…塩辛いキムチと（や）…水キムチのようなものもあります（Kの「와」をJの「と」に直訳した。）」「日本のいろいろな商業知識と*（や）社会の組みが習いたいです（寺村1990: 348）」「熱帯地方にこわい伝染病と*（や）飢饉と争い…（李1983:130）」、「＜問52＞私の考えで*（では）…（Kの「으로」をJの「で」に直訳した。）」「…の方が物理的側面で*（では）きれいです（寺村1990:391）」、「＜問56＞真心は*（とは）…（Kの「은」をJの「は」に直訳した。）」「いい教師は*（とは）どんな資質を…（李1983:127）」、「＜問61＞工場で*（に）直接注文…（Kの「에서」をJの「で」に直訳した。）」「どこかで*（に）安くていいカセットがあったら…（趙1995a:126）」「競技で*（に）勝ってから…／しあいで*（に）勝ってから…（李1983:127）」、「＜問63＞キムチを*（の）食べ方…（Kの「를」をJの「を」に直訳した。）」。

　(9) 取り立て詞ハ：問12

　Kの「은（는）、가」はJの「は、が」と、その使い分けがほとんど同じであるが、次のような違いがある。Kの「은（는）」が使えるのは、実際に先行文脈で話題に出たことや一般知識など明白に前提知識になっている場合に限られる。談話ではじめて出てきたことばの場合には、Kでは「가」でマークされるのが普通である。一方、Jでは「は」を使った文で談話を始めてもかまわない（生越1996:166）。それで、「＜問12＞キムチを食べてみた人が*（は）多いと思いますが、…」「ところで、美子が*（は）おそいわね（趙1995b:198）」などの誤りをよく犯す。その他の例としては、「…が一番大切だと私が*（は）考えた（寺村1990:366）」などがある。これらはすべてKの「가」をJの「が」に直訳した誤りである。

　(10) 活用：問13

　Jの「形容詞＋です」の過去形は「形容詞語幹＋かった＋です」である。「「名詞、形容動詞など」＋「です」の過去形「でした」」を、「形容詞＋です」の過去形「形容詞＋でした」のように間違って適用する。それで、「＜問13＞辛いでした*（辛かったです）」「…困る点が多いでした*（多かったです）／…夜の海が美しいでした*（美しかったです）（森田1989:36）」「たいへん難しいでした*（難しかったです）（寺村1990:87）」などの誤りをよく犯す。

(11)ノダ：問14

KをJに直訳したノダの誤りである。その例として、「＜問14＞…こんなに辛いですか*(辛いのですか)(Kの「맵습니까」をJの「辛いですか」に直訳した。)」「…一台買いたいですが*(買いたいの[ん]ですが)(趙1995b:199)」などがある。

(12) 名詞節：問17、問21

Kの「것」はJの「の、こと」に当たる。この「の」と「こと」の使い分けは最も習得しがたい項目の1つである。それで、「＜問17＞…漬けるの*(こと)を言います。」「＜問21＞…積もっていること*(の)をよく見えます。」「私はいつも弾いていること*(の)を聞いていますけど、…(「ピアノを弾いている」ことを直接聞いている場面)(李1992:94)」「映画を見るの*(こと)が興味がありますが…／…歌うこと*(の)を聞いて…(寺村1990:365)」「チェジュ島へいくこと*(の)がどうですか(李1983:116)」などの誤りをよく犯す。

(13) 名詞：問19

Kでは複数の接尾語(「들」)が無生物にもよく用いられているが、Jでは「たち」などは人を表す場合に用いる。それで、「＜問19＞白菜たち*(白菜)」「…木だち*(木)と名前がわからない花だち*(花)があった(森田1989:68)」などの誤りをよく犯す。これらはKの「들」をJの「たち」に直訳した誤りである。

(14) 受け身：問20、問49

「自動詞＋ている」と「他動詞＋受け身ている」の使い分けの未習得からくる受け身の誤りである。その例として、「＜問49＞…味わいが隠れて*(隠されて)います」などがある。「他動詞＋受け身ている」表現に共通する特徴として、客観性、普遍性、状態化の3点をあげることができる。そして、「自動詞＋ている」はある行為の「結果の現存」を表す(森田1990:127、152)。同類の例として、「＜問20＞山と積もっている*(積まれている)こと…」があるが、これはKの「쌓여 있는」をJの「積もっている」に直訳した誤りである。

(15) 可能：問22

Kの1つの単語がJの2つ以上の単語(意味)に当たるので、犯された可能の誤りで

ある。Kの「볼 수 있다」はJの「見られる、見える」に当たるため、「＜問22＞よく<u>見えます</u>*（見られます）」などの誤りをよく犯す。

(16) 名詞：問25

　KではJと同様に名詞、用言の活用語尾に助詞が付くが、用言の原形には付かない。それで、動詞の原形に助詞などを付ける際、「名詞」を間違って用いることがある。それで、「＜問25＞春が来る<u>時</u>*（φ）まで…（Kの「（올） 때（까지）」をJの「（来る）時（まで）」に直訳した。）」「連絡が来る<u>時</u>*（φ）まで…／山に登る<u>の</u>*（φ）にいい季節です／留学に行く<u>の</u>*（φ）にはどうすればいいですか（岡崎1992:215）」などの誤りをよく犯す。

(17) 表現：問26、問83

　KをJに直訳した表現の誤りである。その例として、「＜問83＞食べてみたら<u>味が辛く</u>*（辛く）ないので…」（Kの「맛이 맵다」をJの「味が 辛い」に直訳した。）」、「私はほんとうに<u>心が苦しい</u>*（苦しい）（李1983:116）」、「＜問26＞<u>天気が暑い</u>*（暑い、気温が高い）時…（Kの「날씨가 덥다」をJの「天気が 暑い」に直訳した。）」「…<u>大変暑い天気でした</u>*（暑かったです）／…もう秋なので、<u>天気が涼しい</u>*（涼しい）（森田1989:38）」「<u>天気が寒い</u>*（寒い）（趙1990:27）」などがある。Jに存在する完全形容詞文、完全名詞文がKにはない。Kでは自形容詞文（名詞節＋述語節）で言う（「とても暑い」は「날씨가 덥다（天気が暑い＜直訳＞）」、「いい天気だ」は「날씨가 좋다（天気がいい＜直訳＞）」のように言う。）（梅田1982:35）。

(18) 語彙（慣用的な動詞句、不定語、熟語、ダ）：問28、問48、問64、問74

　語彙の誤りの中には、Kを機械的に直訳して、Jとして不自然な表現になる場合が多い。「＜問28＞西洋化に<u>なって</u>*（して）いっても…（Kの「되어」をJの「になって」に直訳した。）」、「＜問48＞…<u>なんと</u>*（なんとも）言えない…（Kの「뭐라고」をJの「なんと」に直訳した。）」、「＜問64＞…食べる<u>の</u>*（ほう）がいいです（Kの「것」をJの「の」に直訳した。）」、「＜問74＞…違う<u>から</u>*（からだ）と思います（Kの「때문이라고」をJの「から と」に直訳した。）」「…難しいのが<u>外国語</u>*（外国語だ）という（寺村1990:226）」などの誤りをよく犯す。

(19) 慣用的な動詞句：問29

　「〜に（行く、来る）」の用法の未習得から犯された慣用的な動詞句の誤りである。

その例として、「＜問29＞…どの家に<u>遊んで行って</u>*（遊びに行って）…」などがある。

(20) 補助動詞：問30

　Kでは、動作の継続（「自・他動詞-고 있다」）と動作の結果の状態（「自動詞-어 있다」）を区別して表すが、このKの両者をJの「動詞-ている」の形に対応させている。Jの「動詞+てある」という、動作の結果が残っていることを動作者を問題にせずに表現する言い方が、Kには存在しない。これが、「いる」「ある」の区別のないこととあいまって（梅田1980:42）、「＜問30＞食卓に…キムチがいつも置い<u>ている</u>*（てある）」「…日本の漫画が並べ<u>ています</u>*（てあります）(寺村1990:42)」などの誤りがよく見られる。

(21) 動詞句の<u>並立</u>：問31

　「～ですが、」と「～ですし」の用法の未習得から犯された動詞句の<u>並立</u>の誤りである。その例として、「＜問31＞…あれば十分<u>ですが</u>*（で）、…」などがある。

(22) 慣用的な動詞句：問32

　Jの複合動詞「動詞①＋動詞②」はKの「副詞（動詞②）＋動詞①」に当たるものが多いので、学習者にとって困難な点の1つである。例えば、「1.食べ＋続ける→계속＋먹다」「2.聞き＋そこなう→잘못＋알아듣다」「3.話し＋合う→서로＋이야기하다」などがある。この中で例1は「続く（自動詞）」と「続ける（他動詞）」の用法の未習得とあいまって、「＜問32＞キムチだけを<u>続いて食べても</u>*（続けて食べても）…」「<u>つづき降っています</u>*（降りつづいています）(趙1991:277)」などの誤りがよく見られる。

(23) やりもらい：問34

　Jの「―て（さし）あげる」は単なる丁寧表現であり、この表現が相手に何かを施すという意味を伴うため、目上に対しては使いにくい（岡崎1992:216、<u>生越</u>1996:166）。これに対し、Kの「―(해)드리다」は目上の人に対する謙譲表現である。そのため、「＜問34＞…味について紹介<u>してあげます</u>*（しましょう）(Kの「소개해　드리다」をJの「紹介してあげます」に直訳した。)」「…今晩お電話で<u>教えて差し上げます</u>*（お教えいたします）(李1994:116)」などの誤りが見られる。

(24) 可能：問35

　類語「わかる、知る」の使い分けと可能動詞の用法の未習得から、「＜問35＞簡単に<u>知られる</u>*（わかる）ように…」「…ものをたくさん<u>分かることができます</u>*（わかります）(寺村1990:55)」などの誤りをよく犯す。

(25) 連体助詞ノ：問36

　Jの名詞(漢字語)と名詞(漢字語)の間には連体助詞「の」が要るという先行学習の干渉からのものである。そのため、「＜問36＞大根<u>の</u>*(φ)以外に…」「有史<u>の</u>*(φ)以来／ひと月<u>の</u>*(φ)あまり(森田1989:63)」「ぼく<u>の</u>*(φ)以外…(李1983:115)」などの誤りをよく犯す。この場合、KでもJの「の」に当たる「의」が要らない。

(26) テンス・アスペクト：問38、問75

　Kの冠形形の語尾「ㄴ」をJの「現在の連体形」に対応させて、「＜問38＞このよく<u>混ぜる</u>*（混ぜた）薬味…」「運動を<u>する</u>*（した）あと、…／昨年、<u>旅行する</u>*（旅行した）所は、…／…先生の<u>おられる</u>*（おられた）ところです(森田1989:33)」などの誤りを、Jの「テンス・アスペクト」の用法の未習得から、「＜問75＞白菜の<u>持った</u>*（持つ）生気…」「…中国が<u>あった</u>*（ある）ので軍事的でも…(寺村1990:295)」などの誤りをよく犯す。この2種類の例は、Kの冠形形の語尾「ㄴ」がJの「現在、過去の連体形」に当たることと、Jの「テンス・アスペクト」の用法の未習得とあいまっておこる誤りである。

(27) 活用：問39

　下一段動詞の場合、「れば」の代わりに「ば」を連ね、仮定形を作るきらいがある。それで、「＜問39＞白菜の中に<u>入れば</u>*（入れれば）…」「<u>考えば</u>*（考えれば）…」などの誤りをよく犯す。

(28) 可能：問40

　KをJに直訳した可能の誤りである。その例として、「＜問40＞…キムチに<u>なります</u>*（ができます）(Kの「가 됩니다」をJの「に なります」に直訳した。)」「あつくて、勉強がよく<u>なりません</u>*（できません）／多くの計画をたてましたが、よく<u>なりませんでした</u>*（できませんでした）(森田1989:23)」などがある。そして、類似した直訳の例として

は、「…私は安心がなりました＊(安心しました)(Kの「이　됩니다」をJの「が　なります」に
直訳した。)(森田1989:24)」などがある。

(29) 副詞的連用修飾：問41、問71、問81

　Kの1つの単語がJの2つ以上の単語(意味)に当たることからおこる副詞的連用修
飾の誤りである。Kの「이렇게」はJの「こんなに、このように」に当たり、「＜問41＞キ
ムチはこんなに＊(このように)して…」「こんなに＊(このように)してさけは大きくな
り…(趙1995b:199)」などの誤りが、Kの「잘」はJの「よく、うまく」に当たり、「＜問71＞
思うようによく＊(うまく)できなかった…」などの誤りが、Kの「쉽게」はJの「簡単に、
やすく、やさしく」に当たり、「＜問81＞誰でもやすく＊(簡単に)作ることができます」
などの誤りがよくおこる。

(30) 品詞の取り違え：問44

　Jの名詞と形容動詞とは典型的な場合には、はっきりと区別されるが、そのあい
だには、中間的な性格を持つ単語がある。その例として、「いろいろな・いろいろ
の」「さまざまな・さまざまの」、「特別な・特別の」「わずかな・わずかの」などがあ
る。この「～の」の形は、「～な」の変動と認められるが、「いろいろの」、「さまざまの」
などの形はあまり用いられていないようだ。そして、Jの「いろいろ、さまざま」は両
者ともにKの「여러가지」に、すなわち「名詞」に当たるので、名詞に連ねる場合「の」
を用いることとあいまって、「＜問44＞いろいろの＊(いろいろな)(寺村1990:42、趙
1995a:126)」「さまざまの＊(さまざまな)役目を…／偶然な＊(偶然の)きっかけがあっ
た…(趙1995a:126～127)」などの誤りをよく犯す。

(31) テ形：問45

　Kの1つの単語がJの2つ以上の単語(意味)に当たるために犯されたテ形の誤りで
ある。Kの否定の接続「않고서」はJの「ないで、ずに、なくて」に当り、この使い分け
が難しく「＜問45＞…とうがらしを使わなくて＊(ないで、ずに)塩で…」などの誤りが
よくおこる。

(32) 不定語、使役：問47、問62

Kを機械的に直訳して、Jとして不自然な表現になる場合が多い。それで「＜問47＞<u>どのもの</u>*(どれ)がおいしいか…(Kの「어느 것」をJの「どの もの」に直訳した。)」、「＜問62＞工場で直接注文<u>させて</u>*(して)…(Kの「주문시켜서」をJの「注文させて」に直訳した。)」「…相手をノックアウト<u>させた</u>*(した)んです(李1994:170)」などの不定語、使役の誤りをよく犯す。

(33) ムード：問50

Kの「인 것 같다」はJの「そうだ、ようだ」に当たる。このムードを表す「そうだ」と「ようだ」の使い分けは最も習得しにくい項目の1つである。そのため、「＜問50＞…苦味は少しは<u>ありそうです</u>*(あるようです)」などの誤りをよく犯す。

(34) ムード：問53、問68

KをJに直訳したムードの誤りである。その例として、「＜問53＞…ある<u>とみます</u>*(と思います)(Kの「(있다)고 봅니다」をJの「(ある)と みます」に直訳した。)」「＜問68＞…ある<u>とします</u>*(そうです)(Kの「(있다)고 합니다」をJの「(ある)と します」に直訳した。)」などがある。

(35) 自他の区別：問54、問70

Kは、Jと同様に自動詞と他動詞を区別して使っているが、初級の学習者は、その自・他動詞の未習得から、「＜問54＞味が<u>出さ</u>*(出)ない…」「＜問70＞薬味を<u>混じ</u>*(混ぜ)て…」「力を<u>集まっ</u>*(集め)て努力する／…疲れた身体を<u>休み</u>*(休め)ました／かな文字を<u>続いて</u>*(続けて)いますから…(森田1989:32)」などの誤りをよく犯す。

(36) コソア：問55

Kでは「それ以上(以下、より…など)」に当たる言い方は指示代名詞ではなくて指示連体詞を使う。そのため、「＜問55＞<u>この</u>*(これ)より…(Kの「이」をJの「この」に直訳した。)」「<u>その</u>*(それ)以上のことでも<u>その</u>*(それ)以下のことでもない(梅田1980:43)」などの誤りをよく犯す。

(37) 動詞：問58

　Jは相対敬語であるのに対し、Kは絶対敬語的性格が強い。Jでは話し手の人物が話し手または聞き手の身内であるかどうかによって、敬語の使い方が違ってくる。ところがKでは聞き手や場面の影響を受けることはきわめて少ないので、話題の人物が目上だったら自分の身内であっても敬語を使っている。それで「＜問58＞私は故郷に<u>いらっしゃる</u>*（いる）母に…」、「私の<u>お父さん</u>*（父）は、ソウルに<u>いらっしゃい</u>*（い）ます（森田1989:70）」などの誤りをよく犯す。

(38) 名詞：問59

　Jにおいて、一部の動詞は名詞にいわば「ところ性」のようなものを要求している。その動詞は「（名詞のところに）行く、来る、泊まる」などである。これは、Kには存在しない。それで、「＜問59＞母<u>に</u>*（のところに）行ってくると、…（Kの「（어머니）에게」をJの「（母）に」に直訳した。）」「彼女は自動車を借りに私<u>に</u>*（のところへ）来ました（李1983:120）」などの誤りをよく犯す。

(39) 自発：問60

　助動詞「（ら）れる（自発）」の用法の未習得から犯された誤りである。その例として、「＜問60＞味が<u>思い出して</u>*（思い出されて）…」「…なつかしく<u>思い出されます</u>*（思い出します）（趙1995a:126）」などがある。自発の場合、Kでは能動に対応する。すなわち、Jの「故郷がしのばれて…」はKの「고향 생각이 나서…」に対応する（黄1988:214）。

(40) 動詞：問66

　Kは、存在を表す動詞にJの「いる」と「ある」のような区別がなく、それを「있다」で表すため、初級の学習者にとっては、「いる」と「ある」の使い分けが困難である。それで、「＜問66＞食べる人も<u>あり</u>*（い）ます」「よくわかる人が<u>あって</u>*（いて）…（岡崎1992:212）」「姉が<u>ある</u>*（いる）釜山へ…（森田1989:15）」「兄と妹が一人ずつ<u>あり</u>*（い）ます（趙1995b:198）」などの誤りをよく犯す。

(41) 活用：問67

　初級の学習者にとって、5段活用動詞に助動詞「（よ）う」を接続する際、語尾の活用は学習上の困難点の1つである。特に、5段活用動詞「話す」の場合、助動詞「う」の接続は、「(漢字語)する→しよう(意志形)」の先行学習の干渉とあいまって、「<問67>…話しよう*(話そう)と思います。」などの誤りをよく犯す。

(42) やりもらい：問69

KをJに直訳した「やりもらい」の誤りである。その例として、「<問69>…国から送ってくれた*(てもらった)…(Kの「(보내) 준」をJの「(送っ)てくれた」に直訳した。)」「彼は私にその人のことをおしえてもらいました*(てくれました)／私はかれをつれていろいろのところを観光させてくれました*(てあげました)(梅田1980:42)」などがある。

(43) ダ、ノダ：問72、問84

KとJの指定詞(「이다」と「である」)の否定法は違う。すなわち、Jは「これは 花でない」のように「-で、述語の否定」であるが、Kは「이것은 꽃이 아니다.」のように「補語＋述語」である。また、補語の「이、은(는)」を「が、は」に直訳したこととあいまって、「<問72>白菜自体がなく*(でなく)…」「<問84>…始まるのが*(では)ないでしょう」「私は、会員は*(では)ないけれど…(森田1989:65)」「…比べるのが*(のでは)ないですから…(寺村1990:391)」などの誤りをよく犯す。

(44) 連体修飾：問76、問82

連体修飾の誤りとしては、「<問76>休む日*(休日)に…(Kの「쉬는 날」をJの「休む日」に直訳した。)」「<問82>辛いこと*(辛いの、辛さ)に…」などがある。問82の場合は、Kの「冠形形＋것(不完全名詞)」とJの「連体形＋の」が対応しているが文法機能が違う。それで、Kの「가는 것이 싫다」はJの「行くことが*(行くのが)きらいだ」のように、不自然な表現になることが多い(黄1988:109)。

(45) スタイル：問78、問80

スタイルの誤りである。Jでは謙譲語の形式「お動詞する(いたす)」「動詞(さ)せていただく」があるが、Kではそのような形式がなく、いくつかの単語(뵙다、뫼시다、여쭙다…)だけが存在する。それで、「<問78>…食べてみることをきっと勧めます*(お勧めします)」などの誤りをよく犯す。

Jの命令表現「─なさい」は目上の人に使えず、「─てください」を使う(生越1996:166)。これに対し、Kの「─(하)세요」は尊敬の命令表現である。それで、「＜問80＞…思わないで作ってみ<u>なさい</u>*(てください)(Kの「(보)세요」をJの「(み)なさい」に直訳した。)」「はい、かしこまりました。…しばらく<u>待ちなさい</u>*(お待ちください)(李1944:112)」などの誤りをよく犯す。

3.6　調査の文章

外国語を習う主な目的の1つは文化の相互理解、伝達であり、外国語学習者にとっては自国の文化を目標言語話者に紹介することも大切であろう。そこで、調査の文章の内容は両話者(送り手(韓国人日本語学習者)と受け手(日本語母語話者))に関心があると思われる「韓国のキムチ」についてとした。韓国の代表的な食べ物の1つであるキムチは、最近日本人にもよく食べられるようになったという。その文章は筆者が日本語学習者の作文レベルを考えて作成したものである。

文章には84の問題(→「3.5 調査に用いた誤り」)を提示した(→付録1)。韓国語の文章は韓国の高校で国語(韓国語)を教えている2人の韓国人教師(女(37歳):教師経歴14年、女(36歳):教師経歴11年)に、日本語の文章は外国人に日本語を教えている4人の日本人日本語教師(男(36歳):教師経歴8年、女(28歳):2.5年、女(32歳):6年、女(33歳):7年)にチェックしてもらった。日本人日本語教師の場合、前の2人は韓国の大学で日本語を教えている教師で、韓国語の学習歴がそれぞれ6年、7年である。

日本語の文章は76文2501字で、文の長さはさまざまである。インフォーマントには文章が多少長い感じがするが、ある程度まとまった内容を伝えるため、また評価の材料である84個の誤りを入れるための最小限の長さと思われる。できるだけ自然な文章作りを優先したので、1つの文に1つの誤りがあるとは限らない。76文には84個の誤りがランダムに含まれている。その内訳は表3-3のとおりである。

表3-3 1文当たりの誤りの数

1文当たりの 誤りの数	0	1	2	3	4	5
文の数(76)	22	35	11	6	1	1
調査の文章での 問題(誤り)の番号 (→付録2)		1、2、3、4、11、 14、15、25、26、 27、35、36、37、 41、47、50、51、 54、55、63、64、 65、66、67、68、 72、73、74、75、 79、80、81、82、 83、84	5・6、12・13、 16・17、23・24、 31・32、33・34、 45・46、48・49、 52・53、56・57、 61・62	28・29・30、 38・39・40、 42・43・44、 58・59・60、 69・70・71、 76・77・78	7・ 8・ 9・ 10	18・ 19・ 20・ 21・ 22

調査の文章は「表3-4　調査の文章」を参照のこと。

3.7　調査の結果

　まず、各問題に関して学習レベル別の答えの種類とその人数を調べた。そし
て、学習者の答えの正しい形を知るために、日本語母語話者にその答えを訂正さ
せて比較した。そして、学習者の答えと日本語母語話者の答えが同じものは、日
本語母語話者(「数員35人」と「全体691人」)の訂正率として示した(→表3-5。日本語母語
話者の訂正の内訳については「8.2　　各問題の誤りの訂正の種類と重要度」に述べる。)。特
に、数員のものを示したのは、このグループが最も正しい日本語を使っていると考
えられるからである。そして、評価の材料としたものは、各問題において誤り(誤
答)とみなしたものの中で最も頻度の高いものである。それは表3-5の各問題に*印
で示した。評価の材料とした誤りの原因・領域別の回答数も調べた(→表3-9〜10)。

3.7.1　学習レベル別の答えの種類

　表3-5は「韓国人日本語学習者の学習レベル別の答えの種類と日本語母語話者全
体と数員グループの訂正」を示している。表3-5からわかるように、答えの種類別

表3-4　調査の文章

저는 한국 대학에서 일어 를 공부하고 있는 학생입니다. 오늘은 한국의 대표적 음식 의
私は韓国の大学で(1.　　　　)を勉強している学生です。今日は韓国の代表的な(2.　　　　)の

하나인 김치에 대해서 소개하려고 합니다.　　한국은 세계에서 요리법이 잘 발달된
一つであるキムチについて紹介しようと思います。韓国は世界でも料理法がよく(3.発達　　　　)

나라 중의 하나입니다. 일본 뿐만 아니라 다른 여러 나라에서도 한국음식점을 경영해서 성공한
国の一つです。日本(4.だけ　　　　)ほかのいろいろな国でも韓国料理店を経営して成功した

사람들의 이야기를 종종 듣습니다. 그것은 한국의 맛 즉 김치의 맛을 인정하고 있다는
人々の話をたびたび聞きます。それは韓国の味、すなわちキムチの味が認められているという

증거겠지요. 여러분은 김치 를 생각하면 　 먼저 무엇이 떠오릅니까. 김치는 세계적으로 관심
証拠でしょう。皆さんはキムチ(5.　　　)(6.　　　)何が思い浮かびますか。キムチは世界的に関心

이 높아지고 있는 가장 이상적인 발효식품 으로서 　 유명하며, 최근 에는 　 수출 까지도
が高まっている最も理想的な発酵食品(7.　　　)(8.有名　　　)、最近(9.　　　) 輸出(10.　　　)

합니다.　　초기에 김치는 고추를 사용하지 않고 소금 만 사용하여 만들었습니다.
しています。初めキムチはとうがらしを使わないで塩(11.　　)を使って作りました。

오늘날과 같은 고추를 쓴 김치는 18세기 후반 정도에 등장했다고 합니다.
今日のようなとうがらしを使ったキムチは18世紀後半頃に登場したと言われています。

한국 김치를 김치답게 하는 것은 역시 고추라고 할 수 있습니다.
韓国のキムチをキムチらしくさせるものはやはりとうがらしだと言えます。

빨갛지 않으면 아무래도 김치 같지 않지요.
赤くなければどうもキムチらしくないですね。

김치를 먹어 본 사람 이 　 많으리라 생각되는데, 매웠습니까?
キムチを食べてみた人(12.　)多いと思いますが、(13.　　　　　)か。

그러나 "김치가 왜 이렇게 　 맵습니까?" 하고 묻는 사람은 없습니다.
しかし「キムチはどうしてこんなに(14.　　　　　)か。」と尋ねる人はいません。

옛날 에는 김장이 한국 여성들에게 일년 중 가장 커다란 행사의 하나였습니다.
昔(15.　　　)キムチャンが韓国の女性たちにとって一年中で最も大きな行事の一つでした。

김장이란 겨울 동안 먹을 김치를 　　　　　한번 에　　담그는 것 을 말합니다.
キムヂャンというものは冬の間に食べるキムチを(16.　　　　　)に漬ける(17.　　　　　)を言います。

매년 늦가을이 되면 대부분 가정에서 김장을 합니다.
毎年秋の終わりになると、たいていの家庭ではキムヂャンをします。

이 무렵 시장에 　가면 　산지에서 막 싣고 온 　　　　　배추들 이 산더미처럼
そのころ市場に(18.　　　　)産地から運んできたばかりの(19.白菜　　　　)が山と

쌓여 있는 　　　　　것 을 쉽게 　　　볼 수 있습니다.
(20.　　　　　　　　)(21.　　　　　)をよく(22.　　　　　　　　　　　)。

대부분의　가정은 　늦어도　12월초까지는 　김장을 끝내고 겨울 준비를 합니다.
ほとんどの家庭(23.　　　　)遅くとも12月初め(24.　　　　　)キムヂャンを終えて冬の準備をします。

김장 김치는 봄이 올 　　　　　때까지 먹기 때문에, 쉬지 않도록 땅에 묻습니다.
漬物<キムヂャンのキムチ>は春が来る(25.　)食べるので、すっぱくならないように土の中に埋めます。

그러면 겨울내내 신선한 김치를 먹을 수가 있습니다.　　　보통　날씨가 더울 때 김치는
そうすれば冬の間じゅう新鮮なキムチを食べることができます。普通(26.　　　　　　)時キムチは

냉장고에 보관합니다. 요즈음의 아이들은 김치가 냄새도 나고 매워서 싫어 하는 것 같습니다.
冷蔵庫に保管します。このころの子供たちはキムチが匂うし、(27.　　　　　)嫌っているようです。

그러나 식생활이 점점 서구화 되어 가도, 아직도 한국의 어느 집에
しかし食生活がだんだん西洋化(28.　　　　　)いっても、今も韓国のどの家に

놀러 가서 식사를 해도 식탁에 먹음직스러운 김치가 항상 　　　　　놓여 있지요.
(29.　　　　　)食事をしてみても、食卓においしそうなキムチがいつも(30.　　　　　でしょう)。

저는 반찬으로 김치만 있으면 충분한데, 　　　매일 김치만 　계속 먹어도 질리지 않습니다.
私はおかずにキムチさえあれば(31.十分　　　)、毎日キムチだけを(32.　　　　　)飽きません。

그러면, 김치란 도대체 어떤 음식인가, 만드는 방법과 맛에 대해서 소개해 드리겠습니다
(33.　)キムチとはいったいどんな食べ物か、漬け方と味について(34.紹介　　　　　　　)。

김치 중에서 가장 일반적인 배추 김치 만드는 방법에 대해 간단히 알 수 있도록 설명하겠습니다.
キムチの中でも最も一般的な白菜のキムチの漬け方について簡単に(35.　　　ように)説明いたします。

재료는 배추, 무 이외 에 젓갈, 고추가루, 마늘, 파, 생강 등입니다.
材料は白菜、(36.大根　　　　)にしおから、とうがらし、にんにく、ねぎ、しょうがなどです。

먼저 재료를 하나하나 깨끗이 씻는 것이 중요합니다.
まず材料を一つ一つきれいに洗うことが大切です。

배추는 적당히 잘라, 소금으로 알맞게 절인 후에 깨끗이 씻습니다. 양념은 무와 그 밖의 재료로
白菜は適当に切って、塩で程よく漬けたあときれいに洗います。　　薬味は大根とその他の材料で

만듭니다. 무는 　가늘게　 채를 썰고, 파는 3~4센티 정도로 자릅니다.
作ります。大根は(37.　　　　)千切りにして、ねぎは3~4センチぐらいに切ります。

마늘과 생강은 껍질을 벗겨 으깹니다.　　그리고 고추가루와 젓갈을 넣어 모두 함께 섞습니다.
にんにくとしょうがは皮をむいてつぶします。そしてとうがらしとしおからを入れて全部一緒に混ぜ
ます。

이 잘 　섞은　 양념을 절인 배추 속에 　넣으면　 김치　가 됩니다　.
このよく(38.　　　　)薬味を塩漬にした白菜の中に(39.　　　　)キムチ(40.　　　　)。

그 위에 해산물이나 과일을 넣는 경우도 있습니다.
その他に海産物や果物を入れる場合もあります。

김치는 　이렇게　 해서 이삼일 정도 발표시킨 후에 먹습니다.
キムチは(41.　　　　)して二・三日発酵させたあとで食べます。

　그런데　 김치는 지방과 가정　에 따라서　 사용하는 재료와 양이 달라 　여러 가지　 종류가 있습니다.
(42.　　)キムチは地方と家庭(43.　　)使う材料と量が違い、　(44.　　　　)種類があります。

예를 들면, 고추를 　쓰지 않고　　소금으로 맛을 낸 짠　 김치　와　 물을 많이
例えば、とうがらしを(45.使わ　　　)塩で味をつけた塩辛いキムチ(46.　　)水をたくさん

넣은 물 김치 같은 것도 있습니다. 　어느 것이　 맛이 있는지 판단하기는 어렵습니다.
入れた水キムチのようなものもあります。(47.　　　　)がおいしいか判断するのは難しいです。

지금도 시골에 여행을 가면 그 곳 특유의 맛을 즐길 수 있지요.　　　김치는 빨개서
今でも田舎を旅行すると、その地方の特有の味を楽しむことができるでしょう。キムチは赤くて

몹시 매운 것 같이 보이지만 그렇게 맵지는 않습니다. 그리고 그 곳에는　뭐라고　 말할 수 없는 맛들이
とても辛そうに見えますが、そんなに辛くはありません。そしてそこには(48.　　　)言えない味わいが

　숨겨져 있습니다　.. 맵고, 달고, 시고, 짜고 그리고　 쓴 맛도 조금　　있는 것 같습니다　.
(49.　　　　)。辛くて、甘くて、すっぱくて、塩辛くて、そして苦味も少しは(50.　　　　)。

그럼 도대체 이와 같은 김치 맛은 　어디서　　나오는 것일까요?
では、いったいこのようなキムチの味は(51.　　　　)出てくるのでしょうか。

제 생각 [으로]   김치 맛은 재료 선택에   [있다고 봅니다].
私の考え(52.   )キムチの味は材料の選択に(53.ある   )。

한국에서 나는 재료가 아니면 그 맛이 [나지 않을지도 모르겠습니다].
韓国でとれる材料でなければ、その味が(54.   かもしれません)。

담는 용기도 맛에 영향을 줍니다. 그러나 [이]보다 더 중요한 것은 정성입니다.
入れる容器も味に影響を与えます。しかし(55.   )よりもっと大切なのは真心です。

정성[은] 사랑하는 가족[에 대한] 어머니의 마음입니다. 저는 고향에 [계신] [어머니한테]
真心(56.   )愛する家族(57.   )母の心です。   私は故郷に(58.   )(59.母   )

다녀 오면, 며칠 동안 어머니가 만드신 김치 맛이 [생각나] 마음이 쓸쓸합니다.
行ってくると、何日間も母の作ったキムチの味が(60.   )寂しくなります。

그러나 요즈음은 김치의 상품화가 본격적으로 이루어져 사 먹거나 공장[에서] 직접
しかしこのごろはキムチの商品化が本格的になり、買って食べたり、工場(61.   )直接

[주문시켜] 먹을 수도 있습니다.   [김치를 먹는 방법]도 다양합니다.
(62.注文   )食べることもできます。(63.キムチ   )もさまざまです。

보통은 쉬기 전에 [먹어야] 좋습니다.   그러나 담그고 나서 기일이 지나 점점
普通はすっぱくなるまえに (64.   )いいです。しかし漬けてから時間が経ってどんどん

[쉬어지면]   어떻게 하면 좋을까요.
(65.すっぱく   )どうしたらいいでしょうか。

볶거나 또는 찌개, 라면에 넣어 먹습니다.   좀더 쉬어지면,
炒めたりあるいは鍋、ラーメンに入れたりして食べます。もっとすっぱくなったら、

물로 씻어 만두의 속으로 사용하기도 합니다. 먹기어려울 정도로 쉬게 해서 먹는 사람도
水で洗ってギョーザの中身に使ったりします。食べられないほどすっぱくして食べる人も

[있습니다]. 끝으로 한일 양국의 문화 차이의 일면을 보여주는 김치와 일본의 쓰케모노(漬物)에 대해서
(66.   )。終わりに韓・日両国の文化の違いの一面を見せてくれるキムチと日本の漬物について

[이야기하려고 합니다].   일본에서 유학한 친구는 김치가 먹고 싶어 쓰케모노로
(67.   と思います)。日本に留学した友達は、キムチが食べたくなって白菜の漬物を使って

김치를 만든 적이 [있다고 합니다].   일본의 쓰케모노에 집에서 [보내준] 양념을
キムチを作ったことが(68.ある   )。日本の漬物に国から(69.   薬味を

[섞어] 본고장의 맛을 내고 싶었지만, 생각처럼 [잘] 되지는 않았다고 합니다.
(70.   )、故郷の味を出そうとしたが、思うように(71.   )できなかったそうです。

당연한 일이지요.　그것은 배추자체 가 아니고, 배추 절임의 정도가 다르기 때문입니다.
当然のことでしょう。それは白菜自体(72.　　　　　　　)、白菜の漬け具合が違うからです。

같은 배추로 한국은 김치, 일본은 쓰케모노를 만들어낸 것입니다.
同じ白菜で韓国ではキムチ、日本では漬物を作り出したということです。

그래서 어떤 학자는 양국의 문화 차이에 대해, 비록 씨는 같아도 꽃은 다르다고 말하고 있습니다.
それで(73.　　)学者は両国の文化の違いについて、たとえ種は同じでも花は違うと言っています。

그것은 두 나라의 개성이 다르기 때문이라고 생각합니다. 김치는 배추가 가진 생기를
それは両国の個性が違う(74.　　　　　　と思います)。キムチは白菜の(75.　　　　　)生気を

가능한한 살리고 있고, 쓰케모노는 그 생기를 원만하게 중화시키고 있습니다.
できるだけ生かしており、漬物はその生気を円満に中和させています。

즉 개성의 중화를 좋아하는 일본인은 쓰케모노를, 개개의 개성을 존중하는 한국인은 김치를
つまり個性の中和が好きな日本人は漬物を、個々の個性を尊重する韓国人はキムチを

만들었다고 할 수 있겠지요. 여러분은 김치를 만들어 먹으면 한국인의 마음을
作り出したと言えるでしょう。皆さんはキムチを作って食べたら韓国人の心が

느낄 수 있을 것입니다. 바쁘신 분은 쉬는 날 가족 모두 한국음식점에 가서
感じられるかもしれません。忙しい方は(76.　　)に家族の皆で韓国料理店に行って、

김치를 먹어 보기를 꼭 권합니다.
キムチを食べてみることを(77.　　　)(78.　　　　　)。

처음엔 매우니까 너무 많이 먹지 않도록 해 주세요.　　만드는 방법도 간단하니까,
初めは(79.　　　)あまり食べすぎないようにしてください。作り方も簡単ですから、

귀찮게 여기지 말고 만들어 보세요. 누구든지 쉽게 할 수 있습니다.
めんどうだと思わないで作って(80.　　　　)。誰でも(81.　　　　　)作ることができます。

매운 게 걱정이 되는 사람은 맵지 않은 고추를 쓰면 됩니다. 새빨간데 먹어보니
(82.　　　が)気になる方は辛くないとうがらしを使えば大丈夫です。真っ赤なのに食べてみたら

맛이 맵지 않아서 깜짝 놀라는 경우도 있습니다.　　김치 만드는 일은 정말 즐겁습니다.
(83.　　　　　　　　ないので)びっくりすることもあります。キムチを作ることは本当に楽しいです。

문화교류라는 것은, 이렇게 간단한 일부터 시작되는 것이 아닐까요.
文化交流というのは、このような簡単なことから始まる(84.　　　　　　でしょうか)。

表3-5 韓国人日本語学習者の学習レベル別の答えの種類と日本語母語話者全体と教員グループの訂正

問題の番号	日本語母語話者の訂正率 (%)		*評価の材料	韓国人日本語学習者の学習レベル(学年)別の答えの種類と人数				
	教員 35人	全体 691人		答えの種類 (韓国語 → 日本語)	2年 90人	3年 91人	4年 93人	全体 274人(%)
1	100	99.5	*	일어 →				
				1. 日本語	75	76	76	227 (82.8)
				2. 日語	13	14	17	44 (16.1)
				その他	1	–	–	1 (0.4)
				無回答	1	1	–	2 (0.7)
2	65.7	55.3	*	음식 →				
				1. 食べ物	52	63	84	199 (72.6)
				2. 飲食	29	18	4	51 (18.6)
	14.3	26.2		3. 食物	4	5	3	12 (4.4)
	5.7	3.2		4. 料理	3	3	2	8 (2.9)
	11.4	5.3		5. 食品	–	1	–	1 (0.4)
				無回答	2	1	–	3 (1.1)
3	88.6	75.8	*	발달된 →				
				1. 発達した	31	33	30	94 (34.3)
	–	2.2		2. 発達された	27	23	38	88 (32.1)
	8.6	18.4		3. 発達している	2	13	8	23 (8.4)
				4. 発達されている	3	7	5	15 (5.5)
				5. 発達される	4	4	4	12 (4.4)
				6. 発達する	5	5	1	11 (4.0)
				7. 発達になった	7	–	2	9 (3.3)
				8. 発達になる	2	3	1	6 (2.2)
				9. 発達なる	3	–	2	5 (1.8)
				その他	3	3	2	8 (2.9)
				無回答	3	–	–	3 (1.1)
4	91.2	85.5	*	(뿐만)아니라 →				
				1. でなく	43	58	31	132 (48.2)
	8.8	12.0		2. では(じゃ)なく	21	18	46	85 (31.0)
				3. では(じゃ)なくて	11	11	11	33 (12.0)
				4. でなくて	4	–	–	4 (1.5)
				5. でない	–	1	3	4 (1.5)
				6. なく	3	–	–	3 (1.1)
				7. なくて	2	1	–	3 (1.1)
				その他	4	1	1	6 (2.2)
				無回答	2	1	1	4 (1.5)
5	8.6	7.2		를 생각하면 →				
				1. を考えると	22	16	14	52 (19.0)

	–	5.4	*	2. を思えば	17	17	11	45 (16.4)
				3. を思うと	14	9	21	44 (16.1)
				4. を考えれば	16	7	8	31 (11.3)
				5. を思ったら	9	10	3	22 (8.0)
			*	6. を考えば	2	12	8	22 (8.0)
				7. を考えたら	2	7	2	11 (4.0)
	28.6	32.7		8. と言えば	1	3	3	7 (2.6)
				9. を思われば	1	3	2	6 (2.2)
	3.2	5.6		10. と言うと	–	2	3	5 (1.8)
				11. を思い出すと	–	–	2	2 (0.7)
	2.1	6.3		12. を考える時	–	1	–	1 (0.4)
				その他	4	4	16	24 (8.8)
				無回答	2	–	–	2 (0.7)

먼저 →

	80.0	64.8		1. まず	50	66	75	191 (69.7)
	2.9	3.9	*	2. 先に	26	14	6	46 (16.8)
6				3. 一番	1	5	7	13 (4.7)
				4. 先	5	–	1	6 (2.2)
				その他	5	3	3	11 (4.0)
				無回答	3	3	1	7 (2.6)

(식품)으로서 →

	77.1	65.3		1. として	68	71	76	215 (78.5)
	20.0	29.0	*	2. で	18	18	10	46 (16.8)
7				3. と	2	1	1	4 (1.5)
				その他	2	–	4	6 (2.2)
				無回答	–	1	2	3 (1.1)

유명하며 →

	52.8	46.2		1. 有名で	46	55	46	147 (53.6)
			*	2. 有名し	26	24	22	72 (26.3)
				3. 有名して	9	7	6	22 (8.0)
	11.1	15.3		4. 有名であり	3	2	9	14 (5.1)
	19.4	12.8		5. 有名ですし	–	–	4	4 (1.5)
8				6. 有名に	–	–	3	3 (1.1)
	2.8	3.1		7. 有名だし	–	1	1	2 (0.7)
	2.8	8.1		8. 有名です	1	–	–	1 (0.4)
				その他	4	1	2	7 (2.6)
				無回答	1	1	–	2 (0.7)

(최근)에는 →

			*	1. 最近には	53	49	45	147 (53.6)
	25.7	20.6		2. 最近は	21	28	33	82 (29.9)
9	74.3	78.2		3. 最近では	9	10	12	31 (11.3)
				4. 最近	5	3	1	9 (3.3)
				その他	-2	-1	11	1 (0.4)

				無回答	2	1	1	4 (1.5)
10	11.8	16.5	*	(수출)까지도 →				
				1. までも	60	67	52	179 (65.3)
	79.4	76.2		2. も	8	10	14	32 (11.7)
				3. まで	4	6	9	19 (6.9)
				4. さえ	7	1	6	14 (5.1)
	2.9	3.0		5. さえも	6	2	5	13 (4.7)
				6. でも	1	2	3	6 (2.2)
	5.9	2.4		7. をも	–	1	1	2 (0.7)
				その他	1	1	3	5 (1.8)
				無回答	3	1	–	4 (1.5)
11	70.6	72.7		(소금)만 →				
				1. だけ	69	84	81	234 (85.4)
	14.7	12.3	*	2. ばかり	19	6	12	37 (13.5)
				無回答	2	1	–	3 (1.1)
12	8.8	11.7		(사람)이 →				
				1. が	83	80	78	241 (88.0)
	79.4	75.2		2. は	4	5	11	20 (7.3)
	11.8	11.2	*	3. も	–	3	1	4 (1.5)
				4. の	–	1	3	4 (1.5)
				無回答	3	2	–	5 (1.8)
13	58.8	57.6		매웠습니(까) →				
				1. 辛かったです	46	59	48	153 (55.8)
	5.9	10.9	*	2. 辛いでした	20	28	29	77 (28.1)
				3. 辛かったん(の)です	4	2	10	16 (5.8)
	5.9	4.1		4. 辛いです	9	1	3	13 (4.7)
				5. 辛いました	4	–	–	4 (1.5)
				その他	1	–	2	3 (1.1)
				無回答	6	1	1	8 (2.9)
14	–	4.1	*	맵습니(까) →				
				1. 辛いです	76	77	76	229 (83.6)
	88.2	91.6		2. 辛いの[ん]です	7	11	15	33 (12.0)
				3. 辛います	4	1	–	5 (1.8)
				その他	1	1	2	4 (1.5)
				無回答	2	1	–	3 (1.1)
15			*	(옛날)에는 →				
				1. 昔には	60	50	35	145 (52.9)
	100	93.6		2. 昔は	22	39	55	116 (42.3)
	–	5.8		3. 昔では	2	1	1	4 (1.5)
				4. 昔φ	3	–	–	3 (1.1)
				その他	1	–	1	2 (0.7)
				無回答	2	1	1	4 (1.5)

				한 번 →				
	88.2	86.4		1. 一度	65	66	62	193 (70.4)
	5.9	7.6	*	2. 一回	11	15	9	35 (12.8)
				3. 一遍	3	5	4	12 (4.4)
16				4. 一つ	3	2	–	5 (1.8)
				5. 一番	1	1	2	4 (1.5)
				6. 一時	1	–	3	4 (1.5)
				7. ひとめ	1	–	2	3 (1.1)
				その他	3	1	4	8 (2.9)
				無回答	2	1	7	10 (3.6)
				(담그는) 것 →				
	78.8	82.8		1. こと	57	60	63	180 (65.7)
17	9.1	7.1	*	2. の	22	22	20	64 (23.4)
	12.1	7.5		3. もの	8	7	10	25 (9.1)
				その他	1	–	–	1 (0.4)
				無回答	2	2	–	4 (1.5)
				(시장에)가면 →				
	82.4	71.9		1. 行くと	60	50	50	160 (58.4)
	–	10.9		2. 行けば	19	17	26	62 (22.6)
	8.8	11.9	*	3. 行ったら	4	18	11	33 (12.0)
18				4. 出かけると	1	2	2	5 (1.8)
				5. 行ってみると	–	2	2	4 (1.5)
				6. 来ると	3	–	–	3 (1.1)
				その他	2	1	2	5 (1.8)
				無回答	1	1	–	2 (0.7)
				(배추)들 →				
	94.1	90.1		1. 白菜φ	38	60	31	129 (47.1)
	–	2.8	*	2. 白菜たち	18	12	24	54 (19.7)
				3. 白菜ら	15	14	24	53 (19.3)
19	–	6.5		4. 白菜など	10	4	9	23 (8.4)
				5. 白菜々	–	1	4	5 (1.8)
				その他	2	–	1	3 (1.1)
				無回答	7	–	–	7 (2.6)
				쌓여 있는 →				
	–	4.3	*	1. 積もっている	40	29	30	99 (36.1)
	–	5.1		2. 積んでいる	22	30	16	68 (24.8)
	65.7	61.0		3. 積まれている	5	10	17	32 (11.7)
20	31.4	19.2		4. 積んである	2	7	4	13 (4.7)
				5. 積もってある	1	1	5	7 (2.6)
				6. 積まれた	1	4	1	6 (2.2)
				7. 積もられている	5	–	–	5 (1.8)
				8. 重なっている	–	2	1	3 (1.1)

				9. 積み重なっている	2	–	–	2 (0.7)
				その他	9	5	11	25 (9.1)
				無回答	3	3	8	14 (5.1)
21	76.5 5.9	69.2 9.1	*	것 → 1. の 2. こと 3. もの その他 無回答	59 23 5 – 3	55 20 12 1 3	62 16 9 – 6	176 (64.2) 59 (21.5) 26 (9.5) 1 (0.4) 12 (4.4)
22	2.9 5.7 25.7 54.3	4.4 4.9 35.8 45.6	*	볼 수 있습니다 → 1. 見ることができます 2. 見られます 3. 見えます 4. 見つけられます 5. みかけます 6. 見ます その他 無回答	45 23 13 1 – – 3 5	35 36 10 2 1 – 6 1	37 32 17 – – 1 4 2	117 (42.7) 91 (33.2) 40 (14.6) 3 (1.1) 1 (0.4) 1 (0.4) 13 (4.7) 8 (2.9)
23	– 93.9	18.5 76.0	*	(가정)은 → 1. は 2. では 3. に その他 無回答	74 6 3 – 7	86 5 – – –	73 17 – 2 1	233 (85.0) 28 (10.2) 3 (1.1) 2 (0.7) 8 (2.9)
24	12.1 66.7	6.8 68.5	*	(12월초)까지는 → 1. までは 2. までには 3. まで その他 無回答	68 19 1 – 2	81 6 3 – 1	69 18 5 1 –	218 (79.6) 43 (15.7) 9 (3.3) 1 (0.4) 3 (1.1)
25	58.1 3.2 25.8 9.7	56.9 9.6 25.7 4.1	*	(올) 때까지 → 1. 来るまで 2. 来る時まで 3. 来る頃まで 4. 来る時期まで 無回答	39 48 – – 3	53 34 1 1 2	48 40 3 1 1	140 (51.1) 122 (44.5) 4 (1.5) 2 (0.7) 6 (2.2)
26	 31.4	 25.9	*	날씨가 더울 (때) → 1. 天気が暑い 2. 暑い 3. 天気が温かい	77 5 –	51 26 2	41 18 7	169 (61.7) 49 (17.9) 9 (3.3)

				4. 天気が熱い	–	2	5	7 (2.6)
				5. 天気の暑い	–	–	7	7 (2.6)
				6. 暑い天気の	–	2	4	6 (2.2)
				7. 天候が暑い	–	1	2	3 (1.1)
				8. 気候があたたかい	1	1	–	2 (0.7)
	–	4.5		9. 気候が暑い	–	2	–	2 (0.7)
				10. あたたかい	–	1	1	2 (0.7)
	54.3	41.6		11. 気温が高い	1	–	–	1 (0.4)
	–	2.1		12. 気温が暑い	–	–	1	1 (0.4)
				その他	3	1	4	8 (2.9)
				無回答	3	2	3	8 (2.9)
				매워서 →				
	21.2	30.2	*	1. 辛くて	64	54	60	178 (65.0)
27	69.7	56.3		2. 辛いので	11	14	15	40 (14.6)
				3. 辛いから	9	15	14	38 (13.9)
				その他	3	7	2	12 (4.4)
				無回答	3	1	2	6 (2.2)
				(서양화)되어 →				
	6.1	19.7	*	1. になって	51	42	34	127 (46.4)
	9.1	14.6		2. されて	12	18	31	61 (22.3)
	75.8	56.1		3. して	7	13	18	38 (13.9)
28				4. になり	5	6	–	11 (4.0)
				5. なって	4	2	4	10 (3.6)
				6. なり	4	2	2	8 (2.9)
				その他	4	7	2	13 (4.7)
				無回答	3	1	2	6 (2.2)
				놀러 가서 →				
	91.4	87.3		1. 遊びに行って	60	60	59	179 (65.3)
			*	2. 遊んで行って	20	16	16	52 (19.0)
				3. たずねて	2	2	4	8 (2.9)
				4. 遊びに来て	1	3	4	8 (2.9)
29				5. 遊んできて	2	–	1	3 (1.1)
				6. 訪ねていって	1	–	2	3 (1.1)
				7. 遊びいって	–	2	1	3 (1.1)
	2.9	2.5		8. 行って	–	2	1	3 (1.1)
				その他	1	5	2	8 (2.9)
				無回答	3	1	3	7 (2.6)
				놓여 있(지요) →				
	–	5.0	*	1. 置いている	43	30	46	119 (43.4)
30	91.4	69.8		2. 置いてある	20	26	20	66 (24.1)
	8.6	11.8		3. 置かれている	11	16	16	43 (15.7)
				4. のっている	3	3	1	7 (2.6)
				5. 置かれてある	3	1	1	5 (1.8)

		3.4		6. ある	2	–	1	3 (1.1)
	–			7. おけている	–	3	–	3 (1.1)
		3.7		8. 並んでいる	–	2	–	2 (0.7)
				その他	3	8	5	16 (5.8)
				無回答	5	2	3	10 (3.6)
31				충분한데 →				
	23.3	31.2	*	1. 十分ですが	20	25	25	70 (25.5)
	43.3	24.0		2. 十分で	16	28	25	69 (25.2)
				3. 十分なのに	11	12	9	32 (11.7)
				4. 十分だが	6	2	8	16 (5.8)
				5. 十分して	7	4	2	13 (4.7)
	3.3	4.9		6. 十分なので	2	4	6	12 (4.4)
				7. 十分のに	5	1	1	7 (2.6)
				8. 十分するが	2	4	1	7 (2.6)
				9. 十分であるが	1	2	2	5 (1.8)
				10. 十分ですけど	2	–	2	4 (1.5)
				11. 十分	1	3	–	4 (1.5)
				12. 十分するのに	2	–	1	3 (1.1)
	20.0	18.3		13. 十分ですし	1	–	1	2 (0.7)
	–	2.8		14. 十分であり	1	–	–	1 (0.4)
				その他	9	4	7	20 (7.3)
				無回答	4	2	3	9 (3.3)
32				계속 먹어도 →				
	14.3	18.1		1. 食べ続けても	21	20	21	62 (22.6)
	–	2.0	*	2. 続いて食べても	17	11	16	44 (16.1)
	74.3	68.3		3. 続けて食べても	15	14	15	44 (16.1)
				4. 食べ続いても	13	5	16	34 (12.4)
				5. ずっと食べても	4	15	5	24 (8.8)
	5.7	5.0		6. 食べても	2	8	8	18 (6.6)
				7. つづき食べても	3	9	–	12 (4.4)
				8. 続く食べても	2	4	2	8 (2.9)
				9. 継続食べても	2	2	–	4 (1.5)
				その他	8	2	7	17 (6.2)
				無回答	3	1	3	7 (2.6)
33				그러면 →				
	21.2	15.2		1. では	33	35	25	93 (33.9)
	66.7	64.3		2. それでは	23	20	23	66 (24.1)
	3.0	8.6	*	3. それなら	13	15	10	38 (13.9)
				4. すると	11	4	7	22 (8.0)
				5. そうすると	1	1	5	7 (2.6)
				6. そうしたら	1	2	4	7 (2.6)
				7. さて	1	–	6	7 (2.6)
				8. そうなら	–	4	–	4 (1.5)

	6.1	2.0		9. そうすれば	–	2	2	4 (1.5)
				10. それで	1	–	2	3 (1.1)
				11. それから	–	1	–	1 (0.4)
				その他	4	5	7	16 (5.8)
				無回答	2	2	2	6 (2.2)
34				(소개)해 드리겠습니다 →				
			*	1. 紹介してあげます	45	39	14	98 (35.8)
	–	4.3		2. 紹介させていただきます	14	3	29	46 (16.8)
	5.9	8.7		3. 紹介したします	2	4	9	15 (5.5)
				4. 紹介してさしあげます	2	7	1	10 (3.6)
				5. 紹介していただきます	2	4	4	10 (3.6)
	17.7	28.6		6. 紹介します	1	2	6	9 (3.3)
				7. ご紹介申します	3	5	–	8 (2.9)
				8. 紹介してあげましょう	2	2	4	8 (2.9)
				9. 紹介申します	3	3	1	7 (2.6)
				10. ご紹介いたします	1	6	–	7 (2.6)
				11. 紹介してあげました	2	2	1	5 (1.8)
				12. 紹介させてあげます	2	1	2	5 (1.8)
				13. 紹介していたします	1	3	1	5 (1.8)
	52.9	35.8		14. 紹介しましょう	1	2	2	5 (1.8)
				15. 紹介しております	–	–	4	4 (1.5)
				16. 紹介しようと思います	–	–	2	2 (0.7)
	5.9	8.3		17. 紹介してみましょう	–	–	1	1 (0.4)
				その他	5	7	6	18 (6.6)
				無回答	4	1	6	11 (4.0)
35	69.4	71.0		알 수 있(도록) →				
				1. 分(わ)かる	29	50	55	134 (48.9)
			*	2. 知られる	26	10	6	42 (15.3)
				3. 知る	7	18	16	41 (15.0)
				4. 知れる	9	4	3	16 (5.8)
				5. 知ることができる	4	4	5	13 (4.7)
				6. わかれる	10	2	–	12 (4.4)
	2.8	3.5		7. 理解できる	1	–	2	3 (1.1)
				8. わかられる	1	–	2	3 (1.1)
				9. 分かることができる	–	1	2	3 (1.1)
				その他	1	1	1	3 (1.1)
				無回答	2	1	1	4 (1.5)
36	94.1	88.1		(무) 이외(에) →				
				1. 以外	40	50	35	125 (45.6)
				2. の外	16	15	23	54 (19.7)
	2.9	7.2	*	3. の以外	11	13	16	40 (14.6)
				4. 外	14	4	10	28 (10.2)

				5. そのほか	1	1	3	5 (1.8)
				6. の他	–	3	2	5 (1.8)
				7. その外	–	2	2	4 (1.5)
				その他	5	1	–	6 (2.2)
				無回答	3	2	2	7 (2.6)
				가늘게 →				
	14.7	27.4		1. 細く	59	67	76	202 (73.7)
	55.9	53.4	*	2. 細かく	6	9	8	23 (8.4)
				3. 細くて	8	3	3	14 (5.1)
37	2.9	2.4		4. ほそい	2	1	1	4 (1.5)
				5. 細かいに	3	–	–	3 (1.1)
				6. せまく	2	–	1	3 (1.1)
				7. 細いに	1	–	2	3 (1.1)
				8. うすく	–	2	–	2 (0.7)
				その他	7	6	1	14 (5.1)
				無回答	2	3	1	6 (2.2)
				섞은 →				
	82.9	79.6		1. 混ぜた	36	37	51	124 (45.3)
	2.9	6.6	*	2. 混ぜる	20	19	7	46 (16.8)
				3. 混じた	10	8	7	25 (9.1)
				4. 取り合わせる	3	4	2	9 (3.3)
				5. 混じった	1	3	4	8 (2.9)
	–	2.2		6. まぜて	1	1	5	7 (2.6)
				7. あわせる	4	1	–	5 (1.8)
38				8. あわせた	4	–	1	5 (1.8)
				9. まぜられた	1	–	4	5 (1.8)
				10. まじえた	2	–	2	4 (1.5)
				11. まぜあわせる	–	3	–	3 (1.1)
				12. 交ぜた	–	3	–	3 (1.1)
				13. まじる	–	1	2	3 (1.1)
	5.7	2.4		14. まぜあわせた	1	1	–	2 (0.7)
				その他	4	6	6	16 (5.8)
				無回答	3	4	2	9 (3.3)
				넣으면 →				
	11.4	11.6		1. 入れると	31	36	42	109 (39.8)
	2.9	10.0	*	2. 入れば	39	31	31	101 (36.9)
39	80.0	73.0		3. 入れれば	10	6	6	22 (8.0)
				4. 入れたら	1	12	5	18 (6.6)
				5. 入ると	3	1	5	9 (3.3)
				その他	3	4	2	9 (3.3)
				無回答	3	1	2	6 (2.2)
40				(김치)가 됩니다 →				
	51.6	62.6	*	1. になります	78	86	74	238 (86.9)

	25.8	19.4		2. ができます	2	1	11	14 (5.1)
	–	3.7		3. となります	3	2	4	9 (3.3)
				4. がなります	5	1	1	7 (2.6)
	9.7	6.4		5. が出来上がります	–	1	–	1 (0.4)
				その他	–	–	3	3 (1.1)
				無回答	2	–	–	2 (0.7)
41				이렇게 (해서) →				
			*	1. こんなに	46	35	29	110 (40.1)
	72.2	74.8		2. このように	18	34	35	87 (31.8)
	22.2	13.0		3. こう	13	6	23	42 (15.3)
				4. こんな	3	3	–	6 (2.2)
				5. こういうに	3	–	1	4 (1.5)
				6. こうして	1	2	–	3 (1.1)
				7. こういうふうに	–	2	–	2 (0.7)
	5.6	7.6		8. こんなふうに	–	1	–	1 (0.4)
				その他	4	4	5	13 (4.7)
				無回答	2	4	–	6 (2.2)
42				그런데 →				
	43.8	36.4		1. ところで	35	44	29	108 (39.4)
	21.9	39.5	*	2. ところが	39	24	32	95 (34.7)
				3. それで	3	9	12	24 (8.8)
	12.5	10.7		4. しかし	6	5	12	23 (8.4)
				5. さて	3	3	3	9 (3.3)
				6. それでは	–	2	2	4 (1.5)
				その他	3	4	3	10 (3.6)
				無回答	1	–	–	1 (0.4)
43				(가정)에 따라서 →				
	94.4	97.8		1. によって	36	61	62	159 (58.0)
			*	2. にしたがって	29	18	12	59 (21.5)
				3. について	14	4	6	24 (8.8)
				4. につれて	3	4	3	10 (3.6)
				5. にとって	2	1	3	6 (2.2)
				6. によっては	2	–	–	2 (0.7)
	–	4.4		7. により	1	–	–	1 (0.4)
				その他	–	–	3	3 (1.1)
				無回答	3	3	4	10 (3.6)
44				여러가지 (종류) →				
	77.1	77.3		1. いろいろな	56	56	54	166 (60.6)
	8.6	9.5		2. いろいろの	11	12	8	31 (11.3)
	–	4.4	*	3. いろんな	9	8	14	31 (11.3)
				4. いろいろ	10	7	10	27 (9.9)
	5.7	2.9		5. さまざまな	2	3	4	9 (3.3)
				6. 多くの	–	2	–	2 (0.7)
				その他	–	1	3	4 (1.5)

				無回答	2	2	–	4 (1.5)
45	37.1	29.3	*	(쓰지) 않고 → 1. 使わないで	34	51	45	130 (47.4)
	8.6	17.8		2. 使わなくて	34	23	28	85 (31.0)
				3. 使わなく	10	9	10	29 (10.6)
	28.6	29.8		4. 使わず	3	4	8	15 (5.5)
	20.0	20.0		5. 使わずに	3	1	1	5 (1.8)
				その他	3	–	–	3 (1.1)
				無回答	3	3	1	7 (2.6)
46	21.2	27.0	*	(김치)와 → 1. と	78	83	81	242 (88.3)
	69.7	62.3		2. や	5	4	10	19 (6.9)
				3. は	2	2	–	4 (1.5)
	–	2.1		4. とか	–	1	1	2 (0.7)
				その他	–	–	1	1 (0.4)
				無回答	5	1	–	6 (2.2)
47	86.1	75.6	*	어느 것 → 1. どれ	31	30	35	96 (35.0)
	–	2.4		2. どのもの	20	14	4	38 (13.9)
	5.6	11.8		3. どちら	7	11	19	37 (13.5)
				4. どんなもの	4	5	6	15 (5.5)
				5. どちらのほう	3	3	6	12 (4.4)
				6. どのこと	7	1	–	8 (2.9)
				7. どのほう	1	7	–	8 (2.9)
				8. どっちのほう	–	3	2	5 (1.8)
				9. どっち	–	1	4	5 (1.8)
				10. どんな	3	–	1	4 (1.5)
				11. どんなこと	3	1	–	4 (1.5)
				12. あるもの	1	–	3	4 (1.5)
				13. あること	1	1	2	4 (1.5)
				14. どれもの	–	2	2	4 (1.5)
				15. どれのほう	2	1	–	3 (1.1)
	–	2.1		16. どのキムチ	–	3	–	3 (1.1)
				17. いずれ	–	1	2	3 (1.1)
				18. どちらのもの	–	2	–	2 (0.7)
	–	2.1		19. どのようなもの	–	–	1	1 (0.4)
				その他	6	3	6	15 (5.5)
				無回答	1	2	–	3 (1.1)
48	100	98.6	*	뭐라고 → 1. 何と	44	40	34	118 (43.1)
				2. 何とも	15	32	41	88 (32.1)
				3. 何だと	7	5	5	17 (6.2)
				4. 何とか	5	2	7	14 (5.1)

				5. 何か		3	2	–	5 (1.8)
				6. なんでも		3	–	2	5 (1.8)
				7. なんという		1	2	–	3 (1.1)
				8. どうとも		–	3	–	3 (1.1)
				その他		5	4	3	12 (4.4)
				無回答		7	1	1	9 (3.3)
49	67.6	67.6		숨겨져 있습니다 →					
	8.6	26.8	*	1. 隠されています	24	32	46	102 (37.2)
				2. 隠れています	12	16	15	43 (15.7)
				3. 隠されてあります	18	2	3	23 (8.4)
				4. 隠してあります	9	9	2	20 (7.3)
				5. 隠しています	8	6	5	19 (6.9)
				6. 隠れられています	6	2	5	13 (4.7)
				7. 隠れてあります	3	8	2	13 (4.7)
				8. 潜んでいます	–	3	3	6 (2.2)
				9. 入っています	–	3	1	4 (1.5)
				10. 潜んであります	–	1	2	3 (1.1)
				その他	8	5	9	22 (8.0)
				無回答	2	4	–	6 (2.2)
50	51.5	40.9		있는 것 같습니다 →					
	21.2	16.6	*	1. あるようです	37	50	43	130 (47.4)
				2. ありそうです	30	21	22	73 (26.6)
				3. あるらしいです	5	8	17	30 (10.9)
				4. あるのようです	5	3	–	8 (2.9)
	–	5.0		5. あるそうです	3	2	1	6 (2.2)
				6. いること	1	–	3	4 (1.5)
				7. あると思います	2	–	1	3 (1.1)
				その他	4	3	6	13 (4.7)
				無回答	3	4	–	7 (2.6)
51	91.2	85.9		어디서 →					
	5.9	6.4	*	1. どこから	41	64	64	169 (61.7)
	–	6.2		2. どこで	47	27	25	99 (36.1)
				3. どこに	2	–	3	5 (1.8)
				無回答	–	–	1	1 (0.4)
52	94.3	94.0		(생각)으로→					
			*	1. では	28	44	51	123 (44.9)
				2. で	45	29	23	97 (35.4)
				3. には	8	8	9	25 (9.1)
				4. に	6	5	4	15 (5.5)
	5.7	3.3		5. は	2	4	2	8 (2.9)
				その他	1	–	1	2 (0.7)
				無回答	–	1	3	4 (1.5)

53	62.9	58.4		(있다)고 봅니다→				
				1. と思います	38	49	54	141 (51.5)
	2.9	9.8	*	2. とみます	45	34	22	101 (36.9)
	5.7	4.8		3. と考えます	2	4	1	7 (2.6)
				4. とみえます	-	1	5	6 (2.2)
	14.3	8.5		5. と思われます	-	1	3	4 (1.5)
	2.9	2.0		6. と見られます	-	1	-	1 (0.4)
				その他	4	-	6	10 (3.6)
				無回答	1	1	2	4 (1.5)
54	47.2	50.9		나지 않을→				
			*	1. 出ない	60	55	68	183 (66.8)
				2. 出さない	14	16	8	38 (13.9)
				3. しない	4	8	-	12 (4.4)
				4. でられない	2	4	5	11 (4.0)
				5. できない	3	3	1	7 (2.6)
				6. ならない	-	3	1	4 (1.5)
				7. つかない	-	1	2	3 (1.1)
	52.8	44.4		8. だせない	-	-	2	2 (0.7)
				その他	5	1	2	8 (2.9)
				無回答	2	-	4	6 (2.2)
55	66.7	68.0		이 (보다) →				
				1. これ	34	75	77	186 (67.9)
			*	2. この	50	15	13	78 (28.5)
				3. それ	4	1	-	5 (1.8)
	-	3.6		4. なに	1	-	-	1 (0.4)
	19.4	11.8		5. それ	-	-	1	1 (0.4)
				その他	-	-	2	2 (0.7)
				無回答	1	-	-	1 (0.4)
56	42.9	35.8	*	(정성)은 →				
				1. は	85	87	69	241 (88.0)
				2. というのは	4	2	12	18 (6.6)
	57.1	59.4		3. とは	-	2	11	13 (4.7)
				その他	-	-	1	1 (0.4)
				無回答	1	-	-	1 (0.4)
57	40.0	34.3		에 대한 →				
				1. に対する	23	39	47	109 (39.8)
	-	2.2	*	2. について	32	22	9	63 (23.0)
				3. に対した	9	8	16	33 (12.0)
				4. についた	7	6	6	19 (6.9)
	-	2.3		5. についての	5	6	5	16 (5.8)
				6. に対して	4	2	2	8 (2.9)
	5.7	4.3		7. に対しての	3	2	2	7 (2.6)

				8. にかんした	–	2	1	3 (1.1)
				9. における	2	–	–	2 (0.7)
	11.4	5.0		10. にとって		1	–	1 (0.4)
				その他	1	3	4	8 (2.9)
				無回答	4	–	1	5 (1.8)
				(예) 계신 →				
			*	1. いらっしゃる	34	36	34	104 (38.0)
	97.1	89.8		2. いる	29	40	42	111 (40.5)
	2.9	2.2		3. 住んでいる	5	4	4	13 (4.7)
				4. いられる	4	4	2	10 (3.6)
58				5. おる	4	3	2	9 (3.3)
				6. おられる	3	1	1	5 (1.8)
				7. いらっしゃった	–	2	3	5 (1.8)
				8. ある	2	1	1	4 (1.5)
				その他	8	–	2	10 (3.6)
				無回答	1	–	2	3 (1.1)
				(어머니)한테 →				
	9.4	4.8	*	1. に	83	75	75	233 (85.0)
	34.4	48.6		2. のところに	1	7	10	18 (6.6)
59	34.4	21.8		3. のところへ	2	3	3	8 (2.9)
				4. へ	1	4	2	7 (2.6)
				その他	1	2	2	5 (1.8)
				無回答	2	–	1	3 (1.1)
				생각나 →				
	–	5.0	*	1. 思い出して	31	37	35	103 (37.6)
	80.0	71.6		2. 思い出されて	25	24	28	77 (28.1)
				3. 思い出て	5	6	5	16 (5.8)
	5.7	7.4		4. 思い出され	6	3	2	11 (4.0)
				5. 浮かんで	–	5	2	7 (2.6)
60				6. 思われて	3	1	2	6 (2.2)
				7. 考えて	2	1	–	3 (1.1)
				8. 思って	2	–	1	3 (1.1)
				9. 思い出すので	1	–	2	3 (1.1)
				10. 思い浮かんで	–	–	3	3 (1.1)
				その他	12	14	10	36 (13.1)
				無回答	3	–	3	6 (2.2)
				(공장)에서 →				
	20.0	17.6	*	1. で	60	60	49	169 (61.7)
	2.9	5.1		2. から	20	20	28	68 (24.8)
61	48.6	55.1		3. に	5	10	12	27 (9.9)
	25.7	20.3		4. へ	–	–	1	1 (0.4)
				その他	1	–	1	2 (0.7)

					4	1	2	7 (2.6)
				無回答	4	1	2	7 (2.6)
62	88.9	93.6	*	(주문)시켜 →				
				1. 注文させて	68	52	48	168 (61.9)
				2. 注文して	14	29	38	81 (29.6)
				3. 注文されて	6	1	4	11 (4.0)
				4. 注文させたり	–	3	–	3 (1.1)
				5. 注文してもらって	–	1	2	3 (1.1)
				その他	–	4	1	5 (1.8)
				無回答	2	1	–	3 (1.1)
63	97.2	97.0	*	(김치)를 먹는 방법 →				
				1. を食べる方法	36	45	31	112 (40.9)
				2. を食べ方	30	28	15	73 (26.6)
				3. の食べ方	8	10	27	45 (16.4)
				4. を食べるが	10	7	10	27 (9.9)
				5. を食べる	1	–	4	5 (1.8)
				その他	5	1	5	11 (4.0)
				無回答	–	–	1	1 (0.4)
64	43.846.9	54.9 39.6	*	먹어야 →				
				1. 食べるのが	28	21	30	79 (28.8)
				2. 食べるほうが	7	19	21	47 (17.2)
				3. 食べると	14	15	11	40 (14.6)
				4. 食べれば	6	9	–	15 (5.5)
	6.3	2.9		5. 食べることが	3	3	9	15 (5.5)
				6. 食べてこそ	7	5	2	14 (5.1)
				7. 食べたら	2	7	3	12 (4.4)
				8. 食べたほうが	1	–	9	10 (3.6)
				9. 食べ	4	–	–	4 (1.5)
				10. 食べて	3	1	–	4 (1.5)
				11. 食べなければ	1	3	–	4 (1.5)
				12. 食べるべき	–	3	1	4 (1.5)
				その他	10	5	6	21 (7.7)
				無回答	4	–	1	5 (1.8)
65	9.1 12.1 51.5	13.7 19.0 45.3	*	(쉬)어지면 →				
				1. なると	47	44	49	140 (51.1)
				2. なれば	21	21	15	57 (20.8)
				3. なったら	13	17	19	49 (17.9)
				4. すると	–	1	2	3 (1.1)
	3.0	2.1		5. なった時は	–	1	–	1 (0.4)
				その他	5	2	3	10 (3.6)
				無回答	4	5	5	14 (5.1)
66	94.3 2.9	82.9 8.2	*	있습니다 →				
				1. います	75	76	77	228 (83.2)
				2. あります	15	15	16	46 (16.8)

				이야기하려고 (합니다) →				
	58.8	47.0		1. 話そう	39	44	32	115 (42.0)
	2.9	3.2	*	2. はなしよう	32	26	33	91 (33.2)
				3. 語ろう	2	1	4	7 (2.6)
				4. 話したい	–	–	7	7 (2.6)
	5.9	19.0		5. 話をしよう	2	1	3	6 (2.2)
				6. 言おう	3	1	1	5 (1.8)
67				7. 話す	2	–	2	4 (1.5)
				8. 話せよう	–	4	–	4 (1.5)
	14.7	15.5		9. お話しよう	1	–	2	3 (1.1)
				10. 述べよう	–	–	3	3 (1.1)
				11. 話をしてみよう	2	–	–	2 (0.7)
				12. はなししよう	–	2	–	2 (0.7)
	5.9	6.0		13. 話したい	–	1	–	1 (0.4)
				その他	7	6	4	17 (6.2)
				無回答	–	5	2	7 (2.6)
				(있다)고 합니다 →				
	78.1	53.8		1. そうです	38	48	48	134 (48.9)
	6.3	17.6		2. と言います	24	27	28	79 (28.8)
	12.5	15.2	*	3. とします	17	10	7	34 (12.4)
68				4. とそうです	4	–	1	5 (1.8)
				5. といいました	1	1	2	4 (1.5)
				6. そうだ	1	–	2	3 (1.1)
				その他	3	4	3	10 (3.6)
				無回答	2	1	2	5 (1.8)
				보내 준 →				
	20.6	33.0	*	1. 送ってくれた	28	33	33	94 (34.3)
				2. 送った	9	10	13	32 (11.7)
	61.8	44.1		3. 送ってもらった	8	11	8	27 (9.9)
				4. 送られた	8	4	11	23 (8.4)
				5. 送ってくれる	8	3	2	13 (4.7)
				6. 送れた	3	3	3	9 (3.3)
				7. とどけた	5	–	1	6 (2.2)
69				8. 送る	1	5	–	6 (2.2)
				9. 送られてきた	2	–	3	5 (1.8)
				10. おくってやる	1	1	2	4 (1.5)
				11. やってくれた	2	–	1	3 (1.1)
				12. 送ってくる	–	1	2	3 (1.1)
				13. もらった	–	–	3	3 (1.1)
	17.7	20.2		14. 送ってきた	–	2	–	2 (0.7)
				その他	12	13	4	29 (10.6)
				無回答	3	5	7	15 (5.5)

70	97.1	97.0	*	섞어 →				
				1. 混ぜて	47	48	54	149 (54.4)
				2. 混じて	8	12	14	34 (12.4)
				3. 交えて	9	1	3	13 (4.7)
				4. 取り合わせて	6	5	2	13 (4.7)
				5. 混じって	5	2	5	12 (4.4)
				6. 入れて	3	6	3	12 (4.4)
				7. 混ぜ合わせて	6	2	3	11 (4.0)
				8. 合わせて	1	2	2	5 (1.8)
				9. 加えて	–	2	2	4 (1.5)
				10. 取り混ぜて	–	3	–	3 (1.1)
				その他	2	6	3	11 (4.0)
				無回答	3	2	2	7 (2.6)
71	15.6 43.8	17.7 38.7	*	잘 (되지는) →				
				1. よく	80	72	70	222 (81.0)
				2. うまく	5	11	14	30 (11.0)
				3. なかなか	3	1	4	8 (2.9)
				4. よくは	–	4	1	5 (1.8)
				5. 上手に	–	2	–	2 (0.7)
				その他	–	1	–	1 (0.4)
				無回答	2	–	4	6 (2.2)
72	75.8 3.0 15.2	55.7 5.3 20.2	*	(배추 자체)가 아니고 →				
				1. では(じゃ)なくて	21	27	35	83 (30.3)
				2. では(じゃ)なく	7	35	34	76 (27.7)
				3. がなくて	19	12	7	38 (13.9)
				4. では(じゃ)ないで	13	4	4	21 (7.7)
				5. でなく	5	5	3	13 (4.7)
				6. がないで	6	3	3	12 (4.4)
				7. がなく	4	–	1	5 (1.8)
				8. でなくて	1	2	1	4 (1.5)
				9. がないし	3	–	–	3 (1.1)
				10. はないで	3	–	–	3 (1.1)
				11. はなくて	2	–	1	3 (1.1)
				その他	6	1	2	9 (3.3)
				無回答	–	2	2	4 (1.5)
73	60.6	55.8	*	어떤 (학자는) →				
				1. ある	55	64	67	186 (67.9)
				2. どんな	31	22	25	78 (28.5)
				3. どの	1	2	1	4 (1.5)
				その他	2	2	–	4 (1.5)
				無回答	1	1	–	2 (0.7)
74	79.4	79.5		때문이(라고) →				
				1. からだ	29	36	37	102 (37.2)

	8.8	11.8	*	2. から	21	32	18	71 (25.9)
				3. ためだ	15	18	12	45 (16.4)
				4. ため	9	4	2	15 (5.5)
				5. ので	4	–	2	6 (2.2)
				6. のでだ	3	1	1	5 (1.8)
				7. からである	–	–	3	3 (1.1)
				その他	9	–	15	24 (8.8)
				無回答	–	–	3	3 (1.1)
				(배추가) 가진 →				
	22.2	20.4		1. 持っている	37	40	39	116 (42.3)
	66.7	56.9		2. 持つ	18	23	24	65 (23.7)
75	8.3	19.9	*	3. 持った	20	22	23	65 (23.7)
				4. ある	3	–	2	5 (1.8)
				5. 持って	2	1	2	5 (1.8)
				6. 含む	3	–	–	3 (1.1)
				7. 持っていた	2	1	–	3 (1.1)
				その他	4	3	2	9 (3.3)
				無回答	1	1	1	3 (1.1)
				쉬는 날 →				
	41.7	37.6		1. 休みの日	35	28	34	97 (35.4)
	58.3	57.5		2. 休日	15	20	19	54 (19.7)
			*	3. 休む日	22	18	13	53 (19.3)
				4. 休み	10	10	14	34 (12.4)
76				5. 休み日	2	6	3	11 (4.0)
				6. お休みの日	1	1	4	6 (2.2)
				7. 休の日	2	2	–	4 (1.5)
				8. 休むの日	1	2	–	3 (1.1)
				その他	2	4	5	11 (4.0)
				無回答	–	–	1	1 (0.4)
				꼭 (권합니다) →				
	–	2.7	*	1. きっと	36	31	33	100 (36.5)
	55.6	44.5		2. ぜひ	43	38	44	125 (45.6)
77				3. かならず	9	15	9	33 (12.0)
				4. ちょうど	–	–	3	3 (1.1)
				5. 切に	–	2	–	2 (0.7)
				その他	2	3	2	7 (2.6)
				無回答	–	2	2	4 (1.5)
				권합니다 →				
	26.5	40.4	*	1. 勧めます	59	67	45	171 (62.4)
78				2. 誘います	19	4	11	34 (12.4)
	67.7	55.8		3. お勧めします	3	8	7	18 (6.6)
				4. すすみます	–	1	6	7 (2.6)
				5. お勧めます	3	2	1	6 (2.2)

				6. お願いします	1	1	2	4 (1.5)
				7. おすすめしたいです	–	–	3	3 (1.1)
				8. すすめたいです	–	–	3	3 (1.1)
				その他	3	4	9	16 (5.8)
				無回答	2	4	6	12 (4.4)
79	20.6	14.0	*	매우니까 →				
	79.4	79.4		1. 辛いから	71	64	44	179 (65.3)
	–	4.6		2. 辛いので	17	23	30	70 (25.5)
				3. 辛いですから	–	1	12	13 (4.7)
				4. 辛いだから	–	–	4	4 (1.5)
				その他	1	3	1	5 (1.8)
				無回答	1	–	2	3 (1.1)
80	100	97.8	*	(만들어) 보세요 →				
				1. みなさい	40	33	38	111 (40.5)
				2. みてください	30	36	26	92 (33.6)
				3. みましょう	13	15	15	43 (15.7)
				4. ごらんなさい	5	2	8	15 (5.5)
				5. みよう	–	1	3	4 (1.5)
				その他	–	4	2	6 (2.2)
				無回答	2	–	1	3 (1.1)
81	–	2.3		쉽게 →				
				1. やさしく	40	36	27	103 (37.6)
			*	2. やすく	21	21	20	62 (22.6)
	30.6	27.1		3. たやすく	1	10	12	23 (8.4)
	55.6	60.7		4. 簡単に	5	6	7	18 (6.6)
				5. やすくて	4	–	6	10 (3.6)
				6. やすい	3	3	2	8 (2.9)
				7. 安く	2	4	2	8 (2.9)
				8. 容易に	–	3	4	7 (2.6)
				9. やさしい	3	1	1	5 (1.8)
				10. すぐ	3	–	1	4 (1.5)
				11. 手軽に	1	2	–	3 (1.1)
				12. 手軽	–	–	3	3 (1.1)
				13. よく	–	–	2	2 (0.7)
				その他	6	5	3	14 (5.1)
				無回答	1	–	3	4 (1.5)
82	69.7	58.5		매운 게 →				
	6.1	19.0	*	1. 辛いの	56	48	66	170 (62.0)
				2. 辛いこと	18	26	13	57 (20.8)
	24.2	20.3		3. 辛いもの	9	4	6	19 (6.9)
				4. 辛さ	–	1	5	6 (2.2)
				5. 辛くて	–	3	1	4 (1.5)

				6. 辛味	–	2	–	2 (0.7)
				その他	6	7	1	14 (5.1)
				無回答	1	–	1	2 (0.7)
83	9.1 12.1 75.8	23.9 6.2 63.6	*	맛이 맵지 (않아서) → 1. 味が辛く 2. 味は辛く 3. φ辛く その他 無回答	78 7 5 – –	62 18 10 – 1	63 10 18 1 1	203 (74.1) 35 (12.8) 33 (12.0) 1 (0.4) 2 (0.7)
84	91.7	97.1	*	것이 아닐(까요) → 1. のでは(じゃ)ない 2. のがない 3. ことでは(じゃ)ない 4. ことがない 5. のはない 6. ものでは(じゃ)ない 7. ものがない 8. ことはない 9. んでは(じゃ)ない その他 無回答	24 24 8 15 9 1 4 1 2 2 –	40 9 15 10 7 2 – 3 1 4 1	43 12 22 5 3 4 1 – – 1 2	107 (39.1) 45 (16.4) 45 (16.4) 30 (10.9) 19 (6.9) 7 (2.6) 5 (1.8) 4 (1.5) 3 (1.1) 7 (2.6) 2 (0.7)

注 1.答えの種類は2人以上のものだけを示した。ただし日本語母語話者の訂正と同じものは、1人だけのものも示した。
　2.答えの種類の中で、φ印は空白を示す。
　3.「その他」はすべて1人だけのものである。
　4.問5には*印が2つあるが、それは2つの誤りを合わせて評価の材料としたためである。
　5.問22。翻訳の正答は可能表現の「見ることができます」「見られます」なので、「見えます」を評価の材料としたが、「見ます」と訂正した割合が最も高かった。
　6.問31。翻訳の正答は「十分ですし」なので、「十分ですが」を評価の材料としたが、「十分で」と訂正した割合が最も高かった。
　7.問37。大根を線状に切ることで、「細かい(ひじょうに小さい様子)」より「細い(太くない)」のほうが正しい。
　8.問40。文脈上「なる(ある状態からある状態に変わる)」より「できる(完成する、できあがる)」のほうが正しい。
　9.問54。翻訳の正答は「出ない」なので、「出さない」を評価の材料としたが、「出せない」と訂正した割合も高かった。

　学年の人数には差があるが、答えの種類は学年別に大きな差がない。また、学年全体において1～2種類の答えが大部分(50%以上)(問5、問32、問47、問64、問69を除いて)を占めている。各問題においての学習レベル別、詳しい答えの種類は表3-5を参照のこと。

3.7.2 問題別最も頻度の高い、誤りの原因と種類

問題別に最も頻度の高い誤り(誤答)を評価の材料とした。誤りの原因・種類とその重要度との関係を調べるために、以下において、評価の材料である誤りの原因と種類について説明したい。

3.7.2.1 誤りの原因

従来、学習者の言語運用上での誤りに対する原因の説明はあまりにも複雑すぎる。それでここでは教授・学習(原因別の誤りに対する評価の活用)の便宜上、誤りの根本的な原因とは無関係に、観察可能な表層的特性によって、母語からの干渉によるもの(interference errors)と母語からの干渉以外のもの(non-interference errors)に分けた。前者は学習者の母語(韓国語)の構造を反映して、無意識に直訳ストラテジーを使用したものである。後者は目標言語内部の構造そのものが困難であったり、または既に学習した言語規則を未知の構造に適用しようとした際のものである。

一方、誤りの原因別の数は表3-6(「誤りの原因別の数」)からわかるように、両者ともに42個で同じである。

表3-6 誤りの原因別の数

誤りの原因		84個の誤り　　　　　　　(例の番号は付録2を参照のこと)
韓国語の干渉による誤り	42個 (50.0%)	1、2、3、5、8、9、10、12、14、15、19、20、23、24、25、26、28、34、38、40、43、46、47、48、52、53、55、56、58、59、61、62、63、64、68、69、72、74、76、80、83、84
韓国語の干渉以外 (日本語内)の誤り	42個 (50.0%)	4、6、7、11、13、16、17、18、21、22、27、29、30、31、32、33、35、36、37、39、41、42、44、45、49、50、51、54、57、60、65、66、67、70、71、73、75、77、78、79、81、82

3.7.2.2 各問題の誤りの原因

評価の材料とした誤りの表層的な原因については「3.5 調査に用いた誤り」を参照のこと。

3.7.2.3　誤りの49種類

　表3-7は「誤りの49種類の内訳」を示している。表3-7からわかるように、84個の誤り(評価の材料)の49種類は大きく語彙論的な誤り、形態論的な誤り、シンタクス・意味論的な誤りの3つの領域に分けられる[3](→3章の注2)。語彙論的なものは15種類(26個の誤り)、形態論的なものは1種類(3個の誤り)、シンタクス・意味論的なものは33種類(55個の誤り)である。またシンタクス・意味論的なものは6つに分けられるが、それは補語の8種類(12個の誤り)、ヴォイスの6種類(12個の誤り)、テンス・アスペクトの2種類(2個の誤り)、接続の10種類(16個の誤り)、モダリティの6種類(11個の誤り)、表現の1種類(2個の誤り)などである。(以下において語彙論的な誤りは「語彙」と、形態論的な誤りは「形態」と、そしてシンタクス・意味論的な誤りは「統語」と略称する。)

表3-7　誤りの49種類の内訳

	誤りの種類(49) <[　]:略語>	問題文 <(　)内の番号は付録2を参照のこと>	誤りの数(84)
	1. 語彙論		26
1	1.1 品詞の取り違え [品詞]	・キムチは世界的に関心が高まっている最も理想的な発酵食品**で**有名(8)**し**、最近には輸出**まで**もしています。 ・**ところが**キムチは地方と家族にし**たがって**使う材料と量が違い、(44)**いろいろ**の種類があります。	2
2	1.2 動詞[V]	・私は故郷に(58)**いらっしゃる**母に行ってくると、何日間も母の作ったキムチの味が**思い出して**さびしくなります。 ・食べられないほどすっぱくして食べる人も(66)**あり**ます。	2
3	1.3 補助動詞 [複V]	・しかし食生活がだんだん西洋化**になって**いっても、今も韓国のどの家に**遊んで行って**食事をしてみても、食卓においしそうなキムチがいつも(30)**置いている**でしょう。	1
4	1.4 慣用的な動詞句 [VP]	・しかし食生活がだんだん西洋化(28)**になって**いっても、今も韓国のどの家に(29)**遊んで行って**食事をしてみても、食卓においしそうなキムチがいつも**置いている**でしょう。 ・私はおかずにキムチさえあれば十分**ですが**、毎日キムチだけを(32)**続いて食べても**飽きません。	3
5	1.5 形容詞 [A]	・大根は(37)**細かく**千切りにして、ねぎは3~4センチぐらいに切ります。	1
6	1.6 ダ	・それは白菜自体(72)**がなくて**、白菜の漬け具合が違うからです。	2

		・それは両国の個性が違う(74)**から**と思います。	
7	1.7 名詞(漢語) [N(漢)]	・私は韓国の大学で(1)**日語**を勉強している学生です。 ・今日は韓国の代表的な(2)**飲食**の一つであるキムチについて紹介しようと思います。	2
8	1.8 名詞[N]	・そのころ市場に**行ったら**産地から運んできたばかりの白菜(19)**たち**が山と**積もっていること**をよく**見えます**。 ・漬物(キムヂャンのキムチ)は春が来る(25)**時**まで食べるので、すっぱくならないように土の中に埋めます。 ・私は故郷に**いらっしゃる**母(59)**に**行ってくると、何日間も母の作ったキムチの味が**思い出して**寂しくなります。	3
9	1.9 副詞[Ad]	・皆さんはキムチ**を考えれば**(6)**先に**何が思い浮かびますか。 ・忙しい方は**休む日**に家族の皆で韓国料理店に行って、キムチを食べてみることを(77)**きっと**　勧めます。	2
10	1.10 連体詞 [AN]	・それで(73)**どんな**学者は両国の文化の違いについてたとえ種は同じでも花は違うと言っています。	1
11	1.11 コソア	・しかし(55)**この**よりもっと大切なのは真心です。	1
12	1.12 不定語 [不定]	・(47)**どのもの**がおいしいか判断するのは難しいです。 ・そしてそこには(48)**なんと**言えない味わいが**隠れて**います。	2
13	1.13 数量詞 [数]	・キムヂャンというものは冬の間に食べるキムチを(16)**一回**に漬ける**の**を言います。	1
14	1.14 接続詞 [C]	・(33)**それなら**、キムチとはいったいどんな食べ物か、漬け方と味について紹介**してあげます**。 ・(42)**ところが**キムチは地方と家庭**にしたがって**使う材料と量が違い、**いろいろの**種類があります。	2
15	1.15 熟語	・普通はすっぱくなるまえに食べる(64)**の**がいいです。	1
	2.　形態論		3
16	2.1 活用	・キムチを食べてみた人**が**多いと思いますが、(13)**辛いでした**か。 ・このよく**混ぜる**薬味を塩漬にした白菜の中に(39)**入れば**キムチに**なります**。 ・終わりに韓・日両国の文化の違いの一面を見せてくれるキムチと日本の漬物について(67)**話しよう**と思います。	3
	3.　シンタクス・意味論		55
	3.1　補語		12
17	3.1.1 格助詞 ニ [格ニ]	・昔(15)**には**キムヂャンが韓国の女性たちにとって一年中で最も大きな行事の一つでした。 ・ほとんどの家庭**は**遅くとも12月初め(24)**までは**キムヂャンを終えて冬の準備をします。 ・しかしこのごろはキムチの商品化が本格的になり、買って食べたり、工場(61)**で**直接注文**させて**食べることもできます。	3
18	3.1.2. 格助詞 デ	・キムチは世界的に関心が高まっている最も理想的な発酵食品**で**有	2

	[格デ]	・名し、最近(9)には輸出までもしています。 ・ほとんどの家庭(23)は遅くとも12月初めまではキムチャンを終えて冬の準備をします。	
19	3.1.3 格助詞ト[格ト]	・真心(56)は愛する家族について母の心です。	1
20	3.1.4 格助詞カラ [格カラ]	・では、いったいこのようなキムチの味はどこ(51)で出てくるのでしょうか。	1
21	3.1.5 格助詞ニヨッテ [格ニヨッテ]	・ところがキムチは地方と家庭(43)にしたがって使う材料と量が違い、いろいろの種類があります。	1
22	3.1.6 格助詞トシテ [格トシテ]	・キムチは世界的に関心が高まっている最も理想的な発酵食品(7)で有名し、最近には輸出までもしています。	1
23	3.1.7 格助詞ニツイテ [格ニツイテ]	・真心は愛する家族(57)について母の心です。	1
24	3.1.8 連体助詞ノ [ノ連]	・材料は白菜、大根(36)の以外にしおから、とうがらし、にんにく、ねぎ、しょうがなどです。 ・キムチ(63)を食べ方もさまざまです。	2
	3.2　ヴォイス		12
25	3.2.1 受け身 [受身]	・韓国は世界でも料理法がよく発達(3)された国の一つです。 ・そのころ市場に行ったら産地から運んできたばかりの白菜たちが山と(20)積もっている ことをよく見えます。 ・そしてそこにはなんと言えない味わいが(49)隠れています。	3
26	3.2.2 使役	・しかしこのごろはキムチの商品化が本格的になり、買って食べたり、工場で直接注文(62)させて食べることもできます。	1
27	3.2.3 可能	・そのころ市場に行ったら産地から運んできたばかりの白菜たちが山と積もっていることをよく(22)見えます。 ・キムチの中でも最も一般的な白菜のキムチの漬け方について簡単に(35)知られるように説明いたします。 ・このよく混ぜる薬味を塩漬にした白菜の中に入ればキムチ(40)になります。	3
28	3.2.4 自発	・私は故郷にいらっしゃる母に行ってくると、何日間も母の作ったキムチの味が(60)思い出して寂しくなります。	1
29	3.2.5 自他の区別 [自他]	・韓国でとれる材料でなければ、その味が(54)出さないかもしれません。 ・日本の漬物に国から送ってくれた薬味を(70)混じて、故郷の味を出そうとしたが、思うようによくできなかったそうです。	2
30	3.2.6 やりもらい [受給]	・それなら、キムチとはいったいどんな食べ物か、漬け方と味について紹介(34)してあげます。 ・日本の漬物に国から送っ(69)てくれた薬味を混じて、故郷の味を出そうとしたが、思うようによくできなかったそうです。	2

	3.3 テンス・アスペクト		2
31	3.3.1 タ	・このよく(38)<u>混ぜる</u>薬味を塩漬にした白菜の中に<u>入れば</u>キムチに<u>なります</u>。	1
32	3.3.2 ル	・キムチは白菜の(75)<u>持った</u>生気をできるだけ生かしており、漬物はその生気を円満に中和させています。	1
	3.4 接続		16
33	3.4.1 条件	・そのころ市場に(18)<u>行ったら</u>産地から運んできたばかりの白菜<u>たち</u>が山と<u>積もっている</u><u>こと</u>をよく<u>見えます</u>。 ・しかし漬けてから時間が経ってどんどんすっぱく(65)<u>なれば</u>どうしたらいいでしょうか。	2
34	3.4.2 テ形	・例えば、とうがらしを使わ(45)<u>なくて</u>塩で味をつけた塩辛いキムチ<u>と</u>水をたくさん入れた水キムチのようなものもあります。	1
35	3.4.3 連用形	・日本だけでななく(4)<u>て</u>、ほかのいろいろな国でも韓国料理店を経営して成功した人々の話をたびたび聞きます。	1
36	3.4.4 動詞句の並立 ［並V］	・このころの子供たちはキムチが匂うし、(27)<u>辛くて</u>嫌っているようです。 ・私はおかずにキムチさえあれば十分(31)<u>ですが</u>、毎日キムチだけを<u>続いて食べても</u>飽きません。	2
37	3.4.5 名詞句の並立 ［並N］	・例えば、とうがらしを使わ<u>なくて</u>塩で味をつけた塩辛いキムチ(46)<u>と</u>水をたくさん入れた水キムチのようなものもあります。	1
38	3.4.6 副詞的連用修飾 ［副用］	・キムチは(41)<u>こんなに</u>して二・三日発酵させたあとで食べます。 ・日本の漬物に国から送っ<u>てくれた</u>薬味を<u>混じて</u>、故郷の味を出そうとしたが、思うように(71)<u>よく</u>できなかったそうです。 ・誰でも(81)<u>やすく</u>作ることができます。	3
39	3.4.7 連体修飾［体修］	・忙しい方は(76)<u>休む日</u>に家族の皆で韓国料理店に行って、キムチを食べてみることを<u>きっと</u>勧めます。 ・(82)<u>辛いこと</u>が気になる方は辛くないとうがらしを使えば大丈夫です。	2
40	3.4.8 名詞節	・キムヂャンというものは冬の間に食べるキムチを一回に漬ける(17)<u>の</u>を言います。 ・そのころ市場に<u>行ったら</u>産地から運んできたばかりの白菜<u>たち</u>が山と<u>積もっている</u>(21)<u>こと</u>をよく<u>見えます</u>。	2
41	3.4.9 引用	・皆さんはキムチ(5)<u>を考えれば</u> <u>先</u>に何が思い浮かびますか。	1
42	3.4.10 原因・理由 ［原因］	・初めは辛い(79)<u>から</u>あまり食べすぎないようにしてください。	1
	3.5 モダリティ		11
43	3.5.1 取り立て詞ハ ［取立ハ］	・キムチを食べてみた人(12)<u>が</u>多いと思いますが、<u>辛いでした</u>か。 ・私の考え(52)<u>で</u>キムチの味は材料の選択にある<u>とみます</u>。	2

44	3.5.2 取り立て詞ダケ ［取立ダケ］	・初めキムチはとうがらしを使わないで塩(11)**ばかり**を使って作りました。	1
45	3.5.3 取り立て詞マデ ［取立マデ］	・キムチは世界的に関心が高まっている最も理想的な発酵食品**で**有名**し**、最近**には**輸出(10)**まで**もしています。	1
46	3.5.4 ムード	・辛くて、甘くて、すっぱくて、塩辛くて、そして苦味も少しは(50)**ありそう**です。 ・私の考え**で**キムチの味は材料の選択にある(53)**とみます**。 ・日本に留学した友達は、キムチが食べたくなって白菜の漬物を使ってキムチを作ったことがある(68)**とします**。	3
47	3.5.5 スタイル［スタイル］	・忙しい方は**休む日**に家族の皆で韓国料理店に行って、キムチを食べてみることを**きっと**(78)**勧めます**。 ・作り方も簡単ですから、めんどうだと思わないで作ってみ(80)**なさい**。	2
48	3.5.6 ノダ	・しかし「キムチはどうしてこんなに(14)**辛いです**か。」と尋ねる人はいません。 ・文化交流というのは、このような簡単なことから始まる(84)**のがない**でしょうか。	2
	3.6　表現		2
49	3.6.1 表現	・普通(26)**天気が暑い**時キムチは冷蔵庫に保管します。 ・真っ赤なのに食べてみたら(83)**味が**辛くないのでびっくりすることもあります。	2

3.7.3　評価の材料の回答数

　表3-8は「評価の材料の回答数」を示している。表3-8からわかるように、評価の材料(誤り)の回答数の割合は、学習レベルが低い順に、すなわち2年生、3年生、4年生の順に高い。したがって、学習の時間が多いほど、誤りの頻度は少なくなるといえる。

　また、2年生と3年生、3年生と4年生それぞれの差は小さいが、これは韓国人日本語教師が誤りの分析を通じて、学習(翻訳)上の問題点を十分に把握、指導していないためであろう。

表3-8　評価の材料の回答数

学習レベル （全体の回答数）	2年生 （84問×90人＝7056）	3年生 （84問×91人＝7644）	4年生 （84問×93人＝7812）
評価の材料の回答数	40.3%　（3046）	35.4%　（2709）	31.1%　（2426）

注）評価の材料の回答数は、表3-5の84問題の各々に*印で示したものから得られた。

　表3-9は「評価の材料の原因別回答数」を示している。表3-9からわかるように、原因別回答数の割合は、学習レベルに関係なくほぼ一定している。しかし、原因1（韓国語の干渉による誤り）と原因2（日本語内の問題による誤り）の問題数の割合はそれぞれ50%なので、すべての学習レベルにおいて同様に原因2より原因1の割合が高い。

表3-9　評価の材料の原因別回答数

学習レベル （回答数）	2年生 100%　（3046）	3年生 100%　（2709）	4年生 100%　（2426）
原因1	50.0%（42問）	62.7　（1910）	62.3　（1689）	61.0　（1481）
原因2	50.0%（42問）	37.3　（1136）	37.7　（1020）	39.0　（945）

　表3-10は「評価の材料の領域別回答数」を示している。表3-10からわかるように、領域別回答数の割合は、学習レベルに関係なくほぼ一定である。しかし、「語彙」（語彙論的な誤り）は31.0%、「形態」（形態論的な誤り）は3.6%、「統語」（シンタクス・意味論的な誤り）は65.5%なので、すべての学習レベルにおいて同様に「語彙」より「統語」の割合がやや高い。

表3-10　評価の材料の領域別回答数

学習レベル （回答数）	2年生 100%　（3046）	3年生 100%　（2709）	4年生 100%　（2426）
語彙	31.0%（26問）	24.7　（752）	22.3　（603）	23.9　（581）
形態	3.6%　（3問）	3.0　（91）	3.1　（85）	3.8　（93）
統語	65.5%（55問）	72.3　（2203）	74.6　（1060）	72.2　（1752）

　以上、表3-9〜10の結果からわかるように、原因1と原因2、「語彙」と「統語」それぞれの差は小さいが、このことも誤りの分析（誤りの種類・原因）を考慮した教授・学習がなされていないためであろう。

3.8　まとめ

　以上、本研究で用いられる評価の材料である韓国人日本語学習者の誤りについて考察した。具体的には、韓国人日本語学習者の翻訳上の誤りの種類・原因・頻度などを学習レベル別に明らかにした。まず先行研究から韓国人日本語学習者によく見られる84個の誤りを選んで、翻訳の(韓国語の日本語に訳す)問題文を作成した。本研究で評価の材料として用いられる誤りは、その翻訳上の誤りとして、84問題の各々において最も頻度の高い誤答(誤り)である。

　まず、日本語学習者の誤り84個は、大きく「語彙論的な誤り(26個)」「形態論的な誤り(3個)」「シンタクス・意味論的な誤り(55個)」の3領域に分けられる。49種類にわければ、語彙論的なものは15種類、形態論的なものは1種類、シンタクス・意味論的なものは33種類である。誤りの原因は母語の干渉を基準に「韓国語の干渉による誤り(42個)」と「韓国語の干渉以外(日本語内の問題)の誤り(42個)」の2つに分けられる。前者は学習者の母語(韓国語)の構造を反映して、無意識に直訳ストラテジーを使用したものである。後者は日本語内部の構造(類語など)そのものが困難であったり、または既に学習した日本語規則を未知の構造に適用しようとした際のものである。

　一方、日本語学習者の誤りの頻度は学習レベルが低い順に、すなわち2年生、3年生、4年生の順に高い。したがって、学習の時間が長いほど、誤りの頻度は少なくなるといえる。また、2年生と3年生、3年生と4年生それぞれの差は小さいが、これは韓国人日本語教師が誤りの分析を通じて、学習(翻訳)上の問題点を十分に把握、指導していないためであろう。そして、誤りの原因別の頻度で見ると、日本語内の問題による誤りより韓国語の干渉による誤りが多く、領域別の頻度で見ると、語彙論的な誤りよりシンタクス・意味論的な誤りのほうが、すべての学習レベルで一定してやや高い。このことも誤りの分析(誤りの種類・原因)を考慮した教授・学習がなされていないことを物語っている。

第4章 本研究の方法

4.1 本研究の範囲と方法

　本研究の範囲と方法の概括は、次のとおりである。まず、評価の材料である49種類、84個の誤りは、韓国人日本語学習者に対する翻訳テストから得られた文章レベルのものである。それは領域別には語彙論的な誤りと形態論的な誤りとシンタクス・意味論的な誤りに、原因別には母語干渉による誤りと母語干渉以外の誤りに分けられる。そして、その誤りの評価者である日本語母語話者は男女691人で、年齢層(10代、20代 … 60歳以上)及び社会的要因も多様である。誤りの評価は理解度、不快度、自然度の3つの観点から、5段階尺度で評定し、その誤りの正しい形も示すよう提示した。そして、各種の統計的な分析には、PC(Personal Computer)用のSAS(Statistical Analysis System)を利用した。

　研究の結果は次のようにまとめた。基準(理解度、不快度、自然度)別の誤りの重要度について、84個の誤り全体(→5章)、原因別(→6章)、領域別(→7章)の順に分析した。そして誤りの訂正も調べた(→8章)。84個の誤りの各々の重要度については、日本語母語話者の性別・年齢別による分析(→9章)、社会的要因別の分析(→10章)、韓国文化の理解度による分析(→11章)をした。

4.1.1 調査用紙の構成

　調査用紙(→付録2)は大きく2つの部分に分かれている。第1部はインフォーマントの日本語母語話者自身のことを記す部分である。まず、調査のための基本的な項目として、性別、年齢、出身地、満15歳までいちばん長く住んでいた地域、居住地などを調べた。実際の分析では誤りの評価に影響すると考えられる性別、年齢だけを分析の対象とする。そして社会的要因として話せる方言、職業、学歴、韓国語の学習歴、外国人との対話の経験、外国人の日本語の誤文を読んだ経験、話せる外国語、外国に住んだ経験などを調べた。また、伝達内容（調査の文章の内容：韓国のキムチ）に対する知識、韓国に対する関心、知識などを調べた。これらはすべて誤りの評価に影響すると考えられる要因である。

　第2部では、日本語学習者の誤りに対する日本語母語話者の評価を調べた。文章（「韓国のキムチ」）には84個の誤りが含まれており、その部分には下線が引いてある。文章全体で誤った部分を探して評価してもらうことは日本語母語話者に大きな負担になることと、雑多な訂正が出てくると、必要な調査ができなくなると考えたためである。また訂正範囲を限定するためにかならず下線の部分だけを訂正するように提示した。そして、途中で回答（書くこと）をやめないように提示した。また、文章全体の内容がわからないことから生じる影響をなくすために、文章全体を一回通して読んでみてから判断するように提示した。本研究の目的が相対的な誤りの重要度を評定することなので、文章の中にどんな誤りが提示されているかが分かることが必要だという筆者の判断もあったためである。

　誤りの評価は5段階尺度で示すようにした。左側は肯定的、右側は否定的評価がされることを表している。インフォーマントが間違えないように左側には＋印を、右側には－印を付けて示した。

　5段階尺度は左側から右側へその程度を1、2、3、4、5の数字で示して説明する。1は各々「完全に理解できる」「全然不快でない」「極めて自然だ」、5は各々「全く理解できない」「極めて不快だ」「完全に不自然だ」、そして2、3、4は各々その中間の程度を表す。回答用紙には次のように表示した。

完全に理解できる　　　＋　□　□　□　□　□　－　全く理解できない
全然不快でない　　　　＋　□　□　□　□　□　－　極めて不快だ

極めて自然だ　　　　　＋　□ □ □ □ □ － 完全に不自然だ

　3つの基準による評価については、インフォーマントの日本語母語話者は「日本語学習者の誤りに関するアンケート」のような調査はほとんど初めての経験なので、誤解が起こらないように、評価の基準については予め定義しておいた。すなわち、理解度とは、「その誤りはどのくらい理解できるか」、不快度とは、「その誤りが、読み手の理解を妨げ、不快(感じの良さ/悪さ)であるかどうか」、自然度とは、「その誤りが日本語としてどのくらい自然だと言えるか」と定義し、答え方の例も挙げた。また直観的に評定できるように、まず3つの基準での誤りの重要度を示してから、訂正するように提示した。3つの基準の評定より先に訂正を行った場合には、3つの基準の評定が実際とは変わってしまうと考えたためである。特に言語より感情的な反応に訴える不快度の評定には、その影響がかなりあると予想されたためである。

　誤りの評価の基準は理解度、不快度、自然度の順で示した。それは評価者が文章を読み進む過程で誤った所にぶつかったら、まず文章内容の理解が妨げられ、その後に感情的な反応(感じの良さ／悪さ、違和感など)が出て、最後に評価者自身の直観で、書かれている文章の誤りが自然な日本語かどうかを評定すると予想されたためである。

4.1.2　誤りの重要度についての調査の方法

　この研究は、韓国人(外国人)日本語学習者の誤りに対する日本語母語話者の評定が要因別に見たときに、どのように差があるかを明らかにして、教授・学習に生かそうとするものである。したがって、まず評価の材料である誤りがどんなものかを明確にすることによって、評価の結果が容易にフィードバックできるようになると思われる。従来の研究では、教師の経験からよく見られる誤りを選んで評価の材料とした。しかし、ここでは評価の材料がどんな学習者によって、どんなテストで生じたか、また学習レベルによって同じ誤りがどのくらい生じたかなどを明らかにした。

　誤りの相対的な重要度を調べるためには多くのインフォーマントが必要である。従来の同じ目的の一連の研究で、インフォーマントは、一般の言語的な調査と同様に比較的少人数であり、またそのほとんどが使いやすい大学生に限られている。しかし、本研究では、多様な要因を持つインフォーマントの評価を比較する必要があったために、多くのインフォーマントの反応を収集した。その方法はほとんどの場合、知人を通しての調査の依頼と実施である。

　インフォーマントに誤りの重要度を評定してもらう時には、主観的な評定テスト法を取った[1]。紙面に提示された誤りに対しては、言語的直観による尺度上での評定が要求される。これは多くのインフォーマントの評定を処理するにも効率的であろう。しかし、言語的直観による評定の客観性を保障するために、誤りに訂正も要求した。

　また、ここでは文レベルではなく、文章レベルでの誤りを評価の材料とした。従来の研究では実際のコミュニカティブな文脈(context)が無視された。文脈から孤立した発話が評価者である外国語母語話者に提示されてきた。しかし実際のコミュニケーションでは書かれた(または話された)ものでも孤立した発話以上のものを含んでいる。コミュニカティブアプローチ(communicative approach)でも強調されているように、言語的な文脈はある発話の意味を解釈するのに重要である(Khalil(1985:335-336))。Davies(1985:309-310)も同じ誤りでも理解の助けになる文脈の中ではあまり重大ではなく、理解の助けになる文脈がなければもっと重大に評価されるのではないかという疑問を提している。

4.1.3 統計的な評価の方法

　本論での各種の統計的な分析にはPC用のSASを利用した。分布の中心が、どの辺の位置にあるかを示す代表値は、もっとも一般的な(算術)平均値(mean)を使った。

　分布の特性としては、平均値とは別に、各測定値が平均から、どの程度離れているかも考慮しなければならない。各測定値の散らばりの程度を表すことを散布

度というが、ここではそれを標準偏差(standard deviation)で表した。標準偏差が大
であることは分布が広がっていることを、小であることは分布が平均値付近に集
中していることを示している。

　評価の基準の間になんらかの関連性があるかどうかは、相関関係(correlation)(ピ
アソンの積率相関係数)で調べた。2つの変量X、Yがあったとき、Xの値が決まれ
ば、必然的にYの値が決まるというわけにはいかないが、両者の間になんらかの関
連性が認められるとき、「XとYの間には相関関係がある」という。

　84問題の誤りと49種類の誤り、それぞれの重要度間の類似性を知る(重要度によ
るグループ分けをする)ためにクラスター分析(single linkage cluster analysis)を行っ
た。クラスター分析の手法によって類似の変数間の関係を見ることができる。

　日本語母語話者の要因別、そして、原因別・領域別誤りの重要度の分析におい
て、2群の平均値の差の検定はt検定(TTESTプロシジャ)、3群以上の平均値の差の
検定は分散分析(analysis of variance)(GLM(General Linear Models)プロシジャ)を利
用した。平均的に有意な群間差があるかどうかを調べるために分散分析を、具体
的にどの群とどの群との間に有意差があるかについては、Duncanの多重比較法を
適用した。この論文での相関関係、t検定、分散分析の有意水準は、p<.05以下の
ものを示した。p>.05はNS(Not Significant：有意差なし)で示した。

　5段階尺度でそれぞれ1は1点、2は2点……5は5点として、理解度、不快度、自然
度、各々の平均値を得た。最高値は5点で、最低値は1点である。平均値が高いほ
どより重要度がある、すなわち厳しく評価されていることを表す。この誤りの重要
度は訂正の種類と関係なく日本語母語話者全体から得られたものである。

4.2　インフォーマント(日本語母語話者)

　ここでのインフォーマントは日本語母語話者691人で、表4-1はその「インフォー
マントの日本語母語話者の内訳」を示している[2]。性別・年齢別インフォーマント
の日本語母語話者の内訳は付録3を参照のこと。以下、表4-1をもとにしてイン

フォーマントの内訳について述べる。

(1) 性別：性別は、男性57.3％(396人)、女性42.3％(292人)である。

(2) 年齢(満)：年齢は、10代12.3％、20代27.4％、30代24.5％、40代15.5％、50代11.9％、60歳以上8.0％の6つに分けた。

(3) 出身地：出身地はさまざまで、その割合は関東地方36.0％(249人)、九州地方19.7％(136人)、近畿地方16.6％(115人)、中国地方10.0％(69人)、中部地方6.9％(48人)、東北地方6.2％(43人)、四国地方2.3％(16人)、北海道地方1.6％(11人)、沖縄0.1％(1人)などの順である。

(4) 話せる方言：方言が話せる人は55.7％で、話せない人は42.0％である。

(5) 職業：職業はさまざまで、その割合は労務系31.8％(220人)、事務系20.7％(143人)、学生19.1％(132人)、主婦8.5％(59人)、大手企業の幹部6.2％(43人)、教員5.5％(38人)、家事従業者4.9％(34人)などの順である。各職業の内訳は次のとおりである。「大手企業の幹部」は大手企業・官公庁の幹部、自由業(教授、医者、翻訳家など)31人と、中小企業主12人である。「事務系」は主に種々の会社の事務職員で、銀行、旅行代理店、大学職員、団体職員、司法書士などが含まれている。「教員」は主に小・中・高の教員で、保育園の保母も含まれている。「労務系」はほとんど製造業の人で、建設、建築(設計)、電機メーカー、運送、通信、インテリア・デザインなどの職業も含まれている。「家事従業者」は自営業者20人、農漁業者10人、そして単純労働者(店員)4人などである。「主婦」は主に主婦で、無職14人も含まれている。「学生」は高校生と(短期)大学生と大学院生である。

(6) 学歴：短大(在)卒以上の学歴を有する人は57.3％(396人)で、その内訳は短大(在)卒(81人)・大(在)卒(281人)・大学院(在)卒(34人)である。それ以下の学歴を有する人は41.7％(288人)で、内訳は小卒(2人)・中卒(21人)・高(在)卒(265人)である。以下、それぞれを「高学歴」、「低学歴」とする。

(7) 韓国語の学習歴：韓国語の学習歴がある人は13.3％で、85.4％は学習歴を持っていない。

(8) 「7.1.」の程度：これは韓国語を学習した時間の程度を表している。「少ない」は学習時間が150時間未満、「多い」は150時間以上を示しており、その割合は前者(65.2％)が後者(33.7％)より高い。

(9) 外国人との対話の経験：69％の人が、外国人と日本語で話した経験を持っ
　　ている。

(10)「9.1.」の程度：これは外国人と日本語で話した経験の程度の表している。「少
　　ない」は対話の回数が100回未満、「多い」は100回以上を示しており、その割
　　合は前者が75.7％で後者が23.5％である。

(11) 外国人の日本語の誤文を読んだ経験：経験がある人は半分以下(39.1％)で
　　ある。

(12)「11.1.」の程度：これは外国人の書いた、日本語の文章(誤りがある)を読んだ経
　　験の程度を表している。「少ない」は文章を読んだ回数が100回未満、「多い」
　　は100回以上を示しており、その割合は前者が83.3％で後者が16.7％である。

(13) 話せる外国語：外国語が話せる人は半分以下(37.5％)である。

(14) 韓国語を話す能力：韓国語が話せる人は18.1％で、81.9％は韓国語が話せ
　　ない。

(15) 外国に住んだ経験：この経験を有する人は16.1％である。

(16) 韓国のキムチについての知識：これは「1.キムチを食べたことがあるか」「2.
　　キムチが韓国の食べ物だということを知っているか」「3.キムチの作り方を
　　知っているか」「4.キムチの漬け込みについて知っているか」の4つの項目(→
　　付録2)に対して、すべて肯定的な答え(「ある」または「知っている」)をした場合
　　で[3](→4章の注2の8~11)、若干の人(15.9％)が韓国のキムチについての知識を
　　持っている。

(17) 韓国に対する関心：半分以上の人(66.7％)が韓国に対する関心を持っている。

(18) 韓国についての知識：韓国について自分の知っていることを書いた人は
　　10.4％で、その割合はかなり低い[4]。

　以上、インフォーマントである日本語母語話者を要因別に調べてみた。「3.出身
地」「4.職業」などの要因はそれぞれ若干かたよっているが、インフォーマントには
全体的に様々な要因が含まれていると言える。その他(居住地…など)のインフォ ー
マントの要因については4章の注2を参照のこと。

表4-1 インフォーマントの日本語母語話者の内訳

インフォーマントの要因		人数	(%)
全体		691	(100)
1. 性別	1. 男性	396	(57.3)
	2. 女性	292	(42.3)
	3. 無回答	3	(0.4)
2. 年齢(満)	1.10代(16~19歳)	85	(12.3)
	2.20代(20~29歳)	189	(27.4)
	3.30代(30~39歳)	169	(24.5)
	4.40代(40~49歳)	107	(15.5)
	5.50代(50~59歳)	82	(11.9)
	6.60歳以上	55	(8.0)
	7. 無回答	4	(0.6)
3. 出身地	1. 北海道地方	11	(1.6)
	2. 東北地方	43	(6.2)
	3. 関東地方	249	(36.0)
	4. 中部地方	48	(6.9)
	5. 近畿地方	115	(16.6)
	6. 中国地方	69	(10.0)
	7. 四国地方	16	(2.3)
	8. 九州地方	136	(19.7)
	9. 沖縄	1	(0.1)
	10. その他	1	(0.1)
	11. 無回答	2	(0.3)
4. 話せる方言	1. ある	385	(55.7)
	2. ない	290	(42.0)
	3. 無回答	16	(2.3)
5. 職業	1. 大・幹(大手企業の幹部)	43	(6.2)
	2. 事務系	143	(20.7)
	3. 教員	38	(5.5)
	4. 労務系	220	(31.8)
	5. 家・従(家事従業者)	34	(4.9)
	6. 主婦	59	(8.5)
	7. 学生	132	(19.1)
	8. 無回答	22	(3.2)
6. 学歴	1. 低学歴	288	(41.7)
	2. 高学歴	396	(57.3)
	3. 無回答	7	(1.0)

7. 韓国語の学習歴	1. ある	92	(13.3)
	2. ない	590	(85.4)
	3. 無回答	9	(1.3)
8.「7.1.」の程度　　　　　　（92人）	1. 150時間未満	60	(65.2)
	2. 150時間以上	31	(33.7)
	3. 無回答	1	(1.1)
9. 外国人との対話の経験	1. ある	477	(69.0)
	2. ない	203	(29.4)
	3. 無回答	11	(1.6)
10.「9.1.」の程度　　　　　（477人）	1. 少ない	361	(75.7)
	2. 多い	112	(23.5)
	3. 無回答	4	(0.8)
11. 外国人の日本語の誤文を読んだ経験	1. ある	270	(39.1)
	2. ない	412	(59.6)
	3. 無回答	9	(1.4)
12.「11.1.」の程度　　　　（270人）	1. 少ない	225	(83.3)
	2. 多い	45	(16.7)
13. 話せる外国語	1. ある	259	(37.5)
	2. ない	421	(60.9)
	3. 無回答	11	(1.6)
14. 韓国語を話す能力　　　（259人）	1. ある	47	(18.1)
	2. ない	212	(81.9)
	3. 無回答	3	(1.1)
15. 外国に住んだ経験	1. ある	111	(16.1)
	2. ない	570	(82.5)
	3. 無回答	10	(1.5)
16. 韓国のキムチについての知識	1. ある	110	(15.9)
	2. ない	579	(83.8)
	3. 無回答	2	(0.3)
17. 韓国に対する関心	1. ある	461	(66.7)
	2. ない	217	(31.4)
	3. 無回答	13	(1.9)
18. 韓国についての知識	1. ある	72	(10.4)
	2. ない・無回答	619	(89.6)

4.3　調査の状況

　調査は1995年1～3月に行われたが、直接あるいは郵送で知人に依頼し、その知人を介して767人に依頼した。回収率は90.1％(691/767人)である。調査用紙は1種類(A4、8ページ)で日本語母語話者にはすべて同じものを配付した。調査は問題の数もあって、時間などになんらの制限も設けなかった。しかし回答にはおおよそ1～3時間かかったという。回収期間は大体2～4週であった。日本語母語話者には　「お願い」の形で、韓国人学習者の日本語の誤りを日本語話者はどう評価するか、すなわち、その誤りが言語伝達上どれだけ重大な誤りであるかを調べるものであるという趣旨を知らせた。調査は匿名で行なわれ、質問にはもれなく答えるようにお願いした。

4.4　調査の文章

　調査の文章については、「3.6　調査の文章」と付録2を参照のこと。

第5章 誤りの全体的な評価

　本章では、まず誤りの全体的な評価、すなわち誤りの重要度に対する全体的な分析について述べる。そして、原因別・領域別の誤りの重要度と日本語母語話者の要因別の誤りの重要度について、評価の基準別に考察する。

5.1　誤りの重要度 ―全体的な分析―

5.1.1　誤りの重要度の概念に対するインフォーマントの態度

　Vann, Meyer, and Lorenz(1984:433)は誤りの評価の調査において、すべての質問の尺度値1〜5の中で、いちばん甘い尺度値1としか判定しなかった小グループに注目した。そしてそれが少数の意見であることを指摘した。これは「誤りはただ誤りに過ぎない」という、すべての誤りは同等とみなす態度である。

　表5-1はインフォーマント(691人)が「84問全体で用いた尺度値の数の分布」を示している。表5-1からわかるように、すべての評価の基準において、89.7％以上のインフォーマントが尺度値を4つ以上用い、誤りはすべて同等なのではなく、重要度に差があることを示している。

表5-1　84問全体で用いた尺度値の数の分布

評価の基準	尺度値の数					<100%(691人)>
	1つ	2つ	3つ	4つ	5つ	無回答
理解度	0.6 (4)	2.2 (15)	5.6 (39)	23.4 (162)	68.2 (471)	—
不快度	0.6 (4)	3.0 (21)	6.5 (45)	19.4 (134)	70.3 (486)	0.1 (1)
自然度	0.3 (2)	1.4 (10)	3.5 (24)	15.9 (110)	78.6 (543)	0.3 (2)

5.1.2　尺度値の使用率

　誤りの重要度を調べるための5段階尺度(1~5)は、その数字が高いほどより重要度があることを示す。表5-2(「84問全体で用いた尺度値の使用率」)からわかるように、評価の各基準において理解度は尺度値1~3、不快度は尺度値1~4、自然度は尺度値3~5に主に分布している。これは学習者の誤りがやや理解できず、自然な日本語としてかなり認めがたいことを示している。そして、不快感を持つと評定はしたが、尺度値が幅広く分布しているので、その評定は一定しないといえる。

表5-2　84問全体で用いた尺度値の使用率

評価の基準	尺度値				<%　(回答数)>	
	全体	1	2	3	4	5
理解度	100 (55541)	34.2 (18998)	26.3 (14588)	20.4 (11349)	12.6 (6996)	6.5 (3610)
不快度	100 (55185)	21.8 (12018)	17.9 (9853)	27.2 (15023)	21.9 (12110)	11.2 (6181)
自然度	100 (55410)	14.4 (7981)	12.9 (7152)	21.5 (11897)	28.4 (15762)	22.8 (12618)

注) 総数(691人×84問=58044)−全体＝無回答の数

5.1.3　誤り全体の重要度

　表5-3は「84問全体の誤りの重要度」を示している。表5-3からわかるように、平均得点が自然度、不快度、理解度の順で高く、重視され、厳しく評価されている。これは、韓国人日本語学習者の文章の中での誤りに対して、やや理解できず、やや不快感を持ち、かなり不自然だと評定したと言える。

表5-3　84問全体の誤りの重要度

評価の基準	誤りの重要度
理解度	2.21　(0.69)*
不快度	2.69　(0.80)
自然度	3.18　(0.74)

注)*平均とSD(カッコ内)

　表5-4はインフォーマント(691人)の「84問全体に対する重要度の分布」を示している。表5-4からわかるように、ほぼ理解度は「3.00未満」、不快度は「2.00〜3.50」、自然度は「2.50〜4.00」の範囲に分布している。この分布からも自然度、不快度、理解度の順で厳しく評価されていることがわかる。そして理解度はいちばん厳しく評価されている範囲「4.50以上」には全く分布していない。これは、文章内の誤りが全く理解できない日本語母語話者はいないということになる。

表5-4　84問全体に対する重要度の分布

評価の基準	誤りの重要度の範囲													(691人：%)	
	1.50未満		1.50〜2.00		2.00〜2.50		2.50〜3.00		3.00〜3.50		3.50〜4.00		4.00〜4.50		4.50以上	
理解度	106	15.3	141	20.4	217	31.4	142	20.5	60	8.7	23	3.3	2	0.3	-	-
不快度	68	9.8	51	7.4	109	15.8	210	30.4	165	23.9	64	9.3	21	3.0	3	0.4
自然度	22	3.2	24	3.5	56	8.1	141	20.4	198	28.7	174	25.2	69	10.0	7	1.0

　表5-5は「誤りの評価の基準別重要度間の、相関係数表」である。先行研究では、誤りの評価の基準として(→「2.2.3」)(特に、書かせて評価する場合)の理解度、不快度、自然度のうち2つ、または3つの基準が使われていても、3つの基準の間にはなんらかの関連性があるかどうかにはあまり注意を払わなかった。しかし、表5-5からわかるように、理解度と不快度の間、不快度と自然度の間には高い相関があり、理解度と自然度の間にもかなりの相関がある。これは、理解度が低いほど不快度は高く、不快度が高いほど自然度は低く、理解度が低いほど自然度も低いということになる。

表5-5　誤りの評価の基準別重要度間の、相関係数表

	不快度	自然度
理解度	-.708	.503
不快度		-.745

注)すべてp<.001

5.1.4　誤りの84問題の重要度

(1) 誤りの84問題の重要度

　誤りの84問題の重要度間の類似性を知る(重要度によるグループ分けをする)ためにクラスター分析を行った。この84問題は語彙と文法、または母語の干渉と母語の非干渉から分類することができる。クラスターの解釈の場合にもこのことを手掛かりとした。その結果、評価の基準別に、誤りの84問題は図5-1のようなクラスター構造になっていた。各クラスターの意味を明確に理解することができ、しかもクラスターの数が今後の研究にとって適度である水準として、便宜的に距離が2.00のところでクラスターを決定することにした。

　以下、理解度、不快度、自然度、全体におけるクラスターの解釈と命名を順次行う。理解度においては、まず第Ⅰクラスターに属する38問題の誤りは、「1.名詞(漢語)」「3.受け身」など学習者の母語(韓国語)の非干渉より干渉の誤りのほうが多く、語彙と文法の誤りがほぼ同数である。そこでこのクラスターを『母語の干渉の誤り』と命名する。第Ⅱクラスターは36問題で、「4.連用形」「7.格助詞トシテ」など母語の干渉より非干渉、語彙より文法の誤りのほうが多い。そこでこのクラスターを『母語の非干渉、文法の誤り』と命名する。第Ⅲクラスターは、「8.品詞の取り違え」「55.コソア」など10問題で母語の非干渉より干渉、文法より語彙の誤りのほうが多い。そこでこのクラスターを『母語の干渉、語彙の誤り』と命名する。

　不快度においては、まず第Ⅰクラスターに属する44問題の誤りは「1.名詞(漢語)」「2.受け身」などで、母語の非干渉より干渉の誤りのほうが多く、語彙と文法の誤りがほぼ同数である。そこでこのクラスターを『母語の干渉の誤り』と命名する。第Ⅱクラスターは40問題で、「4.連用形」「7.副詞」など母語の干渉より非干渉の誤りのほうが多く、語彙と文法の誤りがほぼ同数である。そこでこのクラスターを『母語

の非干渉の誤り』と命名する。

　自然度においては、まず第Ⅰクラスターに属する37問題の誤りは「1.名詞(漢語)」「3.受け身」など、母語の非干渉より干渉の誤りのほうが多く、語彙と文法の誤りがほぼ同数である。そこでこのクラスターを『母語の干渉の誤り』と命名する。第Ⅱクラスターは「6.副詞」「17.名詞節」などの25問題で、母語の干渉より非干渉、文法より語彙の誤りのほうが多い。そこでこのクラスターを『母語の非干渉、語彙の誤り』と命名する。第Ⅲクラスターには22問題が所属していて、「4.連用形」「7.副詞」などであり、母語の干渉より非干渉、語彙より文法の誤りのほうが多い。そこでこのクラスターを『母語の非干渉、文法の誤り』と命名する。

　全体(理解度と不快度と自然度を合わせたもの)においては、まず第Ⅰクラスターに属する50問題の誤りは、「1.名詞(漢語)」「3.受け身」などで、母語の非干渉より干渉の誤りのほうが多く、語彙と文法の誤りがほぼ同数である。そこでこのクラスターを『母語の干渉の誤り』と命名する。第Ⅱクラスターは10問題で「8.品詞の取り違え」「55.コソア」などである。母語の非干渉より干渉、文法より語彙の誤りのほうが多い。そこでこのクラスターを『母語の干渉、語彙の誤り』と命名する。第Ⅲクラスターは「4.連用形」「7.格助詞トシテ」など24問題から構成されていて、母語の干渉より非干渉、語彙より文法の誤りのほうが多い。そこでこのクラスターを『母語の非干渉、文法の誤り』と命名する。

　これらのクラスターの命名をまとめてみると表5-6のとおりである。

表5-6　誤りの84問題におけるクラスターの命名

クラスター	理解度	不快度	自然度	全体
Ⅰ	母語の干渉の誤り	母語の干渉の誤り	母語の干渉の誤り	母語の干渉の誤り
Ⅱ	母語の非干渉の誤り 文法の誤り	母語の非干渉の誤り	母語の非干渉の誤り 語彙の誤り	母語の干渉の誤り
Ⅲ	母語の干渉の誤り 語彙の誤り	—	母語の非干渉の誤り 文法の誤り	母語の干渉の誤り 文法の誤り

　以上、これらのクラスターは母語の干渉の有無と文法の誤りか語彙の誤りかに

よって分けられることがわかる。そして、母語の非干渉より干渉の誤り群、文法より語彙の誤り群のほうが重要度があるので、理解度はクラスターⅢ・Ⅰ・Ⅱ、不快度はⅠ・Ⅱ、自然度はⅠ・Ⅱ・Ⅲ、全体はⅡ・Ⅰ・Ⅲの順に重要度の平均値が高くなっている。理解度についてのⅢ・Ⅰ・Ⅱの平均値は3.35・2.47・1.85のようである。不快度についてのⅠ・Ⅱの平均値は3.27・2.35のようである。自然度についてのⅠ・Ⅱ・Ⅲの平均値は3.94・3.17・2.47のようである。全体についてのⅡ・Ⅰ・Ⅲの平均値は3.71・2.94・2.12のようである。したがって、理解度、自然度、全体において、3つのクラスターは上の順にかなり重大な誤り、やや重大な誤り、ささいな誤りだといえる。そして、不快度において、第Ⅰクラスターは重大な誤り、第Ⅱクラスターはささいな誤りだといえる。

(2) 誤りの84問題の重要度の順位

　誤りの84問題の重要度の順位(→付録6.1)は、すべての基準においてほぼ問8、73が1、2位で、問37、64、40がそれぞれ82、83、84位の最下位を占めている。そして、3つの基準において順位の差が大きい(20位以上)ものは問1、5、34、58、68、80である。その順位は理解度・不快度・自然度の順で、問1は24・34・12、問5は27・36・5、問34は39・4・16、問58は42・9・8、問68は12・26・36、問80は44・3・11位である。これらはすべて原因1の誤りである。したがって、韓国語の干渉による誤りは、3つの基準によって評価の差が大きいといえる。

　一方、誤りの84問題はすべて(問73の理解度と不快度を除いて)が、自然度、不快度、理解度の順で厳しく評価されている。

（1）理解度における誤りの84問題のクラスター構造

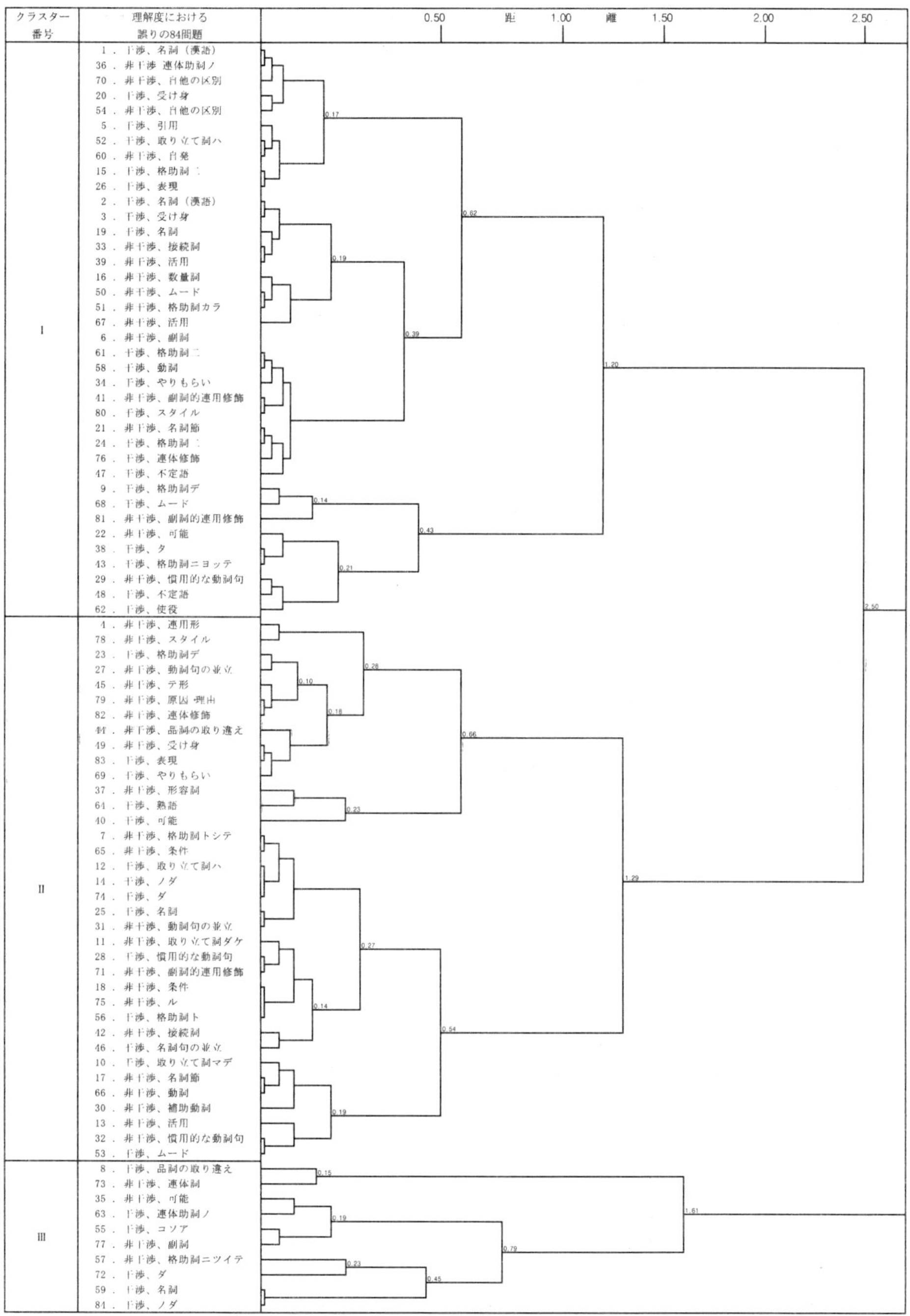

(2)不快度における誤りの84問題のクラスター構造

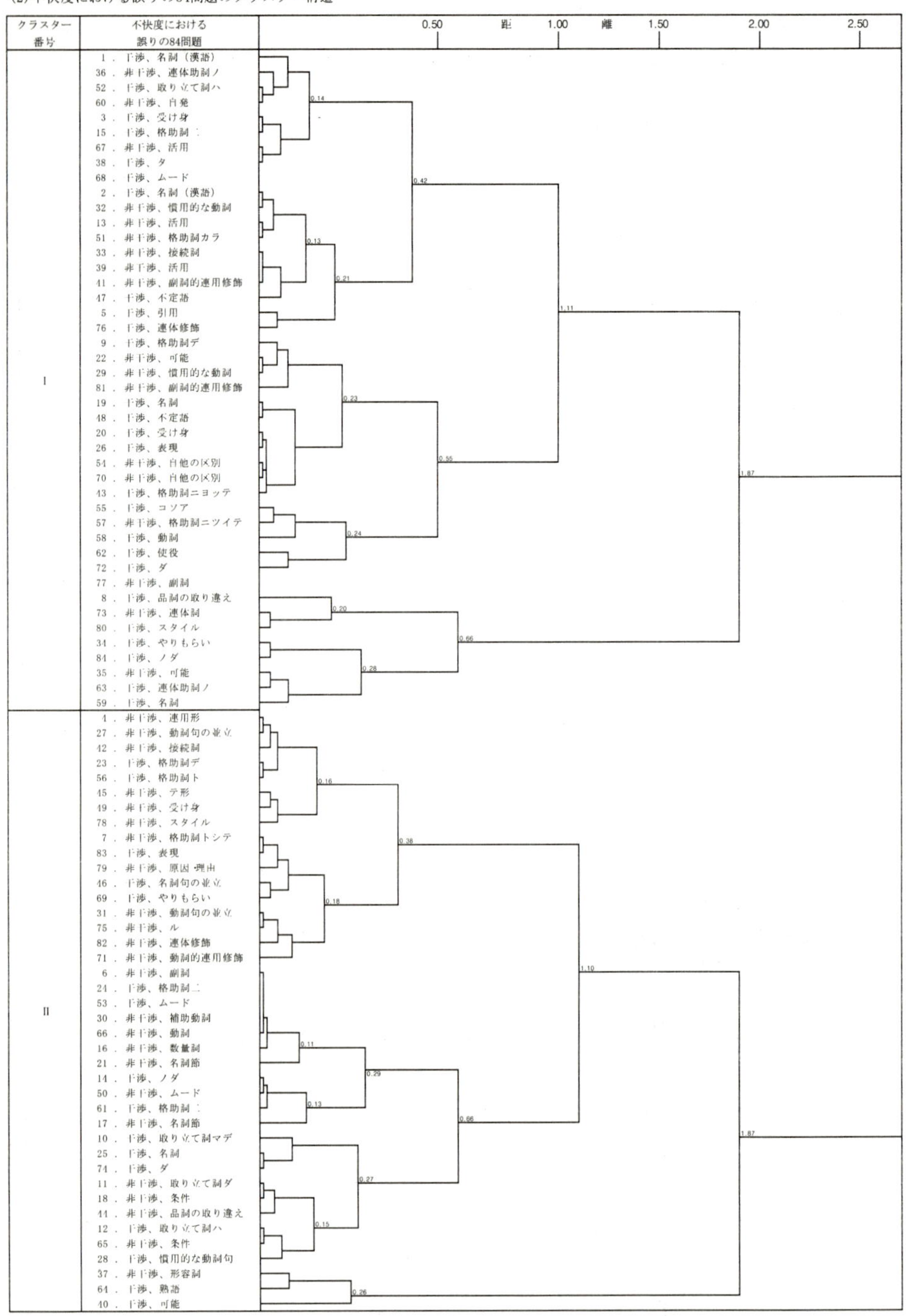

(3) 自然度における誤りの84問題のクラスター構造

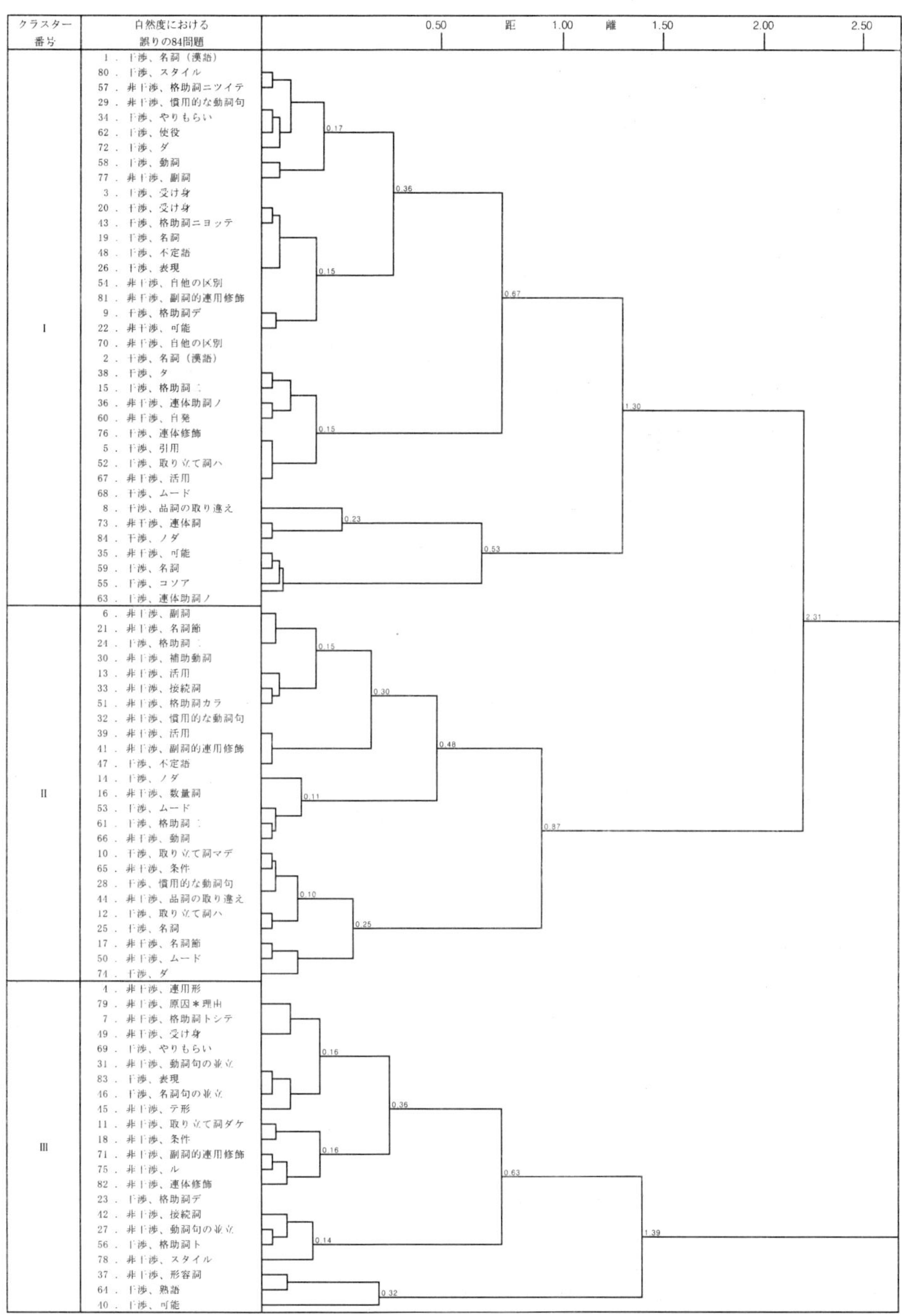

(4) 全体（理解度と不快度と自然度を合わせたもの）における誤りの84問題のクラスター構造

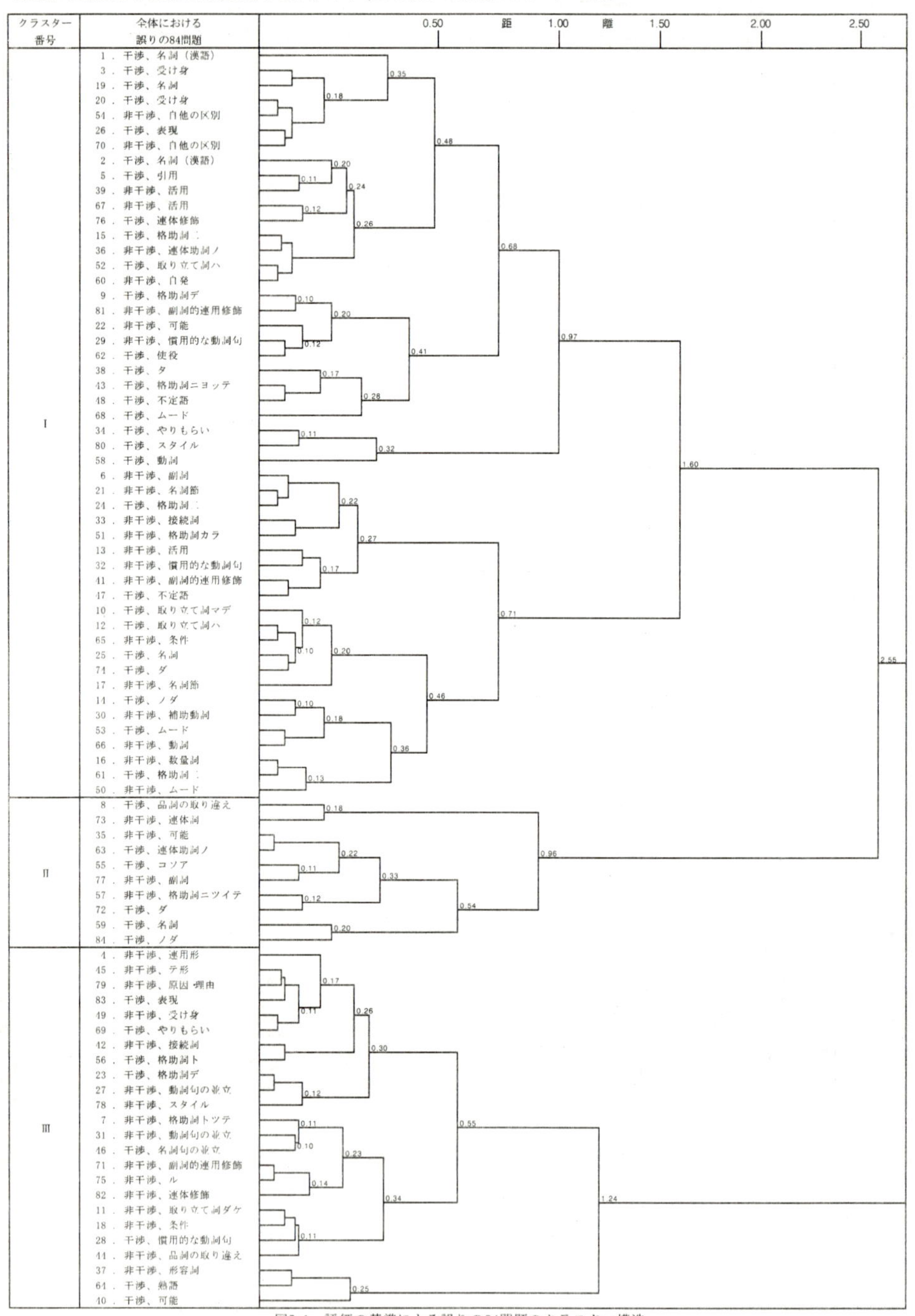

図5-1　評価の基準による誤りの84問題のクラスター構造

5.2　誤りの重要度 —原因・領域別の分析—

5.2.1　原因別の誤り

(1) 誤りの原因別の重要度

　表5-7は「誤りの原因別の重要度」を問題としている。それぞれの平均値について原因1(韓国語の干渉による誤り)と原因2(韓国語の干渉以外(日本語内)の誤り)の間でt検定を行った結果は、3つの基準において、原因2より原因1のほうが有意(p<.001)に重視され、厳しく評価されている。いずれの基準についても日本語内の問題による誤りよりも、韓国語の干渉による誤りのほうが重大だとされていることになる。

　これは、原因1が学習者の母語(韓国語)の構造を反映し、直訳したもの(ほとんど日本語母語話者が普段使っていない表現)が大部分なので、日本語母語話者には理解するのが難しかったためである。そして、原因2は正しいものと誤ったものが似た表現なので、ある程度学習者の表現意図が推測できて、寛大に評価されたためと考えられる。

表5-7　誤りの原因別の重要度

評価の基準	原因1	原因2	差	t	有意水準
理解度	2.30(0.70)*	2.13(0.69)	0.17	4.57	p<.001
不快度	2.81(0.81)	2.59(0.79)	0.22	5.08	p<.001
自然度	3.32(0.74)	3.04(0.76)	0.28	7.00	p<.001

注)*平均とSD(カッコ内)

(2) 誤りの原因別の重要度の順位(→付録5.1)

① 原因1における誤りの重要度の順位

　原因1における誤りの重要度の順位は、すべての基準において問8が1位で、問64、40がそれぞれ40、41位で最下位を占めている。そして、3つの基準において順位の差が大きい(15位以上)ものは問34、58、68、80である。その順位は理解度・不快度・自然度の順で、問34は22・3・11、問58は25・7・6、問68は8・18・24、問80は24・2・7位である。

② 原因2における誤りの重要度の順位

　原因2における誤りの重要度の順位は、すべての基準において問73が1位で、問37が43位で最下位を占めている。そして、3つの基準において順位の差が大きい(15位以上)ものは1つもない。10位以上のものは問7、42、50などがある。

　したがって、原因1・2の誤りではいずれも語彙論的な誤りが1位で最も重要度が高い。そして、3つの基準において重要度の順位の差が大きい誤りは、原因2より原因1のほうが多いので、原因1のほうが基準によって評価の差が大きいということになる。

5.2.2　領域別の誤り

(1) 誤りの領域別の重要度

　表5-8は「誤りの領域別の重要度」を示している。表5-8からわかるように、誤りの領域別の重要度は、理解度の「語彙」(語彙論的な誤り)が2.34、不快度と自然度の「形態」(形態論的な誤り)がそれぞれ2.83、3.36でいちばん高く、重視され、厳しく評価されている。

　したがって、意味上の語彙論的な誤りがいちばん理解できず、活用の形態論的な誤りにいちばん不快感を持ち、不自然だと評定されたといえる。

　そして、「統語」(シンタクス・意味論的な誤り)の重要度はそれぞれ2.15(理解度)、2.65(不快度)、3.11(自然度)で最も低く評価されている。

表5-8　誤りの領域別の重要度

評価の基準	語彙	形態	統語
理解度	2.34(0.70)[*]	2.19(0.90)	2.15(0.69)
不快度	2.78(0.82)	2.83(1.00)	2.65(0.80)
自然度	3.31(0.75)	3.36(1.00)	3.11(0.74)

注)[*]平均とSD(カッコ内)

　以下、表5-8に現われた傾向について、誤りの領域を要因として行った分散分析と多重比較の結果に基づいて述べることにする。

①理解度において

　表5-9は理解度における誤りの領域別の重要度についての分散分析の結果をとりあげている。表5-9によると、要因の主効果はp<.001で有意である。多重比較によれば、「語彙」と「形態」、「語彙」と「統語」の間の差は有意であるが(p<.05)、「形態」と「統語」の間の差は有意ではない(p>.05)。つまり、理解度において「語彙」は「形態」と「統語」より重視され、厳しく評価されているが、「形態」と「統語」の間には評価の差が認められない。誤りの重要度における各領域の関係を図示すると以下のとおりである。

語彙 ＞ 形態 ＝ 統語

表5-9　理解度における誤りの領域別の重要度についての分散分析表

要因	平方和	自由度	平均平方	F	有意水準
A	4297539.37	2	2148769.69	3593.44	p<.001
誤差	1235407.74	2066	597.97		

②不快度において

　表5-10は不快度における誤りの領域別の重要度についての分散分析の結果をとりあげている。表5-10によると、要因の主効果はp<.001で有意である。多重比較によれば、「形態」と「統語」、「語彙」と「統語」の間の差は有意であるが(p<.05)、「形態」と「語彙」の間の差は有意ではない(p>.05)。つまり、不快度において「形態」と「語彙」は「統語」より重視され、厳しく評価されているが、「形態」と「語彙」の間には評価の差が認められない。誤りの重要度における各領域の関係を図示すると以下のとおりである。

形態 ＝ 語彙 ＞ 統語

表5-10　不快度における誤りの領域別の重要度についての分散分析表

要因	平方和	自由度	平均平方	F	有意水準
A	6471955.30	2	3235977.65	4035.42	p<.001
誤差	1652701.33	2061	801.89		

③自然度において

　表5-11は自然度における誤りの領域別の重要度についての分散分析の結果をとりあげている。表5-11によると、要因の主効果はp<.001で有意である。多重比較によれば、「形態」と「統語」、「語彙」と「統語」の間の差は有意であるが(p<.05)、「形態」と「語彙」の間の差は有意ではない(p>.05)。つまり、自然度において「形態」と「語彙」は「統語」より重視され、厳しく評価されているが、「形態」と「語彙」の間には評価の差が認められない。誤りの重要度における各領域の関係を図示すると以下のとおりである。

形態　＝　語彙　＞　統語

表5-11　自然度における誤りの領域別の重要度についての分散分析表

要因	平方和	自由度	平均平方	F	有意水準
A	8926298.51	2	4463149.25	6539.82	p<.001
誤差	1407226.84	2062	682.46		

　以上、①～③の結果から、誤りの領域はすべての基準についての評定に影響を与えるといえる。そして、いずれの基準についても、シンタクス・意味論的な誤り(「統語」)よりも、語彙論的な誤り(「語彙」)のほうが重大だとされていることになる。

(2) 誤りの領域別の重要度の順位(→付録5.2)

①語彙論的な誤りの重要度の順位

　語彙論的な誤り(「語彙」)の重要度の順位は、ほぼすべての基準において問8、73、59が1～3位で、問37、64が25、26位で最下位を占めている。そして、3つの基準において順位の差が大きい(5位以上)ものは問2、16、58である。その順位は理解度・不快度・自然度の順で、問2は10・15・12、問16は13・19・19、問58は15・4・5位である。

②形態論的な誤りの重要度の順位

　形態論的な誤り(「形態」)の重要度の順位において、理解度は問39、67、13、不快度と自然度は問67、39、13の順で高い。

　③シンタクス・意味論的な誤りの重要度の順位

　シンタクス・意味論的な誤り(「統語」)の重要度の順位は、理解度と自然度の問8
4、不快度の問80が1位で、すべての基準において問40が55位で最下位を占めてい
る。そして、3つの基準において順位の差が大きい(15位以上)ものは問34、68、80な
どである。その順位は理解度・不快度・自然度の順で、問34は24・2・7、問68は
6・16・23、問80は27・1・5位である。

　したがって、「語彙」と「統語」の誤りではいずれも韓国語の干渉による誤り(問73
を除いて)が最も重要度がある。そして、3つの基準において重要度の順位の差が大
きい誤りは、すべて原因1(問16を除いて)なので、韓国語の干渉による誤り(原因1)の
ほうが基準によって評価の差が大きいといえる。

5.2.3　49種類別の誤り

(1) 誤りの49種類別の重要度

　誤りの49種類の重要度間の類似性を知る(重要度によるグループ分けをする)ため
にクラスター分析を行った。この49種類は、語彙、活用、補語、ヴォイス、テン
ス・アスペクト、接続、モダリティ、表現などから分類することができる(→表3-
7)。クラスターの解釈の場合にもこのことを手掛かりとした。その結果、評価の基
準別、誤りの49種類は図5-2のようなクラスター構造になっていた。各クラスター
の意味を明確に理解することができ、しかもクラスターの数が今後の研究にとっ
て適度である水準として、便宜的に距離が2.00のところでクラスターを決定するこ
とにした。

　以下、理解度、不快度、自然度、全体におけるクラスターの解釈と命名を順次
行う。理解度においては、まず第Ⅰクラスターに属する25種類の誤りは、「25.受け
身」「26.使役」などヴォイスの誤りの割合が高い。そこでこのクラスターを『ヴォイス
の誤り』と命名する。第Ⅱクラスターは21種類で、「33.条件」「34.テ形」など接続の誤
りの割合が高い。そこでこのクラスターを『接続の誤り』と命名する。第Ⅲクラス

ターは、「10.連体詞」「11.コソア」「23.格助詞ニツイテ」など3種類で語彙と補語の誤りである。そこでこのクラスターを『語彙・補語の誤り』と命名する。

　不快度においては、まず第Ⅰクラスターに属する21種類の誤りは「26.使役」「28.自発」などで、ヴォイスの誤りの割合が高い。そこでこのクラスターを『ヴォイスの誤り』と命名する。第Ⅱクラスターは18種類で、「43.取り立て詞ハ」「44.取り立て詞ダケ」などモダリティの誤りの割合が高い。そこでこのクラスターを『モダリティの誤り』と命名する。第Ⅲクラスターには「34.テ形」「35.連用形」など10種類が属していて、接続の誤りの割合が高い。そこでこのクラスターを『接続の誤り』と命名する。

　自然度においては、まず第Ⅰクラスターに属する30種類の誤りは「25.受け身」「27.可能」など、ヴォイスの誤りの割合が高い。そこでこのクラスターを『ヴォイスの誤り』と命名する。第Ⅱクラスターは「23.格助詞ニツイテ」「24.連体助詞ノ」などの5種類で、補語の誤りの割合が高い。そこでこのクラスターを『補語の誤り』と命名する。第Ⅲクラスターには14種類が属していて、「33.条件」「34.テ形」などであり、接続の誤りの割合が高い。そこでこのクラスターを『接続の誤り』と命名する。

　全体においては、まず第Ⅰクラスターに属する12種類の誤りは「1.品詞の取り違え」「21.格助詞ニヨッテ」などで、語彙と補語の誤りの割合が高い。そこでこのクラスターを『語彙・補語の誤り』と命名する。第Ⅱクラスターは23種類で「25.受け身」「27.可能」などである。ヴォイスの誤りの割合が高い。そこでこのクラスターを『ヴォイスの誤り』と命名する。第Ⅲクラスターは「33.条件」「34.テ形」など14種類から構成されていて、接続の誤りの割合が高い。そこでこのクラスターを『接続の誤り』と命名する。

　これらのクラスターの命名をまとめてみると表5-12のとおりである。

表5-12　誤りの49種類におけるクラスターの命名

クラスター	理解度	不快度	自然度	全体
Ⅰ	ヴォイスの誤り	ヴォイスの誤り	ヴォイスの誤り	ヴォイスの誤り
Ⅱ	接続の誤り	モダリティの誤り	補語の誤り	接続の誤り
Ⅲ	語彙・補語の誤り	接続の誤り	接続の誤り	語彙・補語の誤り

　以上、これらのクラスターは主に補語(・語彙)の誤りとヴォイスの誤りと接続の誤りによって分けられることがわかる。そして、理解度はクラスターⅢ・Ⅰ・Ⅱ、不快度はクラスターⅠ・Ⅱ・Ⅲ、自然度はクラスターⅡ・Ⅰ・Ⅲ、全体はクラスターⅠ・Ⅱ・Ⅲの順に重要度の平均値が高くなっている。理解度についてのⅢ・Ⅰ・Ⅱの平均値は3.39・2.49・1.90のようである。不快度についてのⅠ・Ⅱ・Ⅲの平均値は3.19・2.71・2.07のようである。自然度についてのⅡ・Ⅰ・Ⅲの平均値は4.12・3.47・2.55のようである。全体についてのⅠ・Ⅱ・Ⅲの平均値は3.38・2.84・2.19のようである。したがって、すべての基準と全体において、3つのクラスターはこの順に、かなり重大な誤り、やや重大な誤り、ささいな誤りだといえる。

(2) 誤りの49種類別の重要度の順位

　誤りの49種類別の重要度の順位(→付録5.3)は、すべての基準において問10が1位で、ほぼ問5、15が48、49位で最下位を占めている。そして、3つの基準において順位の差が大きい(15位以上)ものは問2、30、47である。その順位は理解度・不快度・自然度の順で、問2は29・10・16、問30は35・17・30、問47は38・16・32位である。

　一方、誤りの49種類はすべて(種類10の理解度と不快度を除いて)が、自然度、不快度、理解度の順で厳しく評価されている。

(1)理解度における誤りの49種類のクラスター構造

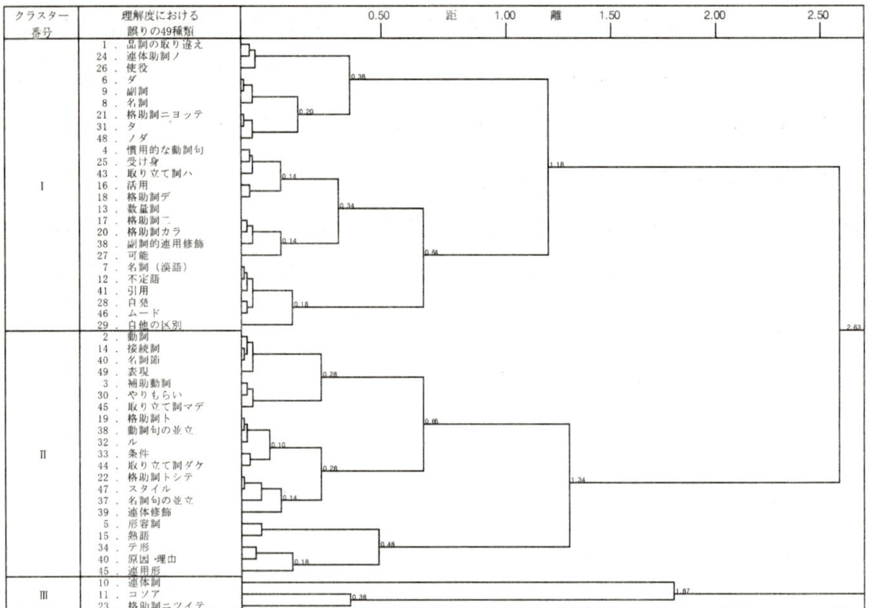

(2)不快度における誤りの49種類のクラスター構造

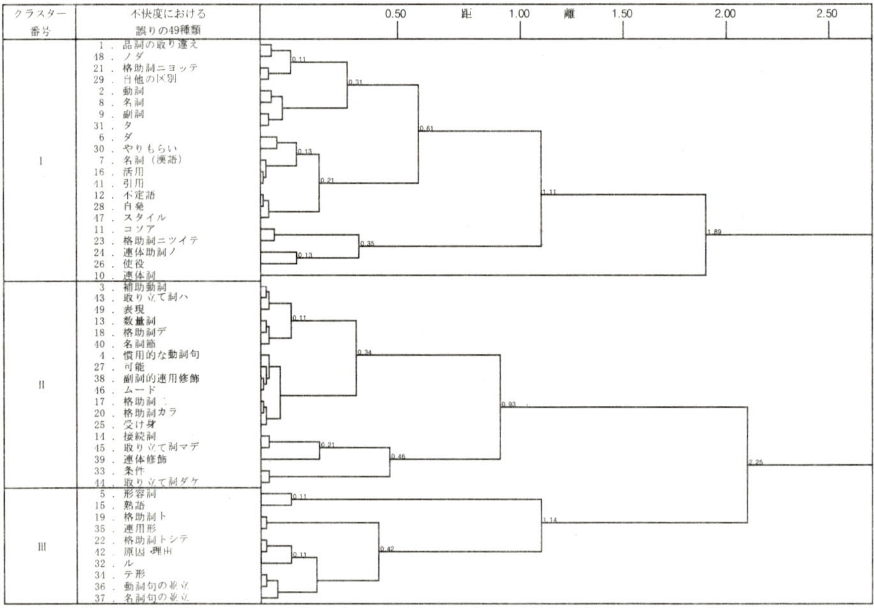

（3）自然度における誤りの49種類のクラスター構造

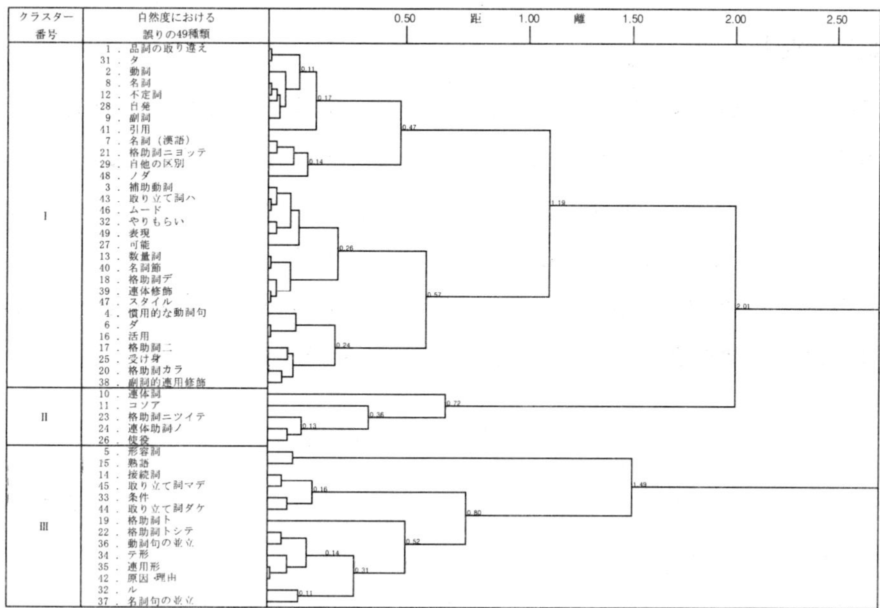

（4）全体（理解度と不快度と自然度を合わせたもの）における誤りの49種類のクラスター構造

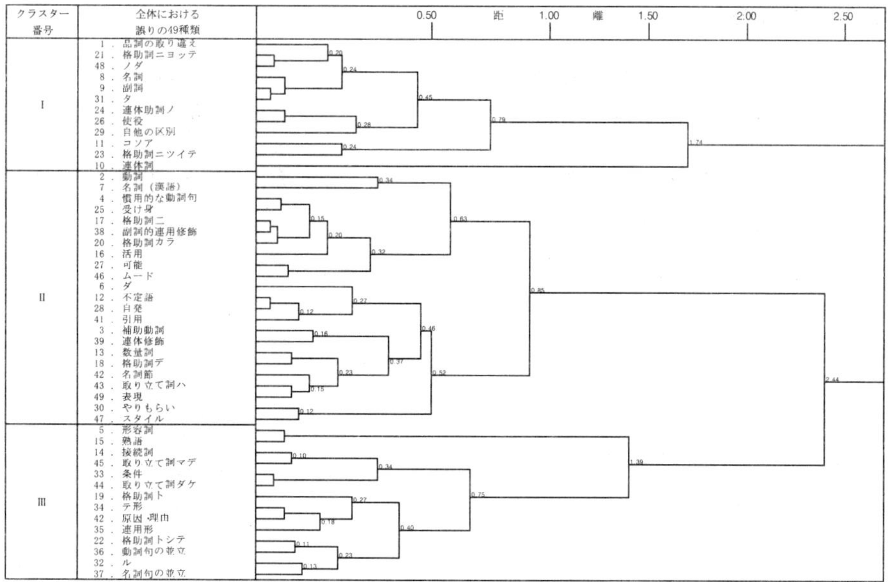

5.3 誤りの重要度 —性別・年齢別の分析—

5.3.1 性別

　表5-13は「性別による誤りの重要度」を問題としている。それぞれの平均値について男性と女性の間でt検定を行った結果、不快度と自然度において男性より女性のほうが有意(p<.01以下)に重視し、厳しく評価している。理解度においても男性より女性のほうが重視し、厳しく評価してはいるが、その差は有意ではない(p>.05)。

　したがって、男女の差は、不快度と自然度についての評定に影響を与えるといえる。しかし、理解度についての評定には影響を与えるとはいえない。

表5-13　性別による誤りの重要度

評価の基準	男性	女性	差	t	有意水準
理解度	2.18(0.70)*	2.26(0.67)	-0.08	-1.41	NS
不快度	2.60(0.81)	2.82(0.78)	-0.22	-3.51	p<.001
自然度	3.12(0.75)	3.27(0.68)	-0.15	-2.79	p<.01

注)*平均とSD(カッコ内)

5.3.2 年齢別

　表5-14は「年齢による誤りの重要度」を示している。表5-14からわかるように、年齢による誤りの重要度は、理解度の10代が2.30、不快度と自然度の20代がそれぞれ2.82、3.37で最も高く、重視し、厳しく評価している。つまり、10代が最も理解できず、20代が最も不快感を持ち、不自然だと評定したといえる。20代が不快度と自然度で厳しいのは、大学生の立場から理解できる。

表5-14　年齢による誤りの重要度

評価の基準	10代	20代	30代	40代	50代	60歳以上
理解度	2.30(0.75)*	2.19(0.66)	2.21(0.69)	2.19(0.65)	2.21(0.75)	2.19(0.74)
不快度	2.76(0.82)	2.82(0.76)	2.73(0.78)	2.68(0.76)	2.46(0.90)	2.42(0.78)
自然度	3.05(0.74)	3.37(0.69)	3.21(0.74)	3.17(0.73)	3.09(0.78)	2.86(0.55)

注)*平均とSD(カッコ内)

　以下、表5-14に現われた傾向について、年齢を要因として行った分散分析と多重比較の結果に基づいて述べることにする。

①理解度において

　表5-15は理解度における年齢による誤りの重要度についての分散分析の結果をとりあげている。表5-15によると、要因の主効果は$p>.05$で有意ではない。したがって、年齢の差は、理解度についての評定には影響を与えないといえる。

表5-15　理解度における年齢による誤りの重要度についての分散分析表

要因	平方和	自由度	平均平方	F	有意水準
A	5736.79	5	1147.36	0.34	NS
誤差	2281154.07	681	3349.71		

②不快度において

　表5-16は不快度における年齢による誤りの重要度についての分散分析の結果をとりあげている。表5-16によると、要因の主効果は$p<.01$で有意である。多重比較によれば、10～30代と50～60歳以上、40代と60歳以上の間の差は有意であるが$(p<.05)$、その他の間の差は有意ではない$(p>.05)$。つまり、不快度において10～30代は50～60歳以上より、40代は60歳以上より重視し、厳しく評価しているが、その他には評価の差が認められない。誤りの重要度における各年齢の関係を図示すると以下のとおりである。

$$20代 ＝ 10代 ＝ 30代 ＞ 50代 ＝ 60歳以上$$
$$40代 ＞ 60歳以上$$

表5-16　不快度における年齢による誤りの重要度についての分散分析表

要因	平方和	自由度	平均平方	F	有意水準
A	88074.22	5	17614.84	3.97	$p<.01$
誤差	3014620.05	680	4433.26		

③自然度において

　表5-17は自然度における年齢による誤りの重要度についての分散分析の結果を
とりあげている。表5-17によると、要因の主効果はp<.001で有意である。多重比
較によれば、20代と50代、20代と10代・60歳以上、30～50代と60歳以上の間の差
は有意であるが(p<.05)、その他の間の差は有意ではない(p>.05)。つまり、自然度
において20代は10代・50～60歳以上より、30～50代は60歳以上より重視し、厳し
く評価しているが、その他には評価の差が認められない。誤りの重要度における
各年齢の関係を図示すると以下のとおりである。

20代　>　50代

20代　>　10代　=　60歳以上

30代　=　40代　=　50代　>　60歳以上

表5-17　自然度における年齢による誤りの重要度についての分散分析表

要因	平方和	自由度	平均平方	F	有意水準
A	101912.31	5	20382.46	5.63	p<.001
誤差	2459892.78	679	3622.82		

　以上、①～③の結果から、年齢の差は不快度と自然度についての評定に影響を
与えるといえる。しかし、理解度についての評定には影響を与えるとはいえない。
そして、不快度と自然度において、20～40代は60歳以上より、20代は50代より重
視し、厳しく評価している。つまり、両基準においての評価は高い年代よりも、
低い年代のほうが厳しいということになる。

5.4　誤りの重要度 —社会的要因別の分析—

5.4.1　話せる方言

　表5-18は「話せる方言の有無による誤りの重要度」を問題としている。それぞれ
の平均値について話せる方言の「ある」と「ない」の間でt検定を行った結果は、3つの

基準において「ある」と「ない」がほぼ同様に評価され、その差はいずれも有意ではない(p>.05)。

　したがって、方言が話せるかどうかは、すべての基準についての評定に影響を与えないといえる。

表5-18　話せる方言の有無による誤りの重要度

評価の基準	ある	ない	差	t	有意水準
理解度	2.21(0.67)[*]	2.22(0.72)	-0.01	-0.28	NS
不快度	2.69(0.78)	2.69(0.83)	0.00	-0.02	NS
自然度	3.18(0.74)	3.19(0.71)	-0.01	-0.14	NS

注)[*]平均とSD(カッコ内)

5.4.2　職業別

　表5-19は「職業による誤りの重要度」を示している。　表5-19からわかるように、職業による誤りの重要度は、理解度と不快度で教員がそれぞれ2.34、3.01、自然度で「大・幹」が3.31(教員が3.30)で最も高く、重視し、厳しく評価している。つまり、教員が最も理解できず、不快感を持ち、「大・幹」が最も不自然だと評定したといえる。教員が理解度と不快度で厳しいのは、その職業上の立場から理解できる。

表5-19　職業による誤りの重要度

評価の基準	大・幹	事務系	教員	労務系	家・従	主婦	学生
理解度	2.00 (0.64)[*]	2.21 (0.68)	2.34 (0.65)	2.23 (0.70)	2.15 (0.61)	2.08 (0.69)	2.26 (0.69)
不快度	2.64 (0.84)	2.69 (0.76)	3.01 (0.66)	2.63 (0.82)	2.52 (0.81)	2.51 (0.85)	2.84 (0.76)
自然度	3.31 (0.63)	3.22 (0.71)	3.30 (0.72)	3.13 (0.73)	3.01 (0.81)	2.99 (0.73)	3.28 (0.71)

注)[*]平均とSD(カッコ内)

　以下、表5-19に現われた傾向について、職業を要因として行った分散分析と多重比較の結果に基づいて述べることにする。

①理解度において

　表5-20は理解度における職業による誤りの重要度についての分散分析の結果を
とりあげている。表5-20によると、要因の主効果はp>.05で有意ではない。した
がって、職業の種類は、理解度についての評定に影響を与えないといえる。

表5-20　理解度における職業による誤りの重要度についての分散分析表

要因	平方和	自由度	平均平方	F	有意水準
A	29917.76	6	4986.29	1.52	NS
誤差	2172965.63	662	3282.43		

②不快度において

　表5-21は不快度における職業による誤りの重要度についての分散分析の結果を
とりあげている。表5-21によると、要因の主効果はp<.01で有意である。多重比較
によれば、教員と事務系・「大・幹」・労務系・「家・従」・主婦、学生と主婦の間
の差は有意であるが(p<.05)、その他の間の差は有意ではない(p>.05)。つまり、不
快度において教員は事務系・「大・幹」・労務系・「家・従」・主婦より、学生は主
婦より重視し、厳しく評価しているが、その他には評価の差が認められない。誤
りの重要度における各職業の関係を図示すると以下のとおりである。

教員　＞　事務系　＝　大・幹　　＝　労務系　＝　家・従　＝　主婦
学生　　＞　主婦

表5-21　不快度における職業による誤りの重要度についての分散分析表

要因	平方和	自由度	平均平方	F	有意水準
A	75723.90	6	12620.65	2.85	p<.01
誤差	2928274.30	661	4430.07		

③自然度において

　表5-22は自然度における職業による誤りの重要度についての分散分析の結果を
とりあげている。表5-22によると、要因の主効果はp<.05で有意である。多重比較
によれば、「大・幹」・教員と「家・従」・主婦、学生と主婦の間の差は有意である

が(p<.05)、その他の間の差は有意ではない(p>.05)。つまり、自然度において「大・幹」・教員は「家・従」・主婦、学生は主婦より重視し、厳しく評価しているが、その他には評価の差が認められない。誤りの重要度における各職業の関係を図示すると以下のとおりである。

$$大・幹 ＝ 教員 ＞ 家・従 ＝ 主婦$$
$$学生 ＞ 主婦$$

表5-22　自然度における職業による誤りの重要度についての分散分析表

要因	平方和	自由度	平均平方	F	有意水準
A	46134.46	6	7689.08	2.10	p<.05
誤差	2416719.68	660	3661.70		

　以上、①〜③の結果から、職業の種類は不快度と自然度についての評定に影響を与えるといえる。しかし、理解度についての評定には影響を与えるとはいえない。そして、不快度と自然度において、教員は「家・従」・主婦より、学生は主婦より重視し、厳しく評価している。つまり、両基準においての評価は職業上教育と関わりのないグループよりも、教育と関わりのあるグループのほうが厳しいということになる。

5.4.3　学歴別

　表5-23は「学歴による誤りの重要度」を問題としている。それぞれの平均値について低学歴と高学歴の間でt検定を行った結果は、不快度と自然度において低学歴より高学歴のほうが有意(p<.01以下)に重視し、厳しく評価している。しかし、理解度においては高学歴より低学歴のほうが重視し、厳しく評価しているが、その差は有意ではない(p>.05)。高学歴者が不快度と自然度で厳しいのは、コミュニケーションにおいて正確で自然な日本語を要求しているからであろう。

　学歴の差は、不快度と自然度についての評定に影響を与えるといえる。しかし、理解度についての評定には影響を与えるとはいえない。

表5-23 学歴による誤りの重要度

評価の基準	低学歴	高学歴	差	t	有意水準
理解度	2.24(0.74)*	2.19(0.64)	0.05	1.05	NS
不快度	2.59(0.87)	2.77(0.75)	-0.18	-2.96	p<.01
自然度	3.00(0.77)	3.32(0.67)	-0.32	-5.72	p<.001

注)*平均とSD(カッコ内)

5.4.4 韓国語の学習歴の有無

　表5-24は「韓国語の学習歴の有無による誤りの重要度」を問題としている。それぞれの平均値について韓国語の学習歴の「ある」と「ない」の間でt検定を行った結果は、理解度において「ある」より「ない」、自然度においては「ない」より「ある」のほうが有意(p<.05)に重視し、厳しく評価している。しかし、不快度においては「ない」より「ある」のほうが重視し、厳しく評価しているが、その差は有意ではない(p>.05)。韓国語の学習歴があるほうが、理解度で寛大であるが、自然度で厳しいのは、韓国語の学習の経験から学習者の表現意図がわかるからであろう。

　韓国語の学習歴があるかどうかは、理解度と自然度についての評定に影響を与えるといえる。しかし、不快度についての評定には影響を与えるとはいえない。

表5-24 韓国語の学習歴の有無による誤りの重要度

評価の基準	ある	ない	差	t	有意水準
理解度	2.05(0.66)*	2.24(0.69)	-0.19	-2.45	p<.05
不快度	2.76(0.81)	2.69(0.80)	0.07	0.83	NS
自然度	3.36(0.71)	3.16(0.73)	0.20	2.39	p<.05

注)*平均とSD(カッコ内)

5.4.5 韓国語の学習歴の程度

　表5-25は「韓国語の学習歴の程度による誤りの重要度」を問題としている。それぞれの平均値について韓国語の学習歴の「少ない」と「多い」の間でt検定を行った結果は、理解度と不快度において「多い」より「少ない」、自然度においては「少ない」より「多い」のほうが重視し、厳しく評価しているが、その差はいずれも有意ではない(p>.05)。

　したがって、韓国語の学習歴の多少は、すべての基準についての評定に影響を与えないといえる。

　以上、「5.4.5〜6」の結果からは、韓国語の学習歴があるかどうかは、理解度と自然度についての評定に影響を与えるが、その学習歴の多少はこの両基準についての評定には影響を与えないことがわかる。

表5-25　韓国語の学習歴の程度による誤りの重要度

評価の基準	少ない	多い	差	t	有意水準
理解度	2.10(0.62)*	1.98(0.75)	0.12	0.80	NS
不快度	2.79(0.77)	2.71(0.91)	0.08	0.43	NS
自然度	3.31(0.77)	3.45(0.61)	-0.14	-0.84	NS

注）*平均とSD(カッコ内)

5.4.6　外国人との対話の経験の有無

　表5-26は「外国人との対話の経験の有無による誤りの重要度」を問題としている。それぞれの平均値について外国人との対話の経験の「ある」と「ない」の間でt検定を行った結果は、自然度において「ない」より「ある」のほうが有意(p<.001)に重視し、厳しく評価している。しかし、理解度において「ある」より「ない」、不快度においては「ない」より「ある」のほうが重視し、厳しく評価しているが、その差はいずれも有意ではない(p>.05)。外国人との対話の経験があるほうが、自然度で厳しいのは、自然な日本語がコミュニケーションを円滑にするのに重要であることを知っているからであろう。

　そして、外国人との対話の経験があるかどうかは、自然度についての評定に影響を与えるといえる。しかし、理解度と不快度についての評定には影響を与えるとはいえない。

表5-26　外国人との対話の経験の有無による誤りの重要度

評価の基準	ある	ない	差	t	有意水準
理解度	2.19(0.65)*	2.29(0.76)	-0.10	-1.69	NS
不快度	2.73(0.74)	2.63(0.92)	0.10	1.36	NS
自然度	3.26(0.69)	3.02(0.78)	0.24	3.88	p<.001

注）*平均とSD(カッコ内)

5.4.7 外国人との対話の経験の程度

　表5-27は「外国人との対話の経験の程度による誤りの重要度」を問題としている。それぞれの平均値について外国人との対話の経験の「少ない」と「多い」の間でt検定を行った結果は、自然度において「少ない」より「多い」のほうが有意(p<.01)に重視し、厳しく評価している。しかし、理解度において「多い」より「少ない」、不快度においては「少ない」より「多い」のほうが重視し、厳しく評価しているが、その差はいずれも有意ではない(p>.05)。外国人との対話の経験が多いほうが、自然度で厳しいのは、自然な日本語がコミュニケーションを円滑にするのに重要であることを知っているからであろう。

　そして、外国人との対話の経験の多少は、自然度についての評定に影響を与えるといえる。しかし、理解度と不快度についての評定には影響を与えるとはいえない。

　以上、「5.4.6〜7」の結果からは、外国人との対話の経験があるかどうかだけではなく、その経験の多少も、自然度についての評定に影響を与えることがわかる。

表5-27　外国人との対話の経験の程度による誤りの重要度

評価の基準	少ない	多い	差	t	有意水準
理解度	2.21(0.65)[*]	2.11(0.67)	0.10	1.33	NS
不快度	2.71(0.73)	2.79(0.79)	-0.08	-1.03	NS
自然度	3.21(0.70)	3.43(0.65)	-0.22	-2.98	p<.01

注)[*]平均とSD(カッコ内)

5.4.8 外国人の日本語の誤文を読んだ経験の有無

　表5-28は「外国人の日本語の誤文を読んだ経験の有無による誤りの重要度」を問題としている。それぞれの平均値について外国人の日本語の誤文を読んだ経験の「ある」と「ない」の間でt検定を行った結果は、理解度において「ある」より「ない」、自然度においては「ない」より「ある」のほうが有意(p<.05以下)に重視し、厳しく評価している。しかし、不快度においては「ない」より「ある」のほうが重視し、厳しく評価しているが、その差は有意ではない(p>.05)。外国人の日本語の誤文を読んだ経

験があるほうが、理解度で寛大であるが、自然度で厳しいのは、誤文が理解でき
るが、自然な日本語がコミュニケーションを円滑にするのに重要であることを知っ
ているからであろう。

　外国人の日本語の誤文を読んだ経験があるかどうかは、理解度と自然度につい
ての評定に影響を与えるといえる。しかし、不快度についての評定には影響を与
えるとはいえない。

表5-28　外国人の日本語の誤文を読んだ経験の有無による誤りの重要度

評価の基準	ある	ない	差	t	有意水準
理解度	2.15(0.64)*	2.27(0.71)	-0.12	-2.22	p<.05
不快度	2.75(0.78)	2.67(0.81)	0.08	1.28	NS
自然度	3.32(0.71)	3.11(0.73)	0.21	3.71	p<.001

注)*平均とSD(カッコ内)

5.4.9　外国人の日本語の誤文を読んだ経験の程度

　表5-29は「外国人の日本語の誤文を読んだ経験の程度による誤りの重要度」を問
題としている。それぞれの平均値について外国人の日本語の誤文を読んだ経験の
「少ない」と「多い」の間でt検定を行った結果は、自然度において「少ない」より「多
い」のほうが有意(p<.01)に重視し、厳しく評価している。しかし、理解度において
「多い」より「少ない」、不快度においては「少ない」より「多い」のほうが重視し、厳し
く評価しているが、その差はいずれも有意ではない(p>.05)。外国人の日本語の誤文
を読んだ経験が多いほうが、自然度で厳しいのは、自然な日本語がコミュニケー
ションを円滑にするのに重要であることを知っているからであると考えられる。

　外国人の日本語の誤文を読んだ経験の多少は、自然度についての評定に影響を
与えるといえる。しかし、理解度と不快度についての評定には影響を与えるとは
いえない。

　以上、「5.4.8〜9」の結果からは、外国人の日本語の誤文を読んだ経験があるかど
うかだけではなく、その経験の多少も、自然度についての評定に影響を与えるこ
とがわかる。

表5-29 外国人の日本語の誤文を読んだ経験の程度による誤りの重要度

評価の基準	少ない	多い	差	t	有意水準
理解度	2.18(0.65)[*]	2.02(0.74)	0.16	1.51	NS
不快度	2.72(0.75)	2.94(0.86)	-0.22	-1.75	NS
自然度	3.26(0.72)	3.62(0.57)	-0.36	-3.09	p<.01

注)[*]平均とSD(カッコ内)

5.4.10 話せる外国語の有無

表5-30は「話せる外国語の有無による誤りの重要度」を問題としている。それぞれの平均値について話せる外国語(韓国語を含む)の「ある」と「ない」の間でt検定を行った結果は、不快度と自然度において「ない」より「ある」のほうが有意(p<.01以下)に重視し、厳しく評価している。しかし、理解度においてはほぼ同様に評価され、その差は有意ではない(p>.05)。外国語が話せるほうが、不快度と自然度で厳しいのは、不自然な言語表現が違和感も与えることを知っているからであろう。

外国語が話せるかどうかは、不快度と自然度についての評定に影響を与えるといえる。しかし、理解度についての評定には影響を与えるとはいえない。

表5-30 話せる外国語の有無による誤りの重要度

評価の基準	ある	ない	差	t	有意水準
理解度	2.20(0.67)[*]	2.23(0.69)	-0.03	-0.49	NS
不快度	2.81(0.74)	2.63(0.83)	0.18	2.99	p<.01
自然度	3.31(0.69)	3.12(0.74)	0.19	3.32	p<.001

注)[*]平均とSD(カッコ内)

5.4.11 韓国語を話す能力の有無

表5-31は「韓国語を話す能力の有無による誤りの重要度」を問題としている。それぞれの平均値について韓国語を話す能力の「ある」と「ない」の間でt検定を行った結果は、理解度においてほぼ同様に評価され、不快度と自然度においては「ない」より「ある」のほうが重視し、厳しく評価しているが、その差はいずれも有意ではない(p>.05)。

したがって、韓国語が話せるかどうかは、すべての基準についての評定に影響を与えないといえる。

表5-31　韓国語を話す能力の有無による誤りの重要度

評価の基準	ある	ない	差	t	有意水準
理解度	2.20(0.68)*	2.21(0.68)	-0.01	-0.02	NS
不快度	2.95(0.69)	2.79(0.75)	0.16	1.38	NS
自然度	3.46(0.55)	3.29(0.72)	0.17	1.71	NS

注)*平均とSD(カッコ内)

5.4.12　外国に住んだ経験の有無

　表5-32は「外国に住んだ経験の有無による誤りの重要度」を問題としている。それぞれの平均値について外国に住んだ経験の「ある」と「ない」の間でt検定を行った結果は、不快度と自然度において「ない」より「ある」のほうが有意(p<.001)に重視し、厳しく評価している。しかし、理解度においてはほぼ同様に評価され、その差は有意ではない(p>.05)。外国に住んだ経験があるほうが、不快度と自然度で厳しいのは、不自然な言語表現が違和感も与えることを知っているからであろう。

　外国に住んだ経験があるかどうかは、不快度と自然度についての評定に影響を与えるといえる。しかし、理解度についての評定には影響を与えるとはいえない。

表5-32　外国に住んだ経験の有無による誤りの重要度

評価の基準	ある	ない	差	t	有意水準
理解度	2.17(0.68)*	2.22(0.69)	-0.05	-0.70	NS
不快度	2.94(0.75)	2.65(0.80)	0.29	3.53	p<.001
自然度	3.44(0.62)	3.14(0.74)	0.30	4.10	p<.001

注)*平均とSD(カッコ内)

5.5　誤りの重要度 —韓国文化の理解度による分析—

5.5.1　韓国のキムチについての知識

　表5-33は「韓国のキムチについての知識の有無による誤りの重要度」を問題としている。それぞれの平均値について、韓国のキムチ(伝達内容の文章)についての知

識の「ある」と「ない」の間でt検定を行った結果は、自然度において「ない」より「ある」のほうが有意(p<.01)に重視し、厳しく評価している。しかし、理解度においてほぼ同様に評価され、不快度においては「ない」より「ある」のほうが重視し、厳しく評価しているが、その差はいずれも有意ではない(p>.05)。韓国のキムチについての知識があるほうが、自然度で厳しいのは、学習者の表現意図がわかって、より的確な表現を求めているからであろう。

　韓国のキムチについての知識があるかどうかは、自然度についての評定に影響を与えるといえる。しかし、理解度と不快度についての評定には影響を与えるとはいえない。

表5-33　韓国のキムチについての知識の有無による誤りの重要度

評価の基準	ある	ない	差	t	有意水準
理解度	2.20(0.70)*	2.21(0.69)	-0.01	-0.13	NS
不快度	2.81(0.78)	2.67(0.80)	0.14	1.76	NS
自然度	3.35(0.63)	3.15(0.75)	0.20	2.95	p<.01

注)*平均とSD(カッコ内)

5.5.2　韓国に対する関心

　表5-34は「韓国に対する関心の有無による誤りの重要度」を問題としている。それぞれの平均値について、韓国に対する関心の「ある」と「ない」の間でt検定を行った結果は、理解度において「ある」より「ない」、自然度においては「ない」より「ある」のほうが有意(p<.05)に重視し、厳しく評価している。しかし、不快度においてはほぼ同様に評価され、その差は有意ではない(p>.05)。韓国に対する関心があるほうが、理解度と自然度で厳しいのは、文章の内容が理解できて、学習者の表現意図がわかるからであろう。

　韓国に対する関心があるかどうかは、理解度と自然度についての評定に影響を与えるといえる。しかし、不快度についての評定には影響を与えるとはいえない。

表5-34　韓国に対する関心の有無による誤りの重要度

評価の基準	ある	ない	差	t	有意水準
理解度	2.18(0.67)*	2.29(0.72)	-0.11	-2.10	p<.05
不快度	2.67(0.79)	2.74(0.83)	-0.07	-1.05	NS
自然度	3.23(0.70)	3.10(0.79)	0.13	2.05	p<.05

注)*平均とSD(カッコ内)

5.5.3　韓国についての知識

　表5-35は「韓国についての知識の有無による誤りの重要度」を問題としている。それぞれの平均値について、韓国についての知識の「ある」と「ない」の間でt検定を行った結果は、自然度において「ない」より「ある」のほうが有意(p<.05)に重視し、厳しく評価している。しかし、理解度と不快度はほぼ同様に評価され、その差はいずれも有意ではない(p>.05)。韓国についての知識があるほうが、自然度で厳しいのは、学習者の表現意図がわかって、より的確な表現を求めているからであろう。

　そして、韓国についての知識があるかどうかは、自然度についての評定に影響を与えるといえる。しかし、理解度と不快度についての評定には影響を与えるとはいえない。

表5-35　韓国についての知識の有無による誤りの重要度

評価の基準	ある	ない	差	t	有意水準
理解度	2.19(0.69)*	2.21(0.69)	-0.02	-0.18	NS
不快度	2.73(0.76)	2.69(0.81)	0.04	0.46	NS
自然度	3.37(0.76)	3.16(0.73)	0.21	2.37	p<.05

注)*平均とSD(カッコ内)

5.6　まとめ

　以上、84個の誤りの全体的な評価について考察した。その結果は次のとおりである。

(1) 全体的な分析

　まず、日本語母語話者は84個全体で尺度値をほとんど4つ以上用い、誤りはすべて同等なのではなく、重要度に差があることを示している。

　そして、日本語母語話者は84個の誤り全体に対して自然度、不快度、理解度の順で厳しく評価している。それは、84個の誤りと49種類の誤りの各々においても同じである。すなわち、韓国人日本語学習者の文章の中での誤りに対して、やや理解できず、やや不快感を持ち、かなり不自然だと評定されたといえる。

　一方、評価の3つの基準の間にはそれぞれかなりの相関がある。すなわち理解度が低いほど不快度は高く、不快度が高いほど自然度は低く、理解度は低いほど自然度も低いといえる。

(2) 原因・領域別の分析

　原因別では、3つの基準において、原因2(韓国語の干渉以外(日本語内)の誤り)より原因1(韓国語の干渉による誤り)のほうが重視され、厳しく評価されている。いずれの基準についても日本語内の問題による誤りよりも、韓国語の干渉による誤りのほうが重大だとされていることになる。これは、原因1の誤りが学習者の母語(韓国語)の構造を反映して、直訳したもの(ほとんど日本語母語話者が普段使っていない表現)が多く、日本語母語話者には理解するのが難しかったためである。そして、原因2は正しいものと誤ったものが似た表現なので、ある程度学習者の表現意図が推測できて、寛大に評価されたと考えられる。

　そして、領域別では、理解度において「形態」(形態論的な誤り)・「統語」(シンタクス・意味論的な誤り)より「語彙」(語彙論的な誤り)が、不快度と自然度においては「統語」より「語彙」「形態」のほうが重視され、厳しく評価されている。したがって、いずれの基準についても、シンタクス・意味論的な誤りよりも、語彙論的な誤りのほうが重大だとされていることになる。

(3) 日本語母語話者の要因別の分析

　表5-36は「日本語母語話者の要因による84個の誤り全体についての評価」の結果をまとめたものである。表5-36からわかるように、「韓国語の学習歴」「外国人の日

本語の誤文を読んだ経験」「韓国に対する関心」の有無による理解度、「性別」「年齢別」「学歴別」と「職業の種類」と「話せる外国語」「外国に住んだ経験」の有無による不快度、「職業」以外のすべての要因による自然度についての評定の差は有意である。

　したがって、「韓国語の学習歴があるかどうか」「外国人の日本語の誤文を読んだ経験があるかどうか」「韓国に対する関心があるかどうか」は理解度に、「男女の差」「年齢の差」「学歴の差」「職業の種類」「外国語が話せるかどうか」「外国に住んだ経験があるかどうか」は不快度に、「職業」以外のすべての要因は自然度の評定に影響を与えるといえる。

　具体的に、韓国語の学習歴がない、外国人の日本語の誤文を読んだ経験がない、韓国に対する関心がないほうが、学習者の誤りが理解できない。また、男性より女性、学歴が高い、外国人が話せる、外国に住んだ経験があるほうが、学習者の誤りに不快感を持つ。そして、男性より女性、学歴が高い、韓国語の学習歴がある、外国人との対話の経験がある、外国人との対話の経験が多い、外国人の日本語の誤文を読んだ経験がある、外国人の日本語の誤文を読んだ経験が多い、外国語が話せる、外国に住んだ経験がある、韓国のキムチについての知識がある、韓国に対する関心がある、韓国についての知識があるほうが、学習者の誤りがより不自然だと評定したことがわかる。一方、年齢の差は不快度と自然度において、20〜40代が60歳以上より、20代が50代より重視し、厳しく評価している。つまり、両基準においての評価は高い年代よりも、低い年代のほうが厳しいことがわかる。職業の種類は不快度と自然度において、教員が「家・従」・主婦より、学生は主婦より重視し、厳しく評価している。つまり、両基準においての評価は職業上教育と関わりのないグループよりも、教育と関わりのあるグループのほうが厳しいことがわかる。

　日本語母語話者の要因による誤りの重要度の差が有意であるものからみると、すべて「理解度」と「不快度、自然度」は反対に評価され、「不快度」と「自然度」は同様に評価されている。つまり、理解度において厳しく評価される場合には、不快度と自然度においては寛大に評価されている。また、理解度において寛大に評価される場合には、不快度と自然度においては厳しく評価されている。

　一方、日本語母語話者の要因の中で、「韓国語の学習歴の多少」「方言が話せるかどうか」「韓国語が話せるかどうか」は、すべての基準についての評定に影響を与えないことがわかる。

表5-36　日本語母語話者の要因による84個の誤り全体についての評価

日本語母語話者の要因		人数 （人）	誤りの重要度		
			理解度	不快度	自然度
1.性別	1.男性	396	2.18	2.60	3.12
	2.女性	292	2.26	2.82	3.27
2.年齢	1.10代	85	2.30	2.76	3.05
	2.20代	189	2.19	2.82	3.37
	3.30代	169	2.21	2.73	3.21
	4.40代	107	2.19	2.68	3.17
	5.50代	82	2.21	2.46	3.09
	6.60歳以上	55	2.19	2.42	2.86
3.職業	1.大・幹	43	2.00	2.64	3.31
	2.事務系	143	2.21	2.69	3.22
	3.教員	38	2.34	3.01	3.30
	4.労務系	220	2.23	2.63	3.13
	5.家・従	34	2.15	2.52	3.01
	6.主婦	59	2.08	2.51	2.99
	7.学生	132	2.26	2.84	3.28
4.話せる方言	1.ある	385	2.21	2.69	3.18
	2.ない	290	2.22	2.69	3.19
5.学歴	1.低学歴	288	2.24	2.59	3.00
	2.高学歴	396	2.19	2.77	3.32
6.韓国語の学習歴	1.ある	92	2.05	2.76	3.36
	2.ない	590	2.24	2.69	3.16
7.「6.1.」の程度	1.少ない	60	2.10	2.79	3.31
	2.多い	31	1.98	2.71	3.45
8.外国人との対話の経験	1.ある	477	2.19	2.73	3.26
	2.ない	203	2.29	2.63	3.02
9.「8.1.」の程度	1.少ない	361	2.21	2.71	3.21
	2.多い	112	2.11	2.79	3.43
10.外国人の日本語の 　誤文を読んだ経験	1.ある	270	2.15	2.75	3.32
	2.ない	412	2.27	2.67	3.11

11.「10.1.」の程度	1.少ない	225	2.18	2.72	3.26
	2.多い	45	2.02	2.94	3.62
12.話せる外国語	1.ある	259	2.20	2.81	3.31
	2.ない	421	2.23	2.63	3.12
13.韓国語を話す能力	1.ある	47	2.20	2.95	3.46
	2.ない	212	2.21	2.79	3.29
14.外国に住んだ経験	1.ある	111	2.17	2.94	3.44
	2.ない	570	2.22	2.65	3.14
15.韓国のキムチについての知識	1.ある	110	2.20	2.81	3.35
	2.ない	579	2.21	2.67	3.15
16.韓国に対する関心	1.ある	461	2.18	2.67	3.23
	2.ない	217	2.29	2.74	3.10
17.韓国についての知識	1.ある	72	2.19	2.73	3.37
	2.ない	619	2.21	2.69	3.16

注)□の部分は日本語母語話者の各要因において、その重要度の差が有意（p<.05以下）であるものを示す。

第6章 誤りの原因別の評価

　本章では、誤りの原因別(「韓国語の干渉による誤り」と「日本語内の問題による誤り」)の重要度について考察する。具体的には日本語母語話者の要因別、すなわち「性別・年齢別」「社会的要因別」「韓国文化の理解度による要因別」に、誤りの重要度を原因別に考察する。

6.1　誤りの原因別の重要度 —性別・年齢別の分析—

6.1.1　性別

　表6-1は「誤りの原因による性別の重要度」を問題としている。それぞれの平均値について男性と女性の間でt検定を行った結果は、原因1(韓国語の干渉による誤り)・2(日本語内の問題による誤り)の不快度と自然度において、男性より女性のほうが有意(p<.05以下)に重視し、厳しく評価している。しかし、原因1・2の理解度においては、男女の差はいずれも有意ではない(p>.05)。

　したがって、原因1・2のどちらにおいても男女の差は、不快度と自然度についての評定に影響を与えるといえる。しかし、理解度についての評定には影響を与えるとはいえない。

表6-1　誤りの原因による性別の重要度

評価の基準	原因	男性	女性	差	t	有意水準
理解度	原因1	2.27(0.71)*	2.34(0.68)	-0.07	-1.33	NS
	原因2	2.10(0.70)	2.17(0.68)	-0.07	-1.49	NS
不快度	原因1	2.72(0.82)	2.93(0.78)	-0.21	-3.27	p<.01
	原因2	2.50(0.79)	2.72(0.78)	-0.22	-3.68	p<.001
自然度	原因1	3.27(0.76)	3.40(0.68)	-0.13	-2.24	p<.05
	原因2	2.97(0.77)	3.15(0.71)	-0.18	-3.26	p<.01

注)*平均とSD(カッコ内)

6.1.2　年齢別

　表6-2は「誤りの原因による年齢別の重要度と分散分析の結果」をとりあげている。表6-2からわかるように、原因1・2の理解度、不快度、自然度はそれぞれ「10代・10代」「20代・20代」「20代・20代」が最も重視し、厳しく評価している。したがって、原因1・2において、理解度についての評定は10代、不快度と自然度についての評定は20代が最も厳しいといえる。20代が原因1・2の不快度と自然度で厳しいのは、20代の中でも大学生が特に厳しく評価したためであろう。

　そして、表6-2に現われた誤りの原因による、年齢別の重要度の傾向について、行った1要因の分散分析の結果は、原因1・2の不快度と自然度において、要因の主効果はp<.01以下で有意である。しかし、原因1・2の理解度においては、要因の主効果はp>.05で有意ではない。

　したがって、原因1・2のどちらにおいても年齢の差は、不快度と自然度についての評定に影響を与えるといえる。しかし、理解度についての評定には影響を与えるとはいえない。

表6-2　誤りの原因による年齢別の重要度と分散分析の結果

評価の基準	原因	10代	20代	30代	40代	50代	60歳以上	F値	有意水準
理解度	原因1	2.37* (0.75)	2.26 (0.66)	2.29 (0.68)	2.30 (0.69)	2.32 (0.79)	2.29 (0.75)	0.30	NS
	原因2	2.23 (0.76)	2.12 (0.67)	2.14 (0.67)	2.08 (0.63)	2.10 (0.75)	2.10 (0.76)	0.51	NS

不快度	原因1	2.86 (0.83)	2.92 (0.76)	2.85 (0.79)	2.82 (0.78)	2.59 (0.93)	2.56 (0.78)	3.17	p<.01
	原因2	2.65 (0.83)	2.72 (0.78)	2.62 (0.79)	2.55 (0.74)	2.36 (0.85)	2.38 (0.69)	3.38	p<.001
自然度	原因1	3.18 (0.76)	3.48 (0.68)	3.35 (0.73)	3.33 (0.75)	3.26 (0.79)	3.02 (0.55)	4.58	p<.001
	原因2	2.92 (0.75)	3.25 (0.72)	3.06 (0.76)	3.01 (0.73)	2.93 (0.78)	2.69 (0.58)	6.53	p<.001

注)*平均とSD(カッコ内)

6.2　誤りの原因別の重要度 —社会的要因別の分析—

6.2.1　職業別

　表6-3は「誤りの原因による職業別の重要度と分散分析の結果」をとりあげている。表6-3からわかるように、原因1・2の理解度、不快度、自然度はそれぞれ「教員・教員」「教員・教員」「大・幹・教員」が最も重視し、厳しく評価している。したがって、原因1・2において、3つの基準(自然度は原因1を除いて)についての評定は、すべて教員が最も厳しいといえる。教員が原因1・2のすべての基準(自然度は原因1を除いて)で厳しいのは、職業上、言語形式の正しさには厳しくありたいとする態度のあらわれであろう。

　そして、表6-3に現われた誤りの原因による、職業別の重要度の傾向について行った1要因の分散分析の結果は、原因1の不快度において、要因の主効果はp<.05で有意である。しかし、原因1の理解度と自然度においては、要因の主効果はp>.05で有意ではない。そして、原因2の不快度と自然度において、要因の主効果はp<.05以下で有意である。しかし、原因2の理解度においては、要因の主効果はp>.05で有意ではない。

　したがって、原因1・2のどちらにおいても職業の種類は、不快度と自然度(原因1を除いて)についての評定に影響を与えるといえる。しかし、理解度についての評定には影響を与えるとはいえない。

表6-3 誤りの原因による職業別の重要度と分散分析の結果

評価の基準	原因	大・幹	事務系	教員	労務系	家・従	主婦	学生	F値	有意水準
理解度	原因1	2.09 (0.67)	2.30 (0.69)	2.43 (0.68)	2.33 (0.71)	2.23 (0.63)	2.19 (0.70)	2.33 (0.70)	0.32	NS
	原因2	1.90 (0.62)	2.13 (0.68)	2.26 (0.65)	2.14 (0.70)	2.06 (0.60)	1.97 (0.70)	2.19 (0.70)	1.80	NS
不快度	原因1	2.77 (0.86)	2.81 (0.78)	3.12 (0.66)	2.74 (0.83)	2.62 (0.84)	2.65 (0.86)	2.94 (0.76)	2.47	p<.05
	原因2	2.51 (0.83)	2.58 (0.76)	2.91 (0.69)	2.53 (0.80)	2.43 (0.80)	2.40 (0.81)	2.73 (0.77)	2.85	p<.01
自然度	原因1	3.49 (0.61)	3.36 (0.71)	3.41 (0.71)	3.28 (0.73)	3.13 (0.83)	3.16 (0.73)	3.40 (0.72)	1.76	NS
	原因2	3.13 (0.67)	3.08 (0.73)	3.19 (0.75)	2.98 (0.75)	2.88 (0.80)	2.81 (0.75)	3.16 (0.73)	2.48	p<.05

注)*平均とSD(カッコ内)

6.2.2 学歴別

表6-4は「誤りの原因による学歴別の重要度」を問題としている。それぞれの平均値について低学歴と高学歴の間でt検定を行った結果は、原因1・2の不快度と自然度において、低学歴より高学歴のほうが有意(p<.01以下)に重視し、厳しく評価している。しかし、原因1・2の理解度においては、両者の差はいずれも有意ではない(p>.05)。高学歴者が原因1・2の不快度と自然度で厳しいのは、コミュニケーションにおいて正確で自然な日本語を要求するからであろう。

そして、原因1・2のどちらにおいても学歴の差は、不快度と自然度についての評定に影響を与えるといえる。しかし、理解度についての評定には影響を与えるとはいえない。

表6-4 誤りの原因による学歴別の重要度

評価の基準	原因	低学歴	高学歴	差	t	有意水準
理解度	原因1	2.34(0.76)*	2.27(0.66)	0.07	1.36	NS
	原因2	2.15(0.75)	2.11(0.65)	0.04	0.75	NS
不快度	原因1	2.71(0.88)	2.88(0.75)	-0.17	-2.72	p<.01
	原因2	2.49(0.84)	2.66(0.75)	-0.17	-2.72	p<.01

自然度	原因1	3.15(0.79)	3.46(0.66)	-0.31	-5.44	p<.001
	原因2	2.85(0.78)	3.19(0.69)	-0.34	-5.85	p<.001

注)* 平均とSD(カッコ内)

6.2.3　韓国語の学習歴の有無

　表6-5は「誤りの原因による韓国語の学習歴の有無別の重要度」を問題としている。それぞれの平均値について韓国語の学習歴の「ある」と「ない」の間でt検定を行った結果は、原因1・2の理解度において「ある」より「ない」、自然度においては「ない」より「ある」のほうが有意(p<.05以下)に重視し、厳しく評価している。しかし、原因1・2の不快度においては、両者の差はいずれも有意ではない(p>.05)。韓国語の学習歴があるほうが、原因1・2の理解度で寛大であるが、自然度で厳しいのは、学習の経験から学習者の表現意図がわかるからであろう。

　そして、原因1・2のどちらにおいても韓国語の学習歴があるかどうかは、理解度と自然度についての評定に影響を与えるといえる。しかし、不快度についての評定には影響を与えるとはいえない。

表6-5　誤りの原因による韓国語の学習歴の有無別の重要度

評価の基準	原因	ある	ない	差	t	有意水準
理解度	原因1	2.13(0.69)*	2.33(0.70)	-0.20	-2.60	p<.01
	原因2	1.98(0.65)	2.16(0.69)	-0.18	-2.28	p<.05
不快度	原因1	2.88(0.81)	2.81(0.81)	0.07	0.77	NS
	原因2	2.65(0.82)	2.59(0.78)	0.06	0.67	NS
自然度	原因1	3.50(0.69)	3.30(0.73)	0.20	2.43	p<.05
	原因2	3.21(0.75)	3.02(0.74)	0.19	2.29	p<.05

注)* 平均とSD(カッコ内)

6.2.4　外国人との対話の経験の有無

　表6-6は「誤りの原因による外国人との対話の経験の有無別の重要度」を問題としている。それぞれの平均値について外国人との対話の経験の「ある」と「ない」の間でt検定を行った結果は、原因1・2の自然度において「ない」より「ある」のほうが有

意(p<.001)に重視し、厳しく評価している。しかし、原因1・2の理解度と不快度に
おいては、両者の差はいずれも有意ではない(p>.05)。外国人との対話の経験があ
るほうが、原因1・2の自然度で厳しいのは、外国人との対話を通して、母語であ
る日本語を客観的・意識的に見られるようになり、その日本語が自然かどうかの
判断ができるからである。

　そして、原因1・2のどちらにおいても外国人との対話の経験があるかどうかは、
自然度についての評定に影響を与えるといえる。しかし、理解度と不快度につい
ての評定には影響を与えるとはいえない。

表6-6　誤りの原因による外国人との対話の経験の有無別の重要度

評価の基準	原因	ある	ない	差	t	有意水準
理解度	原因1	2.27(0.67)[*]	2.38(0.77)	-0.11	-0.85	NS
	原因2	2.11(0.65)	2.20(0.77)	-0.09	-1.48	NS
不快度	原因1	2.85(0.75)	2.74(0.92)	0.11	1.44	NS
	原因2	2.61(0.75)	2.56(0.88)	0.05	0.75	NS
自然度	原因1	3.40(0.69)	3.15(0.79)	0.25	3.97	p<.001
	原因2	3.12(0.72)	2.88(0.79)	0.24	3.84	p<.001

注)[*]平均とSD(カッコ内)

6.2.5　外国人との対話の経験の程度

　表6-7は「誤りの原因による外国人との対話の経験の程度別の重要度」を問題と
している。それぞれの平均値について外国人との対話の経験の「少ない」と「多い」
の間でt検定を行った結果は、原因1・2の自然度において、「少ない」より「多い」の
ほうが有意(p<.01)に重視し、厳しく評価している。しかし、原因1・2の理解度と
不快度においては、両者の差はいずれも有意ではない(p>.05)。外国人との対話の
経験が多いほうが、原因1・2の自然度で厳しいのは、自然な日本語がコミュニ
ケーションを円滑にするのに重要であることを知っているからであろう。

　そして、原因1・2のどちらにおいても外国人との対話の経験の多少は、自然度
についての評定に影響を与えるといえる。しかし、理解度と不快度についての評
定には影響を与えるとはいえない。

　以上、「6.2.4~5」の結果からは、原因1・2のどちらにおいても外国人との対話の経験があるかどうかだけではなく、その経験の多少も、自然度についての評定に影響を与えることがわかる。

表6-7　誤りの原因による外国人との対話の経験の程度別の重要度

評価の基準	原因	少ない	多い	差	t	有意水準
理解度	原因1	2.30(0.66)[*]	2.18(0.69)	0.12	1.55	NS
	原因2	2.12(0.65)	2.04(0.67)	0.08	1.14	NS
不快度	原因1	2.83(0.74)	2.90(0.80)	-0.07	-0.87	NS
	原因2	2.59(0.73)	2.68(0.80)	-0.09	-1.11	NS
自然度	原因1	3.35(0.70)	3.56(0.63)	-0.21	-2.78	p<.01
	原因2	3.06(0.73)	3.30(0.68)	-0.24	-3.09	p<.01

注)[*]平均とSD(カッコ内)

6.2.6　外国人の日本語の誤文を読んだ経験の有無

　表6-8は「誤りの原因による外国人の日本語の誤文を読んだ経験の有無別の重要度」を問題としている。それぞれの平均値について、外国人の日本語の誤文を読んだ経験の「ある」と「ない」の間でt検定を行った結果は、原因1・2の理解度において「ある」より「ない」、原因1・2の自然度においては「ない」より「ある」のほうが有意(p<.05以下)に重視し、厳しく評価している。しかし、原因1・2の不快度においては、両者の差はいずれも有意ではない(p>.05)。外国人の日本語の誤文を読んだ経験があるほうが、原因1・2の理解度で寛大であるが、自然度で厳しいのは、誤文は理解できるが、自然な日本語がコミュニケーションを円滑にするのに重要であることを知っているからであろう。

　そして、原因1・2のどちらにおいても外国人の日本語の誤文を読んだ経験があるかどうかは、理解度と自然度についての評定に影響を与えるといえる。しかし、不快度についての評定には影響を与えるとはいえない。

表6-8 誤りの原因による外国人の日本語の誤文を読んだ経験の有無別の重要度

評価の基準	原因	ある	ない	差	t	有意水準
理解度	原因1	2.23(0.65)*	2.36(0.72)	-0.13	-2.46	p<.05
	原因2	2.07(0.64)	2.17(0.72)	-0.10	-1.98	p<.05
不快度	原因1	2.87(0.78)	2.79(0.82)	0.08	1.29	NS
	原因2	2.64(0.76)	2.57(0.80)	0.07	1.17	NS
自然度	原因1	3.46(0.70)	3.25(0.73)	0.21	3.72	p<.01
	原因2	3.18(0.74)	2.97(0.74)	0.21	3.61	p<.01

注)*平均とSD(カッコ内)

6.2.7 外国人の日本語の誤文を読んだ経験の程度

表6-9は「誤りの原因による外国人の日本語の誤文を読んだ経験の程度別の重要度」を問題としている。それぞれの平均値について外国人の日本語の誤文を読んだ経験の「少ない」と「多い」の間でt検定を行った結果は、原因1・2の不快度(原因1の除いて)と自然度において「少ない」より「多い」のほうが有意(p<.05以下)に重視し、厳しく評価している。しかし、原因1・2の理解度においては、両者の差はいずれも有意ではない(p>.05)。外国人の日本語の誤文を読んだ経験が多いほうが、原因1・2の理解度で寛大であるが、不快度(原因1を除いて)と自然度で厳しいのは、正確で自然な日本語がコミュニケーションを円滑にするのに重要であることを知っているからであろう。

そして、原因1・2のどちらにおいても外国人の日本語の誤文を読んだ経験の多少は、不快度(原因1を除いて)と自然度についての評定に影響を与えるといえる。しかし、理解度についての評定には影響を与えるとはいえない。

以上、「6.2.6～7」の結果からは、原因1・2のどちらにおいても外国人の日本語の誤文を読んだ経験があるかどうかだけではなく、その経験の多少も、自然度についての評定に影響を与えることがわかる。

表6-9 誤りの原因による外国人の日本語の誤文を読んだ経験の程度別の重要度

評価の基準	原因	少ない	多い	差	t	有意水準
理解度	原因1	2.26(0.64)*	2.07(0.75)	0.19	1.81	NS
	原因2	2.10(0.63)	1.97(0.74)	0.13	1.21	NS

				差	t	有意水準
不快度	原因1	2.84(0.76)	3.02(0.88)	-0.18	-1.38	NS
	原因2	2.61(0.74)	2.86(0.85)	-0.25	-2.00	p<.05
自然度	原因1	3.41(0.71)	3.74(0.57)	-0.33	-2.93	p<.01
	原因2	3.12(0.75)	3.49(0.60)	-0.37	-3.16	p<.01

注)*平均とSD(カッコ内)

6.2.8　話せる外国語の有無

　表6-10は「誤りの原因による話せる外国語の有無別の重要度」を問題としている。それぞれの平均値について話せる外国語の「ある」と「ない」の間でt検定を行った結果は、原因1・2の不快度と自然度において「ない」より「ある」のほうが有意(p<.01以下)に重視し、厳しく評価している。しかし、原因1・2の理解度においては、両者の差はいずれも有意ではない(p>.05)。外国語が話せるほうが、原因1・2の不快度と自然度で厳しいのは、不自然な言語表現が違和感を与えることを知っているからであろう。

　そして、原因1・2のどちらにおいても外国語が話せるかどうかは、不快度と自然度についての評定に影響を与えるといえる。しかし、理解度についての評定には影響を与えるとはいえない。

表6-10　誤りの原因による話せる外国語の有無別の重要度

評価の基準	原因	ある	ない	差	t	有意水準
理解度	原因1	2.27(0.68)*	2.33(0.71)	-0.06	-1.08	NS
	原因2	2.13(0.68)	2.13(0.70)	0.00	0.04	NS
不快度	原因1	2.92(0.74)	2.75(0.84)	0.17	2.82	p<.01
	原因2	2.71(0.76)	2.53(0.80)	0.18	2.86	p<.01
自然度	原因1	3.44(0.68)	3.26(0.75)	0.18	3.11	p<.01
	原因2	3.17(0.72)	2.97(0.72)	0.20	3.45	p<.001

注)*平均とSD(カッコ内)

6.2.9　外国に住んだ経験の有無

　表6-11は「誤りの原因による外国に住んだ経験の有無別の重要度」を問題としている。それぞれの平均値について外国に住んだ経験の「ある」と「ない」の間でt検定

を行った結果は、原因1・2の不快度と自然度において「ない」より「ある」のほうが有意(p<.01以下)に重視し、厳しく評価している。しかし、原因1・2の理解度においては、両者の差はいずれも有意ではない(p>.05)。外国に住んだ経験があるほうが、原因1・2の不快度と自然度で厳しいのは、不自然な言語表現が違和感を与えることを知っているからであろう。

　そして、原因1・2のどちらにおいても外国に住んだ経験があるかどうかは、不快度と自然度についての評定に影響を与えるといえる。しかし、理解度についての評定には影響を与えるとはいえない。

表6-11　誤りの原因による外国に住んだ経験の有無別の重要度

評価の基準	原因	ある	ない	差	t	有意水準
理解度	原因1	2.24(0.70)[*]	2.32(0.70)	-0.08	-1.09	NS
	原因2	2.11(0.68)	2.14(0.69)	-0.03	-0.36	NS
不快度	原因1	3.04(0.75)	2.77(0.81)	0.27	3.25	p<.01
	原因2	2.84(0.76)	2.55(0.79)	0.29	3.61	p<.001
自然度	原因1	3.57(0.60)	3.28(0.74)	0.29	4.38	p<.001
	原因2	3.32(0.67)	2.99(0.75)	0.33	4.31	p<.001

注)[*]平均とSD(カッコ内)

6.3　誤りの原因別の重要度　—韓国文化の理解度による分析—

6.3.1　韓国のキムチについての知識

　表6-12は「誤りの原因による韓国のキムチについての知識の有無別の重要度」を問題としている。それぞれの平均値について、韓国のキムチについての知識の「ある」と「ない」の間でt検定を行った結果は、原因1・2の自然度において「ない」より「ある」のほうが有意(p<.05以下)に重視し、厳しく評価している。しかし、原因1・2の理解度と不快度においては、両者の差はいずれも有意ではない(p>.05)。韓国のキムチについての知識があるほうが、原因1・2の自然度で厳しいのは、学習者の表現意図がわかって、より的確な表現を求めているからであろう。

　そして、原因1・2のどちらにおいても韓国のキムチについての知識があるかどう
かは、自然度についての評定に影響を与えるといえる。しかし、理解度と不快度
についての評定には影響を与えるとはいえない。

表6-12　誤りの原因による韓国のキムチについての知識の有無別の重要度

評価の基準	原因	ある	ない	差	t	有意水準
理解度	原因1	2.28(0.72)[*]	2.30(0.70)	-0.02	-0.21	NS
	原因2	2.12(0.69)	2.13(0.69)	-0.01	-0.05	NS
不快度	原因1	2.93(0.79)	2.79(0.81)	0.14	1.72	NS
	原因2	2.71(0.79)	2.57(0.79)	0.14	1.67	NS
自然度	原因1	3.50(0.61)	3.29(0.75)	0.21	3.11	p<.01
	原因2	3.21(0.67)	3.01(0.77)	0.20	2.50	p<.05

注)[*]平均とSD(カッコ内)

6.3.2　韓国に対する関心

　表6-13は「誤りの原因による韓国に対する関心の有無別の重要度」を問題として
いる。それぞれの平均値について、韓国に対する関心の「ある」と「ない」の間でt検
定を行った結果は、原因1・2の理解度において「ある」より「ない」、原因1・2の自
然度においては「ない」より「ある」のほうが有意(p<.05)に重視し、厳しく評価してい
る。しかし、原因1・2の不快度においては、両者の差はいずれも有意ではない
(p>.05)。韓国に対する関心があるほうが、原因1・2の理解度で寛大であるが、自
然度で厳しいのは、文章の内容が理解できて、学習者の表現意図がわかるからで
あろう。

　そして、原因1・2のどちらにおいても韓国に対する関心があるかどうかは、理解
度と自然度についての評定に影響を与えるといえる。しかし、不快度についての
評定には影響を与えるとはいえない。

표6-13 誤りの原因による韓国に対する関心の有無別の重要度

評価の基準	原因	ある	ない	差	t	有意水準
理解度	原因1	2.26(0.69)*	2.38(0.73)	-0.12	-2.09	p<.05
	原因2	2.09(0.67)	2.21(0.74)	-0.12	-2.14	p<.05
不快度	原因1	2.79(0.80)	2.86(0.84)	-0.07	-1.04	NS
	原因2	2.58(0.77)	2.63(0.84)	-0.05	-0.86	NS
自然度	原因1	3.37(0.69)	3.24(0.79)	0.13	2.04	p<.05
	原因2	3.09(0.72)	2.96(0.80)	0.13	2.09	p<.05

注)*平均とSD(カッコ内)

6.3.3 韓国についての知識

表6-14は「誤りの原因による韓国についての知識の有無別の重要度」を問題とし
ている。それぞれの平均値について、韓国についての知識の「ある」と「ない」の間で
t検定を行った結果は、原因1・2の自然度において「ない」より「ある」のほうが有意
(p<.05)に重視し、厳しく評価している。しかし、原因1・2の理解度と不快度にお
いては、両者の差はいずれも有意ではない(p>.05)。韓国についての知識があるほう
が、原因1・2の自然度で厳しいのは、学習者の表現意図がわかって、より的確な
表現を求めているからであろう。

そして、原因1・2のどちらにおいても韓国についての知識があるかどうかは、自
然度についての評定に影響を与えるといえる。しかし、理解度と不快度について
の評定には影響を与えるとはいえない。

表6-14 誤りの原因による韓国についての知識の有無別の重要度

評価の基準	原因	ある	ない	差	t	有意水準
理解度	原因1	2.26(0.69)*	2.30(0.71)	-0.04	-0.51	NS
	原因2	2.13(0.70)	2.12(0.69)	0.01	0.12	NS
不快度	原因1	2.83(0.75)	2.81(0.82)	0.02	0.24	NS
	原因2	2.64(0.79)	2.58(0.80)	0.06	0.57	NS
自然度	原因1	3.50(0.73)	3.30(0.69)	0.20	2.24	p<.05
	原因2	3.24(0.80)	3.01(0.75)	0.23	2.43	p<.05

注)*平均とSD(カッコ内)

　表6-1〜14は「誤りの原因による、性別　…　韓国についての知識の有無別の重要度」を問題としている。日本語母語話者の要因の各々において、それぞれの平均値について原因1(韓国語の干渉による誤り)と原因2(韓国語の干渉以外(日本語内)の誤り)の間でt検定を行った結果は、すべての基準でほとんどの場合、原因2より原因1のほうが有意($p<.05$以下)に重視され、厳しく評価されている。たとえ原因1と原因2の間の差が有意でないものでも、原因2より原因1のほうが重視され、厳しく評価されている。

　いずれの日本語母語話者の要因においても、原因2より原因1のほうが厳しく評価される傾向が見られる。一つ一つについての説明は省略し、6章の注1には原因1と原因2の間のt検定の結果(有意水準)だけを表示した。

6.4　まとめ

　以上、日本語母語話者の要因による誤りの原因別の評価について考察した。その結果は次のとおりである。

(1) 性別・年齢別の分析

　原因1・2において、「性別」「年齢」による不快度と自然度それぞれについての評定の差は有意である。

　したがって、原因1・2のどちらにおいても、男女の差と年齢の差は不快度と自然度の評定に影響を与えるといえる。

　具体的に説明すると、男女の差による場合、男性より女性のほうが不快感を持ち、不自然だと評定したことがわかる。年齢の差による場合は、理解度についての評定は10代、不快度・自然度についての評定は20代が最も厳しい。

　一方、原因1・2のどちらにおいても、男女の差と年齢の差は理解度の評定には影響を与えないといえる。

(2) 社会的要因別の分析

　原因1・2において、「韓国語の学習歴」「外国人の日本語の誤文を読んだ経験」の有無による理解度、「職業」「学歴」「外国人の日本語の誤文を読んだ経験の程度(原因2)」「話せる外国語の有無」「外国に住んだ経験の有無」による不快度、すべての要因(原因1の「職業」を除いて)による自然度についての評定の差は有意である。

したがって、原因1・2のどちらにおいても、「韓国語の学習歴があるかどうか」「外国人の日本語の誤文を読んだ経験があるかどうか」は理解度に、「職業の種類」「学歴の差」「外国人の日本語の誤文を読んだ経験の多少(原因2)」「外国語が話せるかどうか」「外国に住んだ経験があるかどうか」は不快度に、すべての社会的要因(原因1の「職業」を除いて)は自然度の評定に影響を与えるといえる。

具体的に言うと、韓国語の学習歴がない、外国人の日本語の誤文を読んだ経験がないほうが、学習者の誤りがより理解できない。また、学歴が高い、外国人の日本語の誤文を読んだ経験が多い(原因2)、外国語が話せる、外国に住んだ経験があるほうが、学習者の誤りにより不快感を持つ。そして、学歴が高い、韓国語の学習歴がある、外国人との対話の経験がある、外国人との対話の経験が多い、外国人の日本語の誤文を読んだ経験がある、外国人の日本語の誤文を読んだ経験が多い、外国語が話せる、外国に住んだ経験があるほうが、学習者の誤りがより不自然だと評定したことがわかる。一方、職業の種類は原因1・2のどちらにおいても、すべての基準(自然度は原因1を除いて)についての評定は、教員が最も厳しい。

(3) 韓国文化の理解度による分析

原因1・2において、「韓国に対する関心」の有無による理解度、「韓国のキムチについての知識」「韓国に対する関心」「韓国についての知識」の有無による自然度についての評定の差は有意である。

したがって、原因1・2のどちらにおいても、「韓国に対する関心があるかどうか」は理解度に、「韓国のキムチについての知識があるかどうか」「韓国に対する関心があるかどうか」「韓国についての知識があるかどうか」は自然度の評定に影響を与えるといえる。

具体的に言うと、韓国に対する関心がないほうが、学習者の誤りがより理解できない。そして、「韓国のキムチについての知識」「韓国に対する関心」「韓国についての知識」があるほうが、学習者の誤りがより不自然だと評定したことがわかる。

　一方、原因1・2のどちらにおいても、「韓国のキムチについての知識があるかどうか」「韓国に対する関心があるかどうか」「韓国についての知識があるかどうか」は、不快度についての評定には影響を与えないことがわかる。

　終わりに、表6-15は「日本語母語話者の要因による原因1・2の誤りについての評価」の結果をまとめたものである。表6-15からわかるように、原因1・2において、「性別と年齢」の要因は理解度、「韓国文化の理解度による要因」は不快度についての評定には影響を与えないことがわかる。そして、すべての要因において、その重要度の差が有意であるものは、自然度、不快度、理解度の順で多い。したがって、この順で3つの基準についての評定に影響を与えるといえる。また、理解度と不快度についての評定に影響を与える日本語母語話者の要因はすべてが違う。つまり、日本語母語話者のすべての要因は、原因1・2の誤りにおいて理解度と不快度についての評定には同時に影響を与えないことがわかる。

　一方、日本語母語話者の要因の各々において、すべての基準で原因2より原因1のほうが厳しく評価された。すべての日本語母語話者の要因また評価の基準についても、日本語内の問題による誤りよりも、韓国語の干渉による誤りのほうが重大だとされていることになる。

表6-15　日本語母語話者の要因による原因1・2の誤りについての評価

日本語母語話者の要因		人数（人）	原因1・2の誤りの重要度					
			理解度		不快度		自然度	
			1	2	1	2	1	2
1.性別	1.男性	396	2.27	2.10	2.72	2.50	3.27	2.97
	2.女性	292	2.34	2.17	2.93	2.72	3.40	3.15
2.年齢	1.10代	85	2.37	2.23	2.86	2.65	3.18	2.92
	2.20代	189	2.26	2.12	2.92	2.72	3.48	3.25
	3.30代	169	2.29	2.14	2.85	2.62	3.35	3.06
	4.40代	107	2.30	2.08	2.82	2.55	3.33	3.01
	5.50代	82	2.32	2.10	2.59	2.36	3.26	2.93
	6.60歳以上	55	2.29	2.10	2.56	2.38	3.02	2.69
3.職業	1.大・幹	43	2.09	1.90	2.77	2.51	3.49	3.13
	2.事務系	143	2.30	2.13	2.81	2.58	3.36	3.08

	3.教員	38	2.43	2.26	3.12	2.91	3.41	3.19
	4.労務系	220	2.33	2.14	2.74	2.53	3.28	2.98
	5.家・従	34	2.23	2.06	2.62	2.43	3.13	2.88
	6.主婦	59	2.19	1.97	2.65	2.40	3.16	2.81
	7.学生	132	2.33	2.19	2.94	2.73	3.40	3.16
4.学歴	1.低学歴	288	2.34	2.15	2.71	2.49	3.15	2.85
	2.高学歴	396	2.27	2.11	2.88	2.66	3.46	3.19
5.韓国語の学習歴	1.ある	92	2.13	1.98	2.88	2.65	3.50	3.21
	2.ない	590	2.33	2.16	2.81	2.59	3.30	3.02
6.外国人との対話の経験	1.ある	477	2.27	2.11	2.85	2.61	3.40	3.12
	2.ない	203	2.38	2.20	2.74	2.56	3.15	2.88
7.「6.1.」の程度	1.少ない	361	2.30	2.12	2.83	2.59	3.35	3.06
	2.多い	112	2.18	2.04	2.90	2.68	3.56	3.30
8.外国人の日本語の 誤文を読んだ経験	1.ある	270	2.23	2.07	2.87	2.64	3.46	3.18
	2.ない	412	2.36	2.17	2.79	2.57	3.25	2.97
9.「8.1.」の程度	1.少ない	225	2.26	2.10	2.84	2.61	3.41	3.12
	2.多い	45	2.07	1.97	3.02	2.86	3.74	3.49
10.話せる外国語	1.ある	259	2.27	2.13	2.92	2.71	3.44	3.17
	2.ない	421	2.33	2.13	2.75	2.53	3.26	2.97
11.外国に住んだ経験	1.ある	111	2.24	2.11	3.04	2.84	3.57	3.32
	2.ない	570	2.32	2.14	2.77	2.55	3.28	2.99
12.韓国のキムチについての 知識	1.ある	110	2.28	2.12	2.93	2.71	3.50	3.21
	2.ない	579	2.30	2.13	2.79	2.57	3.29	3.01
13.韓国に対する関心	1.ある	461	2.26	2.09	2.79	2.58	3.37	3.09
	2.ない	217	2.38	2.21	2.86	2.63	3.24	2.96
14.韓国についての知識	1.ある	72	2.26	2.13	2.83	2.64	3.50	3.24
	2.ない	619	2.30	2.12	2.84	2.58	3.30	3.01

注) ☐ の部分は日本語母語話者の各要因において、その重要度の差が有意($p<.05$以下)であるものを示す。

第7章 誤りの領域別の評価

　本章では、誤りの領域別(「語彙論的な誤り」と「形態論的な誤り」と「シンタクス・意味論的な誤り」)の重要度について考察する。具体的には日本語母語話者の要因別、すなわち「性別・年齢別」「社会的要因別」「韓国文化の理解度による要因別」に、誤りの重要度を領域別に考察する。

7.1　誤りの領域別の重要度 —性別・年齢別の分析—

7.1.1　性別

　表7-1は「誤りの領域による性別の重要度」を問題としている。それぞれの平均値について男性と女性の間でt検定を行った結果、「語彙」(語彙論的な誤り)・「形態」(形態論的な誤り)・「統語」(シンタクス・意味論的な誤り)の不快度と自然度において、男性より女性のほうが有意($p<.05$以下)に重視し、厳しく評価している。しかし、3領域の理解度においては、男女の差はいずれも有意ではない($p>.05$)。

　したがって、3領域のいずれにおいても男女の差は、不快度と自然度についての評定に影響を与えるといえる。しかし、理解度についての評定には影響を与えるとはいえない。

表7-1 誤りの領域による性別の重要度

評価の基準	領域	男性	女性	差	t	有意水準
理解度	語彙	2.32(0.71)[*]	2.38(0.68)	-0.06	-1.06	NS
	形態	2.15(0.89)	2.25(0.90)	-0.10	-1.48	NS
	統語	2.12(0.70)	2.20(0.67)	-0.08	-1.54	NS
不快度	語彙	2.70(0.83)	2.90(0.80)	-0.20	-3.05	p<.01
	形態	2.69(0.97)	3.01(1.01)	-0.32	-4.15	p<.001
	統語	2.55(0.80)	2.77(0.77)	-0.22	-3.57	p<.001
自然度	語彙	3.26(0.77)	3.40(0.70)	-0.14	-2.45	p<.05
	形態	3.24(0.98)	3.53(1.00)	-0.29	-3.80	p<.001
	統語	3.05(0.76)	3.20(0.69)	-0.15	-2.77	p<.01

注)[*]平均とSD(カッコ内)

7.1.2 年齢別

　表7-2は「誤りの領域による年齢別の重要度と分散分析の結果」をとりあげている。表7-2からわかるように、3領域の理解度、不快度、自然度はそれぞれ「10代・10代・10代」「20代・10代・20代」「20代・20代・20代」が最も重視し、厳しく評価している。したがって、3領域において、3つの基準についての評定は、10〜20代が最も厳しいといえる。10〜20代が3領域においての基準で厳しいのは、学生の立場から理解できる。

　そして、表7-2に現われた誤りの領域による、年齢別の重要度の傾向について行った1要因の分散分析の結果は、「語彙・統語」の不快度と自然度において、要因の主効果はp<.05以下で有意である。しかし、「語彙・統語」の理解度において、要因の主効果はp>.05で有意ではない。そして、「形態」の3つの基準において、要因の主効果はp<.05以下で有意である。

　したがって、「語彙・統語」において年齢の差は、不快度と自然度についての評定に影響を与えるといえるが、理解度についての評定には影響を与えるとはいえない。そして、「形態」において年齢の差は、すべての基準についての評定に影響を与えるといえる。

表7-2　誤りの領域による年齢別の重要度と分散分析の結果

評価の基準	領域	10代	20代	30代	40代	50代	60歳以上	F値	有意水準
理解度	語彙	2.37[*] (0.75)	2.32 (0.65)	2.36 (0.68)	2.32 (0.65)	2.35 (0.75)	2.33 (0.80)	0.13	NS
	形態	2.49 (0.99)	2.11 (0.90)	2.20 (0.90)	2.10 (0.84)	2.15 (0.89)	2.21 (0.78)	2.42	p<.05
	統語	2.25 (0.76)	2.14 (0.67)	2.14 (0.67)	2.13 (0.65)	2.15 (0.76)	2.13 (0.72)	0.41	NS
不快度	語彙	2.81 (0.83)	2.88 (0.80)	2.84 (0.80)	2.78 (0.77)	2.59 (0.91)	2.54 (0.85)	2.59	p<.05
	形態	3.09 (1.07)	2.95 (1.00)	2.84 (0.97)	2.74 (0.99)	2.50 (1.00)	2.56 (0.80)	4.44	p<.001
	統語	2.71 (0.82)	2.79 (0.76)	2.67 (0.78)	2.64 (0.76)	2.41 (0.88)	2.36 (0.77)	4.30	p<.001
自然度	語彙	3.14 (0.76)	3.48 (0.72)	3.36 (0.75)	3.30 (0.73)	3.25 (0.78)	3.00 (0.61)	5.02	p<.01
	形態	3.49 (1.03)	3.59 (0.96)	3.34 (1.00)	3.17 (0.98)	3.18 (1.00)	3.02 (0.98)	4.98	p<.001
	統語	2.98 (0.76)	3.30 (0.69)	3.13 (0.74)	3.11 (0.74)	3.02 (0.78)	2.78 (0.55)	5.82	p<.001

注)[*]平均とSD(カッコ内)

7.2　誤りの領域別の重要度 —社会的要因別の分析—

7.2.1　職業別

　表7-3は「誤りの領域による職業別の重要度と分散分析の結果」をとりあげている。表7-3からわかるように、3領域の理解度、不快度、自然度はそれぞれ「教員・学生・教員」「教員・教員・教員」「「大・幹」・学生・教員」が最も重視し、厳しく評価している。したがって、3領域において、3つの基準についての評定は、ほとんどの場合、教員と学生が最も厳しいといえる。教員と学生が3領域のすべての基準で厳しいのは、その職業上の立場から理解できる。

　そして、表7-3に現われた誤りの領域による、職業別の重要度の傾向について行った1要因の分散分析の結果は、「語彙・統語」の不快度において、要因の主効果はp<.05以下で有意である。しかし、「語彙・統語」の理解度と自然度において、要因の主効果はp>.05で有意ではない。「形態」の不快度と自然度において、要因の主効果はp<.001で有意であるが、「形態」の理解度においては、要因の主効果はp>.05で有意ではない。

したがって、「語彙・統語」において職業の種類は、不快度についての評定に影響を与えるといえるが、理解度と自然度についての評定には影響を与えるとはいえない。そして、「形態」において職業の種類は、不快度と自然度についての評定に影響を与えるといえるが、理解度についての評定には影響を与えるとはいえない。

表7-3　誤りの領域による職業別の重要度と分散分析の結果

評価の基準	領域	大・幹	事務系	教員	労務系	家・従	主婦	学生	F値	有意水準
理解度	語彙	2.18* (0.64)	2.34 (0.67)	2.46 (0.35)	2.37 (0.72)	2.25 (0.60)	2.21 (0.72)	2.37 (0.70)	1.15	NS
	形態	1.90 (0.84)	2.17 (0.87)	2.25 (0.82)	2.22 (0.90)	2.12 (0.88)	1.96 (0.79)	2.31 (0.97)	1.96	NS
	統語	1.92 (0.65)	2.15 (0.69)	2.28 (0.66)	2.17 (0.70)	2.10 (0.61)	2.02 (0.68)	2.21 (0.70)	1.63	NS
不快度	語彙	2.75 (0.88)	2.78 (0.78)	3.12 (0.67)	2.73 (0.84)	2.62 (0.82)	2.62 (0.92)	2.90 (0.78)	2.25	p<.05
	形態	2.76 (1.04)	2.78 (0.92)	3.16 (0.95)	2.72 (0.95)	2.61 (1.09)	2.53 (1.06)	3.11 (1.01)	4.25	p<.001
	統語	2.59 (0.83)	2.65 (0.76)	2.95 (0.67)	2.58 (0.82)	2.47 (0.82)	2.45 (0.82)	2.79 (0.76)	2.92	p<.01
自然度	語彙	3.47 (0.61)	3.36 (0.73)	3.44 (0.72)	3.26 (0.76)	3.12 (0.82)	3.16 (0.75)	3.39 (0.72)	1.90	NS
	形態	3.52 (0.95)	3.33 (0.88)	3.42 (1.05)	3.21 (0.97)	3.23 (1.27)	3.11 (1.05)	3.69 (0.99)	4.28	p<.001
	統語	3.22 (0.64)	3.15 (0.71)	3.23 (0.73)	3.07 (0.74)	2.94 (0.81)	2.90 (0.73)	3.21 (0.72)	2.04	NS

注)*平均とSD(カッコ内)

7.2.2　学歴別

表7-4は「誤りの領域による学歴別の重要度」を問題としている。それぞれの平均値について低学歴と高学歴の間でt検定を行った結果は、「語彙・統語」の不快度と自然度において、低学歴より高学歴のほうが有意(p<.05以下)に重視し、厳しく評

価している。しかし、「語彙・統語」の理解度においては、両者の差はいずれも有意ではない(p>.05)。そして、「形態」の理解度において高学歴より低学歴、「形態」の不快度と自然度においては低学歴より高学歴のほうが有意(p<.05以下)に重視し、厳しく評価している。高学歴者が3領域の不快度と自然度で厳しいのは、コミュニケーションにおいて正確で自然な日本語を要求しているからであろう。

　「語彙・統語」において学歴の差は、不快度と自然度についての評定に影響を与えるといえる。しかし、理解度についての評定には影響を与えるとはいえない。また、「形態」において学歴の差は、すべての基準についての評定に影響を与えるといえる。

表7-4　誤りの領域による学歴別の重要度

評価の基準	領域	低学歴	高学歴	差	t	有意水準
	語彙	2.36(0.76)*	2.33(0.65)	0.03	0.55	NS
理解度	形態	2.30(0.95)	2.11(0.85)	0.19	2.63	p<.01
	統語	2.19(0.74)	2.12(0.65)	0.07	1.18	NS
	語彙	2.67(0.88)	2.87(0.77)	-0.20	-2.97	p<.01
不快度	形態	2.71(1.04)	2.91(0.96)	-0.20	-2.52	p<.05
	統語	2.54(0.86)	2.72(0.74)	-0.18	-2.82	p<.01
	語彙	3.11(0.79)	3.46(0.67)	-0.35	-6.04	p<.001
自然度	形態	3.15(1.04)	3.51(0.95)	-0.36	-4.69	p<.001
	統語	2.93(0.78)	3.24(0.67)	-0.31	-5.43	p<.001

注)*平均とSD(カッコ内)

7.2.3　韓国語の学習歴の有無

　表7-5は「誤りの領域による韓国語の学習歴の有無別の重要度」を問題としている。それぞれの平均値について韓国語の学習歴の「ある」と「ない」の間でt検定を行った結果、「語彙・統語」の理解度において「ある」より「ない」、自然度においては「ない」より「ある」のほうが有意(p<.05以下)に重視し、厳しく評価している。しかし、「語彙・統語」の不快度においては、両者の差はいずれも有意ではない(p>.05)。「形態」の不快度と自然度において「ない」より「ある」のほうが有意(p<.05以下)に重視し、厳しく評価している。しかし、「形態」の理解度においては、両者の差は

有意ではない(p>.05)。韓国語の学習歴があるほうが、「語彙・統語」の理解度で寛大であるが、自然度で厳しいのは、学習の経験から学習者の表現意図がわかるからであろう。

「語彙・統語」において韓国語の学習歴があるかどうかは、理解度と自然度についての評定に影響を与えるといえるが、不快度についての評定には影響を与えるとはいえない。また、「形態」において韓国語の学習歴があるかどうかは、不快度と自然度についての評定に影響を与えるといえるが、理解度についての評定には影響を与えるとはいえない。

表7-5　誤りの領域による韓国語の学習歴の有無別の重要度

評価の基準	領域	ある	ない	差	t	有意水準
	語彙	2.20(0.66)[*]	2.37(0.70)	-0.17	-2.14	p<.05
理解度	形態	2.10(0.92)	2.21(0.89)	-0.11	-1.09	NS
	統語	1.98(0.67)	2.18(0.69)	-0.20	-2.62	p<.01
	語彙	2.85(0.85)	2.78(0.81)	0.07	0.75	NS
不快度	形態	3.06(1.04)	2.80(0.98)	0.26	2.27	p<.05
	統語	2.71(0.80)	2.64(0.80)	0.07	0.70	NS
	語彙	3.50(0.72)	3.29(0.74)	0.21	2.51	p<.05
自然度	形態	3.71(0.99)	3.30(0.99)	0.41	3.67	p<.001
	統語	3.27(0.72)	3.09(0.73)	0.18	2.14	p<.05

注)[*]平均とSD(カッコ内)

7.2.4　外国人との対話の経験の有無

表7-6は「誤りの領域による外国人との対話の経験の有無別の重要度」を問題としている。それぞれの平均値について外国人との対話の経験の「ある」と「ない」の間でt検定を行った結果は、「語彙・統語」の自然度において「ない」より「ある」のほうが有意(p<.001)に重視し、厳しく評価している。しかし、「語彙・統語」の理解度と不快度においては、両者の差はいずれも有意ではない(p>.05)。「形態」の理解度において「ある」より「ない」、自然度においては「ない」より「ある」のほうが有意(p<.05以下)に重視し、厳しく評価している。しかし、「形態」の不快度においては、両者

の差はいずれも有意ではない(p>.05)。外国人との対話の経験があるほうが、3領域
の自然度で厳しいのは、自然な日本語がコミュニケーションを円滑にするのに重
要であることを知っているからであろう。

「語彙・統語」において外国人との対話の経験があるかどうかは、自然度につい
ての評定に影響を与えるといえるが、理解度と不快度についての評定には影響を
与えるとはいえない。また、「形態」において外国人との対話の経験があるかどうか
は、理解度と自然度についての評定に影響を与えるといえるが、不快度について
の評定には影響を与えるとはいえない。

表7-6　誤りの領域による外国人との対話の経験の有無別の重要度

評価の基準	領域	ある	ない	差	t	有意水準
	語彙	2.32(0.66)*	2.39(0.77)	-0.07	-1.11	NS
理解度	形態	2.13(0.86)	2.33(0.97)	-0.20	-2.52	p<.05
	統語	2.12(0.66)	2.24(0.76)	-0.12	-1.91	NS
	語彙	2.82(0.77)	2.71(0.92)	0.11	1.43	NS
不快度	形態	2.86(0.96)	2.77(1.06)	0.09	1.02	NS
	統語	2.68(0.74)	2.59(0.92)	0.09	1.19	NS
	語彙	3.40(0.71)	3.12(0.78)	0.28	4.60	p<.001
自然度	形態	3.44(0.97)	3.18(1.05)	0.26	3.03	p<.01
	統語	3.19(0.70)	2.96(0.76)	0.23	3.54	p<.001

注)*平均とSD(カッコ内)

7.2.5　外国人との対話の経験の程度

表7-7は「誤りの領域による外国人との対話の経験の程度別の重要度」を問題と
している。それぞれの平均値について外国人との対話の経験の「少ない」と「多い」
の間でt検定を行った結果は、3領域の自然度において、「多い」より「少ない」のほう
が有意(p<.05以下)に重視し、厳しく評価している。しかし、3領域の理解度と不快
度においては、両者の差はいずれも有意ではない(p>.05)。外国人との対話の経験
が多いほうが、3領域の自然度で厳しいのは、自然な日本語がコミュニケーション
を円滑にするのに重要であることを知っているからであろう。

3領域のいずれにおいても外国人との対話の経験の多少は、自然度についての評

定に影響を与えるといえる。しかし、理解度と不快度についての評定には影響を与えるとはいえない。

　以上、「7.2.4～5」の結果からは、3領域のいずれにおいても外国人との対話の経験があるかどうかだけではなく、その経験の多少も、自然度についての評定に影響を与えることがわかる。

表7-7　誤りの領域による外国人との対話の経験の程度別の重要度

評価の基準	領域	少ない	多い	差	t	有意水準
理解度	語彙	2.34(0.66)[*]	2.26(0.67)	0.08	1.15	NS
	形態	2.17(0.85)	2.04(0.92)	0.13	1.32	NS
	統語	2.15(0.65)	2.05(0.68)	0.05	1.38	NS
不快度	語彙	2.80(0.76)	2.87(0.82)	-0.07	-0.84	NS
	形態	2.83(0.94)	2.92(1.03)	-0.09	-0.80	NS
	統語	2.65(0.72)	2.74(0.79)	-0.09	-1.11	NS
自然度	語彙	3.35(0.73)	3.57(0.64)	-0.22	-2.85	p<.01
	形態	3.38(0.95)	3.63(1.04)	-0.25	-2.40	p<.05
	統語	3.13(0.70)	3.35(0.65)	-0.22	-2.98	p<.01

注)[*]平均とSD(カッコ内)

7.2.6　外国人の日本語の誤文を読んだ経験の有無

　表7-8は「誤りの領域による外国人の日本語の誤文を読んだ経験の有無別の重要度」を問題としている。それぞれの平均値について外国人の日本語の誤文を読んだ経験の「ある」と「ない」の間でt検定を行った結果は、「語彙・統語」の自然度において「ない」より「ある」のほうが有意(p<.001)に重視し、厳しく評価している。しかし、「語彙・統語」の理解度(「統語」を除いて)と不快度においては、両者の差はいずれも有意ではない(p>.05)。そして、「形態」の理解度において「ある」より「ない」、自然度においては「ない」より「ある」のほうが有意(p<.05以下)に重視し、厳しく評価している。しかし、「形態」の不快度においては、両者の差は有意ではない(p>.05)。外国人の日本語の誤文を読んだ経験があるほうが、3領域の自然度で厳しいのは、自然な日本語がコミュニケーションを円滑にするのに重要であることを知っているか

らであろう。

　「語彙・統語」において外国人の日本語の誤文を読んだ経験があるかどうかは、自然度についての評定に影響を与えるといえる。しかし、理解度(「統語」を除いて)と不快度についての評定には影響を与えるとはいえない。また、「形態」において外国人の日本語の誤文を読んだ経験があるかどうかは、理解度と自然度についての評定に影響を与えるといえる。しかし、不快度についての評定には影響を与えるとはいえない。

表7-8　誤りの領域による外国人の日本語の誤文を読んだ経験の有無別の重要度

評価の基準	領域	ある	ない	差	t	有意水準
理解度	語彙	2.29(0.65)*	2.39(0.72)	-0.10	-1.87	NS
	形態	2.09(0.86)	2.26(0.91)	-0.17	-2.40	p<.05
	統語	2.08(0.65)	2.21(0.71)	-0.13	-2.32	p<.05
不快度	語彙	2.84(0.81)	2.76(0.82)	0.08	1.24	NS
	形態	2.92(0.99)	2.77(0.99)	0.15	1.90	NS
	統語	2.70(0.77)	2.63(0.81)	0.07	1.16	NS
自然度	語彙	3.45(0.72)	3.23(0.74)	0.22	3.77	p<.001
	形態	3.53(1.02)	3.25(0.98)	0.28	3.64	p<.001
	統語	3.24(0.71)	3.04(0.73)	0.20	3.54	p<.001

注)*平均とSD(カッコ内)

7.2.7　外国人の日本語の誤文を読んだ経験の程度

　表7-9は「誤りの領域による外国人の日本語の誤文を読んだ経験の程度別の重要度」を問題としている。それぞれの平均値について外国人の日本語の誤文を読んだ経験の「少ない」と「多い」の間でt検定を行った結果は、「語彙・統語」の自然度において「少ない」より「多い」のほうが有意(p<.01以下)に重視し、厳しく評価している。しかし、「語彙・統語」の理解度と不快度においては、両者の差はいずれも有意ではない(p>.05)。「形態」の理解度において「多い」より「少ない」のほうが有意(p<.05)に重視し、厳しく評価している。しかし、「形態」の不快度と自然度においては、両者の差はいずれも有意ではない(p>.05)。外国人の日本語の誤文を読んだ経験が多いほうが、「形態」の理解度で寛大であるが、「語彙・統語」の自然度で厳しいの

は、自然な日本語がコミュニケーションを円滑にするのに重要であることを知っているからであろう。

「語彙・統語」において外国人の日本語の誤文を読んだ経験の多少は、自然度についての評定に影響を与えるといえる。しかし、理解度と不快度についての評定には影響を与えるとはいえない。また、「形態」において外国人の日本語の誤文を読んだ経験の多少は、理解度についての評定に影響を与えるといえるが、不快度と自然度についての評定には影響を与えるとはいえない。

以上、「7.2.6〜7」の結果からは、3領域において外国人の日本語の誤文を読んだ経験があるかどうかだけではなく、その経験の多少も、理解度(「形態」だけ)と自然度(「語彙・統語」)についての評定に影響を与えることがわかる。

表7-9 誤りの領域による外国人の日本語の誤文を読んだ経験の程度別の重要度

評価の基準	領域	少ない	多い	差	t	有意水準
	語彙	2.32(0.64)[*]	2.16(0.71)	0.16	1.49	NS
理解度	形態	2.15(0.85)	1.87(0.93)	0.28	2.02	p<.05
	統語	2.11(0.63)	1.96(0.76)	0.15	1.43	NS
	語彙	2.81(0.79)	3.01(0.88)	-0.20	-1.45	NS
不快度	形態	2.90(0.95)	3.10(1.16)	-0.20	-1.25	NS
	統語	2.66(0.75)	2.90(0.86)	-0.24	-1.88	NS
	語彙	3.40(0.74)	3.74(0.55)	-0.34	-3.60	p<.001
自然度	形態	3.50(1.00)	3.79(1.04)	-0.29	-1.75	NS
	統語	3.19(0.72)	3.55(0.59)	-0.36	-3.16	p<.01

注)[*]平均とSD(カッコ内)

7.2.8 話せる外国語の有無

表7-10は「誤りの領域による話せる外国語の有無別の重要度」を問題としている。それぞれの平均値について話せる外国語の「ある」と「ない」の間でt検定を行った結果は、3領域の不快度と自然度において「ない」より「ある」のほうが有意(p<.01以下)に重視し、厳しく評価している。しかし、3領域の理解度においては、両者の差はいずれも有意ではない(p>.05)。外国語が話せるほうが、3領域の不快度と自然

度で厳しいのは、不自然な言語表現が違和感も与えることを知っているからであろう。

　3領域のいずれにおいても外国語が話せるかどうかは、不快度と自然度についての評定に影響を与えるといえる。しかし、理解度についての評定には影響を与えるとはいえない。

表7-10　誤りの領域による話せる外国語の有無別の重要度

評価の基準	領域	ある	ない	差	t	有意水準
	語彙	2.34(0.68)[*]	2.35(0.70)	-0.01	-1.49	NS
理解度	形態	2.20(0.94)	2.19(0.87)	0.01	2.02	NS
	統語	2.14(0.68)	2.17(0.70)	-0.03	-1.43	NS
	語彙	2.90(0.76)	2.72(0.84)	0.18	1.45	p<.01
不快度	形態	3.03(1.01)	2.70(0.96)	0.33	1.25	p<.001
	統語	2.76(0.74)	2.59(0.82)	0.17	1.88	p<.01
	語彙	3.44(0.71)	3.24(0.76)	0.20	3.60	p<.001
自然度	形態	3.57(1.01)	3.23(0.98)	0.34	1.75	p<.001
	統語	3.23(0.70)	3.05(0.75)	0.18	3.16	p<.01

注)[*]平均とSD(カッコ内)

7.2.9　外国に住んだ経験の有無

　表7-11は「誤りの領域による外国に住んだ経験の有無別の重要度」を問題としている。それぞれの平均値について外国に住んだ経験の「ある」と「ない」の間でt検定を行った結果は、3領域の不快度と自然度において「ない」より「ある」のほうが有意(p<.05以下)に重視し、厳しく評価している。しかし、3領域の理解度においては、両者の差はいずれも有意ではない(p>.05)。外国に住んだ経験があるほうが、3領域の不快度と自然度で厳しいのは、不自然な言語表現が違和感も与えることを知っているからであろう。

　3領域のいずれにおいても外国に住んだ経験があるかどうかは、不快度と自然度についての評定に影響を与えるといえるが、理解度についての評定には影響を与えるとはいえない。

表7-11 誤りの領域による外国に住んだ経験の有無別の重要度

評価の基準	領域	ある	ない	差	t	有意水準
	語彙	2.33(0.62)*	2.35(0.70)	-0.02	-0.23	NS
理解度	形態	2.08(0.91)	2.21(0.89)	-0.13	-1.42	NS
	統語	2.10(0.69)	2.17(0.69)	-0.07	-0.87	NS
	語彙	3.04(0.77)	2.74(0.82)	0.30	3.64	p<.001
不快度	形態	3.08(1.04)	2.78(0.97)	0.30	2.91	p<.01
	統語	2.89(0.75)	2.61(0.80)	0.28	3.41	p<.001
	語彙	3.60(0.61)	3.26(0.75)	0.34	5.09	p<.001
自然度	形態	3.58(1.01)	3.32(1.00)	0.26	2.51	p<.05
	統語	3.36(0.64)	3.07(0.74)	0.29	3.92	p<.001

注)*平均とSD(カッコ内)

7.3 誤りの領域別の重要度 －韓国文化の理解度による分析－

7.3.1 韓国のキムチについての知識

　表7-12は「誤りの領域による韓国のキムチについての知識の有無別の重要度」を問題としている。それぞれの平均値について、韓国のキムチについての知識の「ある」と「ない」の間でt検定を行った結果は、「語彙・統語」の自然度において「ない」より「ある」のほうが有意(p<.01以下)に重視し、厳しく評価している。しかし、「語彙・統語」の理解度と不快度においては、両者の差はいずれも有意ではない(p>.05)。「形態」の3つの基準においては、両者の差はいずれも有意ではない(p>.05)。韓国のキムチについての知識があるほうが、「語彙・統語」の自然度で厳しいのは、学習者の表現意図がわかって、より的確な表現を求めているからであろう。

　「語彙・統語」において韓国のキムチについての知識があるかどうかは、自然度についての評定に影響を与えるといえるが、理解度と不快度についての評定に影響を与えるとはいえない。また、「形態」において韓国のキムチについての知識があるかどうかは、すべての基準についての評定に影響を与えるとはいえない。

表7-12　誤りの領域による韓国のキムチについての知識の有無別の重要度

評価の基準	領域	ある	ない	差	t	有意水準
	語彙	2.35(0.70)[*]	2.34(0.70)	0.01	0.28	NS
理解度	形態	2.13(0.96)	2.20(0.88)	-0.07	-0.74	NS
	統語	2.13(0.71)	2.15(0.69)	-0.02	-0.29	NS
	語彙	2.91(0.81)	2.76(0.82)	0.15	1.72	NS
不快度	形態	2.98(1.05)	2.80(0.98)	0.18	1.78	NS
	統語	2.77(0.78)	2.62(0.80)	0.15	1.70	NS
	語彙	3.51(0.63)	3.27(0.77)	0.24	3.45	p<.001
自然度	形態	3.52(1.03)	3.33(0.99)	0.19	1.78	NS
	統語	3.27(0.64)	3.08(0.75)	0.19	2.69	p<.01

注)[*]平均とSD(カッコ内)

7.3.2　韓国に対する関心

　表7-13は「誤りの領域による韓国に対する関心の有無別の重要度」を問題としている。それぞれの平均値について、韓国に対する関心の「ある」と「ない」の間でt検定を行った結果は、「語彙」の自然度において「ない」より「ある」のほうが有意(p<.01)に重視し、厳しく評価している。しかし、「語彙」の理解度と不快度においては、両者の差はいずれも有意ではない(p>.05)。「形態・統語」の理解度において「ある」より「ない」のほうが有意(p<.05)に重視し、厳しく評価している。しかし、「形態・統語」の不快度と自然度においては、両者の差はいずれも有意ではない(p>.05)。韓国に対する関心があるほうが、「形態・統語」の理解度で寛大であるが、「語彙」の自然度で厳しいのは、文章の内容が理解できて、学習者の表現意図がわかるからであろう。

　「語彙」において韓国に対する関心があるかどうかは、自然度についての評定に影響を与えるといえる。しかし、理解度と不快度についての評定には影響を与えるとはいえない。また、「形態・統語」において韓国に対する関心があるかどうかは、理解度についての評定に影響を与えるといえる。しかし、不快度と自然度についての評定には影響を与えるとはいえない。

表7-13 誤りの領域による韓国に対する関心の有無別の重要度

評価の基準	領域	ある	ない	差	t	有意水準
	語彙	2.32(0.68)[*]	2.40(0.73)	−0.08	−1.50	NS
理解度	形態	2.14(0.89)	2.29(0.91)	−0.15	−2.07	p<.05
	統語	2.11(0.67)	2.24(0.73)	−0.13	−2.32	p<.05
	語彙	2.77(0.81)	2.82(0.84)	−0.05	−0.66	NS
不快度	形態	2.82(0.99)	2.87(1.00)	−0.05	−0.63	NS
	統語	2.62(0.78)	2.70(0.84)	−0.08	−1.19	NS
	語彙	3.37(0.71)	3.21(0.79)	0.16	2.62	p<.01
自然度	形態	3.41(1.00)	3.26(0.99)	0.15	1.81	NS
	統語	3.15(0.70)	3.04(0.80)	0.11	1.76	NS

注)[*]平均とSD(カッコ内)

7.3.3 韓国についての知識

　表7-14は「誤りの領域による韓国についての知識の有無別の重要度」を問題としている。それぞれの平均値について、韓国についての知識の「ある」と「ない」の間でt検定を行った結果は、3領域の自然度において、「ない」より「ある」のほうが有意（p<.05以下）に重視し、厳しく評価している。しかし、3領域の理解度と不快度においては、両者の差はいずれも有意ではない（p>.05）。韓国についての知識があるほうが、3領域の自然度で厳しいのは、学習者の表現意図がわかって、より的確な表現を求めているからであろう。

表7-14 誤りの領域による韓国についての知識の有無別の重要度

評価の基準	領域	ある	ない	差	t	有意水準
	語彙	2.34(0.72)[*]	2.34(0.70)	0.00	−0.00	NS
理解度	形態	2.26(0.91)	2.18(0.89)	0.08	0.72	NS
	統語	2.12(0.68)	2.15(0.69)	−0.03	−0.34	NS
	語彙	2.82(0.79)	2.78(0.83)	0.04	0.42	NS
不快度	形態	3.00(0.91)	2.80(1.01)	0.20	1.60	NS
	統語	2.68(0.76)	2.64(0.80)	0.04	0.36	NS
	語彙	3.52(0.81)	3.29(0.74)	0.23	2.51	p<.05
自然度	形態	3.74(0.92)	3.31(1.00)	0.43	3.45	p<.001
	統語	3.28(0.75)	3.09(0.74)	0.19	2.13	p<.05

注)[*]平均とSD(カッコ内)

　3領域のいずれにおいても韓国についての知識があるかどうかは、自然度についての評定に影響を与えるといえる。しかし、理解度と不快度についての評定には影響を与えるとはいえない。

　表7-1〜14は「誤りの領域による性別 … 韓国についての知識の有無別の重要度」を問題としている。日本語母語話者の要因の各々において、表7-1〜14に現われた誤りの領域による重要度の傾向について、行った1要因の分散分析の結果は、すべての基準において要因(誤りの領域)の主効果はいずれもp＜.001で有意である。したがって、日本語母語話者の要因の各々において、誤りの3領域は、すべての基準についての評定に影響を与えるといえる。

　いずれの日本語母語話者の要因においても、誤りの3領域は、すべての基準についての評定に影響を与える。一つ一つについての説明は省略する。

7.4　まとめ

　以上、日本語母語話者の要因による領域別の誤りの評価について考察した。その結果は次のとおりである。

　(1) 性別・年齢別の分析

　3領域において、「性別」「年齢」による不快度と自然度、「年齢(「形態」)」による理解度についての評定の差は有意である。

　したがって、3領域のいずれにおいても男女と年齢の差は、不快度と自然度、「形態」において年齢の差は、理解度についての評定に影響を与えるといえる。

　具体的に言うと、男女の差による場合、男性より女性のほうが不快感を持ち、不自然だと評定したことがわかる。年齢の差による場合は、3つの基準についての評定は、10〜20代が最も厳しい。

　一方、3領域のいずれにおいても男女の差は理解度についての評定には影響を与えないといえる。

(2) 社会的要因別の分析

　3領域において、「学歴(「形態」のみ)」「韓国語の学習歴の有無(「語彙・統語」)」「外国人との対話の経験の有無(「形態」)」「外国人の日本語の誤文を読んだ経験の有無(「形態・統語」)及び程度(「形態」)」による理解度、「職業」「学歴」と「韓国語の学習歴(「形態」)」「話せる外国語」「外国に住んだ経験」の有無による不快度、すべての要因(「語彙・統語」の「職業」、「形態」の「外国人の日本語の誤文を読んだ経験の程度」を除いて)による自然度についての評定の差は有意である。

　したがって、3領域において、「韓国語の学習歴があるかどうか(「語彙・統語」)」「学歴の差(「形態」)」「外国人との対話の経験があるかどうか(「形態」)」「外国人の日本語の誤文を読んだ経験があるかどうか(「形態・統語」)及びその経験の多少(「形態」)」は、理解度についての評定に影響を与える。また、「職業の種類」「学歴の差」「韓国語の学習歴があるかどうか(「形態」)」「外国語が話せるかどうか」「外国に住んだ経験があるかどうか」は、不快度についての評定に影響を与える。そして、「職業の種類(「形態」)」「学歴の差」「外国人との対話の経験があるかどうか及びその経験の多少」「外国人の日本語の誤文を読んだ経験があるかどうか及びその経験の多少(「語彙・形態」)」「韓国語の学習歴があるかどうか」「外国語が話せるかどうか」「外国に住んだ経験があるかどうか」は、自然度についての評定に影響を与えるといえる。

　具体的に言うと、3領域において、学歴が高い(「形態」)、韓国語の学習歴がない(「語彙・統語」)、外国人との対話の経験がない(「形態」)、外国人の日本語の誤文を読んだ経験がない(「形態・統語」)、外国人の日本語の誤文を読んだ経験が少ない(「形態」)ほうが、学習者の誤りがより理解できない。また、学歴が高い、韓国語の学習歴がある(「形態」)、外国語が話せる、外国に住んだ経験があるほうが、学歴者の誤りにより不快感を持つ。そして、学歴が高い、韓国語の学習歴がある、外国人との対話の経験がある、外国人との対話の経験が多い、外国人の日本語の誤文を読んだ経験がある、外国人の日本語の誤文を読んだ経験が多い(「語彙・統語」)、外国語が話せる、外国に住んだ経験があるほうが、学習者の誤りがより不自然だと評定したことがわかる。職業の種類は、3領域において、すべての基準についての評定は、ほとんどの場合、教員と学生が最も厳しい。

(3) 韓国文化の理解度による分析

　3領域において、「韓国に対する関心(「形態・統語」のみ)」の有無による理解度、「韓国のキムチについての知識(「語彙・統語」)」「韓国に対する関心(「語彙」)」「韓国についての知識」の有無による自然度についての評定の差は有意である。

　したがって、3領域において、「韓国に対する関心があるかどうか(「形態・統語」)」は理解度、「韓国のキムチについての知識があるかどうか(「語彙・統語」)」、「韓国に対する関心があるかどうか(「語彙」)」、「韓国についての知識があるかどうか」は、自然度についての評定に影響を与えるといえる。

　具体的に言うと、3領域において、韓国に対する関心がない(「形態・統語」)ほうが、学習者の誤りがより理解できない。そして、韓国のキムチについての知識がある(「語彙・統語」)、韓国に対する関心がある(「語彙」)、韓国についての知識があるほうが、学習者の誤りがより不自然だと評定したことがわかる。一方、3領域のいずれにおいても、「韓国のキムチについての知識があるかどうか」「韓国に対する関心があるかどうか」「韓国についての知識があるかどうか」は、不快度についての評定には影響を与えないことがわかる。

　終わりに、表7-15は「日本語母語話者の要因による領域別の誤りについての評価」の結果をまとめたものである。表7-15からわかるように、3領域において、「韓国文化の理解度による要因」は不快度についての評定に影響を与えないことがわかる。そして、すべての要因において、その重要度の差が有意であるものは、自然度、不快度、理解度の順で多い。したがって、この順で3つの基準についての評定に影響を与えるといえる。一方、理解度と不快度についての評定に影響を与える日本語母語話者の要因はすべてが違う(ただし、「形態」において、年齢と学歴の差は、理解度と不快度についての評定に影響を与える。)。つまり、日本語母語話者のすべての要因は、3領域において理解度と不快度についての評定には同時に影響を与えないことがわかる。

　一方、日本語母語話者のいずれの要因においても、3領域はすべての基準についての評定に影響を与えることもわかった。

表7-15　日本語母語話者の要因による領域別の誤りについての評価

日本語母語話者の要因		人数(人)	領域別の誤りの重要度								
			理解度			不快度			自然度		
			語彙	形態	統語	語彙	形態	統語	語彙	形態	統語
1.性別	1.男性	396	2.32	2.15	2.12	2.70	2.69	2.55	3.26	3.24	3.05
	2.女性	292	2.38	2.25	2.20	2.90	3.01	2.77	3.40	3.53	3.20
2.年齢	1.10代	85	2.38	2.49	2.25	2.81	3.09	2.71	3.14	3.49	2.98
	2.20代	189	2.32	2.11	2.14	2.88	2.95	2.79	3.48	3.59	3.30
	3.30代	169	2.36	2.20	2.14	2.84	2.84	2.67	3.36	3.34	3.13
	4.40代	107	2.32	2.10	2.13	2.78	2.74	2.64	3.30	3.17	3.11
	5.50代	82	2.35	2.15	2.15	2.59	2.50	2.41	3.25	3.18	3.02
	6.60歳以上	55	2.33	2.21	2.13	2.54	2.56	2.36	3.00	3.02	2.78
3.職業	1.大・幹	43	2.18	1.90	1.92	2.75	2.76	2.59	3.47	3.52	3.22
	2.事務系	143	2.34	2.17	2.15	2.78	2.78	2.65	3.36	3.33	3.15
	3.教員	38	2.46	2.25	2.28	3.12	3.16	2.95	3.44	3.42	3.23
	4.労務系	220	2.37	2.22	2.17	2.73	2.72	2.58	3.26	3.21	3.07
	5.家・従	34	2.25	2.12	2.10	2.62	2.61	2.47	3.12	3.23	2.94
	6.主婦	59	2.21	1.96	2.02	2.62	2.53	2.45	3.16	3.11	2.90
	7.学生	132	2.37	2.31	2.21	2.90	3.11	2.79	3.39	3.69	3.21
4.学歴	1.低学歴	288	2.36	2.30	2.19	2.67	2.71	2.54	3.11	3.15	2.93
	2.高学歴	396	2.33	2.11	2.12	2.87	2.91	2.72	3.46	3.51	3.24
5.韓国語の学習歴	1.ある	92	2.20	2.10	1.98	2.85	3.06	2.71	3.50	3.71	3.27
	2.ない	590	2.37	2.21	2.18	2.78	2.80	2.64	3.29	3.30	3.09
6.外国人との対話の経験	1.ある	477	2.32	2.13	2.12	2.82	2.86	2.68	3.40	3.44	3.19
	2.ない	203	2.39	2.33	2.24	2.71	2.77	2.59	3.12	3.18	2.96
7.「6.1.」の程度	1.少ない	361	2.34	2.17	2.15	2.80	2.83	2.65	3.35	3.38	3.13
	2.多い	112	2.26	2.04	2.05	2.87	2.92	2.74	3.57	3.63	3.35
8.外国人の日本語の誤文を読んだ経験	1.ある	270	2.29	2.09	2.08	2.84	2.92	2.70	3.45	3.53	3.24
	2.ない	415	2.39	2.26	2.21	2.76	2.77	2.63	3.23	3.25	3.04
9.「8.1.」の程度	1.少ない	225	2.32	2.15	2.11	2.81	2.90	2.66	3.40	3.50	3.19
	2.多い	45	2.16	1.87	1.96	3.01	3.10	2.90	3.74	3.79	3.55
10.話せる外国語	1.ある	259	2.34	2.20	2.14	2.90	3.03	2.76	3.44	3.57	3.23
	2.ない	421	2.35	2.19	2.17	2.72	2.70	2.59	3.24	3.23	3.05
11.外国に住んだ経験	1.ある	111	2.33	2.08	2.10	3.04	3.08	2.89	3.60	3.58	3.36
	2.ない	570	2.35	2.21	2.17	2.74	2.78	2.61	3.26	3.32	3.07
12.韓国のキムチについての知識	1.ある	110	2.35	2.13	2.13	2.91	2.98	2.77	3.51	3.52	3.27
	2.ない	579	2.34	2.20	2.15	2.76	2.80	2.62	3.27	3.33	3.08
13.韓国に対する関心	1.ある	461	2.32	2.14	2.11	2.77	2.82	2.62	3.37	3.41	3.15
	2.ない	217	2.40	2.29	2.24	2.82	2.87	2.70	3.21	3.26	3.04
14.韓国についての知識	1.ある	72	2.34	2.26	2.12	2.82	3.00	2.68	3.52	3.74	3.28
	2.ない	619	2.34	2.18	2.15	2.78	2.80	2.64	3.29	3.31	3.09

注) ▨の部分は日本語母語話者の各要因において、その重要度の差が有意(p<.05以下)であるものを示す。

第8章 誤りの訂正の分析

　本章では、まず誤りを評価する際、日本語母語話者による文章内の各誤りの訂正が同じであるかどうかを述べる。そして、誤りの原因・領域による誤りの訂正の種類の数に差があるか、また日本語母語話者の要因による訂正の種類の人数に差があるかどうかを述べる。あわせて、その誤りの訂正の種類による誤りの重要度が同じであるかも考察する。

8.1　誤りの訂正に対する全体的な分析

8.1.1　誤りの訂正の内訳

　表8-1は「誤りの訂正の内訳」を示している。表8-1からわかるように、誤りの訂正の形の割合は、「一定の形(回答者の2%以上のもの)、→表8-1の注2」で答えたものが75.9%、誤りが正しいと判定した「○印」が9.3%、「その他(回答者の2%未満のもの)」が4.7%、「無回答」が12.1%などである(→表8-4)。これは原因別、領域別においてもほぼ同じ傾向を示している。したがって、誤りの訂正の形と誤りの原因・領域とはあまり関係ないといえる。

表8-1　誤りの訂正の内訳

| 人数×問題数＝誤りの訂正数 | | 訂正の形 | | | |
		一定の形	○印	その他	無回答
全体	100% (691×84=58044)	100%(42852)	100% (5421)	100% (2753)	100% (7018)
	100%	75.9	9.3	4.7	12.1
原因別 原因1	50.0 (691×42=29022)	51.2(21951)	44.1 (2390)	45.9 (1265)	48.7 (3416)
	100%	75.6	8.2	4.4	11.8
原因2	50.0 (691×42=29022)	48.8(20901)	55.9 (3031)	54.0 (1488)	51.3 (3602)
	100%	72.0	10.4	5.1	12.4
領域別 語彙	31.0 (691×26=17966)	31.6(13535)	26.8 (1455)	32.9 (905)	29.5 (2071)
	100%	75.3	8.1	5.0	11.5
形態	3.6 (691× 3= 2073)	3.6 (1553)	2.7 (148)	5.2 (143)	3.3 (229)
	100%	74.9	7.1	6.9	11.0
統語	65.5 (691×55=38005)	64.8(27764)	70.4 (3818)	61.9 (1705)	67.2 (4718)
	100%	73.1	10.0	4.5	12.4

注 1.「○印」と「その他」はそれぞれ表8-4の注4と注3を参照のこと。

　　2.「一定の形」とは訂正した形(表8-4での「→印」の右側に示されているもの)が回答者の2%以上のもの
　　　で、「その他(1人が回答したもの)」と「○印(正しい)」を除いたものである。

8.1.2　誤りの訂正の数

　表8-2は「誤りの訂正の内訳(回答者全体)」を示している。表8-2からわかるよう
に、誤りの訂正の数の割合は、回答者の2%以上のものは22.5%、2%未満のものは
77.5%である。これは原因別、領域別においてもほぼ同じ傾向を表している。した
がって、誤りの訂正の数(回答者の全体)と誤りの原因・領域とはあまり関係ないと
いえる。

表8-2　誤りの訂正の数(回答者全体)

誤りの訂正の数			回答者の2%以上のもの		回答者の2%未満のもの	
全体 (84問)	100%	(1454)	100%	(327)	100%	(1127)
		100%		22.5		77.5
原因別 原因1 (42問)	43.0	(627)	48.0	(157)	41.7	(470)
		100%		25.0		75.0
原因2 (42問)	57.0	(827)	52.0	(170)	58.3	(657)
		100%		20.6		79.4
領域別 語彙 (26問)	32.3	(469)	33.3	(109)	31.9	(360)
		100%		23.2		76.8
形態 (3問)	4.9	(71)	4.3	(14)	5.1	(57)
		100%		19.7		80.3
統語 (55問)	62.9	(914)	62.4	(204)	63.0	(710)
		100%		22.3		77.7

　表8-3は「誤りの訂正の数(回答者の2%以上のもの)」を示している。表8-3からわかるように、誤りの訂正の数の割合は範囲「1~2」が23.8%、「3~4」が42.9%、「5~6」が22.6%、「7~8」が9.5%、「9~10」が1.2%である。これは原因別、領域別(「形態」を除いて)においてもほぼ同じ傾向を表している。したがって、誤りの訂正の数(回答者の2%以上のもの)と誤りの原因・領域とはあまり関係ないといえる。

　一方、原因別においては原因1の問題の割合は50.0%、原因2は50.0%なので、原因1では「1~2」、原因2では「3~6」のほうが割合がやや高い。これは原因2(日本語内の問題による誤り)が正しいものと誤ったものがほぼ似た表現なので、さまざまな表現を用いたためである。そして、領域別(「語彙」「統語」)においては「語彙」の問題の割合は31.0%、「統語」は65.5%なので、「語彙」では「5-8」、「統語」では「1-4」のほうが割合がやや高い。これも「語彙」(語彙論的な誤り)が意味上の誤りなので、文法上のシンタクス・意味論的な誤り(「統語」)よりも、さまざまな表現を用いることが可能なためである。

表8-3　誤りの訂正の数(回答者の2%以上のもの)

誤りの訂正の数		1~2	3~4	5~6	7~8	9~10
全体 (84問)	84問題の 番号	1, 4, 7, 9, 15, 16, 43, 48, 49, 52, 56, 58, 62, 63, 70, 74, 76, 78, 80, 84	3, 10, 11, 12, 14, 17, 18, 19, 23, 24, 25, 27, 28, 29, 32, 33, 34, 37, 39, 41, 45, 46, 51, 54, 61, 64, 66, 68, 69, 71, 75, 77, 79, 81, 82, 83	13, 20, 21, 22, 26, 30, 38, 40, 42, 44, 47, 50, 53, 55, 60, 65, 67, 72, 73	2, 6, 8, 31, 34, 35, 57, 59	5
	100% (84問)	100%　(20)	100%　(36)	100%　(19)	100%　(8)	100%　(1)
	100%	23.8	42.9	22.6	9.5	1.2
原因別	原因1	50.0　(42問)	70.0　(14)	41.7　(15)	42.1　(8)	50.0　(4)	100　(1)
		100%	33.3	35.7	19.0	9.5	2.4
	原因2	50.0　(42問)	30.0　(6)	58.3　(21)	57.9　(11)	50.0　(4)	－
		100%	14.3	50.0	26.2	9.5	－

領域別	語彙	31.0 (26問)	25.0	(5)	27.8	(10)	36.8	(7)	50.0	(4)	–	
		100%		19.2		38.5		26.9		15.4		–
	形態	3.6 (3問)	–		2.8	(1)	10.5	(2)	–		–	
		100%		–		33.3		66.7		–		–
	統語	65.5 (55問)	75.5	(15)	69.4	(25)	52.6	(10)	50.0	(4)	100	(1)
		100%		27.3		45.5		18.2		7.3		1.8

8.2 各問題の誤りの訂正の種類と重要度

　表8-4は「各問題の誤りの訂正の種類と重要度」を示している。表8-4からわかるように、日本語母語話者はみんな同じ形で訂正しているわけではないし、またその訂正の種類によって評価も違う。以下、表8-4を参照して各問題の誤りの訂正の種類と、その種類別評価の基準による誤りの重要度について述べる。（以下の平均得点は、理解度と不快度と自然度を合わせたもの（表8-4での「全体」）である。）

問1　ほとんどの人が「1.日本語(99.5%)」に直した。

問2　ほぼ「1.食べ物(55.3%)」と「2.食物(26.2%)」に直した。両者の評価において理解度(2.34＜2.58)は後者、不快度はほぼ同じ、自然度(3.87＞3.71)は前者のほうが厳しい。そしてすべての平均得点においては、訂正3の得点(3.15)が最も高い。

問3　ほぼ「1.した(75.8%)」と「2.している(18.4%)」に直した。両者の評価において理解度(2.38＜2.57)は後者のほうが厳しく、不快度と自然度はほぼ同じである。

問4　ほとんどの人が「1.トル(85.5%)」にした。

問5　32.7%の人が「1.と言えば」に直した。その他の形はすべて7.2%以下である。評価において理解度は訂正6(2.90)、不快度は訂正7(3.41)、自然度は訂正7、4、6(4.04、4.03、4.03)が最も厳しい。そして平均得点は訂正7、6(3.39、3.37)が最も高い。

問6　かなりの人が「1.まず(64.8%)」に直した。その他の形はすべて6.8%以下である。評価において理解度は訂正3(2.71)、不快度は訂正2(3.03)、自然度は訂正3(3.82)が最も厳しい。そして平均得点は訂正3(3.15)が最も高い。

問7　ほぼ「1.として(65.3%)」と「2.○(29.0%)」に直した。

問8　半分の人が「1.で(46.2%)」に直した。その他の形はすべて15.3%以下である。評価はすべての基準で訂正5が最も厳しい。そして平均得点も訂正5(4.35)が最も高い。

問9　ほぼ「1.で(78.2%)」と「2.トル(20.6%)」に直した。評価はすべての基準で前者のほうが厳しい。

問10　かなりの人が「1.トル(76.2%)」にした。

問11　かなりの人が「1.だけ(72.7%)」に直した。

問12　かなりの人が「1.は(75.2%)」に直した。

問13　ほぼ「1.辛かったです(57.6%)」と「2.辛かったでしょう(13.4%)」と「3.○(10.9%)」に直した。訂正1、2の評価はすべての基準で前者のほうが厳しい。そしてすべての平均得点においては、訂正6の得点(3.81)が最も高い。

問14　ほとんどの人が「1.辛いのです(85.2%)」に直した。

問15　ほとんどの人が「1.トル(93.6%)」にした。

問16　ほとんどの人が「1.一度(86.4%)」に直した。

問17　ほとんどの人が「1.こと(82.8%)」に直した。

問18　ほぼ「1.行くと(71.9%)」と「2.○(11.9%)」と「3.行けば(10.9%)」に直した。訂正1、3の評価はすべての基準で前者のほうが厳しい。

問19　ほとんどの人が「1.トル(90.1%)」にした。

問20　ほぼ「1.積まれて(い)る(61.0%)」と「2.積んである(19.2%)」に直した。両者の評価において理解度と不快度はほぼ同じ、自然度(4.05＜4.14)は後者のほうが厳しい。そしてすべての平均得点においては、訂正2の得点(3.42)が最も高い。

問21　ほぼ「1.の(69.2%)」と「2.ところ(10.2%)」に直した。両者の評価はすべての基準で後者のほうが厳しい。すべての平均得点においては、訂正5の得点(3.51)が最も高い。

問22　ほぼ「1.見ます(45.6%)」と「2.見かけます(35.8%)」に直した。両者の評価はすべての基準でほぼ同じである。そしてすべての平均得点においては、訂正5の得点(3.90)が最も高い。

問23　ほぼ「1.では(76.0%)」と「2.○(18.5%)」に直した。

問24　ほぼ「1.までに(68.5%)」と「2.に(22.7%)」に直した。両者の評価において理解度
　　　(2.26＜2.44)は後者のほうが厳しく、不快度と自然度はほぼ同じである。

問25　ほぼ「1.トル(56.9%)」と「2.頃(25.7%)」に直した。両者の評価はすべての基準で
　　　ほぼ同じである。

問26　ほぼ「1.気温が高い(41.6%)」と「2.暑い(25.9%)」に直した。両者の評価において
　　　理解度(2.48＞2.35)は前者のほうが厳しく、不快度と自然度はほぼ同じである。
　　　そしてすべての平均得点においては、訂正4の得点(3.38)が最も高い。

問27　ほぼ「1.辛いので(56.3%)」と「2.○(30.2%)」に直した。

問28　ほぼ「1.して(56.1%)」と「2.○(19.7%)」と「3.されて(14.6%)」に直した。訂正1、3
　　　の評価において理解度(1.97＜2.12)と不快度(2.71＜2.83)は後者のほうが厳しく、自
　　　然度はほぼ同じである。

問29　ほとんどの人が「1.遊びに行って(87.3%)」に直した。

問30　ほぼ「1.置いてある(69.8%)」と「2.置かれている(11.8%)」に直した。両者の評価
　　　はすべての基準で前者のほうが厳しい。そしてすべての平均得点においては、訂
　　　正4の得点(3.29)が最も高い。

問31　ほぼ「1.○(31.2%)」と「2.で(24.0%)」と「3.ですし(18.3%)」と「4.ですが→です
　　　(11.3%)」に直した。上例の評価はすべての基準で訂正3が最も厳しい。そしてす
　　　べての平均得点においては、訂正5の得点(3.60)が最も高い。

問32　ほぼ「1.続けて食べても(68.3%)」と「2.食べ続けても(18.1%)」に直した。両者の
　　　評価において理解度(2.08＜2.14)と自然度(2.53＜3.64)は後者のほうが厳しく、不快
　　　度はほぼ同じである。そしてすべての平均得点においては、訂正3の得点(3.15)が
　　　最も高い。

問33　ほぼ「1.それでは(64.3%)」と「2.では(15.2%)」に直した。両者の評価において理
　　　解度と不快度はほぼ同じ、自然度(3.68＞3.44)は前者のほうが厳しい。そしてす
　　　べての平均得点においては、訂正4の得点(3.61)が最も高い。

問34　ほぼ「1.しましょう(35.8%)」と「2.します(28.6%)」に直した。両者の評価におい
　　　て理解度(2.19＜2.35)は後者、不快度(3.90＞3.79)と自然度(4.11＞3.98)は前者のほう

が厳しい。そしてすべての平均得点においては、訂正7の得点(3.67)が最も高い。

問35　かなりの人が「1.わかる(61.8%)」に直した。その他の形はすべて9.2%以下である。評価はすべての基準で訂正3が最も厳しい。そして平均得点も訂正3(3.89)が最も高い。

問36　ほとんどの人が「1.トル(88.1%)」にした。

問37　ほぼ「1.○(53.4%)」と「2.細く(27.4%)」と「3.トル(14.5%)」に直した。訂正2、3の評価はすべての基準で前者のほうが厳しい。

問38　かなりの人が「1.混ぜた(79.6%)」に直した。そして平均得点は訂正3(3.81)が最も高い。

問39　ほぼ「1.入れれば(73.0%)」と「2.入れると(11.6%)」と「3.○(10.0%)」に直した。訂正1、2の評価はすべての基準で前者のほうが厳しい。

問40　ほぼ「1.○(62.6%)」と「2.が出来ます(19.4%)」に直した。平均得点は訂正4、3(2.42、2.41)が最も高い。

問41　ほぼ「1.このように(74.8%)」と「2.こう(13.0%)」に直した。両者の評価において理解度(2.22<2.39)は後者のほうが厳しく、不快度と自然度はほぼ同じである。そしてすべての平均得点においては、訂正3の得点(3.05)が最も高い。

問42　ほぼ「1.○(39.5%)」と「2.ところで(36.4%)」と「3.しかし(10.7%)」に直した。訂正2、3の評価はすべての基準で前者のほうが厳しい。そしてすべての平均得点においては、訂正4の得点(3.29)が最も高い。

問43　ほとんどの人が「1.によって(87.8%)」に直した。

問44　かなりの人が「1.いろいろな(77.3%)」に直した。平均得点は訂正5(2.69)が最も高い。

問45　「1.ず(29.8%)」と「2.ないで(29.3%)」と「3.ずに(20.0%)」と「4.○(17.8%)」に直した。上例の評価はすべての基準で訂正2が最も厳しい。

問46　ほぼ「1.や(62.3%)」と「2.○(27.0%)」に直した。平均得点は訂正3(3.17)が最も高い。

問47　ほぼ「1.どれ(75.6%)」と「2.どちら(11.8%)」に直した。両者の評価はすべての基準で後者のほうが厳しい。そしてすべての平均得点においては、訂正4、2の得点(3.03、3.02)が最も高い。

問48　ほとんどの人が「1.なんとも(98.6%)」に直した。

問49　ほぼ「1.隠されて(67.6%)」と「2.○(26.8%)」に直した。

問50　ほぼ「1.あるよう(40.9%)」と「2.ありそうです→あります(18.8%)」と「3.○(16.6%)」と「4.あるの(13.7%)」に直した。訂正1、2、4の評価は訂正2、4がすべての基準で訂正1より厳しい。そしてすべての平均得点においては、訂正4の得点(3.17)が最も高い。

問51　ほとんどの人が「1.から(85.9%)」に直した。

問52　ほとんどの人が「1.では(94.0%)」に直した。

問53　半分以上の人が「1.と思います(58.4%)」に直した。その他の形はすべて9.8%以下である。評価において理解度と不快度は訂正6(それぞれ2.73、3.73)、自然度は訂正3(3.77)が最も厳しい。そして平均得点は訂正6、3(3.29、3.24)が最も高い。

問54　ほぼ「1.出(50.9%)」と「2.出せ(44.4%)」に直した。両者の評価において理解度(2.48<2.61)は後者のほうが厳しく、不快度と自然度はほぼ同じである。

問55　ほぼ「1.これ(68.0%)」と「2.それ(11.8%)」に直した。両者の評価はすべての基準で後者のほうが厳しい。そしてすべての平均得点においては、訂正5の得点(3.68)が最も高い。

問56　ほぼ「1.とは(59.4%)」と「2.○(35.8%)」に直した。

問57　ほぼ「1.に対する(34.3%)」と「2.への(21.7%)」に直した。両者の評価はすべての基準でほぼ同じである。そしてすべての平均得点においては、訂正3の得点(3.81)が最も高い。

問58　ほとんどの人が「1.いる(89.8%)」に直した。

問59　ほぼ「1.のところに(48.6%)」と「2.のところへ(21.8%)」に直した。両者の評価において理解度(3.34<3.49)と不快度(3.62<3.74)は後者のほうが厳しく、自然度はほぼ同じである。そしてすべての平均得点においては、訂正4の得点(4.82)が最も高い。

問60　かなりの人が「1.思い出されて(71.6%)」に直した。平均得点は訂正5(3.44)が最も高い。

問61　ほぼ「1.に(55.1％)」と「2.へ(20.3％)」と「3.○(17.6％)」に直した。訂正1、2の評価において理解度と不快度はほぼ同じ、自然度(3.84＞3.62)は前者のほうが厳しい。

問62　ほとんどの人が「1.して(93.6％)」に直した。

問63　ほとんどの人が「1.の(97.0％)」に直した。

問64　ほぼ「1.○(54.9％)」と「2.ほう(39.6％)」に直した。

問65　ほぼ「1.なったら(45.3％)」と「2.○(19.8％)」と「3.なると(13.7％)」に直した。訂正1、3の評価はすべての基準で前者のほうが厳しい。そしてすべての平均得点においては、訂正5の得点(2.86)が最も高い。

問66　ほとんどの人が「1.い(82.9％)」に直した。

問67　ほぼ「1.話そう(47.0％)」と「2.話をしよう(19.0％)」と「3.お話しよう(15.5％)」に直した。上例の評価はすべての基準で訂正1が最も厳しい。

問68　ほぼ「1.そうです(53.8％)」と「2.といいます(17.6％)」と「3.○(15.2％)」に直した。訂正1、2の評価において理解度(3.31＞3.04)は前者のほうが厳しく、不快度と自然度はほぼ同じである。

問69　ほぼ「1.てもらった(44.1％)」と「2.○(33.0％)」と「3.てきた(20.2％)」に直した。訂正1、3の評価において理解度(2.06＜2.17)は後者、自然度(3.33＞3.13)は前者のほうが厳しく、不快度はほぼ同じである。

問70　ほとんどの人が「1.混ぜて(97.0％)」に直した。

問71　ほぼ「1.うまく(38.7％)」と「2.トル(34.4％)」と「3.○(17.7％)」に直した。訂正1、2の評価はすべての基準で後者のほうが厳しい。

問72　ほぼ「1.ではなく(55.7％)」と「2.でなく(20.2％)」に直した。両者の評価において理解度と不快度はほぼ同じ、自然度(4.24＞4.17)は前者のほうが厳しい。そしてすべての平均得点においては、訂正5の得点(4.49)が最も高い。

問73　ほぼ「1.ある(51.8％)」と「2.トル(17.3％)」に直した。両者の評価において理解度はほぼ同じ、不快度(3.95＞3.82)と自然度(4.59＞4.35)は前者のほうが厳しい。そしてすべての平均得点においては、訂正5の得点(4.83)が最も高い。

問74　ほぼ「1.からだ(79.5％)」と「2.○(11.8％)」に直した。

問75　ほぼ「1.持つ(56.9％)」と「2.持っている(20.4％)」と「3.○(19.9％)」に直した。訂正

1、2の評価において理解度(1.96>2.09)と不快度(2.53<2.65)は後者のほうが厳しく、自然度はほぼ同じである。

問76　ほぼ「1.休日(57.5%)」と「2.休みの日(37.6%)」に直した。両者の評価はすべての基準で後者のほうが厳しい。

問77　ほぼ「1.ぜひ(44.5%)」と「2.トル(39.7%)」に直した。両者の評価はすべての基準で後者のほうが厳しい。

問78　ほぼ「1.お勧めします(55.8%)」と「2.○(40.4%)」に直した。

問79　ほぼ「1.ので(79.4%)」と「2.(14.0%)」に直した。そしてすべての平均得点においては、訂正3の得点(2.55)が最も高い。

問80　ほとんどの人が「1.て下さい(97.8%)」に直した。

問81　ほぼ「1.簡単に(60.7%)」と「2.たやすく(27.1%)」に直した。両者の評価はすべての基準で前者のほうが厳しい。

問82　ほぼ「1.辛いの(58.5%)」と「2.辛さ(20.3%)」と「3.○(19.0%)」に直した。訂正1、2の評価はすべての基準で後者のほうが厳しい。

問83　ほぼ「1.トル(63.6%)」と「2.○(23.9%)」にした。すべての平均得点においては、訂正4、3の得点(2.38、2.34)が最も高い。

問84　ほとんどの人が「1.のではない(87.1%)」に直した。

表8-4　各問題の誤りの訂正の種類と重要度

番号	人数 691 (人)	%	…例文(1~84)… → 訂正の種類	誤りの重要度(標準偏差)			
				理解度	不快度	自然度	全体
1	644	100	…大学で(1)**日語**を勉強して…				
	641	99.5	1 → 日本語	2.48(1.11)	3.02(1.10)	4.06(0.85)	3.19
	3	0.5	その他(1)／無回答:47				
2	627	100	…韓国の代表的な(2)**飲食**…				
	347	55.3	1 → 食べ物	2.34(1.09)	2.90(1.10)	3.87(0.89)	3.03
	164	26.2	2 → 食物	2.58(1.04)	2.94(0.98)	3.71(0.98)	3.07
	33	5.3	3 → 食品	2.73(1.13)	2.94(0.97)	3.79(0.70)	3.15
	20	3.2	4 → 料理	2.00(1.17)	2.70(1.34)	3.95(0.89)	2.88
	19	3.0	5 → 飲食物	2.35(0.93)	2.82(0.95)	3.53(0.77)	2.90

	16	2.6	6 → ○	1.69(0.87)	2.06(1.29)	2.00(1.15)	1.92
	13	2.1	7 → 漬物	2.92(1.32)	2.73(1.19)	3.58(1.16)	3.08
	15	2.4	その他(7)／無回答:64				
3	631	100	…がよく発達(3)<u>された</u>国…				
	478	75.8	1 → した	2.38(1.06)	3.16(1.02)	3.96(0.95)	3.17
	116	18.4	2 → している	2.57(0.97)	3.12(1.04)	3.88(1.01)	3.19
	14	2.2	3 → ○	1.21(0.58)	1.57(1.02)	1.71(1.14)	1.50
	23	3.6	その他(9)／無回答:60				
4	585	100	日本だけではなく(4)<u>て</u>、…				
	500	85.5	1 → トル	1.69(0.97)	2.21(1.08)	2.79(1.12)	2.23
	70	12.0	2 → ○	1.24(0.75)	1.24(0.71)	1.31(0.75)	1.27
	15	2.6	その他(7)／無回答:106				
5	624	100	…キムチ(5)<u>を考えれば</u> <u>先に</u>…				
	204	32.7	1 → と言えば	2.54(1.12)	3.05(1.11)	3.83(0.96)	3.14
	45	7.2	2 → を考えると	2.37(1.29)	2.86(1.17)	3.14(1.21)	2.79
	39	6.3	3 → を考えるとき	2.43(1.04)	2.78(1.24)	3.46(1.07)	2.89
	35	5.6	4 → というと	2.46(1.07)	3.11(1.08)	4.03(0.82)	3.20
	34	5.4	5 → ○	1.56(1.02)	1.76(1.15)	1.91(1.13)	1.74
	31	5.0	6 → と聞けば	2.90(1.18)	3.17(1.23)	4.03(0.89)	3.37
	30	4.8	7 → と聞いて	2.72(1.07)	3.41(0.95)	4.04(0.79)	3.39
	23	3.7	8 → について	2.78(1.09)	2.95(1.17)	3.86(0.94)	3.20
	22	3.5	9 → を考えたとき	2.14(1.13)	2.68(1.17)	3.55(1.06)	2.79
	15	2.4	10 → と聞くと	2.47(1.36)	3.07(1.03)	3.93(0.70)	3.16
	146	23.4	その他(53)／無回答:67				
6	622	100	…(6)<u>先に</u>何が思い浮かびますか。				
	403	64.8	1 → まず	2.27(1.04)	2.84(1.06)	3.47(1.02)	2.86
	42	6.8	2 → トル	2.64(1.15)	3.03(0.91)	3.62(0.98)	3.10
	38	6.1	3 → まづ	2.71(1.09)	2.92(0.97)	3.82(0.93)	3.15
	31	5.0	4 → 最初に	1.97(1.10)	2.67(1.09)	3.00(1.02)	2.54
	31	5.0	5 → 真っ先に	2.57(1.22)	2.81(1.01)	3.53(0.86)	2.97
	24	3.9	6 → ○	1.29(0.91)	1.38(0.97)	1.42(1.18)	1.36
	13	2.1	7 → まず先に	1.75(0.75)	2.33(1.15)	2.75(1.06)	2.28
	40	6.4	その他(17)／無回答:69				
7	596	100	…発酵食品(7)<u>で</u>有名し、…				
	389	65.3	1 → として	2.27(1.16)	2.66(1.15)	3.12(1.19)	2.68

	173	29.0	2 → ○	1.17(0.63)	1.23(0.70)	1.26(0.77)	1.22
	34	5.7	その他(13)／無回答:95				
8	639	100	…有名(8)**し**、…				
	295	46.2	1 → で	3.95(1.15)	4.07(1.02)	4.62(0.72)	4.21
	98	15.3	2 → であり	3.94(1.16)	4.10(1.06)	4.61(0.77)	4.22
	82	12.8	3 → ですし	3.85(1.14)	4.12(1.05)	4.67(0.57)	4.22
	52	8.1	4 → です	3.79(1.29)	3.76(1.11)	4.27(0.95)	3.94
	25	3.9	5 → になり	4.00(0.91)	4.24(0.83)	4.80(0.41)	4.35
	20	3.1	6 → だし	2.89(1.59)	3.68(1.20)	4.47(0.77)	3.68
	18	2.8	7 → トル	3.31(1.55)	3.77(1.01)	4.38(0.87)	3.82
	49	7.7	その他(22)／無回答:52				
9	642	100	…、最近(9)**には**…				
	502	78.2	1 → で	2.91(1.19)	3.36(1.08)	4.00(0.92)	3.42
	132	20.6	2 → トル	2.67(1.26)	3.10(1.19)	3.78(1.01)	3.18
	8	1.2	その他(2)／無回答:49				
10	593	100	…輸出(10)**まで**もしています。				
	452	76.2	1 → トル	2.26(1.11)	2.82(1.11)	3.25(1.05)	2.78
	98	16.5	2 → ○	1.16(0.51)	1.25(0.70)	1.37(0.88)	1.26
	18	3.0	3 → さえ	1.61(1.14)	2.44(1.46)	2.89(1.13)	2.31
	14	2.4	4 → を	2.08(1.04)	2.85(1.07)	3.38(1.04)	2.77
	11	1.9	その他(2)／無回答:98				
11	611	100	…塩(11)**ばかり**を使って…				
	444	72.7	1 → だけ	1.98(1.00)	2.57(1.10)	3.11(1.08)	2.56
	75	12.3	2 → ○	1.16(0.66)	1.23(0.71)	1.25(0.70)	1.21
	48	7.9	3 → トル	2.05(1.13)	2.95(1.14)	3.38(1.10)	2.79
	41	6.7	4 → のみ	1.98(1.00)	2.38(1.03)	2.88(1.09)	2.41
	3	0.5	その他(3)／無回答:80				
12	618	100	…を食べてみた人(12)**が**多いと…				
	465	75.2	1 → は	2.09(1.02)	2.67(1.08)	3.22(1.07)	2.66
	72	11.7	2 → ○	1.15(0.43)	1.21(0.58)	1.22(0.56)	1.19
	69	11.2	3 → も	2.20(1.04)	2.78(1.08)	3.20(1.02)	2.73
	12	1.9	その他(6)／無回答:73				
13	604	100	…(13)**辛い**でしたか。				
	348	57.6	1 → 辛かったです	2.11(1.11)	3.08(1.17)	3.76(1.09)	2.98
	81	13.4	2 → 辛かったでしょう	1.99(0.97)	2.84(1.04)	3.51(1.10)	2.78

	66	10.9	3 → ○	1.35(0.80)	1.46(0.92)	1.45(0.85)	1.42
	25	4.1	4 → 辛いです	2.71(1.23)	3.04(1.30)	3.67(1.01)	3.14
	20	3.3	5 → 辛かったでした	1.90(1.07)	2.79(1.13)	3.26(1.15)	2.65
	12	2.0	6 → 辛いでしょう	3.78(0.83)	3.67(1.00)	4.00(0.63)	3.81
	52	8.6	その他(21)／無回答:87				
14	629	100	…どうしてこんなに(14)**辛いです**か。				
	536	85.2	1 → 辛いのです	2.03(1.03)	2.73(1.11)	3.31(1.05)	2.69
	40	6.4	2 → 辛いんです	1.68(1.05)	2.90(1.17)	3.48(1.04)	2.68
	26	4.1	3 → ○	1.04(0.20)	1.23(0.51)	1.31(0.68)	1.19
	21	3.3	4 → 辛いのでしょう	2.37(1.16)	3.16(1.21)	3.90(0.72)	3.14
	6	1.0	その他(3)／無回答:62				
15	621	100	昔(15)**には**…				
	581	93.6	1 → トル	2.44(1.14)	3.08(1.10)	3.74(0.98)	3.09
	36	5.8	2 → で	2.69(1.31)	3.33(1.22)	3.47(1.21)	3.17
	4	0.6	その他(1)／無回答:70				
16	596	100	…キムチを(16)**一回**に漬ける…				
	515	86.4	1 → 一度	2.38(1.20)	2.81(1.10)	3.34(1.05)	2.84
	45	7.6	2 → ○	1.30(0.73)	1.35(0.75)	1.37(0.79)	1.34
	36	6.0	その他(12)／無回答:95				
17	623	100	…を一回に漬ける(17)**の**を言い…				
	516	82.8	1 → こと	2.13(1.12)	2.70(1.10)	3.14(1.07)	2.66
	47	7.5	2 → もの	2.00(1.00)	2.51(1.06)	3.09(1.16)	2.53
	44	7.1	3 → ○	1.07(0.26)	1.29(0.71)	1.43(0.80)	1.26
	16	2.6	その他(7)／無回答:68				
18	615	100	…に(18)**行ったら**…見えます。				
	442	71.9	1 → 行くと	1.96(1.00)	2.59(1.06)	3.05(1.02)	2.53
	73	11.9	2 → ○	1.22(0.73)	1.46(0.92)	1.42(0.80)	1.37
	67	10.9	3 → 行けば	1.67(1.06)	2.15(1.07)	2.65(1.13)	2.16
	33	5.4	その他(12)／無回答:76				
19	615	100	…白菜(19)**たち**が…				
	554	90.1	1 → トル	2.36(1.26)	3.25(1.28)	3.99(1.10)	3.20
	40	6.5	2 → など	2.82(1.41)	3.32(1.11)	3.82(0.98)	3.32
	17	2.8	3 → ○	1.35(1.06)	1.38(0.72)	1.81(1.42)	1.51
	4	0.7	その他(1)／無回答:76				
20	629	100	…山と(20)**積もっている** こと…				

	384	61.0	1 → 積まれて(い)る	2.64(1.17)	3.41(1.11)	4.05(0.97)	3.37
	121	19.2	2 → 積んである	2.68(1.29)	3.44(1.12)	4.14(0.94)	3.42
	33	5.2	3 → なって(いる)	2.34(1.21)	3.00(1.34)	3.63(1.04)	2.99
	32	5.1	4 → 積んでいる	2.47(1.22)	3.13(0.97)	3.78(0.94)	3.13
	27	4.3	5 → ○	1.19(0.48)	1.22(0.51)	1.41(0.64)	1.27
	32	5.1	その他(21)／無回答:62				
21	616	100	…積もっている(21)ことをよく見えます。				
	426	69.2	1 → の	2.28(1.09)	2.94(1.15)	3.47(1.12)	2.90
	63	10.2	2 → ところ	2.50(1.22)	2.98(1.11)	3.57(1.04)	3.02
	56	9.1	3 → ○	1.19(0.65)	1.22(0.66)	1.26(0.71)	1.22
	14	2.3	4 → 光景	2.50(1.29)	2.93(1.14)	3.71(1.07)	3.05
	14	2.3	5 ことを → のが	3.00(1.47)	3.31(1.32)	4.23(0.73)	3.51
	43	7.0	その他(15)／無回答:75				
22	636	100	…積もっていることをよく(22)見えます。				
	290	45.6	1 → 見ます	2.61(1.14)	3.32(1.10)	3.92(0.90)	3.28
	228	35.8	2 → 見かけます	2.64(1.10)	3.35(1.02)	3.94(0.95)	3.31
	31	4.9	3 → 見られます	2.40(1.10)	3.17(1.02)	3.97(1.13)	3.18
	28	4.4	4 → 見ることができます	2.54(1.04)	3.39(0.79)	4.32(0.72)	3.42
	23	3.6	5 → 目にします	2.96(1.43)	4.13(0.87)	4.61(0.66)	3.90
	36	5.7	その他(17)／無回答:55				
23	605	100	ほとんどの家庭(23)は遅くとも…				
	460	76.0	1 → では	1.80(0.86)	2.31(1.02)	2.78(1.04)	2.30
	112	18.5	2 → ○	1.21(0.69)	1.28(0.79)	1.23(0.68)	1.24
	21	3.5	3 → が	1.48(0.81)	1.81(0.93)	2.29(0.85)	1.86
	12	2.0	その他(4)／無回答:86				
24	620	100	…12月始め(24)までは…				
	425	68.5	1 → までに	2.26(1.06)	2.84(1.06)	3.48(1.03)	2.86
	141	22.7	2 → に	2.44(1.00)	2.91(0.99)	3.40(1.05)	2.92
	42	6.8	3 → ○	1.24(0.73)	1.38(1.00)	1.33(0.94)	1.31
	12	1.9	その他(6)／無回答:71				
25	591	100	…春が来る(25)時まで食べる…				
	336	56.9	1 → トル	2.07(1.10)	2.61(1.12)	3.17(1.02)	2.62
	152	25.7	2 → 頃	2.02(0.98)	2.70(1.05)	3.13(1.10)	2.61
	57	9.6	3 → ○	1.21(0.56)	1.30(0.73)	1.42(0.89)	1.31
	24	4.1	4 → 時期	1.87(0.92)	2.35(1.11)	2.78(0.95)	2.33
	22	3.7	その他(15)／無回答:100				

26	625	100	…(26)**天気が暑い時**…				
	260	41.6	1 → 気温が高い	2.48(1.10)	3.25(1.15)	4.00(0.98)	3.25
	162	25.9	2 → 暑い	2.35(1.25)	3.30(1.17)	3.91(0.99)	3.18
	58	9.3	3 → 天気がよい	2.57(1.39)	3.45(1.15)	4.02(0.91)	3.35
	28	4.5	4 → 天候が暑い	2.92(1.06)	3.46(1.07)	3.77(0.99)	3.38
	15	2.4	5 → 気温の高い	2.71(1.20)	2.86(1.23)	3.43(1.16)	3.00
	13	2.1	6 → 気温が暑い	2.18(0.98)	2.25(1.06)	3.00(1.00)	2.48
	89	14.2	その他(41)／無回答:66				
27	570	100	…匂うし、(27)**辛くて**嫌っている…				
	321	56.3	1 → 辛いので	1.79(1.00)	2.40(1.11)	2.94(1.08)	2.38
	172	30.2	2 → ○	1.23(0.63)	1.30(0.71)	1.33(0.74)	1.29
	21	3.7	3 → 臭くて	3.33(1.28)	3.52(1.29)	3.81(1.29)	3.56
	56	9.8	その他(18)／無回答:121				
28	588	100	…西洋化(28)**になって**いっても、…				
	330	56.1	1 → して	1.97(0.93)	2.71(1.06)	3.32(1.03)	2.67
	116	19.7	2 → ○	1.30(0.69)	1.35(0.80)	1.40(0.78)	1.35
	86	14.6	3 → されて	2.12(0.88)	2.83(0.99)	3.35(0.96)	2.77
	56	9.5	その他(29)／無回答:103				
29	639	100	…どの家に(29)**遊んで行って**…				
	558	87.3	1 → 遊びに行って	2.69(1.15)	3.32(1.12)	3.99(1.97)	3.34
	17	2.7	2 → 遊びに行き	2.50(1.21)	3.19(1.17)	3.63(1.09)	3.10
	16	2.5	3 → 行って(も)	2.50(0.97)	3.25(0.93)	3.75(0.86)	3.17
	13	2.0	4 → 遊びに行っても	2.73(1.19)	3.18(1.17)	3.82(1.08)	3.24
	35	5.5	その他(21)／無回答:52				
30	619	100	…が…(30)**置いている**でしょう。				
	432	69.8	1 → 置いてある	2.09(0.98)	2.87(1.09)	3.47(1.06)	2.81
	73	11.8	2 → 置かれている	1.92(0.86)	2.71(1.03)	3.30(1.04)	2.64
	31	5.0	3 → ○	1.16(1.45)	1.23(0.56)	1.29(0.69)	1.23
	23	3.7	4 → 並んでいる	2.50(1.22)	3.48(0.93)	3.90(0.77)	3.29
	21	3.4	5 → ある	1.90(1.07)	2.80(1.01)	3.25(1.07)	2.65
	39	6.3	その他(19)／無回答:72				
31	567	100	…さえあれば十分(31)**ですが**…				
	177	31.2	1 → ○	1.11(0.43)	1.20(0.64)	1.18(0.60)	1.16
	136	24.0	2 → で	2.50(1.27)	2.93(1.28)	3.53(1.23)	2.99
	104	18.3	3 → ですし	2.64(1.23)	3.05(1.21)	3.69(1.14)	3.12
	64	11.3	4 ですが → です	2.51(1.09)	2.98(1.20)	3.57(1.12)	3.02
	28	4.9	5 → なので	3.25(1.29)	3.61(1.23)	3.93(1.02)	3.60

	16	2.8	6 → であり	2.25(1.13)	3.19(1.10)	3.69(1.20)	3.04
	12	2.1	7 → ですので	3.08(1.38)	2.83(1.40)	3.67(1.37)	3.19
	12	2.1	8 → なのですが	1.55(0.82)	1.73(0.90)	1.73(0.90)	1.67
	18	3.2	その他(8)／無回答:124				
32	635	100	毎日…を(32)**続いて食べても**…				
	434	68.3	1 → 続けて食べても	2.08(1.01)	2.87(1.12)	3.53(1.07)	2.83
	115	18.1	2 → 食べ続けても	2.14(1.07)	2.82(1.14)	3.64(1.02)	2.87
	32	5.0	3 → 食べても	2.69(0.90)	3.22(1.01)	3.53(0.98)	3.15
	13	2.0	4 → ○	1.33(0.78)	1.42(0.79)	1.38(0.77)	1.38
	41	6.5	その他(12)／無回答:56				
33	605	100	(33)**それなら**、…とはいったい…				
	389	64.3	1 → それでは	2.55(1.13)	3.14(1.17)	3.68(1.10)	3.12
	92	15.2	2 → では	2.48(1.14)	3.11(1.21)	3.44(1.08)	3.01
	52	8.6	3 → ○	1.06(0.24)	1.10(0.36)	1.14(0.40)	1.10
	12	2.0	4 → それから	3.36(0.92)	3.45(1.04)	4.00(1.26)	3.61
	60	9.9	その他(22)／無回答:86				
34	629	100	…について紹介(34)**してあげます。**				
	225	35.8	1 → しましょう	2.19(1.12)	3.90(1.16)	4.11(0.94)	3.40
	180	28.6	2 → します	2.35(1.10)	3.79(1.18)	3.98(1.11)	3.37
	55	8.7	3 → いたします	2.07(0.99)	3.64(1.23)	3.90(1.16)	3.21
	52	8.3	4 → してみましょう	2.70(1.16)	3.92(1.16)	4.12(0.98)	3.58
	36	5.7	5 → してみます	2.17(1.18)	3.80(1.21)	3.89(1.08)	3.29
	27	4.3	6 → させていただきます	2.42(0.99)	3.96(1.06)	4.15(1.01)	3.51
	15	2.4	7 → いたしましょう	2.40(1.24)	4.33(0.98)	4.27(0.70)	3.67
	39	6.2	その他(15)／無回答:62				
35	631	100	…について…(35)**知られるように**…				
	390	61.8	1 → わかる	3.14(1.21)	3.67(1.09)	4.25(0.90)	3.69
	58	9.2	2 → 分かる	2.95(1.34)	3.54(1.23)	4.35(0.95)	3.61
	30	4.8	3 → 解かる	3.38(1.01)	3.87(1.01)	4.41(0.78)	3.89
	27	4.3	4 知られるように → トル	3.24(1.09)	3.80(0.96)	4.32(0.69)	3.79
	22	3.5	5 → 理解できる	2.95(1.05)	3.50(0.83)	4.24(0.62)	3.56
	16	2.5	6 → 判かる	3.07(1.10)	3.53(0.99)	4.07(0.88)	3.56
	15	2.4	7 → 知られている	2.47(1.25)	2.73(1.16)	3.07(1.22)	2.76
	73	11.6	その他(24)／無回答:60				
36	598	100	大根(36)**の以外に**…				
	527	88.1	1 → トル	2.65(1.25)	3.22(1.18)	3.94(1.09)	3.27
	43	7.2	2 → ○	1.35(0.72)	1.48(0.83)	1.50(0.84)	1.44

	14	2.3	3 → それ	2.71(1.14)	3.29(1.07)	3.71(1.07)	3.24
	14	2.3	その他(5)／無回答:93				
37	552	100	大根は(37)**細かく**千切りにして、…				
	295	53.4	1 → ○	1.17(0.54)	1.19(0.60)	1.23(0.65)	1.20
	151	27.4	2 → 細く	2.20(1.14)	2.54(1.15)	3.27(1.18)	2.67
	80	14.5	3 → トル	1.94(1.15)	2.33(1.11)	3.01(1.29)	2.43
	13	2.4	4 → 細い	1.85(1.80)	2.62(0.87)	2.92(0.86)	2.46
	13	2.4	その他(5)／無回答:139				
38	623	100	このよく(38)**混ぜる**薬味を…				
	496	79.6	1 → 混ぜた	2.74(1.18)	3.20(1.12)	3.91(0.97)	3.28
	41	6.6	2 → ○	1.49(0.81)	1.50(0.85)	1.48(0.75)	1.49
	23	3.7	3 → 混ざった	3.48(1.31)	3.78(0.95)	4.17(0.72)	3.81
	15	2.4	4 → 混ぜ合わせた	2.80(1.15)	3.86(1.03)	4.14(0.95)	3.60
	14	2.2	5 → 混ぜて	3.00(1.23)	3.17(1.11)	3.58(1.08)	3.25
	34	5.5	その他(15)／無回答:68				
39	619	100	…の中に(39)**入れば**…				
	452	73.0	1 → 入れれば	2.54(1.15)	3.19(1.10)	3.87(1.00)	3.20
	72	11.6	2 → 入れると	2.52(1.13)	2.88(1.13)	3.41(1.25)	2.94
	62	10.0	3 → ○	1.33(0.70)	1.41(0.82)	1.46(0.85)	1.40
	33	5.3	その他(19)／無回答:72				
40	545	100	…白菜の中に入ればキムチ(40)**になります**。				
	341	62.6	1 → ○	1.16(0.51)	1.21(0.60)	1.23(0.68)	1.20
	106	19.4	2 → が出来ます	1.88(1.15)	2.35(1.22)	2.82(1.18)	2.35
	35	6.4	3 → の出来上がりです	1.94(0.98)	2.48(1.28)	2.82(1.18)	2.41
	35	6.4	4 → が出来上がりです	2.09(0.91)	2.33(0.96)	2.85(1.12)	2.42
	20	3.7	5 → となります	1.32(0.67)	1.74(1.24)	2.21(1.36)	1.75
	8	1.5	その他(6)／無回答:146				
41	631	100	キムチは(41)**こんなにして**…				
	472	74.8	1 → このように	2.22(1.02)	2.94(1.13)	3.50(1.05)	2.89
	82	13.0	2 → こう	2.39(1.16)	2.89(1.25)	3.53(1.08)	2.94
	48	7.6	3 → こんなふうに	2.20(1.17)	3.13(1.34)	3.83(1.08)	3.05
	29	4.6	その他(13)／無回答:60				
42	560	100	(42)**ところが**キムチは…				
	221	39.5	1 → ○	1.13(0.42)	1.24(0.61)	1.25(0.59)	1.21
	204	36.4	2 → ところで	2.74(1.20)	2.88(1.15)	3.53(1.22)	3.05
	60	10.7	3 → しかし	2.05(1.13)	2.41(1.20)	2.90(1.17)	2.45
	29	5.2	4 → で	2.97(1.09)	3.17(0.97)	3.72(0.92)	3.29

	18	3.2	5 → では	2.38(1.20)	3.00(1.25)	3.60(0.91)	2.99
	28	5.0	その他(18)／無回答:131				
43	633	100	…家庭(43)**にしたがって**使う…				
	556	87.8	1 → によって	2.68(1.18)	3.28(1.10)	3.92(0.95)	3.29
	28	4.4	2 → により	2.48(1.12)	3.04(1.26)	3.78(0.93)	3.10
	49	7.7	その他(14)／無回答:58				
44	611	100	(44)**いろいろの**種類が…				
	472	77.3	1 → いろいろな	1.81(0.89)	2.51(1.08)	3.09(1.04)	2.47
	58	9.5	2 → ○	1.16(0.50)	1.19(0.52)	1.23(0.57)	1.20
	27	4.4	3 → いろんな	2.07(0.96)	2.63(1.15)	3.26(0.94)	2.65
	18	2.9	4 → 様々な	1.72(0.83)	2.24(0.90)	2.76(0.75)	2.24
	13	2.1	5 → たくさんの	1.85(0.99)	2.92(1.26)	3.31(1.18)	2.69
	23	3.8	その他(6)／無回答:80				
45	600	100	とうがらし使わ(45)**なくて**塩で…				
	179	29.8	1 → ず	1.81(0.97)	2.42(1.11)	2.94(1.12)	2.39
	176	29.3	2 → ないで	1.99(1.03)	2.48(1.03)	2.98(1.03)	2.48
	120	20.0	3 → ずに	1.66(0.93)	2.34(1.17)	2.94(1.14)	2.31
	107	17.8	4 → ○	1.17(0.53)	1.21(0.64)	1.27(0.67)	1.22
	18	3.0	その他(6)／無回答:91				
46	571	100	…塩辛いキムチ(46)**と**水をたくさん入れた水キムチ…				
	356	62.3	1 → や	2.21(1.08)	2.67(1.13)	3.35(1.11)	2.74
	154	27.0	2 → ○	1.24(0.58)	1.24(0.65)	1.26(0.67)	1.25
	38	6.7	3 → に	2.86(1.22)	3.08(1.38)	3.56(1.03)	3.17
	12	2.1	4 → とか	2.42(1.31)	2.58(1.16)	3.25(1.29)	2.75
	11	1.9	その他(7)／無回答:120				
47	628	100	(47)**どのもの**がおいしいか…				
	475	75.6	1 → どれ	2.13(1.07)	2.90(1.16)	3.49(1.12)	2.84
	74	11.8	2 → どちら	2.49(1.15)	2.91(1.11)	3.64(1.04)	3.02
	15	2.4	3 → ○	1.00(0.00)	1.07(0.26)	1.14(0.53)	1.07
	13	2.1	4 → どのキムチ	2.31(1.03)	3.23(1.01)	3.54(0.88)	3.03
	13	2.1	5 → どのようなもの	2.23(1.36)	2.92(1.19)	3.69(1.03)	2.95
	38	6.1	その他(21)／無回答:63				
48	636	100	…(48)**なんと**言えない味わいが…				
	627	98.6	1 → なんとも	2.75(1.19)	3.23(1.14)	3.93(1.00)	3.30
	9	1.4	その他(3)／無回答:55				
49	583	100	…味わいが(49)**隠れて**います。				
	394	67.6	1 → 隠されて	1.97(0.94)	2.50(1.05)	3.05(1.07)	2.51

	156	26.8	2 → ○	1.24(0.54)	1.30(0.62)	1.32(0.67)	1.29
	33	5.7	その他(10)／無回答:108				
50	584	100	…も少しは(50)**ありそう**です。				
	239	40.9	1 → あるよう	2.31(1.03)	2.85(1.16)	3.30(1.06)	2.82
	110	18.8	2 ありそうです → あります	2.73(1.21)	3.08(1.10)	3.55(1.05)	3.12
	97	16.6	3 → ○	1.47(0.90)	1.46(0.85)	1.58(1.00)	1.51
	80	13.7	4 → あるの	2.91(1.03)	3.13(0.96)	3.47(0.98)	3.17
	29	5.0	5 → あるそう	2.66(1.20)	3.10(1.18)	3.48(1.24)	3.08
	29	5.0	その他(18)／無回答:107				
51	608	100	…味はどこ(51)**で**出てくる…				
	522	85.9	1 → から	2.45(1.09)	3.00(1.13)	3.59(1.05)	3.01
	39	6.4	2 → ○	1.18(0.56)	1.26(0.72)	1.23(0.67)	1.22
	38	6.2	3 → に	2.30(0.85)	2.83(1.03)	3.28(0.85)	2.80
	9	1.5	その他(6)／無回答:83				
52	634	100	私の考え(52)**で**キムチの味は…				
	596	94.0	1 → では	2.45(1.03)	3.07(1.03)	3.66(1.01)	3.06
	21	3.3	2 → は	3.05(1.13)	3.05(1.22)	3.45(1.10)	3.19
	17	2.7	その他(11)／無回答:57				
53	610	100	…選択にある(53)**とみます**。				
	356	58.4	1 → と思います	2.27(1.05)	2.91(1.15)	3.41(1.12)	2.86
	60	9.8	2 → ○	1.30(0.81)	1.40(0.92)	1.43(0.98)	1.38
	52	8.5	3 → と思われます	2.48(1.08)	3.48(1.11)	3.77(0.90)	3.24
	51	8.4	4 → とみています	1.84(0.85)	2.49(1.08)	3.14(1.00)	2.49
	29	4.8	5 → と考えます	2.33(1.07)	2.70(0.91)	3.22(1.09)	2.75
	12	2.0	6 → とみられます	2.73(1.01)	3.73(0.79)	3.42(0.90)	3.29
	50	8.2	その他(23)／無回答:81				
54	635	100	その味が(54)**出さ**ない…				
	323	50.9	1 → 出	2.48(1.18)	3.28(1.16)	3.91(1.01)	3.23
	282	44.4	2 → 出せ	2.61(1.07)	3.25(1.05)	3.90(0.95)	3.25
	18	2.8	3 → 出され	2.63(0.62)	3.06(0.68)	3.59(0.71)	3.09
	12	1.9	その他(4)／無回答:56				
55	634	100	(55)**この**よりもっと大切なのは…				
	431	68.0	1 → これ	2.93(1.24)	3.51(1.16)	4.18(0.99)	3.54
	75	11.8	2 → それ	3.09(1.23)	3.57(1.19)	4.24(0.86)	3.64
	39	6.2	3 → このこと	3.26(1.12)	3.51(0.97)	4.08(0.81)	3.62

	28	4.4	4 → これら	3.26(1.46)	3.19(1.30)	4.35(0.75)	3.60
	23	3.6	5 → なに	3.09(1.23)	3.59(0.96)	4.35(0.78)	3.68
	38	6.0	その他(15)／無回答:57				
56	564	100	真心(56)<u>は</u>愛する家族について…				
	335	59.4	1 → とは	2.11(1.03)	2.52(1.10)	3.05(1.12)	2.56
	202	35.8	2 → ○	1.27(0.74)	1.27(0.74)	1.27(0.74)	1.27
	27	4.8	その他(8)／無回答:127				
57	604	100	…家族(57)<u>について</u>母の心です。				
	207	34.3	1 → に対する	3.09(1.31)	3.46(1.08)	4.16(0.85)	3.57
	131	21.7	2 → への	3.06(1.24)	3.45(1.15)	4.09(0.96)	3.54
	40	6.6	3 → を思う	3.38(1.27)	3.71(1.23)	4.34(0.91)	3.81
	36	6.0	4 → の	3.14(1.29)	3.46(1.07)	4.17(0.79)	3.59
	30	5.0	5 → にとって	3.32(1.09)	3.59(1.15)	4.14(0.76)	3.69
	26	4.3	6 → に対しての	2.92(1.10)	3.38(1.17)	3.88(1.08)	3.39
	14	2.3	7 → についての	2.50(1.09)	2.79(0.89)	3.64(0.93)	2.98
	13	2.2	8 → ○	1.62(0.87)	1.85(1.21)	1.77(1.17)	1.74
	107	17.7	その他(45)／無回答:87				
58	628	100	…故郷に(58)<u>いらっしゃる</u>母…				
	564	89.8	1 → いる	2.22(1.20)	3.62(1.20)	4.20(0.96)	3.35
	14	2.2	2 → 住んでいる	2.71(1.64)	3.36(1.50)	3.86(1.23)	3.31
	50	8.0	その他(13)／無回答:63				
59	582	100	…母(59)<u>に</u>行ってくると…				
	283	48.6	1 → のところに	3.34(1.32)	3.62(1.18)	4.30(0.86)	3.75
	127	21.8	2 → のところへ	3.49(1.26)	3.74(1.16)	4.29(0.94)	3.84
	45	7.7	3 → のもとに	3.21(1.25)	3.72(0.98)	4.33(0.75)	3.75
	32	5.5	4 → ?	5.00(0.00)	4.59(0.78)	4.86(0.52)	4.82
	28	4.8	5 → ○	1.92(1.26)	1.88(1.14)	1.89(1.12)	1.90
	14	2.4	6 → のもとへ	3.46(1.13)	3.69(1.11)	4.07(1.07)	3.74
	14	2.4	7 → に会いに	3.64(1.22)	3.79(0.89)	4.29(0.99)	3.90
	13	2.2	8 → の家に	3.69(1.18)	4.23(1.24)	4.54(0.97)	4.15
	26	4.5	その他(15)／無回答:109				
60	606	100	味が(60)<u>思い出して</u>寂しく…				
	434	71.6	1 → 思い出されて	2.42(1.06)	3.11(1.10)	3.84(0.99)	3.12
	45	7.4	2 → 思い出され	2.32(1.35)	3.12(1.38)	3.63(1.13)	3.02
	30	5.0	3 → ○	1.50(0.92)	1.61(1.10)	1.59(1.09)	1.56

	14	2.3	4 が思い出して → を思い出して	3.00(1.48)	3.17(1.47)	3.54(1.39)	3.24
	13	2.1	5 → 忘れられなくて	3.15(1.28)	3.23(1.24)	3.92(1.12)	3.44
	70	11.6	その他(29)／無回答:85				
61	586	100	工場(61)で直接注文させて…				
	323	55.1	1 → に	2.60(1.11)	3.14(1.13)	3.84(1.02)	3.20
	119	20.3	2 → へ	2.68(1.15)	3.13(1.09)	3.62(1.07)	3.14
	103	17.6	3 → ○	1.25(0.77)	1.24(0.75)	1.26(0.83)	1.25
	30	5.1	4 → から	2.45(1.21)	3.07(1.25)	3.73(1.17)	3.08
	11	1.9	その他(7)／無回答:105				
62	628	100	工場で直接注文(62)させて…				
	588	93.6	1 → して	2.77(1.16)	3.41(1.10)	4.00(1.00)	3.39
	17	2.7	2 → をして	2.87(1.13)	3.80(0.68)	4.38(0.72)	3.68
	23	3.7	その他(10)／無回答:63				
63	634	100	キムチ(63)を食べ方も…				
	615	97.0	1 → の	3.08(1.24)	3.62(1.16)	4.25(0.93)	3.65
	19	3.0	2 → は	2.94(1.06)	3.44(0.92)	4.44(0.86)	3.61
	–	–	その他(−)／無回答:57				
64	545	100	…まえに食べる(64)のがいい…				
	299	54.9	1 → ○	1.24(0.63)	1.36(0.81)	1.39(0.84)	1.33
	216	39.6	2 → ほう	1.80(0.98)	2.29(1.04)	2.71(1.05)	2.27
	16	2.9	3 → こと	2.06(0.93)	2.38(1.26)	2.75(1.24)	2.40
	14	2.6	その他(9)／無回答:146				
65	585	100	…すっぱく(65)なればどうしたら…				
	265	45.3	1 → なったら	2.09(1.08)	2.74(1.07)	3.38(1.00)	2.74
	116	19.8	2 → ○	1.27(0.71)	1.41(0.79)	1.44(0.83)	1.37
	80	13.7	3 → なると	2.01(1.00)	2.57(1.08)	3.07(1.17)	2.55
	32	5.5	4 → なってしまったら	2.22(1.04)	2.65(1.14)	3.29(1.24)	2.72
	12	2.1	5 → なった時は	2.42(0.90)	2.75(0.75)	3.42(1.16)	2.86
	80	13.7	その他(33)／無回答:106				
66	609	100	…食べる人も(66)あります。				
	505	82.9	1 → い	2.19(1.13)	2.93(1.20)	3.43(1.13)	2.85
	50	8.2	2 → ○	1.31(0.66)	1.42(0.82)	1.60(1.11)	1.44
	44	7.2	3 → おり	1.76(0.76)	2.28(0.85)	2.71(0.98)	2.25
	10	1.6	その他(3)／無回答:82				
67	621	100	…について(67)話しようと思います。				

	292	47.0	1 → 話そう	2.50(1.18)	3.33(1.21)	3.91(1.08)	3.25
	118	19.0	2 → 話をしよう	2.30(1.26)	2.91(1.17)	3.50(1.02)	2.90
	96	15.5	3 → お話しよう	2.09(1.17)	3.12(1.16)	3.62(1.17)	2.94
	37	6.0	4 → 話したい	2.71(1.25)	3.31(0.96)	3.83(1.11)	3.29
	20	3.2	5 → ○	1.10(0.31)	1.10(0.31)	1.25(0.44)	1.15
	58	9.3	その他(17)／無回答:70				
68	567	100	…作ったことがある(68)**とします**。				
	305	53.8	1 → そうです	3.31(1.13)	3.53(1.12)	4.19(0.90)	3.68
	100	17.6	2 → といいます	3.04(1.26)	3.57(1.19)	4.20(0.95)	3.60
	86	15.2	3 → ○	1.31(0.71)	1.44(0.81)	1.41(0.79)	1.38
	22	3.9	4 あるとします → あります	2.45(0.96)	3.05(1.36)	4.18(1.14)	3.23
	54	9.5	その他(19)／無回答:124				
69	569	100	…国から送っ(69)**てくれた**…				
	251	44.1	1 → てもらった	2.06(1.07)	2.78(1.13)	3.33(1.13)	2.72
	188	33.0	2 → ○	1.22(0.70)	1.30(0.81)	1.32(0.81)	1.28
	115	20.2	3 → てきた	2.17(1.14)	2.73(1.20)	3.13(1.12)	2.68
	15	2.6	その他(5)／無回答:122				
70	626	100	…薬味を(70)**混じて**、				
	607	97.0	1 → 混ぜて	2.54(1.21)	3.28(1.17)	3.98(1.01)	3.26
	19	3.0	その他(7)／無回答:65				
71	581	100	…ように(71)**よく**できなかった…				
	225	38.7	1 → うまく	1.86(0.91)	2.41(1.09)	2.92(1.04)	2.40
	200	34.4	2 → トル	2.19(1.23)	2.76(1.22)	3.34(1.14)	2.76
	103	17.7	3 → ○	1.28(0.69)	1.41(0.82)	1.46(0.89)	1.39
	29	5.0	4 → は	2.43(1.03)	2.96(1.10)	3.25(1.08)	2.88
	24	4.1	その他(8)／無回答:110				
72	584	100	…白菜自体(72)**がなくて**、…				
	325	55.7	1 → ではなく	3.41(1.22)	3.50(1.13)	4.24(0.88)	3.72
	118	20.2	2 → でなく	3.39(1.05)	3.69(1.04)	4.17(0.89)	3.75
	31	5.3	3 → ○	1.71(1.16)	1.73(1.28)	1.70(1.21)	1.71
	17	2.9	4 → が違っ	3.24(1.35)	3.35(1.41)	3.88(1.11)	3.49
	15	2.6	5 → ？	4.80(0.77)	4.20(1.42)	4.47(0.83)	4.49
	78	13.4	その他(35)／無回答:107				
73	579	100	(73)**どんな**学者は…と言って…				
	300	51.8	1 → ある	3.95(1.12)	3.95(1.16)	4.59(0.74)	4.16
	100	17.3	2 → トル	3.94(1.31)	3.82(1.27)	4.35(0.96)	4.04

	45	7.8	3 → いろんな	3.85(0.91)	3.79(0.90)	4.12(0.68)	3.92
	24	4.1	4 → いろいろな	3.92(1.14)	3.88(0.85)	4.38(0.88)	4.06
	23	4.0	5 → ?	4.87(0.63)	4.67(0.91)	4.95(0.22)	4.83
	20	3.5	6 → 多くの	3.85(1.14)	3.68(1.06)	4.21(0.92)	3.91
	67	11.6	その他(26)／無回答:112				
74	601	100	…違う(74)**から**と思います。				
	478	79.5	1 → からだ	2.04(0.99)	2.70(1.06)	3.28(1.04)	2.67
	71	11.8	2 → ○	1.33(0.68)	1.39(0.77)	1.41(0.81)	1.38
	52	8.7	その他(16)／無回答:90				
75	582	100	…白菜の(75)**持った生気を**…				
	331	56.9	1 → 持つ	1.96(0.95)	2.53(1.07)	3.09(1.08)	2.52
	119	20.4	2 → 持っている	2.09(1.00)	2.65(1.00)	3.13(1.03)	2.62
	116	19.9	3 → ○	1.15(0.43)	1.32(0.57)	1.41(0.71)	1.29
	16	2.7	その他(11)／無回答:109				
76	628	100	…(76)**休む日**に家族の皆で…				
	361	57.5	1 → 休日	2.19(1.04)	2.91(1.14)	3.57(1.07)	2.89
	236	37.6	2 → 休みの日	2.23(1.10)	3.05(1.12)	3.86(1.00)	3.05
	31	4.9	その他(10)／無回答:63				
77	600	100	…みることを(77)**きっと** 勧めます。				
	267	44.5	1 → ぜひ	3.00(1.19)	3.53(1.15)	4.17(0.95)	3.57
	238	39.7	2 → トル	3.20(1.29)	3.56(1.21)	4.23(0.94)	3.66
	16	2.7	3 → ○	1.67(1.11)	1.60(0.99)	1.63(1.09)	1.63
	15	2.5	4 → 強く	2.73(1.22)	4.00(0.88)	4.50(0.85)	3.74
	64	10.7	その他(19)／無回答:91				
78	554	100	…みることをきっと(78)**勧めます**。				
	309	55.8	1 → お勧めします	1.82(0.94)	2.80(1.12)	3.10(1.09)	2.57
	224	40.4	2 → ○	1.24(0.63)	1.29(0.69)	1.29(0.70)	1.27
	21	3.8	その他(14)／無回答:137				
79	592	100	辛い(79)**から**…食べすぎない…				
	470	79.4	1 → ので	1.79(0.93)	2.40(1.07)	2.80(1.08)	2.33
	83	14.0	2 → ○	1.25(0.77)	1.30(0.81)	1.31(0.77)	1.29
	27	4.6	3 → ですから	2.04(1.23)	2.78(1.35)	2.83(1.11)	2.55
	12	2.0	その他(10)／無回答:99				
80	627	100	…作ってみ(80)**なさい**。				
	613	97.8	1 → てください	2.21(1.13)	3.94(1.16)	4.05(1.02)	3.40
	14	2.2	その他(9)／無回答:64				

	人数	%	訂正の形				
81	619	100	…誰でも(81)**やすく**作ることが…				
	376	60.7	1 → 簡単に	2.84(1.23)	3.37(1.16)	4.03(1.01)	3.41
	168	27.1	2 → たやすく	2.79(1.26)	3.33(1.15)	3.86(1.07)	3.33
	14	2.3	3 → やさしく	1.86(1.03)	2.36(1.39)	2.57(1.45)	2.26
	61	9.9	その他(14)／無回答:72				
82	585	100	…(82)**辛い**ことが気になる…				
	342	58.5	1 → 辛いの	1.85(0.90)	2.54(1.00)	3.09(1.05)	2.49
	119	20.3	2 → 辛さ	2.00(0.96)	2.71(1.16)	3.26(1.04)	2.65
	111	19.0	3 → ○	1.16(0.46)	1.20(0.50)	1.25(0.61)	1.21
	13	2.2	その他(9)／無回答:106				
83	552	100	…食べてみたら(83)**味が**辛くない…				
	351	63.6	1 → トル	1.93(1.07)	2.63(1.18)	3.23(1.09)	2.60
	132	23.9	2 → ○	1.23(0.61)	1.28(0.66)	1.30(0.69)	1.27
	34	6.2	3 → 味は	1.82(1.01)	2.21(0.96)	3.00(1.06)	2.34
	14	2.5	4 → 案外	1.92(0.86)	2.38(0.96)	2.85(1.28)	2.38
	21	3.8	その他(11)／無回答:139				
84	627	100	…ことから始まる(84)**のがない**…				
	546	87.1	1 → のではない	3.46(1.26)	3.81(1.11)	4.44(0.82)	3.90
	28	4.5	2 → のではないの	3.71(1.24)	3.89(0.96)	4.46(0.74)	4.02
	53	8.5	その他(17)／無回答:64				

注 1. 人数の百分率は「無回答」を除いたものである。
  2. 文中の( )内の数字は問題の番号(→付録2)である。
  3. 「訂正の形」は回答者の2%以上のものだけである。そして「その他」の( )内の数字は回答者の2%未満
     の「訂正の形」の数である。
  4. 「訂正の形」の中で、○印は「正しい」、?印は「わからない」、トルは「削除」を示す。

8.3　日本語母語話者の要因による、各問題の誤りに対する訂正の種類別の人数

　以下、日本語母語話者の要因による、各問題の誤りに対する訂正の種類別の人数について、付録8(「日本語母語話者の要因による、各問題の誤りに対する訂正の種類別の人数」)と表8-4(「各問題の誤りの訂正の種類と重要度」)を参照して述べる。

　まず、訂正の種類は各問題で10.0％以上の人が訂正したものだけについて述べ

る。それは日本語母語話者の要因による、訂正の種類別の人数を比較するために
は、ある程度の人数が要るためである。そして、ここで日本語母語話者の要因に
よる差があるものは、10.0％以上のものを示した。ただし、日本語母語話者の要因
の中で年齢と職業によるものは最高と最低のもの(その差は最低10.0％以上)を示し
た。

　問題文の(　)内の数字は84問題の番号を、＜1→…、2→…、…＞内のものは訂正
の種類(以下、訂正1、訂正2… のように表す)を表す(→表8-4)。日本語母語話者の要
因1、2、3…については、付録8を参照のこと。

問1、29、48、63、70、80において、すべての訂正は各要因による差がない。

問2　…韓国の代表的な(2)**飲食**…　＜1→食べ物、2→食物＞
　訂正1は要因1、2(6と2)、3(5と7)、4、5、6、7、9、10、11で、訂正2は要因2(2と
　5)、3(3と6)、9で差がある。

問3　…がよく発達(3)**された国**…　　＜1→した、2→している＞
　訂正1は要因2(1と6)、3(7と3)、4、5、6、8、11、13で、訂正2は要因2(6と1)、3(1
　と7)で差がある。

問4　日本だけではなく(4)**て**、…　　＜1→トル、2→○＞
　訂正1は要因2(5と3)、3(6と3)で差があり、訂正2はすべての要因で差がない。

問5　…キムチ(5)**を考えれば** 先に…　　＜1→と言えば＞
　　訂正1は要因2(1と4)、3(7と5)、4で差がある。

問6　…(6)**先に**何が思い浮かびますか。　　＜1→まず＞
　訂正1は要因2(6と3)、3(5と3)、4、6、7、8、10、11で差がある。

問7　…発酵食品(7)**で**有名し、…　　＜1→として、2→○＞
　訂正1は要因2(1と2)、3(5と3)、4、5、6、8、10、11、12、13で、訂正2は要因
　2(3と1)、3(3と6)、4、5、6、8、12、13で差がある。

問8　…有名(8)**し**、…　　＜1→で、2→であり、3→ですし＞
　訂正1は要因2(6と1)、3(6と1)、4、9で、訂正2は要因3(6と4)で、訂正3は要因
　2(4と3)、3(1と3)で差がある。

問9 …、最近(9)には…   ＜1→で、2→トル＞
　　訂正1は要因2(6と4)、3(1と4)で、訂正2は要因2(4と6)、3(4と1)、9で差がある。

問10 …輸出(10)までもしています。   ＜1→トル、2→○＞
　　訂正1は要因2(6と3)、3(1と3)、14で、訂正2は要因3(3と1)で差がある。

問11 …塩(11)ばかりを使って…   ＜1→だけ、2→○＞
　　訂正1は要因1、2(6と3)、3(4と1)、4、5、6、9、10、11、12で、訂正2は要因
　2(2と6)、3(2と4)で差がある。

問12 …を食べてみた(12)が多いと…   ＜1→は、2→○、3→も＞
　　訂正1は要因2(4と6)、3(4と1)で、訂正2は要因2(5と4)で、訂正3は要因2(6
　と4)、3(6と5)で差がある。

問13 …(13)辛いでしたか。＜1→辛かったです、2→辛かったでしょう、3→○＞
　　訂正1は要因1、2(5と1)、3(5と7)、4、5、6、7、8、10、11、14で、訂正2は要
　因2(1と5)、3(7と5)、5で、訂正3は要因2(6と5)、3(3と4)、14で差がある。

問14 …どうしてこんなに(14)辛いですか。   ＜1→辛いのです＞
　　訂正1は要因2(6と2)、3(1と4)、5、7、9、11で差がある。

問15 昔(15)には…   ＜1→トル＞
　　訂正1は要因2(1と6)、3(7と3、6)で差がある。

問16 …キムチを(16)一回に漬ける…   ＜1→一度＞
　　訂正1は要因2(1と2)、4で差がある。

問17 …を一回に漬ける(17)のを言い…   ＜1→こと＞
　　訂正1は要因2(6と5)、9で差がある。

問18 …に(18)行ったら…見えます。   ＜1→行くと、2→○、3→行けば＞
　　訂正1は要因1、3(2と5)、7、9で、訂正2は要因2(5と1)で、訂正3は要因2(1
　と2)、3(3と1、2)で差がある。

問19 …白菜(19)たちが…   ＜1→トル＞
　　訂正1は要因2(1と4)、3(7と1)で差がある。

問20 …山と(20)積もっている こと… ＜1→積まれて(い)る、2→積んである＞

訂正1は要因2(1と4)、3(7と1)で、訂正2は要因2(1と6)、3(6と3)で、訂正3は要因2(4、6と1)、3(1、3と7)で差がある。

問21　…積もっている(21)**こと**をよく見えます。　　＜1→の、2→ところ＞

訂正1は要因1、2(4と1)、3(5と7)、5、7、9、11で、訂正2は要因2(5と4)で差がある。

問22　…積もっていることをよく(22)**見えます**。＜1→見ます、2→見かけます＞

訂正1は要因2(5と1)、3(4と7)、4、10で、訂正2は要因2(1と5)、3(7と4)、5、9、10、11で差がある。

問23　ほとんどの家庭(23)**は**遅くとも…　　＜1→では、2→○＞

訂正1は要因2(1と5)、3(7と3)で、訂正2は要因2(5と1)、3(3と7)で差がある。

問24　…12月始め(24)**まで**は…　　＜1→までに、2→に＞

訂正1は要因2(5と1)、5、10で、訂正2は要因2(1と5)で差がある。

問25　…春が来る(25)**時**まで食べる…　　＜1→トル、2→頃＞

訂正1は要因3(5と6)で、訂正2は要因2(4と6)で差がある。

問26　…(26)**天気が暑い時**…　　＜1→気温が高い、2→暑い＞

訂正1は要因2(1と5)、3(7と3)、5、10、11で、訂正2は要因2(5と1)、3(6と7)、5、10、11で差がある。

問27　…匂うし、(27)**辛くて嫌っている**…　　＜1→辛いので、2→○＞

訂正1は要因1、2(6と2)、3(4と3)、4、5、6、7、8、9、13、14で、訂正2は要因2(2と1)、3(1と4)、4、5、6、7、8、9、11、13、14で差がある。

問28　…西洋化(28)**になって**いっても、…　　＜1→して、2→○、3→されて＞

訂正1は要因2(5と2)、3(4と3)、4、6、7、9、10、14で、訂正2は要因2(6と1)、3(3と4)、4、5、6、7、8、11、12、13、14で、訂正3は要因2(1と3)、3(7と4)、5、12で差がある。

問30　…が…(30)**置いている**でしょう。　　＜1→置いてある、2→置かれている＞

訂正1は要因2(1と6)、3(7と5)、4、6で、訂正2は要因2(6と4)、3(5と6)で差がある。

問31　…さえあれば十分(31)**ですが**…　＜1→○、2→で、3→ですし、4　ですが→です＞

訂正1は要因2(2と5)、3(1と6)、4、5、6、8、9、11で、訂正2は要因2(6と2)、3(5と1)、4、5、7、9、11で、訂正3は要因3(5と6、7)で、訂正4は要因3(1と5)、4で差がある。

問32　毎日…を(32)**続いて食べても**…　＜1→続けて食べても、2→食べ続けても＞

訂正1は要因2(4と5)、3(1と3)、10で、訂正2は要因2(6と2)、3(3と1)、9で差がある。

問33　(33)**それなら**、…とはいったい…　　＜1→それでは、2→では＞

訂正1は要因2(1と5)、3(7と2)、4、6、8、11で、訂正2は要因2(5と1)、3(2と7)、9で差がある。

問34　…について紹介(34)**してあげます**。　　＜1→しましょう、2→します＞

訂正1は要因3(5と3)、8で、訂正2は要因2(5と1)、3(1と5)、5、11、12で差がある。

問35　…について…(35)**知られる**ように　　＜1→わかる＞

訂正1は要因2(5と1)、3(5と1)、12で差がある。

問36　大根(36)**の**以外に…　　＜1→トル＞

訂正1は要因2(4と5)、3(5と3)で差がある。

問37　大根は(37)**細かく**千切りにして、…　　＜1→○、2→細く、3→トル＞

訂正1は要因1、2(6と1)、3(5と7)、9、12で、訂正2は要因1、2(1と2)、3(3と5)、4、6、9で、訂正3は要因2(4と6)、3(1と5)、14で差がある。

問38　このよく(38)**混ぜる**薬味を…　　＜1→混ぜた＞

訂正1は要因2(1と2)、3(5と1)で差がある。

問39　…の中に(39)**入れば**…　　＜1→入れれば、2→入れると、3→○＞

訂正1は要因3(6と1)で、訂正3は要因2(2と6)、3(3と6)で差がある。訂正2ではすべての要因で差がない。

問40　…白菜の中に入ればキムチに(40)**なります**。　　＜1→○、2→が出来ます＞

訂正1は要因2（6と5）、3（3と4）、5、11、12、14で、訂正2は要因2（5と6）、5、11、12で差がある。

問41　キムチは(41)**こんなにして**…　　＜1→このように、2→こう＞

訂正1は要因2（1と5）、3（7と6）、4で、訂正2は要因2（5と1）、3（5と3）で差がある。

問42　(42)**ところが**キムチは…　　＜1→○、2→ところで、3→しかし＞

訂正1は要因2（3と1）、3（3と5）、4、5、6、9、11、14で、訂正2は要因2（1と5）、3（7と1）、4、5、6、8で、訂正3は要因2（5と1）、3（1と6）で差がある。

問43　…家族(43)**にしたがって**使う…　　＜1→によって＞

訂正1は要因2（5と2）、3（5と3）で差がある。

問44　(44)**いろいろの**種類が…　　＜1→いろいろな＞

訂正1は要因2（6と2）、3（6と7）、6で差がある。

問45　とうがらし使わ(45)**なくて塩**で…　＜1→ず、2→ないで、3→ずに、4→○＞

訂正1は要因2（6と2）、3（6と5）で、訂正2は要因2（5と6）、3（4と7）、9で、訂正3は要因2（5と2）、3（5と2）、14で、訂正4は要因2（2と5）、3（3と6）、4、5、8、9、10で差がある。

問46　…塩辛いキムチ(46)**と**水をたくさん入れた水キムチ…　　＜1→や、2→○＞

訂正1は要因2（5と2）、3（5と3）、4、5、6、8、10、11、13で、訂正2は要因2（2と5）、3（3と6）、4、5、6、8、10、11、12、13で差がある。

問47　(47)**どのもの**がおいしいか…　　＜1→どれ、2→どちら＞

訂正1は要因2（5と3）、3（6と5）、4、5、7で、訂正2は要因2（2と5）、3（5と6）、5で差がある。

問49　…味わいが(49)**隠れて**います。　　＜1→隠されて、2→○＞

訂正1は要因2（1と5）、3（7と3）、4で、訂正2は要因2（5と1）、3（3と7）、4で差がある。

問50　…も少しは(50)**ありそう**です。　　＜1→あるよう、2　ありそうです→あります、3→○、4→あるの＞

訂正1は要因2(6と3)、3(6と3)、4、5、6、7、8、9、11で、訂正2は要因2(1と6)、3(2と5)、7で、訂正3は要因2(5と1)、3(5と3)で、訂正4は要因2(6と1)、3(3と6)、11で差がある。

問51　…味はどこ(51)で出てくる…　　＜1→から＞

訂正1は要因3(5と1)、11で差がある。

問52　私の考え(52)でキムチの味は…　　＜1→では＞

訂正1は要因2(1と2)、3(7と1、6)で差がある。

問53　…選択にある(53)とみます。　　＜1→と思います＞

訂正1は要因2(2と6)、3(7と1)で差がある。

問54　その味が(54)出さない…　　＜1→出、2→出せ＞

訂正1は要因2(3と2)、3(6と5)、5、9で、訂正2は要因2(2と5)、3(5と3)、5、9で差がある。

問55　(55)このよりもっと大切なのは…　　＜1→これ、2→それ＞

訂正1は要因2(6と1)、3(6と5)で、訂正2は要因2(1と6)、3(7と3)で差がある。

問56　真心(56)は愛する家族について…　＜1→とは、2→○＞

訂正1は要因2(6と2)、3(6と1)で、4、6、8で、訂正2は要因2(2と6)、3(1と6)、4、5、6、8で差がある。

問57　…家族(57)について母の心です。　　＜1→に対する、2→への＞

訂正1は要因2(1と3)、3(5と1)、4、5、7、9、11、12で、訂正2は要因2(6と1)、3(5と7)、9、14で差がある。

問58　…故郷に(58)いらっしゃる母…　　＜1→いる＞

訂正1は要因2(6と2)、3(4と3)で差がある。

問59　…母(59)に行ってくると…　　＜1→のところに、2→のところへ＞

訂正1は要因2(3と2)、3(3と1)、5、10で、訂正2は要因2(6と4)、3(5と3)で差がある。

問60　味が(60)思い出して寂しく…　　＜1→思い出されて＞

訂正1は要因2(1と4)、3(7と1)、4、5、6、8、11、13で差がある。

問61　工場(61)で直接注文させて…　＜1→に、2→へ、3→○＞

　　訂正1は要因2(1と4)、3(3と1)、4、6、7、8で、訂正2は要因2(1と6)、3(1と3)で、訂正3は要因2(6と1)、3(1と7)、4、6、7、8、12、13で差がある。

問62　工場で直接注文(62)させて…　＜1→して＞

　　訂正1は要因3(3と1)で差がある。

問64　…まえに食べる(64)のがいい…　＜1→○、2→ほう＞

　　訂正1は要因2(3と1)、3(3と7)、8で、訂正2は要因2(1と3)、3(5と3)、6、8、14で差がある。

問65　…すっぱく(65)なればどうしたら…　＜1→なったら、2→○、3→なると＞

　　訂正1は要因2(1と2)、3(4と1)、5、7、8、9、10、11で、訂正2は要因2(2と5)、3(3と4)、4、8、10、11、14で、訂正3は要因2(2と1)、3(1と7)で差がある。

問66　…食べる人も(66)あります。　　＜1→い＞

　　訂正1は要因2(6と1)、3(1と7)で差がある。

問67　…(67)話しようと思います。　　＜1→話そう、2→話をしよう、3→お話しよう＞

　　訂正1は要因1、2(5と1)、3(1と3)、7、10、12で、訂正2は要因2(2と5)、3(3と1)、7、9、11、14で、訂正3は要因2(1と2)、5、7、14で差がある。

問68　…作ったことがある(68)とします。＜1→そうです、2→といいます、3→○＞

　　訂正1は要因2(6と3)、3(7と3)で、訂正2は要因2(6と2)、3(3と1)、5、7、10、11、12で、訂正3は要因2(2と6)、3(1と6)、4、6、8、9、12で差がある。

問69　…国から送っ(69)てくれた…　＜1→てもらった、2→○、3→てきた＞

　　訂正1は要因2(6と3)、3(5と3)、4、5、6、8、9、10、11、12で、訂正2は要因2(2と6)、3(3と6)、4、5、6、8、10、11、14で、訂正3は要因2(3と1)、9で差がある。

問71　…ように(71)よくできなかった…　　＜1→うまく、2→トル、3→○＞

　　訂正1は要因2(6と2)、3(5と7)、4、6で、訂正2は要因2(6と3)、3(1と4)、訂正3は要因2(2と6)、3(2と5)で差がある。

問72 …白菜自体(72)**がなくて**、…　　＜1→ではなく、2→でなく＞

訂正1は要因2(5と1)、3(1と3)、4で、訂正2は要因1、2(3と5)、3(7と1)で差がある。

問73 (73)**どんな**学者は…と言って…　　＜1→ある、2→トル＞

訂正1は要因2(6と2)、3(5と1)、4、5、6、7、8、9、10、11、12で、訂正2は要因2(2と6)、3(3と6)、4、5、6、10、11で差がある。

問74 …違う(74)**から**と思います。　　＜1→からだ、2→○＞

訂正1は要因2(4と2)、3(4と7)、6、9で、訂正2は要因2(2と4)、3(7と5)、6で差がある。

問75 …白菜の(75)**持った**生気を…　　＜1→持つ、2→持っている、3→○＞

訂正1は要因2(1と3)、3(7と2)、4、7、9、12で、訂正2は要因3(5と4)で、訂正3は要因2(2と1)、3(3と5)、4、9、11、12、14で差がある。

問76 …(76)**休む日**に家族の皆で…　　＜1→休日、2→休みの日＞

訂正1は要因1、2(1と5)、3(7と6)、4、5、6、7、8、9、10、11、12、13で、訂正2は要因1、2(5と2)、3(5と7)、4、5、6、7、8、9、10、11、12、13で差がある。

問77 …みることを(77)**きっと** 勧めます。　　＜1→ぜひ、2→トル＞

訂正1は要因2(1と3)、3(7と3)、4で、訂正2は要因2(6と1)、3(1と7)、4で差がある。

問78 …みることをきっと(78)**勧めます**。　　＜1→お勧めします、2→○＞

訂正1は要因2(1と2)、3(7と1)、4、5、6、7、8、10、11、12、13、14で、訂正2は要因2(3と1)、3(1と7)、4、5、6、8、10、11、12、13、14で差がある。

問79 辛い(79)**から**…食べすぎない…　　＜1→ので、2→○＞

訂正1は要因2(6と2)、3(1と2)、4、9で、訂正2は要因2(3と6)、3(1と6)、4、6で差がある。

問81 …誰でも(81)**やすく**作ることが…　　＜1→簡単に、2→たやすく＞

訂正1は要因2(6と1)、3(5と7)で、訂正2は要因2(1と6)、3(7と2)、4、8、11で差がある。

問82　…(82)**辛いこと**が気になる…　　<1→辛いの、2→辛さ、3→○>

訂正1は要因2(6と2)、3(4と3)、5、6、8で、訂正2は要因2(6と2、3)、3(1と5)で、訂正3は要因2(2と6)、3(3と6)、4、6、8で差がある。

問83　…食べてみたら(83)**味が**辛くない…　　<1→トル、2→○>

訂正1は要因1、2(6と2)、3(1と3)で、訂正2は要因2(2と6)、3(3と4)、5、8で差がある。

問84　…ことから始まる(84)**のがない**…　　<1→のではない>

訂正1は要因2(1と3)、3(6と5)、5で差がある。

8.4　まとめ

以上、日本語母語話者が誤りを評価する際の、誤りの訂正について考察した。

まず、誤りを評価する際、日本語母語話者による文章内の各誤りの訂正が同じであるかどうかを調べた。その結果、日本語母語話者による各誤りの訂正は同じではないことがわかった。訂正の数は3つ以上が76.2％で、5つ以上が33.3％となっている。このように誤りの訂正の数が多いことは、学習者(書き手)の表現意図が理解できないこともあるが、それよりも文章内の誤りなので、文脈上さまざまな表現の仕方ができるためであろう。そしてそれは各問題の問題となっている言語表現における日本語母語話者の言語使用の現状を表しているものである。

一方、誤りの訂正の数の場合、原因別においては、原因1では「1~2」、原因2では「3~6」のほうが、領域別(「語彙」「統語」)においては、「語彙」では「5-8」、「統語」では「1-4」のほうの割合がやや高い。このように、日本語内の問題による誤り(原因2)のほうが訂正の数が多いことは、正しいものと誤ったものがほぼ似た表現なので、さまざまな表現を用いたためである。そして、語彙論的な誤り(「語彙」)のほうが訂正の数が多いことは、意味上の誤りなので、文法上のシンタクス・意味論的な誤り(「統語」)よりも、さまざまな表現を用いることが可能なためである。

　表8-5(「日本語母語話者の要因によって、各誤りの訂正1で差がある問題の数」)からわかるように、日本語母語話者の要因、すなわち学歴、韓国語の学習歴、外国人との対話の経験などによって、訂正の種類別の人数に差があるものが多い。しかし、韓国に対する関心、韓国についての知識、性別などによる影響は少ない。

　一方、年齢と職業において、年齢別は主に20代と60歳以上、10代と50代では差が多く、職業別はグループ間の差がほとんどない。そして年齢別の40代と職業別の事務系は、それぞれほかのグループとの差があるものはほとんどない。[1]

表8-5　日本語母語話者の要因によって、各誤りの訂正1で差がある問題の数

日本語母語話者の要因	1.性別　4.学歴　5.韓国語の学習歴　6.外国人との対話の経験　7.「6.」の程度　8.外国人の日本語の誤文を読んだ経験　9.「8.」の程度　10.話せる外国語　11.外国に住んだ経験　12.韓国のキムチについての知識　13.韓国に対する関心　14.韓国についての知識											
	1	4	5	6	7	8	9	10	11	12	13	14
問題の数(84問)	10	34	27	25	18	20	22	18	23	11	6	7
(%)	11.9	40.5	32.1	29.8	21.4	23.8	26.2	21.4	27.4	13.1	7.1	8.3

注)問題の数は、各誤りの訂正1で10%以上の差があるものである(→付録8)。

　次に、誤りの訂正の種類による、誤りの重要度が同じであるかどうかも分析した。その結果、訂正の種類による誤りの重要度は理解度、不快度、自然度の基準においてすべて異なる。また、訂正の種類別の人数と誤りの重要度とは関係ないこともわかった。

第9章 性別・年齢による誤りの評価

―誤りの49種類別の分析―

　本章では、84個の誤りを49種類に分けて考察し、同じ種類の誤りについての重要度に差があるかどうかを述べる。そして、性別・年齢別に84個の各誤りの重要度についても考察する。

9.1　語彙論的な誤り

9.1.1　品詞の取り違え

> ・キムチは世界的に関心が高まっている最も理想的な発酵食品<u>で</u>有名(8)<u>し</u>、最近には輸出<u>まで</u>もしています。
>
> ・<u>ところが</u>キムチは地方と家庭<u>にしたがって</u>使う材料と量が違い、(44)<u>いろいろの</u>種類があります。

　問8、44は品詞を取り違えた誤り(以下において「品詞」の誤りと略称する。)である。問8は形容動詞(有名で)を動詞(有名し)に、問44は形容動詞(いろいろな)を名詞＋ノ(いろいろの)に間違えたものである。(84問題の誤りの正しい形は、最も多くの日本語母語話者(691人)が訂正した形(○印を除いて)を用いた(→表8-4)。)

　表9-1は「「品詞」の誤りの重要度」を問題としている。表9-1からわかるように、

問8、44の平均値が自然度、不快度、理解度の順で高く、重視され、厳しく評価されている。言い換えれば、問8はかなり理解できず、非常に不快感があり、非常に自然なもの、問44は理解はでき、やや不快感があり、やや不自然なものと評価されたといえる。

　そして、それぞれの平均値について問8と問44の間で検定を行った結果は、すべての基準において、問44より問8のほうが有意($p<.001$)に重視され、厳しく評価されている。したがって、「品詞」の誤りでは、いずれの基準についても、形容動詞を「名詞＋ノ」に取り違えた誤りよりも、形容動詞を動詞に取り違えた誤りのほうが重大だとされていることになる。

表9-1　「品詞」の誤りの重要度

評価の基準	問8	問44	差	t	有意水準
理解度	3.86(1.20)[*]	1.76(0.88)	2.00	36.51	$p<.001$
不快度	4.04(1.06)	2.36(1.12)	1.68	28.09	$p<.001$
自然度	4.58(0.76)	2.84(1.16)	1.74	32.20	$p<.001$

注)[*]平均とSD(カッコ内)

　表9-2は「性別による「品詞」の誤りの重要度」を問題としている。それぞれの平均値について男性と女性の間でt検定を行った結果、問44の不快度と自然度においては、男性より女性のほうが有意($p<.01$)に重視し、厳しく評価している。そして、問8の3つの基準においては、いずれも男女の差は有意ではない($p<.05$)。

　したがって、問44においては男女の差が、不快度と自然度についての評定に影響を与えるといえる。しかし、問8においては男女の差が、すべての基準についての評定に影響を与えないといえる。

表9-2　性別による「品詞」の誤りの重要度

評価の基準	問題	男性	女性	差	t	有意水準
理解度	8	3.88(1.14)[*]	3.86(1.26)	0.02	0.21	NS
	44	1.73(0.87)	1.80(0.90)	-0.07	-1.05	NS
不快度	8	4.02(1.07)	4.08(1.06)	-0.06	-0.72	NS
	44	2.24(1.09)	2.52(1.15)	-0.28	-3.20	$p<.01$

自然度	8	4.61(0.74)	4.54(0.80)	0.07	1.06	NS
	44	2.72(1.16)	3.00(1.14)	-0.28	-3.04	p<.01

注)* 平均とSD(カッコ内)

　表9-3は「年齢による「品詞」の誤りの重要度と分散分析の結果」をとりあげている。表9-3からわかるように、問8・44の理解度、不快度、自然度は、それぞれ「60歳以上・10代」「10代・10代」「30代・20代」が最も重視し、厳しく評価している。したがって、「品詞」の誤りにおいて3つの基準についての評定は、10～30代が最も厳しいといえる。

　表9-3に現われた「品詞」の誤りの重要度の傾向について行った1要因の分散分析の結果は、問44の不快度と自然度においては、要因(年齢)の主効果はp<.001で有意である。しかし、問8の3つの基準においては、要因の主効果はp>.05で有意ではない。したがって、問44においては年齢の差が、不快度と自然度についての評定に影響を与えるといえる。しかし、問8においては年齢の差が、すべての基準についての評定に影響を与えないといえる。

表9-3　年齢による「品詞」の誤りの重要度と分散分析の結果

評価の基準	問題	年齢別の誤りの重要度						F値	有意水準
		10代	20代	30代	40代	50代	60歳 以上		
理解度	8	3.94	3.82	3.78	3.90	3.97	4.02	0.60	NS
	44	1.94	1.78	1.75	1.65	1.65	1.82	1.36	NS
不快度	8	4.17	4.06	4.04	3.88	3.95	4.02	0.38	NS
	44	2.66	2.60	2.42	2.10	2.00	1.88	8.02	p<.001
自然度	8	4.52	4.55	4.61	4.43	4.52	4.53	0.35	NS
	44	3.14	3.20	2.90	2.53	2.48	2.10	13.1	p<.001

9.1.2　動詞

> ・私は故郷に(58)<u>いらっしゃる</u>母<u>に</u>行ってくると、何日間も母の作ったキムチの味が<u>思い出して</u>寂しくなります。
>
> ・食べられないほどすっぱくして食べる人も(66)<u>あり</u>ます。

　問58、66は動詞の誤り(以下において「Ⅴ」の誤りと略称する。)である。問58は普通体(いる)の動詞を尊敬動詞(いらっしゃる)に、問66は存在を表す動詞「いる」を「ある」に間違えたものである。

　表9-4は「「V」の誤りの重要度」を問題としている。表9-4からわかるように、問58、66の平均値が自然度、不快度、理解度の順で高く、重視され、厳しく評価されている。言い換えれば、問58はやや理解できず、かなり不快感があり、非常に不自然なもの、問66はやや理解できず、やや不快感があり、かなり不自然なものと評定されたといえる。

　そして、それぞれの平均値について問58と問66の間でt検定を行った結果は、すべての基準において、問66より問58のほうが有意(p<.01以下)に重視され、厳しく評価されている。したがって、「V」の誤りにおいて、いずれの基準についても、存在動詞「いる」を「ある」に間違えた誤りよりも、普通語を尊敬語に間違えた誤りのほうが重大だとされていることになる。

表9-4　「V」の誤りの重要度

評価の基準	問58	問66	差	t	有意水準
理解度	2.27(1.23)*	2.07(1.10)	0.20	3.22	p<.01
不快度	3.55(1.23)	2.73(1.25)	0.82	11.97	p<.001
自然度	4.11(1.05)	3.18(1.26)	0.93	14.49	p<.001

注)*平均とSD(カッコ内)

　表9-5は「性別による「V」の誤りの重要度」を問題としている。それぞれの平均値について男性と女性の間でt検定を行った結果は、問58の不快度においては、男性より女性のほうが有意(p<.001)に重視し、厳しく評価している。そして、問66の不快度と自然度においても、男性より女性のほうが有意(p<.01)に重視し、厳しく評価している。

　したがって、問58、66においては男女の差が、不快度(問66だけ)と自然度についての評定に影響を与えるといえる。しかし、理解度についての評定には影響を与えるとはいえない。

表9-5　性別による「V」の誤りの重要度

評価の基準	問題	男性	女性	差	t	有意水準
理解度	58	2.26(1.19)[*]	2.29(1.28)	-0.03	-0.33	NS
	66	2.02(1.07)	2.13(1.14)	-0.01	-1.31	NS
不快度	58	3.41(1.26)	3.75(1.18)	-0.34	-3.50	p<.001
	66	2.61(1.23)	2.91(1.26)	-0.30	-3.15	p<.01
自然度	58	4.07(1.05)	4.15(1.05)	-0.08	-0.99	NS
	66	3.07(1.25)	3.34(1.25)	-0.27	-2.71	p<.01

注)[*]平均とSD(カッコ内)

　表9-6は「年齢による「V」の誤りの重要度と分散分析の結果」をとりあげている。表9-6からわかるように、問58・66の理解度、不快度、自然度は、それぞれ「50代、60歳以上・10代」「30代・10代」「30代・10代」が最も重視し、厳しく評価している。したがって、「V」の誤りについて3つの基準についての評定は、10代、30代が最も厳しいといえる。

　そして、表9-6に現われた「V」の誤りの重要度の傾向について行った1要因の分散分析の結果は、問58、66は3つの基準(問58の不快度を除いて)において、要因(年齢)の主効果はp<.05以下で有意である。したがって、問58、66においては年齢の差が、すべての基準(問58の不快度を除いて)についての評定に影響を与えるといえる。

表9-6　年齢による「V」の誤りの重要度と分散分析の結果

評価の基準	問題	年齢別の誤りの重要度						F値	有意水準
		10代	20代	30代	40代	50代	60歳以上		
理解度	58	2.20	2.05	2.31	2.27	2.58	2.58	2.90	p<.05
	66	2.44	2.06	2.06	1.88	1.94	2.10	2.77	p<.05
不快度	58	3.30	3.60	3.68	3.55	3.55	3.38	1.25	NS
	66	3.20	2.93	2.71	2.54	2.33	2.31	6.70	p<.001
自然度	58	3.65	4.24	4.29	4.05	4.25	3.68	7.02	p<.001
	66	3.47	3.45	3.17	2.98	2.91	2.63	6.00	p<.001

9.1.3　補助動詞

・しかし食生活がだんだん西洋化**になって**いっても、今も韓国のどの家に**遊んで行って**食事をしてみても、食卓においしそうなキムチがいつも(30)**置いている**でしょう。

　問30は補助動詞の誤り(以下において「複Ｖ」の誤りと略称する。)である。状態を表す「他動詞＋てある」を「他動詞＋ている」に間違えたものである。
　表9-7は「「複Ｖ」の誤りの重要度」を示している。表9-7からわかるように、問30の平均値が自然度、不快度、理解度の順で高く、重視され、厳しく評価されている。言い換えれば、問30はやや理解できず、やや不快感があり、かなり不自然なものと評定されたといえる。

表9-7　「複Ｖ」の誤りの重要度

問題	理解度	不快度	自然度
30	2.04(1.00)[*]	2.74(1.12)	3.27(1.18)

注)[*]平均とSD(カッコ内)

　表9-8は「性別による「複Ｖ」の誤りの重要度」を問題としている。それぞれの平均値について男性と女性の間でt検定を行った結果は、問30の不快度と自然度においては、男性より女性のほうが有意($p<.001$)に重視し、厳しく評価している。しかし、理解度においては、男女の差は有意ではない($p>.05$)。
　したがって、問30においては男女の差が、不快度と自然度についての評定に影響を与えるといえる。しかし、理解度についての評定には影響を与えるとはいえない。

表9-8　性別による「複Ｖ」の誤りの重要度

評価の基準	問題	男性	女性	差	t	有意水準
理解度	30	1.99(0.97)[*]	2.10(1.04)	-0.11	-0.34	NS
不快度	30	2.60(1.09)	2.92(1.15)	-0.32	-3.60	p<.001
自然度	30	3.15(1.16)	3.45(1.18)	-0.30	-3.30	p<.001

注)[*]平均とSD(カッコ内)

　表9-9は「年齢による「複Ｖ」の誤りの重要度と分散分析の結果」をとりあげている。表9-9からわかるように、問30の理解度と不快度は「60歳以上」、自然度は「20代」が最も重視し、厳しく評価している。したがって、「複Ｖ」の誤りにおいて、理解度と不快度についての評定は60歳以上、自然度についての評定は20代が最も厳しいといえる。

　そして、表9-9に現われた「複Ｖ」の誤りの重要度の傾向について行った1要因の分散分析の結果は、問30の3つの基準において、要因(年齢)の主効果はp<.05以下で有意である。したがって、問30においては年齢の差が、すべての基準についての評定に影響を与えるといえる。

表9-9　年齢による「複Ｖ」の誤りの重要度と分散分析の結果

評価の基準	問題	年齢別の誤りの重要度						F値	有意水準
		10代	20代	30代	40代	50代	60歳以上		
理解度	30	1.87	1.95	2.07	1.94	2.13	2.63	4.81	p<.001
不快度	30	2.37	2.79	2.85	2.67	2.66	2.98	2.92	p<.05
自然度	30	2.64	3.44	3.34	3.24	3.31	3.42	6.09	p<.001

9.1.4　慣用的な動詞句

・しかし食生活がだんだん西洋化(28)**になって**いっても、今も韓国のどの家に(29)**遊んで行って**食事してみても、食卓においしそうなキムチがいつも**置いている**でしょう。

・私はおかずにキムチさえあれば十分**ですが**、毎日キムチだけを(32)**続いて食べても**飽きません。

　問28、29、32は慣用的な動詞句の誤り(以下において「ＶＰ」の誤りと略称する。)である。問28は「〜して」を「〜になって」に、問29は「遊びに行って」を「遊んで行って」に、問32は「続けて食べても」を「続いて食べても」に間違えたものである。

　表9-10は「「ＶＰ」の誤りの重要度と分散分析の結果」をとりあげている。表9-10からわかるように、問28、29、32の平均値が自然度、不快度、理解度の順で高く、重視され、厳しく評価されている。言い換えれば、問28は理解でき、やや不快感があり、やや不自然なもの、問29はやや理解できず、かなり不快感があり、かなり不自然なもの、問32はやや理解できず、やや不快感があり、かなり不自然なものと評定されたといえる。

　表9-10に現われた「ＶＰ」の誤りの重要度の傾向について、「ＶＰ」の誤りを要因として分散分析と多重比較を行った。その結果、3つの基準において、要因の主効果はp<.001で有意である。多重比較によれば、3つの基準において問29と問32、問29

と問28、問32と問28の間の差は有意である(p<.05)。つまり、いずれの基準について
も「遊びに行って」を「遊んで行って」に間違えた誤り、「続けて食べても」を「続いて食
べても」に間違えた誤り、「〜して」を「〜になって」に間違えた誤りの順で重視され、
厳しく評価されている。つまりこの順で重大な誤りだとされていることになる。

表9-10 「VP」の誤りの重要度と分散分析の結果

評価の基準	問28	問29	問32	F値	有意水準
理解度	1.87(0.94)*	2.72(1.16)	2.13(1.04)	112.69	p<.001
不快度	2.41(1.15)	3.34(1.12)	2.86(1.15)	109.22	p<.001
自然度	2.85(0.98)	3.98(0.98)	3.49(1.10)	169.56	p<.001

注)*平均とSD(カッコ内)

　表9-11は「性別による「ＶＰ」の誤りの重要度」を問題としている。それぞれの平
均値について男性と女性の間でt検定を行った結果は、問28の3つの基準において
は、男性より女性のほうが有意(p<.05以下)に重視し、厳しく評価している。そし
て、問29の不快度においても、男性より女性のほうが有意(p<.05)に重視し、厳し
く評価している。しかし、問32の3つの基準においては、いずれも男女の差は有意
ではない(p>.05)。

　したがって、問28においては男女の差が、すべての基準についての評定に影響
を与えるといえる。そして、問29においては男女に差が、不快度についての評定に
影響を与えるといえる。しかし、問32においては男女の差が、すべての基準につい
ての評定に影響を与えないといえる。

表9-11 性別による「VP」の誤りの重要度

評価の基準	問題	男性	女性	差	t	有意水準
理解度	28	1.81(0.92)*	1.96(0.96)	-0.15	-2.10	p<.05
	29	2.74(1.18)	2.70(1.14)	0.04	0.44	NS
	32	2.16(1.05)	2.10(1.02)	0.06	0.71	NS
不快度	28	2.27(1.12)	2.59(1.17)	-0.32	-3.49	p<.001
	29	3.26(1.15)	3.44(1.08)	-0.18	-2.03	p<.05
	32	2.79(1.14)	2.95(1.14)	-0.16	-1.80	NS
自然度	28	2.76(1.23)	2.97(1.28)	-0.21	-2.06	p<.05
	29	3.93(1.00)	4.04(0.96)	-0.11	-1.35	NS
	32	3.43(1.08)	3.58(1.12)	-0.15	-1.80	NS

注)*平均とSD(カッコ内)

　表9-12は「年齢による「ＶＰ」の誤りの重要度と分散分析の結果」をとりあげている。表9-12からわかるように、問28・29・32の理解度、不快度、自然度は、それぞれ「60歳以上・60歳以上・10代」「20代・10代・10代」「60歳以上・50代・30代」が最も重視し、厳しく評価している。したがって、「ＶＰ」の誤りにおいて3つの基準についての評定は、ほぼ10代、60歳以上が最も厳しいといえる。

　そして、表9-12に現われた「ＶＰ」の誤りの重要度の傾向について行った1要因の分散分析の結果は、問28の3つの基準においては、要因（年齢）の主効果は$p<.05$以下に有意である。また、問29の理解度においては、要因の主効果は$p<.05$で有意である。そして、問32の不快度においては、要因の主効果は$p<.01$で有意である。したがって、問28においては年齢の差が、すべての基準についての評定に影響を与えるといえる。問29においては年齢の差が、理解度についての評定に影響を与えるといえる。問32においては年齢の差が、不快度についての評定に影響を与えるといえる。

表9-12　年齢による「VP」の誤りの重要度と分散分析の結果

評価の基準	問題	年齢別の誤りの重要度						F値	有意水準
		10代	20代	30代	40代	50代	60歳以上		
理解度	28	1.72	1.86	1.89	1.77	1.95	2.26	2.35	p<.05
	29	2.88	2.53	2.74	2.69	2.80	3.06	2.26	p<.05
	32	2.30	2.04	2.21	2.03	2.08	2.25	1.31	NS
不快度	28	2.06	2.59	2.49	2.29	2.20	2.57	3.58	p<.01
	29	3.45	3.31	3.43	3.36	3.12	3.23	1.04	NS
	32	3.05	2.90	3.04	2.70	2.50	2.67	3.52	p<.01
自然度	28	2.29	3.01	3.00	2.73	2.81	3.02	4.80	p<.001
	29	3.90	4.03	3.98	3.93	4.12	3.78	0.97	NS
	32	3.48	3.60	3.63	3.39	3.34	3.18	2.14	NS

9.1.5　形容詞

・大根は(37)**細かく**千切りして、ねぎは3〜4センチぐらいに切ります。

　問37は形容詞の誤り（以下において「Ａ」の誤りと略称する。）である。問37は「細く」

を「細かく」に間違えたものである。

表9-13は「「Ａ」の誤りの重要度」を示している。表9-13からわかるように、問37
の平均値が自然度、不快度、理解度の順で高く、重視され、厳しく評価されてい
る。しかし、この項目は比較的重要度が低く、理解でき、不快感がなく、自然な
ものと評定されたといえる。

表9-13 「Ａ」の誤りの重要度

問題	理解度	不快度	自然度
37	1.53(0.94)*	1.69(1.05)	1.98(1.31)

注)*平均とSD(カッコ内)

表9-14は「性別による「Ａ」の誤りの重要度」を問題としている。それぞれの平均
値について男性と女性の間でt検定を行った結果は、問37の不快度と自然度におい
ては、男性より女性のほうが有意($p<.001$)に重視し、厳しく評価している。しか
し、理解度においては、男女の差は有意ではない($p>.05$)。

したがって、問37においては男女の差が、不快度と自然度についての評定に影
響を与えるといえる。しかし、理解度についての評定には影響を与えるとはいえな
い。

表9-14 性別による「Ａ」の誤りの重要度

評価の基準	問題	男性	女性	差	t	有意水準
理解度	37	1.48(0.93)*	1.62(0.94)	-0.14	-1.91	NS
不快度	37	1.57(1.00)	1.86(1.11)	-0.29	-3.48	p<.001
自然度	37	1.81(1.25)	2.21(1.36)	-0.40	-3.90	p<.001

注)*平均とSD(カッコ内)

表9-15は「年齢による「Ａ」の誤りの重要度と分散分析の結果」をとりあげてい
る。表9-15からわかるように、問37は理解度と不快度の「60歳以上」、自然度の「20
代」が最も重視し、厳しく評価している。したがって「Ａ」の誤りにおいて、理解度
と不快度についての評定は、60歳以上、自然度についての評定は20代が最も厳し
いといえる。

　表9-15に現われた「複Ⅴ」の誤りの重要度の傾向について行った1要因の分散分析の結果は、問37の3つの基準において、要因(年齢)の主効果はp＞.05で有意ではない。したがって、問37においては年齢の差が、すべての基準についての評定に影響を与えないといえる。

表9-15　年齢による「A」の誤りの重要度と分散分析の結果

評価の基準	問題	年齢別の誤りの重要度						F値	有意水準
		10代	20代	30代	40代	50代	60歳以上		
理解度	37	1.41	1.55	1.54	1.45	1.57	1.79	1.22	NS
不快度	37	1.48	1.75	1.72	1.67	1.67	1.81	0.90	NS
自然度	37	1.58	2.12	2.02	1.92	2.01	2.02	1.98	NS

9.1.6　ダ

> ・それは白菜自体(72)**がなく**て、白菜の漬け具合が違うからです。
>
> ・それは両国の個性が違う(74)**から**と思います。

　問72、74はダの誤りである。問72は「～ではなく」を「～がなく」に、問74は「～からだ(と思います)」を「～から(と思います)」に間違えたものである。

　表9-16は「「ダ」の誤りの重要度」を問題としている。表9-16からわかるように、問72、74の平均値が自然度、不快度、理解度の順で高く、重視され、厳しく評価されている。言い換えれば、問72はかなり理解できず、かなり不快感があり、非常に不自然なもの、問74は理解でき、やや不快感があり、やや不自然なものと評定されたといえる。

　それぞれの平均値について問72と問74の間でt検定を行った結果は、すべての基準において、問74より問72のほうが有意(p＜.001)に重視され、厳しく評価されている。したがって、「ダ」の誤りにおいて、いずれの基準についても、「だ」が脱落された誤りよりも、指定詞を存在詞に間違えた誤りのほうが重大だとされていることになる。

表9-16　「ダ」の誤りの重要度

評価の基準	問72	問74	差	t	有意水準
理解度	3.34(1.32)*	1.97(1.03)	1.37	21.98	p<.001
不快度	3.46(1.27)	2.50(1.15)	0.96	14.39	p<.001
自然度	4.01(1.16)	2.97(1.23)	1.04	15.66	p<.001

注)*平均とSD(カッコ内)

　表9-17は「性別による「ダ」の誤りの重要度」を問題としている。それぞれの平均値について男性と女性の間でt検定を行った結果は、問72の不快度において男性より女性のほうが有意(p<.05)に重視し、厳しく評価している。そして、問74の不快度と自然度において男性より女性のほうが有意(p<.001)に重視し、厳しく評価している。

　したがって、問72においては男女の差が、不快度についての評定に影響を与えるといえる。問74においては男女の差が、不快度と自然度についての評定に影響を与えるといえる。

表9-17　性別による「ダ」の誤りの重要度

評価の基準	問題	男性	女性	差	t	有意水準
理解度	72	3.27(1.31)*	3.42(1.34)	-0.15	-1.42	NS
	74	1.91(1.04)	2.05(1.01)	-0.14	-1.77	NS
不快度	72	3.36(1.29)	3.58(1.23)	-0.22	-2.25	p<.05
	74	2.34(1.13)	2.70(1.13)	-0.36	-4.00	p<.001
自然度	72	3.94(1.17)	4.09(1.14)	-0.15	-1.72	NS
	74	2.83(1.21)	3.16(1.24)	-0.33	-3.44	p<.001

注)*平均とSD(カッコ内)

　表9-18は「年齢による「ダ」の誤りの重要度と分散分析の結果」をとりあげている。表9-18からわかるように、問72・74の理解度、不快度、自然度は、それぞれ「30代・60歳以上」「30代・20代」「20代・20代」が最も重視し、厳しく評価している。したがって、「ダ」の誤りにおいて3つの基準についての評定は、ほとんど20〜30代が最も厳しいといえる。

　表9-18に現われた「ダ」の誤りの重要度の傾向について行った1要因の分散分析の

結果は、問72の理解度と自然度、問74の不快度と自然度において、要因(年齢)の主効果はp<.05以下で有意である。したがって、問72においては年齢の差が、理解度と自然度についての評定に影響を与えるといえる。問74においては年齢の差が、不快度と自然度についての評定に影響を与えるといえる。

表9-18　年齢による「ダ」の誤りの重要度と分散分析の結果

評価の基準	問題	年齢別の誤りの重要度						F値	有意水準
		10代	20代	30代	40代	50代	60歳以上		
理解度	72	2.96	3.46	3.50	3.40	3.16	3.08	2.78	p<.05
	74	1.89	1.94	2.02	2.00	1.81	2.18	0.99	NS
不快度	72	3.32	3.55	3.58	3.39	3.35	3.19	1.26	NS
	74	2.34	2.64	2.63	2.40	2.18	2.48	2.57	p<.05
自然度	72	3.65	4.19	4.17	3.88	3.99	3.63	4.51	p<.001
	74	2.69	3.23	3.12	2.79	2.65	2.88	4.63	p<.001

9.1.7　名詞

9.1.7.1　名詞(漢語)

> ・私は韓国の大学で(1)**日語**を勉強している学生です。
> ・今日は韓国の代表的な(2)**飲食**の一つであるキムチについて紹介しようと思います。

　問1、2は名詞(漢語)の誤り(以下において「N(漢)」の誤りと略称する。)である。問1は「日本語」を「日語」に、問2は「食べ物」を「飲食」に間違えたものである。

　表9-19は「「N(漢)」の誤りの重要度」を問題としている。表9-19からわかるように、問1、2の平均値が自然度、不快度、理解度の順で高く、重視され、厳しく評価されている。言い換えれば、問1はやや理解できず、かなり不快感があり、非常に不自然なもの、問2はやや理解できず、やや不快感があり、かなり不自然なものと評定されたといえる。

　それぞれの平均値について問1と問2の間でt検定を行った結果は、不快度と自然度において、問2より問1のほうが有意(p<.01以下)に重視され、厳しく評価されている。したがって、「N(漢)」の誤りにおいて、不快度と自然度について、誤りの形が

日本語で使われている誤りよりも、誤りの形が日本語で使われていない誤りのほうが重大だとされていることになる。

表9-19 「N(漢)」の誤りの重要度

評価の基準	問1	問2	差	t	有意水準
理解度	2.52(1.13)[*]	2.42(1.10)	0.10	1.69	NS
不快度	3.02(1.11)	2.85(1.09)	0.17	2.85	p<.01
自然度	4.03(0.87)	3.70(1.00)	0.33	6.46	p<.001

注)[*]平均とSD(カッコ内)

　表9-20は「性別による「N(漢)」の誤りの重要度」を問題としている。それぞれの平均値について男性と女性の間でt検定を行った結果は、問1、2の3つの基準において、いずれも男女の差は有意ではない(p>.05)。

　したがって、問1、2においては男女の差が、すべての基準についての評定に影響を与えないといえる。

表9-20 性別による「N(漢)」の誤りの重要度

評価の基準	問題	男性	女性	差	t	有意水準
理解度	1	2.51(1.15)[*]	2.53(1.09)	-0.02	-0.20	NS
	2	2.47(1.11)	2.36(1.08)	0.11	1.30	NS
不快度	1	3.01(1.12)	3.05(1.11)	-0.04	-0.46	NS
	2	2.84(1.10)	2.87(1.06)	-0.03	-0.39	NS
自然度	1	4.04(0.88)	4.01(0.86)	0.03	0.36	NS
	2	3.76(0.98)	3.63(1.03)	0.13	1.75	NS

注)[*]平均とSD(カッコ内)

　表9-21は「年齢による「N(漢)」の誤りの重要度と分散分析の結果」をとりあげている。表9-21からわかるように、問1・2の理解度、不快度、自然度は、それぞれ「10代・60歳以上」「10代・60歳以上」「20代・40代」が最も重視し、厳しく評価している。したがって、「N(漢)」の誤りにおいて3つの基準についての評定は、問1の10〜20代、問2の40代、60歳以上が最も厳しいといえる。

　表9-21に現われた「N(漢)」の誤りの重要度の傾向について行った1要因の分散分析の結果は、問1、2の理解度と自然度においては、要因(年齢)の主効果はp<.05以

下で有意である。しかし、問1、2の不快度においては、要因の主効果はp>.05で有意ではない。したがって、問1、2においては年齢の差が、理解度と自然度についての評定に影響を与えるといえる。しかし、不快度についての評定には影響を与えるとはいえない。

表9-21　年齢による「N(漢)」の誤りの重要度と分散分析の結果

評価の基準	問題	年齢別の誤りの重要度						F値	有意水準
		10代	20代	30代	40代	50代	60歳以上		
理解度	1	2.89	2.43	2.54	2.36	2.54	2.48	2.66	p<.05
	2	2.24	2.26	2.37	2.47	2.71	2.85	4.28	p<.001
不快度	1	3.14	3.01	3.03	3.06	2.54	2.96	0.37	NS
	2	2.80	2.80	2.90	2.90	2.92	2.94	0.34	NS
自然度	1	4.07	4.15	4.08	3.96	2.80	3.59	3.90	p<.01
	2	3.35	3.79	3.75	3.82	3.73	3.57	2.94	p<.05

9.1.7.2　名詞

・そのころ市場に<u>行ったら</u>産地から運んできたばかりの白菜(19)<u>たち</u>が山と<u>積もって</u><u>いることを</u>よく<u>見えます</u>。

・漬物(キムヂャンのキムチ)は春が来る(25)<u>時</u>まで食べるので、すっぱくならないように土の中に埋めます。

・私は故郷に<u>いらっしゃる</u>母(59)<u>に</u>行ってくると、何日間も母の作ったキムチの味が<u>思い出して</u>寂しくなります。

　問19、25、59は名詞の誤り(以下において「N」の誤りと略称する。)である。問19は「白菜」を「白菜たち」に、問25は「来るまで」を「来る時まで」に、問59は「(母の)ところに」を「(母)に」に間違えたものである。

　表9-22は「「N」の誤りの重要度と分散分析の結果」をとりあげている。表9-22からわかるように、問19、25、59の平均値が自然度、不快度、理解度の順で高く、重視され、厳しく評価されている。言い換えれば、問19はやや理解できず、かなり不快感があり、かなり不自然なもの、問25はやや理解できず、やや不快感があり、やや不自然なもの、問59はかなり理解できず、かなり不快感があり、非常に不自然なものと評定されたといえる。

　表9-22に現われた「Ｎ」の誤りの重要度の傾向について、「Ｎ」の誤りを要因として分散分析と多重比較を行った。その結果、3つの基準において要因の主効果はp<.001で有意である。多重比較によれば、3つの基準において問59と問19、問59と問25、問19と問25の間の差は有意である(p<.05)。つまり、名詞に「ところ」が脱落された誤り(問59)、複数の接尾語の誤り(問19)、不必要な名詞を挿入した誤り(問25)の順で重視され、厳しく評価されている。この順で重大な誤りだとされていることになる。

表9-22　「Ｎ」の誤りの重要度と分散分析の結果

評価の基準	問19	問25	問59	F値	有意水準
理解度	2.39(1.29)[*]	2.00(1.08)	3.47(1.37)	241.85	p<.001
不快度	3.20(1.30)	2.48(1.16)	3.68(1.24)	154.32	p<.001
自然度	3.88(1.19)	2.92(1.20)	4.20(1.05)	220.77	p<.001

注)[*]平均とSD(カッコ内)

　表9-23は「性別による「Ｎ」の誤りの重要度」を問題としている。それぞれの平均値について男性と女性の間でt検定を行った結果は、問59の不快度においては、男性より女性のほうが有意(p<.01)に重視し、厳しく評価している。しかし、問19、25の3つの基準においては、いずれも男女の差は有意ではない(p>.05)。

　したがって、問59においては男女の差が、不快度についての評定に影響を与えるといえる。しかし、問19、25においては男女の差が、すべての基準についての評定に影響を与えないといえる。

表9-23　性別にによる「Ｎ」の誤りの重要度

評価の基準	問題	男性	女性	差	t	有意水準
理解度	19	2.43(1.31)[*]	2.34(1.27)	0.09	0.80	NS
	25	1.98(1.09)	2.03(1.07)	-0.05	-0.54	NS
	59	3.38(1.37)	3.59(1.36)	-0.21	-1.91	NS
不快度	19	3.17(1.28)	3.24(1.32)	-0.07	-0.68	NS
	25	2.43(1.16)	2.55(1.15)	-0.12	-1.30	NS
	59	3.55(1.27)	3.85(1.18)	-0.30	-3.05	p<.01
自然度	19	3.92(1.19)	3.82(1.19)	0.10	1.06	NS
	25	2.89(1.17)	2.97(1.24)	-0.08	-0.90	NS
	59	4.14(1.07)	4.29(1.00)	-0.15	-1.77	NS

注)[*]平均とSD(カッコ内)

　表9-24は「年齢による「N」の誤りの重要度と分散分析の結果」をとりあげている。表9-24からわかるように、問19・25・59の理解度、不快度、自然度は、それぞれ「60歳以上・60歳以上・20代」「60歳以上・60歳以上・20代」「50代・60歳以上・20代」が最も厳しく評価している。したがって、「N」の誤りにおいて3つの基準についての評定は、問19、25の60歳以上、問59の20代が最も厳しいといえる。

　表9-24に現われた「N」の誤りの重要度の傾向について行った1要因の分散分析の結果は、問19の理解度と自然度においては、要因（年齢）の主効果はp<.05以下で有意である。また、問25の理解度においては、要因の主効果はp<.01で有意である。問59の自然度においては、要因の主効果はp<.001で有意である。したがって、問19、25、59においては年齢の差が、理解度と自然度（問25の自然度、問59の理解度を除いて）についての評定に影響を与えるといえる。

表9-24　年齢による「N」の誤りの重要度と分散分析の結果

評価の基準	問題	年齢別の誤りの重要度						F値	有意水準
		10代	20代	30代	40代	50代	60歳以上		
理解度	19	2.43	2.03	2.31	2.52	2.75	3.11	7.52	p<.001
	25	2.00	1.90	1.94	1.98	1.99	2.61	3.47	p<.01
	59	3.19	3.60	3.58	3.39	3.54	3.15	1.83	NS
不快度	19	3.13	3.06	3.18	3.33	3.32	3.47	1.18	NS
	25	2.38	2.49	2.48	2.45	2.33	2.87	1.37	NS
	59	3.60	3.79	3.76	3.57	3.58	3.49	0.94	NS
自然度	19	3.58	3.77	3.94	3.94	4.16	4.04	2.55	p<.05
	25	2.58	3.01	2.93	2.87	2.99	3.09	1.77	NS
	59	3.88	4.41	4.29	4.08	4.29	3.83	4.74	p<.001

9.1.8　副詞

> ・皆さんはキムチ**を考えれば**（6）**先**に何が思い浮かびますか。
> ・忙しい方は**休む日**に家族の皆で韓国料理店に行って、キムチを食べてみることを（77）**きっと　勧めます**。

　問6、77は副詞の誤り（以下において「Ad」の誤りと略称する。）である。問6は「まず」

を「先に」に、問77は「ぜひ」を「きっと」に間違えたものである。

　表9-25は「「Ad」の誤りの重要度」を問題としている。表9-25からわかるように、問6、77の平均値が自然度、不快度、理解度の順で高く、重視され、厳しく評価されている。言い換えれば、問6はやや理解できず、やや不快感があり、かなり不自然なもの、問77はかなり理解できず、かなり不快感があり、非常に不自然なものと評定されたといえる。

　それぞれの平均値について問6と問77の間でt検定を行った結果は、すべての基準において、問6より問77のほうが有意(p<.001)に重視され、厳しく評価されている。したがって、「Ad」の誤りにおいて、いずれの基準についても、「まず」を「先に」に間違えた誤りよりも、「ぜひ」を「きっと」に間違えた誤りのほうが重大だとされていることになる。

表9-25　「Ad」の誤りの重要度

評価の基準	問6	問77	差	t	有意水準
理解度	2.28(1.10)*	3.03(1.28)	-0.75	-11.28	p<.001
不快度	2.74(1.08)	3.45(1.24)	-0.71	-10.98	p<.001
自然度	3.30(1.14)	4.07(1.08)	-0.77	-12.43	p<.001

注)*平均とSD(カッコ内)

　表9-26は「性別による「Ad」の誤りの重要度」を問題としている。それぞれの平均値について男性と女性の間でt検定を行った結果は、問77の不快度と自然度においては、男性より女性のほうが有意(p<.05以下)に重視し、厳しく評価している。しかし、問6の3つの基準においては、いずれも男女の差は有意ではない(p>.05)。

　したがって、問77においては男女の差が、不快度と自然度についての評定に影響を与えるといえる。しかし、問6においては男女の差が、すべての基準についての評定に影響を与えないといえる。

表9-26　性別による「Ad」の誤りの重要度

評価の基準	問題	男性	女性	差	t	有意水準
理解度	6	2.35(1.11)*	2.18(1.09)	0.17	1.90	NS
	77	3.03(1.29)	3.05(1.27)	-0.02	-0.23	NS

不快度	6	2.77(1.07)	2.69(1.09)	0.08	1.02	NS
	77	3.31(1.24)	3.64(1.22)	-0.33	-3.25	p<.01
自然度	6	3.34(1.13)	3.23(1.14)	0.11	1.25	NS
	77	4.00(1.11)	4.17(1.02)	-0.17	-2.05	p<.05

注)*平均とSD(カッコ内)

　表9-27は「年齢による「Ad」の誤りの重要度と分散分析の結果」をとりあげている。表9-27からわかるように、問6・77の理解度、不快度、自然度はそれぞれ「60歳以上・10代」「60歳以上・20代」「20代・20代」が最も重視し、厳しく評価している。したがって、「Ad」の誤りにおいて3つの基準についての評定は、ほぼ問6の60歳以上、問77の20代が最も厳しいといえる。

　表9-27に現われた「Ad」の誤りの重要度の傾向について行った1要因の分散分析の結果は、問6の理解度、問77の自然度において、要因(年齢)の主効果はp<.001で有意である。したがって、問6においては年齢の差が、理解度についての評定に影響を与えるといえる。問77においては年齢の差が、自然度についての評定には影響を与えるといえる。

表9-27　年齢による「Ad」の誤りの重要度と分散分析の結果

評価の基準	問題	年齢別の誤りの重要度						F値	有意水準
		10代	20代	30代	40代	50代	60歳以上		
理解度	6	2.13	2.08	2.37	2.12	2.54	2.92	6.56	p<.001
	77	3.29	3.16	2.97	2.83	2.95	2.94	1.67	NS
不快度	6	2.71	2.75	2.83	2.53	2.65	2.96	1.47	NS
	77	3.58	3.65	3.47	3.26	3.23	3.24	2.22	NS
自然度	6	3.01	3.44	3.35	3.19	3.27	3.33	1.91	NS
	77	3.99	4.39	4.04	3.94	3.97	3.61	5.54	p<.001

9.1.9　連体詞

・それで(73)<u>どんな</u>学者は両国の文化の違いについてたとえ種は同じでも花は違うと言っています。

　問73は連体詞の誤り(以下において「AN」の誤りと略称する。)である。問73は「ある」

を「どんな」に間違えたものである。

　表9-28は「「ＡＮ」の誤りの重要度」を示している。表9-28からわかるように、問73の平均値が自然度、理解度、不快度の順で高く、重視され、厳しく評価されている。言い換えれば、問73はかなり理解できず、かなり不快感があり、非常に不自然なものと評定されたといえる。

表9-28 「ＡＮ」の誤りの重要度

問題	理解度	不快度	自然度
73	3.95(1.20)*	3.93(1.18)	4.42(0.91)

注)*平均とSD(カッコ内)

　表9-29は「性別による「ＡＮ」の誤りの重要度」を問題としている。それぞれの平均値について男性と女性の間でt検定を行った結果は、問73の3つの基準において、いずれも男女の差は有意ではない(p>.05)

　したがって、問73においては男女の差が、すべての基準についての評定に影響を与えないといえる。

表9-29 性別による「ＡＮ」の誤りの重要度

評価の基準	問題	男性	女性	差	t	有意水準
理解度	73	3.93(1.21)*	3.97(1.18)	-0.04	-0.34	NS
不快度	73	3.87(1.24)	4.02(1.10)	-0.15	-1.55	NS
自然度	73	4.42(0.92)	4.42(0.91)	0.00	-0.10	NS

注)*平均とSD(カッコ内)

　表9-30は「年齢による「ＡＮ」の誤りの重要度と分散分析の結果」をとりあげている。表9-30からわかるように、問73の理解度、不快度、自然度は、すべて20代が最も重視し、厳しく評価している。したがって、「ＡＮ」の誤りにおいて3つの基準についての評定は、すべて20代が最も厳しいといえる。

　表9-30に現われた「ＡＮ」の誤りの重要度の傾向について行った1要因の分散分析の結果は、問73の理解度と自然度においては、要因(年齢)の主効果はp<.05以下で有意である。しかし、不快度いおいては、要因の主効果はp>.05で有意ではない。

したがって、問73においては年齢の差が、理解度と自然度についての評定に影響を与えるといえる。しかし、不快度についての評定には影響を与えるとはいえない。

表9-30　年齢による「ＡＮ」の誤りの重要度と分散分析の結果

評価の基準	問題	年齢別の誤りの重要度						F値	有意水準
		10代	20代	30代	40代	50代	60歳以上		
理解度	73	3.58	4.11	4.00	4.00	3.95	3.76	2.55	p<.05
不快度	73	3.72	4.06	3.88	3.88	4.00	3.93	1.03	NS
自然度	73	4.09	4.55	4.47	4.43	4.45	4.23	3.22	p<.01

9.1.10　コソア

・しかし(55)<u>この</u>よりもっと大切なのは真心です。

問55はコソアの誤りである。問55は「これ」を「この」に間違えたものである。

表9-31は「「コソア」の誤りの重要度」を示している。表9-31からわかるように、問55の平均値は自然度、不快度、理解度の順で高く、重視され、厳しく評価されている。言い換えれば、問55はかなり理解できず、かなり不快感があり、非常に不自然なものと評定されたといえる。

表9-31　「コソア」の誤りの重要度

問題	理解度	不快度	自然度
55	3.02(1.25)*	3.52(1.16)	4.18(0.96)

注)*平均とSD(カッコ内)

表9-32は「性別による「コソア」の誤りの重要度」を問題としている。それぞれの平均値について男性と女性の間でt検定を行った結果は、問55の不快度においては、男性より女性のほうが有意(p<.05)に重視し、厳しく評価している。しかし、理解度と自然度においては、どちらも男女の差は有意ではない(p>.05)。

したがって、問55においては男女の差が、不快度についての評定に影響を与えるといえる。しかし、理解度と自然度についての評定には影響を与えるとはいえない。

表9-32 性別による「コソア」の誤りの重要度

評価の基準	問題	男性	女性	差	t	有意水準
理解度	55	3.02(1.23)*	3.02(1.27)	0.00	-0.06	NS
不快度	55	3.43(1.14)	3.64(1.16)	-0.21	-2.40	p<.05
自然度	55	4.17(0.93)	4.18(0.99)	-0.01	-0.20	NS

注)*平均とSD(カッコ内)

　表9-33は「年齢による「コソア」の誤りの重要度と分散分析の結果」をとりあげている。表9-33からわかるように、問55の理解度と不快度は「10代」、自然度は「30代」が最も重視し、厳しく評価している。したがって、「コソア」の誤りにおいて、理解度と不快度についての評定は10代、自然度についての評定は30代が最も厳しいといえる。

　表9-33に現われた「コソア」の誤りの重要度の傾向について行った1要因の分散分析の結果は、問55の理解度においては、要因(年齢)の主効果はp<.05で有意である。しかし、理解度と不快度においては、要因の主効果はp>.05で有意ではない。したがって、問55においては年齢の差が、自然度についての評定に影響を与えるといえる。しかし、理解度と不快度についての評定には影響を与えるとはいえない。

表9-33　年齢による「コソア」の誤りの重要度と分散分析の結果

評価の基準	問題	年齢別の誤りの重要度						F値	有意水準
		10代	20代	30代	40代	50代	60歳以上		
理解度	55	3.33	2.91	2.96	2.98	3.18	2.93	1.69	NS
不快度	55	3.71	3.64	3.54	3.42	3.37	3.24	1.92	NS
自然度	55	4.18	4.18	4.34	4.16	4.09	4.22	2.42	p<.05

9.1.11　不定語

> ・(47)<u>どのもの</u>がおいしいか判断するのは難しいです。
>
> ・そしてそこには(48)<u>なんと</u>言えない味わいが<u>隠れて</u>います。

　問47、48は不定語の誤り(以下において「不定」の誤りと略称する。)である。問47は

「どれ」を「どのもの」に、問48は「なんとも」を「なんと」に間違えたものである。

　表9-34は「「不定」の誤りの重要度」を問題としている。表9-34からわかるように、問47、48の平均値が自然度、不快度、理解度の順で高く、重視され、厳しく評価されている。言い換えれば、問47はやや理解できず、やや不快感があり、かなり不自然なもの、問48はやや理解できず、かなり不快感があり、かなり不自然なものと評定されたといえる。

　それぞれの平均値について問47と問48の間でt検定を行った結果は、すべての基準において、問47より問48のほうが有意($p<.001$)に重視され、厳しく評価されている。したがって、「不定」の誤りにおいて、いずれの基準についても、「どれ」を「どのもの」に間違えた誤りよりも、「なんとも」を「なんと」に間違えた誤りのほうが重大だとされていることになる。

表9-34　「不定」の誤りの重要度

評価の基準	問47	問48	差	t	有意水準
理解度	2.20(1.11)[*]	2.74(1.20)	-0.54	-8.15	$p<.001$
不快度	2.89(1.18)	3.21(1.16)	-0.32	-4.99	$p<.001$
自然度	3.45(1.15)	3.88(1.04)	-0.43	-7.26	$p<.001$

注)[*]平均とSD(カッコ内)

　表9-35は「性別による「不定」の誤りの重要度」を問題としている。それぞれの平均値について男性と女性の間でt検定を行った結果は、問47の不快度と自然度においては、男性より女性のほうが有意($p<.05$以下)に重視し、厳しく評価している。そして、48の理解度と不快度においては、男性より女性のほうが有意($p<.05$)に重視し、厳しく評価している。

　したがって、問47においては男女の差が、不快度と自然度についての評定に影響を与えるといえる。問48においては男女の差が、理解度と不快度についての評定に影響を与えるといえる。

表9-35 性別による「不定」の誤りの重要度

評価の基準	問題	男性	女性	差	t	有意水準
理解度	47	2.16(1.09)[*]	2.25(1.13)	-0.09	-0.98	NS
	48	2.66(1.21)	2.85(1.17)	-0.19	-2.07	p<.05
不快度	47	2.78(1.14)	3.03(1.20)	-0.25	-2.70	p<.01
	48	3.11(1.16)	3.34(1.14)	-0.23	-2.54	p<.05
自然度	47	3.35(1.12)	3.58(1.17)	-0.23	-2.57	p<.05
	48	3.83(1.02)	3.95(1.07)	-0.12	-1.42	NS

注)[*]平均とSD(カッコ内)

　表9-36は「年齢による「不定」の誤りの重要度と分散分析の結果」をとりあげている。表9-36からわかるように、問47・48の理解度、不快度、自然度は、それぞれ「50代・10代」「30代・10代」「20代・20代」が最も重視し、厳しく評価している。したがって、「不定」の誤りにおいて3つの基準についての評定は、10〜30代が最も厳しいといえる。

　表9-36に現われた「不定」の誤りの重要度の傾向について行った1要因の分散分析の結果は、問47、48の自然度においては、要因(年齢)の主効果はp<.05で有意である。しかし、問47、48の理解度と不快度においては、要因の主効果はp>.05で有意ではない。したがって、問47、48においては年齢の差が、自然度についての評定に影響を与えるといえる。しかし、理解度と不快度についての評定には影響を与えるとはいえない。

表9-36 年齢による「不定」の誤りの重要度と分散分析の結果

評価の基準	問題	年齢別の誤りの重要度						F値	有意水準
		10代	20代	30代	40代	50代	60歳以上		
理解度	47	2.32	2.11	2.20	2.11	2.39	2.19	1.03	NS
	48	2.92	2.75	2.67	2.56	2.76	2.73	0.65	NS
不快度	47	2.80	2.98	2.99	2.80	2.74	2.78	1.02	NS
	48	3.44	3.27	3.19	3.03	2.96	3.10	1.61	NS
自然度	47	3.21	3.62	3.50	3.38	3.47	3.17	2.29	p<.05
	48	3.90	4.05	3.91	3.64	3.71	3.63	2.32	p<.05

9.1.12　数量詞

> ・キムヂャンというものは冬の間に食べるキムチを(16)<u>一回</u>に漬ける<u>の</u>を言います。

　問16は数量詞の誤り(以下において「数」の誤りと略称する。)である。問16は「一度」を「一回」に間違えたものである。

　表9-37は「「数」の誤りの重要度」を示している。表9-37からわかるように、問16の平均値が自然度、不快度、理解度の順で高く、重視され、厳しく評価されている。言い換えれば、問16はやや理解できず、やや不快感があり、かなり不自然なものと評定されたといえる。

表9-37　「数」の誤りの重要度

問題	理解度	不快度	自然度
16	2.34(1.27)*	2.71(1.20)	3.14(1.22)

注)*平均とSD(カッコ内)

　表9-38は「性別による「数」の誤りの重要度」を問題としている。それぞれの平均値について男性と女性の間でt検定を行った結果は、問16の3つの基準において、いずれも男女の差は有意ではない(p>.05)。

　したがって、問16においては男女の差が、すべての基準についての評定に影響を与えないといえる。

表9-38　性別による「数」の誤りの重要度

評価の基準	問題	男性	女性	差	t	有意水準
理解度	16	2.36(1.27)*	2.29(1.26)	0.07	0.73	NS
不快度	16	2.70(1.20)	2.72(1.20)	-0.02	-0.21	NS
自然度	16	3.15(1.18)	3.13(1.27)	0.02	0.19	NS

注)*平均とSD(カッコ内)

　表9-39は「年齢による「数」の誤りの重要度と分散分析の結果」をとりあげている。表9-39からわかるように、問16は理解度の「10代」、不快度と自然度の「20代」が最も重視し、厳しく評価している。したがって、「数」の誤りにおいて3つの基準

についての評定は、10〜20代が最も厳しいといえる。

　表9-39に現われた「数」の誤りの重要度の傾向について行った1要因の分散分析の結果は、問16の3つの基準において、要因(年齢)の主効果はp<.01で有意である。したがって、問16においては年齢の差が、すべての基準についての評定に影響を与えるといえる。

表9-39　年齢による「数」の誤りの重要度と分散分析の結果

評価の基準	問題	年齢別の誤りの重要度						F値	有意水準
		10代	20代	30代	40代	50代	60歳以上		
理解度	16	2.56	2.51	2.35	1.93	2.28	2.20	3.49	p<.01
不快度	16	2.89	2.90	2.77	2.40	2.54	2.49	3.40	p<.01
自然度	16	3.08	3.42	3.19	2.88	3.04	2.81	3.92	p<.01

9.1.13　接続詞

> ・(33)__それなら__、キムチとはいったいどんな食べ物か、漬け方と味について紹介__してあげます__。
> ・(42)__ところが__キムチは地方と家族__にしたがって__使う材料と量が違い、__いろいろの種類が__あります。

　問33、42は接続詞の誤り(以下において「C」の誤りと略称する。)である。問33は「それでは」を「それなら」に、問42は「ところで」を「ところが」に間違えたものである。

　表9-40は「「C」の誤りの重要度」を問題としている。表9-40からわかるように、問33、42の平均値が自然度、不快度、理解度の順で高く、重視され、厳しく評価されている。言い換えれば、問33はやや理解できず、やや不快感があり、かなり不自然なもの、問42は理解でき、やや不快感があり、かなり不自然なものと評定されたといえる。

　それぞれの平均値について問33と問42の間でt検定を行った結果は、すべての基準において、問42より問33のほうが有意(p<.001)に重視され、厳しく評価されている。したがって、「C」の誤りにおいて、いずれの基準についても、「ところで」を「と

ころが」に間違えた誤りよりも、「それでは」を「それなら」に間違えた誤りのほうが
重大だとされていることになる。

表9-40　「C」の誤りの重要度

評価の基準	問33	問42	差	t	有意水準
理解度	2.40(1.20)[*]	1.92(1.19)	0.48	7.36	p<.001
不快度	2.92(1.29)	2.09(1.25)	0.83	11.76	p<.001
自然度	3.34(1.32)	2.41(1.43)	0.93	12.36	p<.001

注)[*]平均とSD(カッコ内)

　表9-41は「性別による「C」の誤りの重要度」を問題としている。それぞれの平均
値について男性と女性の間でt検定を行った結果は、問33の不快度と自然度におい
ては、男性より女性のほうが有意(p<.05)に重視し、厳しく評価している。そし
て、問42の不快度においては、男性より女性のほうが有意(p<.01)に重視し、厳し
く評価している。

　したがって、問33においては男女の差が、不快度と自然度についての評定に影
響を与えるといえる。問42においては男女の差が、不快度についての評定に影響
を与えるといえる。

表9-41　性別による「C」の誤りの重要度

評価の基準	問題	男性	女性	差	t	有意水準
理解度	33	2.36(1.20)[*]	2.47(1.20)	-0.11	-1.18	NS
	42	1.86(1.20)	2.00(1.18)	-0.14	-1.53	NS
不快度	33	2.81(1.32)	3.06(1.25)	-0.25	-2.45	p<.05
	42	1.98(1.21)	2.24(1.28)	-0.26	-2.66	p<.01
自然度	33	3.24(1.33)	3.49(1.29)	-0.25	-2.44	p<.05
	42	2.34(1.44)	2.49(1.43)	-0.15	-1.34	NS

注)[*]平均とSD(カッコ内)

　表9-42は「年齢による「C」の誤りの重要度と分散分析の結果」をとりあげている。
表9-42からわかるように、問33・42の理解度、不快度、自然度は、それぞれ「10
代・30代」「10代・20代」「20代・20代」が最も重視し、厳しく評価している。した
がって、「C」の誤りにおいて3つの基準についての評定は、ほぼ10~20代が最も厳

しいといえる。

　表9-42に現われた「Ｃ」の誤りの重要度の傾向について行った1要因の分散分析の結果は、問33、42の3つの基準(問42の理解度を除いて)において、要因(年齢)の主効果はp<.05以下で有意である。したがって、問33、42においては年齢の差が、すべての基準(問42の理解度を除いて)についての評定に影響を与えるといえる。

表9-42　年齢による「Ｃ」の誤りの重要度と分散分析の結果

評価の基準	問題	年齢別の誤りの重要度						F値	有意水準
		10代	20代	30代	40代	50代	60歳以上		
理解度	33	2.68	2.50	2.46	2.12	2.26	2.33	2.59	p<.05
	42	1.78	2.01	2.08	1.78	1.81	1.82	1.50	NS
不快度	33	3.17	3.14	2.98	2.64	2.57	2.60	4.53	p<.001
	42	2.02	2.29	2.20	1.93	1.81	1.92	2.62	p<.05
自然度	33	3.47	3.63	3.37	3.05	3.21	2.84	4.69	p<.001
	42	2.06	2.65	2.61	2.25	2.21	2.10	3.74	p<.01

9.1.14　熟語

> ・普通はすっぱくなるまえに食べる(64)<u>の</u>がいいです。

　問64は熟語の誤りである。問64は「食べるほうが」を「食べるのが」に間違えたものである。

　表9-43は「「熟語」の誤りの重要度」を示している。表9-43からわかるように、問64の平均値は自然度、不快度、理解度の順で高く、重視され、厳しく評価されている。しかし、この項目は比較的重要度が低く、理解でき、不快感がなく、自然なものと評定されたといえる。

表9-43　「熟語」の誤りの重要度

問題	理解度	不快度	自然度
64	1.50(0.87)[*]	1.75(1.04)	1.93(1.15)

注)[*]平均とSD(カッコ内)

　表9-44は「性別による「熟語」の誤りの重要度」を問題としている。それぞれの平均値について男性と女性の間でt検定を行った結果は、問64の3つの基準において、いずれも男女の差は有意ではない(p>.05)。

　したがって、問64においては男女の差が、すべての基準についての評定に影響を与えないといえる。

表9-44　性別による「熟語」の誤りの重要度

評価の基準	問題	男性	女性	差	t	有意水準
理解度	64	1.47(0.84)[*]	1.54(0.91)	-0.07	-1.08	NS
不快度	64	1.69(1.00)	1.83(1.09)	-0.14	-1.64	NS
自然度	64	1.89(1.14)	2.00(1.17)	-0.11	-1.13	NS

注)[*]平均とSD(カッコ内)

　表9-45は「年齢による「熟語」の誤りの重要度と分散分析の結果」を問題としている。表9-45からわかるように、問64の理解度は「10代」、不快度と自然度は「30代」が最も重視し、厳しく評価している。したがって、「熟語」の誤りにおいて、理解度についての評定は10代、不快度と自然度についての評定は30代が最も厳しいといえる。

　表9-45に現われた「熟語」の誤りの重要度の傾向について行った1要因の分散分析の結果は、要因64の3つの基準において、要因(年齢)の主効果はp>.05で有意ではない。したがって、問64においては年齢の差が、すべての基準についての評定に影響を与えないといえる。

表9-45　年齢による「熟語」の誤りの重要度と分散分析の結果

評価の基準	問題	年齢別の誤りの重要度						F値	有意水準
		10代	20代	30代	40代	50代	60歳以上		
理解度	64	1.60	1.44	1.58	1.46	1.45	1.42	0.87	NS
不快度	64	1.78	1.78	1.83	1.64	1.68	1.63	0.62	NS
自然度	64	1.83	2.01	2.05	1.85	1.82	1.84	0.94	NS

9.2　形態論的な誤り

・キムチを食べてみた人<u>が</u>多いと思いますが、(13)<u>辛いでした</u>か。
・このよく<u>混ぜる</u>薬味を塩漬にした白菜の中に(39)<u>入れば</u>キムチ<u>になります</u>。
・終わりに韓・日両国の文化の違いの一面を見せてくれるキムチと日本の漬物について
(67)<u>話しよう</u>と思います。

　問13、39、67は形態論的な誤り(以下において「活用」の誤りと略称する。)である。問13は「辛かったです」を「辛いでした」に、問39は「入れれば」を「入れば」に、問67は「話そう」を「話しよう」に間違えたものである。

　表9-46は「「活用」の誤りの重要度と分散分析の結果」をとりあげているが、ここからわかるように、問13、39、67の平均値が自然度、不快度、理解度の順で高く、重視され、厳しく評価されている。言い換えれば、問13、39は同様にやや理解できず、やや不快感があり、かなり不自然なもの、問67はやや理解できず、かなり不快感があり、かなり不自然なものと評定されたといえる。

　表9-46に現われた「活用」の誤りの重要度の傾向について、「活用」の誤りを要因として分散分析と多重比較を行った。その結果、要因の主効果は理解度においてはp<.001、不快度と自然度においてはp<.01で有意である。多重比較によれば、理解度においては問39と問13、問67と問13の間の差は有意であるが(p<.05)、問39と問67の間の差は有意ではない(p>.05)。つまり、問39、67は問13より重視され、厳しく評価されているが、問39と問67の間には評価の差が認められない。また、不快度においては問67と問39、問67と問13の間の差は有意であるが(p<.05)、問39と問13の間の差は有意ではない(p>.05)。つまり、問67は問39、13より重視され、厳しく評価されているが、問39と問13の間には評価の差が認められない。自然度においては問67と問13の間の差は有意であるが(p<.05)、問67と問39、問39と問13の間の差は有意ではない(p>.05)。つまり、問67は問13より重視され、厳しく評価されているが、問67と問39、問39と問13の間には評価の差は認められない。

　以上、3つの基準においての結果をまとめると、「活用」の誤りにおいて、いずれの基準についても、形容詞の過去形の誤り(問13)よりも、「動詞＋う(助動詞)」の誤り(問67)のほうが重大だとされていることになる。

表9-46　「活用」の誤りの重要度と分散分析の結果

評価の基準	問13	問39	問67	F値	有意水準
理解度	2.11(1.16)[*]	2.41(1.19)	2.31(1.19)	11.10	p<.001
不快度	2.85(1.24)	2.92(1.24)	3.09(1.23)	6.49	p<.01
自然度	3.38(1.30)	3.49(1.30)	3.62(1.20)	5.62	p<.01

注)[*]平均とSD(カッコ内)

　表9-47は「性別による「活用」の誤りの重要度」を問題としている。それぞれの平均値について男性と女性の間でt検定を行った結果は、問13、39、67の不快度と自然度(問67を除いて)においては、男性より女性のほうが有意(p<.05以下)に重視し、厳しく評価している。しかし、問13、39、67の理解度においては、いずれも男女の差は有意ではない(p>.05)。

　したがって、問13、39、67においては男女の差が、不快度と自然度(問67を除いて)についての評定に影響を与えるといえる。しかし、理解度についての評定には影響を与えるとはいえない。

表9-47　性別による「活用」の誤りの重要度

評価の基準	問題	男性	女性	差	t	有意水準
理解度	13	2.10(1.14)[*]	2.11(1.19)	-0.10	-0.10	NS
	39	2.36(1.18)	2.47(1.19)	-0.11	-1.24	NS
	67	2.27(1.17)	2.38(1.21)	-0.11	-1.11	NS
不快度	13	2.72(1.18)	3.01(1.30)	-0.29	-3.01	p<.01
	39	2.79(1.24)	3.11(1.20)	-0.32	-3.29	p<.001
	67	2.98(1.24)	3.21(1.19)	-0.23	-2.42	p<.05
自然度	13	3.29(1.27)	3.51(1.33)	-0.22	-2.19	p<.05
	39	3.36(1.33)	3.67(1.25)	-0.31	-3.09	p<.01
	67	3.54(1.18)	3.71(1.22)	-0.17	-1.84	NS

注)[*]平均とSD(カッコ内)

　表9-48は「年齢による「活用」の誤りの重要度と分散分析の結果」をとりあげている。表9-48からわかるように、問13・39・67の理解度、不快度、自然度はそれぞれ「10代・50代・10代」「10代・10代・10代」「10代・20代・20代」が最も重視し、厳

しく評価している。したがって、「活用」の誤りにおいて3つの基準についての評定は、ほぼ10~20代が最も厳しいといえる。

　表9-48に現われた「活用」の誤りの重要度の傾向について行った1要因の分散分析の結果は、問13、67の3つの基準(問67の理解度を除いて)においては、要因(年齢)の主効果は$p<.01$以下で有意である。しかし、問39の3つの基準においては、要因の主効果は$p>.05$で有意ではない。したがって、問13、67においては年齢の差が、すべての基準(問67の理解度を除いて)についての評定に影響を与えるといえる。しかし、問39においては年齢の差が、すべての基準についての評定に影響を与えないといえる。

表9-48　年齢による「活用」の誤りの重要度と分散分析の結果

評価の基準	問題	年齢別の誤りの重要度						F値	有意水準
		10代	20代	30代	40代	50代	60歳以上		
理解度	13	2.47	2.05	2.06	1.89	2.08	2.44	3.39	$p<.01$
	39	2.55	2.28	2.43	2.32	2.59	2.46	1.16	NS
	67	2.65	2.25	2.36	2.26	2.15	2.19	1.91	NS
不快度	13	3.18	3.08	2.77	2.60	2.52	2.70	4.78	$p<.001$
	39	3.02	2.93	2.95	2.90	2.81	2.80	0.36	NS
	67	3.36	3.21	3.18	2.94	2.68	2.72	4.22	$p<.001$
自然度	13	3.72	3.69	3.39	2.98	3.01	3.14	7.13	$p<.001$
	39	3.39	3.69	3.42	3.29	3.67	3.33	1.99	NS
	67	3.71	3.86	3.64	3.49	3.33	3.20	3.93	$p<.01$

9.3　シンタクス・意味論的な誤り

9.3.1　補語

9.3.1.1　格助詞二

・昔(15)にはキムヂャンが韓国の女性たちにとって一年中で最も大きな行事の一つでした。

・ほとんどの家庭は遅くとも12月初め(24)まではキムジャンを終えて冬の準備をします。

・しかしこのごろはキムチの商品化が本格的になり、買って食べたり、工場(61)で直接注文させて食べることもできます。

　問15、24、61は格助詞ニの誤り(以下において「格二」の誤りと略称する。)である。問15は「昔は」を「昔には」に、問24は「までには」を「までは」に、問61は「工場に」を「工場で」に間違えたものである。

　表9-49は「「格二」の誤りの重要度と分散分析の結果」をとりあげている。表9-49からわかるように、問15、24、61の平均値が自然度、不快度、理解度の順で高く、重視され、厳しく評価されている。言い換えれば、問15はやや理解できず、やや不快感があり、かなり不自然なもの、問24、61は同様にやや理解できず、かなり不快感があり、かなり不自然なものと評定されたといえる。

　表9-49に現われた「格二」の誤りの重要度の傾向について、「格二」の誤りを要因として分散分析と多重比較を行った。その結果、3つの基準において、要因の主効果はp<.001で有意である。多重比較によれば、理解度においては問15と問61、問15と問24の間の差は有意であるが(p<.05)、問61と問24の間の差は有意ではない(p>.05)。つまり、問15は問61、24より重視され、厳しく評価されているが、問61と24の間には評価の差が認められない。また、不快度と自然度においては問15と問24、問15と問61の間の差は有意であるが(p<.05)、問24と問61の間の差は有意ではない(p>.05)。つまり、問15は問24、61より重視され、厳しく評価されているが、問24と問61の間には評価の差が認められない。

　以上、3つの基準においての結果をまとめると、「格二」の誤りにおいて、いずれの基準についても、「に」を「で」に、「まで(は)」を「までに(は)」に間違えた誤り(それぞれ問61、問24)よりも、「(昔)は」を「(昔)には」に間違えた誤り(問15)のほうが重大だとされていることになる。

表9-49　「格二」の誤りの重要度と分散分析の結果

評価の基準	問15	問24	問61	F値	有意水準
理解度	2.49(1.17)[*]	2.23(1.09)	2.28(1.19)	9.65	p<.001
不快度	3.09(1.11)	2.74(1.13)	2.68(1.31)	23.23	p<.001
自然度	3.71(1.00)	3.27(1.20)	3.16(1.45)	37.44	p<.001

注)[*]平均とSD(カッコ内)

　表9-50は「性別による「格二」の誤りの重要度」を問題としている。それぞれの平

均値について男性と女性の間でt検定を行った結果は、問15の不快度と自然度においては、男性より女性のほうが有意(p<.05以下)に重視し、厳しく評価している。しかし、問24、61の3つの基準においては、いずれも男女の差は有意ではない(p>.05)。

　したがって、問15においては男女の差が、不快度と自然度についての評定に影響を与えるといえる。しかし、問24、61においては男女の差が、すべての基準においての評定に影響を与えないといえる。

表9-50　性別による「格二」の誤りの重要度

評価の基準	問題	男性	女性	差	t	有意水準
理解度	15	2.45(1.14)*	2.57(1.20)	-0.12	-1.31	NS
	24	2.23(1.09)	2.25(1.09)	-0.02	-0.26	NS
	61	2.25(1.13)	2.32(1.27)	-0.07	-0.79	NS
不快度	15	3.02(1.12)	3.20(1.10)	-0.18	-2.07	p<.01
	24	2.68(1.15)	2.79(1.09)	-0.11	-1.20	NS
	61	2.63(1.27)	2.74(1.37)	-0.11	-1.04	NS
自然度	15	3.62(1.01)	3.83(0.97)	-0.21	-2.63	p<.05
	24	3.25(1.23)	3.28(1.15)	-0.03	-0.27	NS
	61	3.21(1.46)	3.10(1.44)	0.11	0.98	NS

注)*平均とSD(カッコ内)

　表9-51は「年齢による「格二」の誤りの重要度と分散分析の結果」をとりあげている。表9-51からわかるように、問15・24・61の理解度、不快度、自然度はそれぞれ「60歳以上・60歳以上・60歳以上」「10代・60歳以上・60歳以上」「10代・20代・60歳以上」が最も重視し、厳しく評価している。したがって、「格二」の誤りにおいて3つの基準についての評定は、ほぼ問15の10代、問24、61の60歳以上が最も厳しいといえる。

　表9-51に現われた「格二」の誤りの重要度の傾向について行った1要因の分散分析の結果は、問15、24の3つの基準(問24の不快度を除いて)においては、要因(年齢)の主効果はp<.05以下で有意である。そして、問61の自然度においては、要因の主効果はp<.001で有意である。しかし、問61の理解度と不快度においては、要因の主効果はp>.05で有意ではない。したがって、問15、24においては年齢の差が、すべ

ての基準(問24の不快度を除いて)についての評定に、問61においては年齢の差が、自然度についての評定に影響を与えるといえる。しかし、理解度と不快度についての評定には影響を与えるとはいえない。

表9-51　年齢による「格ニ」の誤りの重要度と分散分析の結果

評価の基準	問題	年齢別の誤りの重要度						F値	有意水準
		10代	20代	30代	40代	50代	60歳以上		
理解度	15	2.79	2.36	2.29	2.42	2.58	3.02	6.34	p<.001
	24	2.10	2.24	2.25	2.07	2.23	2.71	2.75	p<.05
	61	1.94	2.31	2.32	2.29	2.40	2.44	1.75	NS
不快度	15	3.70	3.07	2.95	3.03	2.81	3.25	6.66	p<.001
	24	2.54	2.85	2.81	2.67	2.46	2.88	2.18	NS
	61	2.29	2.74	2.71	2.77	2.65	2.83	1.84	NS
自然度	15	4.06	3.79	3.59	3.62	3.49	3.85	3.86	p<.01
	24	2.80	3.42	2.39	3.22	3.19	3.25	3.52	p<.01
	61	2.43	3.25	3.25	3.22	3.32	3.46	5.32	p<.001

9.3.1.2　格助詞デ

・キムチは世界的に関心が高まっている最も理想的な発酵食品で有名し、最近(9)には輸出までもしています。
・ほとんどの家庭(23)は遅くとも12月初めまではキムヂャンを終えて冬の準備をします。

　問9、23は格助詞デの誤り(以下において「格デ」の誤りと略称する。)である。問9は「最近では」を「最近には」に、問23は「家庭では」を「家庭は」に間違えたものである。

　表9-52は「「格デ」の誤りの重要度」を問題としている。表9-52からわかるように、問9、23の平均値が自然度、不快度、理解度の順で高く、重視され、厳しく評価されている。言い換えれば、問9はやや理解できず、かなり不快感があり、かなり不自然なもの、問23は理解でき、やや不快感があり、やや不自然なものと評定されたといえる。

　そして、それぞれの平均値について問9と問23の間でt検定を行った結果は、すべての基準において、問23より問9のほうが有意(p<.001)に重視され、厳しく評価されている。したがって、「格デ」の誤りにおいて、いずれの基準についても、「で」が

脱落された誤り(問23)よりも、「で」を「に」に間違えた誤り(問9)のほうが重大だとされていることになる。

表9-52　「格デ」の誤りの重要度

評価の基準	問9	問23	差	t	有意水準
理解度	2.89(1.21)[*]	1.68(0.87)	1.21	21.08	p<.001
不快度	3.33(1.11)	2.07(1.07)	1.26	20.96	p<.001
自然度	3.95(0.95)	2.42(1.17)	1.53	26.42	p<.001

注)[*]平均とSD(カッコ内)

　表9-53は「性別による「格デ」の誤りの重要度」を問題としている。それぞれの平均値について男性と女性の間でt検定を行った結果は、問9、23の3つの基準において、いずれも男女の差は有意ではない(p>.05)。

　したがって、問9、23においては男女の差が、すべての基準についての評定に影響を与えないといえる。

表9-53　性別による「格デ」の誤りの重要度

評価の基準	問題	男性	女性	差	t	有意水準
理解度	9	2.90(1.21)[*]	2.90(1.20)	0.00	-0.06	NS
	23	1.68(0.89)	1.68(0.84)	0.00	-0.09	NS
不快度	9	3.31(1.12)	3.34(1.10)	-0.03	-0.33	NS
	23	2.07(1.08)	2.08(1.05)	-0.01	-0.12	NS
自然度	9	3.97(0.95)	3.93(0.96)	0.04	0.57	NS
	23	2.42(1.18)	2.41(1.15)	0.01	0.10	NS

注)[*]平均とSD(カッコ内)

　表9-54は「年齢による「格デ」の誤りの重要度と分散分析の結果」をとりあげている。表9-54からわかるように、問9・23の理解度、不快度、自然度は、それぞれ「50代・60歳以上」「10代・50代、60歳以上」「50代・50代」が最も重視し、厳しく評価している。したがって、「格デ」の誤りにおいて3つの基準についての評定は、50代、60歳以上が最も厳しいといえる。

　表9-54に現われた「格デ」の誤りの重要度の傾向について行った1要因の分散分析の結果は、問23の理解度と自然度においては、要因(年齢)の主効果はp<.01以下で

有意である。しかし、問23の不快度においては、要因の主効果はp>.05で有意ではなく、問9の3つの基準においては、要因の主効果はp>.05で有意ではない。したがって、問23においては年齢の差が、理解度と自然度についての評定に影響を与えるといえる。しかし、不快度についての評定には影響を与えるとはいえない。そして、問9については年齢の差が、すべての基準についての評定に影響を与えないといえる。

表9-54　年齢による「格デ」の誤りの重要度と分散分析の結果

評価の基準	問題	年齢別の誤りの重要度						F値	有意 水準
		10代	20代	30代	40代	50代	60歳以上		
理解度	9	3.13	2.80	2.73	2.93	3.14	2.98	2.23	NS
	23	1.51	1.64	1.67	1.58	1.90	2.00	3.46	p<.01
不快度	9	3.55	3.30	3.30	3.32	3.30	3.17	0.91	NS
	23	1.83	2.06	2.05	2.06	2.26	2.26	1.67	NS
自然度	9	3.99	4.01	3.84	3.97	4.09	3.78	1.31	NS
	23	1.87	2.46	2.33	2.46	2.83	2.62	6.52	p<.001

9.3.1.3　格助詞ト

> ・真心(56)は愛する家族について母の心です。

　問56は格助詞トの誤り(以下において「格ト」の誤りと略称する。)である。問56は「真心とは」を「真心は」に間違えたものである。

　表9-55は「「格ト」の誤りの重要度」を示している。表9-55からわかるように、問56の平均値は自然度、不快度、理解度の順で高く、重視され、厳しく評価されている。言い換えれば、問56は理解でき、やや不快感があり、やや不自然なものと評定されたといえる。

表9-55　「格ト」の誤りの重要度

問題	理解度	不快度	自然度
56	1.84(1.08)[*]	2.07(1.19)	2.37(1.34)

注)[*]平均とSD(カッコ内)

　表9-56は「性別による「格ト」の誤りの重要度」を問題としている。それぞれの平

均値について男性と女性の間でt検定を行った結果は、問56の3つの基準におい
て、いずれも男女の差は有意ではない(p>.05)。

　したがって、問56においては男女の差が、すべての基準についての評定に影響
を与えないといえる。

表9-56　性別による「格ト」の誤りの重要度

評価の基準	問題	男性	女性	差	t	有意水準
理解度	56	1.84(1.10)*	1.82(1.05)	0.02	0.31	NS
不快度	56	2.05(1.16)	2.09(1.22)	-0.04	-0.39	NS
自然度	56	2.38(1.31)	2.36(1.36)	0.02	0.17	NS

注)*平均とSD(カッコ内)

　表9-57は「年齢による「格ト」の誤りの重要度と分散分析の結果」を問題としてい
る。表9-57からわかるように、問56の3つの基準は「20代」が最も重視し、厳しく評
価している。したがって、「格ト」の誤りにおいて3つの基準についての評定は、20
代が最も厳しいといえる。

　表9-57に現われた「格ト」の誤りの重要度の傾向について行った1要因の分散分析
の結果は、問56の自然度においては、要因(年齢)の主効果はp<.01で有意である。
問56の理解度と不快度においては、要因の主効果はp>.05で有意ではない。した
がって、問56においては年齢の差が、自然度についての評定に影響を与えるとい
える。しかし、理解度と不快度についての評定には影響を与えるとはいえない。

表9-57　年齢による「格ト」の誤りの重要度と分散分析の結果

評価の基準	問題	年齢別の誤りの重要度						F値	有意水準
		10代	20代	30代	40代	50代	60歳以上		
理解度	56	1.78	1.94	1.85	1.78	1.68	1.82	0.76	NS
不快度	56	1.98	2.21	2.16	2.02	1.84	1.88	1.67	NS
自然度	56	2.07	2.65	2.46	2.32	2.12	2.08	3.63	p<.01

9.3.1.4　格助詞カラ

・では、いったいこのようなキムチの味はどこ(51)で出てくるのでしょうか。

　問51は格助詞カラの誤り(以下において「格カラ」の誤りと略称する。)である。問51
は「どこから」を「どこで」に間違えたものである。

　表9-58は「「格カラ」の誤りの重要度」を示している。表9-58からわかるように、
問51の平均値は自然度、不快度、理解度の順で高く、重視され、厳しく評価され
ている。言い換えれば、問51はやや理解できず、やや不快感があり、かなり不自然
なものと評定されたといえる。

表9-58　「格カラ」の誤りの重要度

問題	理解度	不快度	自然度
51	2.35(1.13)[*]	2.84(1.20)	3.35(1.21)

注)[*]平均とSD(カッコ内)

　表9-59は「性別による「格カラ」の誤りの重要度」を問題としている。それぞれの
平均値について男性と女性の間でt検定を行った結果は、問51の不快度において
は、男性より女性のほうが有意($p<.05$)に重視し、厳しく評価している。しかし、
理解度と自然度においては、どちらも男女の差は有意ではない($p>.05$)。

　したがって、問51においては男女の差が、不快度についての評定に影響を与える
といえる。しかし、理解度と自然度についての評定に影響を与えるとはいえない。

表9-59　性別による「格カラ」の誤りの重要度

評価の基準	問題	男性	女性	差	t	有意水準
理解度	51	2.30(1.12)[*]	2.43(1.13)	-0.13	-1.49	NS
不快度	51	2.73(1.20)	2.98(1.19)	-0.25	-2.57	$p<.05$
自然度	51	3.27(1.22)	3.45(1.19)	-0.18	-1.90	NS

注)[*]平均とSD(カッコ内)

　表9-60は「年齢による「格カラ」の誤りの重要度と分散分析の結果」をとりあげて
いる。表9-60からわかるように、問51の理解度は「10代」、不快度はと自然度は「20
代」が最も重視し、厳しく評価している。したがって、「格カラ」の誤りにおいて3つ
の基準についての評定は、10代～20代が最も厳しいといえる。

　表9-60に現われた「格カラ」の誤りの重要度の傾向について行った1要因の分散分

析の結果は、問51の自然度においては、要因(年齢)の主効果はp<.05で有意である。しかし、問51の理解度と不快度においては、要因の主効果はp>.05で有意ではない。したがって、問51においては年齢の差が、自然度についての評定に影響を与えるといえる。しかし、理解度と不快度についての評定には影響を与えるとはいえない。

表9-60　年齢による「格カラ」の誤りの重要度と分散分析の結果

評価の基準	問題	年齢別の誤りの重要度						F値	有意水準
		10代	20代	30代	40代	50代	60歳以上		
理解度	51	2.57	2.37	2.28	2.35	2.32	2.25	0.80	NS
不快度	51	2.87	2.97	2.83	2.85	2.57	2.72	1.33	NS
自然度	51	3.10	3.59	3.28	3.42	3.25	3.09	2.89	p<.05

9.3.1.5　格助詞ニヨッテ

> ・<u>ところが</u>キムチは地方と家庭(43)<u>にしたがって</u>使う材料と量が違い、<u>いろいろ</u>の種類があります。

　問43は格助詞ニヨッテの誤り(以下において「格ニヨッテ」の誤りと略称する。)である。問43は「によって」を「にしたがって」に間違えたものである。

　表9-61は「「格ニヨッテ」の誤りの重要度」を示している。表9-61からわかるように、問43の平均値が自然度、不快度、理解度の順で高く、重視され、厳しく評価されている。言い換えれば、問43はやや理解できず、かなり不快感があり、かなり不自然なものと評定されたといえる。

表9-61　「格ニヨッテ」の誤りの重要度

問題	理解度	不快度	自然度
43	2.69(1.22)*	3.26(1.15)	3.85(1.03)

注)*平均とSD(カッコ内)

　表9-62は「性別による「格ニヨッテ」の誤りの重要度」を問題としている。それぞれの平均値について男性と女性の間でt検定を行った結果は、問43の3つの基準におい

て、いずれも男女の差は有意ではない(p>.05)。

　したがって、問43においては男女の差が、すべての基準についての評定に影響
を与えないといえる。

表9-62　性別による「格ニヨッテ」の誤りの重要度

評価の基準	問題	男性	女性	差	t	有意水準
理解度	43	2.71(1.22)[*]	2.68(1.22)	0.03	0.31	NS
不快度	43	3.20(1.15)	3.33(1.13)	-0.13	-1.43	NS
自然度	43	3.85(1.04)	3.86(1.02)	-0.01	-0.14	NS

注)[*]平均とSD(カッコ内)

　表9-63は「年齢による「格ニヨッテ」の誤りの重要度と分散分析の結果」をとりあげて
いる。表9-63からわかるように、問43の理解度と自然度は「50代」、不快度は「40代」
が最も重視し、厳しいく評価している。したがって、「格ニヨッテ」の誤りにおいて3つ
の基準についての評定は、40~50代が最も厳しいといえる。

　表9-63に現われた「格ニヨッテ」の誤りの重要度の傾向について行った1要因の分散分
析の結果は、問43の3つの基準において、要因(年齢)の主効果はp>.05で有意ではな
い。したがって、問43においては年齢の差が、すべての基準についての評定に影響
を与えないといえる。

表9-63　年齢による「格ニヨッテ」の誤りの重要度と分散分析の結果

評価の基準	問題	年齢別の誤りの重要度						F値	有意水準
		10代	20代	30代	40代	50代	60歳以上		
理解度	43	2.65	2.55	2.65	2.76	3.01	2.78	1.78	NS
不快度	43	3.24	3.26	3.29	3.37	3.13	3.16	0.48	NS
自然度	43	3.75	3.89	3.89	3.83	3.94	3.65	0.77	NS

9.3.1.6　格助詞トシテ

・キムチは世界的に関心が高まっている最も理想的な発酵食品(7)<u>で</u>有名<u>し</u>、最近<u>には</u>
輸出<u>まで</u>もしています。

　問7は格助詞トシテの誤り(以下において「格トシテ」の誤りと略称する。)である。問7は

「食品として」を「食品で」に間違えたものである。

　表9-64は「「格トシテ」の誤りの重要度」を示している。表9-64からわかるように、問7の自然度、不快度、理解度の順で高く、重視され、厳しく評価されている。言い換えれば、問7は理解でき、やや不快感があり、やや不自然なものと評定されたといえる。

表9-64　「格トシテ」の誤りの重要度

問題	理解度	不快度	自然度
7	1.94(1.16)[*]	2.23(1.25)	2.51(1.38)

注)[*]平均とSD(カッコ内)

　表9-65は「性別による「格トシテ」の誤りの重要度」を問題としている。それぞれの平均値について男性と女性の間でt検定を行った結果は、問7の3つの基準において、いずれも男女の差は有意ではない(p>.05)。

　したがって、問7においては男女の差が、すべての基準についての評定に影響を与えないといえる。

表9-65　性別による「格トシテ」の誤りの重要度

評価の基準	問題	男性	女性	差	t	有意水準
理解度	7	1.98(1.18)[*]	1.90(1.14)	0.08	0.89	NS
不快度	7	2.23(1.26)	2.22(1.23)	0.01	0.02	NS
自然度	7	2.57(1.40)	2.42(1.33)	0.15	1.42	NS

注)[*]平均とSD(カッコ内)

　表9-66は「年齢による「格トシテ」の誤りの重要度と分散分析の結果」をとりあげている。表9-66からわかるように、問7の理解度は「50代」、不快度は「60歳以上」、自然度は「20代」が最も重視し、厳しく評価している。したがって、「格トシテ」の誤りにおいて、理解度と不快度についての評定は50代、60歳以上、自然度についての評定は20代が最も厳しいといえる。

　表9-66に現われた「格トシテ」の誤りの重要度の傾向について行った1要因の分散分析の結果は、問7の3つの基準において、要因(年齢)の主効果はp>.05で有意ではな

い。したがって、問7においては年齢の差が、すべての基準についての評定に影響
を与えないといえる。

表9-66　年齢による「格トシテ」の誤りの重要度と分散分析の結果

評価の基準	問題	年齢別の誤りの重要度						F値	有意水準
		10代	20代	30代	40代	50代	60歳以上		
理解度	7	1.83	1.99	1.95	1.77	2.14	2.02	1.18	NS
不快度	7	2.07	2.28	2.33	2.13	2.15	2.34	0.79	NS
自然度	7	2.19	2.66	2.65	2.35	2.43	2.59	2.06	NS

9.3.1.7　格助詞ニツイテ

> ・真心**は**愛する家族(57)**について**母の心です。

　問57は格助詞ニツイテの誤り(以下において「格ニツイテ」の誤りと略称する。)である。
問57は「に対する」を「について」に間違えたものである。

　表9-67は「「格ニツイテ」の誤りの重要度」を示している。表9-67からわかるように、
問57の平均値の自然度、不快度、理解度の順で高く、重視され、厳しく評価され
ている。言い換えれば、問57はかなり理解できず、かなり不快感があり、非常に不
自然なものと評定されたといえる。

表9-67　「格ニツイテ」の誤りの重要度

問題	理解度	不快度	自然度
57	3.21(1.31)[*]	3.49(1.18)	4.04(1.02)

注)[*]平均とSD(カッコ内)

　表9-68は「性別による「格ニツイテ」の誤りの重要度」を問題としている。それぞれの
平均値について男性と女性の間でt検定を行った結果は、問57の3つの基準におい
て、男性より女性のほうが有意($p<.05$以下)に重視し、厳しく評価している。
　したがって、問57においては男女の差が、すべての基準についての評定に影響
を与えるといえる。

表9-68　性別による「格ニツイテ」の誤りの重要度

評価の基準	問題	男性	女性	差	t	有意水準
理解度	57	3.12(1.33)[*]	3.34(1.27)	-0.22	-2.12	p<.05
不快度	57	3.30(1.19)	3.76(1.11)	-0.46	-4.93	p<.001
自然度	57	3.95(1.03)	4.18(0.98)	-0.23	-2.87	p<.01

注)[*]平均とSD(カッコ内)

　表9-69は「年齢による「格ニツイテ」の誤りの重要度と分散分析の結果」をとりあげている。表9-69からわかるように、問57の理解度と自然度は「20代」、不快度は「10代」が最も重視し、厳しく評価している。したがって、「格ニツイテ」の誤りにおいて3つの基準についての評定は、10〜20代が最も厳しいといえる。

　表9-69に現われた「格ニツイテ」の誤りの重要度の傾向について行った1要因の分散分析の結果は、問57の不快度と自然度においては、要因(年齢)の主効果はp<.01以下で有意である。しかし、問57の理解度においては、要因の主効果はp>.05で有意ではない。したがって、問57においては年齢の差が、不快度と自然度についての評定に影響を与えるといえる。しかし、理解度についての評定には影響を与えるとはいえない。

表9-69　年齢による「格ニツイテ」の誤りの重要度と分散分析の結果

評価の基準	問題	年齢別の誤りの重要度						F値	有意水準
		10代	20代	30代	40代	50代	60歳以上		
理解度	57	3.35	3.37	3.24	2.99	3.22	2.84	2.14	NS
不快度	57	3.68	3.64	3.59	3.33	3.27	3.04	3.57	p<.01
自然度	57	3.99	4.22	4.14	3.92	4.00	3.55	4.16	p<.001

9.3.1.8　連体助詞ノ

> ・材料は白菜、大根(36)**の**以外にしおから、とうがらし、にんにく、ねぎ、しょうがなどです。
> ・キムチ(63)**を**食べ方もさまざまです。

　問36、63は連体助詞ノの誤り(以下において「ノ連」の誤りと略称する。)である。問

36は「大根以外」を「大根の以外」に、問63は「キムチの食べ方」を「キムチを食べ方」
に間違えたものである。

　表9-70は「「ノ連」の誤りの重要度」を問題としている。表9-70からわかるよう
に、問36、63の平均値は自然度、不快度、理解度の順で高く、重視され、厳しく
評価されている。言い換えれば、問36はやや理解できず、かなり不快感があり、か
なり不自然なもの、問63はかなり理解できず、かなり不快感があり、非常に不自
然なものと評定されたといえる。

　それぞれの平均値について問36と問63の間でt検定を行った結果は、3つの基準
において、問36より問63のほうが有意(p<.001)に重視され、厳しく評価されてい
る。したがって、「ノ連」の誤りにおいて、いずれの基準についても、「の」が挿入さ
れた誤り(問36)よりも、「の」を「を」に間違えた誤り(問63)のほうが重大だとされてい
ることになる。

表9-70　「ノ連」の誤りの重要度

評価の基準	問36	問63	差	t	有意水準
理解度	2.52(1.27)*	3.08(1.24)	-0.56	-8.10	p<.001
不快度	3.04(1.27)	3.62(1.15)	-0.58	-8.58	p<.001
自然度	3.68(1.30)	4.25(0.92)	-0.57	-9.11	p<.001

注)*平均とSD(カッコ内)

　表9-71は「性別による「ノ連」の誤りの重要度」を問題としている。それぞれの平
均値について、男性と女性の間でt検定を行った結果は、問36の3つの基準におい
ては、男性より女性のほうが有意(p<.05以下)に重視し、厳しく評価している。そ
して、問63の不快度においては、男性より女性のほうが有意(p<.05)に重視し、厳
しく評価している。

　したがって、問36においては男女の差が、すべての基準についての評定に影響
を与えるといえる。問63においては男女の差が、不快度についての評定に影響を
与えるといえる。

表9-71　性別による「ノ連」の誤りの重要度

評価の基準	問題	男性	女性	差	t	有意水準
理解度	36	2.43(1.21)[*]	2.65(1.34)	-0.22	-2.17	p<.05
	63	3.08(1.21)	3.10(1.28)	-0.02	-0.14	NS
不快度	36	2.91(1.23)	3.23(1.29)	-0.32	-3.19	p<.01
	63	3.54(1.17)	3.73(1.12)	-0.19	-2.05	p<.05
自然度	36	3.57(1.29)	3.83(1.29)	-0.26	-2.59	p<.01
	63	4.24(0.91)	4.25(0.94)	-0.01	-0.14	NS

注)[*]平均とSD(カッコ内)

　表9-72は「年齢による「ノ連」の誤りの重要度と分散分析の結果」をとりあげている。表9-72からわかるように、問36・63の理解度、不快度、自然度は、それぞれ「50代・10代、50代」「20代・10代」「20代・20代、30代」が最も重視し、厳しく評価している。したがって、「ノ連」の誤りにおいて3つの基準についての評定は、ほぼ10～20代が最も厳しいといえる。

　表9-72に現われた「ノ連」の誤りの重要度の傾向について行った1要因の分散分析の結果は、問36の自然度においては、要因(年齢)の主効果はp<.001で有意である。しかし、問36の理解度と不快度においては、要因の主効果はp>.05で有意ではない。そして、問63の3つの基準においては、要因の主効果はp>.05で有意ではない。したがって、問36においては年齢の差が、自然度についての評定に影響を与えるといえる。しかし、理解度と不快度についての評定には影響を与えるとはいえない。問63においては年齢の差が、すべての基準についての評定に影響を与えないといえる。

表9-72　年齢による「ノ連」の誤りの重要度と分散分析の結果

評価の基準	問題	年齢別の誤りの重要度						F値	有意水準
		10代	20代	30代	40代	50代	60歳以上		
理解度	36	2.66	2.56	2.44	2.34	2.68	2.65	1.12	NS
	63	3.28	2.94	3.09	3.15	3.28	2.92	1.51	NS
不快度	36	2.97	3.16	3.03	2.90	3.12	2.93	0.75	NS
	63	3.83	3.60	3.65	3.68	3.50	3.44	1.03	NS
自然度	36	3.35	3.96	3.63	3.43	3.93	3.43	4.55	p<.001
	63	4.16	4.31	4.31	4.30	4.27	3.91	2.02	NS

9.3.2　ヴォイス

9.3.2.1　受け身

・韓国は世界でも料理法がよく発展(3)**された**国の一つです。

・そのころ市場に**行ったら**産地から運んできたばかりの白菜**たち**が山と(20)**積もってい
る**ことをよく**見えます**。

・そしてそこには**なんと**言えない味わいが(49)**隠れて**います。

　問3、20、49は受け身(「受身」)の誤りである。問3は「発展した」を「発展された」
に、問20は 「積まれている」を「積もっている」に、問49は「隠されて(います)」を「隠
れて(います)」に間違えたものである。

　表9-73は「「受身」の誤りの重要度と分散分析の結果」をとりあげている。表9-73
からわかるように、問3、20、49の平均値が自然度、不快度、理解度の順で高く、
重視され、厳しく評価されている。言い換えれば、問3、20は同様にやや理解でき
ず、かなり不快感があり、かなり不自然なもの、問49は理解でき、やや不快感が
あり、やや不自然なものと評定されたといえる。

　表9-73に現われた「受身」の誤りの重要度の傾向について、「受身」の誤りを要因
として分散分析と多重比較を行った。その結果、いずれの基準においても$p<.001$
で有意である。多重比較によれば、理解度と不快度においては問20と問3、問20と
問49、問3と問49の間の差は有意である($p<.05$)。つまり、問20、問3、問49の順で
重視され、厳しく評価されている。自然度においては問3と問49、問20と問49の間
の差は有意であるが($p<.05$)、問3と問20の間の差は有意ではない($p>.05$)ことから、
問3、20は問49より重視され、厳しく評価されているといえる。

　以上、3つの基準においての結果をまとめると、「受身」の誤りにおいて、いずれ
の基準についても、「他動詞＋受身(ている)」を「自動詞(ている)」に間違えた誤り(問
49)よりも、「(発達)する」を「(発達)される」に間違えた誤り(問3)と、「他動詞＋受身
ている(てある)」を「自動詞ている」に間違えた誤り(問20)のほうが重大だとされてい
ることになる。

표9-73 「受身」の誤りの重要度と分散分析の結果

評価の基準	問3	問20	問49	F 値	有意水準
理解度	2.42(1.08)[*]	2.54(1.23)	1.78(0.96)	92.48	p<.001
不快度	3.10(1.07)	3.25(1.22)	2.16(1.11)	179.41	p<.001
自然度	3.84(1.06)	3.84(1.16)	2.51(1.26)	287.72	p<.001

注)[*]平均とSD(カッコ内)

　表9-74は「性別による「受身」の誤りの重要度」を問題としている。それぞれの平均値について男性と女性の間でt検定を行った結果は、問20の自然度においては、女性より男性のほうが有意(p<.05)に重視し、厳しく評価している。しかし、問3、49の3つの基準においては、いずれも男女の差は有意ではない(p>.05)。

　したがって、問20においては男女の差が、自然度についての評定に影響を与えるといえるが、問3、49においては男女の差が、すべての基準についての評定に影響を与えないといえる。

表9-74 性別による「受身」の誤りの重要度

評価の基準	問題	男性	女性	差	t	有意水準
理解度	3	2.38(1.08)[*]	2.48(1.08)	-0.10	-1.13	NS
	20	2.61(1.22)	2.47(1.23)	0.14	1.46	NS
	49	1.78(0.96)	1.79(0.95)	-0.01	-0.14	NS
不快度	3	3.08(1.09)	3.11(1.04)	-0.03	-0.42	NS
	20	3.25(1.18)	3.25(1.26)	0.00	-0.01	NS
	49	2.12(1.11)	2.21(1.12)	-0.09	-0.95	NS
自然度	3	3.87(1.04)	3.79(1.10)	0.08	0.96	NS
	20	3.93(1.10)	3.73(1.22)	0.20	2.24	p<.05
	49	2.49(1.26)	2.56(1.27)	-0.07	-0.63	NS

注)[*]平均とSD(カッコ内)

　表9-75は「年齢による「受身」の誤りの重要度と分散分析の結果」をとりあげている。表9-75からわかるように、問3・20・49の理解度、不快度、自然度は、それぞれ「60歳以上・60歳以上・60歳以上」「60歳以上・40代・60歳以上」「30代・50代・50代」が最も重視し、厳しく評価している。したがって、「受身」の誤りにおいて3つの基準についての評定は、ほぼ50代、60歳以上が最も厳しいといえる。

　表9-75に現われた「受身」の誤りの重要度の傾向について行った1要因の分散分析の結果は、問3、20、49の3つの基準(問3の不快度を除いて)において、要因(年齢)の主効果はp<.05以下で有意である。したがって、問3、20、49においては年齢の差が、すべての基準(問3の不快度を除いて)についての評定に影響を与えるといえる。

表9-75　年齢による「受身」の誤りの重要度と分散分析の結果

評価の基準	問題	年齢別の誤りの重要度						F値	有意水準
		10代	20代	30代	40代	50代	60歳以上		
理解度	3	2.24	2.26	2.33	2.44	2.36	2.94	6.06	p<.001
	20	2.33	2.39	2.50	2.62	2.84	3.04	3.85	p<.01
	49	1.55	1.72	1.72	1.86	1.94	2.21	4.00	p<.01
不快度	3	2.93	3.09	3.13	3.11	3.05	3.97	0.74	NS
	20	2.82	3.25	3.28	3.39	3.37	3.38	2.67	p<.05
	49	1.82	2.21	2.07	2.28	2.23	2.41	2.71	p<.05
自然度	3	3.46	3.89	3.92	3.82	3.05	3.87	2.76	p<.05
	20	3.16	3.86	3.92	3.95	4.14	3.96	7.67	p<.001
	49	1.96	2.64	2.46	2.62	2.68	2.65	4.15	p<.001

9.3.2.2　使役

> ・しかしこのごろはキムチの商品化が本格的になり、買って食べたり、工場<u>で</u>直接注文(62)<u>させて</u>食べることもできます。

　問62は使役の誤りである。問62は「注文して」を「注文させて」に間違えたものである。

　表9-76は「「使役」の誤りの重要度」を示している。表9-76からわかるように、問62の平均値の自然度、不快度、理解度の順で高く、重視され、厳しく評価されている。言い換えれば、問62はやや理解できず、かなり不快感があり、かなり不自然なものと評定されたといえる。

表9-76　「使役」の誤りの重要度

問題	理解度	不快度	自然度
62	2.77(1.18)[*]	3.40(1.11)	3.99(1.01)

注)[*]平均とSD(カッコ内)

　表9-77は「性別による「使役」の誤りの重要度」を問題としている。それぞれの平均値について男性と女性の間でt検定を行った結果は、問62の不快度においては、男性より女性のほうが有意(p<.05)に重視し、厳しく評価している。しかし、理解度と自然度においてはどちらも男女の差は有意ではない(p>.05)。

　したがって、問62においては男女の差が、不快度についての評定に影響を与えるといえる。しかし、理解度と自然度についての評定には影響を与えるとはいえない。

表9-77　性別による「使役」の誤りの重要度

評価の基準	問題	男性	女性	差	t	有意水準
理解度	62	2.75(1.15)[*]	2.78(1.20)	-0.03	-0.30	NS
不快度	62	3.32(1.11)	3.51(1.10)	-0.19	-2.26	p<.05
自然度	62	3.98(0.99)	4.00(1.03)	-0.02	-0.25	NS

注)[*]平均とSD(カッコ内)

　表9-78は「年齢による「使役」の誤りの重要度と分散分析の結果」をとりあげている。表9-78からわかるように、問62の理解度と不快度は「30代」、自然度は「20代」が最も重視し、厳しく評価している。したがって、「使役」の誤りにおいて3つの基準についての評定は、20～30代が最も厳しいといえる。

　表9-78に現われた「使役」の誤りの重要度の傾向について行った1要因の分散分析の結果は、問62の自然度においては、要因(年齢)の主効果はp<.05で有意である。しかし、問62の理解度と不快度においては、要因の主効果はp>.05で有意ではない。したがって、問62においては年齢の差が、自然度についての評定に影響を与えるといえるが、理解度と不快度についての評定には影響を与えるとはいえない。

表9-78　年齢による「使役」の誤りの重要度と分散分析の結果

評価の基準	問題	年齢別の誤りの重要度						F値	有意水準
		10代	20代	30代	40代	50代	60歳以上		
理解度	62	2.57	2.71	2.87	2.75	2.83	2.86	0.90	NS
不快度	62	3.24	3.45	3.53	3.40	3.26	3.30	1.17	NS
自然度	62	3.65	4.07	4.06	4.01	4.06	3.81	2.70	p<.05

9.3.2.3　可能

> ・そのころ市場に**行ったら**産地から運んできたばかりの白菜**たち**が山と**積もっているこ**
> **と**をよく(22)**見えます**。
> ・キムチの中でも最も一般的な白菜のキムチの漬け方について簡単に(35)**知られる**よう
> に説明いたします。
> ・このよく**混ぜる**薬味を塩漬にした白菜の中に**入れば**キムチ(40)**になります**。

　問22、35、40は可能の誤りである。問22は「見られます」を「見えます」に、問35は「わかる」を「知られる」に、問40は「ができます」を「になります」に間違えたものである。

　表9-79は「「可能」の誤りの重要度と分散分析の結果」をとりあげている。表9-79からわかるように、問22、35、40の平均値が自然度、不快度、理解度の順で高く、重視され、厳しく評価されている。言い換えれば、問22はやや理解できず、かなり不快感があり、かなり不自然なもの、問35はかなり理解できず、かなり不快感があり、非常に不自然なもの、問40は比較的重要度が低く、理解でき、不快感がなく、自然なものと評定されたといえる。

　表9-79に現われた「可能」の誤りの重要度について、「可能」の誤りを要因として分散分析と多重比較を行った。その結果、3つの基準において、要因の主効果は$p<.001$で有意である。多重比較によれば、3つの基準において問35と問22、問35と問40、問22と問40の間の差は有意である($p<.05$)。つまり、いずれの基準においても、「わかる」を「知られる」に間違えた誤り(問35)、「見られます」を「見えます」に間違えた誤り(問22)、「ができます」を「になります」に間違えた誤り(問40)の順で重視され、厳しく評価されている。この順で重大な誤りだとされていることになる。

表9-79　「可能」の誤りの重要度と分散分析の結果

評価の基準	問22	問35	問40	F値	有意水準
理解度	2.65(1.15)[*]	3.12(1.21)	1.40(0.82)	456.70	p<.001
不快度	3.35(1.08)	3.64(1.10)	1.58(1.01)	725.34	p<.001
自然度	3.94(0.97)	4.22(0.92)	1.74(1.14)	1190.89	p<.001

注)[*]平均とSD(カッコ内)

　表9-80は「性別による「可能」の誤りの重要度」を問題としている。それぞれの平均値について男性と女性の間でt検定を行った結果は、問22、35の不快度と自然度においては、男性より女性のほうが有意($p<.05$以下)に重視し、厳しく評価している。しかし、問22、35の理解度においては、男女の差は有意ではない($p>.05$)。そして、問40の3つの基準においては、いずれも男女の差は有意ではない($p>.05$)。

　したがって、問22、35においては男女の差が、不快度と自然度についての評定に影響を与えるといえる。しかし、理解度についての評定には影響を与えるとはいえない。そして、問40においては男女の差が、すべての基準についての評定に影響を与えないといえる。

表9-80　性別による「可能」の誤りの重要度

評価の基準	問題	男性	女性	差	t	有意水準
理解度	22	2.59(1.14)[*]	2.73(1.16)	-0.14	-1.55	NS
	35	3.07(1.21)	3.21(1.19)	-0.14	-1.46	NS
	40	1.39(0.81)	1.41(0.83)	-0.02	-0.34	NS
不快度	22	3.24(1.09)	3.48(1.06)	-0.24	-2.82	p<.01
	35	3.53(1.13)	3.78(1.04)	-0.25	-2.87	p<.01
	40	1.54(0.99)	1.63(1.02)	-0.09	-1.04	NS
自然度	22	3.86(0.98)	4.03(0.94)	-0.17	-2.25	p<.05
	35	4.13(0.96)	4.32(0.85)	-0.19	-2.61	p<.01
	40	1.71(1.14)	1.78(1.14)	-0.07	-0.79	NS

注)[*]平均とSD(カッコ内)

　表9-81は「年齢による「可能」の誤りの重要度と分散分析の結果」をとりあげている。表9-81からわかるように、問22・35・40の理解度、不快度、自然度は、それぞれ「60歳以上・10代・60歳以上」「10代・20代・60歳以上」「10代・20代・60歳以上」が最も重視し、厳しく評価している。したがって、「可能」の誤りにおいて3つの基準についての評定は、問22、35は10〜20代が、問40は60歳以上が最も厳しいといえる。

　表9-81に現われた「可能」の誤りの重要度の傾向について行った1要因の分散分析の結果は、問22、35、40の3つの基準(問22の理解度と問35の自然度を除いて)においては、要因(年齢)の主効果は$p>.05$で有意ではない。ただし、問22の理解度と問35の自然度においては、要因の主効果はそれぞれ$p<.01$、$p<.05$で有意である。し

たがって、問22、35、40においては年齢の差が、問22の理解度と問35の自然度だけについての評定に影響を与えるといえる。

表9-81　年齢による「可能」の誤りの重要度と分散分析の結果

評価の基準	問題	年齢別の誤りの重要度						F値	有意水準
		10代	20代	30代	40代	50代	60歳以上		
理解度	22	2.77	2.54	2.54	2.54	2.78	3.19	3.59	p<.01
	35	3.35	3.10	3.09	2.97	3.21	3.18	0.99	NS
	40	1.46	1.40	1.35	1.39	1.29	1.65	1.41	NS
不快度	22	3.57	3.37	3.35	3.29	3.08	3.40	1.65	NS
	35	3.76	3.78	3.61	3.48	3.57	3.47	1.52	NS
	40	1.31	1.64	1.46	1.57	1.39	1.72	2.02	NS
自然度	22	4.02	4.01	3.94	3.78	3.93	3.83	1.02	NS
	35	4.17	4.38	4.14	4.11	4.35	3.94	3.00	p<.05
	40	1.81	1.79	1.65	1.55	1.64	1.90	0.71	NS

9.3.2.4　自発

・私は故郷にいらっしゃる母に行ってくると、何日間も母の作ったキムチの味が(60)思い出して寂しくなります。

　問60は自発の誤りである。問60は「思い出されて」を「思い出して」に間違えたものである。

　表9-82は「「自発」の誤りの重要度」を示している。表9-82からわかるように、問60の平均値の自然度、不快度、理解度の順で高く、重視され、厳しく評価されている。言い換えれば、問60はやや理解できず、かなり不快感があり、かなり不自然なものと評定されたといえる。

表9-82　「自発」の誤りの重要度

問題	理解度	不快度	自然度
60	2.46(1.18)*	3.05(1.21)	3.66(1.16)

注)* 平均とSD(カッコ内)

　表9-83は「性別による「自発」の誤りの重要度」を問題としている。それぞれの平

均値について男性と女性の間でt検定を行った結果は、問60の不快度と自然度においては、男性より女性のほうが有意(p<.05以下)に重視し、厳しく評価している。しかし、理解度においては、男女の差は有意ではない(p>.05)。

　したがって、問60においては男女の差が、不快度と自然度についての評定に影響を与えるといえる。しかし、理解度についての評定には影響を与えるとはいえない。

表9-83　性別による「自発」の誤りの重要度

評価の基準	問題	男性	女性	差	t	有意水準
理解度	60	2.40(1.15)*	2.56(1.22)	-0.16	-1.62	NS
不快度	60	2.91(1.17)	3.24(1.23)	-0.33	-3.40	p<.001
自然度	60	3.57(1.15)	3.78(1.17)	-0.21	-2.37	p<.05

注)*平均とSD(カッコ内)

　表9-84は「年齢による「自発」の誤りの重要度と分散分析の結果」をとりあげている。表9-84からわかるように、問60の理解度は「60歳以上」、不快度と自然度は「20代」が最も重視し、厳しく評価している。したがって、「自発」の誤りにおいて、理解度についての評定は60歳以上、不快度と自然度についての評定は20代が最も厳しいといえる。

　表9-84に現われた「自発」の誤りの重要度の傾向について行った1要因の分散分析の結果は、問60の不快度と自然度においては、要因(年齢)の主効果はp<.01以下で有意である。しかし、問60の理解度においては、要因の主効果はp>.05で有意ではない。したがって、問60においては年齢の差が、不快度と自然度についての評定に影響を与えるといえるが、理解度についての評定には影響を与えるとはいえない。

表9-84　年齢による「自発」の誤りの重要度と分散分析の結果

評価の基準	問題	年齢別の誤りの重要度						F値	有意水準
		10代	20代	30代	40代	50代	60歳以上		
理解度	60	2.58	2.41	2.58	2.33	2.32	2.64	1.18	NS
不快度	60	2.99	3.22	3.21	2.94	2.62	2.98	3.46	p<.01
自然度	60	3.28	3.90	3.80	3.64	3.31	3.57	5.27	p<.001

9.3.2.5　自他の区別

> ・韓国でとれる材料でなければ、その味が(54)<u>出さ</u>ないかもしれません。
> ・日本の漬物に国から送っ<u>てくれた</u>薬味を(70)<u>混じて</u>、故郷の味を出そうとしたが、思うように<u>よく</u>できなかったそうです。

　問54、70は自動詞と他動詞の区別の誤り(以下において「自他」の誤りと略称する。)である。問54は「出ない」を「出さない」に、問70は「混ぜて」を「混じて」に間違えたものである。

　表9-85は「「自他」の誤りの重要度」を問題としている。表9-85からわかるように、問54、70の平均値が自然度、不快度、理解度の順で高く、重視され、厳しく評価されている。言い換えれば、問54、70は同様にやや理解できず、かなり不快感があり、かなり不自然なものと評定されたといえる。

　それぞれの平均値について問54と問70の間でt検定を行った結果は、すべての基準において、問54と問70の差は有意ではない(p>.05)。したがって、「自他」の誤りにおいて、いずれの基準についても、自動詞を他動詞に間違えた誤りと他動詞を自動詞に間違えた誤りが同様に重大だとされていることになる。

表9-85　「自他」の誤りの重要度

評価の基準	問54	問70	差	t	有意水準
理解度	2.56(1.14)*	2.53(1.22)	0.03	0.46	NS
不快度	3.25(1.11)	3.25(1.19)	0.00	-0.01	NS
自然度	3.88(1.00)	3.93(1.06)	0.05	-0.87	NS

注)*平均とSD(カッコ内)

　表9-86は「性別による「自他」の誤りの重要度」を問題としている。それぞれの平均値について男性と女性の間でt検定を行った結果は、問54、70の不快度と自然度においては、男性より女性のほうが有意(p<.05以下)に重視し、厳しく評価している。しかし、問54、70の理解度においては、いずれも男女の差は有意ではない(p>.05)。

　したがって、問54、70においては男女の差が、不快度と自然度についての評定

に影響を与えるといえる。しかし、理解度についての評定には影響を与えるとは
いえない。

表9-86　性別による「自他」の誤りの重要度

評価の基準	問題	男性	女性	差	t	有意水準
理解度	54	2.51(1.11)*	2.63(1.18)	−0.12	−1.26	NS
	70	2.50(1.23)	2.57(1.21)	−0.07	−0.66	NS
不快度	54	3.12(1.12)	3.43(1.08)	−0.31	−3.59	p<.001
	70	3.10(1.17)	3.46(1.18)	−0.36	−3.77	p<.001
自然度	54	3.81(1.02)	3.97(0.98)	−0.16	−2.05	p<.05
	70	3.84(1.06)	4.04(1.05)	−0.20	−2.36	p<.05

注)* 平均とSD(カッコ内)

　表9-87は「年齢による「自他」の誤りの重要度と分散分析の結果」をとりあげてい
る。表9-87からわかるように、問54・70の理解度、不快度、自然度は、それぞれ
「10代・30代」「20代・10代」「20代・20代」が最も重視し、厳しく評価している。し
たがって、「自他」の誤りにおいて3つの基準についての評定は、ほぼ10~20代が最
も厳しいといえる。

　表9-87に現われた「自他」の誤りの重要度の傾向について行った1要因の分散分析
の結果は、問54、70の不快度と自然度(問54を除いて)においては、要因(年齢)の主
効果はp<.05以下で有意である。しかし、問54、70の理解度においては、要因の主
効果はp>.05で有意ではない。したがって、問54、70においては年齢の差が、不快
度と自然度(問54を除いて)についての評定に影響を与えるといえる。しかし、理解
度についての評定には影響を与えるとはいえない。

表9-87　年齢による「自他」の誤りの重要度と分散分析の結果

評価の基準	問題	年齢別の誤りの重要度						F値	有意水準
		10代	20代	30代	40代	50代	60歳以上		
理解度	54	2.81	2.54	2.49	2.45	2.51	2.72	1.35	NS
	70	1.76	2.46	2.59	2.57	2.55	2.09	1.96	NS
不快度	54	3.42	3.43	3.23	3.02	3.03	3.18	3.01	p<.05
	70	3.50	3.31	3.34	3.26	3.01	2.64	3.98	p<.01
自然度	54	3.89	4.04	3.88	3.82	3.66	3.69	2.19	NS
	70	3.85	4.11	4.06	3.98	3.82	2.98	10.14	p<.001

9.3.2.6　やりもらい

> ・<u>それなら</u>、キムチとはいったいどんな食べ物か、漬け方と味について紹介(34)<u>してあげます</u>。
> ・日本の漬物に国から送っ(69)<u>てくれた</u>薬味を<u>混じて</u>、故郷の味を出そうとしたが、思うように<u>よく</u>できなかったそうです。

　問34、69はやりもらいの誤り(以下において「受給」の誤りと略称する。)である。問34は「紹介しましょう」を「紹介してあげます」に、問69は「送ってもらった」を「送ってくれた」に間違えたものである。

　表9-88は「「受給」の誤りの重要度」を問題としている。表9-88からわかるように、問34、69の平均値が自然度、不快度、理解度の順で高く、重視され、厳しく評価されている。言い換えれば、問34はやや理解できず、かなり不快感があり、かなり不自然なもの、問69は理解でき、やや不快感があり、やや不自然なものと評定されたといえる。

　それぞれの平均値について問34と問69の間でt検定を行った結果は、すべての基準について、問69より問34のほうが有意($p<.001$)に重視され、厳しく評価されている。したがって、「てもらう」を「てくれる」に間違えた誤りよりも、「(紹介)しましょう」を「(紹介)してあげましょう」に間違えた誤りのほうが重大だとされていることになる。

表9-88　「受給」の誤りの重要度

評価の基準	問34	問69	差	t	有意水準
理解度	2.29(1.13)[*]	1.77(1.05)	0.52	8.59	$p<.001$
不快度	3.80(1.21)	2.21(1.26)	1.59	23.42	$p<.001$
自然度	3.98(1.08)	2.51(1.38)	1.47	21.41	$p<.001$

注)[*]平均とSD(カッコ内)

　表9-89は「性別による「受給」の誤りの重要度」を問題としている。それぞれの平均値について男性と女性の間でt検定を行った結果は、問34、69の不快度と自然度においては、男性より女性のほうが有意($p<.01$以下)に重視し、厳しく評価してい

る。問34、60の理解度においては、どちらも男女の差は有意ではない(p>.05)。

　したがって、問34、69においては男女の差が、不快度と自然度についての評定に影響を与えるといえる。しかし、理解度についての評定には影響を与えるとはいえない。

表9-89　性別による「受給」の誤りの重要度

評価の基準	問題	男性	女性	差	t	有意水準
理解度	34	2.25(1.09)*	2.34(1.18)	-0.09	-1.03	NS
	69	1.71(1.03)	1.86(1.08)	-0.15	-1.71	NS
不快度	34	3.69(1.26)	3.94(1.12)	-0.25	-2.66	p<.01
	69	2.06(1.18)	2.42(1.32)	-0.36	-3.65	p<.001
自然度	34	3.87(1.14)	4.11(0.98)	-0.24	-2.80	p<.01
	69	2.37(1.34)	2.71(1.41)	-0.34	-3.05	p<.01

注)*平均とSD(カッコ内)

　表9-90は「年齢による「受給」の誤りの重要度と分散分析の結果」をとりあげている。表9-90からわかるように、問34・69の理解度、不快度、自然度は、それぞれ「50代・30代」「20代・20代」「20代・20代」が最も重視し、厳しく評価している。したがって、「受給」の誤りにおいて3つの基準についての評定は、ほぼ20〜30代が最も厳しいといえる。

　表9-90に現われた「受給」の誤りの重要度の傾向について行った1要因の分散分析の結果は、問34、69の不快度と自然度においては、要因(年齢)の主効果はp<.01以下で有意である。しかし、問34、69の理解度においては、要因の主効果はp>.05で有意ではない。したがって、問34、69においては年齢の差が、不快度と自然度についての評定に影響を与えるといえるが、理解度についての評定には影響を与えるとはいえない。

表9-90　年齢による「受給」の誤りの重要度と分散分析の結果

評価の基準	問題	年齢別の誤りの重要度						F値	有意水準
		10代	20代	30代	40代	50代	60歳以上		
理解度	34	2.41	2.22	2.28	2.18	2.49	2.33	1.08	NS
	69	1.55	1.84	1.88	1.60	1.64	1.63	1.60	NS

不快度	34	3.83	4.06	3.84	3.55	3.67	3.35	4.40	p<.001
	69	2.18	2.48	2.33	2.02	1.77	1.94	4.86	p<.001
自然度	34	3.90	4.15	3.98	3.81	4.10	3.59	3.12	p<.01
	69	2.29	2.89	2.61	2.38	2.17	1.98	6.15	p<.001

9.3.3　テンス・アスペクト

9.3.3.1　タ

・このよく(38)混ぜる薬味を塩漬にした白菜の中に入ればキムチになります。

　問38はタ形を使うべきところにル形を使用した誤り(以下において「タ」の誤りと略称する。)である。問38は「混ぜた」を「混ぜる」に間違えたものである。

　表9-91は「「タ」の誤りの重要度」を示している。表9-91からわかるように、問38の平均値が自然度、不快度、理解度の順で高く、重視され、厳しく評価されている。言い換えれば、問38はやや理解できず、かなり不快感があり、かなり不自然なものと評定されたといえる。

表9-91　「タ」の誤りの重要度

問題	理解度	不快度	自然度
38	2.69(1.25)*	3.11(1.21)	3.71(1.18)

注)*平均とSD(カッコ内)

　表9-92は「性別による「タ」の誤りの重要度」を問題としている。それぞれの平均値について男性と女性の間でt検定を行った結果は、問30の3つの基準において、男性より女性のほうが有意(p<.05以下)に重視し、厳しく評価している。

　したがって、問38においては男女の差が、すべての基準についての評定に影響を与えるといえる。

表9-92　性別による「タ」の誤りの重要度

評価の基準	問題	男性	女性	差	t	有意水準
理解度	38	2.59(1.20)*	2.81(1.30)	-0.22	-2.20	p<.05
不快度	38	2.94(1.18)	3.32(1.24)	-0.38	-4.02	p<.001
自然度	38	3.60(1.16)	3.84(1.19)	-0.24	-2.64	p<.01

注)*平均とSD(カッコ内)

　表9-93は「年齢による「タ」の誤りの重要度と分散分析の結果」をとりあげている。問38の理解度は「10代」、不快度と自然度は「20代」が最も重視し、厳しく評価している。したがって、「タ」の誤りにおいて3つの基準についての評定は、10〜20代が最も厳しいといえる。

　表9-93に現われた「タ」の誤りの重要度の傾向について行った1要因の分散分析の結果は、問38の3つの基準において、要因(年齢)の主効果は$p < .05$以下で有意である。したがって、問38においては年齢の差が、すべての基準についての評定に影響を与えるといえる。

表9-93　年齢による「タ」の誤りの重要度と分散分析の結果

評価の基準	問題	年齢別の誤りの重要度						F値	有意水準
		10代	20代	30代	40代	50代	60歳以上		
理解度	38	2.85	2.79	2.80	2.56	2.34	2.48	2.49	$p < .05$
不快度	38	3.26	3.28	3.18	3.03	2.66	2.73	4.26	$p < .001$
自然度	38	3.62	3.94	3.79	3.64	3.39	3.30	4.23	$p < .001$

9.3.3.2　ル

・キムチは白菜の(75)**持った**生気をできるだけ生かしており、漬物はその生気を円満に中和させています。

　問75はル形を使うべきところにタ形を使用したの誤り(以下において「ル」の誤りと略称する。)である。問75は「持つ」を「持った」に間違えたものである。

　表9-94は「「ル」の誤りの重要度」を示している。表9-94からわかるように、問75の平均値が自然度、不快度、理解度の順で高く、重視され、厳しく評価されている。言い換えれば、問75は理解でき、やや不快感があり、やや不自然なものと評定されたといえる。

表9-94　「ル」の誤りの重要度

問題	理解度	不快度	自然度
75	1.85(0.99)[*]	2.29(1.13)	2.70(1.25)

注)[*]平均とSD(カッコ内)

　表9-95は「性別による「ル」の誤りの重要度」を問題としている。それぞれの平均値について男性と女性の間でt検定を行った結果は、問75の3つの基準において、いずれも男女の差が有意ではない(p>.05)。

　したがって、問75においては男女の差が、すべての基準についての評定に影響を与えないといえる。

表9-95　性別による「ル」の誤りの重要度

評価の基準	問題	男性	女性	差	t	有意水準
理解度	75	1.80(0.99)[*]	1.90(0.97)	-0.10	-1.25	NS
不快度	75	2.21(1.10)	2.37(1.16)	-0.16	-1.70	NS
自然度	75	2.66(1.23)	2.73(1.26)	-0.07	-0.81	NS

注)[*]平均とSD(カッコ内)

　表9-96は「年齢による「ル」の誤りの重要度と分散分析の結果」をとりあげている。問75の理解度は「60歳以上」、不快度と自然度は「30代」が最も重視し、厳しく評価している。したがって、「ル」の誤りにおいて3つの基準についての評定は、理解度の60歳以上、不快度と自然度の30代が最も厳しいといえる。

　表9-96に現われた「ル」の誤りの重要度の傾向について行った1要因の分散分析の結果は、問75の自然度においては、要因(年齢)の主効果はp<.01で有意である。しかし、問75の理解度と不快度においては、要因の主効果はp>.05で有意ではない。したがって、問75においては年齢の差が、自然度についての評定に影響を与えるといえるが、理解度と不快度についての評定には影響を与えるとはいえない。

表9-96　年齢による「ル」の誤りの重要度と分散分析の結果

評価の基準	問題	年齢別の誤りの重要度						F値	有意水準
		10代	20代	30代	40代	50代	60歳以上		
理解度	75	1.86	1.79	1.91	1.83	1.75	1.98	0.58	NS
不快度	75	2.09	2.36	2.40	2.32	2.05	2.19	1.74	NS
自然度	75	2.25	2.86	2.84	2.73	2.51	2.59	3.45	p<.01

9.3.4 接続

9.3.4.1 条件

・そのころ市場に(18)<u>行ったら</u>産地から運んできたばかりの白菜<u>たち</u>が山と<u>積もってい</u>
<u>るい</u>ことをよく<u>見えます</u>。

・しかし漬けてから時間が経ってどんどんすっぱく(65)<u>**なれば**</u>どうしたらいいでしょうか。

　問18、65は条件の誤りである。問18は「行くと」を「行ったら」に、問65は「なった
ら」を「なれば」に間違えたものである。

　表9-97は「「条件」の誤りの重要度」を問題としている。表9-97からわかるよう
に、問18、65の平均値が自然度、不快度、理解度の順で高く、重視され、厳しく
評価されている。言い換えれば、問18、65は同様に理解でき、やや不快感があ
り、やや不自然なものと評定されたといえる。

　それぞれの平均値について問18と問65の間でt検定を行った結果は、すべての基
準において、問18と問65の差は有意ではない(p>.05)。したがって、「条件」の誤りに
おいて、いずれの基準についても、「と」を「たら」に間違えた誤りと、「たら」を「(れ)
ば」に間違えた誤りが同様に重大だとされていることになる。

表9-97　「条件」の誤りの重要度

評価の基準	問18	問65	差	t	有意水準
理解度	1.84(1.02)[*]	1.95(1.05)	-0.11	-1.83	NS
不快度	2.38(1.13)	2.45(1.18)	-0.07	-1.07	NS
自然度	2.75(1.18)	2.87(1.30)	-0.12	-1.67	NS

注)[*]平均とSD(カッコ内)

　表9-98は「性別による「条件」の誤りの重要度」を問題としている。それぞれの平
均値について男性と女性の間でt検定を行った結果は、問18の3つの基準において
は、男性より女性のほうが有意(p<.05以下)に重視し、厳しく評価している。しか
し、問65の3つの基準においては、いずれも男女の差は有意ではない(p>.05)。

　したがって、問18においては男女の差が、すべての基準についての評定に影響
を与えるといえる。しかし、問65においては男女の差が、すべての基準においての

評定に影響を与えないといえる。

表9-98　性別による「条件」の誤りの重要度

評価の基準	問題	男性	女性	差	t	有意水準
理解度	18	1.77(0.96)	1.94(1.09)	-0.17	-2.06	p<.05
	65	1.92(1.05)	1.99(1.05)	-0.07	-0.88	NS
不快度	18	2.26(1.09)	2.54(1.16)	-0.28	-3.12	p<.01
	65	2.37(1.15)	2.55(1.20)	-0.18	-1.90	NS
自然度	18	2.65(1.17)	2.89(1.17)	-0.24	-2.52	p<.05
	65	2.80(1.29)	2.96(1.31)	-0.16	-1.62	NS

注)*平均とSD(カッコ内)

　表9-99は「年齢による「条件」の誤りの重要度と分散分析の結果」をとりあげている。表9-99からわかるように、問18・65の理解度、不快度、自然度は、それぞれ「60歳以上・60歳以上」「60歳以上・20代」「60歳以上・20代」が最も重視し、厳しく評価している。したがって、「条件」の誤りにおいて3つの基準についての評定は、ほぼ問18の60歳以上、問65の20代が最も厳しいといえる。

　表9-99に現われた「条件」の誤りの重要度の傾向について行った1要因の分散分析の結果は、問18、65の3つの基準(問18の不快度と問65の理解度を除いて)において、要因(年齢)の主効果はp<.05以下で有意である。したがって、問18、65においては年齢の差が、すべての基準(問18の不快度と問65の理解度を除いて)についての評定に影響を与えるといえる。

表9-99　年齢による「条件」の誤りの重要度と分散分析の結果

評価の基準	問題	年齢別の誤りの重要度						F値	有意水準
		10代	20代	30代	40代	50代	60歳以上		
理解度	18	1.83	1.75	1.79	1.76	1.92	2.49	4.53	p<.001
	65	1.98	2.02	1.93	1.79	1.90	2.13	0.97	NS
不快度	18	2.20	2.42	2.41	2.31	2.30	2.67	1.24	NS
	65	2.50	2.67	2.44	2.21	2.21	2.42	2.91	p<.05
自然度	18	2.44	2.86	2.80	2.66	2.66	3.02	2.23	p<.05
	65	2.71	3.20	2.89	2.63	2.65	2.74	3.82	p<.01

9.3.4.2 テ形

> ・例えば、とうがらしを使わ(45)**なくて**塩で味をつけた塩辛いキムチ**と**水をたくさん入れ
> た水キムチのようなものもあります。

問45はテ形の誤りである。問45は「使わず(に)、使わないで」を「使わなくて」に間
違えたものである。

表9-100は「「テ形」の誤りの重要度」を示している。表9-100からわかるように、
問45の平均値が自然度、不快度、理解度の順で高く、重視され、厳しく評価され
ている。言い換えれば、問45は理解でき、やや不快感があり、やや不自然なものと
評定されたといえる。

表9-100 「テ形」の誤りの重要度

問題	理解度	不快度	自然度
45	1.72(0.96)*	2.17(1.13)	2.59(1.23)

注)*平均とSD(カッコ内)

表9-101は「性別による「テ形」の誤りの重要度」を問題としている。それぞれの平
均値について男性と女性の間でt検定を行った結果は、問45の3つの基準におい
て、男性より女性のほうが有意($p<$.05以下)に重視し、厳しく評価している。

したがって、問45においては男女の差が、すべての基準についての評定に影響
を与えるといえる。

表9-101 性別による「テ形」の誤りの重要度

評価の基準	問題	男性	女性	差	t	有意水準
理解度	45	1.64(0.92)*	1.83(1.01)	-0.19	-2.49	$p<$.05
不快度	45	2.02(1.08)	2.37(1.17)	-0.35	-4.00	$p<$.001
自然度	45	2.44(1.19)	2.77(1.27)	-0.33	-3.45	$p<$.001

注)*平均とSD(カッコ内)

表9-102は「年齢による「テ形」の誤りの重要度と分散分析の結果」をとりあげてい
る。表9-102からわかるように、問45の理解度は「60歳以上」、不快度と自然度は「20
代」が最も重視し、厳しく評価している。したがって、「テ形」の誤りにおいて、理

解度についての評定は60歳以上、不快度と自然度についての評定は20代が最も厳しいといえる。

　表9-102に現われた「テ形」の誤りの重要度の傾向について行った1要因の分散分析の結果は、問45の不快度と自然度においては、要因(年齢)の主効果はp＜.01以下で有意である。しかし、問45の理解度においては、要因の主効果はp＞.05で有意ではない。したがって、問45においては年齢の差が、不快度と自然度についての評定に影響を与えるといえるが、理解度についての評定には影響を与えるとはいえない。

表9-102　年齢による「テ形」の誤りの重要度と分散分析の結果

評価の基準	問題	年齢別の誤りの重要度						F値	有意水準
		10代	20代	30代	40代	50代	60歳以上		
理解度	45	1.80	1.74	1.71	1.60	1.67	1.88	0.54	NS
不快度	45	2.24	2.40	2.16	2.04	1.86	2.00	3.27	p<.01
自然度	45	2.43	2.98	2.57	2.43	2.31	2.22	6.26	p<.001

9.3.4.3　連用形

> ・日本だけではなく(4)て、ほかのいろいろな国でも韓国料理店を経営して成功した
> 　人々の話をたびたび聞きます。

　問4は連用形の誤りである。問4は「だけではなく」を「だけではなくて」に間違えたものである。

　表9-103は「「連用形」の誤りの重要度」を示している。表9-103からわかるように、問4の平均値が自然度、不快度、理解度の順で高く、重視され、厳しく評価されている。言い換えれば、問4は理解でき、やや不快感があり、やや不自然なものと評定されたといえる。

表9-103　「連用形」の誤りの重要度

問題	理解度	不快度	自然度
4	1.65(0.97)*	2.08(1.09)	2.55(1.19)

注)*平均とSD(カッコ内)

　表9-104は「性別による「連用形」の誤りの重要度」を問題としている。それぞれの平均値について男性と女性の間でt検定を行った結果は、問4の3つの基準において、いずれも男女の差は有意ではない(p>.05)

　したがって、問4においては男女の差が、すべての基準についての評定に影響を与えないといえる。

表9-104　性別による「連用形」の誤りの重要度

評価の基準	問題	男性	女性	差	t	有意水準
理解度	4	1.70(1.00)[*]	1.59(0.93)	0.20	1.34	NS
不快度	4	2.12(1.11)	2.03(1.06)	0.09	1.00	NS
自然度	4	2.57(1.21)	2.52(1.17)	0.05	0.45	NS

注)[*]平均とSD(カッコ内)

　表9-105は「年齢による「連用形」の誤りの重要度と分散分析の結果」をとりあげている。表9-105からわかるように、問4の理解度と不快度は「60歳以上」、自然度は「50代」が最も重視し、厳しく評価している。したがって、「連用形」の誤りにおいて3つの基準についての評定は、50代、60歳以上が最も厳しいといえる。

　表9-105に現われた「連用形」の誤りの重要度の傾向について行った1要因の分散分析の結果は、問4の理解度と自然度においては、要因(年齢)の主効果はp<.05以下で有意である。しかし、問4の不快度においては、要因の主効果はp>.05で有意ではない。したがって、問4においては年齢の差が、理解度と自然度についての評定に影響を与えるといえる。しかし、不快度についての評定には影響を与えるとはいえない。

表9-105　年齢による「連用形」の誤りの重要度と分散分析の結果

評価の基準	問題	年齢別の誤りの重要度						F値	有意水準
		10代	20代	30代	40代	50代	60歳以上		
理解度	4	1.43	1.53	1.65	1.65	1.93	2.09	4.70	p<.001
不快度	4	1.92	2.14	2.07	1.99	2.17	2.18	0.74	NS
自然度	4	2.15	2.63	2.54	2.66	2.68	2.47	2.30	p<.05

9.3.4.4　動詞句の並列

> ・このころの子供たちはキムチが匂うし、(27)**辛くて**嫌っているようです。
>
> ・私はおかずにキムチさえあれば十分(31)**ですが**、毎日キムチだけを**続いて食べても**飽
> きません。

　問27、31は動詞句の並列の誤り(以下において「並Ⅴ」の誤りと略称する。)である。問27は「〜匂うし、辛いので」を「〜匂うし、辛くて」に、問31は「十分ですし」を「十分ですが」に間違えたものである。

　表9-106は「「並Ⅴ」の誤りの重要度」を問題としている。表9-106からわかるように、問27、31の平均値が自然度、不快度、理解度の順で高く、重視され、厳しく評価されている。言い換えれば、問27、31は同様に理解でき、やや不快感があり、やや不自然なものと評定されたといえる。

　それぞれの平均値について問27と問31の間でt検定を行った結果は、すべての基準について、問27より問31のほうが有意(p<.01以下)に重視され、厳しく評価されている。したがって、「並Ⅴ」の誤りにおいて、いずれの基準についても、「〜し、〜ので」を「〜し、〜て」間違えた誤り(問27)よりも、「〜ですし」を「〜ですが」に間違えた誤り(問31)のほうが重大だとされていることになる。

表9-106　「並Ⅴ」の誤りの重要度

評価の基準	問27	問31	差	t	有意水準
理解度	1.69(1.01)*	1.99(1.24)	-0.30	-4.88	p<.001
不快度	2.08(1.18)	2.28(1.37)	-0.20	-2.81	p<.01
自然度	2.39(1.28)	2.61(1.54)	-0.22	-2.90	p<.01

注)*平均とSD(カッコ内)

　表9-107は「性別による「並Ⅴ」の誤りの重要度」を問題としている。それぞれの平均値について男性と女性の間でt検定を行った結果は、問27、31の不快度においては、男性より女性のほうが有意(p<.05)に重視し、厳しく評価している。そして、問27、31の理解度と自然度においては、いずれも男女の差は有意ではない(p>.05)。

　したがって、問27、31においては男女の差が、不快度についての評定に影響を与えるといえる。しかし、理解度と自然度についての評定には影響を与えるとは

いえない。

表9-107　性別による「受給」の誤りの重要度

評価の基準	問題	男性	女性	差	t	有意水準
理解度	27	1.66(1.03)[*]	1.73(1.00)	-0.07	-0.93	NS
	31	1.92(1.19)	2.09(1.29)	-0.17	-1.81	NS
不快度	27	1.99(1.15)	2.19(1.20)	-0.20	-2.13	p<.05
	31	2.17(1.13)	2.43(1.41)	-0.26	-2.50	p<.05
自然度	27	2.34(1.30)	2.46(1.25)	-0.12	-1.17	NS
	31	2.52(1.51)	2.74(1.57)	-0.22	-1.90	NS

注)[*]平均とSD(カッコ内)

　表9-108は「年齢による「並Ｖ」の誤りの重要度と分散分析の結果」をとりあげている。表9-108からわかるように、問27・31の理解度、不快度、自然度は、それぞれ「60歳以上・20代」「20代・20代」「20代・20代」が最も重視し、厳しく評価している。したがって、「並Ｖ」の誤りにおいて3つの基準についての評定は、ほぼ20代が最も厳しいといえる。

　表9-108に現われた「並Ｖ」の誤りの重要度の傾向について行った1要因の分散分析の結果は、問27、31の3つの基準において、要因(年齢)の主効果はp<.01以下で有意である。したがって、問27、31においては年齢の差が、すべての基準についての評定に影響を与えるといえる。

表9-108　年齢による「並Ｖ」の誤りの重要度と分散分析の結果

評価の基準	問題	年齢別の誤りの重要度						F値	有意水準
		10代	20代	30代	40代	50代	60歳以上		
理解度	27	1.62	1.82	1.63	1.49	1.54	2.26	5.09	p<.001
	31	2.17	2.18	2.04	1.78	1.57	1.94	3.75	p<.01
不快度	27	1.99	2.38	1.99	1.92	1.73	2.30	4.97	p<.001
	31	2.36	2.57	2.32	2.08	1.76	2.18	4.49	p<.001
自然度	27	2.16	2.79	2.30	2.17	2.11	2.48	5.81	p<.001
	31	2.46	2.97	2.67	2.51	2.16	2.30	4.08	p<.01

9.3.4.5　名詞句の並列

> ・例えば、とうがらしを使わ**なくて**塩で味をつけた塩辛いキムチ(46)**と**水をたくさん入れた水キムチのようなものもあります。

　問46は名詞句の並列の誤り(以下において「並N」の誤りと略称する。)である。問46は「〜や〜」を「〜と〜」に間違えたものである。

　表9-109は「「並N」の誤りの重要度」を示している。表9-109からわかるように、問46の平均値が自然度、不快度、理解度の順で高く、重視され、厳しく評価されている。言い換えれば、問46は理解でき、やや不快感があり、やや不自然なものと評定されたといえる。

表9-109　「並N」の誤りの重要度

問題	理解度	不快度	自然度
46	1.91(1.09)[*]	2.20(1.24)	2.63(1.40)

注)[*]平均とSD(カッコ内)

　表9-110は「性別による「並N」の誤りの重要度」を問題としている。それぞれの平均値について男性と女性の間でt検定を行った結果は、問46の不快度においては、男性より女性のほうが有意(p<.05)に重視し、厳しく評価している。そして、理解度と自然度においては、どちらも男女の差は有意ではない(p>.05)。

　したがって、問46においては男女の差が、不快度についての評定に影響を与えるといえる。しかし、理解度と自然度についての評定には影響を与えるとはいえない。

表9-110　性別による「並N」の誤りの重要度

評価の基準	問題	男性	女性	差	t	有意水準
理解度	46	1.92(1.13)[*]	1.90(1.06)	-0.02	0.20	NS
不快度	46	2.12(1.21)	2.31(1.26)	-0.19	-1.96	p<.05
自然度	46	2.56(1.39)	2.74(1.40)	-0.18	-1.66	NS

注)[*]平均とSD(カッコ内)

　表9-111は「年齢による「並N」の誤りの重要度と分散分析の結果」をとりあげてい

る。表9-111からわかるように、問46の3つの基準は「20代」が最も重視し、厳しく評価している。したがって、「並N」の誤りにおいて3つの基準についての評定は、20代が最も厳しいといえる。

　表9-111に現われた「並N」の誤りの重要度の傾向について行った1要因の分散分析の結果は、問46の不快度と自然度においては、要因(年齢)の主効果はp<.001で有意である。しかし、問46の理解度においては、要因の主効果はp>.05で有意ではない。したがって、問46においては年齢の差が、不快度と自然度についての評定に影響を与えるといえる。しかし、理解度についての評定には影響を与えるとはいえない。

表9-111　年齢による「並N」の誤りの重要度と分散分析の結果

評価の基準	問題	年齢別の誤りの重要度						F値	有意水準
		10代	20代	30代	40代	50代	60歳以上		
理解度	46	2.05	2.07	1.87	1.82	1.74	1.70	1.99	NS
不快度	46	2.22	2.54	2.19	2.10	1.72	1.93	6.02	p<.001
自然度	46	2.42	3.08	2.71	2.56	2.13	2.06	8.50	p<.001

9.3.4.6　副詞的連用修飾

・キムチは(41)<u>こんなに</u>して二・三日発酵させたあとで食べます。

・日本の漬物に国から送っ<u>てくれた</u>薬味を<u>混じて</u>、故郷の味を出そうとしたが、思うように(71)<u>よく</u>できなかったそうです。

・誰でも(81)<u>やすく</u>作ることができます。

　問41、71、81は副詞的連用修飾の誤り(以下において「副連」の誤りと略称する。)である。問41は「このように」を「こんなに」に、問71は「うまく」を「よく」に、問81は「簡単に」を「やすく」に間違えたものである。

　表9-112は「「副連」の誤りの重要度と分散分析の結果」をとりあげている。表9-112からわかるように、問41、71、81の平均値が自然度、不快度、理解度の順で高く、重視され、厳しく評価されている。言い換えれば、問41はやや理解できず、やや不快感があり、かなり不自然なもの、問71は理解でき、やや不快感があり、

やや不自然なもの、問81はやや理解できず、かなり不快感があり、かなり不自然なものと評定されたといえる。

　そして、表9-112に現われた「副連」の誤りの重要度の傾向について、「副連」の誤りを要因として分散分析と多重比較を行った。その結果、いずれの基準においても、要因の主効果はp<.001で有意である。多重比較によれば、3つの基準において問81と問41、問81と問71、問41と問71の間の差はいずれも有意である(p<.05)。つまり、いずれの基準においても、「簡単に」を「やすく」に間違えた誤り(問81)よりも、「このように」を「こんなに」に間違えた誤り(問41)、「うまく」を「よく」に間違えた誤り(問71)の順で重視され、厳しく評価されている。この順で重大な誤りだとされていることになる。

表9-112　「副連」の誤りの重要度と分散分析の結果

評価の基準	問41	問71	問81	F値	有意水準
理解度	2.26(1.08)*	1.88(1.07)	2.81(1.26)	110.96	p<.001
不快度	2.92(1.19)	2.31(1.19)	3.30(1.20)	113.19	p<.001
自然度	3.49(1.09)	2.71(1.27)	3.87(1.12)	168.02	p<.001

注)*平均とSD(カッコ内)

　表9-113は「性別による「副連」の誤りの重要度」を問題としている。それぞれの平均値について男性と女性の間でt検定を行った結果は、問41、81の不快度においては、男性より女性のほうが有意(p<.05)に重視し、厳しく評価している。しかし、問41、81の理解度と自然度においては、いずれも男女の差は有意ではない(p>.05)。そして、問71の3つの基準においては、いずれも男女の差は有意ではない(p>.05)。

　したがって、問41、81においては男女の差が、不快度についての評定に影響を与えるといえる。しかし、理解度と自然度についての評定には影響を与えるとはいえない。そして、問71においては男女の差が、すべての基準についての評定に影響を与えないといえる。

表9-113 性別による「副連」の誤りの重要度

評価の基準	問題	男性	女性	差	t	有意水準
理解度	41	2.24(1.05)*	2.28(1.12)	-0.04	-0.51	NS
	71	1.88(1.06)	1.88(1.09)	0.00	-0.05	NS
	81	2.80(1.26)	2.84(1.26)	-0.04	-0.31	NS
不快度	41	2.84(1.19)	3.03(1.18)	-0.19	-2.05	p<.05
	71	2.28(1.18)	2.36(1.20)	-0.08	-0.87	NS
	81	3.19(1.22)	3.43(1.17)	-0.24	-2.49	p<.05
自然度	41	3.44(1.08)	3.55(1.11)	-0.11	-1.30	NS
	71	2.74(1.28)	2.68(1.26)	0.06	0.56	NS
	81	3.83(1.10)	3.93(1.15)	-0.10	-1.13	NS

注)*平均とSD(カッコ内)

　表9-114は「年齢による「副連」の誤りの重要度と分散分析の結果」をとりあげている。表9-114からわかるように、問41・71・81の理解度、不快度、自然度は、それぞれ「10代・10代・50代」「10代、20代・10代・20代」「20代・20代・20代」が最も重視し、厳しく評価している。したがって、「副連」の誤りにおいて3つの基準についての評定は、ほぼ10～20代が最も厳しいといえる。

　表9-114に現われた「副連」の誤りの重要度の傾向について行った1要因の分散分析の結果は、問41、71、81の不快度(問81を除いて)と自然度においては、要因(年齢)の主効果はp<.05以下で有意である。しかし、問41、71、81の理解度においては、要因の主効果はp>.05で有意ではない。

　したがって、問41、71、81においては年齢の差が、不快度(問81を除いて)と自然度についての評定に影響を与えるといえる。しかし、理解度についての評定には影響を与えるとはいえない。

表9-114 年齢による「副連」の誤りの重要度と分散分析の結果

評価の基準	問題	年齢別の誤りの重要度						F値	有意水準
		10代	20代	30代	40代	50代	60歳以上		
理解度	41	2.56	2.25	2.20	2.17	2.20	2.28	1.56	NS
	71	2.13	1.79	1.86	1.82	2.05	1.66	2.09	NS
	81	2.80	2.82	2.89	2.68	2.91	2.76	0.47	NS
不快度	41	3.10	3.10	2.92	2.81	2.63	2.65	2.79	p<.05
	71	2.48	2.45	2.33	2.24	2.25	1.76	3.15	p<.01
	81	3.29	3.42	3.32	3.27	3.20	3.00	1.14	NS

自然度	41	3.56	3.74	3.52	3.30	3.32	3.00	5.18	p<.001
	71	2.76	2.87	2.79	2.72	2.62	2.00	4.03	p<.01
	81	3.73	4.09	3.91	3.90	3.78	3.33	4.32	p<.001

9.3.4.7　連体修飾

・忙しい方は(76)<u>休む日</u>に家族の皆で韓国料理店に行って、キムチを食べてみることを<u>きっと勧めます</u>。

・(82)<u>辛いこと</u>が気になる方は辛くないとうがらしを使えば大丈夫です。

　問76、82は連体修飾の誤り(以下において「体修」の誤りと略称する。)である。問76は「休日」を「休む日」に、問82は「辛いの」を「辛いこと」に間違えたものである。

　表9-115は「「体修」の誤りの重要度」を問題としている。表9-115からわかるように、問76、82の平均値が自然度、不快度、理解度の順で高く、重視され、厳しく評価されている。言い換えれば、問76はやや理解できず、やや不快感があり、かなり不自然なもの、問82は理解でき、やや不快感があり、やや不自然なものと評定されたといえる。

　それぞれの平均値について問76と問82の間でt検定を行った結果は、すべての基準において、問82より問76のほうが有意(p<.001)に重視され、厳しく評価されている。したがって、「体修」の誤りにおいて、いずれの基準についても、「形容詞＋形式名詞」の誤り(問82)よりも、名詞を「動詞＋名詞」に間違えた誤り(問76)のほうが重大だとされていることになる。

表9-115　「体修」の誤りの重要度

評価の基準	問76	問82	差	t	有意水準
理解度	2.22(1.07)*	1.73(0.91)	0.49	8.88	p<.001
不快度	2.98(1.15)	2.27(1.13)	0.71	11.29	p<.001
自然度	3.66(1.07)	2.67(1.25)	0.99	15.50	p<.001

注)*平均とSD(カッコ内)

　表9-116は「性別による「体修」の誤りの重要度」を問題としている。それぞれの平均値について男性と女性の間でt検定を行った結果は、問76、82の不快度と自然度

においては、男性より女性のほうが有意(p<.01以下)に重視し、厳しく評価している。しかし、問76、82の理解度においては、いずれも男女の差は有意ではない(p>.05)。

　したがって、問76、82においては男女の差が、不快度と自然度についての評定に影響を与えるといえる。しかし、理解度についての評定には影響を与えるとはいえない。

表9-116　性別による「体修」の誤りの重要度

評価の基準	問題	男性	女性	差	t	有意水準
理解度	76	2.17(1.08)[*]	2.29(1.05)	-0.12	-1.45	NS
	82	1.71(1.89)	1.77(0.93)	-0.06	-0.82	NS
不快度	76	2.84(1.15)	3.15(1.11)	-0.31	-3.51	p<.001
	82	2.14(1.07)	2.43(1.18)	-0.29	-3.23	p<.01
自然度	76	3.55(1.06)	3.80(1.07)	-0.25	-2.95	p<.01
	82	2.52(1.19)	2.85(1.31)	-0.33	-3.34	p<.001

注)[*]平均とSD(カッコ内)

　表9-117は「年齢による「体修」の誤りの重要度と分散分析の結果」をとりあげている。表9-117からわかるように、問76・82の理解度、不快度、自然度は、それぞれ「60歳以上・10代」「20代・20代」「20代・20代」が最も重視し、厳しく評価している。したがって、「体修」の誤りにおいて3つの基準についての評定は、ほぼ10~20代が最も厳しいといえる。

　表9-117に現われた「体修」の誤りの重要度の傾向について行った1要因の分散分析の結果は、問76、82の不快度(問76を除いて)と自然度においては、要因(年齢)の主効果はp<.01以下で有意である。しかし、問76、82の理解度においては、要因の主効果はp>.05で有意ではない。したがって、問76、82においては年齢の差が、不快度(問76を除いて)と自然度についての評定に影響を与えるといえるが、理解度についての評定には影響を与えるとはいえない。

表9-117　年齢による「体修」の誤りの重要度と分散分析の結果

評価の基準	問題	年齢別の誤りの重要度						F値	有意水準
		10代	20代	30代	40代	50代	60歳以上		
理解度	76	2.23	2.16	2.20	2.23	2.32	2.39	0.51	NS
	82	1.89	1.73	1.75	1.67	1.63	1.76	0.77	NS
不快度	76	3.02	3.09	3.05	2.83	2.79	2.81	1.46	NS
	82	2.41	2.52	2.28	2.10	1.91	1.88	5.52	p<.001
自然度	76	3.55	3.87	3.75	3.54	3.59	3.20	4.10	p<.01
	82	2.63	3.01	2.73	2.46	2.37	2.10	6.38	p<.001

9.3.4.8　名詞節

> ・キムヂャンというものは冬の間に食べるキムチを__一回__に漬ける(17)__の__を言います。
>
> ・そのころ市場に__行ったら__産地から運んできたばかりの白菜__たち__が山と__積もっている__ (21)__こと__をよく__見えます__。

　問17、21は名詞節の誤りである。問17は「こと」を「の」に、問21は「の」を「こと」に間違えたものである。

　表9-118は「「名詞節」の誤りの重要度」を問題としている。表9-118からわかるように、問17、21の平均値が自然度、不快度、理解度の順で高く、重視され、厳しく評価されている。言い換えれば、問17、21は同様にやや理解できず、やや不快感があり、かなり不自然なものと評定されたといえる。

　それぞれの平均値について問17と問21の間でt検定を行った結果は、すべての基準において、問17より問21のほうが有意(p<.01以下)に重視され、厳しく評価されている。したがって「名詞節」の誤りにおいて、いずれの基準についても、「こと」を「の」に間違えた誤りよりも、「の」を「こと」に間違えた誤りのほうが重大だとされていることになる。

表9-118　「名詞節」の誤りの重要度

評価の基準	問17	問21	差	t	有意水準
理解度	2.07(1.13)[*]	2.24(1.16)	-0.17	-2.69	p<.01
不快度	2.60(1.16)	2.78(1.22)	-0.18	-2.79	p<.01
自然度	3.01(1.17)	3.27(1.26)	-0.26	-3.86	p<.001

注)[*]平均とSD(カッコ内)

　表9-119は「性別による「名詞節」の誤りの重要度」を問題としている。それぞれの平均値について男性と女性の間でt検定を行った結果は、問21の不快度においては、男性より女性のほうが有意($p<.05$)に重視し、厳しく評価している。しかし、問17の3つの基準においては、いずれも男女の差は有意ではない($p>.05$)。

　したがって、問21においては男女の差が、不快度についての評定に影響を与えるといえる。しかし、問17においては男女の差が、すべての基準についての評定に影響を与えないといえる。

表9-119　性別による「名詞節」の誤りの重要度

評価の基準	問題	男性	女性	差	t	有意水準
理解度	17	2.12(1.17)[*]	2.01(1.07)	-0.12	1.26	NS
	21	2.24(1.20)	2.25(1.10)	-0.06	-0.06	NS
不快度	17	2.57(1.17)	2.63(1.15)	-0.31	-0.69	NS
	21	2.68(1.24)	2.91(1.16)	-0.29	-2.41	$p<.05$
自然度	17	2.99(1.18)	3.02(1.15)	-0.25	-0.29	NS
	21	3.20(1.29)	3.37(1.21)	-0.33	-1.79	NS

注)[*]平均とSD(カッコ内)

　表9-120は「年齢による「名詞節」の誤りの重要度と分散分析の結果」をとりあげている。表9-120からわかるように、問17・21の理解度、不快度、自然度は、それぞれ「10代・60歳以上」「10代・40代」「20代・20代」が最も重視し、厳しく評価している。したがって、「名詞節」の誤りにおいて3つの基準についての評定は、ほぼ10〜20代が最も厳しいといえる。

　表9-120に現われた「名詞節」の誤りの重要度の傾向について行った1要因の分散分析の結果は、問17、21の3つの基準(問17の理解度を除いて)においては、要因(年齢)の主効果は$p>.05$で有意ではない。ただし、問17の理解度においては、要因の主効果は$p<.05$で有意である。したがって、問17、21においては年齢の差が、問17の理解度だけについての評定に影響を与えるといえる。

表9-120　年齢による「名詞節」の誤りの重要度と分散分析の結果

評価の基準	問題	年齢別の誤りの重要度						F値	有意水準
		10代	20代	30代	40代	50代	60歳以上		
理解度	17	2.30	1.91	1.98	2.10	2.23	2.24	2.25	p<.05
	21	2.30	2.19	2.15	2.25	2.30	2.52	0.95	NS
不快度	17	2.70	2.63	2.55	2.58	2.48	2.58	0.37	NS
	21	2.78	2.84	2.76	2.85	2.55	2.73	0.72	NS
自然度	17	2.96	3.07	2.99	3.05	2.95	2.92	0.24	NS
	21	3.01	3.41	3.31	3.25	3.21	3.12	1.39	NS

9.3.4.9　引用

> ・皆さんはキムチ(5)**を考えれば**　<u>先に</u>何を思い浮かびますか。

　問5は引用の誤りである。問5は「と言えば」を「を考えれば」に間違えたものである。

　表9-121は「「引用」の誤りの重要度」を示している。表9-121からわかるように、問5の平均値が自然度、不快度、理解度の順で高く、重視され、厳しく評価されている。言い換えれば、問5はやや理解できず、やや不快感があり、かなり不自然なものと評定されたといえる。

表9-121　「引用」の誤りの重要度

問題	理解度	不快度	自然度
5	2.48(1.15)[*]	2.95(1.14)	3.60(1.11)

注)[*]平均とSD(カッコ内)

　表9-122は「性別による「引用」の誤りの重要度」を問題としている。それぞれの平均値について男性と女性の間でt検定を行った結果は、問5の3つの基準において、いずれも男女の差は有意ではない(p>.05)。

　したがって、問5においては男女の差が、すべての基準についての評定に影響を与えないといえる。

表9-122 性別による「引用」の誤りの重要度

評価の基準	問題	男性	女性	差	t	有意水準
理解度	5	2.41(1.14)[*]	2.58(1.16)	-0.17	-1.84	NS
不快度	5	2.87(1.14)	3.03(1.13)	-0.16	-1.80	NS
自然度	5	3.55(1.13)	3.66(1.08)	-0.11	-1.29	NS

注)[*]平均とSD(カッコ内)

表9-123は「年齢による「引用」の誤りの重要度と分散分析の結果」をとりあげている。表9-123からわかるように、問46の理解度は「60歳以上」、不快度と自然度は「20代」が最も重視し、厳しく評価している。したがって、「引用」の誤りにおいて3つの基準についての評定は、理解度は60歳以上、不快度と自然度は20代が最も厳しいといえる。

表9-123に現われた「引用」の誤りの重要度の傾向について行った1要因の分散分析の結果は、問5の不快度と自然度においては、要因(年齢)の主効果は$p < .05$で有意である。しかし、問5の理解度においては、要因の主効果は$p > .05$で有意ではない。

したがって、問5においては年齢の差が、不快度と自然度についての評定に影響を与えるといえる。しかし、理解度についての評定には影響を与えるとはいえない。

表9-123 年齢による「引用」の誤りの重要度と分散分析の結果

評価の基準	問題	年齢別の誤りの重要度						F値	有意水準
		10代	20代	30代	40代	50代	60歳以上		
理解度	5	2.45	2.49	2.42	2.41	2.50	2.74	0.70	NS
不快度	5	2.96	3.09	2.97	2.82	2.60	2.96	2.26	p<.05
自然度	5	3.49	3.81	3.60	3.50	3.48	3.32	2.37	p<.05

9.3.4.10 原因・理由

・初めは辛い(79)**から**あまり食べすぎないようにしてください。

問79は原因・理由の誤り(以下において「原因」の誤りと略称する。)である。問79は「ので」を「から」に間違えたものである。

　表9-124は「「原因」の誤りの重要度」を示している。表9-124からわかるように、問79の平均値が自然度、不快度、理解度の順で高く、重視され、厳しく評価されている。言い換えれば、問79は理解でき、やや不快感があり、やや不自然なものと評定されたといえる。

表9-124　「原因」の誤りの重要度

問題	理解度	不快度	自然度
79	1.74(0.98)[*]	2.24(1.16)	2.55(1.20)

注)[*]平均とSD(カッコ内)

　表9-125は「性別による「原因」の誤りの重要度」を問題としている。それぞれの平均値について男性と女性の間でt検定を行った結果は、問79の不快度と自然度においては、男性より女性のほうが有意(p<.05以下)に重視し、厳しく評価している。しかし、理解度においては、男女の差は有意ではない(p>.05)。

　したがって、問79においては男女の差が、不快度と自然度についての評定に影響を与えるといえる。しかし、理解度についての評定には影響を与えるとはいえない。

表9-125　性別による「原因」の誤りの重要度

評価の基準	問題	男性	女性	差	t	有意水準
理解度	79	1.69(0.95)[*]	1.80(1.01)	-0.11	-1.41	NS
不快度	79	2.16(1.15)	2.36(1.17)	-0.20	-2.17	p<.05
自然度	79	2.42(1.17)	2.71(1.23)	-0.29	-3.06	p<.01

注)[*]平均とSD(カッコ内)

　表9-126は「年齢による「原因」の誤りの重要度と分散分析の結果」をとりあげている。表9-126からわかるように、問79の理解度は「10代」、不快度と自然度は「20代」が最も重視し、厳しく評価している。したがって、「原因」の誤りにおいて3つの基準についての評定は、10〜20代が最も厳しいといえる。

　表9-126に現われた「原因」の誤りの重要度の傾向について行った1要因の分散分析の結果は、問79の不快度と自然度においては、要因(年齢)の主効果はp<.01以下で有意である。しかし、問79の理解度においては、要因の主効果はp>.05で有意ではない。したがって、問79においては年齢の差が、不快度と自然度についての評

定に影響を与えるといえる。しかし、理解度についての評定には影響を与えるとはいえない。

表9-126　年齢による「原因」の誤りの重要度と分散分析の結果

評価の基準	問題	年齢別の誤りの重要度						F値	有意水準
		10代	20代	30代	40代	50代	60歳以上		
理解度	79	1.85	1.73	1.79	1.63	1.73	1.63	0.71	NS
不快度	79	2.35	2.45	2.35	2.05	2.05	1.67	4.86	p<.001
自然度	79	2.59	2.74	2.66	2.39	2.40	1.98	4.06	p<.01

9.3.5　モダリティ

9.3.5.1　とりたて詞ハ

> ・キムチを食べてみた人(12)**が**多いと思いますが、**辛いでした**か。
>
> ・私の考え(52)**で**キムチの味は材料の選択にある**とみます**。

　問12、52はとりたて詞ハの誤り(以下において「取立ハ」の誤りと略称する。)である。問12は「(人)は」を「(人)が」に、問52は「(考え)では」を「(考え)で」に間違えたものである。

　表9-127は「「取立ハ」の誤りの重要度」を問題としている。表9-127からわかるように、問12、52の平均値が自然度、不快度、理解度の順で高く、重視され、厳しく評価されている。言い換えれば、問12は理解でき、やや不快感があり、やや不自然なもの、問52はやや理解できず、かなり不快感があり、かなり不自然なものと評定されたといえる。

　それぞれの平均値について問12と問52の間でt検定を行った結果は、すべての基準において、問12より問52のほうが有意(p<.001)に重視され、厳しく評価されている。したがって、「取立ハ」の誤りにおいて、いずれの基準についても、「は」を「が」に間違えた誤りよりも、「は」が脱落された誤りのほうが重大だとされていることになる。

表9-127　「取立ハ」の誤りの重要度

評価の基準	問12	問52	差	t	有意水準
理解度	1.95(1.04)[*]	2.46(1.07)	-0.49	-8.51	p<.001
不快度	2.45(1.16)	3.06(1.06)	-0.61	-9.98	p<.001
自然度	2.90(1.25)	3.62(1.03)	-0.71	-11.53	p<.001

注)[*]平均とSD(カッコ内)

　表9-128は「性別による「取立ハ」の誤りの重要度」を問題としている。それぞれの平均値について男性と女性の間でt検定を行った結果は、問12、52の不快度においては、男性より女性のほうが有意(p<.05以下)に重視し、厳しく評価している。しかし、問12、52の理解度と自然度においては、いずれも男女の差は有意ではない(p>.05)。

　したがって、問12、52においては男女の差が、不快度についての評定に影響を与えるといえる。しかし、理解度と自然度についての評定には影響を与えるとはいえない。

表9-128　性別による「取立ハ」の誤りの重要度

評価の基準	問題	男性	女性	差	t	有意水準
理解度	12	1.96(1.04)[*]	1.99(1.03)	-0.03	-0.43	NS
	52	2.45(1.08)	2.48(1.04)	-0.03	-0.31	NS
不快度	12	2.37(1.15)	2.86(1.25)	-0.49	-2.21	p<.05
	52	2.97(1.07)	3.18(1.03)	-0.21	-2.63	p<.01
自然度	12	2.86(1.25)	2.97(1.24)	-0.11	-1.12	NS
	52	3.58(1.06)	3.66(0.99)	-0.08	-0.98	NS

注)[*]平均とSD(カッコ内)

　表9-129は「年齢による「取立ハ」の誤りの重要度と分散分析の結果」をとりあげている。表9-129からわかるように、問12・52の理解度、不快度、自然度は、それぞれ「10代・10代、60歳以上」「20代・10代、20代」「20代・20代」が最も重視し、厳しく評価している。したがって、「取立ハ」の誤りにおいて3つの基準についての評定は、ほぼ10～20代が最も厳しいといえる。

　表9-129に現われた「取立ハ」の誤りの重要度の傾向について行った1要因の分散分析の結果は、問12の3つの基準においては、要因(年齢)の主効果はp<.05以下で有

意である。そして、問52の自然度においては、要因の主効果はp<.01で有意である。しかし、問52の理解度と不快度においては、要因の主効果はp>.05で有意ではない。したがって、問12においては年齢の差が、すべての基準についての評定に影響を与えるといえる。そして、問52においては年齢の差が、自然度についての評定に影響を与えるといえる。しかし、理解度と不快度についての評定には影響を与えるとはいえない。

表9-129　年齢による「取立ハ」の誤りの重要度と分散分析の結果

評価の基準	問題	年齢別の誤りの重要度						F値	有意水準
		10代	20代	30代	40代	50代	60歳以上		
理解度	12	2.20	2.04	1.92	1.76	1.89	2.12	2.25	p<.05
	52	2.57	2.31	2.45	2.51	2.55	2.57	1.19	NS
不快度	12	2.52	2.72	2.39	2.25	2.21	2.25	3.82	p<.01
	52	3.10	3.10	3.09	3.00	2.95	2.98	0.38	NS
自然度	12	2.77	3.23	2.90	2.66	2.73	2.62	4.51	p<.001
	52	3.31	3.82	3.57	3.67	3.63	3.41	3.42	p<.01

9.3.5.2　とりたて詞ダケ

> ・初めキムチはとうがらしを使わないで塩(11)**ばかり**を使って作りました。

　問11はとりたて詞ダケの誤り（以下において「取立ダケ」の誤りと略称する。）である。問11は「だけ」を「ばかり」に間違えたものである。

　表9-130は「「取立ダケ」の誤りの重要度」を示している。表9-130からわかるように、問11の平均値が自然度、不快度、理解度の順で高く、重視され、厳しく評価されている。言い換えれば、問11は理解でき、やや不快感があり、やや不自然なものと評定されたといえる。

表9-130　「取立ダケ」の誤りの重要度

問題	理解度	不快度	自然度
11	1.87(1.01)[*]	2.38(1.17)	2.78(1.25)

注)[*]平均とSD(カッコ内)

　表9-131は「性別による「取立ダヶ」の誤りの重要度」を問題としている。それぞれの平均値について男性と女性の間でt検定を行った結果は、問11の不快度と自然度においては、男性より女性のほうが有意（p<.05以下）に重視し、厳しく評価している。しかし、問11の理解度においては、男女の差は有意ではない（p>.05）。

　したがって、問11においては男女の差が、不快度と自然度についての評定に影響を与えるといえる。しかし、理解度についての評定には影響を与えるとはいえない。

表9-131　性別による「取立ダヶ」の誤りの重要度

評価の基準	問題	男性	女性	差	t	有意水準
理解度	11	1.84(1.01)[*]	1.91(1.01)	-0.07	-0.77	NS
不快度	11	2.26(1.16)	2.55(1.16)	-0.29	-3.12	p<.01
自然度	11	2.68(1.28)	2.93(1.19)	-0.25	-2.58	p<.05

注)[*]平均とSD（カッコ内）

　表9-132は「年齢による「取立ダヶ」の誤りの重要度と分散分析の結果」をとりあげている。表9-132からわかるように、問11の理解度と不快度は「10代」、自然度は「20代」が最も重視し、厳しく評価している。したがって、「取立ダヶ」の誤りにおいて3つの基準についての評定は、10〜20代が最も厳しいといえる。

　表9-132に現われた「取立ダヶ」の誤りの重要度の傾向について行った1要因の分散分析の結果は、問11の不快度と自然度においては、要因（年齢）の主効果はp<.01以下で有意である。しかし、問11の理解度においては、要因の主効果はp<.05で有意ではない。したがって、問11においては年齢の差が、不快度と自然度についての評定に影響を与えるといえる。しかし、理解度についての評定には影響を与えるとはいえない。

表9-132　年齢による「取立ダヶ」の誤りの重要度と分散分析の結果

評価の基準	問題	年齢別の誤りの重要度						F値	有意水準
		10代	20代	30代	40代	50代	60歳以上		
理解度	11	2.10	1.86	1.84	1.69	1.92	1.94	1.64	NS
不快度	11	2.70	2.59	2.29	2.21	2.14	2.10	4.34	p<.001
自然度	11	2.87	3.00	2.80	2.53	2.81	2.31	3.57	p<.01

9.3.5.3　とりたて詞マデ

> ・キムチは世界的に関心が高まっている最も理想的な発酵食品<u>で</u>有名<u>し</u>、最近<u>には</u>輸
> 出(10)<u>までも</u>しています。

　問10はとりたて詞マデの誤り(以下において「取立マデ」の誤りと略称する。)である。問10は「輸出も」を「輸出までも」に間違えたものである。

　表9-133は「「取立マデ」の誤りの重要度」を示している。表9-133からわかるように、問10の平均値が自然度、不快度、理解度の順で高く、重視され、厳しく評価されている。言い換えれば、問10はやや理解できず、やや不快感があり、やや不自然なものと評定されたといえる。

表9-133　「取立マデ」の誤りの重要度

問題	理解度	不快度	自然度
10	2.06(1.11)[*]	2.53(1.17)	2.78(1.25)

注)[*]平均とSD(カッコ内)

　表9-134は「性別による「取立マデ」の誤りの重要度」を問題としている。それぞれの平均値について男性と女性の間でt検定を行った結果は、問10の不快度においては、男性より女性のほうが有意($p<.05$)に重視し、厳しく評価している。しかし、問10の理解度と自然度においては、どちらも男女の差は有意ではない($p>.05$)

　したがって、問10においては男女の差が、不快度についての評定に影響を与えるといえる。しかし、理解度についての評定には影響を与えるとはいえない。

表9-134　性別による「取立マデ」の誤りの重要度

評価の基準	問題	男性	女性	差	t	有意水準
理解度	10	1.99(1.05)[*]	2.15(1.19)	-0.16	-1.70	NS
不快度	10	2.44(1.16)	2.66(1.27)	-0.22	-2.33	$p<.05$
自然度	10	2.82(1.22)	2.96(1.29)	-0.14	-1.43	NS

注)[*]平均とSD(カッコ内)

　表9-135は「年齢による「取立マデ」の誤りの重要度と分散分析の結果」をとりあげている。表9-135からわかるように、問10の理解度は「50代、60歳以上」、不快度は

「10代」、自然度は「30代」が最も重視し、厳しく評価している。したがって、「取立マデ」の誤りにおいて3つの基準についての評定は、理解度の50代、60歳以上、不快度の10代、自然度の30代が最も厳しいといえる。

　表9-135に現われた「取立マデ」の誤りの重要度の傾向について行った1要因の分散分析の結果は、問10の3つの基準において、要因(年齢)の主効果はp>.05で有意ではない。したがって、問10においては年齢の差が、すべての基準についての評定に影響を与えないといえる。

表9-135　年齢による「取立マデ」の誤りの重要度と分散分析の結果

評価の基準	問題	年齢別の誤りの重要度						F値	有意水準
		10代	20代	30代	40代	50代	60歳以上		
理解度	10	2.19	1.93	2.04	2.03	2.20	2.20	1.12	NS
不快度	10	2.67	2.48	2.58	2.39	2.58	2.56	0.66	NS
自然度	10	2.84	2.88	2.98	2.76	2.96	2.71	0.68	NS

9.3.5.4　ムード

> ・辛くて、甘くて、すっぱくて、塩辛くて、そして苦味も少しは(50)**ありそう**です。
>
> ・私の考え**で**キムチの味は材料の選択にある(53)**とみます**。
>
> ・日本に留学した友達は、キムチが食べたくなって白菜の漬物を使ってキムチを作ったことがある(68)**とします**。

　問50、53、68はムードの誤りである。問50は「あるようです」を「ありそうです」に、問53は「と思います」を「とみます」に、問68は「あるそうです」を「あるとします」に間違えたものである。

　表9-136は「「ムード」の誤りの重要度と分散分析の結果」をとりあげている。表9-136からわかるように、問50、53、68の平均値が自然度、不快度、理解度の順で高く、重視され、厳しく評価されている。言い換えれば、問50、53は同様にやや理解できず、やや不快感があり、かなり不自然なもの、問68はやや理解できず、かなり不快感があり、かなり不自然なものと評定されたといえる。

　表9-136に現われた「ムード」の誤りの重要度について、「ムード」の誤りを要因と

して分散分析と多重比較を行った。その結果、いずれの基準においても、要因の主効果はp<.001で有意である。多重比較によれば、理解度においては問68と問50、問68と問53、問50と問53の間の差は有意である(p<.05)。つまり、問68、問50、問53の順で重視され、厳しく評価されている。また、不快度と自然度においては問68と問53、問68と問50の間の差は有意であるが(p<.05)、問53と問50の間の差は有意ではない(p>.05)。問68は問53、50より重視され、厳しく評価されているが、問53と問50の間には評価の差が認められない。

　以上、3つの基準においての結果をまとめると、「ムード」の誤りにおいて、いずれの基準についても、「と思います」を「とみます」に間違えた誤り(問53)と、「(ある)ようです」を「(あり)そうです」に間違えた誤り(問50)よりも、「(ある)そうです」を「(ある)とします」に間違えた誤り(問68)のほうが重大だとされていることになる。

表9-136　「ムード」の誤りの重要度と分散分析の結果

評価の基準	問50	問53	問68	F値	有意水準
理解度	2.36(1.20)*	2.15(1.09)	2.87(1.36)	59.30	p<.001
不快度	2.66(1.25)	2.74(1.24)	3.11(1.38)	22.84	p<.001
自然度	3.03(1.30)	3.13(1.27)	3.61(1.43)	35.56	p<.001

注)*平均とSD(カッコ内)

　表9-137は「性別による「ムード」の誤りの重要度」を問題としている。それぞれの平均値について男性と女性の間でt検定を行った結果は、問50、53、68の3つの基準(問68の理解度を除いて)において、男性より女性のほうが有意(p<.05以下)に重視し、厳しく評価している。

　したがって、問50、53、68においては男女の差が、すべての基準(問68の理解度を除いて)についての評定に影響を与えるといえる。

表9-137　性別による「ムード」の誤りの重要度

評価の基準	問題	男性	女性	差	t	有意水準
理解度	50	2.25(1.17)*	2.51(1.24)	-0.26	-2.72	p<.01
	53	2.03(1.05)	2.31(1.13)	-0.28	-3.25	p<.01
	68	2.79(1.37)	2.97(1.34)	-0.18	-1.67	NS
不快度	50	2.48(1.20)	2.90(1.29)	-0.42	-4.28	p<.001

	53	2.53(1.20)	3.01(1.24)	-0.48	-4.97	p<.001
	68	2.94(1.38)	3.34(1.35)	-0.40	-3.72	p<.001
自然度	50	2.89(1.30)	3.21(1.29)	-0.32	-3.15	p<.01
	53	2.96(1.25)	3.36(1.27)	-0.40	-4.00	p<.001
	68	3.51(1.44)	3.76(1.40)	-0.25	-2.18	p<.05

注)*平均とSD(カッコ内)

　表9-138は「年齢による「ムード」の誤りの重要度と分散分析の結果」をとりあげている。表9-138からわかるように、問50・53・68の理解度、不快度、自然度は、それぞれ「10代・10代・20代」「10代・10代、20代・10代」「20代・20代・20代」が最も重視し、厳しく評価している。したがって、「ムード」の誤りにおいて3つの基準についての評定は、10〜20代が最も厳しいといえる。

　表9-138に現われた「ムード」の誤りの重要度について行った1要因の分散分析の結果は、問50、53の3つの基準(問53の理解度を除いて)においては、要因(年齢)の主効果はp>.05で有意ではない。ただし、問53の理解度においては、要因の主効果はp<.01で有意である。そして、問68の3つの基準においては、要因の主効果はp<.001で有意である。したがって、問50、53においては年齢の差が、問53の理解度だけについての評定に影響を与えるといえる。そして、問68においては年齢の差が、すべての基準についての評定に影響を与えるといえる。

表9-138　年齢による「ムード」の誤りの重要度と分散分析の結果

評価の基準	問題	年齢別の誤りの重要度						F値	有意水準
		10代	20代	30代	40代	50代	60歳以上		
理解度	50	2.66	2.40	2.27	2.19	2.36	2.29	1.72	NS
	53	2.56	2.14	2.02	2.03	2.36	2.19	3.11	p<.01
	68	2.85	3.12	3.03	2.63	2.73	2.19	4.97	p<.001
不快度	50	2.84	2.80	2.57	2.54	2.53	2.53	1.47	NS
	53	2.90	2.90	2.69	2.51	2.61	2.19	1.79	NS
	68	3.19	3.47	3.18	2.92	2.81	2.28	7.21	p<.001
自然度	50	3.01	3.22	2.89	2.89	3.05	2.94	1.47	NS
	53	3.11	3.34	3.06	3.03	3.06	2.75	1.47	NS
	68	3.41	4.02	3.77	3.50	3.43	2.50	10.60	p<.001

9.3.5.5 スタイル

> ・忙しい方は**休む日**に家族の皆で韓国料理店に行って、キムチを食べてみることを
> **きっと**(78)**勧めます。**
> ・作り方も簡単ですからめんどうだと思わないで作ってみ(80)**なさい**。

　問78、80はスタイルの誤り(以下において「スタイル」の誤りと略称する。)である。問78は「お勧めします」を「勧めます」に、問80は「みてください」を「みなさい」に間違えたものである。

　表9-139は「「スタイル」の誤りの重要度」を問題としている。表9-139からわかるように、問78、80の平均値が自然度、不快度、理解度の順で高く、重視され、厳しく評価されている。言い換えれば、問78は理解でき、やや不快感があり、やや不自然なもの、問80はやや理解できず、かなり不快感があり、非常に不自然なものと評定されたといえる。

　それぞれの平均値について問78と問80の間でt検定を行った結果は、すべての基準において、問78より問80のほうが有意(p<.001)に重視され、厳しく評価されている。したがって、「スタイル」の誤りにおいて、いずれの基準についても、「謙譲語(お＋動詞連用形＋する)」を「普通語(する)」に間違えた誤りよりも、「〜てください」を「〜なさい」に間違えた誤りのほうが重大だとされていることになる。

表9-139 「スタイル」の誤りの重要度

評価の基準	問78	問80	差	t	有意水準
理解度	1.62(0.95)*	2.26(1.15)	-0.64	-10.82	p<.001
不快度	2.14(1.25)	3.92(1.17)	-1.78	-26.54	p<.001
自然度	2.31(1.32)	4.03(1.04)	-1.72	-26.54	p<.001

注)*平均とSD(カッコ内)

　表9-140は「性別による「スタイル」の誤りの重要度」を問題としている。それぞれの平均値について男性と女性の間でt検定を行った結果は、問78、80の3つの基準において、いずれも男女の差は有意ではない(p>.05)。

　したがって、問78、80においては男女の差が、すべての基準についての評定に影響を与えないといえる。

表9-140　性別による「スタイル」の誤りの重要度

評価の基準	問題	男性	女性	差	t	有意水準
理解度	78	1.61(0.97)[*]	1.64(0.92)	-0.03	-0.41	NS
	80	2.24(1.14)	2.28(1.17)	-0.04	-0.44	NS
不快度	78	2.06(1.24)	2.25(1.26)	-0.19	-1.89	NS
	80	3.89(1.18)	3.96(1.16)	-0.07	-0.79	NS
自然度	78	2.26(1.32)	2.38(1.33)	-0.12	-1.11	NS
	80	4.03(1.02)	4.03(1.06)	0.00	0.08	NS

注)[*]平均とSD(カッコ内)

　表9-141は「年齢による「スタイル」の誤りの重要度と分散分析の結果」をとりあげている。表9-141からわかるように、問78・80の理解度、不快度、自然度は、それぞれ「10代・60歳以上」「10代・20代」「20代・50代」が最も重視し、厳しく評価している。したがって、「スタイル」の誤りにおいて3つの基準についての評定は、ほぼ10〜20代が最も厳しいといえる。

　表9-141に現われた「スタイル」の誤りの重要度について行った1要因の分散分析の結果は、問78の自然度においては、要因(年齢)の主効果はp<.05で有意である。しかし、問78の理解度と不快度においては、要因の主効果はp>.05で有意ではない。そして、問80の3つの基準においては、要因の主効果はp<.05で有意である。したがって、問78においては年齢の差が、自然度についての評定に影響を与えるといえる。しかし、理解度と不快度についての評定には影響を与えるとはいえない。そして、問80においては年齢の差が、すべての基準についての評定に影響を与えるといえる。

表9-141　年齢による「スタイル」の誤りの重要度と分散分析の結果

評価の基準	問題	年齢別の誤りの重要度						F値	有意水準
		10代	20代	30代	40代	50代	60歳以上		
理解度	78	2.66	2.40	2.17	2.19	2.36	2.29	1.49	NS
	80	2.39	2.09	2.18	2.30	2.49	2.51	2.27	p<.05
不快度	78	2.84	2.80	2.57	2.54	2.53	2.53	1.74	NS
	80	4.01	4.08	3.97	3.70	3.87	3.51	2.80	p<.05
自然度	78	1.96	2.47	2.38	2.20	2.45	2.06	2.39	p<.05
	80	3.89	4.13	4.01	4.00	4.25	3.66	2.56	p<.05

9.3.5.6　ノダ

> ・しかし「キムチはどうしてこんなに(14)<u>辛いです</u>か。」と尋ねる人はいません。
> ・文化交流というのは、このような簡単なことから始まる(84)<u>のがない</u>でしょうか。

　問14、84はノダの誤りである。問14は「辛いの[ん]です」を「辛いです」に、問84は「のではない」を「のがない」に間違えたものである。

　表9-142は「「ノダ」の誤りの重要度」を問題としている。表9-142からわかるように、問14、84の平均値は、自然度、不快度、理解度の順で高く、重視され、厳しく評価されている。言い換えれば、問14は理解でき、やや不快感があり、かなり不自然なもの、問84はかなり理解できず、かなり不快感があり、非常に不自然なものと評定されたといえる。

　それぞれの平均値について問14と問84の間でt検定を行った結果は、すべての基準において、問14より問84のほうが有意(p<.001)に重視され、厳しく評価されている。したがって、「ノダ」の誤りにおいて、いずれの基準についても、「のだ」の「の」が脱落された誤りより、「のだ」が存在を表す「のがない」に間違えた誤りのほうが重大だとされていることになる。

表9-142　「ノダ」の誤りの重要度

評価の基準	問14	問84	差	t	有意水準
理解度	1.97(1.03)[*]	3.46(1.27)	-1.49	-23.43	p<.001
不快度	2.66(1.15)	3.78(1.12)	-1.12	-17.87	p<.001
自然度	3.21(1.14)	4.41(0.84)	-1.20	-21.67	p<.001

注)[*]平均とSD(カッコ内)

　表9-143は「性別による「ノダ」の誤りの重要度」を問題としている。それぞれの平均値について男性と女性の間でt検定を行った結果は、問14の不快度と自然度においては、男性より女性のほうが有意(p<.05)に重視し、厳しく評価している。そして、問84の不快度においては、男性より女性のほうが有意(p<.01)に重視し、厳しく評価している。

　したがって、問14においては男女の差が、不快度と自然度についての評定に影

響を与えるといえる。そして、問84においては男女の差が、不快度についての評定
に影響を与えるといえる。

表9-143　性別による「ノダ」の誤りの重要度

評価の基準	問題	男性	女性	差	t	有意水準
理解度	14	1.95(1.01)[*]	2.01(1.06)	-0.06	-0.77	NS
	84	3.50(1.25)	3.42(1.29)	0.08	0.86	NS
不快度	14	2.56(1.14)	2.79(1.15)	-0.23	-2.55	p<.05
	84	3.68(1.13)	3.91(1.11)	-0.23	-2.68	p<.01
自然度	14	3.13(1.11)	3.32(1.16)	-0.19	-2.13	p<.05
	84	4.37(0.83)	4.45(0.87)	-0.08	-1.18	NS

注)[*]平均とSD(カッコ内)

　表9-144は「年齢による「ノダ」の誤りの重要度と分散分析の結果」をとりあげてい
る。表9-144からわかるように、問14、84の理解度、不快度、自然度は、それぞれ
「50代・50代」「10代・10代」「10代・20代」が最も重視し、厳しく評価している。し
たがって、「ノダ」の誤りにおいて3つの基準についての評定は、理解度は50代が、
不快度と自然度は10〜20代が最も厳しいといえる。

　この表9-144に現われた「ノダ」の誤りの重要度について行った1要因の分散分析
の結果は、問14の3つの基準においては、要因(年齢)の主効果はp<.001で有意であ
る。そして、問84の自然度においては、要因の主効果はp<.05で有意である。しか
し、問84の理解度と不快度においては、要因の主効果はp>.05で有意ではない。し
たがって、問14においては年齢の差が、すべての基準についての評定に影響を与
えるといえる。そして、問84においては年齢の差が、自然度についての評定に影響
を与えるといえる。しかし、理解度と不快度についての評定には影響を与えると
はいえない。

表9-144　年齢による「ノダ」の誤りの重要度と分散分析の結果

評価の基準	問題	年齢別の誤りの重要度						F値	有意水準
		10代	20代	30代	40代	50代	60歳以上		
理解度	14	1.85	1.93	1.82	1.93	2.15	1.95	5.73	p<.001
	84	3.64	3.39	3.46	3.43	3.71	3.19	1.41	NS

不快度	14	2.83	2.66	2.43	2.25	2.37	2.56	7.50	p<.001
	84	3.93	3.85	3.80	3.67	3.78	3.44	1.42	NS
自然度	14	3.41	3.20	2.93	2.90	2.82	3.13	8.35	p<.001
	84	4.41	4.48	4.47	4.30	4.47	4.02	2.91	p<.05

9.3.6　表現

> ・普通(26)<u>**天気が暑い**</u>時キムチは冷蔵庫に保管します。
>
> ・真っ赤なのに食べてみたら(83)<u>**味が辛く**</u>ないのでびっくりすることもあります。

　問26、83は表現の誤りである。問26は「気温が高い、暑い」を「天気が暑い」に、問83は「辛く」を「味が辛く」に間違えたものである。

　表9-145は「「表現」の誤りの重要度」を問題としている。表9-145からわかるように、問26、83の平均値は、自然度、不快度、理解度の順で高く、重視され、厳しく評価されている。言い換えれば、問26はやや理解できず、かなり不快感があり、かなり不自然なもの、問83は理解でき、やや不快感があり、やや不自然なものと評定されたといえる。

　それぞれの平均値について問26と問83の間でt検定を行った結果は、すべての基準において、問83より問26のほうが有意(p<.001)に重視され、厳しく評価されている。したがって、「表現」の誤りにおいて、いずれの基準についても、「味が」が添加された誤りよりも、「気温が高い」を「天気が暑い」に間違えた誤りのほうが重大だとされていることになる。

表9-145　「表現」の誤りの重要度

評価の基準	問26	問83	差	t	有意水準
理解度	2.49(1.20)[*]	1.78(1.06)	0.71	11.20	p<.001
不快度	3.24(1.16)	2.22(1.22)	1.02	15.34	p<.001
自然度	3.88(1.02)	2.62(1.33)	1.26	18.91	p<.001

注)[*]平均とSD(カッコ内)

　表9-146は「性別による「表現」の誤りの重要度」を問題としている。それぞれの平均値について男性と女性の間でt検定を行った結果は、問26の不快度においては、

男性より女性のほうが有意(p<.01)に重視し、厳しく評価している。そして、問83の3つの基準においては、男性より女性のほうが有意(p<.05以下)に重視し、厳しく評価している。

　したがって、問26においては男女の差が、不快度についての評定に影響を与えるといえる。そして、問83においては男女の差が、すべての基準についての評定に影響を与えるといえる。

表9-146　性別による「表現」の誤りの重要度

評価の基準	問題	男性	女性	差	t	有意水準
理解度	26	2.46(1.19)*	2.52(1.21)	-0.06	-0.60	NS
	83	1.71(1.02)	1.89(1.11)	-0.18	-2.04	p<.05
不快度	26	3.12(1.16)	3.40(1.14)	-0.28	-3.02	p<.01
	83	2.04(1.13)	2.48(1.30)	-0.44	-4.32	p<.001
自然度	26	3.84(1.02)	3.92(1.03)	-0.08	-0.99	NS
	83	2.46(1.27)	2.85(1.39)	-0.39	-3.62	p<.001

注)*平均とSD(カッコ内)

　表9-147は「年齢による「表現」の誤りの重要度と分散分析の結果」をとりあげている。表9-147からわかるように、問26・83の理解度、不快度、自然度は、それぞれ「60歳以上・10代」「10代・10代」「10代・20代」が最も重視し、厳しく評価している。したがって、「表現」の誤りにおいて3つの基準についての評定は、ほぼ10～20代が最も厳しいといえる。

　表9-147に現われた「表現」の誤りの重要度について行った1要因の分散分析の結果は、問26、83の3つの基準(問26の不快度を除いて)においては、要因(年齢)の主効果はp>.05で有意ではない。ただし、問26の不快度においては、要因の主効果はp<.01で有意である。したがって、問26、83においては年齢の差が、問26の不快度だけについての評定に影響を与えるといえる。

표9-147 年齢による「表現」の誤りの重要度と分散分析の結果

| 評価の基準 | 問題 | 年齢別の誤りの重要度 | | | | | | F値 | 有意水準 |
		10代	20代	30代	40代	50代	60歳以上		
理解度	26	2.67	2.43	2.48	2.31	2.43	2.88	2.11	NS
	83	1.94	1.73	1.83	1.72	1.70	1.90	0.76	NS
不快度	26	3.45	3.37	3.30	3.09	2.85	3.13	3.16	p<.01
	83	2.40	2.34	2.17	2.17	2.04	2.08	1.17	NS
自然度	26	4.06	3.97	3.90	3.75	3.73	3.65	1.98	NS
	83	2.60	2.82	2.60	2.59	2.52	2.25	1.62	NS

9.4 まとめ

　以上、84個の誤りを49種類に分けて、3つの基準における評定と日本語母語話者の性別・年齢別に見た誤りの評価について考察した。

　その結果、84個の誤りはほとんど自然度、不快度、理解度の順で、重視され、厳しく評価された。そして、49種類において、同じ種類に属する誤りを分析した結果、同じ種類の誤りはすべての基準において、評価の差が有意である。

　性別・年齢別に見た誤りの評価について考察した結果は、表9-148(「性別・年齢による84問題の誤りについての評価で、有意差のある問題数」)からわかるように、性の差は不快度、年齢の差はすべての基準についての評定に影響を与えるものが多いといえる。

表9-148 性別・年齢による84問題の誤りについての評価で、有意差のある問題数

| 日本語母語話者の要因 | 有意差のある問題数 | | (%) |
	理解度	不快度	自然度
性別	10(11.9)	54(64.3)	34(40.5)
年齢	33(39.3)	35(41.7)	62(73.8)

　具体的に述べると、性の差においては男性より女性のほうが学習者の誤りが理解できず、不快感を持ち、不自然だと評定していることがわかる。そして、表9-149(「年齢別に最も厳しく評価された誤りの数」)からわかるように、年齢別に最も厳しく評価された誤りの数は、理解度は60歳以上・10代、不快度の10代・20代

が、自然度は20代が最も多い。すなわち10代と60歳以上は理解度と不快度で、20
代は不快度と自然度で多いが、30〜50代はすべての基準で少ないことがわかる。

表9-149　年齢別に最も厳しく評価された誤りの数　　　　　　　　　　　　(%)

評価の基準	10代	20代	30代	40代	50代	60歳以上
理解度<89>	29(32.6)	7 (7.9)	5 (5.6)	–	14(15.7)	34(38.2)
不快度<89>	31(34.8)	31(34.8)	6 (6.7)	3 (3.4)	1 (1.1)	17(19.1)
自然度<85>	5 (5.9)	56(65.9)	9(10.6)	1 (1.2)	9(10.6)	5 (5.9)

　表9-150(「84問題の各誤りにおける日本語母語話者の要因別の評価」)からわかるよう
に、性別・年齢別の2つの要因で、同時に有意差のある問題の数は、理解度は4
問、不快度が29問、自然度が27問である。また、すべての要因(1〜14)は、問28の
自然度についての評定に影響を与えるが、問7、37、39、51、56、59、61、81の理
解度、問3、4の不快度、問40、43の自然度についての評定には影響を与えないこ
とがわかる。

表9-150　84問題の各誤りにおける日本語母語話者の要因別の評価

(日本語母語話者の要因別に、84問題の各誤りの重要度について t 検定(要因1、4〜14)と分散分析(要因2、3)を行った。この表はその結果、p＜.05以下で有意であるもの(*印)をまとめたものである。)

日本語母語話者の要因：
1.性別
2.年齢
3.職業
4.学歴
5.韓国語の学習歴
6.外国人との対話の経験
7.「6.」の程度
8.外国人の日本語の誤文を読んだ経験
9.「8.」程度
10.話せる外国語
11.外国に住んだ経験
12.韓国のキムチについての知識
13.韓国に対する関心
14.韓国についての知識

問題の番号：誤りの種類／評価の基準(理＝理解度、不＝不快度、自＝自然度)、要因 1〜14 について有意なもの(*)。

問題の番号	誤りの種類	基準	1	2	3	4	5	6	7	8	9	10	11	12	13	14
84問題全体		理					*			*					*	
		不	*	*	*	*						*	*			
		自	*	*		*	*	*	*	*	*	*	*	*	*	*
1	N(漢)	理		*	*	*	*	*	*	*	*	*	*	*	*	*
		不					*	*							*	
		自	*		*							*	*			
2	N(漢)	理		*	*	*	*			*		*	*			
		不					*									
		自	*	*	*		*		*				*		*	*
3	受身	理		*			*	*		*						
		不														
		自	*		*		*	*		*			*			
4	連用形	理		*	*	*	*	*		*		*				
		不														
		自	*													
5	引用	理		*			*	*		*	*		*		*	
		不	*	*		*						*				
		自	*	*					*							
6	Ad	理		*			*	*			*					
		不			*											
		自	*	*		*			*			*	*			

左表

No.	項目	区分	1	2	3	4	5	6	7	8	9	10	11	12	13
7	格トシテ	理													
		不			*	*									
		自			*	*									
8	品詞	理			*	*	*	*	*	*	*	*			
		不									*				
		自											*		
9	格デ	理			*	*	*	*	*	*	*	*	*	*	
		不					*							*	
		自													*
10	取立マデ	理			*	*	*	*		*		*		*	*
		不	*			*								*	*
		自				*	*							*	
11	取立ダケ	理			*	*	*		*					*	
		不	*	*									*		
		自	*	*									*	*	
12	取立ハ	理		*		*	*			*	*		*	*	*
		不	*	*		*									
		自		*											
13	活用	理		*		*	*	*		*	*			*	*
		不	*	*	*								*		
		自	*	*	*								*		*
14	ノダ	理		*	*	*	*	*	*	*	*	*	*	*	*
		不	*	*	*						*				*
		自	*	*	*										*
15	格ニ	理		*		*	*	*	*	*	*	*	*	*	*
		不	*	*	*	*									
		自	*	*	*										*
16	数	理		*	*		*						*		
		不		*	*		*						*		
		自		*	*	*		*							
17	名詞節	理		*		*	*	*		*		*		*	*
		不					*	*							*
		自								*		*		*	
18	条件	理	*	*	*	*	*	*		*				*	
		不	*		*						*			*	
		自	*	*		*				*		*			
19	N	理		*		*		*		*				*	
		不											*		
		自		*	*	*			*	*			*	*	*
20	受身	理		*	*	*	*			*	*				
		不		*	*										
		自	*	*	*	*		*		*			*	*	*
21	名詞節	理					*	*							
		不	*										*		
		自			*				*	*	*	*	*		
22	可能	理		*	*	*	*	*		*	*	*		*	
		不	*	*		*						*	*		*
		自	*						*			*	*	*	

右表

No.	項目	区分	1	2	3	4	5	6	7	8	9	10	11	12	13
23	格デ	理		*	*		*							*	
		不			*	*									
		自			*	*									
24	格ニ	理		*			*	*			*			*	
		不												*	
		自		*		*						*			
25	N	理		*		*	*	*		*		*		*	
		不					*								
		自										*			*
26	表現	理				*	*		*		*	*	*	*	
		不	*	*										*	
		自								*					
27	並V	理		*											
		不		*	*			*	*	*		*	*		
		自			*		*	*	*	*	*	*			
28	VP	理	*	*											
		不	*	*	*	*	*			*	*	*	*		
		自	*	*	*	*	*	*	*	*		*	*	*	*
29	VP	理		*		*		*			*				
		不		*								*			
		自				*			*	*			*	*	
30	複V	理		*			*								
		不	*	*	*	*					*	*		*	*
		自	*	*	*	*	*	*	*			*	*	*	*
31	並V	理		*							*				
		不		*	*						*	*			
		自			*			*			*				
32	VP	理				*	*	*		*					
		不										*	*		
		自						*		*	*	*		*	
33	C	理		*											
		不	*	*	*						*	*			
		自	*	*	*	*				*	*	*			*
34	受給	理				*		*		*					
		不	*	*			*	*	*				*	*	*
		自	*	*			*	*	*				*		
35	可能	理									*				
		不	*										*	*	
		自	*			*		*	*	*	*	*	*	*	*
36	ノ連	理	*				*					*			
		不	*			*							*		
		自	*	*			*	*			*	*	*		*
37	A	理													
		不	*												
		自	*										*		
38	タ	理	*	*											
		不	*	*	*								*		
		自	*	*			*	*	*	*	*		*	*	

<table>
<tr><td>39</td><td>活用</td><td>理</td><td></td><td></td><td></td><td></td><td></td><td></td><td></td><td></td><td>*</td><td></td><td></td><td></td></tr>
<tr><td></td><td></td><td>不</td><td>*</td><td></td><td></td><td></td><td></td><td></td><td></td><td></td><td></td><td></td><td></td><td></td></tr>
<tr><td></td><td></td><td>自</td><td>*</td><td></td><td></td><td>*</td><td>*</td><td></td><td></td><td>*</td><td></td><td>*</td><td>*</td><td></td></tr>
<tr><td>40</td><td>可能</td><td>理</td><td></td><td></td><td></td><td>*</td><td></td><td></td><td></td><td></td><td></td><td></td><td></td><td></td></tr>
<tr><td></td><td></td><td>不</td><td></td><td></td><td></td><td>*</td><td></td><td></td><td></td><td></td><td></td><td>*</td><td></td><td></td></tr>
<tr><td></td><td></td><td>自</td><td></td><td></td><td></td><td></td><td></td><td></td><td></td><td></td><td></td><td></td><td></td><td></td></tr>
<tr><td>41</td><td>副用</td><td>理</td><td></td><td></td><td></td><td>*</td><td>*</td><td>*</td><td></td><td>*</td><td></td><td></td><td>*</td><td></td></tr>
<tr><td></td><td></td><td>不</td><td>*</td><td>*</td><td></td><td></td><td></td><td></td><td></td><td></td><td></td><td></td><td></td><td></td></tr>
<tr><td></td><td></td><td>自</td><td></td><td>*</td><td>*</td><td></td><td></td><td>*</td><td></td><td></td><td></td><td></td><td></td><td>*</td></tr>
<tr><td>42</td><td>C</td><td>理</td><td></td><td></td><td></td><td></td><td>*</td><td></td><td></td><td></td><td></td><td></td><td></td><td></td></tr>
<tr><td></td><td></td><td>不</td><td>*</td><td>*</td><td></td><td>*</td><td></td><td></td><td></td><td></td><td></td><td></td><td></td><td></td></tr>
<tr><td></td><td></td><td>自</td><td></td><td>*</td><td></td><td>*</td><td>*</td><td></td><td></td><td>*</td><td></td><td>*</td><td></td><td>*</td></tr>
<tr><td>43</td><td>格ニヨッテ</td><td>理</td><td></td><td></td><td></td><td>*</td><td>*</td><td>*</td><td></td><td>*</td><td></td><td>*</td><td>*</td><td></td></tr>
<tr><td></td><td></td><td>不</td><td></td><td></td><td></td><td></td><td>*</td><td></td><td></td><td></td><td></td><td></td><td></td><td></td></tr>
<tr><td></td><td></td><td>自</td><td></td><td></td><td></td><td></td><td></td><td></td><td></td><td></td><td></td><td></td><td></td><td></td></tr>
<tr><td>44</td><td>品詞</td><td>理</td><td></td><td></td><td></td><td>*</td><td>*</td><td>*</td><td></td><td>*</td><td></td><td></td><td>*</td><td>*</td></tr>
<tr><td></td><td></td><td>不</td><td>*</td><td>*</td><td>*</td><td></td><td></td><td></td><td></td><td></td><td></td><td></td><td></td><td></td></tr>
<tr><td></td><td></td><td>自</td><td>*</td><td>*</td><td>*</td><td></td><td></td><td>*</td><td></td><td></td><td></td><td>*</td><td></td><td></td></tr>
<tr><td>45</td><td>テ形</td><td>理</td><td>*</td><td></td><td></td><td>*</td><td>*</td><td>*</td><td></td><td>*</td><td></td><td></td><td>*</td><td></td></tr>
<tr><td></td><td></td><td>不</td><td>*</td><td>*</td><td>*</td><td></td><td></td><td></td><td></td><td>*</td><td></td><td></td><td>*</td><td></td></tr>
<tr><td></td><td></td><td>自</td><td>*</td><td>*</td><td>*</td><td>*</td><td></td><td></td><td>*</td><td></td><td>*</td><td></td><td>*</td><td></td></tr>
<tr><td>46</td><td>並N</td><td>理</td><td></td><td></td><td></td><td>*</td><td></td><td></td><td></td><td></td><td></td><td></td><td></td><td></td></tr>
<tr><td></td><td></td><td>不</td><td>*</td><td>*</td><td></td><td>*</td><td></td><td></td><td>*</td><td></td><td></td><td>*</td><td>*</td><td></td></tr>
<tr><td></td><td></td><td>自</td><td></td><td>*</td><td></td><td>*</td><td></td><td></td><td>*</td><td></td><td>*</td><td>*</td><td>*</td><td></td></tr>
<tr><td>47</td><td>不定</td><td>理</td><td></td><td></td><td>*</td><td>*</td><td>*</td><td>*</td><td></td><td>*</td><td></td><td></td><td></td><td>*</td></tr>
<tr><td></td><td></td><td>不</td><td>*</td><td></td><td></td><td></td><td></td><td></td><td></td><td></td><td>*</td><td></td><td></td><td></td></tr>
<tr><td></td><td></td><td>自</td><td>*</td><td>*</td><td></td><td></td><td></td><td></td><td></td><td></td><td>*</td><td>*</td><td></td><td></td></tr>
<tr><td>48</td><td>不定</td><td>理</td><td>*</td><td></td><td></td><td></td><td></td><td></td><td></td><td></td><td></td><td></td><td></td><td></td></tr>
<tr><td></td><td></td><td>不</td><td>*</td><td></td><td></td><td></td><td></td><td></td><td></td><td></td><td>*</td><td></td><td></td><td></td></tr>
<tr><td></td><td></td><td>自</td><td></td><td>*</td><td></td><td>*</td><td>*</td><td>*</td><td>*</td><td>*</td><td></td><td>*</td><td>*</td><td></td></tr>
<tr><td>49</td><td>受身</td><td>理</td><td></td><td>*</td><td>*</td><td></td><td>*</td><td></td><td>*</td><td></td><td>*</td><td>*</td><td></td><td>*</td></tr>
<tr><td></td><td></td><td>不</td><td></td><td>*</td><td>*</td><td></td><td>*</td><td></td><td>*</td><td></td><td>*</td><td></td><td></td><td>*</td></tr>
<tr><td></td><td></td><td>自</td><td></td><td>*</td><td>*</td><td>*</td><td></td><td>*</td><td></td><td></td><td>*</td><td></td><td></td><td></td></tr>
<tr><td>50</td><td>ムード</td><td>理</td><td>*</td><td></td><td></td><td></td><td></td><td></td><td></td><td></td><td></td><td></td><td></td><td></td></tr>
<tr><td></td><td></td><td>不</td><td>*</td><td></td><td></td><td></td><td></td><td></td><td></td><td></td><td>*</td><td></td><td></td><td></td></tr>
<tr><td></td><td></td><td>自</td><td></td><td></td><td></td><td></td><td></td><td></td><td>*</td><td></td><td>*</td><td></td><td></td><td></td></tr>
<tr><td>51</td><td>格カラ</td><td>理</td><td></td><td></td><td></td><td></td><td></td><td></td><td></td><td></td><td></td><td></td><td></td><td></td></tr>
<tr><td></td><td></td><td>不</td><td>*</td><td></td><td></td><td></td><td></td><td></td><td>*</td><td>*</td><td>*</td><td></td><td></td><td></td></tr>
<tr><td></td><td></td><td>自</td><td></td><td>*</td><td></td><td>*</td><td></td><td></td><td>*</td><td></td><td>*</td><td>*</td><td>*</td><td></td></tr>
<tr><td>52</td><td>取立ハ</td><td>理</td><td></td><td></td><td></td><td>*</td><td>*</td><td>*</td><td></td><td></td><td></td><td></td><td></td><td></td></tr>
<tr><td></td><td></td><td>不</td><td>*</td><td></td><td></td><td></td><td></td><td></td><td></td><td>*</td><td></td><td></td><td>*</td><td></td></tr>
<tr><td></td><td></td><td>自</td><td></td><td>*</td><td></td><td>*</td><td></td><td>*</td><td>*</td><td>*</td><td></td><td>*</td><td>*</td><td></td></tr>
<tr><td>53</td><td>ムード</td><td>理</td><td>*</td><td>*</td><td>*</td><td>*</td><td></td><td></td><td>*</td><td></td><td></td><td></td><td></td><td></td></tr>
<tr><td></td><td></td><td>不</td><td>*</td><td></td><td>*</td><td></td><td></td><td></td><td></td><td></td><td></td><td></td><td></td><td></td></tr>
<tr><td></td><td></td><td>自</td><td></td><td>*</td><td>*</td><td></td><td></td><td>*</td><td></td><td></td><td>*</td><td></td><td></td><td></td></tr>
<tr><td>54</td><td>自他</td><td>理</td><td></td><td></td><td>*</td><td>*</td><td>*</td><td></td><td>*</td><td></td><td></td><td>*</td><td></td><td></td></tr>
<tr><td></td><td></td><td>不</td><td>*</td><td>*</td><td>*</td><td></td><td></td><td></td><td></td><td>*</td><td>*</td><td></td><td></td><td></td></tr>
<tr><td></td><td></td><td>自</td><td>*</td><td></td><td></td><td>*</td><td></td><td></td><td>*</td><td>*</td><td>*</td><td>*</td><td></td><td>*</td></tr>
</table>

<table>
<tr><td>55</td><td>コソア</td><td>理</td><td></td><td></td><td></td><td>*</td><td>*</td><td>*</td><td></td><td>*</td><td>*</td><td></td><td></td><td></td></tr>
<tr><td></td><td></td><td>不</td><td>*</td><td></td><td></td><td></td><td></td><td></td><td></td><td></td><td></td><td></td><td></td><td></td></tr>
<tr><td></td><td></td><td>自</td><td></td><td>*</td><td></td><td>*</td><td>*</td><td>*</td><td>*</td><td>*</td><td></td><td>*</td><td></td><td>*</td></tr>
<tr><td>56</td><td>格ト</td><td>理</td><td></td><td></td><td></td><td></td><td></td><td></td><td></td><td></td><td></td><td></td><td>*</td><td></td></tr>
<tr><td></td><td></td><td>不</td><td></td><td></td><td></td><td></td><td></td><td></td><td></td><td></td><td></td><td></td><td></td><td></td></tr>
<tr><td></td><td></td><td>自</td><td></td><td>*</td><td></td><td>*</td><td>*</td><td></td><td>*</td><td></td><td></td><td></td><td></td><td></td></tr>
<tr><td>57</td><td>格ニツイテ</td><td>理</td><td>*</td><td></td><td>*</td><td>*</td><td></td><td>*</td><td></td><td></td><td></td><td></td><td>*</td><td></td></tr>
<tr><td></td><td></td><td>不</td><td>*</td><td>*</td><td></td><td></td><td></td><td></td><td></td><td></td><td></td><td></td><td>*</td><td></td></tr>
<tr><td></td><td></td><td>自</td><td>*</td><td>*</td><td></td><td>*</td><td></td><td></td><td>*</td><td>*</td><td>*</td><td></td><td>*</td><td></td></tr>
<tr><td>58</td><td>V</td><td>理</td><td></td><td>*</td><td></td><td>*</td><td>*</td><td>*</td><td>*</td><td>*</td><td></td><td>*</td><td></td><td>*</td></tr>
<tr><td></td><td></td><td>不</td><td>*</td><td></td><td></td><td>*</td><td></td><td></td><td></td><td></td><td></td><td></td><td></td><td></td></tr>
<tr><td></td><td></td><td>自</td><td></td><td>*</td><td></td><td>*</td><td></td><td>*</td><td></td><td>*</td><td></td><td></td><td></td><td>*</td></tr>
<tr><td>59</td><td>N</td><td>理</td><td>*</td><td></td><td></td><td></td><td></td><td></td><td></td><td></td><td></td><td></td><td></td><td></td></tr>
<tr><td></td><td></td><td>不</td><td></td><td></td><td></td><td></td><td></td><td></td><td></td><td></td><td></td><td></td><td></td><td></td></tr>
<tr><td></td><td></td><td>自</td><td></td><td>*</td><td></td><td>*</td><td>*</td><td>*</td><td></td><td>*</td><td></td><td>*</td><td>*</td><td></td></tr>
<tr><td>60</td><td>自発</td><td>理</td><td></td><td></td><td></td><td></td><td>*</td><td></td><td>*</td><td></td><td>*</td><td></td><td></td><td></td></tr>
<tr><td></td><td></td><td>不</td><td>*</td><td>*</td><td>*</td><td></td><td></td><td></td><td></td><td></td><td>*</td><td></td><td></td><td></td></tr>
<tr><td></td><td></td><td>自</td><td>*</td><td>*</td><td></td><td>*</td><td>*</td><td>*</td><td>*</td><td>*</td><td>*</td><td>*</td><td></td><td>*</td></tr>
<tr><td>61</td><td>格ニ</td><td>理</td><td></td><td></td><td></td><td></td><td></td><td></td><td></td><td></td><td></td><td></td><td></td><td></td></tr>
<tr><td></td><td></td><td>不</td><td></td><td></td><td></td><td>*</td><td></td><td></td><td>*</td><td></td><td></td><td>*</td><td>*</td><td></td></tr>
<tr><td></td><td></td><td>自</td><td></td><td>*</td><td>*</td><td>*</td><td>*</td><td>*</td><td>*</td><td>*</td><td></td><td>*</td><td>*</td><td>*</td></tr>
<tr><td>62</td><td>使役</td><td>理</td><td></td><td></td><td></td><td></td><td></td><td></td><td>*</td><td></td><td></td><td></td><td></td><td></td></tr>
<tr><td></td><td></td><td>不</td><td>*</td><td></td><td></td><td></td><td></td><td></td><td></td><td></td><td></td><td>*</td><td>*</td><td></td></tr>
<tr><td></td><td></td><td>自</td><td></td><td>*</td><td></td><td>*</td><td></td><td></td><td>*</td><td>*</td><td>*</td><td></td><td>*</td><td>*</td></tr>
<tr><td>63</td><td>ノ連</td><td>理</td><td></td><td></td><td></td><td>*</td><td>*</td><td>*</td><td></td><td>*</td><td></td><td>*</td><td></td><td></td></tr>
<tr><td></td><td></td><td>不</td><td>*</td><td></td><td></td><td></td><td></td><td></td><td></td><td></td><td></td><td>*</td><td></td><td></td></tr>
<tr><td></td><td></td><td>自</td><td></td><td></td><td></td><td>*</td><td></td><td></td><td>*</td><td>*</td><td></td><td>*</td><td>*</td><td>*</td></tr>
<tr><td>64</td><td>熟語</td><td>理</td><td></td><td></td><td></td><td></td><td></td><td>*</td><td>*</td><td></td><td></td><td>*</td><td>*</td><td></td></tr>
<tr><td></td><td></td><td>不</td><td></td><td></td><td></td><td></td><td></td><td></td><td></td><td></td><td></td><td>*</td><td></td><td></td></tr>
<tr><td></td><td></td><td>自</td><td></td><td></td><td></td><td></td><td></td><td></td><td></td><td></td><td></td><td>*</td><td></td><td></td></tr>
<tr><td>65</td><td>条件</td><td>理</td><td></td><td></td><td></td><td></td><td>*</td><td>*</td><td></td><td></td><td></td><td></td><td></td><td></td></tr>
<tr><td></td><td></td><td>不</td><td></td><td>*</td><td>*</td><td></td><td></td><td></td><td></td><td></td><td></td><td></td><td></td><td></td></tr>
<tr><td></td><td></td><td>自</td><td></td><td>*</td><td></td><td>*</td><td></td><td></td><td>*</td><td>*</td><td></td><td></td><td></td><td></td></tr>
<tr><td>66</td><td>V</td><td>理</td><td></td><td>*</td><td>*</td><td>*</td><td>*</td><td>*</td><td></td><td>*</td><td></td><td></td><td>*</td><td>*</td></tr>
<tr><td></td><td></td><td>不</td><td>*</td><td>*</td><td>*</td><td></td><td></td><td></td><td></td><td></td><td>*</td><td></td><td>*</td><td></td></tr>
<tr><td></td><td></td><td>自</td><td>*</td><td>*</td><td>*</td><td></td><td></td><td></td><td></td><td></td><td>*</td><td></td><td></td><td>*</td></tr>
<tr><td>67</td><td>活用</td><td>理</td><td></td><td></td><td></td><td>*</td><td></td><td>*</td><td></td><td></td><td>*</td><td></td><td>*</td><td></td></tr>
<tr><td></td><td></td><td>不</td><td>*</td><td>*</td><td>*</td><td></td><td></td><td></td><td></td><td>*</td><td></td><td>*</td><td>*</td><td></td></tr>
<tr><td></td><td></td><td>自</td><td></td><td>*</td><td></td><td>*</td><td>*</td><td></td><td></td><td>*</td><td></td><td>*</td><td></td><td>*</td></tr>
<tr><td>68</td><td>ムード</td><td>理</td><td></td><td>*</td><td></td><td>*</td><td></td><td>*</td><td></td><td>*</td><td></td><td>*</td><td></td><td>*</td></tr>
<tr><td></td><td></td><td>不</td><td>*</td><td>*</td><td>*</td><td></td><td>*</td><td></td><td>*</td><td>*</td><td>*</td><td>*</td><td></td><td></td></tr>
<tr><td></td><td></td><td>自</td><td>*</td><td>*</td><td>*</td><td>*</td><td>*</td><td>*</td><td>*</td><td></td><td>*</td><td>*</td><td></td><td></td></tr>
<tr><td>69</td><td>受給</td><td>理</td><td></td><td></td><td></td><td></td><td>*</td><td></td><td>*</td><td></td><td></td><td>*</td><td></td><td></td></tr>
<tr><td></td><td></td><td>不</td><td>*</td><td>*</td><td>*</td><td></td><td>*</td><td></td><td></td><td></td><td>*</td><td>*</td><td></td><td></td></tr>
<tr><td></td><td></td><td>自</td><td>*</td><td>*</td><td>*</td><td></td><td>*</td><td>*</td><td>*</td><td>*</td><td>*</td><td>*</td><td></td><td>*</td></tr>
<tr><td>70</td><td>自他</td><td>理</td><td></td><td></td><td>*</td><td>*</td><td>*</td><td>*</td><td></td><td>*</td><td></td><td></td><td></td><td></td></tr>
<tr><td></td><td></td><td>不</td><td>*</td><td>*</td><td></td><td></td><td></td><td></td><td></td><td></td><td></td><td></td><td></td><td></td></tr>
<tr><td></td><td></td><td>自</td><td>*</td><td>*</td><td></td><td>*</td><td>*</td><td>*</td><td>*</td><td></td><td>*</td><td>*</td><td></td><td>*</td></tr>
</table>

No.	項目		1	2	3	4	5	6	7	8	9	10	11	12	13
71	副用	理				*	*	*		*				*	
		不		*	*				*				*		
		自		*	*						*				
72	ダ	理		*		*				*			*		
		不	*			*						*	*		
		自		*		*		*		*		*	*	*	
73	AN	理		*		*				*					
		不				*						*			
		自		*		*			*	*	*		*	*	*
74	ダ	理					*								
		不	*	*	*	*							*		
		自	*	*		*			*				*		*
75	ル	理					*	*	*	*				*	
		不				*					*			*	
		自		*		*					*		*		
76	体修	理				*		*						*	
		不	*									*			
		自	*	*			*	*	*		*			*	*
77	Ad	理							*		*				
		不	*									*	*		
		自	*	*		*					*		*	*	*

No.	項目		1	2	3	4	5	6	7	8	9	10	11	12	13
78	スタイル	理												*	
		不				*									
		自		*		*				*			*		
79	原因	理					*	*		*	*			*	*
		不		*	*	*								*	*
		自		*	*										
80	スタイル	理		*		*	*	*	*	*	*			*	
		不		*				*			*		*	*	
		自		*							*		*	*	*
81	副用	理		*								*	*	*	
		不				*		*		*	*	*	*	*	*
82	体修	理						*							
		不	*	*								*			
		自	*	*	*	*			*	*	*		*	*	
83	表現	理	*				*			*					
		不	*		*										
		自	*												
84	ノダ	理						*			*				
		不	*									*	*	*	
		自		*		*		*	*	*		*	*	*	*

第10章 社会的要因別の誤りの評価

　本章では、社会的要因別に、すなわち「職業」「学歴」「韓国語の学習暦の有無」「外国人との対話経験の有無及び程度」「外国人の日本語の誤文を読んだ経験の有無及び程度」「話せる外国語の有無」「外国に住んだ経験の有無」別に、84個の各誤りの重要度について考察する。

10.1　職業別

　表10-1は「「職業」による、性別・年齢別の人数の割合」を示している。表10-1からわかるように、性別は男性が57.3％、女性が42.3％で、これを基準にすると、「大・幹」「労務系」「家・従」は男性の、「教員」「主婦」「学生」は女性の比率がやや高い。「事務系」はほぼ等しい。年齢別では10代は12.3％、20代は27.4％、30代は24.4％、40代は15.5％、50代は11.9％、60歳以上は8.9％で、「大・幹」は40〜60歳以上、「事務系」は20〜40代、「教員」は30〜40代と60歳以上、「労務系」は20〜40代、「家・従」は30〜60歳以上、「主婦」は50〜60歳以上、「学生」は10〜20代の比率がやや高い。

表10-1 「職業」による、性別・年齢別の人数の割合

	合計 %(人)	性別			年齢別						
		男性	女性	無回答	10代	20代	30代	40代	50代	60歳以上	無回答
大・幹	100 (43)	83.7	16.3	–	–	9.3	14.0	25.6	37.2	14.0	–
事務系	100(143)	58.0	42.0	–	–	29.4	36.4	18.2	11.2	4.9	–
教員	100 (38)	47.4	52.6	–	–	21.1	36.8	21.1	2.6	15.8	2.6
労務系	100(220)	76.8	22.7	0.5	0.5	30.0	31.8	21.8	12.7	3.2	–
家・従	100 (34)	64.7	35.3	–	–	17.6	26.5	20.6	20.6	14.7	–
主婦	100 (59)	15.3	84.7	–	–	13.6	16.9	11.9	20.3	37.3	–
学生	100(132)	38.6	61.4	–	62.9	36.4	0.8	–	–	–	–
無回答	100 (22)	36.4	54.5	9.0	4.5	31.8	31.8	–	9.0	9.0	13.6
合計	100 (691)	57.3 (396)	42.3 (292)	0.4 (3)	12.3 (85)	27.4 (189)	24.4 (169)	15.5 (107)	11.9 (82)	8.0 (55)	0.6 (4)

　表10-2は「「職業」別の、誤りの重要度についての分散分析の結果」をとりあげている。表10-2からわかるように、理解度の18問(21.4%)、不快度の29問(34.5%)、自然度の25問(29.8%)において、要因の主効果は$p<.05$以下で有意である。したがって、職業の種類は不快度、自然度、理解度の順に、各基準についての評定に影響を与えるものが多いといえる。

　7問(問14、16、20、23、49、53、66)においては、要因の主効果は3つの基準で$p<.05$以下で有意である。したがって、この7問において職業の種類は、すべての基準についての評定に影響を与えるといえる。(職業による84問の誤りの重要度は付録7.1を参照のこと。)

表10-2 「職業」別の、誤りの重要度についての分散分析の結果

理解度

問題の 番号	要因	平方和	自由度	平均平方	F	有意水準
1	A 誤差	27.91 812.28	6 658	4.65 1.23	3.77	p<.01
2	A 誤差	16.21 780.07	6 658	2.69 1.19	2.27	p<.05
4	A 誤差	28.08 579.33	6 638	4.68 0.91	5.15	p<.001
5	A 誤差	18.56 831.10	6 641	3.09 1.30	2.39	p<.05

10	A	19.71	6	3.28	2.68	p<.05
	誤差	778.27	635	1.23		
14	A	25.56	6	4.26	4.10	p<.001
	誤差	672.89	648	1.04		
16	A	21.84	6	3.64	2.30	p<.05
	誤差	1013.65	640	1.58		
18	A	16.51	6	2.75	2.67	p<.05
	誤差	656.69	637	1.03		
20	A	38.64	6	6.44	4.39	p<.001
	誤差	930.89	634	1.47		
22	A	21.06	6	3.51	2.66	p<.05
	誤差	843.00	639	1.32		
23	A	12.60	6	2.10	2.80	p<.05
	誤差	484.58	646	0.75		
46	A	17.80	6	2.97	2.56	p<.05
	誤差	740.62	639	1.16		
47	A	20.15	6	3.36	2.81	p<.05
	誤差	758.05	635	1.19		
49	A	15.69	6	2.62	2.96	p<.01
	誤差	566.50	641	0.88		
53	A	19.56	6	3.26	2.79	p<.05
	誤差	740.15	634	1.17		
57	A	36.10	6	6.02	3.60	p<.01
	誤差	1051.33	629	1.67		
66	A	20.74	6	3.46	2.90	p<.01
	誤差	757.89	635	1.19		
70	A	21.00	6	3.50	2.35	p<.05
	誤差	918.92	618	1.49		

不快度

5	A	26.74	6	4.46	3.51	p<.01
	誤差	806.77	636	1.27		
6	A	25.31	6	4.22	3.71	p<.01
	誤差	718.99	632	1.14		
7	A	20.66	6	3.44	2.25	p<.05
	誤差	992.19	647	1.53		
13	A	28.07	6	4.68	3.07	p<.01
	誤差	970.48	637	1.52		
14	A	47.81	6	7.97	6.43	p<.001
	誤差	794.27	641	1.24		
15	A	32.77	6	5.46	4.55	p<.001
	誤差	755.47	629	1.20		
16	A	18.96	6	3.16	2.20	p<.05
	誤差	909.07	634	1.43		

18	A	18.69	6	3.11	2.48	p<.05
	誤差	796.02	633	1.26		
20	A	22.60	6	3.77	2.56	p<.05
	誤差	927.13	630	1.47		
22	A	14.85	6	2.47	2.12	p<.05
	誤差	743.36	637	1.17		
23	A	17.50	6	2.92	2.61	p<.05
	誤差	718.91	642	1.12		
28	A	23.89	6	3.98	3.06	p<.01
	誤差	819.42	630	1.30		
30	A	26.74	6	4.46	3.64	p<.01
	誤差	779.53	636	1.23		
33	A	39.55	6	6.59	4.04	p<.001
	誤差	1034.56	634	1.63		
38	A	20.28	6	3.38	2.29	p<.05
	誤差	934.92	634	1.47		
44	A	35.85	6	5.98	4.96	p<.001
	誤差	764.29	635	1.20		
45	A	17.91	6	2.99	2.37	p<.05
	誤差	799.20	635	1.26		
49	A	24.69	6	4.12	3.47	p<.01
	誤差	753.25	635	1.19		
53	A	24.24	6	4.04	2.67	p<.05
	誤差	952.50	630	1.51		
54	A	15.61	6	2.60	2.13	p<.05
	誤差	774.42	634	1.22		
65	A	22.20	6	3.70	2.82	p<.05
	誤差	817.31	622	1.31		
66	A	40.27	6	6.71	4.41	p<.001
	誤差	960.27	631	1.52		
67	A	26.59	6	4.43	3.03	p<.01
	誤差	909.46	621	1.46		
68	A	37.53	6	6.25	3.35	p<.01
	誤差	1151.10	616	1.87		
69	A	20.14	6	3.36	2.20	p<.05
	誤差	959.07	629	1.52		
71	A	18.07	6	3.01	2.17	p<.05
	誤差	869.36	625	1.39		
74	A	17.14	6	2.86	2.21	p<.05
	誤差	809.05	627	1.29		
79	A	18.54	6	3.09	2.34	p<.05
	誤差	834.80	631	1.32		
83	A	21.71	6	3.62	2.45	p<.05
	誤差	891.07	603	1.48		

自然度

2	A	13.31	6	2.22	2.21	p<.05
	誤差	655.60	652	1.01		
5	A	15.62	6	2.60	2.12	p<.05
	誤差	774.78	632	1.23		
6	A	17.85	6	2.98	2.35	p<.05
	誤差	799.65	632	1.27		
7	A	25.83	6	4.31	2.32	p<.05
	誤差	1202.16	649	1.85		
13	A	36.22	6	6.04	3.61	p<.01
	誤差	1070.01	640	1.67		
14	A	51.40	6	8.57	6.98	p<.001
	誤差	792.58	646	1.23		
15	A	16.54	6	2.76	2.77	p<.05
	誤差	630.24	633	1.00		
16	A	20.98	6	3.50	2.36	p<.05
	誤差	937.81	634	1.48		
19	A	28.33	6	4.72	3.36	p<.01
	誤差	876.26	623	1.41		
20	A	33.90	6	5.65	4.31	p<.001
	誤差	835.97	637	1.31		
23	A	22.73	6	3.79	2.84	p<.01
	誤差	864.50	647	1.34		
28	A	22.81	6	3.80	8.45	p<.05
	誤差	983.49	633	1.55		
30	A	22.19	6	3.70	2.69	p<.05
	誤差	880.67	640	1.38		
33	A	39.92	6	6.65	3.91	p<.001
	誤差	1087.81	639	1.70		
41	A	18.97	6	3.16	2.66	p<.05
	誤差	753.00	634	1.19		
44	A	52.62	6	8.77	6.88	p<.001
	誤差	814.65	639	1.27		
45	A	21.79	6	3.63	2.45	p<.05
	誤差	943.30	636	1.48		
49	A	42.78	6	7.13	4.69	p<.001
	誤差	970.43	638	1.52		
53	A	23.58	6	3.93	2.47	p<.05
	誤差	1005.56	631	1.59		
61	A	30.17	6	5.03	2.41	p<.05
	誤差	1324.15	634	2.09		
66	A	36.63	6	6.10	3.95	p<.001
	誤差	983.16	636	1.55		
68	A	33.03	6	5.50	2.75	p<.05
	誤差	1242.45	620	2.00		
69	A	30.67	6	5.11	2.77	p<.05
	誤差	1162.32	629	1.85		
71	A	28.46	6	4.74	3.01	p<.01
	誤差	986.08	625	1.58		
82	A	21.68	6	3.61	2.34	p<.05
	誤差	9647.93	625	1.54		

10.2 学歴別

　表10-3は「「学歴」による、性別・年齢別の人数の割合」を示している。表10-3からわかるように、性別は男性が57.3％、女性が42.3％で、これを基準にすると、「低学歴」は女性の、「高学歴」は男性の比率がやや高い。そして、年齢別では10代は12.3％、20代は27.4％、30代は24.5％、40代は15.5％、50代は11.9％、60歳以上は8.2％で、「低学歴」は10代、50代、「高学歴」は20〜30代の比率がやや高い。その他はほぼ等しい。

表10-3 「学歴」による、性別・年齢別の人数の割合

	合計 %(人)	性別			年齢別						
		男性	女性	無回答	10代	20代	30代	40代	50代	60歳以上	無回答
低学歴	100 (28)	54.2	45.8	–	27.8	13.2	16.7	14.9	16.7	10.8	–
高学歴	100(396)	60.1	39.6	0.3	1.3	38.1	30.0	15.9	8.3	6.1	0.3
無回答	100 (7)	28.6	42.9	28.6	–	–	28.6	14.3	14.3	–	42.9
合計	100 (691)	57.3 (396)	42.3 (292)	0.4 (3)	12.3 (85)	27.4 (189)	24.5 (169)	15.5 (107)	11.9 (82)	8.5 (55)	0.6 (4)

　表10-4は「「学歴」別の、誤りの重要度」を問題としている。それぞれの平均値について「低学歴」と「高学歴」の間でt検定を行った結果は、理解度の場合、40問（47.6％）は「高学歴」より「低学歴」のほうが有意（p<.05以下）に重視し、厳しく評価している。3問（3.6％、問68、72、73）はその反対に評価されている（p<.01以下）。不快度の場合、17問（20.2％）は「低学歴」より「高学歴」のほうが有意（p<.05以下）に重視し、厳しく評価している。3問（3.6％、問10、15、40）はその反対に評価されている（p<.05以下）。自然度の場合、55問（65.5％）は「低学歴」より「高学歴」のほうが有意（p<.05以下）に重視し、厳しく評価している。1問（問10）はその反対に評価されている（p<.05）。したがって、学歴の差は、自然度、理解度、不快度の順に、各基準についての評定に影響を与えるものが多いといえる。

　具体的に述べると、学歴の低いほうが、学習者の誤りがより理解できず、学歴の高いほうが学習者の誤りによる不快感を持ち、学習者の誤りがより不自然だと評定していることがわかる。

　一方、6問(問10、34、58、68、72、73)においては、3つの基準でp<0.5以下で有意である。したがって、この6問において学歴の差は、すべての基準についての評定に影響を与えるといえる。(学歴による84問の誤りの重要度は付録7.2を参照のこと。)

表10-4　「学歴」別の、誤りの重要度

理解度

問題の番号と 誤りの種類	学歴		差	t	有意水準
	低学歴	高学歴			
1.N(漢)	2.80(1.15)	2.31(1.06)	0.49	5.67	p<.001
2.N(漢)	2.53(1.11)	2.32(1.08)	0.21	2.37	p<.05
4.連用形	1.77(1.04)	1.56(0.91)	0.21	2.69	p<.01
8.品詞	4.05(1.06)	3.73(1.27)	0.32	3.55	p<.001
9.格デ	3.16(1.16)	2.71(1.21)	0.45	4.79	p<.001
10.取立マデ	2.26(1.17)	1.91(1.05)	0.35	3.90	p<.001
11.取立ダケ	1.98(1.03)	1.78(0.98)	0.20	2.59	p<.01
12.取立ハ	2.07(1.10)	1.90(0.98)	0.17	2.08	p<.05
13.活用	2.32(1.26)	1.96(1.06)	0.36	3.79	p<.001
14.ノダ	2.18(1.12)	1.82(0.94)	0.36	4.43	p<.001
15.格ニ	2.80(1.21)	2.29(1.09)	0.51	5.64	p<.001
17.名詞節	2.26(1.16)	1.94(1.08)	0.32	3.64	p<.001
18.条件	1.95(1.06)	1.76(0.98)	0.19	2.33	p<.05
19.N	2.57(1.33)	2.26(1.24)	0.31	3.01	p<.01
20.受身	2.66(1.29)	2.45(1.17)	0.21	2.17	p<.05
22.可能	2.82(1.15)	2.52(1.13)	0.30	3.38	p<.001
25.N	2.12(1.13)	1.91(1.04)	0.21	2.48	p<.05
29.V P	2.85(1.22)	2.63(1.12)	0.22	2.44	p<.05
32.V P	2.27(1.09)	2.04(0.99)	0.23	2.79	p<.01
34.受給	2.41(1.16)	2.20(1.10)	0.21	2.44	p<.05
40.可能	1.48(0.90)	1.34(0.75)	0.14	2.19	p<.05
41.副詞	2.41(1.14)	2.15(1.02)	0.26	3.01	p<.01
43.格ニヨッテ	2.85(1.23)	2.57(1.21)	0.28	2.99	p<.01
44.品詞	1.91(0.98)	1.64(0.79)	0.27	3.82	p<.001
45.テ形	1.84(1.07)	1.63(0.88)	0.21	2.62	p<.01
47.不定	2.36(1.18)	2.08(1.05)	0.28	3.24	p<.01
52.取立ハ	2.59(1.09)	2.36(1.04)	0.23	2.67	p<.01
53.ムード	2.31(1.17)	2.04(1.02)	0.27	3.05	p<.01

54.自他	2.71(1.18)	2.45(1.11)	0.26	2.79	p<.01
55.コソア	3.19(1.23)	2.90(1.25)	0.29	2.95	p<.01
57.格ニツイテ	3.35(1.31)	3.12(1.30)	0.23	2.23	p<.05
58.V	2.43(1.23)	2.16(1.22)	0.27	2.71	p<.01
63.ノ連	3.24(1.18)	2.98(1.27)	0.26	2.61	p<.01
66.V	2.26(1.21)	1.93(1.00)	0.33	3.69	p<.001
67.活用	2.49(1.27)	2.18(1.12)	0.31	3.19	p<.01
68.ムード	2.67(1.34)	3.01(1.35)	−0.34	−3.11	p<.01
70.自他	2.75(1.25)	2.37(1.18)	0.38	3.91	p<.001
71.副用	2.03(1.17)	1.77(0.99)	0.26	2.98	p<.01
72.ダ	3.18(1.33)	3.45(1.30)	−0.27	−2.63	p<.01
73.A N	3.75(1.28)	4.09(1.13)	−0.34	−3.51	p<.001
76.体修	2.32(1.10)	2.15(1.05)	0.17	2.01	p<.05
80.スタイル	2.53(1.23)	2.06(1.06)	0.47	5.04	p<.001
83.表現	1.89(1.14)	1.71(1.00)	0.18	2.01	p<.05

不快度

7.格トシテ	2.09(1.25)	2.32(1.24)	−0.23	−2.35	p<.05
10.取立マデ	2.69(1.20)	2.42(1.21)	0.27	2.72	p<.01
15.格ニ	3.22(1.10)	3.00(1.12)	0.22	2.54	p<.05
28.V P	2.18(1.12)	2.56(1.15)	−0.38	−4.22	p<.001
30.複V	2.59(1.16)	2.84(1.09)	−0.25	−2.80	p<.01
34.受給	3.65(1.29)	3.89(1.14)	−0.24	−2.48	p<.05
36.ノ連	2.88(1.34)	3.14(1.20)	−0.26	−2.60	p<.01
40.可能	1.68(1.13)	1.51(0.90)	0.17	2.13	p<.05
42.C	1.98(1.21)	2.17(1.27)	−0.19	−1.99	p<.05
46.並N	2.02(1.21)	2.33(1.24)	−0.31	−3.21	p<.01
58.V	3.44(1.24)	3.64(1.23)	−0.20	−2.02	p<.05
60.自発	2.91(1.27)	3.16(1.16)	−0.25	−2.52	p<.05
61.格ニ	2.55(1.33)	2.77(1.30)	−0.22	−2.07	p<.05
68.ムード	2.87(1.42)	3.29(1.33)	−0.42	−3.78	p<.001
69.受給	2.08(1.27)	2.31(1.24)	−0.23	−2.35	p<.05
72.ダ	3.29(1.32)	3.57(1.23)	−0.28	−2.80	p<.01
73.A N	3.81(1.27)	4.01(1.12)	−0.20	−2.00	p<.05
74.ダ	2.37(1.15)	2.58(1.14)	−0.21	−2.25	p<.05
75.ル	2.18(1.16)	2.35(1.11)	−0.17	−1.98	p<.05
78.スタイル	2.01(1.25)	2.23(1.24)	−0.22	−2.20	p<.05

自然度

1. N(漢)	3.93(0.95)	4.10(0.80)	−0.17	−2.45	p<.05
2. N(漢)	3.51(1.11)	3.85(0.89)	−0.34	−4.25	p<.001
3. 受身	3.70(1.16)	3.94(0.99)	−0.24	−2.77	p<.01
6. Ad	3.06(1.24)	3.47(1.03)	−0.41	−4.51	p<.001
7. 格トシテ	2.27(1.36)	2.69(1.37)	−0.42	−3.92	p<.001
10. 取立マデ	3.00(1.27)	2.80(1.24)	0.20	1.97	p<.05
16. 数	3.01(1.27)	3.23(1.17)	−0.22	−2.22	p<.05
18. 条件	2.63(1.21)	2.82(1.15)	−0.19	−2.05	p<.05
19. N	3.72(1.23)	3.99(1.15)	−0.27	−2.88	p<.01
20. 受身	3.67(1.25)	3.96(1.07)	−0.29	−3.07	p<.01
21. 名詞節	3.04(1.30)	3.42(1.22)	−0.38	−3.80	p<.001
24. 格ニ	3.12(1.25)	3.37(1.16)	−0.25	−2.65	p<.01
27. 並N	2.20(1.26)	2.52(1.27)	−0.32	−3.17	p<.01
28. V P	2.47(1.25)	3.10(1.19)	−0.63	−6.52	p<.001
29. V P	3.87(1.08)	4.05(0.90)	−0.18	−2.22	p<.05
30. 複V	2.99(1.24)	3.46(1.10)	−0.47	−4.99	p<.001
31. 並V	2.44(1.50)	2.73(1.55)	−0.29	−2.41	p<.05
33. C	3.20(1.39)	3.43(1.26)	−0.23	−2.21	p<.05
34. 受給	3.83(1.18)	4.07(1.00)	−0.24	−2.79	p<.01
35. 可能	4.07(1.03)	4.32(0.82)	−0.25	−3.36	p<.001
36. ノ連	3.36(1.41)	3.89(1.17)	−0.53	−5.02	p<.001
38. タ	3.51(1.29)	3.83(1.08)	−0.32	−3.30	p<.001
39. 活用	3.33(1.39)	3.60(1.23)	−0.27	−2.63	p<.01
42. C	2.14(1.31)	2.60(1.49)	−0.46	−4.20	p<.001
45. テ形	2.44(1.25)	2.69(1.22)	−0.25	−2.58	p<.05
46. 並N	2.33(1.34)	2.86(1.39)	−0.53	−4.95	p<.001
48. 不定	3.71(1.10)	4.00(0.99)	−0.29	−3.55	p<.001
49. 受身	2.35(1.27)	2.62(1.25)	−0.27	−2.72	p<.01
51. 格カラ	3.18(1.24)	3.46(1.18)	−0.28	−2.89	p<.01
52. 取立ハ	3.45(1.11)	3.74(0.96)	−0.29	−3.57	p<.001
53. ムード	2.99(1.30)	3.22(1.26)	−0.23	−2.28	p<.05
54. 自他	3.72(1.07)	3.99(0.94)	−0.27	−3.37	p<.001
55. コソア	4.05(1.00)	4.26(0.92)	−0.21	−2.75	p<.01
56. 格ト	2.20(1.32)	2.51(1.33)	−0.31	−2.97	p<.01
57. 格ニツイテ	3.94(1.15)	4.12(0.91)	−0.18	−2.07	p<.05
58. V	3.94(1.14)	4.22(0.97)	−0.28	−3.20	p<.01

59.N	4.02(1.19)	4.34(0.91)	-0.32	-3.67	p<.001
60.自発	3.34(1.27)	3.89(1.02)	-0.55	-5.89	p<.001
61.格ニ	2.90(1.48)	3.35(1.40)	-0.45	-3.97	p<.001
62.使役	3.85(1.09)	4.08(0.94)	-0.23	-2.75	p<.01
63.ノ連	4.13(0.97)	4.33(0.88)	-0.20	-2.74	p<.01
65.条件	2.68(1.28)	2.99(1.30)	-0.31	-3.02	p<.01
67.活用	3.44(1.27)	3.73(1.13)	-0.29	-3.03	p<.01
68.ムード	3.25(1.50)	3.88(1.31)	-0.63	-5.54	p<.001
69.受給	2.23(1.34)	2.72(1.38)	-0.49	-4.50	p<.001
70.自他	3.78(1.13)	4.02(1.01)	-0.24	-2.89	p<.01
72.ダ	3.74(1.28)	4.19(1.03)	-0.45	-4.71	p<.001
73.AN	4.19(1.10)	4.57(0.72)	-0.38	-4.81	p<.001
74.ダ	2.75(1.26)	3.12(1.20)	-0.37	-3.85	p<.001
75.ル	2.43(1.28)	2.87(1.20)	-0.44	-4.46	p<.001
76.体修	3.51(1.12)	3.77(1.03)	-0.26	-3.05	p<.001
77.Ad	3.84(1.20)	4.24(0.94)	-0.40	-4.43	p<.001
78.スタイル	2.15(1.32)	2.42(1.31)	-0.27	-2.54	p<.05
81.副用	3.68(1.22)	4.02(1.02)	-0.34	-3.66	p<.001
82.体修	2.46(1.27)	2.80(1.23)	-0.34	-3.45	p<.001
84.ノダ	4.26(0.98)	4.51(0.72)	-0.25	-3.54	p<.001

注)*平均とSD(カッコ内)

10.3 韓国語の学習歴の有無

　表10-5は「「韓国語の学習歴の有無」による、性別・年齢別の人数の割合」を示している。表10-5からわかるように、性別は男性が57.3％、女性が42.3％で、これを基準にすると、韓国語の学習歴の「ある」は女性の比率がやや高く、「ない」はほぼ等しい。年齢別では10代は12.3％、20代は27.4％、30代は24.5％、40代は15.5％、50代は11.9％、60歳以上は8.0％なので、「ある」は20～40代の比率がやや高い。「ない」はほぼ等しい。

表10-5 「韓国語の学習歴の有無」による、性別・年齢別の人数の割合

	合計 %(人)	性別			年齢別						
		男性	女性	無回答	10代	20代	30代	40代	50代	60歳以上	無回答
ある	100 (92)	54.3	45.7	-	5.4	34.8	29.3	18.5	9.8	2.2	-
ない	100(590)	57.6	42.2	0.2	13.6	26.1	23.9	15.3	12.2	8.6	0.3
無回答	100 (9)	66.7	11.1	22.2	-	33.3	11.1	-	11.1	22.2	22.2
合計	100 (691)	57.3 (396)	42.3 (292)	0.4 (3)	12.3 (85)	27.4 (189)	24.5 (169)	15.5 (107)	11.9 (82)	8.0 (55)	0.6 (4)

　表10-6は「「韓国語の学習歴の有無」別の、誤りの重要度」を問題としている。それぞれの平均値について韓国語の学習歴の「ある」と「ない」の間で t 検定を行った結果は、理解度の場合、48問(57.1%)は「ある」より「ない」のほうが有意($p<.05$以下)に重視し、厳しく評価している。1問(問42)はその反対に評価されている($p<.05$)。不快度の場合、「ある」と「ない」の評価はほぼ同様である。12問(14.3%)の中で、4問(問28、34、67、80)は「ある」、8問は「ない」のほうが有意($p<.05$以下)に重視し、厳しく評価している。自然度の場合、17問(20.2%)は「ない」より「ある」のほうが有意($p<.05$)に重視し、厳しく評価している。1問(問10)はその反対に評価されている($p<.05$)。したがって、韓国語の学習歴があるかどうかは、理解度、自然度、不快度の順に、各基準についての評定に影響を与えるものが多いといえる。

　具体的には、韓国語の学習歴がないほうが、学習者の誤りがより理解できず、韓国語の学習歴があるほうが、学習者の誤りがより不自然だと評定していることがわかる。つまり韓国語の学習歴の有無は、不快度についての評定への影響が一定していないことがわかる。(韓国語の学習歴の有無による84問の誤りの重要度は付録7.3を参照のこと。)

表10-6 「韓国語の学習歴の有無」別の、誤りの重要度

理解度

問題の番号と 誤りの種類	韓国語の学習歴		差	t	有無水準
	ある	ない			
1.N(漢)	1.92(1.00)	2.62(1.11)	-0.70	-5.61	$p<.001$
2.N(漢)	2.02(0.95)	2.48(1.10)	-0.46	-3.76	$p<.001$

3.受身	2.18(0.97)	2.47(1.09)	-0.29	-2.37	p<.05
4.連用形	1.42(0.70)	1.70(1.00)	-0.28	-3.25	p<.01
5.引用	2.16(1.14)	2.53(1.15)	-0.37	-2.82	p<.01
6.Ad	2.04(0.98)	2.33(1.12)	-0.29	-2.50	p<.05
8.品詞	3.55(1.46)	3.92(1.13)	-0.37	-2.33	p<.05
9.格デ	2.43(1.29)	2.98(1.17)	-0.55	-3.80	p<.001
10.取立マデ	1.69(0.94)	2.13(1.13)	-0.44	-4.02	p<.001
11.取立ダケ	1.64(0.94)	1.91(1.01)	-0.27	-2.36	p<.05
12.取立ハ	1.64(0.86)	2.03(1.05)	-0.39	-3.90	p<.001
13.活用	1.77(1.01)	2.16(1.17)	-0.39	-3.01	p<.01
14.ノダ	1.52(0.82)	2.04(1.04)	-0.52	-5.45	p<.001
15.格ニ	2.01(1.12)	2.58(1.16)	-0.57	-4.40	p<.001
16.数	1.93(1.13)	2.40(1.28)	-0.47	-3.31	p<.001
17.名詞節	1.55(0.83)	2.16(1.15)	-0.61	-6.13	p<.001
18.条件	1.48(0.72)	1.90(1.05)	-0.42	-4.82	p<.001
20.受身	2.18(1.23)	2.60(1.22)	-0.42	-3.08	p<.01
21.名詞節	1.90(1.07)	2.31(1.16)	-0.41	-3.11	p<.01
22.可能	2.36(1.19)	2.69(1.14)	-0.33	-2.61	p<.01
23.格デ	1.51(0.79)	1.71(0.88)	-0.20	-2.01	p<.05
24.格ニ	1.95(1.03)	2.27(1.09)	-0.32	-2.70	p<.01
25.N	1.72(1.03)	2.05(1.08)	-0.33	-2.73	p<.01
26.表現	2.13(1.24)	2.55(1.19)	-0.42	-3.02	p<.01
30.複V	1.78(0.94)	2.08(1.00)	-0.30	-2.64	p<.01
32.VP	1.89(0.98)	2.18(1.04)	-0.29	-2.46	p<.05
41.副用	2.00(1.14)	2.31(1.06)	-0.31	-2.53	p<.05
42.C	2.18(1.34)	1.88(1.16)	0.30	2.20	p<.05
43.格ニヨッテ	2.22(1.25)	2.78(1.20)	-0.56	-4.12	p<.001
44.品詞	1.47(0.74)	1.81(0.89)	-0.34	-3.94	p<.001
45.テ形	1.43(0.81)	1.77(0.98)	-0.34	-3.61	p<.001
47.不定	1.87(1.00)	2.26(1.12)	-0.39	-3.15	p<.01
49.受身	1.54(0.90)	1.83(0.96)	-0.29	-2.61	p<.01
52.取立ハ	2.19(1.16)	2.51(1.04)	-0.32	-2.66	p<.01
54.自他	2.21(1.19)	2.62(1.12)	-0.41	-3.25	p<.01
55.コソア	2.76(1.33)	3.06(1.23)	-0.30	-2.16	p<.05
58.格ト	1.80(1.13)	2.36(1.23)	-0.56	-4.06	p<.001
60.自発	2.22(1.15)	2.51(1.18)	-0.29	-2.18	p<.05
63.ノ連	2.76(1.37)	3.15(1.20)	-0.39	-2.79	p<.01

65.条件	1.66(0.90)	2.00(1.06)	−0.34	−3.23	p<.01
66.V	1.71(0.98)	2.13(1.11)	−0.42	−3.47	p<.001
70.自他	2.21(1.15)	2.59(1.22)	−0.38	−2.76	p<.01
71.副用	1.63(1.00)	1.93(1.08)	−0.30	−2.54	p<.05
74.ダ	1.76(0.92)	2.01(1.04)	−0.25	−2.15	p<.05
75.ル	1.52(0.81)	1.90(1.01)	−0.38	−4.00	p<.001
79.原因	1.53(0.86)	1.78(0.99)	−0.25	−2.24	p<.05
80.スタイル	1.82(1.00)	2.34(1.16)	−0.52	−3.98	p<.001
82.体修	1.54(0.88)	1.76(0.91)	−0.22	−2.15	p<.05
84.ノダ	3.12(1.35)	3.53(1.24)	−0.41	−2.85	p<.01

不快度

1.N(漢)	2.79(1.18)	3.06(1.10)	−0.27	−2.15	p<.05
2.N(漢)	2.58(1.10)	2.89(1.08)	−0.31	−2.54	p<.05
5.引用	2.68(1.14)	2.98(1.13)	−0.30	−2.35	p<.05
16.数	2.42(1.20)	2.77(1.19)	−0.35	−2.58	p<.05
17.名詞節	2.34(1.12)	2.64(1.16)	−0.30	−2.27	p<.05
25.N	2.23(1.21)	2.53(1.15)	−0.30	−2.29	p<.05
28.VP	2.67(1.22)	2.36(1.13)	0.31	2.34	p<.05
34.受給	4.15(1.16)	3.75(1.20)	0.40	2.99	p<.01
43.格ニヨッテ	3.00(1.26)	3.32(1.11)	−0.32	−2.47	p<.05
49.受身	1.89(1.16)	2.20(1.10)	−0.31	−2.50	p<.05
67.活用	3.33(1.28)	3.05(1.21)	0.28	2.04	p<.05
80.スタイル	4.16(1.19)	3.89(1.16)	0.27	2.12	p<.05

自然度

10.取立マデ	2.57(1.15)	2.94(1.26)	−0.37	−2.57	p<.05
28.VP	3.27(1.26)	2.78(1.24)	0.49	3.47	p<.001
30.複V	3.64(1.18)	3.21(1.17)	0.43	3.27	p<.01
36.ノ連	3.98(1.25)	3.63(1.30)	0.35	2.37	p<.05
38.タ	3.98(1.15)	3.66(1.18)	0.32	2.42	p<.05
39.活用	3.79(1.33)	3.45(1.30)	0.34	2.35	p<.05
42.C	2.70(1.55)	2.36(1.41)	0.34	2.10	p<.05
48.不定	4.12(1.03)	3.85(1.04)	0.27	2.30	p<.05
55.コソア	4.38(1.00)	4.15(0.95)	0.23	2.22	p<.05
56.格ト	2.70(1.47)	2.32(1.31)	0.38	2.49	p<.05

59.N	4.45(0.90)	4.17(1.06)	0.28	2.35	p<.05
60.自発	3.94(1.12)	3.61(1.17)	0.33	2.48	p<.05
61.格二	3.53(1.44)	3.10(1.44)	0.43	2.62	p<.01
67.活用	3.90(1.20)	3.57(1.19)	0.33	2.45	p<.05
68.ムード	4.00(1.26)	3.56(1.44)	0.44	2.74	p<.01
69.受給	2.84(1.46)	2.47(1.36)	0.39	2.37	p<.05
70.自他	4.22(0.98)	3.89(1.06)	0.24	2.71	p<.01
76.体修	3.90(1.06)	3.64(1.07)	0.26	2.16	p<.05

注)*平均とSD(カッコ内)

10.4 外国人との対話の経験の有無

　表10-7は「「外国人との対話の経験の有無」による、性別・年齢別の人数の割合」を示している。表10-7からわかるように、性別では男性が57.3％、女性が42.3.％で、これを基準にすると、外国人との対話経験の「ある」は男性、「ない」は女性の比率がやや高い。年齢別では10代は12.3％、20代は27.4％、30代は24.5％、40代は15.5％、50代は11.9％、60歳以上は8.0％なので、「ある」は20代、「ない」は10代、60歳以上の比率がやや高い。その他はほぼ等しい。

表10-7　「外国人との対話の経験の有無」による、性別・年齢別の人数の割合

	合計 ％(人)	性別			年齢別						
		男性	女性	無回答	10代	20代	30代	40代	50代	60歳以上	無回答
ある	100(477)	59.7	40.3	－	9.0	31.0	26.0	16.4	12.2	5.2	0.2
ない	100(203)	50.7	48.8	0.5	20.7	18.7	21.7	13.8	11.3	13.3	0.5
無回答	100 (11)	72.7	9.0	18.2	－	27.3	9.0	9.0	9.0	27.3	18.2
合計	100 (691)	57.3 (396)	42.3 (292)	0.4 (3)	27.4 (189)	27.4 (189)	24.5 (169)	15.5 (107)	11.9 (82)	8.0 (55)	0.6 (4)

　表10-8は「「外国人との対話の経験の有無」別の、誤りの重要度」を問題としている。それぞれの平均値について外国人との対話経験の「ある」と「ない」の間でt検定を行った結果は、理解度の場合、46問(54.8％)は「ある」より「ない」のほうが有意(p<.05以下)に重視し、厳しく評価している。1問(問68)はその反対に評価されてい

る(p<.01)。不快度の場合、「ある」と「ない」の評価はほぼ同様である。7問(8.3%)の中で、4問(問1、9、17、71)は「ない」、3問(問27、34、46)は「ある」のほうが有意(p<.05以下)に重視し、厳しく評価している。自然度の場合、34問(40.5%)は「ない」より「ある」のほうが有意(p<.05以下)に重視し、厳しく評価している。したがって、外国人との対話経験の有無は、理解度、自然度、不快度の順に、各基準についての評定に影響を与えるものが多いといえる。

　具体的には、外国人との対話経験がないほうが、学習者の誤りがより理解できず、外国人との対話経験があるほうが、学習者の誤りがより不自然だと評定していることがわかる。そして、外国人との対話経験があるかどうかは、不快度についての評定への影響が一定していないことがわかる。

　一方、1問(問34)においては、3つの基準でp<.05以下で有意である。したがって、問34において外国人との対話経験があるかどうかは、すべての基準についての評定に影響を与えるといえる。(外国人との対話経験の有無による84問の誤りの重要度は付録7.4を参照のこと。)

表10-8 「外国人との対話の経験の有無」別の、誤りの重要度

理解度

問題の番号と 誤りの種類	外国人との対話の経験		差	t	有意水準
	ある	ない			
1.N(漢)	2.35(1.04)	2.95(1.19)	-0.60	-6.22	p<.001
3.受身	2.37(1.04)	2.58(1.17)	-0.21	-2.19	p<.05
4.連用形	1.59(0.91)	1.83(1.10)	-0.24	-2.58	p<.05
5.引用	2.40(1.15)	2.67(1.16)	-0.27	-2.71	p<.01
6.Ad	2.21(1.07)	2.47(1.18)	-0.26	-2.74	p<.01
8.品詞	3.77(1.22)	4.12(1.09)	-0.35	-3.41	p<.001
9.格デ	2.78(1.20)	3.22(1.17)	-0.44	-4.35	p<.001
10.取立マデ	1.98(1.07)	2.26(1.19)	-0.28	-2.91	p<.01
11.取立ダケ	1.78(0.95)	2.09(1.11)	-0.31	-3.41	p<.001
13.活用	2.00(1.10)	2.39(1.26)	-0.39	-3.75	p<.001
14.ノダ	1.86(0.92)	2.24(1.16)	-0.38	-4.06	p<.001
15.格ニ	2.35(1.11)	2.88(1.21)	-0.53	-5.10	p<.001
17.名詞節	1.97(1.11)	2.34(1.13)	-0.37	-3.92	p<.001

18.条件	1.75(0.97)	2.07(1.11)	−0.32	−3.47	p<.001
19.N	2.29(1.25)	2.64(1.33)	−0.35	−3.06	p<.01
20.受身	2.44(1.18)	2.79(1.31)	−0.35	−3.29	p<.001
21.名詞節	2.18(1.13)	2.42(1.20)	−0.24	−2.47	p<.05
22.可能	2.52(1.12)	2.95(1.17)	−0.43	−4.42	p<.001
24.格ニ	2.17(1.06)	2.37(1.14)	−0.20	−2.20	p<.05
25.N	1.91(1.03)	2.24(1.18)	−0.33	−3.31	p<.01
26.表現	2.34(1.16)	2.84(1.24)	−0.50	−4.87	p<.001
29.V P	2.66(1.15)	2.87(1.18)	−0.21	−2.08	p<.05
32.V P	2.08(1.00)	2.28(1.12)	−0.20	−2.25	p<.05
34.受給	2.23(1.10)	2.48(1.18)	−0.25	−2.66	p<.01
36.ノ連	2.46(1.25)	2.71(1.31)	−0.25	−2.20	p<.05
41.副用	2.17(1.03)	2.48(1.17)	−0.31	−3.10	p<.01
43.格ニヨッテ	2.60(1.22)	2.94(1.19)	−0.34	−3.25	p<.01
44.品詞	1.70(0.83)	1.91(0.98)	−0.21	−2.66	p<.01
45.テ形	1.65(0.93)	1.92(1.04)	−0.27	−3.18	p<.01
47.不定	2.11(1.08)	2.44(1.14)	−0.33	−3.37	p<.001
52.取立ハ	2.41(1.06)	2.59(1.07)	−0.18	−2.06	p<.05
54.自他	2.45(1.11)	2.84(1.17)	−0.39	−3.99	p<.001
55.コソア	2.93(1.23)	3.23(1.26)	−0.30	−2.81	p<.01
57.格ニツイテ	3.16(1.29)	3.39(1.33)	−0.23	−2.08	p<.05
58.V	2.18(1.18)	2.54(1.31)	−0.36	−3.36	p<.001
63.ノ連	2.99(1.23)	3.34(1.22)	−0.35	−3.24	p<.01
65.条件	1.89(1.03)	2.10(1.08)	−0.24	−2.36	p<.05
66.V	1.96(1.04)	2.35(1.20)	−0.39	−4.02	p<.001
67.活用	2.23(1.17)	2.52(1.22)	−0.29	−2.88	p<.01
68.ムード	2.98(1.34)	2.63(1.36)	0.35	2.96	p<.01
69.受給	1.72(0.99)	1.94(1.17)	−0.22	−2.28	p<.05
70.自他	2.45(1.20)	2.76(1.23)	−0.31	−2.94	p<.01
71.副用	1.77(1.00)	2.18(1.19)	−0.41	−4.14	p<.001
75.ル	1.78(0.94)	2.03(1.09)	−0.25	−2.82	p<.01
76.体修	2.15(1.06)	2.43(1.08)	−0.28	−3.00	p<.01
79.原因	1.68(0.91)	1.88(1.12)	−0.20	−2.18	p<.05
80.スタイル	2.16(1.10)	2.52(1.22)	−0.36	−3.65	p<.001

不快度

1.N(漢)	2.95(1.10)	3.21(1.11)	-0.26	-2.81	p<.01
9.格デ	3.27(1.10)	3.47(1.13)	-0.20	-2.12	p<.05
17.名詞節	2.53(1.16)	2.76(1.15)	-0.23	-2.29	p<.05
27.並V	2.14(1.17)	1.93(1.19)	0.21	2.15	p<.05
34.受給	3.87(1.17)	3.66(1.27)	0.21	1.98	p<.05
46.並N	2.27(1.23)	2.04(1.25)	0.23	2.17	p<.05
71.副用	2.23(1.14)	2.58(1.27)	-0.34	-3.40	p<.001

自然度

2.N(漢)	3.78(0.96)	3.50(1.06)	0.28	3.36	p<.001
3.受身	3.90(1.02)	3.68(1.17)	0.22	2.32	p<.05
6.Ad	3.36(1.11)	3.15(1.19)	0.21	2.08	p<.05
16.数	3.23(1.21)	2.95(1.24)	0.28	2.67	p<.01
20.受身	3.92(1.12)	3.64(1.24)	0.28	2.79	p<.01
27.並V	2.49(1.27)	2.14(1.27)	0.35	3.16	p<.01
28.VP	2.94(1.23)	2.62(1.26)	0.32	3.04	p<.01
30.複V	3.36(1.16)	3.05(1.21)	0.31	3.07	p<.01
31.並V	2.71(1.55)	2.37(1.48)	0.33	2.65	p<.01
32.VP	3.56(1.07)	3.37(1.16)	0.19	2.03	p<.05
33.C	3.44(1.29)	3.12(1.35)	0.32	2.81	p<.01
34.受給	4.04(1.05)	3.84(1.14)	0.20	2.22	p<.05
35.可能	4.29(0.88)	4.06(0.97)	0.23	2.88	p<.01
38.タ	3.79(1.14)	3.48(1.25)	0.31	3.08	p<.01
42.C	2.52(1.46)	2.15(1.33)	0.37	3.02	p<.01
44.品詞	2.91(1.17)	2.71(1.14)	0.20	1.99	p<.05
46.並N	2.76(1.40)	2.34(1.35)	0.42	3.50	p<.001
48.不定	3.97(0.99)	3.70(1.13)	0.27	3.07	p<.01
52.取立ハ	3.71(1.00)	3.44(1.06)	0.27	3.03	p<.01
55.コソア	4.23(0.94)	4.04(0.99)	0.19	2.37	p<.05
58.V	4.17(1.02)	3.97(1.12)	0.20	2.19	p<.05
59.N	4.29(0.99)	4.02(1.15)	0.27	2.80	p<.01
60.自発	3.75(1.13)	3.44(1.22)	0.31	3.12	p<.01
61.格ニ	3.24(1.42)	2.98(1.51)	0.26	2.10	p<.05
68.V	3.77(1.37)	3.26(1.50)	0.51	4.14	p<.001
69.受給	2.60(1.38)	2.34(1.36)	0.26	2.14	p<.05

70.自他	3.99(1.04)	3.80(1.10)	0.19	2.12	p<.05
72.ダ	4.08(1.13)	3.87(1.18)	0.21	2.06	p<.05
73.Ａ N	4.49(0.83)	4.23(1.08)	0.26	2.93	p<.01
74.ダ	3.06(1.21)	2.77(1.28)	0.29	2.73	p<.01
76.体修	3.74(1.03)	3.52(1.14)	0.22	2.45	p<.05
81.副用	3.96(1.06)	3.67(1.23)	0.29	3.03	p<.01
82.体修	2.78(1.22)	2.39(1.29)	0.39	3.68	p<.001
84.ノダ	4.46(0.79)	4.28(0.97)	0.18	2.24	p<.05

注)*平均とSD(カッコ内)

10.5 外国人との対話の経験の程度

　表10-9は「「外国人との対話の経験の程度」による、性別・年齢別の人数の割合」を示している。表10-9からわかるように、性別は男性が59.7％、女性が40.3％で、これを基準にすると、外国人との対話経験の程度の「少ない」は男性、「多い」は女性の比率がやや高い。年齢別では10代は9.0％、20代は31.0％、30代は26.0％、40代は16.4％、50代は12.2％、60歳以上は5.2％で、「少ない」は10代、「多い」は20、40代の比率がやや高い。その他はほぼ等しい。

表10-9 「外国人との対話の経験の程度」による、性別・年齢別の人数の割合

	合計 %(人)	性別		年齢別						無回答
		男性	女性	10代	20代	30代	40代	50代	60歳以上	無回答
少ない	100(361)	60.7	39.3	10.5	29.9	26.0	15.8	11.9	5.8	-
多い	100(112)	55.4	44.6	3.6	34.8	26.8	17.9	12.5	3.6	0.9
無回答	100　(4)	100	-	25.0	25.0	-	25.0	25.0	-	-
合計	100 (477)	59.7 (285)	40.3 (192)	9.0 (43)	31.0 (148)	26.0 (124)	16.4 (78)	12.2 (58)	5.2 (25)	0.2 (1)

　表10-10は「「外国人との対話の経験の程度」別の、誤りの重要度」を問題としている。それぞれの平均値について外国人との対話経験の「少ない」と「多い」の間でt検定を行った結果は、理解度の場合、13問(15.5％)は「多い」より「少ない」のほうが有意(p<.05以下)に重視し、厳しく評価している。不快度の場合は、「少ない」と「多

い」の評価はほぼ同様で、3問(3.6%)中、1問(問49)は「少ない」、2問(問27、28)は「多い」のほうが有意(p<.05以下)に重視し、厳しく評価している。自然度の場合、34問(40.5%)は「少ない」より「多い」のほうが有意(p<.05以下)に重視し、厳しく評価している。1問(問49)はその反対に評価されている(p<.05)。したがって、外国人との対話経験の多少は、自然度、理解度、不快度の順に、各基準についての評定に影響を与えるものが多いといえる。

　具体的には、外国人との対話経験が少ないほうが、学習者の誤りがより理解できず、経験が多いほうが、学習者の誤りをより不自然だと評定していることがわかる。そして、外国人との対話経験の多少は、不快度についての評定への影響が一定しないことがわかる。

　一方、1問(問49)においては3つの基準でp<.05以下で有意である。したがって、この問34において外国人との対話経験の多少は、すべての基準についての評定に影響を与えるといえる。(外国人との対話経験の程度による84問の誤りの重要度は付録7.5を参照のこと。)

表10-10　「外国人との対話の経験の程度」別の、誤りの重要度

理解度

問題の番号と 誤りの種類	外国人との対話の経験の程度		差	t	有意水準
	少ない	多い			
1.N(漢)	2.43(1.02)	2.04(1.06)	0.39	3.57	p<.001
2.N(漢)	2.43(1.08)	2.17(1.05)	0.26	2.18	p<.05
8.品詞	3.91(1.11)	3.38(1.42)	0.53	3.61	p<.001
9.格デ	2.90(1.19)	2.41(1.18)	0.49	3.78	p<.001
12.取立ハ	2.00(1.03)	1.74(0.95)	0.26	2.37	p<.05
14.ノダ	1.95(0.99)	1.57(0.75)	0.38	4.24	p<.001
15.格ニ	2.45(1.11)	2.07(1.10)	0.38	3.05	p<.01
49.受身	1.84(0.97)	1.52(0.81)	0.32	3.41	p<.001
58.V	2.25(1.18)	1.97(1.19)	0.28	2.13	p<.05
60.自発	2.50(1.17)	2.23(1.08)	0.27	2.10	p<.05
75.ル	1.84(0.97)	1.59(0.85)	0.25	2.40	p<.05
77.Ad	3.08(1.24)	2.79(1.28)	0.29	2.04	p<.05
80.スタイル	2.24(1.12)	1.94(1.09)	0.30	2.49	p<.05

不快度

27.並V	2.08(1.14)	2.34(1.25)	−0.26	−2.02	p<.05
28.VP	2.34(1.05)	2.74(1.26)	−0.40	−3.02	p<.01
49.受身	2.24(1.09)	1.89(1.05)	0.35	2.95	p<.01

自然度

3.受身	3.83(1.06)	4.10(0.86)	−0.27	−2.71	p<.01
18.条件	2.68(1.14)	3.02(1.15)	−0.34	−2.67	p<.01
19.N	3.84(1.23)	4.25(0.96)	−0.41	−3.58	p<.001
21.名詞節	3.23(1.21)	3.62(1.21)	−0.39	−2.94	p<.01
22.可能	3.93(0.97)	4.14(0.88)	−0.21	−2.03	p<.05
27.並N	2.40(1.25)	2.78(1.31)	−0.38	−2.76	p<.01
28.VP	2.79(1.19)	3.40(1.27)	−0.61	−4.57	p<.001
29.VP	3.94(0.99)	4.24(0.82)	−0.30	−3.13	p<.01
30.複V	3.27(1.13)	3.63(1.22)	−0.36	−2.81	p<.01
34.受給	3.97(1.06)	4.24(1.01)	−0.27	−2.35	p<.05
35.可能	4.22(0.91)	4.49(0.75)	−0.27	−3.09	p<.01
36.ノ連	3.60(1.33)	4.08(1.08)	−0.48	−3.83	p<.001
38.タ	3.72(1.17)	4.02(1.05)	−0.30	−2.40	p<.05
41.副用	3.45(1.07)	3.71(1.05)	−0.26	−2.18	p<.05
45.テ形	2.53(1.20)	2.88(2.36)	−0.35	−2.59	p<.01
48.不定	3.89(1.01)	4.21(0.93)	−0.32	−2.97	p<.01
49.受身	2.65(1.28)	2.30(1.21)	0.35	−2.52	p<.05
51.格カラ	3.32(1.16)	3.66(1.24)	−0.34	−2.61	p<.01
52.取立ハ	3.65(0.98)	3.88(1.04)	−0.23	−2.14	p<.05
54.自他	3.85(0.99)	4.11(1.03)	−0.26	−2.41	p<.05
55.コソア	4.17(0.97)	4.43(0.87)	−0.26	−2.51	p<.05
57.格ニツイテ	4.03(1.01)	4.30(0.75)	−0.27	−2.97	p<.01
60.自発	3.68(1.16)	3.96(1.04)	−0.28	−2.24	p<.05
61.格ニ	3.13(1.43)	3.62(1.31)	−0.49	−3.17	p<.01
62.使役	3.97(1.01)	4.20(0.95)	−0.23	−2.10	p<.05
63.ノ連	4.22(0.94)	4.49(0.82)	−0.27	−2.66	p<.01
65.条件	2.82(1.29)	3.15(1.40)	−0.33	−2.34	p<.05
68.ムード	3.68(1.39)	4.04(1.29)	−0.36	−2.41	p<.05
69.受給	2.53(1.36)	2.84(1.46)	−0.31	−2.05	p<.05
70.自他	3.92(1.05)	4.22(0.98)	−0.30	−2.66	p<.01
73.AN	4.43(0.90)	4.64(0.62)	−0.21	−2.70	p<.01

81.副用	3.90(1.10)	4.15(0.96)	−0.25	−2.12	p<.05
82.体修	2.71(1.19)	2.98(1.32)	−0.27	−2.00	p<.05
84.ノダ	4.39(0.84)	4.62(0.64)	−0.23	−3.05	p<.01

注)*平均とSD(カッコ内)

10.6　外国人の日本語の誤文を読んだ経験の有無

　表10-11は「「外国人の日本語の誤文を読んだ経験の有無」による、性別・年齢別の人数の割合」を示している。表10-11からわかるように、性別は男性が57.3%、女性が42.3%で、これを基準にすると、外国人の日本語の誤文を読んだ経験の「ある」は男性、「ない」は女性の比率がやや高い。年齢別では10代は12.3%、20代は27.4%、30代は24.5%、40代は15.5%、50代は11.9%、60歳以上は8.0%で、「ある」は20～40代、「ない」は10代の比率がやや高い。その他はほぼ等しい。

表10-11　「外国人の日本語の誤文を読んだ経験の有無」による、性別・年齢別の人数の割合

	合計 %(人)	性別			年齢別						
		男性	女性	無回答	10代	20代	30代	40代	50代	60歳以上	無回答
ある	100(270)	60.0	40.0	−	5.6	31.1	26.7	17.8	12.6	5.9	0.4
ない	100(412)	55.3	44.4	0.2	17.0	24.8	23.3	14.3	11.4	9.0	0.2
無回答	100　(9)	66.7	11.1	22.2	−	33.3	11.1	−	11.1	22.2	2.2
合計	100 (691)	57.3 (396)	42.3 (292)	0.4 (3)	12.3 (85)	27.4 (189)	24.5 (169)	15.5 (107)	11.9 (82)	8.0 (55)	0.6 (4)

　表10-12は「「外国人の日本語の誤文を読んだ経験の有無」別の、誤りの重要度」を問題としている。それぞれの平均値について外国人の日本語の誤文を読んだ経験の「ある」と「ない」の間でt検定を行った結果は、理解度の場合、40問(47.6%)は「ある」より「ない」のほうが有意(p<.05以下)に重視し、厳しく評価している。3問(3.6%、問68、72、73)はその反対に評価されている(p<.05以下)。不快度の場合、「ある」と「ない」の評価はほぼ同様で、9問(10.7%)中、7問は「ある」、2問(問14、71)は　「ない」のほうが有意(p<.05以下)に重視し、厳しく評価している。自然度の場合、43問(51.

2%)は「ない」より「ある」のほうが有意(p<.05)に重視し、厳しく評価している。した
がって、外国人の日本語の誤文を読んだ経験があるかどうかは、自然度、理解
度、不快度の順に、各基準についての評定に影響を与えるものが多いといえる。
　具体的には、外国人の日本語の誤文を読んだ経験のないほうが、学習者の誤り
がより理解できず、経験があるほうが、学習者の誤りがより不自然だと評定して
いることがわかる。そして、外国人の日本語の誤文を読んだ経験があるかどうか
は、不快度についての評定への影響が一定していないことがわかる。
　一方、2問(問68、80)においては3つの基準でp<.01以下で有意である。したがっ
て、この2問において、外国人の日本語の誤文を読んだ経験があるかどうかは、す
べての基準についての評定に影響を与えるといえる。(外国人の日本語の誤文を読ん
だ経験の有無による84個の誤りの重要度は付録7.6を参照のこと。)

表10-12 「外国人の日本語の誤文を読んだ経験の有無」別の、誤りの重要度
理解度

| 問題の番号と
誤りの種類 | 外国人の日本語の誤文を読んだ経験 | | 差 | t | 有意水準 |
	ある	ない			
1.N(漢)	2.17(1.02)	2.76(1.13)	−0.59	−6.88	p<.001
2.N(漢)	2.29(1.04)	2.50(1.12)	−0.21	−2.47	p<.05
3.受身	2.32(1.01)	2.50(1.12)	−0.18	−2.17	p<.05
4.連用形	1.55(0.87)	1.73(1.03)	−0.18	−2.41	p<.05
5.引用	2.34(1.13)	2.57(1.16)	−0.23	−2.45	p<.05
8.品詞	3.69(1.26)	3.99(1.13)	−0.30	−3.26	p<.01
9.格デ	2.66(1.18)	3.07(1.19)	−0.41	−4.26	p<.001
10.取立マデ	1.90(1.02)	2.18(1.17)	−0.28	−3.23	p<.01
11.取立ダケ	1.74(0.96)	1.96(1.03)	−0.22	−2.84	p<.01
12.取立ハ	1.82(0.94)	2.08(1.08)	−0.26	−3.34	p<.001
13.活用	1.84(1.02)	2.28(1.22)	−0.44	−5.02	p<.001
14.ノダ	1.68(0.85)	2.16(1.09)	−0.48	−6.46	p<.001
15.格ニ	2.24(1.07)	2.68(1.19)	−0.44	−4.79	p<.001
17.名詞節	1.89(1.08)	2.21(1.14)	−0.32	−3.60	p<.001
18.条件	1.70(0.89)	1.95(1.09)	−0.25	−3.24	p<.01
19.N	2.22(1.20)	2.52(1.33)	−0.30	−2.90	p<.01
22.可能	2.50(1.13)	2.75(1.16)	−0.25	−2.81	p<.01

25.N	1.88(1.06)	2.09(1.09)	-0.21	-2.45	p<.05
26.表現	2.25(1.14)	2.65(1.22)	-0.40	-4.18	p<.001
32.ＶＰ	2.01(0.95)	2.22(1.08)	-0.21	-2.70	p<.01
34.受給	2.14(1.06)	2.41(1.17)	-0.27	-3.04	p<.01
41.副用	2.12(1.06)	2.36(1.08)	-0.24	-2.75	p<.01
43.格ニヨッテ	2.55(1.23)	2.81(1.20)	-0.26	-2.67	p<.01
44.品詞	1.59(0.78)	1.87(0392)	-0.28	-4.09	p<.001
45.テ形	1.56(0.86)	1.83(1.02)	-0.27	-3.70	p<.001
47.不定	2.03(1.01)	2.33(1.16)	-0.30	-3.51	p<.001
53.ムード	2.05(1.10)	2.23(1.09)	-0.18	-2.04	p<.05
54.自他	2.40(1.13)	2.68(1.14)	-0.28	-3.07	p<.01
55.コソア	2.90(1.25)	3.10(1.24)	-0.20	-1.99	p<.05
58.V	2.13(1.19)	2.39(1.25)	-0.26	-2.59	p<.01
63.ノ連	2.98(1.30)	3.17(1.18)	-0.19	-2.00	p<.05
64.熟語	1.41(0.79)	1.56(0.91)	-0.15	-2.23	p<.05
66.V	1.90(1.02)	2.18(1.14)	-0.28	-3.30	p<.001
68.ムード	3.07(1.35)	2.76(1.34)	0.31	2.86	p<.01
69.受給	1.68(0.99)	1.85(1.09)	-0.17	-2.06	p<.05
70.自他	2.35(1.18)	2.67(1.23)	-0.32	-3.30	p<.001
71.副用	1.69(0.95)	2.02(1.13)	-0.33	-4.04	p<.001
72.ダ	3.48(1.32)	3.27(1.30)	0.21	1.97	p<.05
73.ＡＮ	4.08(1.15)	3.88(1.21)	0.20	2.06	p<.05
75.ル	1.67(0.86)	1.97(1.05)	-0.30	-3.92	p<.001
79.原因	1.64(0.89)	1.81(1.03)	-0.17	-2.13	p<.05
80.スタイル	2.08(1.06)	2.39(1.19)	-0.31	-3.48	p<.001
83.表現	1.66(0.92)	1.87(1.13)	-0.21	-2.54	p<.05

不快度

14.ノダ	2.54(1.11)	2.75(1.16)	-0.21	-2.29	p<.05
27.並V	2.22(1.21)	1.98(1.15)	0.24	2.57	p<.05
28.ＶＰ	2.62(1.18)	2.27(1.10)	0.35	3.90	p<.001
30.複V	2.86(1.12)	2.66(1.12)	0.20	2.17	p<.05
61.格ニ	2.83(1.28)	2.58(1.33)	0.25	2.32	p<.05
67.活用	3.22(1.20)	3.01(1.23)	0.21	2.17	p<.05
68.ムード	3.30(1.30)	3.01(1.41)	0.29	2.65	p<.01
71.副用	2.18(1.16)	2.42(1.20)	-0.24	-2.53	p<.05
80.スタイル	4.14(1.07)	3.79(1.20)	0.35	3.70	p<.001

自然度

2.N(漢)	3.80(0.96)	3.63(1.02)	0.17	2.07	p<.05
6.Ad	3.45(1.11)	3.20(1.15)	0.25	2.76	p<.01
19.N	4.05(1.10)	3.76(1.23)	0.29	2.97	p<.01
20.受身	4.05(1.07)	3.70(1.20)	0.35	3.81	p<.001
21.名詞節	3.41(1.23)	3.18(1.27)	0.23	2.24	p<.05
27.並V	2.59(1.28)	2.25(1.27)	0.34	3.29	p<.01
28.V P	3.16(1.25)	2.64(1.21)	0.52	5.37	p<.001
29.V P	4.11(0.90)	3.89(1.01)	0.22	2.91	p<.01
30.複V	3.50(1.16)	3.12(1.17)	0.38	4.06	p<.001
32.V P	3.64(1.05)	3.41(1.12)	0.23	2.62	p<.01
34.受給	4.11(1.02)	3.89(1.12)	0.22	2.57	p<.05
35.可能	4.35(0.85)	4.14(0.95)	0.21	3.01	p<.01
36.ノ連	3.86(1.22)	3.56(1.33)	0.30	2.88	p<.01
38.タ	3.91(1.13)	3.56(1.20)	0.35	3.73	p<.001
39.活用	3.65(1.28)	3.40(1.31)	0.25	2.38	p<.05
46.並N	2.80(1.45)	2.52(1.36)	0.28	2.52	p<.05
48.不定	4.07(0.95)	3.77(1.08)	0.30	3.70	p<.001
52.取立ハ	3.80(0.94)	3.52(1.06)	0.28	3.62	p<.001
53.ムード	3.29(1.30)	3.04(1.25)	0.25	2.49	p<.05
55.コソア	4.30(0.93)	4.10(0.97)	0.20	2.59	p<.01
56.格ト	2.56(1.37)	2.25(1.29)	0.31	2.97	p<.01
57.格ニツイテ	4.16(0.91)	3.98(1.08)	0.18	2.31	p<.05
58.V	4.21(1.00)	4.04(1.09)	0.17	1.98	p<.05
59.N	4.32(0.98)	4.14(1.08)	0.18	2.16	p<.05
60.自発	3.90(1.07)	3.50(1.20)	0.40	4.27	p<.001
61.格ニ	3.45(1.38)	2.98(1.46)	0.47	4.13	p<.001
62.使役	4.12(0.95)	3.90(1.04)	0.22	2.73	p<.01
63.ノ連	4.39(0.89)	4.16(0.93)	0.23	3.13	p<.01
65.条件	3.00(1.34)	2.77(1.27)	0.23	2.11	p<.05
67.活用	3.84(1.14)	3.47(1.21)	0.37	3.83	p<.001
68.ムード	3.92(1.27)	3.43(1.48)	0.49	4.46	p<.001
69.受給	2.74(1.44)	2.38(1.33)	0.36	3.18	p<.01
70.自他	4.10(0.96)	3.83(1.10)	0.27	3.23	p<.01
72.ダ	4.15(1.10)	3.93(1.17)	0.22	2.33	p<.05
73.A N	4.57(0.78)	4.32(0.98)	0.25	3.41	p<.001
74.ダ	3.17(1.20)	2.85(1.24)	0.32	3.20	p<.01

76.体修	3.84(1.01)	3.57(1.09)	0.27	3.07	p<.01
77.Ad	4.21(0.98)	3.99(1.11)	0.22	2.61	p<.01
78.スタイル	2.49(1.35)	2.21(1.31)	0.28	2.69	p<.01
80.スタイル	4.21(0.94)	3.93(1.08)	0.28	3.42	p<.001
81.副用	4.06(1.01)	3.76(1.17)	0.30	3.41	p<.001
82.体修	2.92(1.21)	2.50(1.25)	0.42	4.23	p<.001
84.ノダ	4.55(0.73)	4.32(0.90)	0.23	3.55	p<.001

注)*平均とSD(カッコ内)

10.7　外国人の日本語の誤文を読んだ経験の程度

　表10-13は「「外国人の日本語の誤文を読んだ経験の程度」による、性別・年齢別の人数の割合」を示している。表10-13からわかるように、性別は男性が60.0%、女性が40.0%で、これを基準にすると、外国人の日本語の誤文を読んだ経験の「多い」では男性の比率がやや高い。「少ない」ではほぼ等しい。年齢別では10代は5.6%、20代は31.1%、30代は26.7%、40代は17.8%、50代は12.6%、60歳以上は5.9%で、「少ない」では20代、「多い」では30〜40代の比率がやや高い。その他はほぼ等しい。

表10-13　「外国人の日本語の誤文を読んだ経験の程度」による、性別・年齢別の人数の割合

	合計 %(人)	性別		年齢別						
		男性	女性	10代	20代	30代	40代	50代	60歳以上	無回答
少ない	100(225)	59.6	40.4	6.7	32.4	25.3	16.4	12.9	6.2	-
多い	100 (45)	62.2	37.8	-	24.4	33.3	24.4	11.1	4.4	2.2
合計	100 (270)	60.0 (162)	40.0 (108)	5.6 (15)	31.1 (84)	26.7 (72)	17.8 (48)	12.6 (34)	5.9 (16)	0.4 (1)

　表10-14は「「外国人の日本語の誤文を読んだ経験の程度」別の、誤りの重要度」を問題としている。それぞれの平均値について外国人の日本語の誤文を読んだ経験の「少ない」と「多い」の間でt検定を行った結果は、理解度の場合、22問(26.2%)は「多い」より「少ない」のほうが有意(p<.05以下)に重視し、厳しく評価している。不快度の場合、6問(7.1%)は「少ない」より「多い」のほうが有意(p<.05以下)に重視し、

厳しく評価している。自然度の場合、27問(32.1%)は「少ない」より「多い」のほうが有意(p<.05以下)に重視し、厳しく評価している。したがって、外国人の日本語の誤文を読んだ経験の多少は、自然度、理解度、不快度の順に、各基準についての評定に影響を与えるものが多いといえる。

具体的には、外国人の日本語の誤文を読んだ経験の少ないほうが、学習者の誤りがより理解できず、経験の多いほうが、学習者の誤りにより不快感を持ち、学習者の誤りがより不自然だと評定していることがわかる。(外国人の日本語の誤文を読んだ経験の程度による84個の誤りの重要度は付録7.7を参照のこと。)

表10-14 「外国人の日本語の誤文を読んだ経験の程度」別の、誤りの重要度

理解度

問題の番号と誤りの種類	外国人の日本語の誤文を読んだ経験		差	t	有意水準
	少ない	多い			
1.N(漢)	2.26(1.02)	1.82(0.96)	0.44	2.67	p<.01
6.Ad	2.30(1.11)	1.89(0.93)	0.41	2.30	p<.05
8.品詞	3.87(1.14)	2.84(1.43)	1.03	4.52	p<.001
9.格デ	2.77(1.14)	2.07(1.19)	0.70	3.76	p<.001
13.活用	1.92(1.05)	1.57(0.93)	0.35	2.08	p<.05
14.ノダ	1.74(0.88)	1.43(0.70)	0.31	2.17	p<.05
15.格ニ	2.32(1.08)	1.93(1.17)	0.39	2.13	p<.05
20.受身	2.52(1.18)	2.02(1.17)	0.50	2.54	p<.05
22.可能	2.57(1.11)	2.16(1.19)	0.41	2.27	p<.05
24.格ニ	2.20(1.04)	1.82(1.01)	0.38	2.25	p<.05
29.ＶＰ	2.74(1.12)	2.36(1.21)	0.38	2.08	p<.05
35.可能	3.19(1.16)	2.73(1.44)	0.46	2.29	p<.05
49.受身	1.77(0.95)	1.47(0.84)	0.30	2.02	p<.05
55.コソア	2.98(1.19)	2.53(1.44)	0.45	2.21	p<.05
60.自発	2.49(1.11)	2.07(1.10)	0.42	2.24	p<.05
62.使役	2.83(1.14)	2.29(1.24)	0.54	2.85	p<.01
64.熟語	1.46(0.86)	1.18(0.44)	0.28	3.26	p<.01
67.活用	2.31(1.22)	1.89(1.13)	0.42	2.12	p<.05
77.Ad	3.12(1.23)	2.67(1.46)	0.45	2.17	p<.05
79.原因	1.71(0.92)	1.40(0.72)	0.31	2.10	p<.05
80.スタイル	2.18(1.06)	1.62(0.91)	0.56	3.26	p<.01
84.ノダ	3.49(1.23)	2.96(1.46)	0.53	2.54	p<.05

不快度

18.条件	2.27(1.04)	2.73(1.12)	-0.46	-0.68	p<.01
28.VP	2.55(1.14)	2.98(1.31)	-0.43	-2.24	p<.05
30.複V	2.81(1.07)	3.20(1.27)	-0.39	-2.16	p<.05
45.テ形	2.06(1.07)	2.44(1.16)	-0.38	-2.14	p<.05
51.格カラ	2.84(1.15)	3.29(1.36)	-0.45	-2.30	p<.05
75.ル	2.20(1.05)	2.60(1.16)	-0.40	-2.29	p<.05

自然度

3.受身	3.85(1.04)	4.20(0.88)	-0.35	-2.10	p<.05
5.引用	3.56(1.11)	4.02(1.07)	-0.46	-2.54	p<.05
17.名詞節	2.93(1.22)	3.29(0.94)	-0.36	-2.19	p<.05
18.条件	2.76(1.11)	3.20(1.12)	-0.44	-2.40	p<.05
21.名詞節	3.34(1.22)	3.93(1.09)	-0.59	-2.98	p<.01
25.N	2.86(1.20)	3.40(1.27)	-0.54	-2.71	p<.01
26.表現	3.85(1.03)	4.20(0.93)	-0.35	-2.11	p<.05
27.並V	2.50(1.27)	3.00(1.28)	-0.50	-2.39	p<.05
28.VP	3.08(1.20)	3.60(1.40)	-0.52	-2.57	p<.05
30.複V	3.43(1.15)	3.98(1.01)	-0.55	-2.96	p<.01
32.VP	3.59(1.06)	3.98(0.89)	-0.39	-2.31	p<.05
33.C	3.34(1.34)	3.78(1.20)	-0.44	-2.03	p<.05
35.可能	4.29(0.89)	4.60(0.58)	-0.31	-2.99	p<.01
36.ノ連	3.80(1.21)	4.29(1.04)	-0.49	-2.49	p<.05
42.C	2.40(1.47)	3.00(1.54)	-0.60	-2.43	p<.05
45.テ形	2.56(1.21)	3.11(1.35)	-0.55	-2.74	p<.01
50.ムード	3.05(1.29)	3.55(1.21)	-0.50	-2.33	p<.05
51.格カラ	3.38(1.16)	3.91(1.18)	-0.53	-2.81	p<.01
54.自他	3.93(0.99)	4.33(0.97)	-0.40	-2.42	p<.05
57.格ニツイテ	4.09(0.94)	4.48(0.63)	-0.39	-3.41	p<.001
60.自発	3.83(1.08)	4.20(1.00)	-0.37	-2.14	p<.05
61.格ニ	3.36(1.38)	3.91(1.22)	-0.55	-2.50	p<.05
62.使役	4.04(0.95)	4.42(0.92)	-0.38	-2.46	p<.05
69.受給	2.65(1.39)	3.20(1.56)	-0.55	-2.34	p<.05
71.副用	2.57(1.21)	3.07(1.32)	-0.50	-2.45	p<.05
75.ル	2.72(1.21)	3.20(1.20)	-0.48	-2.43	p<.05
81.副用	4.00(1.04)	4.36(0.80)	-0.38	-2.59	p<.05

注)* 平均とSD(カッコ内)

10.8 話せる外国語の有無

　表10-15は「「話せる外国語の有無」による、性別・年齢別の人数の割合」を示している。表10-15からわかるように、性別は男性が57.3％、女性が42.3％で、これを基準にすると、話せる外国語の「ある」は女性、「ない」は男性の比率がやや高い。年齢別では10代は12.3％、20代は27.4％、30代は24.5％、40代は15.5％、50代は11.9％、60歳以上は8.0％で、「ある」は10代、「ない」は40～50代の比率がやや高い。その他はほぼ等しい。

表10-15　「話せる外国語の有無」による、性別・年齢別の人数の割合

	合計 %(人)	性別			年齢別						
		男性	女性	無回答	10代	20代	30代	40代	50代	60歳以上	無回答
ある	100(259)	52.9	46.7	0.4	22.0	29.0	23.6	12.0	8.1	5.0	0.4
ない	100(421)	59.9	40.1	－	6.7	26.1	25.2	18.1	14.3	9.5	0.2
無回答	100 (11)	63.6	18.2	18.2	－	36.4	16.5	－	9.1	16.5	16.5
合計	100 (691)	57.3 (396)	42.3 (292)	0.4 (3)	12.3 (85)	27.4 (189)	24.5 (169)	15.5 (107)	11.9 (82)	8.0 (55)	0.6 (4)

　表10-16は「「話せる外国語の有無」別の、誤りの重要度」を問題としている。それぞれの平均値について話せる外国語の「ある」と「ない」の間で t 検定を行った結果は、理解度の場合、20問(23.8％)は「ある」より「ない」のほうが有意(p<.05以下)に重視し、厳しく評価している。2問(2.4％、問31、68)はその反対に評価されている(p<.05以下)。不快度の場合、22問(26.2％)は「ない」より「ある」のほうが有意(p<.05以下)に重視し、厳しく評価している。1問(問49)はその反対に評価されている(p<.05)。自然度の場合、33問(39.3％)は「ない」より「ある」のほうが有意(p<.05以下)に重視し、厳しく評価されている。1問(問49)はその反対に評価されている(p<.05)。したがって、外国語が話せるかどうかは、自然度、不快度、理解度の順に、各基準についての評定に影響を与えるものが多いといえる。

　具体的には、外国語が話せないほうが、学習者の誤りがより理解できず、外国語が話せるほうが、学習者の誤りにより不快感を持ち、学習者の誤りがより不自然だと評定していることがわかる。

　一方、3問(問22、49、68)においては3つの基準でp<.05以下で有意である。したがって、この3問において外国語が話せるかどうかは、すべての基準についての評定に影響を与えるといえる。(話せる外国語の有無による84個の誤りの重要度は付録7.8を参照のこと。)

表10-16 「話せる外国語の有無」別の、誤りの重要度

理解度

問題の番号と 誤りの種類	話せる外国語		差	t	有意水準
	ある	ない			
1.N(漢)	2.36(1.14)	2.62(1.10)	−0.26	−3.00	p<.01
2.N(漢)	2.21(1.07)	2.55(1.09)	−0.34	−4.04	p<.001
4.連用形	1.53(0.87)	1.74(1.03)	−0.21	−2.90	p<.01
5.引用	2.32(1.16)	2.59(1.14)	−0.27	−2.91	p<.01
8.品詞	3.69(1.34)	4.00(1.06)	−0.31	−3.11	p<.01
9.格デ	2.69(1.25)	3.04(1.15)	−0.35	−3.66	p<.001
10.取立マデ	1.92(1.10)	2.16(1.11)	−0.24	−2.66	p<.01
12.取立ハ	1.86(1.05)	2.05(1.02)	−0.19	−2.26	p<.01
14.ノダ	1.82(1.03)	2.06(1.02)	−0.24	−2.93	p<.01
15.格ニ	2.35(1.22)	2.60(1.13)	−0.25	−2.63	p<.01
17.名詞節	1.91(1.14)	2.18(1.11)	0.27	−3.11	p<.01
20.受身	2.31(1.24)	2.70(1.20)	−0.39	−4.06	p<.001
22.可能	2.54(1.15)	2.72(1.15)	−0.18	−2.00	p<.05
25.N	1.90(1.15)	2.07(1.03)	−0.17	−1.98	p<.05
26.表現	2.37(1.26)	2.56(1.16)	−0.19	−1.97	p<.05
31.並V	2.13(1.38)	1.90(1.12)	0.23	2.25	p<.05
43.格ニヨッテ	2.44(1.23)	2.87(1.18)	−0.43	−4.47	p<.001
49.受身	1.64(0.88)	1.88(0.99)	−0.24	−3.19	p<.01
58.V	2.07(1.19)	2.42(1.24)	−0.35	−3.60	p<.001
63.ノ連	2.97(1.29)	3.17(1.19)	−0.20	−2.05	p<.05
68.ムード	3.09(1.39)	2.74(1.32)	0.35	3.18	p<.01
80.スタイル	2.10(1.13)	2.37(1.15)	−0.27	−2.93	p<.01

不快度

問題の番号と誤りの種類	ある	ない	差	t	有意水準
8.品詞	4.17(1.02)	3.97(1.08)	0.20	2.30	p<.05
13.活用	3.00(1.31)	2.75(1.19)	0.25	2.60	p<.01

22.可能	3.49(1.08)	3.26(1.07)	0.23	2.64	p<.01
27.並 V	2.23(1.25)	1.98(1.11)	0.25	2.58	p<.05
28. V P	2.54(1.21)	2.31(1.10)	0.23	2.44	p<.05
31.並 V	2.43(1.49)	2.19(1.28)	0.24	2.11	p<.05
32. V P	3.02(1.20)	2.77(1.10)	0.25	2.74	p<.01
33. C	3.13(1.34)	2.78(1.25)	0.35	3.47	p<.001
34.受給	3.99(1.16)	3.69(1.22)	0.30	3.18	p<.01
35.可能	3.80(1.07)	3.55(1.10)	0.25	2.89	p<.01
39.活用	3.08(1.27)	2.82(1.20)	0.26	2.58	p<.05
46.並 N	2.34(1.27)	2.11(1.20)	0.23	2.38	p<.05
49.受身	2.03(1.09)	2.24(1.12)	−0.21	−2.36	p<.05
51.格カラ	2.98(1.24)	2.77(1.17)	0.21	2.27	p<.05
54.自他	3.38(1.10)	3.18(1.10)	0.20	2.29	p<.05
66. V	2.87(1.32)	2.65(1.20)	0.22	2.15	p<.05
67.活用	3.31(1.23)	2.94(1.20)	0.37	3.79	p<.001
68.ムード	3.38(1.39)	2.95(1.35)	0.43	3.85	p<.001
69.受給	2.35(1.29)	2.14(1.23)	0.21	2.08	p<.05
77.Ad	3.57(1.24)	3.37(1.23)	0.20	1.97	p<.05
80.スタイル	4.09(1.13)	3.82(1.18)	0.27	2.85	p<.01
81.副用	3.43(1.19)	3.22(1.20)	0.21	2.11	p<.05
84.ノダ	3.90(1.07)	3.70(1.15)	0.20	2.28	p<.05

自然度

1.N(漢)	4.14(0.87)	3.96(0.86)	0.18	2.57	p<.05
6.Ad	3.42(1.14)	3.22(1.13)	0.20	2.18	p<.05
11.取立ダケ	2.93(1.24)	2.71(1.25)	0.22	2.23	p<.05
13.活用	3.60(1.30)	3.24(1.30)	0.36	3.39	p<.001
19.N	4.05(1.18)	3.78(1.19)	0.27	2.82	p<.01
21.名詞節	3.42(1.25)	3.19(1.25)	0.23	2.27	p<.05
22.可能	4.05(0.90)	3.86(1.00)	0.19	2.52	p<.05
27.並 V	2.55(1.33)	2.28(1.24)	0.27	2.55	p<.05
28. V P	3.00(1.32)	2.74(1.19)	0.26	2.64	p<.01
32. V P	3.64(1.11)	3.42(1.08)	0.22	2.49	p<.05
33. C	3.55(1.33)	3.22(1.29)	0.33	3.12	p<.01
35.可能	4.38(0.88)	4.12(0.92)	0.26	3.51	p<.001
38.タ	3.83(1.21)	3.63(1.16)	0.20	2.11	p<.05
39.活用	3.65(1.33)	3.39(1.28)	0.26	2.44	p<.05

46.並N	2.81(1.45)	2.51(1.36)	0.30	2.67	p<.01
48.不定	4.04(1.02)	3.79(1.04)	0.25	3.06	p<.01
49.受身	2.37(1.26)	2.61(1.26)	-0.24	-2.45	p<.05
52.取立ハ	3.74(1.03)	3.56(1.01)	0.18	2.16	p<.05
54.自他	4.03(0.98)	3.79(1.00)	0.24	2.98	p<.01
59.N	4.33(1.01)	4.13(1.06)	0.20	2.43	p<.05
60.自発	3.80(1.22)	3.57(1.12)	0.23	2.42	p<.05
63.ノ連	4.34(0.94)	4.19(0.91)	0.15	2.00	p<.05
65.条件	3.04(1.33)	2.76(1.27)	0.28	2.65	p<.01
66.V	3.37(1.30)	3.07(1.22)	0.30	2.94	p<.01
67.活用	3.83(1.19)	3.48(1.18)	0.35	3.57	p<.001
68.ムード	3.90(1.36)	3.44(1.44)	0.46	4.01	p<.001
69.受給	2.74(1.44)	2.39(1.33)	0.35	3.11	p<.01
70.自他	4.07(1.04)	3.85(1.06)	0.22	2.54	p<.05
73.A N	4.52(0.87)	4.35(0.93)	0.17	2.25	p<.05
76.体修	3.79(1.09)	3.60(1.05)	0.19	2.20	p<.05
77.Ad	4.20(1.06)	3.99(1.07)	0.21	2.40	p<.05
81.副用	4.05(1.05)	3.77(1.15)	0.28	3.07	p<.01
82.体修	2.79(1.32)	2.58(1.20)	0.21	2.11	p<.05
84.ノダ	4.52(0.79)	4.33(0.87)	0.19	2.71	p<.01

注)*平均とSD(カッコ内)

10.9　外国に住んだ経験の有無

　表10-17は「「外国に住んだ経験の有無」による、性別・年齢別の人数の割合」を示している。表10−17からわかるように、性別は男性が57.3％、女性が42.3％で、これを基準にすると、外国に住んだ経験の「ある」は女性の比率がやや高い。「ない」はほぼ等しい。年齢別では10代は12.3％、20代は27.4％、30代は24.5％、40代は15.5％、50代は11.9％、60歳以上は8.0％で、「ある」は20〜40代、「ない」は10代の比率がやや高い。その他はほぼ等しい。

표10-17　「外国に住んだ経験の有無」による、性別・年齢別の人数の割合

	合計 %(人)	性別			年齢別						
		男性	女性	無回答	10代	20代	30代	40代	50代	60歳以上	無回答
ある	100(111)	54.1	45.0	0.9	2.7	28.8	28.8	20.7	9.9	8.1	0.9
ない	100(570)	57.7	42.3	-	14.4	27.0	23.7	14.7	12.3	7.7	0.2
無回答	100 (10)	70.0	10.0	20.0	-	30.0	20.0	-	10.0	20.0	20.0
合計	100 (691)	57.3 (396)	42.3 (292)	0.4 (3)	12.3 (85)	27.4 (189)	24.5 (169)	15.5 (107)	11.9 (82)	8.0 (55)	0.6 (4)

　表10-18は「「外国に住んだ経験の有無」別の、誤りの重要度」を問題としている。それぞれの平均値について外国に住んだ経験の「ある」と「ない」の間で t 検定を行った結果は、理解度の場合、12問(14.3%)は「ある」より「ない」のほうが有意(p<.05以下)に重視し、厳しく評価している。不快度の場合、38問(45.2%)は「ない」より「ある」のほうが有意(p<.05以下)に重視し、厳しく評価している。自然度の場合、48問(57.1%)は「ない」より「ある」のほうが有意(p<.05以下)に重視し、厳しく評価している。したがって、外国に住んだ経験があるかどうかは、自然度、不快度、理解度の順に、各基準についての評定に影響を与えるものが多いといえる。

　具体的には、外国に住んだ経験がないほうが、学習者の誤りがより理解できず、経験があるほうが、学習者の誤りにより不快感を持ち、学習者の誤りがより不自然だと評定していることがわかる。（外国に住んだ経験の有無による84個の誤りの重要度は付録7.9を参照のこと。）

表10-18　「外国に住んだ経験の有無」別の、誤りの重要度

理解度

問題の番号と 誤りの種類	外国に住んだ経験		差	t	有意水準
	ある	ない			
1.N(漢)	2.10(1.02)	2.60(1.13)	-0.50	-4.37	p<.001
2.N(漢)	2.21(1.00)	2.46(1.11)	-0.25	-2.21	p<.05
5.引用	2.20(1.05)	2.54(1.17)	-0.34	-2.78	p<.01
8.品詞	3.50(1.38)	3.95(1.13)	-0.45	-3.25	p<.01
9.格デ	2.51(1.25)	2.98(1.18)	-0.47	-3.77	p<.001
12.取立ハ	1.68(0.91)	2.03(1.05)	-0.35	-3.32	p<.001

14.ノダ	1.63(0.87)	2.04(1.05)	−0.41	−4.33	p<.001
15.格ニ	2.16(1.16)	2.57(1.16)	−0.41	−3.35	p<.001
26.表現	2.24(1.23)	2.54(1.19)	−0.30	−2.37	p<.05
36.ノ連	2.30(1.22)	2.58(1.28)	−0.28	−2.12	p<.05
43.格ニヨッテ	2.42(1.19)	2.76(1.22)	−0.34	−2.62	p<.01
70.自他	2.32(1.14)	2.58(1.23)	−0.26	−1.98	p<.05

不快度

11.取立ダケ	2.66(1.26)	2.33(1.14)	0.33	2.70	p<.01
18.条件	2.57(1.15)	2.34(1.12)	0.23	1.98	p<.05
19.N	3.74(1.18)	3.09(1.29)	0.65	4.86	p<.001
21.名詞節	3.05(1.21)	2.73(1.21)	0.32	2.49	p<.05
22.可能	3.62(1.07)	3.29(1.07)	0.33	2.96	p<.01
27.並V	2.45(1.30)	2.00(1.14)	0.45	3.66	p<.001
28.VP	2.78(1.21)	2.32(1.12)	0.46	3.86	p<.001
29.VP	3.68(1.10)	3.28(1.11)	0.40	3.43	p<.001
30.複V	3.11(1.26)	2.66(1.08)	0.45	3.84	p<.001
31.並V	2.56(1.48)	2.22(1.34)	0.34	2.38	p<.05
32.VP	3.17(1.25)	2.80(1.11)	0.37	3.01	p<.01
33.C	3.15(1.36)	2.87(1.27)	0.28	2.13	p<.05
34.受給	4.15(1.10)	3.74(1.21)	0.41	3.35	p<.001
35.可能	3.90(1.04)	3.60(1.10)	0.30	2.64	p<.01
38.タ	3.35(1.17)	3.06(1.22)	0.29	2.29	p<.05
46.並N	2.42(1.29)	2.15(1.22)	0.27	2.06	p<.05
47.不定	3.13(1.17)	2.85(1.17)	0.28	2.28	p<.05
48.不定	3.49(1.17)	3.16(1.14)	0.33	2.70	p<.01
50.ムード	2.99(1.27)	2.59(1.24)	0.40	3.05	p<.01
51.格カラ	3.26(1.22)	2.76(1.18)	0.50	3.96	p<.001
52.取立ハ	3.29(1.12)	3.02(1.04)	0.27	2.49	p<.05
54.自他	3.51(1.12)	3.20(1.10)	0.31	2.68	p<.01
60.自発	3.39(1.24)	2.99(1.19)	0.40	3.16	p<.01
61.格ニ	2.97(1.30)	2.62(1.31)	0.35	2.56	p<.05
62.使役	3.65(1.15)	3.36(1.09)	0.29	2.53	p<.05
63.ノ連	3.92(1.11)	3.57(1.15)	0.35	2.90	p<.01
67.活用	3.36(1.30)	3.03(1.20)	0.33	2.52	p<.05
68.ムード	3.49(1.29)	3.04(1.38)	0.45	3.10	p<.01
69.受給	2.53(1.33)	2.16(1.23)	0.37	2.84	p<.01
72.ダ	3.71(1.34)	3.42(1.24)	0.29	2.22	p<.05

73. A N	4.14(1.19)	3.89(1.18)	0.25	2.02	p<.05
74.ダ	2.73(1.28)	2.45(1.11)	0.28	2.14	p<.05
76.体修	3.28(1.16)	2.92(1.13)	0.36	2.97	p<.01
77.Ad	3.68(1.24)	3.41(1.23)	0.27	2.01	p<.05
80.スタイル	4.25(1.05)	3.86(1.18)	0.39	3.19	p<.01
81.副用	3.66(1.27)	3.23(1.18)	0.43	3.43	p<.001
82.体修	2.56(1.13)	2.20(1.12)	0.36	2.96	p<.01
84.ノダ	4.03(1.09)	3.73(1.12)	0.30	2.49	p<.05

自然度

6.Ad	3.54(1.06)	3.25(1.15)	0.29	2.45	p<.05
11.取立ダケ	3.10(1.23)	2.73(1.24)	0.37	2.84	p<.01
17.名詞節	3.22(1.17)	2.97(1.17)	0.25	2.04	p<.05
18.条件	3.05(1.16)	2.69(1.17)	0.36	2.95	p<.01
19.N	4.43(0.91)	3.77(1.21)	0.66	5.50	p<.001
21.名詞節	3.65(1.18)	3.20(1.26)	0.45	3.42	p<.001
22.可能	4.16(0.86)	3.89(0.98)	0.27	2.74	p<.01
24.格ニ	3.50(1.25)	3.21(1.19)	0.29	2.29	p<.05
27.並 V	2.79(1.33)	2.30(1.25)	0.49	3.64	p<.001
28.V P	3.27(1.24)	2.76(1.24)	0.51	3.99	p<.001
29.V P	4.28(0.75)	3.92(1.00)	0.36	3.49	p<.001
30.複 V	3.68(1.19)	3.19(1.16)	0.49	3.99	p<.001
31.並 V	2.95(1.67)	2.54(1.50)	0.41	2.54	p<.05
32.V P	3.81(1.02)	3.44(1.10)	0.37	3.17	p<.01
33.C	3.66(1.29)	3.28(1.13)	0.38	2.80	p<.01
34.受給	4.31(0.91)	3.92(1.10)	0.39	3.99	p<.001
35.可能	4.45(0.78)	4.17(0.93)	0.28	3.26	p<.01
38.タ	3.95(1.11)	3.65(1.19)	0.30	2.41	p<.05
42.C	2.67(1.49)	2.36(1.142)	0.31	2.10	p<.05
45.テ形	2.83(1.30)	2.55(1.21)	0.28	2.16	p<.05
46.並 V	2.93(1.44)	2.57(1.38)	0.36	2.40	p<.05
47.不定	3.69(1.06)	3.41(1.15)	0.28	2.34	p<.05
48.不定	4.25(0.92)	3.82(1.05)	0.43	3.99	p<.001
50.ムード	3.29(1.26)	2.97(1.31)	0.32	2.36	p<.05
51.格カラ	3.76(1.04)	3.27(1.22)	0.48	4.32	p<.001
52.取立ハ	3.96(0.98)	3.56(1.02)	0.40	3.82	p<.001
53.ムード	3.39(1.40)	3.09(1.25)	0.30	2.25	p<.05
54.自他	4.19(0.95)	3.82(1.00)	0.37	3.57	p<.001

55.コソア	4.41(0.97)	4.13(0.95)	0.28	2.81	p<.01
57.格ニツイテ	4.24(0.87)	4.02(1.04)	0.22	2.37	p<.05
60.自発	4.04(1.03)	3.58(1.18)	0.46	3.74	p<.001
61.格ニ	3.53(1.32)	3.09(1.46)	0.44	2.90	p<.01
62.使役	4.17(1.00)	3.95(1.01)	0.22	2.06	p<.05
63.ノ連	4.55(0.83)	4.19(0.93)	0.36	3.84	p<.001
67.活用	3.84(1.29)	3.57(1.18)	0.27	2.10	p<.05
68.ムード	4.05(1.21)	3.54(1.45)	0.51	3.82	p<.001
69.受給	2.99(1.49)	2.43(1.34)	0.56	3.87	p<.001
70.自他	4.20(1.00)	3.88(1.06)	0.32	2.84	p<.01
72.ダ	4.23(1.19)	3.97(1.14)	0.26	2.09	p<.05
73.A N	4.64(0.77)	4.37(0.93)	0.27	3.08	p<.01
74.ダ	3.26(1.32)	2.92(1.21)	0.34	2.62	p<.01
75.ル	2.97(1.26)	2.65(1.24)	0.32	2.48	p<.05
76.体修	3.93(1.01)	3.62(1.07)	0.31	2.79	p<.01
77.Ad	4.37(0.94)	4.02(1.08)	0.35	3.02	p<.01
80.スタイル	4.37(0.87)	3.97(1.05)	0.40	4.12	p<.001
81.副用	4.13(1.07)	3.83(1.12)	0.30	2.55	p<.05
82.体修	3.08(1.28)	2.58(1.23)	0.50	3.72	p<.001
84.ノダ	4.61(0.68)	4.36(0.87)	0.25	3.27	p<.01

注)*平均とSD(カッコ内)

10.10　まとめ

　以上、日本語母語話者の社会的要因別、誤りの評価について考察した。具体的に「職業」「学歴」「韓国語の学習歴の有無」「外国人との対話の経験の有無及び程度」「外国人の日本語の誤文を読んだ経験の有無及び程度」「話せる外国語の有無」「外国に住んだ経験の有無」による、3つの基準別、84個の誤りの重要度の差が有意であるかどうかを調べた。

　その結果、表10-19(「日本語母語話者の社会的要因による、84問題の誤りについての評価で、有意差のある問題数」)からわかるように、「学歴の差」「韓国語の学習歴があるかどうか」「外国人との対話の経験があるかどうか」「外国人の日本語の誤文を読んだ経験があるかどうか」は理解度、「職業の種類」「学歴の差」「外国語が話せるかどうか」「外国に住んだ経験があるかどうか」は不快度、「職業の種類」「韓国語の学習歴があるかどうか」以外のすべての社会的要因は自然度についての評定に影響を与えるものが多いといえる。そして、「韓国語の学習歴があるかどうか」「外国人との対話の経験があるかどうか及びその経験の多少」「外国人の日本語の誤文を読んだ経験があるかどうか及びその経験の多少」は不快度についての評定に影響を与えるものが少ないといえる。

　具体的には、学歴が低い、外国人との対話の経験がない、外国人の日本語の誤文を読んだ経験がないほうが、学習者の誤りがより理解できない。また、学歴が高い、外国語が話せる、外国に住んだ経験があるほうが、学習者の誤りにより不快感を持つ。そして、学歴が高い、外国人との対話の経験がある、外国人との対話の経験が多い、外国人の日本語の誤文を読んだ経験がある、外国人の日本語の誤文を読んだ経験が多い、外国語が話せる、外国に住んだ経験があるほうが、学習者の誤りがより不自然だと評定していることがわかる。

表10-19　日本語母語話者の社会的要因による、
84問題の誤りについての評価で、有意差のある問題数

日本語母語話者の要因	有意差のある問題数		（%）
	理解度	不快度	自然度
1.職業	18(21.4)	29(34.5)	25(29.8)
2.学歴	43(51.2)	20(23.8)	56(66.7)
3.韓国語の学習歴	49(58.3)	12(14.3)	18(21.4)
4.外国人との対話の経験	47(56.0)	7 (8.3)	34(40.5)
5.外国人との対話の経験の程度	13(15.5)	3 (3.6)	34(41.7)
6.外国人の日本語の誤文を読んだ経験	43(51.2)	9(10.7)	43(51.2)
7.外国人の日本語の誤文を読んだ経験の程度	22(26.2)	6 (7.1)	27(32.1)
8.話せる外国語	22(26.2)	23(27.4)	34(40.5)
9.外国に住んだ経験	12(14.3)	38(45.2)	48(57.1)

　一方、表9-150（「84問題の各誤りにおける日本語母語話者の要因別の評価」）からわかるように、すべての社会的要因で有意差のある問題は、理解度の問1、14、自然度の問28、69などである。

第11章 韓国文化の理解度による誤りの評価

　本章では、韓国文化の理解度による要因別に、すなわち「韓国のキムチについての知識」「韓国に対する関心」「韓国についての知識」別に、84個の各誤りの重要度について考察する。

11.1　韓国のキムチについての知識

　表11-1は「「韓国のキムチについての知識の有無」による、性別・年齢別の人数の割合」を示している。表11-1からわかるように、性別は男性が57.3％、女性が42.3％で、これを基準にすると、韓国のキムチについての知識が「ある」では女性の比率がやや高い。「ない」はほぼ等しい。年齢別では10代は12.3％、20代は27.4％、30代は24.5％、40代は15.5％、50代は11.9％、60歳以上は8.0％で、「ある」は30〜40代、「ない」は10代の比率がやや高い。その他はほぼ等しい。

表11-1 「韓国のキムチについての知識の有無」による、性別・年齢別の人数の割合

	合計 %(人)	性別			年齢別						
		男性	女性	無回答	10代	20代	30代	40代	50代	60歳以上	無回答
ある	100(110)	53.6	46.4	–	2.7	21.8	30.9	30.0	11.8	1.8	0.9
ない	100(579)	58.2	41.6	0.2	14.2	28.5	23.3	12.8	11.9	9.2	0.2
無回答	100 (2)	–	–	100	–	–	–	–	–	–	100
合計	100 (691)	57.3 (396)	42.3 (292)	0.4 (3)	12.3 (85)	27.4 (189)	24.5 (169)	15.5 (107)	11.9 (82)	8.0 (55)	0.6 (4)

　表11-2は「「韓国のキムチについての知識の有無」別の、誤りの重要度」を問題としている。それぞれの平均値について　韓国のキムチについての知識の「ある」と「ない」の間でt検定を行った結果は、理解度の場合、14問(16.7%)は「ある」より「ない」のほうが有意($p<.05$以下)に重視され、厳しく評価されている。1問(問72)はその反対に評価されている($p<.05$)。不快度の場合、9問(10.7%)は「ない」より「ある」が有意($p<.05$以下)に重視され、厳しく評価されている。1問(問16)はその反対に評価されている($p<.05$)。自然度の場合、27問(32.1%)は「ない」より「ある」のほうが有意($p<.05$以下)に重視され、厳しく評価されている。1問(問44)はその反対に評価されている($p<.05$)。したがって、韓国のキムチについての知識があるかどうかは、自然度、理解度、不快度の順に、各基準についての評定に影響を与えるものが多いといえる。

　具体的には、韓国のキムチについての知識がないほうが、学習者の誤りがより理解できず、経験があるほうが、学習者の誤りにより不快感を持ち、学習者の誤りがより不自然だと評定していることがわかる。

　一方、1問(問72)においては3つの基準で$p<.05$以下で有意である。したがって、この問72において韓国のキムチについての知識があるかどうかは、すべての基準についての評定に影響を与えるといえる。(韓国のキムチについての知識の有無による84個の誤りの重要度は付録7.10を参照のこと。)

表11-2 「韓国のキムチについての知識の有無」別の、誤りの重要度

理解度

問題の番号と 誤りの種類	韓国のキムチについての知識		差	t	有意水準
	ある	ない			
1.N(漢)	2.19(1.13)	2.58(1.12)	-0.39	-3.34	p<.001
9.格デ	2.63(1.26)	2.94(1.19)	-0.31	-2.49	p<.05
12.取立ハ	1.75(0.96)	2.01(1.04)	-0.26	-2.44	p<.05
13.活用	1.90(1.12)	2.15(1.17)	-0.25	-2.08	p<.05
14.ノダ	1.69(0.92)	2.03(1.04)	-0.34	-3.15	p<.01
15.格ニ	2.27(1.14)	2.54(1.17)	-0.27	-2.13	p<.05
16.数	2.03(1.13)	2.40(1.29)	-0.37	-2.79	p<.01
17.名詞節	1.85(1.08)	2.12(1.13)	-0.27	-2.23	p<.05
18.条件	1.66(0.85)	1.88(1.04)	-0.22	-2.33	p<.05
26.表現	2.27(1.25)	2.53(1.19)	-0.26	-2.01	p<.05
44.品詞	1.57(0.78)	1.79(0.90)	-0.22	-2.36	p<.05
64.熟語	1.34(0.71)	1.53(0.89)	-0.19	-2.44	p<.05
66.V	1.85(1.02)	2.11(1.11)	-0.26	-2.36	p<.05
72.ダ	3.61(1.32)	3.29(1.31)	0.32	2.35	p<.05
79.原因	1.55(0.81)	1.77(1.00)	-0.22	-2.52	p<.05

不快度

16.数	2.47(1.17)	2.76(1.20)	-0.29	-2.27	p<.05
30.複V	2.94(1.13)	2.70(1.18)	0.24	2.11	p<.05
34.受給	4.01(1.21)	3.76(1.20)	0.25	2.00	p<.05
36.ノ連	3.31(1.27)	2.99(1.26)	0.32	2.41	p<.05
61.格ニ	2.94(1.28)	2.63(1.31)	0.31	2.30	p<.05
62.使役	3.61(1.18)	3.36(1.09)	0.25	2.20	p<.05
68.ムード	3.38(1.40)	3.06(1.37)	0.32	2.16	p<.05
72.ダ	3.70(1.23)	3.41(1.27)	0.29	2.17	p<.05
81.副用	3.52(1.25)	3.25(1.19)	0.27	2.14	p<.05
84.ノダ	3.99(1.13)	3.74(1.12)	0.25	2.14	p<.05

自然度

2.N(漢)	3.89(0.89)	3.67(1.02)	0.22	2.10	p<.05
3.受身	4.04(0.94)	3.80(1.08)	0.24	2.10	p<.05
8.品詞	4.72(0.68)	4.55(0.78)	0.17	2.06	p<.05

19.N	4.20(1.05)	3.82(1.21)	0.38	3.01	p<.01
20.名詞節	4.11(0.99)	3.78(1.18)	0.33	3.02	p<.01
22.可能	4.11(0.87)	3.90(0.98)	0.21	2.06	p<.05
28.VP	3.15(1.34)	2.79(1.23)	0.36	2.74	p<.01
29.VP	4.16(0.76)	3.94(1.02)	0.22	2.56	p<.05
30.複V	3.52(1.18)	3.22(1.17)	0.30	2.41	p<.05
35.可能	4.38(0.83)	4.18(0.93)	0.20	2.07	p<.05
36.ノ連	4.05(1.20)	3.61(1.30)	0.54	3.23	p<.01
37.A	2.25(1.50)	1.93(1.26)	0.32	2.04	p<.05
38.タ	4.05(1.01)	3.64(1.20)	0.41	3.70	p<.001
44.品詞	2.63(1.18)	2.88(1.16)	-0.25	-2.08	p<.05
47.不定	3.66(1.15)	3.41(1.14)	0.25	2.08	p<.05
51.格カラ	3.62(1.08)	3.30(1.23)	0.32	2.47	p<.05
59.N	4.46(0.87)	4.16(1.08)	0.30	3.07	p<.01
61.格ニ	3.48(1.31)	3.10(1.47)	0.38	2.48	p<.05
63.ノ連	4.41(0.88)	4.21(0.93)	0.20	1.99	p<.05
68.ムード	3.92(1.34)	3.55(1.44)	0.37	2.45	p<.05
70.自他	4.15(1.08)	3.88(1.06)	0.27	2.40	p<.05
72.ダ	4.27(1.02)	3.96(1.18)	0.31	2.59	p<.01
73.AN	4.62(0.75)	4.38(0.94)	0.24	2.93	p<.01
77.Ad	4.29(0.98)	4.03(1.09)	0.26	2.27	p<.05
78.スタイル	2.55(1.40)	2.26(1.31)	0.29	2.05	p<.05
80.スタイル	4.23(0.99)	3.99(1.04)	0.21	2.21	p<.05
81.副用	4.09(1.09)	3.83(1.12)	0.26	2.23	p<.05
84.ノダ	4.60(0.67)	4.37(0.87)	0.23	3.16	p<.01

注)*平均とSD(カッコ内)

11.2 韓国に対する関心

　表11-3は「「韓国に対する関心の有無」による、性別・年齢別の人数の割合」を示している。表11-3からわかるように、性別は男性が57.3%、女性が42.3%で、これを基準にすると、韓国に対する関心の「ある」は男性、「ない」は女性の比率がやや高い。年齢別では10代は12.3%、20代は27.4%、30代は24.5%、40代は15.5%、50代は11.9%、60歳以上は8.0%で、「ある」は30代、「ない」は10代の比率がやや高い。そ

の他はほぼ等しい。

表11-3　「韓国に対する関心の有無」による、性別・年齢別の人数の割合

	合計 %(人)	性別			年齢別						
		男性	女性	無回答	10代	20代	30代	40代	50代	60歳以上	無回答
ある	100(461)	60.7	39.3	–	8.7	28.9	31.2	15.6	13.2	8.2	0.4
ない	100(217)	49.8	49.8	0.5	20.3	24.0	24.9	15.7	9.2	6.0	–
無回答	100 (13)	61.5	23.1	15.4	–	30.8	7.7	7.7	7.7	30.8	15.4
合計	100 (691)	57.3 (396)	42.3 (292)	0.4 (3)	12.3 (85)	27.4 (189)	24.5 (169)	15.5 (107)	11.9 (82)	8.0 (55)	0.6 (4)

　表11-4は「「韓国に対する関心の有無」別の、誤りの重要度」を問題としている。それぞれの平均値について韓国に対する関心の「ある」と「ない」の間でt検定を行った結果は、理解度の場合、33問(39.3%)は「ある」より「ない」のほうが有意($p<.05$以下)に重視し、厳しく評価している。不快度の場合、19問(22.6%)は「ある」より「ない」のほうが有意($p<.05$以下)に重視し、厳しく評価している。自然度の場合、14問(16.7%)は「ない」より「ある」のほうが有意($p<.05$以下)に重視し、厳しく評価している。5問(6.0%、問10、14、17、64、79)はその反対に評価されている($p<.05$以下)。したがって、韓国に対する関心があるかどうかは、理解度、不快度、自然度の順に、各基準についての評定に影響を与えるものが多いといえる。

　具体的に述べると、韓国に対する関心のないほうが、学習者の誤りがより理解できず、学習者の誤りにより不快感を持つが、韓国に対する関心があるほうは、学習者の誤りがより不自然だと評定していることがわかる。

　一方、5問(問10、14、17、64、79)においては3つの基準で$p<.05$以下で有意である。したがって、この5問において、韓国に対する関心の有無は、すべての基準についての評定に影響を与えるといえる。（韓国に対する関心の有無による84個の誤りの重要度は付録7.11を参照のこと。）

表11-4 「韓国に対する関心の有無」別の、誤りの重要度

理解度

問題の番号と 誤りの種類	韓国に対する関心		差	t	有意水準
	ある	ない			
1.N(漢)	2.41(1.11)	2.77(1.13)	-0.36	-3.90	p<.001
5.引用	2.39(1.12)	2.64(1.21)	-0.25	-2.58	p<.01
9.格デ	2.83(1.21)	3.05(1.18)	-0.22	-2.17	p<.05
10.取立マデ	1.94(1.05)	2.33(1.20)	-0.39	-4.04	p<.001
11.取立ダケ	1.80(0.96)	2.02(1.08)	-0.22	-2.57	p<.05
12.取立ハ	1.87(0.97)	2.18(1.13)	-0.31	-3.45	p<.001
13.活用	2.00(1.11)	2.34(1.24)	-0.34	-3.59	p<.001
14.ノダ	1.83(0.94)	2.26(1.15)	-0.43	-4.72	p<.001
15.格ニ	2.40(1.15)	2.71(1.20)	-0.31	-3.16	p<.01
17.名詞節	1.95(1.08)	2.36(1.18)	-0.41	-4.26	p<.001
19.N	2.32(1.27)	2.54(1.32)	-0.22	-2.02	p<.05
22.可能	2.56(1.15)	2.81(1.15)	-0.25	-2.60	p<.01
23.格デ	1.63(0.84)	1.78(0.92)	-0.15	-2.08	p<.05
24.格ニ	2.16(1.06)	2.38(1.14)	-0.22	-2.46	p<.05
25.N	1.94(1.09)	2.12(1.05)	-0.18	-1.99	p<.05
26.表現	2.39(1.20)	2.70(1.19)	-0.31	-3.16	p<.01
41.副用	2.19(1.07)	2.41(1.10)	-0.22	-2.39	p<.05
44.品詞	1.69(0.81)	1.90(1.00)	-0.21	-2.62	p<.01
45.テ形	1.64(0.92)	1.91(1.03)	-0.27	-3.47	p<.001
47.不定	2.14(1.10)	2.34(1.12)	-0.20	-2.11	p<.05
49.受身	1.72(0.91)	1.93(1.04)	-0.21	-2.54	p<.05
54.自他	2.48(1.13)	2.71(1.13)	-0.23	-2.44	p<.05
57.格ニツイテ	3.13(1.30)	3.41(1.30)	-0.28	-2.47	p<.05
58.V	2.16(1.19)	2.53(1.29)	-0.37	-3.55	p<.001
64.熟語	1.43(0.81)	1.65(0.97)	-0.22	-2.84	p<.01
66.V	1.99(1.07)	2.24(1.16)	-0.25	-2.68	p<.01
67.活用	2.24(1.20)	2.47(1.17)	-0.23	-2.24	p<.05
71.副用	1.80(1.05)	2.08(1.11)	-0.28	-3.08	p<.01
75.ル	1.79(0.96)	1.98(1.05)	-0.19	-2.30	p<.05
76.体修	2.15(1.03)	2.37(1.13)	-0.22	-2.36	p<.05
78.スタイル	1.56(0.88)	1.77(1.08)	-0.21	-2.53	p<.05
79.原因	1.64(0.92)	1.94(1.07)	-0.30	-3.49	p<.001
80.副用	2.20(1.11)	2.40(1.23)	-0.20	-2.06	p<.05

不快度

1.N(漢)	2.94(0.05)	3.19(0.08)	-0.25	-2.67	p<.01
5.引用	2.84(1.11)	3.13(1.18)	-0.29	-3.08	p<.01
9.格デ	3.26(1.10)	3.47(1.11)	-0.21	-2.37	p<.05
10.取立マデ	2.44(1.20)	2.76(1.23)	-0.32	-3.21	p<.01
14.ノダ	2.56(1.13)	2.88(1.17)	-0.32	-3.33	p<.001
17.名詞節	2.49(1.13)	2.83(1.20)	-0.34	-3.49	p<.001
22.可能	3.29(1.07)	3.47(1.10)	-0.18	-2.00	p<.05
24.格二	2.66(1.12)	2.87(1.16)	-0.21	-2.17	p<.05
26.表現	3.16(1.15)	3.39(1.17)	-0.23	-2.35	p<.05
40.可能	1.50(0.92)	1.74(1.17)	-0.24	-2.57	p<.05
45.テ形	2.11(1.11)	2.32(1.17)	-0.21	-2.22	p<.05
49.受身	2.09(1.07)	2.29(1.19)	-0.20	-2.11	p<.05
56.格ト	2.00(1.14)	2.20(1.26)	-0.20	-2.02	p<.05
57.格ニツイテ	3.44(1.19)	3.65(1.15)	-0.21	-2.14	p<.05
64.熟語	1.66(1.00)	1.94(1.09)	-0.28	-3.21	p<.01
66.V	2.66(1.27)	2.92(1.21)	-0.26	-2.51	p<.05
71.副用	2.26(1.16)	2.47(1.24)	-0.21	-2.12	p<.05
75.ル	2.23(1.12)	2.42(1.17)	-0.19	-2.01	p<.05
79.原因	2.18(1.12)	2.39(1.24)	-0.21	-2.18	p<.05

自然度

10.取立マデ	2.80(1.24)	3.08(1.26)	-0.28	-0.73	p<.01
14.ノダ	3.14(1.15)	3.40(1.11)	-0.26	-2.76	p<.01
17.名詞節	2.96(1.17)	3.15(1.16)	-0.19	-1.98	p<.05
20.受身	3.93(1.12)	3.62(1.23)	0.31	3.17	p<.01
28.V P	2.95(1.24)	2.60(1.26)	0.35	3.33	p<.001
30.複V	3.35(1.18)	3.08(1.17)	0.27	2.73	p<.01
32.V P	3.56(1.07)	3.37(1.16)	0.19	2.05	p<.05
52.取立ハ	3.70(1.00)	3.43(1.05)	0.27	3.14	p<.01
55.コソア	4.23(0.94)	4.05(0.98)	0.18	2.28	p<.05
59.N	4.26(1.01)	4.07(1.10)	0.19	2.17	p<.05
60.自発	3.73(1.11)	3.51(1.26)	0.22	2.12	p<.05
61.格二	3.26(1.41)	2.93(1.51)	0.33	2.74	p<.01
63.ノ連	4.30(0.91)	4.11(0.95)	0.19	2.46	p<.05
64.熟語	1.87(1.16)	2.07(1.12)	-0.20	-2.09	p<.05

72.ダ	4.10(1.11)	3.81(1.23)	0.29	3.00	p<.01
74.ダ	3.07(1.22)	2.77(1.27)	0.30	2.95	p<.01
79.原因	2.48(1.19)	2.69(1.24)	-0.21	-2.09	p<.05
81.副用	3.94(1.12)	3.73(1.11)	0.21	2.27	p<.05
84.ノダ	4.46(0.82)	4.28(0.90)	0.18	2.52	p<.05

注)*平均とSD(カッコ内)

11.3　韓国についての知識

　表11-5は「「韓国についての知識の有無」による、性別・年齢別の人数の割合」を示している。表11-5からわかるように、性別は男性が57.3%、女性が42.3%で、これを基準にすると、　韓国についての知識の「ある」では男性の比率がやや高い。「ない」はほぼ等しい。年齢別では10代は12.3%、20代は27.4%、30代は24.5%、40代は15.5%、50代は11.9%、60歳以上は8.0%で、「ある」は20、40代の比率がやや高い。「ない」はほぼ等しい。

表11-5　「韓国についての知識の有無」による、性別・年齢別の人数の割合

	合計 %(人)	性別			年齢別						
		男性	女性	無回答	10代	20代	30代	40代	50代	60歳以上	無回答
ある	100 (72)	59.7	40.3	-	12.5	30.7	22.2	18.1	6.9	8.3	-
ない	100(619)	57.0	42.5	0.5	12.3	26.8	24.7	15.2	12.4	7.9	0.6
合計	100 (691)	57.3 (396)	42.3 (292)	0.4 (3)	12.3 (85)	27.4 (189)	24.5 (169)	15.5 (107)	11.9 (82)	8.0 (55)	0.6 (4)

　表11-6は「「韓国についての知識の有無」別の、誤りの重要度」を問題としている。それぞれの平均値について、韓国についての知識の「ある」と「ない」の間でt検定を行った結果は、理解度の場合、「ある」と「ない」の評価はほぼ同様である。3問(3.6%)の中で、1問(問68)は「ある」、2問(問1、10)は「ない」のほうが有意(p<.05以下)に重視し、厳しく評価している。また、不快度の場合、「ある」と「ない」の評価がほぼ同様である。1問(問52)だけ「ある」のほうが有意(p<.05以下)に重視し、厳しく評

価している。そして、自然度の場合、26問(31.0%)は「ない」より「ある」のほうが有意(p<.05以下)に重視し、厳しく評価している。したがって、韓国についての知識があるかどうかは、自然度、理解度、不快度の順に、各基準についての評定に影響を与えるものが多いといえる。

　具体的には、韓国についての知識があるほうが、学習者の誤りがより不自然だと評定していることがわかる。韓国についての知識があるかどうかは、理解度と不快度についての評定にほとんど影響を与えないといえる。(韓国についての知識の有無による84個の誤りの重要度は付録7.12を参照のこと。)

表11-6 「韓国についての知識の有無」別の、誤りの重要度

理解度

問題の番号と誤りの種類	韓国についての知識		差	t	有意水準
	ある	ない			
1.N(漢)	2.21(1.09)	2.56(1.13)	-0.35	-2.48	p<.05
10.取立マデ	1.78(1.07)	2.09(1.12)	-0.31	-2.16	p<.05
68.ノ連	3.24(1.37)	2.82(1.35)	0.42	2.42	p<.05

不快度

	ある	ない	差	t	有意水準
52.取立ハ	3.32(1.09)	3.03(1.05)	0.29	2.17	p<.05

自然度

	ある	ない	差	t	有意水準
2.N(漢)	3.96(0.96)	3.67(1.00)	0.29	2.24	p<.05
9.格デ	4.21(0.97)	3.92(0.95)	0.29	2.35	p<.001
13.活用	3.83(1.32)	3.32(1.29)	0.51	3.09	p<.05
15.格ニ	3.97(0.92)	3.68(1.01)	0.29	2.26	p<.05
20.受身	4.12(1.23)	3.80(1.15)	0.32	2.11	p<.05
25.N	3.25(1.31)	2.87(1.18)	0.38	2.45	p<.01
28.VP	3.25(1.26)	2.80(1.25)	0.45	2.81	p<.01
29.VP	4.30(0.94)	3.94(0.98)	0.36	2.94	p<.05
30.複V	3.60(1.17)	3.23(1.17)	0.37	2.48	p<.01
33.C	3.81(1.23)	3.28(1.32)	0.53	3.17	p<.05
35.可能	4.42(0.86)	4.19(0.92)	0.23	1.97	p<.01
38.タ	4.04(0.92)	3.66(1.20)	0.38	3.14	p<.05

41.副用	3.75(1.05)	3.46(1.10)	0.29	2.15	p<.05
42.C	2.74(1.58)	2.37(1.41)	0.37	2.03	p<.05
51.格カラ	3.63(1.26)	3.32(1.20)	0.31	2.05	p<.01
52.取立ハ	3.97(1.06)	3.58(1.02)	0.39	3.02	p<.05
54.自他	4.16(0.98)	3.84(1.00)	0.32	2.51	p<.05
58.V	4.36(0.93)	4.07(1.06)	0.29	2.10	p<.05
62.使役	4.27(0.88)	3.95(1.02)	0.32	2.52	p<.05
63.ノ連	4.49(0.85)	4.22(0.93)	0.27	2.31	p<.05
66.V	3.48(1.35)	3.14(1.25)	0.34	2.10	p<.05
67.活用	3.97(1.22)	3.57(1.19)	0.40	2.66	p<.01
73.A N	4.64(0.73)	4.39(0.93)	0.25	2.55	p<.05
77.Ad	4.35(0.95)	4.03(1.09)	0.32	2.25	p<.05
80.スタイル	4.29(0.92)	4.00(1.05)	0.29	2.22	p<.05
81.副用	4.17(1.06)	3.84(1.12)	0.33	2.38	p<.05

注)*平均とSD(カッコ内)

11.4 まとめ

　以上、韓国文化の理解度による誤りの評価について考察した。具体的に、3つの要因すなわち「韓国のキムチについての知識の有無」「韓国に対する関心の有無」「韓国についての知識の有無」による、3つの基準別、84個の誤りの重要度の差が有意であるかどうかを調べた。

　その結果、表11-7(「韓国文化の理解度による、84問題の誤りについての評価で、有意差のある問題数」)からわかるように、韓国に対する関心があるかどうかは理解度に、韓国のキムチについての知識があるかどうか、韓国についての知識があるかどうかは自然度についての評定に影響を与えるものが多いといえる。そして、3つの要因(特に、韓国についての知識があるかどうか)は不快度についての評定には影響を与えるものが少ないといえる。

　具体的には、韓国に対する関心がないほうが、学習者の誤りがより理解できない。また、韓国のキムチについての知識と韓国についての知識があるほうが、学習者の誤りがより不自然だと評定している。韓国についての知識があるかどうかは、不快度についての評定にはほとんど影響を与えていないことがわかる。

表11-7　韓国文化の理解度による、84問題の誤りについての評価で、有意差のある問題数

日本語母語話者の要因	有意差のある問題数		(%)
	理解度	不快度	自然度
韓国のキムチについての知識	15(17.9)	10(11.9)	28(33.3)
韓国に対する関心	33(39.3)	19(22.6)	19(22.6)
韓国についての知識	3 (3.6)	1 (1.2)	26(31.0)

　一方、表9-150(「84問題の各誤りにおける日本語母語話者の要因別の評価」)からわかるように、韓国文化の理解度による、すべての要因で有意差のある問題は、理解度の問 1 、自然度の問20、28、30、63、81である。

第12章 結論

12.1 本研究の結果の要約

　本研究では、文章内の誤りの相対的な重要度を調べるために、韓国人日本語学習者の誤りを日本語母語話者がどのように評価するかを考察した。また、日本語母語話者の要因によって、誤りの評価に差が見られるかどうかを考察した。これはコミュニカティブな立場で、誤りのコミュニケーション上の効果を考えたものであった。そして評価者である日本語母語話者によって、学習者の各誤りの訂正が同じであるかどうかを調べた。

　第2章では、誤りの評価に関する先行研究について、誤りの種類(文法、語彙の誤り)、評価の基準(理解度、不快度、自然度)、評価者(学習者の目標言語話者)の要因に関するものを中心に概観した。また、日本語教育における誤りの分析と誤りの評価の関係についても述べた。

　第3章では、韓国人日本語学習者の翻訳上の誤りの領域、原因、頻度などを学習レベル別に考察した。日本語学習者の誤りの領域は、大きく「語彙論的な誤り」「形態論的な誤り」「シンタクス・意味論的な誤り」の3つに分けられる。そして、誤りの原因は、母語の干渉を基準に「韓国語の干渉による誤り」「韓国語の干渉以外(日本語内の問題)の誤り」の2つに分けられる。前者は学習者の母語(韓国語)の構造を反映して、無意識に直訳ストラテジーを使用したものである。後者は日本語内部の構造(類語など)そのものが困難であったり、または既に学習した日本語規則を未知の構造に適用しようとした際に生じたものである。

日本語学習者の誤りの頻度は学習レベルが低いほど、すなわち2年生、3年生、4年生の順に高い。したがって、学習の時間が多いほど、誤りの頻度は低くなるといえる。しかし、2年生と3年生、3年生と4年生それぞれの差は小さい。これは韓国人日本語教師が誤りの分析を通じて、学習(翻訳)上の問題点を十分に把握、指導していないためであると考えられる。誤りの原因・領域別の頻度を見ると、日本語内の問題による誤りより韓国語の干渉による誤りが、語彙論的な誤りよりシンタクス・意味論的な誤りのほうが、すべての学習レベルでほぼ同様に頻度がやや高い。

第4章では、評価者である日本語母語話者の要因による、日本語学習者の誤りの相対的な重要度を求めるための、本研究の方法について述べた。

以下、第5章から第11章までの、主な結果を記す。

第5章では、84個の誤りの全体的な評価について考察した。その結果は次のとおりである。

(1) 全体的な分析

日本語母語話者は84問全体で尺度値をほとんど4つ以上用いており、誤りはすべて同等なのではなく、重要度に差があることを示している。

そして、日本語母語話者は84個の誤り全体において、自然度、不快度、理解度の順で厳しく評価しており、それは、84個の各誤りにおいても同じである。すなわち、韓国人日本語学習者の文章中の誤りに対して、やや理解できず、やや不快感を持ち、かなり不自然だと評定していることがわかる。

また、3つの評価基準の間にはそれぞれかなりの相関があることが明らかになった。すなわち理解度が低いほど不快度は高く、不快度が高いほど自然度は低く、理解度が低いほど自然度も低い。

(2) 原因・領域別の分析

誤りの原因別では、いずれの基準についても日本語内の問題による誤りよりも、韓国語の干渉による誤りのほうが重大だと評価された。前者は誤りのほとんどが正しい形と似た表現なので、ある程度学習者の表現意図が類推できて、寛大に評価されたものと思われる。そして、後者は学習者の母語(韓国語)の構造を反映して、直訳したもの(ほとんど日本語母語話者が普段使っていない表現)が多く、日本語母語話者には理解が難しかったためであろう。

　誤りの領域別では、理解度において形態論的な誤りとシンタクス・意味論的な誤りより語彙論的な誤りが、不快度と自然度においてはシンタクス・意味論的な誤りより語彙論的な誤りと形態論的な誤りのほうが重視され、厳しく評価されている。したがって、いずれの基準についても、シンタクス・意味論的な誤りよりも、語彙論的な誤りのほうが重大だとされている。

(3) 日本語母語話者の要因別の分析

　日本語母語話者の要因別、84個の誤り全体についての評価では、韓国語の学習歴がない、外国人の日本語の誤文を読んだ経験がない、韓国に対する関心がないほうが、学習者の誤りの理解がより困難である。また、男性より女性、学歴が高い、外国語が話せる、外国に住んだ経験があるほうが、学習者の誤りに対してより不快感を持つ。そして、男性より女性、学歴が高い、韓国語の学習歴がある、外国人との対話経験がある、外国人との対話経験が多い、外国人の日本語の誤文を読んだ経験がある、外国人の日本語の誤文を読んだ経験が多い、外国語が話せる、外国に住んだ経験がある、韓国のキムチについての知識がある、韓国に対する関心がある、韓国についての知識があるほうが、学習者の誤りをより不自然だと評定している。一方、不快度と自然度においては、年齢の低い年代は高い年代より、不快度と自然度においては、職業上教育と関わりのあるグループ(教員、学生)は教育と関わりのないグループ(主婦、家事従業者)より厳しく評価していることがわかる。

　日本語母語話者の要因の中で、「韓国語の学習歴の多少」「方言が話せるかどうか」「韓国語が話せるかどうか」は、すべての基準についての評定に影響を与えないことがわかった。

　第6章では、日本語母語話者の要因による、誤りの原因別(韓国語の干渉による誤り(原因1)と韓国語の干渉以外の誤り(原因2))の評価を考察した。その結果は次のとおりである。

(1) 性別・年齢別の分析
原因1・2のどちらの誤りにおいても、男性より女性のほうが学習者の誤りに不快感を持ち、学習者の誤りをより不自然だと評定している。そして、年齢の差は不快度と自然度についての評定に影響を与えることがわかった。

(2) 社会的要因別の分析
原因1・2のどちらの誤りにおいても、韓国語の学習歴がない、外国人の日本語の誤文を読んだ経験がないほうが、学習者の誤りの理解がより困難である。また、学歴が高い、外国人の日本語の誤文を読んだ経験が多い(原因2)、話せる外国語がある、外国に住んだ経験があるほうが、学習者の誤りに対してより不快感を持つ。そして、学歴が高い、韓国語の学習歴がある、外国人との対話経験がある、外国人との対話経験が多い、外国人の日本語の誤文を読んだ経験がある、外国人の日本語の誤文を読んだ経験が多い、話せる外国語がある、外国に住んだ経験があるほうが、学習者の誤りをより不自然だと評定している。一方、職業の種類は、不快度と自然度(原因2)についての評定に影響を与えることがわかった。

(3) 韓国文化の理解度による分析
原因1・2のどちらの誤りにおいても、韓国に対する関心がないほうが、学習者の誤りの理解がより困難で、韓国のキムチについての知識がある、韓国に対する関心がある、韓国についての知識があるほうが、学習者の誤りをより不自然だと評定していることがわかった。
第7章では、日本語母語話者の要因による、誤りの領域別(語彙論的な誤り(語彙)と形態論的な誤り(形態)とシンタクス・意味論的な誤り(統語))の評価について考察した。その結果は次のとおりである。

(1) 性別・年齢別の分析
3領域のいずれの誤りにおいても、男性より女性のほうが学習者の誤りに不快感を持ち、不自然だと評定している。そして、年齢の差はすべての基準(語彙・統語の理解度を除いて)についての評定に影響を与えることがわかった。

(2) 社会的要因別の分析

3領域の誤りにおいて、学歴が高い(形態)、韓国語の学習歴がない(語彙・統語)、外国人との対話経験がない(形態)、外国人の日本語の誤文を読んだ経験がない(形態・統語)、外国人の日本語の誤文を読んだ経験が少ない(形態)ほうが、学習者の誤りの理解がより困難で、学歴が高い、韓国語の学習歴がある(形態)、外国語が話せる、外国に住んだ経験があるほうが、学習者の誤りにより不快感を持つ。そして、学歴が高い、韓国語の学習歴がある、外国人との対話経験がある、外国人との対話経験が多い、外国人の日本語の誤文を読んだ経験がある、外国人の日本語の誤文を読んだ経験が多い(語彙・統語)、外国語が話せる、外国に住んだ経験があるほうが、学習者の誤りに対してより不自然だと評定していることがわかる。

(3) 韓国文化の理解度による分析

3領域の誤りにおいて、韓国に対する関心のない(形態・統語)ほうが、学習者の誤りの理解がより困難で、一方、韓国語のキムチについての知識がある(語彙・統語)、韓国に対する関心がある(語彙)、韓国についての知識があるほうが、学習者の誤りをより不自然だと評定していることがわかった。

以上、第5~7章の結果からみると、日本語母語話者の要因は誤りの原因・領域に関係なく、3つの基準についての評定にほぼ同じ影響を与える。そして、性別、年齢の差は理解度に、韓国文化の理解度は不快度についての評定には影響を与えないことがわかる。

一方、日本語母語話者の要因による評価の差が有意であるものは、自然度、不快度、理解度の順で多く、この順で3つの基準についての評定に影響を与えるといえる。そして、理解度と不快度についての評定に影響を与える日本語母語話者の要因はすべてが違うことがわかった。

第8章では、日本語母語話者が誤りを評価する際の、誤りの訂正について考察した。まず、誤りを評価する際、日本語母語話者による文章内の各誤りの訂正は同じではない。訂正の数は3つ以上が多い。それは、学習者の表現意図が理解できないこともあるが、それよりも、文章内の誤りであるため、文脈上いろいろな表現の仕方が可能だったからであろう。そしてそれは各問題において、問題となっている言語表現を日本語母語話者がどのように使用しているかということを表しているものである。

　誤りの原因において、日本語内の問題による誤りのほうが訂正の数が多いことは、誤りのほとんどが正しい形と似た表現なので、さまざまな表現を用いたためである。そして、誤りの領域において、語彙論的な誤りのほうが訂正の数が多いことは、意味上の誤りであるため、文法上のシンタクス・意味論的な誤りより、さまざまな表現を用いることが可能であることに起因している。

　日本語母語話者の要因によって、訂正の種類別の人数に差がある問題数は、学歴、韓国語の学習歴、外国人との対話経験において多いが、韓国に対する関心、韓国についての知識、性別においては少ない。一方、年齢で見ると主に20代と60歳以上、10代と50代では差のある誤りが多く、職業ではグループ間で差が見られた誤りはほとんどない。

　誤りの訂正の種類による重要度は、理解度、不快度、自然度のすべての基準において異なる。また、訂正の種類別の人数と誤りの重要度とは関係ないこともわかった。

　第9章では、84個の誤りを49種類に分けて、3つの基準における評定と日本語母語話者の性別・年齢別に見た誤りの評価について考察した。

　その結果、84個の誤りはほとんどが自然度、不快度、理解度の順で、重視され、厳しく評価された。そして、49種類において、同じ種類に属する誤りを分析した結果、同じ種類の誤りはすべての基準において、ほとんど評価に差が見られた。

　また、性別・年齢別に、誤りの評価について考察した結果、性の差は不快度、年齢の差はすべての基準についての評定に影響を与えるものが多いといえる。

　具体的には、男性より女性のほうが学習者の誤りの理解が困難で、不快感を持ち、不自然だと評定していることがわかった。年齢別に最も厳しく評価された誤りの数は、10代と60歳以上は理解度と不快度で、20代では不快度と自然度で多いが、30〜50代はすべての基準で少ないことがわかった。

　第10章では、日本語母語話者の社会的要因別に見た誤りの評価について考察した。その結果、「学歴の差」「韓国語の学習歴があるかどうか」「外国人との対話経験があるかどうか」「外国人の日本語の誤文を読んだ経験があるかどうか」は理解度、「職業の種類」「学歴の差」「外国語が話せるかどうか」「外国に住んだ経験があるかどうか」は不快度、「職業の種類」「韓国語の学習歴があるかどうか」以外のすべての社会的要因は自然度についての評定に影響を与えることがわかった。また「韓国語の学習歴があるかどうか」「外国人との対話経験があるかどうか及びその経験の多少」「外国人の日本語の誤文を読んだ経験があるかどうか及びその経験の多少」は不快度についての評定にほとんど影響を与えないということがいえる。

　具体的には、学歴が低い、外国人との対話経験がない、外国人の日本語の誤文を読んだ経験がないほうが、学習者の誤りの理解がより困難で、学歴が高い、外国語が話せる、外国に住んだ経験があるほうが、学習者の誤りに対してより不快感を持つ。そして、学歴が高い、外国人との対話経験がある、外国人との対話経験が多い、外国人の日本語の誤文を読んだ経験がある、外国人の日本語の誤文を読んだ経験が多い、外国語が話せる、外国に住んだ経験があるほうが、学習者の誤りをより不自然だと評定していることがわかった。

　第11章では、韓国文化の理解度による、誤りの評価について考察した。その結果、韓国に対する関心があるかどうかは理解度、韓国のキムチについての知識があるかどうか、韓国についての知識があるかどうかは、自然度についての評定に影響を与えている。そして、韓国のキムチについての知識、韓国に対する関心、特に韓国についての知識があるかどうかは、不快度についての評定にはほとんど影響を与えないことがわかった。

　具体的に、韓国に対する関心がないほうが、学習者の誤りの理解がより困難で、韓国のキムチについての知識と韓国についての知識があるほうが、学習者の誤りをより不自然だと評定していることが明らかになった。

12.2　本研究の意義と日本語教育への応用

　ここでは本研究の結果について、先行研究との関連でその意義を考察し、それに基づいて、日本語教育への応用についても述べる。

　第1に、先行研究ではコミュニケーションの結果を問題にして、誤りの評価の基準としては理解度、不快度、自然度などの基準が使われてきた。しかし、これらの基準の間にはどのような関連があるのかについては、あまり検討がされてこなかった。もちろん先行研究の中でも、書かれた文章の評価について、理解度と不快度が密接に関連している(反比例の関係にある)こと、また、自然度・不快度・理解度の順で厳しく評価されていることなどは指摘されている。

　本研究では、5章に示したように、理解度と不快度だけでなく、3つの基準間にそれぞれかなりの相関が見られた。すなわち、理解度が低いほど不快度は高く、不快度が高いほど自然度は低くなり、理解度が低いと自然度も低いという関係になっている。不自然な表現は理解されないし、不快感を与えるということになる。一方、学習者の誤りは自然度・不快度・理解度の順で厳しく評価されているが、この結果は目標言語(日本語)母語話者の持つ要因、すなわち性や年齢、いくつかの社会的要因、学習者の文化(韓国文化)の理解度などに関わりなく同じであった。また誤りの原因・領域別に分けて考察しても、この傾向は同じであった。理解度の評価が厳しくないのは、文章の中の誤りを理解する助けとなり文脈があることと、文章を何回も読んで理解することができたためであろう。そして、自然度の評価が最も厳しいのは、評価者である日本語母語話者の多くが日本語学習者に対して、何よりも自然な日本語の表現を求めているからであろう。

　この結果は、外国語として日本語を教えている教師にとって、重要な教授上の示唆を与えている。それは、日本語母語話者のさまざまな要因、誤りの原因・領域に関わりなく、学習者の誤りが自然度の基準でもっとも厳しく評価されていることである。つまり、日本語学習者の犯す誤りは、理解でき、やや不快なものであるが、自然な日本語としては認めがたいと日本語母語話者は考えているということであろう。

　第2に、先行研究においては、文章の誤りの種類(文法上と意味上の誤り)と誤りの重要度との関係については、理解度の基準の場合に、文法上の誤りよりも意味上の誤りのほうが厳しく評価されていることがわかっている。また、目標言語話者の犯さないような誤りのほうが、自然度の基準で厳しく評価されることも示されている。

　本研究でも、6・7章に示したように、誤りの領域別では、文法上のシンタクス・意味論的な誤りよりも、意味上の語彙論的な誤りのほうが重大だと評価されていた。そして、誤りの原因別では、学習者の母語の非干渉による誤りよりも、母語の干渉による誤り(韓国語の構造を用いて直訳したもので、普通は日本語母語話者が使っていない表現)のほうが重大な誤りとして評価されていた。この結果は、日本語母語話者の持ついくつかの要因別に検討してみても、そして3つの評価基準別に検討してみても、同じであることがわかった。

　この結果は、教授上の示唆を与えてくれるものといえる。どの基準においても、文法上の誤りより意味上の誤りのほうが、学習者の母語の非干渉による誤りよりも母語の干渉による誤りのほうが、厳しく評価されている。特に母語の干渉による誤りは、不自然でその意味が理解されず、不快感を与える。そうだとすれば、コミュニケーションを重視する授業では、日本語の教師は意味的な面(意味上の誤り)と学習者の母語の干渉による誤りとをまず指導しなければならない。

　第3に、先行研究の多くでは、調査や実験の際に誤りの訂正を求めていない。しかし、訂正を求めた本研究の8章の結果では、日本語母語話者の間でも誤りの訂正のしかたは同じではないし、それは誤りの原因と領域によっても、また母語話者の持つ要因によっても別になることがわかった。すなわち、母語の干渉による誤りよりも非干渉による誤りのほうが、文法上の誤りよりも意味上の誤りのほうが、訂正の数が多かった。日本語母語話者の持つ要因では、学歴・韓国語の学習歴・外国人との対話経験などによって、訂正の種類別の人数に差が見られた。また、訂正の種類によって、理解度・不快度・自然度の基準による誤りの重要度も同じではないことがわかった。

　この結果も、日本語教師にとってはきわめて示唆的である。目標言語である日本語母語話者の間でも誤りの訂正は同じではないのである。このことは、学歴・韓国語の学習歴・外国人との対話経験などによって訂正のしかたが違うという言語使用の現状を知ることがまず大切であることを示している。日本語教師(特に韓国人日本語教師)にとっては、まずこのことが重要である。また、誤りの原因と領域によっても誤りの訂正の数に違いがある。ここから言えるのは、文章の中の誤り、すなわち母語の非干渉による誤りと意味上の誤りについては、学習者の表現意図を的確に読みとって、誤りを訂正することが必要だということである。また、誤りの訂正の種類が違えば評価の基準による誤りの重要度も違ってくるので、学習者の誤りの訂正はそれに応じてなされなくてはいけない。

第4に、先行研究では調査や実験の対象は少人数の教師や学生であって、その中で性別・年齢別などの検討がされてきた。いくつかの研究では、性・年齢・学歴・外国人との交際経験・外国に住んだ経験などの要因で、評価に差が見られると報告されている。しかし、それぞれの研究が取り上げている誤り・誤りの評価の基準・誤りの種類・評価者の持つ要因などがさまざまであるために、その結果を一般化するには問題が残る。

そこで本研究の9・10・11章では、先行研究で評価の差が認められたり予想されたりした要因をとりあげて検討した。その結果、すべての誤りについて、評価者(日本語母語話者)の要因が影響を与えていることが明らかであった。すなわち、職業は不快度の評定に、韓国語の学習歴・外国人との対話経験・外国人の日本語の誤文を読んだ経験・韓国についての知識は自然度の評定に、性別・年齢・話せる外国語があること・学歴・外国に住んだ経験は不快度と自然度の評定に影響していた。

この結果は、日本語を外国語として教えている教師にとって意味のあるものといえる。コミュニケーションの相手である目標言語母語話者(日本語母語話者)がどういう特徴を持っているかによって、相手の下す誤りの評価に違いが出てくるのである。このことから、コミュニケーションを重視する授業では、教師は学習目標や目的、予想される相手などによって、誤りの訂正のしかたを柔軟に変えなくてはならない。たとえば、学習者のコミュニケーションの相手が「女性」「低い年齢」

「話せる外国語もある」「高学歴である」「外国に住んだ経験がある」といった場合には、その学習者の誤りを評価するには、不快度と自然度とについて同時に厳しく評価することが必要といえる。また、「韓国語の学習歴がある」「外国人との対話経験が多い」「外国人の日本語の誤文を読んだ経験がある」「韓国についての知識がある」相手の場合には、学習者にはより日本語らしい自然な表現が要求されるので、自然度の点で厳しい評価と指導が求められるのである。特に教師や学生が相手の場合には、不快度の点で厳しい評価が必要になる。

　第5に、これまでの評価の研究では、調査や実験の資料である誤りは、主として教師や研究者自身の経験によって、学習者がよく示すものが用いられてきた。しかし本研究では、3章に示したように、評価の結果を教授者や学習者にフィードバックできるようにするために、誤りの分析の先行研究から材料を選び、学習レベルによる誤りの種類とその頻度とを明らかにした。これは、学習過程とその程度に応じて、より効率的に誤りの重要度の指導ができるようにするためである。たとえば本研究のデータからは、学習レベルが高いほど誤りの頻度は少なくなるといえるが、レベル間の差は大きなものではなかった。こうなるのは、誤りの分析と誤りの評価研究に基づいた体系的な教授・学習がなされてこなかったためである。そしてどの学習レベルでも、学習者の母語の非干渉による誤りよりも母語の干渉による誤りのほうが、意味上の誤りよりも文法上の誤りのほうが、その頻度がやや高かった。特に学習者の母語の干渉による誤りは、母語の非干渉による誤りよりも頻度も高く、重要度も高いので、どの学習レベルにおいても、より厳しく訂正することが必要といえる。そして、意味上の誤りは文法上の誤りよりも重要度が高いので、優先して訂正すべきだが、頻度の高い誤りも訂正すべきであることはいうまでもない。誤りの頻度を無視できないのは、文章に誤りの多いことが読み手に不快感を与えることが十分考えられるからである。

　以上、本研究の結果について、先行研究との関連を検討し、その意義を述べてきた。しかし、本研究での結果はごく限られた部分的なものであって、より多方面にわたる総合的な研究が必要とされる。すなわち、多様な誤りを対象とし、学習目標や目的による基準を考察に入れ、母語話者の持つ多様な要因を取り上げた評価が必要であるといえる。

12.3　今後の研究課題

　今後の研究課題については、誤りの評価研究の重要な要素である、日本語学習者の誤り、評価の基準、評価者に分けて述べる。

　(1) 日本語学習者の誤り

　誤りの評価の結果を教授者や学習者にフィードバックできるようにするためには、評価の材料である日本語学習者の誤りがどんなものであるかを把握しておかなくてはならない。この場合には、学習目標(正確な文法能力か、意味の伝達能力か)、学習者のレベル、誤りの領域と原因、どんなデータからのものか、といったことが問題になる。本研究では、日本語の教授や学習の目標は言葉の正確さよりも意味の伝達を優先すると仮定した。そして、評価の材料である誤りは、3つのレベルの韓国人日本語学習者に韓国語の訳を日本語で書かせて収集した。この材料に見られる誤りの原因は、韓国語の干渉による誤りと非干渉による誤りに、誤りの領域は、語彙論的な誤り、形態論的な誤り、シンタクス・意味論的な誤りに分類した。今後の課題として考えられるものは次のようなことである。

　本研究では、3つの学習レベルに共通した(いちばん頻度の高い)ものだけを評価させたが、学習レベルに合わせた指導をするためにはそれぞれのレベルによく見られる誤りを材料として評価することが必要である。また、誤りの原因では、特に母語の干渉以外の誤りについて言語内の誤り(intralingual error)と発達上の誤り(developmental error)とに分ける必要がある。後者の誤りは母語の習得過程での誤りと類似したものであるために、そのことが評価に影響を与えることが考えられる。そして、本研究で用いられた誤りの材料は文章であったが、次には会話での語彙・文法の誤り、そして音声上の誤りをも含めて、音声を聞かせて評価させるタイプの研究が必要である。この場合には、文法の誤りはより寛大に評価されることが予想される。

(2) 評価の基準について

本研究では、誤りのコミュニケーション上の効果を考えて、誤りの基準として理解度・不快度・自然度の3つを用いた。その結果、3つの基準の間にはそれぞれかなりの相関があり、また、自然度・不快度・理解度の順で厳しく評価されていることがわかった。しかしこの結果は、文章を用いての結果であって、それを上に述べた会話や音声についての研究にも一般化できるかどうかははっきりしていない。さらに、表現レベル(依頼、断り、感謝など)の評価の場合にも、同じようなことがある。こうした研究では、3つの基準の間の関係が、本研究とは違ったものになるかもしれないし、この基準そのものが別のものになるかもしれないのである。

(3) 評価者の問題

本研究での誤りの評価は、コミュニケーションの受け手を中心にしたものであったが、今後は送り手に目を向けた研究が必要になるといえる。同じ誤りであっても、それがどんな送り手によって犯されたかで、不快度と自然度についての評定に違った影響が出てくると考えられる。たとえば、送り手の社会的役割(留学生・ビジネスマン・労働者など)によって、日本語母語話者の受容度には差があると予想される。特にその人が日本語が重要な役割をする仕事に携わっている場合には、文法的にも正しく、自然な日本語を使うことが要求される。また、初級レベルか中級レベルかによって、そしてどこの国の学習者であるかによって、主観的な反応に訴える不快度の評定に差が出てくると予想される。外国人特有の不自然な日本語が好印象を与えることがよくあるのは、このためである。

注

〔第2章〕

1) 長友(1990：30)の「誤用分析研究の現状と課題」で指摘した通り、日本語の習得過程を明らかにし、習得理論の構築も目指す誤用分析・中間言語分析の動きが全くなかったわけでもない。例えば、モナシュ大学のネウストプニーを中心とする研究者による一連の研究や、科研「日本語の普遍性と個別性に関する理論的及び実証的研究」における水谷班の一連の研究は注目に値する。両者は社会言語学的な観点から、第2言語(日本語)と接触場面における言語行動の観察を通して、コミュニケーション・ストラテジーやフォリナー・トークの分析をすすめ、中間言語発達の諸相を明らかにしようとしている。

2) 長友(1988：65-66)の「作文を使った誤用分析の可能性」を参照のこと。

3) 渋谷(1988：184-185)の「中間言語研究の現状」を参照のこと。

4) 趙(1991b)の「韓国人日本語学習者の誤りの評価―日本語話者と韓国語話者による誤りの重み付け―」では、韓国人日本語学習者の32個の誤りを「表記・音韻」「語彙(和語)」「語彙(漢語)」「文法」「表現」の５つに分類し、理解度の観点から日本語話者(108人)と韓国語話者(63人)に読ませて評価させた。その結果、日本語(母語)話者、すなわち日本語教師、大学生(文系、理系、日本語専攻者)はともに「語彙(漢語)」「文法」「表現」「語彙(和語)」「表記・音韻」の順で厳しく評価した。日本語話者の要因別では、日本語教師、日本語専攻者、理系の大学生、文系の大学生の順で厳しく評価した。韓国語話者(韓国人日本語教師と日本語学習者)は日本語話者の大学生(文系、理系)より厳しく評価した。

趙(1992)の「韓国人日本語学習者による外来語表記の誤り―日本語話者による評価を中心として―」では、韓国人日本語学習者(49人)による外来語表記の64個の誤りを理解度と容認度の観点から日本語(母語)話者(72人)に読ませて評価させた。その結果、理解度より容認度のほうが厳しく評価された。そして、母音、濁音、撥音、長音、促音の誤りの順で厳しく評価された。

趙(1993a)の「韓国人日本語学習者による漢字書きの誤りの分析と評価」では、韓国人日本語学習者(83人)による漢字(書き)の62個の誤りを、理解度の観点から日本語母語話者(29人)と韓国人日本語教師(20人)に読ませて評価させた。その結果、日本語母語話者は韓国人日本語教師より厳しく評価した。そして、日本語母語話者は誤りが日本語で使われているものと使われていないものをほぼ同様に評価した。しかし、韓国人日本語教師は前者より後者のほうを厳しく評価した。

趙(1993b)の「한국인 일본어학습자의 한자 읽기 오답의 평가(訳：韓国人日本語学習者の漢字読みの誤りの評価)」では、韓国人日本語学習者(60人)による漢字読み(読み方)の57個の誤りを、理解度の観点から日本語母語話者の大学生、すなわち国語(日本語)専攻者31人と、国語以外の専攻者21人に読ませて評価させた。その結果、後者は前者より厳しく評価したが、有意の差がない。そして、子音、母音、拗音、濁音、長音、促音の誤りの順で厳しく評価された。

趙(1993c)の「韓国人日本語学習者の口頭発表に対する日本語話者と非日本語話者の評価―コミュニケーション上の影響を中心として―」では、韓国人日本語学習者の約600字の文章を(内容は「韓国の現代の結婚式」で、文法、語彙などの誤りがある)、日本語話者の日本語教師・専攻者(20人)と、韓国語話者の韓国人日本語教師・専攻者(29人)に聞かせて、その後同じ内容を読ませて評価させた。文法と語彙の誤りの評価に限ってその結果をみれば、両話者は文法と語彙の誤りについては、聞かせた場合より読ませた場合のほうを厳しく評価した。そして、両話者は両モードにおいて、文法と語彙の誤りを容認度、不快度、理解度の順で厳しく評価した。一方、韓国語話者より日本語話者が両モードにおいて、文法と語彙の誤りを寛大に評価した。

趙(1994)の「平仮名書きの誤りに対する母語話者と非母語話者の評価」では、韓国人日本語学習者(352人)の平仮名書きの460個の誤り(不自然な字形で、1文字につき10個ずつ)を、自然度の観点から日本語母語話者(25人)と韓国人日本語専攻者(25人)に見せて評価させた。その結果、後者は前者より厳しく評価した。そして、両話者に「ら行」と「や行」の文字の誤りが最も厳しく評価された。

趙(1995a)の「韓国の高校の日本語教科書に見られる文法の誤りについて」では、韓国の高校の日本語教科書に見られる文法の21個の誤りを、理解度と自然度の観点から日本語母語話者(日本語専攻者(10人)・一般の人(29人))と韓国人日本語専攻者(30人)に読ませて評価させた。その結果、日本語母語話者(一般の人)は理解度より自然度のほうを厳しく評価した(p<.01)。また、両基準において「日本語内の誤り」より「韓・日語間の干渉からの誤り」のほうを若干厳しく評価した。

趙(1995b)の「韓国の高校の日本語教科書に見られる誤りの分析と評価」では、韓国の高校の日本語教科書に見られる(文法、語彙、表現の)67個の誤りを、理解度と自然度の観点から日本語母語話者(日本語専攻者(10人)・一般の人(29人))と韓国人日本語専攻者(30人)に読ませて評価させた。その主な結果として、日本語母語話者(一般の人)は理解度より自然度のほうを厳しく評価した(p<.05)。

趙(1996)の「助詞の誤りの評価」では、韓国人日本語学習者の35個の誤りを、理解度と自然度の観点から日本語母語話者の大学生(日本語または日本文学の専攻者25人)と韓国人日本語教師(26人)に読ませて評価させた。その結果、両話者はともに理解度より自然度のほうを、厳しく評価した。そして、日本語内の誤りよりも韓国語の干渉による誤りにおいて、両話者の評価の差が大きいものが多かった。

〔第3章〕

1) 梅田(1980)の「朝鮮語を母語とする学習者のための日本語教材作成上の問題点」は、音韻・文法・語彙の3つの面から、日本語と韓国語の異同を指摘し教材作成に際して留意すべき点について述べたものである。

梅田(1982)の「韓国語と日本語―対照研究の問題点―」は、韓国語と日本語の音韻・文法・語彙の各面に関して、その共通点と相違点を指摘し且ついくつかの問題点について考察したものである。

黄(1988)の『韓日語　對照分析』は、教材作成と学習指導のために、韓国語と日本語の音韻組織、語彙、文法構造、談話の表現と意味などを対照分析したものである。

森田(1989)の『韓國學生의　日本語學習에　있어서의　誤用例』は、韓国人日本語学習者(主に、大学2年生の日本語専攻者)の作文・手紙・レポート(1976～1983年)から、367個の誤りを集めたものである。品詞別では、動詞81個、形容(動)詞25個、名詞19個、代名詞2個、副詞13個、冠形詞7個、接続詞1個、助動詞9個、助詞56個、接尾語6個、その他に敬語11個、漢字語63個、外来語74個などである。

寺村(1990)の『外国人学習者の日本語誤用例集』は、国際学友会日本語学校、筑波大学留学生教育センター、東京国際大学留学生別科、香港大学言語センターの4つの機関で日本語を習っている学生の自由作文（または、聴解要約、パターン作文、短文作文）から誤用例を収集・整理したものである。そのデータの総数は4601文で内、誤用を含む文3131文である。本論文ではその中で韓国人日本語学習者のものだけを参照した。

趙（1991、1993a、1995a、b）の論文は、第2章の注4を参照のこと。

李（1983）の「日本語誤用例에　關한　研究—助詞를　中心으로—」は、韓国人日本語学習者（大学2年生の日本語専攻者：学習時間は140時間（週5時間ずつ、1年間））の作文（3年間のもの）の宿題から、756個の誤りを集め、その中で助詞の195個の誤りを分析したものである。助詞の誤りの中では「に（46個）」「で（27個）」「の（24個）」などの頻度が高かった。

李（1994）の『일본어의　함정』は、韓国人日本語学習者が間違いやすい120個の誤りを、助詞、類語、敬語、表現法の4種類に分け、具体的な場面に入れて記述したものである。

2）大学2年生には発音（例：これはわだしの小さい時の写真です。（→わたし））と表記（例：山田さんは難しい病気で困まっています。（→困って））のような、音韻論的な誤りと文字論的な誤りはあまり見られない。

3）寺村（1990）の『外国人学習者の日本語誤用例集』を参照のこと。これは、文部省科学研究費による特別推進研究『日本語の普遍性と個別性に関する理論的及び実証的研究』（1985-1989年度　代表者　井上和子）の一環として行われた「外国人学習者の日本語誤用例の収集・整理と分析」（分担者）の資料をまとめたものである。

〔第4章〕

1）外国語に対する母語（目標言語）話者の判定には、2つのタイプが存在する。すなわち主観的な方法（subjective　method）と客観的な方法（objective　method）である。これはQuirk Svartvik（1966）の判断テスト（judgement tests）と操作テスト（operation tests）に対応するとJohansson（1978：34）は言っている。その定義は次のとおりである。

The subjective method means that informants are asked to give judgements about linguistic deviance and the objective method means that they are asked to perform various tasks, such as repeating erroneous sentences or reading tests with different types of errors. In the former situation informants are conscious of grading errors, whereas in the latter case the measure of error gravity is arrived at indirectly by studying informant behavior.

2) 表4-1に示したインフォーマントの要因以外のものである。

インフォーマントの要因		全体の人数(人) <100%>	人数(%)
1.満15歳までいちばん 　長く住んでいた地域	1.東部方言地域	691	336　(48.6)
	2.西部方言地域		211　(30.5)
	3.九州方言地域		136　(19.7)
	4.琉球方言地域		1　(0.1)
	5.その他・無回答		7　(1.0)
2.現在住んでいる地域	1.北海道地方	691	4　(0.6)
	2.東北地方		36　(5.2)
	3.関東地方		296　(5.2)
	4.中部地方		19　(2.7)
	5.近畿地方		146　(21.1)
	6.中国地方		49　(7.1)
	7.四国地方		1　(0.1)
	8.九州地方		107　(15.5)
	9.沖縄		1　(0.1)
	10.その他・無回答		32　(4.6)
3.「話せる方言がある」の場合	1.東部方言	385	117　(30.4)
	2.西部方言		146　(37.9)
	3.九州方言		119　(30.9)
	4.琉球方言		1　(0.3)
	5.無回答		2　(0.5)
4.大学(院)の在学生の専攻分野	1.文系	52	42　(84.0)
	2.理系		3　(6.0)
	3.無回答		7　(10.0)
5.話せる外国語の数	1.1つ	259	210　(81.1)
	2.2つ以上		49　(18.9)
6.外国に住んだ期間	1.1年未満	111	47　(42.3)
	2.1年以上		64　(57.7)
7.「外国に住んだ経験がある」の 　場合、その国が韓国かどうか	1.韓国	111	45　(40.5)
	2.韓国以外		66　(59.5)
8.「キムチ」を食べたことが 　あるか	1.ある	691	650　(94.1)
	2.ない		29　(4.2)
	3.無回答		12　(1.7)
9.「キムチ」が韓国の食べ物だ 　ということを知っているか	1.知っている	691	667　(96.5)
	2.知らない		13　(1.9)
	3.無回答		11　(1.6)
10.「キムチ」の作り方を 　知っているか	1.知っている	691	214　(31.0)
	2.知らない		465　(67.3)
	3.無回答		12　(1.7)
11.「キムチ」の漬け込みについて 　知っているか	1.知っている	691	178　(25.8)
	2.知らない		498　(72.1)
	3.無回答		15　(2.1)

3) 4つの項目間(4章の注2の8、9、10、11はそれぞれA、B、C、Dに当たる)の属性による関連
　　性は、対応分析(correspondence　analysis)で調べた。その結果、AとBは類似した項目

で、Cと「AとB」とは2次元(dimens)で対応しているが、Dは「AとBとC」とは異なる項目であることがわかる。図で表すと次のとおりである。

	Dim1	Dim2
A	0.1856	0.0355
B	0.1386	0.0239
C	-.1324	0.1342
D	-.0676	-.1658

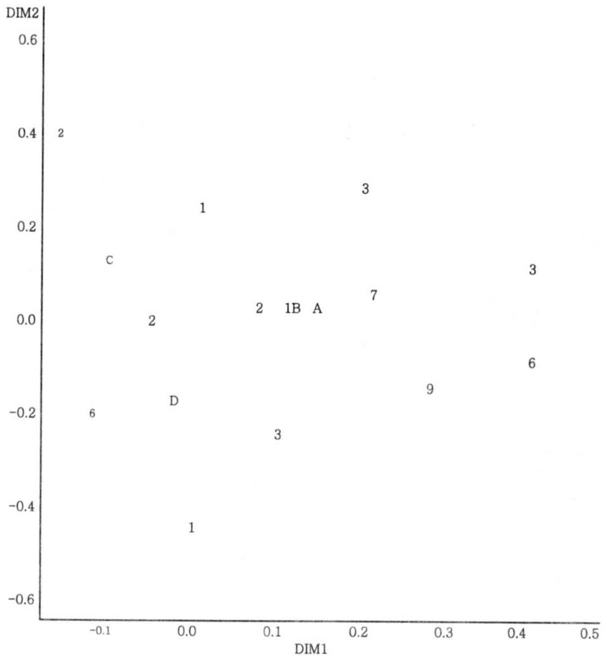

4) 「14. 韓国についての知識」はアンケートのパート1の問15(その他にあなたの知っている情報があれば自由に書いてください。)に対する回答である。その内訳は次のとおりである。

回答の内訳	72人
1.旅行したことがある(または、友人がいる)から、 　韓国についてある程度のことを知っている。	14
2.韓国の食べ物(焼肉、にんにく、辛さ … など)に関心がある。	13
3.韓国の文化(パンソリ、チマチョゴリ、オンドル、結婚の風習など)に関心がある。	9

4.経済発展がめざましい。	9
5.儒教の影響で家族関係や年長者との人間関係で礼儀が厳しい。	6
6.オリンピックが行われた。スポーツ(サッカー、柔道など)が強い。	5
7.日本と比べて物価が安い。	5
8.南北関係、38度線のこと、…。	4
9.韓国の歴史に興味がある。	4
10.昔から生活文化や陶磁器の製法などの技術が伝来された。	3

〔第6章〕

1) 日本語母語話者の各々の要因における原因1と原因2の間のt検定の結果は、次のとおりである。

日本語母語話者の要因		(人)	原因1と原因2の間の t検定の結果(有意水準)		
			理解度	不快度	自然度
1.性別	1.男性	396	***	***	***
	2.女性	292	**	**	***
2.年齢	1.10代	85	–	–	*
	2.20代	189	*	*	**
	3.30代	169	*	**	***
	4.40代	107	*	*	**
	5.50代	82	–	–	**
	6.60歳以上	55	–	–	**
3.職業	1.大・幹	43	–	–	*
	2.事務系	143	*	*	***
	3.教員	38	–	–	–
	4.労務系	220	**	**	***
	5.家・従	34	–	–	–
	6.主婦	59	–	–	*
	7.学生	132	–	*	*
4.学歴	1.低学歴	288	**	**	***
	2.高学歴	366	***	***	***
5.韓国語の学習歴	1.ある	92	–	–	**
	2.ない	590	***	***	***
6.外国人との対話の経験	1.ある	477	***	***	***
	2.ない	203	*	*	***
7.「6.1」の程度	1.少ない	361	***	***	***
	2.多い	112	–	*	**

8.外国人の日本語の 　誤文を読んだ経験	1.ある	270	**	***	***
	2.ない	412	***	***	***
9.「8.1」の程度	1.少ない	225	**	***	***
	2.多い	45	–	–	*
10.話せる外国語	1.ある	259	*	**	***
	2.ない	421	***	***	***
11.外国に住んだ経験	1.ある	111	–	*	**
	2.ない	570	***	***	***
12.韓国のキムチについての知識	1.ある	110	–	*	***
	2.ない	579	***	***	***
13.韓国に対する関心	1.ある	461	***	***	***
	2.ない	217	*	**	***
14.韓国についての知識	1.ある	72	–	–	*
	2.ない	619	***	***	***

注)*p<.05、** p<.01、 ***p<.001

〔第8章〕

1) 日本語母語話者の要因、すなわち年齢と職業によって、各誤りの同定１で差がある問題の述べ数は、次のとおりである。

年齢別	1：10代、2：20代、3：30代、4：40代、5：50代、6：60歳以上											
	2と6	1と5	1と4	3と6	1と3	1と2	2と5	その他(2つ以下)				
71問	13	12	8	6	6	6	4	10				
職業別	1：大・幹、2：事務系、3：教員、4：労務系、5：家・従、6：主婦、7：学生											
	3と5	5と7	1と3	3と7	1と7	5と6	6と7	3と4	1と5	1と4	1と6	その他(2つ以下)
77問	8	8	8	8	7	6	5	5	5	5	4	8

・ 日本語の文献

梅田博之(1980)、「朝鮮語を母語とする学習者のための日本語教材作成上の問題点」、『日本語教育』40号、日本語教育学会、35-46.

______(1982)、「韓国語と日本語　　―対照研究の問題点―」、『日本語教育』48号、日本語教育学会、31-42.

岡崎敏雄他(編)(1992)、『ケーススタディ日本語教育』、桜風社

生越直樹(1982)、「日本語漢語動詞における能動と受動　―朝鮮語hata動詞との対照―」、『日本語教育』48号、日本語教育学会、53-65.

______(1996)、「朝鮮語との対照」、『日本語学　―日本語学の世界―』15号、明治書院

小篠敏明(編)(1983)、『英語の誤答分析(英語教育学モノグラフ・シリーズ)』、大修館書店

渋谷勝己(1988)、「中間言語研究の現状」、『日本語教育』64号、日本語教育学会、177-187.

竹内啓(監)(1994)、『SASで学ぶ統計的データ解析1、SASによるデータ解析入門』[第2版]、東京大学出版会

趙南星(1991a)、「韓国人の日本語学習者の誤りの評価　―日本語話者と韓国語話者による誤りの重み付け―」、筑波大学大学院地域研究科修士論文

______(1991b)、「韓国人の日本語学習者の誤りの評価　―日本語話者と韓国語話者による誤りの重み付け―」、『日本語と日本文学』第15号、筑波大学国語国文学会、19-30.

______(1992)、「韓国人日本語学習者による外来語表記の誤り　―日本語話者による評価を中心として―」、『日本語教育』78号、日本語教育学会、178-190.

______(1993a)、「韓国人日本語学習者による漢字書きの誤りの分析と評価」、『日本語教育』80号、日本語教育学会、28-48.

______(1993c)、『韓国人日本語学習者の口頭発表に対する日本語話者と非日本語話者の評価　―コミュニケーション上の影響を中心として―』、富士ゼロックス小林節太郎記念基金1991

年度研究助成論文、1-44.

______(1994)、「平仮名書きの誤りに対する母語話者と非母語話者の評価」、『大田産業大學論文集』第11巻　第2輯　A篇、531-542.

______(1995a)、「韓国の高校の日本語教科書に見られる文法の誤りについて」、『日本語教育』86号、日本語教育学会、116-127.

______(1995b)、「韓国の高校の日本語教科書に見られる誤りの分析と評価」、『大田産業大學論文集』第12巻　第2輯、183-200.

______(1996)、「助詞の誤りの評価」、『日本文化學報』第1輯、韓國日本文化學會、72-88.

寺村秀夫(1990)、『外国人学習者の日本語誤用例集』(井上和子篇『日本語の普遍性と個別性に関する理論的及び実証的研究』「外国人学習者の日本語誤用例の収集・整理と分析」資料、文部省科学研究費特別推進研究)

長友和彦(1988)、「作文を使った誤用分析の可能性」、『言語習得及び異文化適応の理論的・実践的研究』、広島大学教育学部、65-78.

________(1990)、「誤用分析研究の現状と課題」、『広島大学留学生センター紀要』1号、23-40.

森田良行(1990)、『日本語の類意表現』、創拓社

・韓国語の文献

森田芳夫(1989)、『韓國學生의 日本語學習에 있어서의 誤用例』、誠信女子大學出版部

李賢起(1983)、「日本語 誤用例에 關한 研究 ―助詞를 中心으로―」、『日本學誌』第2・3集、啓明大學校 日本文化研究、109-132.

______(1994)、『일본어의 함정』、東亞出版社

趙南星(1993b)、「한국인 일본어학습자의 한자읽기 오답의 평가」、『日本學報』第30輯、韓國日本學會、325-361.

黃燦鎬・李季順・張瑗鎭・李吉鹿 (1988)、『韓日語 對照分析』、明志出版社

・英語の文献

Albrechtsen, Dorte, Birgit Henriksen, and Claus Faerch (1980), "Native Speaker Reactions to Learners' Spoken Interlanguage", Language Learning, 30, 2, Dec., 365-396.

Burt, marina K.(1975), "Error Analysis in the Adult EFL Classroom", TESOL Quarterly, 9, 1, Mar., 53-63.

______ And Carol Kiparsky (1972), The Gooficon : A Repair Manual For English. Rowley : Newbury House Publishers.

Chastain, Kenneth (1980), "Native Speaker Reaction to Instructor-Identified Student Second Language Errors", Modern Language Journal, 64, 2, Summer, 210-215.

_____________(1981), "Native Speaker Evaluation of student Composition Errors", Modern Language Journal, 65, 3, Autumn, 288-294.

Corder, S. Pit(1967), "The Significance of Learners' Errors", IRAL, 5, 4, Jul., 161-170.

_____________(1981), Error Analysis and Interlanguage. Oxford : Oxford University Press.

Davies, Eirlys E. (1983), "Error Evaluation : The Importance of viewpoint", ELT Journal, 37, 4, Oct., 304-311.

_____________(1985), "Communication as a Criterion for Error Evaluation", IRAL, 23, 1, Feb., 65-69.

Delisle, Helga H. (1982), "Native Speaker Judgment and the Evaluation of Errors in German", Modern Language Journal, 66, 1, Spring, 39-48.

Ensz, Kathleen Y. (1982), "French Attitudes toward Typical Speech Errors of American Speakers of French", Modern Language Journal, 66, 2, Summer, 133-139.

Guntermann, C. Gail (1978), "A Study of the Frequency and Communicative Efforts Of Errors in Spanish", Modern Language Journal, 62, 5-63, Sep.-Oct., 249-253.

Hughes, Arthur and Chryssoula Lascaratou (1982), "Competing Criteria for Error Gravity", ELT Journal, 36, 3, Apr., 175-182.

Hulthors, Pär (1986), Reactions to Non-Native English, Part1 : Acceptability and Intelligibility. Stockholm Studies in English. Stockholm : Almqvist & International.

James, Carl (1977), "Judgments of Error Gravities", ELT Journal, 31, 2, Jan., 116-124.

Johansson, Stig (1973), "The Identification and Evaluation of Errors in Foreign Language Teaching : A Functional Approach", in Jan Svartvik, ed, Errata, Lund : GWK Gleerup, 102-114.

_____________(1975), "The Uses of Error Analysis and Contrastive Analysis" in Stig Johansson, ed, Papers in Contrastive Linguistics and Language Testing, Lund : CWK Gleerup, 9-21.

_____________(1978), Studies of Errors Gravity, Native Reactions to Errors Produced by Swedish Learners of English. Gothenburg Studies in English 44. Gothenburg : Acta Universitatis Gothoburggensis.

Khalil, Aziz (1985), "Communicative Error Evaluation : Native Speaker' Evaluation And Interpretation of Written Errors of Arab EFL Learners", TESOL Quarterly, 19, 2, Jun., 335-351.

Ludwig, Jeannette M.(1982), "Native-Speaker Judgments of Second-Language Learners' Efforts at Communication : A Review", Modern Language Journal, 66, 3, Autumn, 274-283.

Magnan, Sally Sieloff (1979), "Reduction and Correction for Communicative Language Use : The Focus Approach", Modern Language Journal, 63, 7, Nov., 342-349.

Morrow, K. and K. Johnson (1981), Communication in the Classroom. Longman Group Ltd., London.

Nickel, Gerhard (1973), "Aspects of Error Evaluation and Grading", in Jan Svartvik, ed, Errata, Lund : CWK Gleerup, 24-28.

Olson, Margareta (1973), "The Effects of Different Types of Errors in the Communication Situation", in Jan Svartvik, ed, Errata, Lund : CWK Gleerup, 153-160.

Palmer, David (1980), "Expressing Error Gravity", ELT Journal, 34, 2, Jan., 93-96.

Piazza, Linda Gaylord (1980), "French Tolerance for Grammatical Errors Made by Americans", Modern Language Journal, 64, 4, Winter, 422-427.

Politzer, Robert L. (1978), "Errors of English Speakers of German as Perceived And Evaluated by German Natives", Modern Language Journal, 65, 5-6, Sep.-Oct., 253-261.

Santos, Terry (1988), "Professors' Reactions to the Academic Writing of Non-Native-Speaking Students", TESOL Quarterly, 22, 1, Mar., 69-90.

Svartvik, Jan (ed.).(1973), Errata : Papers in Error Analysis. Lund : CWK Gleerup.

Vann, Roberta, J., Daisy E. Meyer, and Frederick O. Lorenz(1984), "Error Gravity : A Study of Faculty Opinion of ESL Errors", TESOL Quarterly, 18, 3, Sep., 427-440.

付録

1. 韓国人日本語学習者に対する調査用紙

学校：	대학교	학과：	과	학년：	학년	연령：만　세	성별：남・여

◇다음 의 우리말을 일본어로 (　　　)에 옮기시오.

저는 한국 대학에서 일어를 공부하고 있는 학생입니다. 오늘은 한국의 대표적 음식의 하나인
私は韓国の大学で(1.　　　)を勉強している学生です。今日は韓国の代表的な(2.　　　)の一つである

김치에 대해서 소개하려고 합니다. 한국은 세계에서 요리법이 잘 발달된 나라 중의 하나입니다.
キムチについて紹介しようと思います。韓国は世界でも料理法がよく(3.発達　　　)国の一つです。

일본뿐만 아니라 다른 여러 나라에서도 한국음식점을 경영해서 성공한 사람들의 이야기를
日本(4.だけ　　　　　　　)ほかのいろいろな国でも韓国料理店を経営して成功した人々の話を

종종 듣습니다. 그것은 한국의 맛 즉 김치의 맛을 인정하고 있다는 증거겠지요.
たびたび聞きます。それは韓国の味、すなわちキムチの味が認められているという証拠でしょう。

여러분은 김치를 생각하면 먼저 무엇이 떠오릅니까. 김치는 세계적으로 관심이 높아지고 있는
皆さんはキムチ(5.　　　　　)(6.　　　)何が思い浮かびますか。キムチは世界的に関心が高まっている

가장 이상적인 발효식품으로서　　유명하며,　　　최근에는　　수출까지도 합니다.
最も理想的な発酵食品(7.　　　)(8.有名　　)、最近(9.　　)輸出(10.　　　)しています。

초기에 김치는 고추를 사용하지 않고 소금만 사용하여 만들었습니다.
初めキムチはとうがらしを使わないで塩(11.　　　)を使って作りました。

오늘날과 같은 고추를 쓴 김치는 18세기 후반 정도에 등장했다고 합니다.
今日のようなとうがらしを使ったキムチは18世紀後半頃に登場したと言われています。

한국 김치를 김치답게 하는 것은 역시 고추라고 할 수 있습니다.
韓国のキムチをキムチらしくさせるものはやはりとうがらしだと言えます。

빨갛지 않으면 아무래도 김치같지 않지요.
赤くなければどうもキムチらしくないですね。

김치를 먹어 본 사람이 많으리라 생각되는데,　매웠습니까?
キムチを食べてみた人(12.　　)多いと思いますが、(13.　　　　　)か。

그러나　　　"김치가 왜 이렇게 맵습니까?" 하고 묻는 사람은 없습니다.
しかし「キムチはどうしてこんなに(14.　　　　　)か。」と尋ねる人はいません。

옛날에는 김장이 한국 여성들에게 일년 중 가장 커다란 행사의 하나였습니다.
昔(15.　　)キムヂャンが韓国の女性たちにとって一年中で最も大きな行事の一つでした。

김장이란 겨울 동안 먹을 김치를　　　　한번에　　　　담그는 것을 말합니다.
キムヂャンというものは冬の間に食べるキムチを(16.　　　)に漬ける(17.　　　)を言います。

매년 늦가을이 되면 대부분 가정에서 김장을 합니다.
毎年秋の終わりになると、たいていの家庭ではキムヂャンをします。

이 무렵 시장에 가면 산지에서 막 싣고 온　　　　배추들이 산더미처럼
そのころ市場に(18.　　　)産地から運んできたばかりの(19.白菜　　)が山と

쌓여 있는　　　　것을 쉽게　　　볼 수 있습니다.
(20.　　　)(21.　　)をよく(22.　　　　　)。

대부분의 가정 은 늦어도   12월초 까지는 김장을 끝내고 겨울 준비를 합니다.
ほとんどの家庭(23.   )遅くとも12月初め(24.   )キムヂャンを終えて冬の準備をします。

김장 김치는 봄이 올 때까지 먹기 때문에, 쉬지 않도록 땅에 묻습니다.
漬物＜キムヂャンのキムチ＞は春が来る(25.   )食べるので、すっぱくならないように土の中に埋めます。

그러면 겨울내내 신선한 김치를 먹을 수가 있습니다.   보통 날씨가 더울 때 김치는
そうすれば冬の間じゅう新鮮なキムチを食べることができます。普通(26.   )時キムチは

냉장고에 보관합니다. 요즈음의 아이들은 김치가 냄새도 나고 매워서 싫어 하는 것 같습니다.
冷蔵庫に保管します。このころの子供たちはキムチが匂うし、(27.   )嫌っているようです。

그러나 식생활이 점점 서구화 되어 가도,   아직도 한국의 어느 집에
しかし食生活がだんだん西洋化(28.   )いっても、今も韓国のどの家に

놀러 가서 식사를 해도 식탁에 먹음직스러운 김치가 항상 놓여 있지요.
(29.   )食事をしてみても、食卓においしそうなキムチがいつも(30.   でしょう)。

저는 반찬으로 김치만 있으면 충분한데,   매일 김치만 계속 먹어도 질리지 않습니다.
私はおかずにキムチさえあれば(31.十分   )、毎日キムチだけを(32.   )飽きません。

그러면, 김치란 도대체 어떤 음식인가, 만드는 방법과 맛에 대해서 소개해 드리겠습니다.
(33.   )キムチとはいったいどんな食べ物か、漬け方と味について(34.紹介   )。

김치 중에서 가장 일반적인 배추 김치 만드는 방법에 대해 간단히 알 수 있도록 설명하겠습니다.
キムチの中でも最も一般的な白菜のキムチの漬け方について簡単に(35.   ように)説明いたします。

재료는 배추, 무 이외 에 때문에 젓갈, 고추가루, 마늘, 파, 생강 등입니다.
材料は白菜、(36.大根   )にしおから、とうがらし、にんにく、ねぎ、しょうがなどです。

먼저 재료를 하나하나 깨끗이 씻는 것이 중요합니다.
まず材料を一つ一つきれいに洗うことが大切です。

배추는 적당히 잘라, 소금으로 알맞게 절인 후에 깨끗이 씻습니다. 양념은 무와 그 밖의 재료로 만듭니다.
白菜は適当に切って、塩で程よく漬けたあときれいに洗います。薬味は大根とその他の材料で作ります。

무는 가늘게 채를 썰고, 파는 3~4센티 정도로 자릅니다.
大根は(37.　　　　　)千切りにして、ねぎは3~4センチぐらいに切ります。

마늘과 생강은 껍질을 벗겨 으깹니다. 그리고 고추가루와 젓갈을 넣어 모두 함께 섞습니다.
にんにくとしょうがは皮をむいてつぶします。そしてとうがらしとしおからを入れて全部一緒に混ぜます。

이 잘 섞은 양념을 절인 배추 속에 넣으면 김치가 됩니다.　　　　　그 위에 해산물이나
このよく(38.　　　　)薬味を塩漬にした白菜の中に(39.　　　　)キムチ(40.　　　　)。その他に海産物や

과일을 넣는 경우도 있습니다. 김치는 이렇게 해서 이삼일 정도 발표시킨 후에 먹습니다.
果物を入れる場合もあります。キムチは(41.　　　　)して二・三日発酵させたあとで食べます。

그런데 김치는 지방과 가정에 따라서 사용하는 재료와 양이 달라 여러 가지 종류가 있습니다.
(42.　　　　)キムチは地方と家庭(43.　　　　)使う材料と量が違い、(44.　　　　)種類があります。

예를 들면, 고추를 쓰지 않고 소금으로 맛을 낸 짠 김치와 물을 많이
例えば、とうがらしを(45.使わ　　　　)塩で味をつけた塩辛いキムチ(46.　　　　)水をたくさん

넣은 물 김치 같은 것도 있습니다.　　　　어느 것이 맛이 있는지 판단하기는 어렵습니다.
入れた水キムチのようなものもあります。(47.　　　　)がおいしいか判断するのは難しいです。

지금도 시골에 여행을 가면 그 곳 특유의 맛을 즐길 수 있지요　　　　　김치는 빨개서
今でも田舎を旅行すると、その地方の特有の味を楽しむことができるでしょう。キムチは赤くて

몹시 매운 것 같이 보이지만 그렇게 맵지는 않습니다. 그리고 그 곳에는 뭐라고 말할 수 없는 맛들이
とても辛そうに見えますが、そんなに辛くはありません。そしてそこには(48.　　　　)言えない味わいが

숨겨져 있습니다. 맵고, 달고, 시고, 짜고 그리고 쓴 맛도 조금 있는 것 같습니다.
(49.   )。辛くて、甘くて、すっぱくて、塩辛くて、そして苦味も少しは(50.   )。

그럼 도대체 이와 같은 김치 맛은 어디서 나오는 것일까요?
では、いったいこのようなキムチの味は(51.   )出てくるのでしょうか。

제 생각으로 김치 맛은 재료 선택에 있다고 봅니다.
私の考え(52.   )キムチの味は材料の選択に(53.ある   )。

한국에서 나는 재료가 아니면 그 맛이 나지 않을지도 모르겠습니다.
韓国でとれる材料でなければ、その味が(54.   かもしれません)。

담는 용기도 맛에 영향을 줍니다. 그러나 이보다 더 중요한 것은 정성입니다.
入れる容器も味に影響を与えます。しかし(55.   )よりもっと大切なのは真心です。

정성은 사랑하는 가족에 대한 어머니의 마음입니다. 저는 고향에 계신 어머니한테
真心(56.   )愛する家族(57.   )母の心です。私は故郷に(58.   )(59.母   )

다녀 오면, 며칠 동안 어머니가 만드신 김치 맛이 생각나 마음이 쓸쓸합니다.
行ってくると、何日間も母の作ったキムチの味が(60.   )寂しくなります。

그러나 요즈음은 김치의 상품화가 본격적으로 이루어져 사 먹거나 공장에서 직접
しかしこのごろはキムチの商品化が本格的になり、買って食べたり、工場(61.   )直接

주문시켜 먹을 수도 있습니다.   김치를 먹는 방법도 다양합니다.   보통은 쉬기 전에
(62.注文   )食べることもできます。(63.キムチ   )もさまざまです。普通はすっぱくなるまえに

먹어야 좋습니다. 그러나 담그고 나서 기일이 지나 점점 쉬어지면 어떻게 하면 좋을까요.
(64.   )いいです。しかし漬けてから時間が経ってどんどん(65.すっぱく   )どうしたらいいで
しょうか。

볶거나 또는 찌개, 라면에 넣어 먹습니다.   좀더 쉬어지면, 물로 씻어 만두의
炒めたりあるいは鍋、ラーメンに入れたりして食べます。もっとすっぱくなったら、水で洗って
ギョーザの

속으로 사용하기도 합니다. 먹기어려울 정도로 쉬게 해서 먹는 사람도 있습니다.　끝으로 한일
中身に使ったりします。食べられないほどすっぱくして食べる人も(66.　　　　　)。終わりに韓・日

양국의 문화 차이의 일면을 보여주는 김치와 일본의 쓰케모노(漬物)에 대해서 이야기하려고 합니다.
両国の文化の違いの一面を見せてくれるキムチと日本の漬物について(67.　　　　　と思います)。

일본에서 유학한 친구는 김치가 먹고 싶어 쓰케모노로 김치를 만든 적이 있다고 합니다.
日本に留学した友達は、キムチが食べたくなって白菜の漬物を使ってキムチを作ったことが
(68.ある　　　　　)。

일본의 쓰케모노에 집에서 보내준 양념을 섞어，　　　　　본고장의 맛을 내고 싶었지만，
日本の漬物に国から(69.　　　　　)薬味を(70.　　　　　)、故郷の味を出そうとしたが、

생각처럼 잘 되지는 않았다고 합니다. 당연한 일이지요.　　　　　그것은 배추자체가 아니고，
思うように(71.　　　)できなかったそうです。当然のことでしょう。それは白菜自体(72.　　　　　)、

배추 절임의 정도가 다르기 때문입니다. 같은 배추로 한국은 김치, 일본은 쓰케모노를 만들어낸 것입
니다.
白菜の漬け具合が違うからです。同じ白菜で韓国ではキムチ、日本では漬物を作り出したというこ
とです。

그래서 어떤 학자는 양국의 문화 차이에 대해, 비록 씨는 같아도 꽃은 다르다고 말하고 있습니다.
それで(73.　　　)学者は両国の文化の違いについて、たとえ種は同じでも花は違うと言っています。

그것은 두 나라의 개성이 다르기 때문이라고 생각합니다. 김치는 배추가 가진 생기를
それは両国の個性が違う(74.　　　　　と思います)。キムチは白菜の(75.　　　　　)生気を

가능한한 살리고 있고, 쓰케모노는 그 생기를 원만하게 중화시키고 있습니다.
できるだけ生かしており、漬物はその生気を円満に中和させています。

즉 개성의 중화를 좋아하는 일본인은 쓰케모노를, 개개의 개성을 존중하는 한국인은 김치를
つまり個性の中和が好きな日本人は漬物を、個々の個性を尊重する韓国人はキムチを

만들었다고 할 수 있겠지요. 여러분은 김치를 만들어 먹으면 한국인의 마음을 느낄 수 있을 것입니다.
作り出したと言えるでしょう。皆さんはキムチを作って食べたら韓国人の心が感じられるかもしれ
ません。

바쁘신 분은 쉬는 날 가족 모두 한국음식점에 가서 김치를 먹어 보기를 꼭 권합니다.
忙しい方は(76.　　　　)に家族の皆で韓国料理店に行って、キムチを食べてみることを(77.　　　　)
(78.　　　　)。

처음엔 매우니까 너무 많이 먹지 않도록 해 주세요.　　　만드는 방법도 간단하니까,
初めは(79.　　　　)あまり食べすぎないようにしてください。作り方も簡単ですから、

귀찮게 여기지 말고 만들어 보세요.　　　　누구든지 쉽게 할 수 있습니다.
めんどうだと思わないで作って(80.　　　　)。誰でも(81.　　　　)作ることができます。

매운 게 걱정이 되는 사람은 맵지 않은 고추를 쓰면 됩니다. 새빨간데 먹어보니
(82.　　　　が)気になる方は辛くないとうがらしを使えば大丈夫です。真っ赤なのに食べてみたら

맛이 맵지 않아서 깜짝 놀라는 경우도 있습니다. 김치 만드는 일은 정말 즐겁습니다.
(83.　　　　ないので)びっくりすることもあります。キムチを作ることは本当に楽しいです。

문화교류라는 것은, 이렇게 간단한 일부터 시작되는 것이 아닐까요.
文化交流というのは、このような簡単なことから始まる(84.　　　　でしょうか)。

2.「日本語学習者の誤り」に関する調査用紙

「日本語学習者の誤り」に関する
アンケート

調査者：趙南星(チョウ ナン ソン)

（韓国）大田産業大学 日本語科 専任講師

［お願い］

　この調査は、韓国人学習者の日本語の誤りを日本語話者がどう評価するか、すなわち、その誤りが言語伝達上どれだけ重大な誤りであるかを調べるためのものです。研究の結果は今後の日本語教育に役立つものであると思われます。調査結果は研究目的でのみ使用させていただきますので、お手数ですが、ご協力お願いいたします。

　調査は匿名で行われますので、お名前を書いていただく必要はありません。ただし調査の妥当性を期すために、まずパート1の質問にはもれなくお答えください。

1

□の場合はいずれかに✔印を書いて下さい。

1. 性別：男□・女□

2. 年齢：満(　　　)歳

3. 出身地：(　　　　　都・道・府・県)

4. 満15歳までいちばん長く住んでいた地域：(　　　　　都・道・府・県)

　　期間：約(　　　)年

5. 現在住んでいる地域：(　　　　　　　　　　　　　　都・道・府・県)

　期間：約(　　　　)年

6. 話せる方言：ある□・ない□

「ある」の場合	(　　　　　　　　　　　)方言

7. 職業：具体的に(　　　　　　　　　　　　　　・その経歴 (　　　)年)

例 ： 会社員の場合はその会社の業種(銀行、貿易、旅行社 … など)を、 　　　教職の場合は担当科目を合わせて書いてください。

8. 最終学歴：

小卒□・中卒□・高卒□・短大卒□・大卒□・大学院卒□・その他(　　　)

在学の場合：小□・中□・高□・短大□・大□・大学院□ 　　　：学年(　　　)年、専攻があれば(　　　　　　　　　　　)

9. 韓国語の学習歴がありますか。ある□・ない□

「ある」の場合	どごで(　　　　　　　　　　) 不定期的に今まで(　)時間ぐらい ある程度定期的に(　)年 (　)カ月 　日 (　) 時間ぐらい または 週 (　) 時間ぐらい

10. 外国人と日本語で話したことがありますか。ある□・ない□

「ある」の場合	不定期的に今まで(　)回ぐらい ある程度定期的に(　)年 (　)カ月 　週 (　) 時間ぐらい または 月(　)回ぐらい

11. 外国人の書いた日本語の文章(誤りがある)を読んだことがありますか。

　ある□・ない□

「ある」の場合	不定期的に今まで(　)回ぐらい ある程度定期的に(　)年 (　)カ月 　週 (　) 時間ぐらい または 月(　)回ぐらい

12. 話せる外国語はありますか。ある□・ない□

「ある」の場合	（　　　）語、（　　　）語、（　　　）語

13. 外国に住んだことがありますか。ある□・ない□

「ある」の場合	いちばん長く住んだ国は（　　　）、期間は（　　年　カ月）

14. パート2では、韓国人の日本語学習者が書いた文章を読んでいただきます。テーマは「韓国のキムチ」で、日本人にキムチを紹介するための文章です。その前にまず以下の質問に答えてください。

①「キムチ」を食べたことがありますか。

　　ある□　・　ない□

②「キムチ」が韓国の食べ物だということを知っていますか。

　　知っている□　・　知らない□

③「キムチ」の作り方を知っていますか。

　　知っている□　・　知らない□

④（立冬前後に行なわれる越冬用の）「キムチ」の漬け込みについて知っていますか。

　　知っている□　・　知らない□

⑤「キムチ」以外にいろいろな韓国のことについて関心がありますか。

　　ある□　・　ない□

15. その他にあなたの知っている情報があれば自由に書いて下さい。

（　　　　　　　　　　　　　　　　　　　　　　　　　　　　　　　）

― パート1. 終 ―

2

◇次にパート２での回答方法について説明します。

①文章(韓国のキムチ)を一通り読んだ上で、

②１から８４までの＿＿を引いた誤りを、理解度・不快度・自然度の三つの観点か
ら、評価してください。評価は５段階で行います。五つの□の中の一つに✔印を付
けて示してください。

③そして、その誤り(＿＿を引いた所だけ)を訂正し、(　　)に一番適切な形を一つだけ
書いてください。(ただし、＿＿を引いた誤りが、正しいと思われる場合は○印、削
除する場合は「トル」と書いてください。)

〔理解度〕その誤りはどのくらい理解できるか。

〔不快度〕その誤りが、読み手の理解を妨げ、不快(感じの良さ/悪さ)であるかどうか。

〔自然度〕その誤りが日本語としてどのくらい自然だといえるか。

◇例

問０．…競技する人は9時　（０）<u>まで</u>集まってください。…

〔理解度〕　完全に理解できる　＋　□　☑　□　□　□　－　全く理解できない

〔不快度〕　全然不快でない　＋　□　□　☑　□　□　－　極めて不快だ

〔自然度〕　極めて自然だ　＋　□　□　□　☑　□　－　完全に不自然だ

（　　　　までに　　　　）

1 完全に理解できる ＋ □□□□□ － 全く理解できない 　全然不快でない ＋ □□□□□ － 極めて不快だ 　極めて自然だ ＋ □□□□□ － 完全に不自然だ （　　　　　）	2 完全に理解できる ＋ □□□□□ － 全く理解できない 　全然不快でない ＋ □□□□□ － 極めて不快だ 　極めて自然だ ＋ □□□□□ － 完全に不自然だ （　　　　　）
3 完全に理解できる ＋ □□□□□ － 全く理解できない 　全然不快でない ＋ □□□□□ － 極めて不快だ 　極めて自然だ ＋ □□□□□ － 完全に不自然だ （　　　　　）	4 完全に理解できる ＋ □□□□□ － 全く理解できない 　全然不快でない ＋ □□□□□ － 極めて不快だ 　極めて自然だ ＋ □□□□□ － 完全に不自然だ （　　　　　）
5 完全に理解できる ＋ □□□□□ － 全く理解できない 　全然不快でない ＋ □□□□□ － 極めて不快だ 　極めて自然だ ＋ □□□□□ － 完全に不自然だ （　　　　　）	6 完全に理解できる ＋ □□□□□ － 全く理解できない 　全然不快でない ＋ □□□□□ － 極めて不快だ 　極めて自然だ ＋ □□□□□ － 完全に不自然だ （　　　　　）

7	完全に理解できる ＋ □□□□□ － 全く理解できない 全然不快でない ＋ □□□□□ － 極めて不快だ 極めて自然だ ＋ □□□□□ － 完全に不自然だ （　　　　　　　　　　）	8	完全に理解できる ＋ □□□□□ －全く理解できない 全然不快でない ＋ □□□□□ －極めて不快だ 極めて自然だ ＋ □□□□□ －完全に不自然だ （　　　　　　　　　　）
9	完全に理解できる ＋ □□□□□ － 全く理解できない 全然不快でない ＋ □□□□□ － 極めて不快だ 極めて自然だ ＋ □□□□□ － 完全に不自然だ （　　　　　　　　　　）	10	完全に理解できる ＋ □□□□□ －全く理解できない 全然不快でない ＋ □□□□□ －極めて不快だ 極めて自然だ ＋ □□□□□ －完全に不自然だ （　　　　　　　　　　）
11	完全に理解できる ＋ □□□□□ － 全く理解できない 全然不快でない ＋ □□□□□ － 極めて不快だ 極めて自然だ ＋ □□□□□ － 完全に不自然だ （　　　　　　　　　　）	12	完全に理解できる ＋ □□□□□ －全く理解できない 全然不快でない ＋ □□□□□ －極めて不快だ 極めて自然だ ＋ □□□□□ －完全に不自然だ （　　　　　　　　　　）
13	完全に理解できる ＋ □□□□□ － 全く理解できない 全然不快でない ＋ □□□□□ － 極めて不快だ 極めて自然だ ＋ □□□□□ － 完全に不自然だ （　　　　　　　　　　）	14	完全に理解できる ＋ □□□□□ －全く理解できない 全然不快でない ＋ □□□□□ －極めて不快だ 極めて自然だ ＋ □□□□□ －完全に不自然だ （　　　　　　　　　　）
15	完全に理解できる ＋ □□□□□ － 全く理解できない 全然不快でない ＋ □□□□□ － 極めて不快だ 極めて自然だ ＋ □□□□□ － 完全に不自然だ （　　　　　　　　　　）	16	完全に理解できる ＋ □□□□□ －全く理解できない 全然不快でない ＋ □□□□□ －極めて不快だ 極めて自然だ ＋ □□□□□ －完全に不自然だ （　　　　　　　　　　）
17	完全に理解できる ＋ □□□□□ － 全く理解できない 全然不快でない ＋ □□□□□ － 極めて不快だ 極めて自然だ ＋ □□□□□ － 完全に不自然だ （　　　　　　　　　　）	18	完全に理解できる ＋ □□□□□ －全く理解できない 全然不快でない ＋ □□□□□ －極めて不快だ 極めて自然だ ＋ □□□□□ －完全に不自然だ （　　　　　　　　　　）
19	完全に理解できる ＋ □□□□□ － 全く理解できない 全然不快でない ＋ □□□□□ － 極めて不快だ 極めて自然だ ＋ □□□□□ － 完全に不自然だ （　　　　　　　　　　）	20	完全に理解できる ＋ □□□□□ －全く理解できない 全然不快でない ＋ □□□□□ －極めて不快だ 極めて自然だ ＋ □□□□□ －完全に不自然だ （　　　　　　　　　　）
21	完全に理解できる ＋ □□□□□ － 全く理解できない 全然不快でない ＋ □□□□□ － 極めて不快だ 極めて自然だ ＋ □□□□□ － 完全に不自然だ （　　　　　　　　　　）	22	完全に理解できる ＋ □□□□□ － 全く理解できない 全然不快でない ＋ □□□□□ － 極めて不快だ 極めて自然だ ＋ □□□□□ －完全に不自然だ （　　　　　　　　　　）
23	完全に理解できる ＋ □□□□□ － 全く理解できない 全然不快でない ＋ □□□□□ － 極めて不快だ 極めて自然だ ＋ □□□□□ － 完全に不自然だ （　　　　　　　　　　）	24	完全に理解できる ＋ □□□□□ － 全く理解できない 全然不快でない ＋ □□□□□ － 極めて不快だ 極めて自然だ ＋ □□□□□ －完全に不自然だ （　　　　　　　　　　）
25	完全に理解できる ＋ □□□□□ － 全く理解できない 全然不快でない ＋ □□□□□ － 極めて不快だ 極めて自然だ ＋ □□□□□ － 完全に不自然だ （　　　　　　　　　　）	26	完全に理解できる ＋ □□□□□ － 全く理解できない 全然不快でない ＋ □□□□□ － 極めて不快だ 極めて自然だ ＋ □□□□□ － 完全に不自然だ （　　　　　　　　　　）
27	完全に理解できる ＋ □□□□□ － 全く理解できない 全然不快でない ＋ □□□□□ － 極めて不快だ 極めて自然だ ＋ □□□□□ － 完全に不自然だ （　　　　　　　　　　）	28	完全に理解できる ＋ □□□□□ － 全く理解できない 全然不快でない ＋ □□□□□ － 極めて不快だ 極めて自然だ ＋ □□□□□ －完全に不自然だ （　　　　　　　　　　）

2 9	完全に理解できる＋□□□□□－全く理解できない 全然不快でない＋□□□□□－極めて不快だ 極めて自然だ＋□□□□□－完全に不自然だ （　　　　　　　　　　　）	3 0	完全に理解できる＋□□□□□－全く理解できない 全然不快でない＋□□□□□－極めて不快だ 極めて自然だ＋□□□□□－完全に不自然だ （　　　　　　　　　　　）
3 1	完全に理解できる＋□□□□□－全く理解できない 全然不快でない＋□□□□□－極めて不快だ 極めて自然だ＋□□□□□－完全に不自然だ （　　　　　　　　　　　）	3 2	完全に理解できる＋□□□□□－全く理解できない 全然不快でない＋□□□□□－極めて不快だ 極めて自然だ＋□□□□□－完全に不自然だ （　　　　　　　　　　　）
3 3	完全に理解できる＋□□□□□－全く理解できない 全然不快でない＋□□□□□－極めて不快だ 極めて自然だ＋□□□□□－完全に不自然だ （　　　　　　　　　　　）	3 4	完全に理解できる＋□□□□□－全く理解できない 全然不快でない＋□□□□□－極めて不快だ 極めて自然だ＋□□□□□－完全に不自然だ （　　　　　　　　　　　）
3 5	完全に理解できる＋□□□□□－全く理解できない 全然不快でない＋□□□□□－極めて不快だ 極めて自然だ＋□□□□□－完全に不自然だ （　　　　　　　　　　　）	3 6	完全に理解できる＋□□□□□－全く理解できない 全然不快でない＋□□□□□－極めて不快だ 極めて自然だ＋□□□□□－完全に不自然だ （　　　　　　　　　　　）
3 7	完全に理解できる＋□□□□□－全く理解できない 全然不快でない＋□□□□□－極めて不快だ 極めて自然だ＋□□□□□－完全に不自然だ （　　　　　　　　　　　）	3 8	完全に理解できる＋□□□□□－全く理解できない 全然不快でない＋□□□□□－極めて不快だ 極めて自然だ＋□□□□□－完全に不自然だ （　　　　　　　　　　　）
3 9	完全に理解できる＋□□□□□－全く理解できない 全然不快でない＋□□□□□－極めて不快だ 極めて自然だ＋□□□□□－完全に不自然だ （　　　　　　　　　　　）	4 0	完全に理解できる＋□□□□□－全く理解できない 全然不快でない＋□□□□□－極めて不快だ 極めて自然だ＋□□□□□－完全に不自然だ （　　　　　　　　　　　）
4 1	完全に理解できる＋□□□□□－全く理解できない 全然不快でない＋□□□□□－極めて不快だ 極めて自然だ＋□□□□□－完全に不自然だ （　　　　　　　　　　　）	4 2	完全に理解できる＋□□□□□－全く理解できない 全然不快でない＋□□□□□－極めて不快だ 極めて自然だ＋□□□□□－完全に不自然だ （　　　　　　　　　　　）
4 3	完全に理解できる＋□□□□□－全く理解できない 全然不快でない＋□□□□□－極めて不快だ 極めて自然だ＋□□□□□－完全に不自然だ （　　　　　　　　　　　）	4 4	完全に理解できる＋□□□□□－全く理解できない 全然不快でない＋□□□□□－極めて不快だ 極めて自然だ＋□□□□□－完全に不自然だ （　　　　　　　　　　　）
4 5	完全に理解できる＋□□□□□－全く理解できない 全然不快でない＋□□□□□－極めて不快だ 極めて自然だ＋□□□□□－完全に不自然だ （　　　　　　　　　　　）	4 6	完全に理解できる＋□□□□□－全く理解できない 全然不快でない＋□□□□□－極めて不快だ 極めて自然だ＋□□□□□－完全に不自然だ （　　　　　　　　　　　）
4 7	完全に理解できる＋□□□□□－全く理解できない 全然不快でない＋□□□□□－極めて不快だ 極めて自然だ＋□□□□□－完全に不自然だ （　　　　　　　　　　　）	4 8	完全に理解できる＋□□□□□－全く理解できない 全然不快でない＋□□□□□－極めて不快だ 極めて自然だ＋□□□□□－完全に不自然だ （　　　　　　　　　　　）

49
完全に理解できる ＋ □□□□□ － 全く理解できない
全然不快でない ＋ □□□□□ － 極めて不快だ
極めて自然だ ＋ □□□□□ － 完全に不自然だ
（　　　　　　　）

50
完全に理解できる ＋ □□□□□ － 全く理解できない
全然不快でない ＋ □□□□□ － 極めて不快だ
極めて自然だ ＋ □□□□□ － 完全に不自然だ
（　　　　　　　）

51
完全に理解できる ＋ □□□□□ － 全く理解できない
全然不快でない ＋ □□□□□ － 極めて不快だ
極めて自然だ ＋ □□□□□ － 完全に不自然だ
（　　　　　　　）

52
完全に理解できる ＋ □□□□□ － 全く理解できない
全然不快でない ＋ □□□□□ － 極めて不快だ
極めて自然だ ＋ □□□□□ － 完全に不自然だ
（　　　　　　　）

53
完全に理解できる ＋ □□□□□ － 全く理解できない
全然不快でない ＋ □□□□□ － 極めて不快だ
極めて自然だ ＋ □□□□□ － 完全に不自然だ
（　　　　　　　）

54
完全に理解できる ＋ □□□□□ － 全く理解できない
全然不快でない ＋ □□□□□ － 極めて不快だ
極めて自然だ ＋ □□□□□ － 完全に不自然だ
（　　　　　　　）

55
完全に理解できる ＋ □□□□□ － 全く理解できない
全然不快でない ＋ □□□□□ － 極めて不快だ
極めて自然だ ＋ □□□□□ － 完全に不自然だ
（　　　　　　　）

56
完全に理解できる ＋ □□□□□ － 全く理解できない
全然不快でない ＋ □□□□□ － 極めて不快だ
極めて自然だ ＋ □□□□□ － 完全に不自然だ
（　　　　　　　）

57
完全に理解できる ＋ □□□□□ － 全く理解できない
全然不快でない ＋ □□□□□ － 極めて不快だ
極めて自然だ ＋ □□□□□ － 完全に不自然だ
（　　　　　　　）

58
完全に理解できる ＋ □□□□□ － 全く理解できない
全然不快でない ＋ □□□□□ － 極めて不快だ
極めて自然だ ＋ □□□□□ － 完全に不自然だ
（　　　　　　　）

59
完全に理解できる ＋ □□□□□ － 全く理解できない
全然不快でない ＋ □□□□□ － 極めて不快だ
極めて自然だ ＋ □□□□□ － 完全に不自然だ
（　　　　　　　）

60
完全に理解できる ＋ □□□□□ － 全く理解できない
全然不快でない ＋ □□□□□ － 極めて不快だ
極めて自然だ ＋ □□□□□ － 完全に不自然だ
（　　　　　　　）

61
完全に理解できる ＋ □□□□□ － 全く理解できない
全然不快でない ＋ □□□□□ － 極めて不快だ
極めて自然だ ＋ □□□□□ － 完全に不自然だ
（　　　　　　　）

62
完全に理解できる ＋ □□□□□ － 全く理解できない
全然不快でない ＋ □□□□□ － 極めて不快だ
極めて自然だ ＋ □□□□□ － 完全に不自然だ
（　　　　　　　）

63
完全に理解できる ＋ □□□□□ － 全く理解できない
全然不快でない ＋ □□□□□ － 極めて不快だ
極めて自然だ ＋ □□□□□ － 完全に不自然だ
（　　　　　　　）

64
完全に理解できる ＋ □□□□□ － 全く理解できない
全然不快でない ＋ □□□□□ － 極めて不快だ
極めて自然だ ＋ □□□□□ － 完全に不自然だ
（　　　　　　　）

65
完全に理解できる ＋ □□□□□ － 全く理解できない
全然不快でない ＋ □□□□□ － 極めて不快だ
極めて自然だ ＋ □□□□□ － 完全に不自然だ
（　　　　　　　）

66
完全に理解できる ＋ □□□□□ － 全く理解できない
全然不快でない ＋ □□□□□ － 極めて不快だ
極めて自然だ ＋ □□□□□ － 完全に不自然だ
（　　　　　　　）

67
完全に理解できる ＋ □□□□□ － 全く理解できない
全然不快でない ＋ □□□□□ － 極めて不快だ
極めて自然だ ＋ □□□□□ － 完全に不自然だ
（　　　　　　　）

68
完全に理解できる ＋ □□□□□ － 全く理解できない
全然不快でない ＋ □□□□□ － 極めて不快だ
極めて自然だ ＋ □□□□□ － 完全に不自然だ
（　　　　　　　）

69	完全に理解できる ＋ □□□□□ － 全く理解できない 全然不快でない ＋ □□□□□ － 極めて不快だ 極めて自然だ ＋ □□□□□ － 完全に不自然だ （　　　　　　　　　）| 70	完全に理解できる ＋ □□□□□ － 全く理解できない 全然不快でない ＋ □□□□□ － 極めて不快だ 極めて自然だ ＋ □□□□□ － 完全に不自然だ （　　　　　　　　　）
71	完全に理解できる ＋ □□□□□ － 全く理解できない 全然不快でない ＋ □□□□□ － 極めて不快だ 極めて自然だ ＋ □□□□□ － 完全に不自然だ （　　　　　　　　　）| 72	完全に理解できる ＋ □□□□□ － 全く理解できない 全然不快でない ＋ □□□□□ － 極めて不快だ 極めて自然だ ＋ □□□□□ － 完全に不自然だ （　　　　　　　　　）
73	完全に理解できる ＋ □□□□□ － 全く理解できない 全然不快でない ＋ □□□□□ － 極めて不快だ 極めて自然だ ＋ □□□□□ － 完全に不自然だ （　　　　　　　　　）| 74	完全に理解できる ＋ □□□□□ － 全く理解できない 全然不快でない ＋ □□□□□ － 極めて不快だ 極めて自然だ ＋ □□□□□ － 完全に不自然だ （　　　　　　　　　）
75	完全に理解できる ＋ □□□□□ － 全く理解できない 全然不快でない ＋ □□□□□ － 極めて不快だ 極めて自然だ ＋ □□□□□ － 完全に不自然だ （　　　　　　　　　）| 76	完全に理解できる ＋ □□□□□ － 全く理解できない 全然不快でない ＋ □□□□□ － 極めて不快だ 極めて自然だ ＋ □□□□□ － 完全に不自然だ （　　　　　　　　　）
77	完全に理解できる ＋ □□□□□ － 全く理解できない 全然不快でない ＋ □□□□□ － 極めて不快だ 極めて自然だ ＋ □□□□□ － 完全に不自然だ （　　　　　　　　　）| 78	完全に理解できる ＋ □□□□□ － 全く理解できない 全然不快でない ＋ □□□□□ － 極めて不快だ 極めて自然だ ＋ □□□□□ － 完全に不自然だ （　　　　　　　　　）
79	完全に理解できる ＋ □□□□□ － 全く理解できない 全然不快でない ＋ □□□□□ － 極めて不快だ 極めて自然だ ＋ □□□□□ － 完全に不自然だ （　　　　　　　　　）| 80	完全に理解できる ＋ □□□□□ － 全く理解できない 全然不快でない ＋ □□□□□ － 極めて不快だ 極めて自然だ ＋ □□□□□ － 完全に不自然だ （　　　　　　　　　）
81	完全に理解できる ＋ □□□□□ － 全く理解できない 全然不快でない ＋ □□□□□ － 極めて不快だ 極めて自然だ ＋ □□□□□ － 完全に不自然だ （　　　　　　　　　）| 82	完全に理解できる ＋ □□□□□ － 全く理解できない 全然不快でない ＋ □□□□□ － 極めて不快だ 極めて自然だ ＋ □□□□□ － 完全に不自然だ （　　　　　　　　　）
83	完全に理解できる ＋ □□□□□ － 全く理解できない 全然不快でない ＋ □□□□□ － 極めて不快だ 極めて自然だ ＋ □□□□□ － 完全に不自然だ （　　　　　　　　　）| 84	完全に理解できる ＋ □□□□□ － 全く理解できない 全然不快でない ＋ □□□□□ － 極めて不快だ 極めて自然だ ＋ □□□□□ － 完全に不自然だ （　　　　　　　　　）

<ご協力ありがとうございました。>

＜韓国のキムチ＞

　私は韓国の大学で(1)日語を勉強している学生です。今日は韓国の代表的な(2)飲食の一つである
キムチについて紹介しようと思います。韓国は世界でも料理法がよく発達(3)された国の一つです。
日本だけではなく(4)て、ほかのいろいろな国でも韓国料理店を経営して成功した人々の話をたびた
び聞きます。それは韓国の味、すなわちキムチの味が認められているという証拠でしょう。皆さんは
キムチ(5)を考えれば(6)先に何が思い浮かびますか。キムチは世界的に関心が高まっている最も理想
的な発酵食品(7)で有名(8)し、最近(9)には輸出(10)までしています。

　初めキムチはとうがらしを使わないで塩(11)ばかりを使って作りました。今日のようなとうがらし
を使ったキムチは18世紀後半頃に登場したと言われています。韓国のキムチをキムチらしくさせるも
のはやはりとうがらしだと言えます。赤くなければどうもキムチらしくないですね。キムチを食べてみ
た人(12)が多いと思いますが、(13)辛いでしたか。しかし「キムチはどうしてこんなに(14)辛いです
か。」と尋ねる人はいません。

　昔(15)にはキムヂャンが韓国の女性たちにとって一年中で最も大きな行事の一つでした。キム
ヂャンというものは冬の間に食べるキムチを(16)一回に漬ける(17)のを言います。毎年秋の終わりに
なると、たいていの家庭ではキムヂャンをします。そのころ市場に(18)行ったら産地から運んできた
ばかりの白菜(19)たちが山と(20)積もっている(21)ことをよく(22)見えます。ほとんどの家庭(23)は遅
くとも12月初め(24)まではキムヂャンを終えて冬の準備をします。漬物＜キムヂャンのキムチ＞は春が
来る(25)時まで食べるので、すっぱくならないように土の中に埋めます。そうすれば冬の間じゅう新
鮮なキムチを食べることができます。普通(26)天気が暑い時キムチは冷蔵庫に保管します。

　このころの子供たちはキムチが匂うし、(27)辛くて嫌っているようです。しかし食生活がだんだん
西洋化(28)になっていっても、今も韓国のどの家に(29)遊んで行って食事をしてみても、食卓におい
しそうなキムチがいつも(30)置いている。私はおかずにキムチさえあれば十分(31)ですが、毎日キム
チだけを(32)続いて食べても飽きません。

　(33)それならキムチとはいったいどんな食べ物か、漬け方と味について紹介(34)してあげます。キ
ムチの中でも最も一般的な白菜のキムチの漬け方について簡単に(35)知られるように説明いたしま
す。材料は白菜、大根(36)の以外にしおから、とうがらし、にんにく、ねぎ、しょうがなどです。まず
材料を一つ一つきれいに洗うことが大切です。白菜は適当に切って、塩で程よく漬けたあときれいに
洗います。薬味は大根とその他の材料で作ります。大根は(37)細かく千切りにして、ねぎは3~4セン
チぐらいに切ります。にんにくとしょうがは皮をむいてつぶします。そしてとうがらしとしおからを入
れて全部一緒に混ぜます。このよく(38)混ぜる薬味を塩漬にした白菜の中に(39)入ればキムチ(40)に
なります。その他に海産物や果物を入れる場合もあります。キムチは(41)こんなにして二・三日発酵
させたあとで食べます。

　(42)ところがキムチは地方と家庭(43)にしたがって使う材料と量が違い、(44)いろいろの種類があ
ります。例えば、とうがらしを(45)使わなくて塩で味をつけた塩辛いキムチ(46)と水をたくさん入れ
た水キムチのようなものもあります。(47)どのものがおいしいか判断するのは難しいです。今でも田
舎を旅行すると、その地方の特有の味を楽しむことができるでしょう。

　　キムチは赤くてとても辛そうに見えますが、そんなに辛くはありません。そしてそこには(48)なんと言えない味わいが(49)隠れています。辛くて、甘くて、すっぱくて、塩辛くて、そして苦味も少しは(50)ありそうです。では、いったいこのようなキムチの味はどこ(51)で出てくるのでしょうか。私の考え(52)でキムチの味は材料の選択にある(53)とみます。韓国でとれる材料でなければ、その味が(54)出さない。入れる容器も味に影響を与えます。しかし(55)このよりもっと大切なのは真心です。真心(56)は愛する家族(57)について母の心です。私は故郷に(58)いらっしゃる母(59)に行ってくると、何日間も母の作ったキムチの味が(60)思い出して寂しくなります。しかしこのごろはキムチの商品化が本格的になり、買って食べたり、工場(61)で直接注文(62)させて食べることもできます。

　　キムチ(63)を食べ方もさまざまです。普通はすっぱくなるまえに食べる(64)のがいいです。しかし漬けてから時間が経ってどんどんすっぱく(65)なればどうしたらいいでしょうか。炒めたりあるいは鍋、ラーメンに入れたりして食べます。もっとすっぱくなったら、水で洗ってギョーザの中身に使ったりします。食べられないほどすっぱくして食べる人も(66)あります。

　　終わりに韓・日両国の文化の違いの一面を見せてくれるキムチと日本の漬物について(67)話しようと思います。日本に留学した友達は、キムチが食べたくなって白菜の漬物を使ってキムチを作ったことがある(68)とします。日本の漬物に国から送っ(69)てくれた薬味を(70)混じて、故郷の味を出そうとしたが、思うように(71)よくできなかったそうです。当然のことでしょう。それは白菜自体(72)がなくて、白菜の漬け具合が違うからです。同じ白菜で韓国ではキムチ、日本では漬物を作り出したということです。それで(73)どんな学者は両国の文化の違いについて、たとえ種は同じでも花は違うと言っています。それは両国の個性が違う(74)からと思います。キムチは白菜の(75)持った生気をできるだけ生かしており、漬物はその生気を円満に中和させています。つまり個性の中和が好きな日本人は漬物を、個々の個性を尊重する韓国人はキムチを作り出したと言えるでしょう。

　　皆さんはキムチを作って食べたら韓国人の心が感じられるかもしれません。忙しい方は(76)休む日に家族の皆で韓国料理店に行って、キムチを食べてみることを(77)きっと(78)勧めます。初めは辛い(79)からあまり食べすぎないようにしてください。作り方も簡単ですから、めんどうだと思わないで作ってみ(80)なさい。誰でも(81)やすく作ることができます。(82)辛いこと気になる方は辛くないとうがらしを使えば大丈夫です。真っ赤なのに食べてみたら(83)味が辛くないのでびっくりすることもあります。キムチを作ることは本当に楽しいです。文化交流というのは、このような簡単なことから始まる(84)のがないでしょうか。

3.　インフォーマントの日本語母語話者の内訳

3.1　性別によるインフォーマントの日本語母語話者の内訳

インフォーマントの要因		1. 性別の人数							（人）
		合計		1.男性		2.女性		3.無回答	
全体		691 100%	100%	396 57.3	100%	292 42.3	100%	3 0.4	100%
2.年齢(満)	1.10代	85 100%	12.3	37 43.5	9.3	48 56.5	16.4	– –	–
	2.20代	189 100%	27.9	76 40.2	19.2	112 59.3	38.4	1 0.5	33.3
	3.30代	169 100%	24.5	110 65.1	27.8	59 34.9	20.2	– –	–
	4.40代	107 100%	15.5	78 72.9	19.7	29 27.1	9.9	– –	–
	5.50代	82 100%	11.9	62 75.6	15.7	20 24.4	6.8	– –	–
	6.60歳以上	55 100%	8.0	33 60.0	8.3	22 40.4	7.5	– –	–
	7.無回答	4 100%	0.6	– –	–	2 50.0	0.7	2 50.5	66.7
3.職業	1.大・幹	43 100%	6.2	36 83.7	9.1	7 16.3	2.4	– –	–
	2.事務系	143 100%	20.7	83 58.0	21.0	60 42.0	20.5	– –	–
	3.教員	38 100%	5.5	18 47.4	4.5	20 52.6	6.8	– –	–
	4.労務系	220 100%	31.8	169 76.8	42.7	50 22.7	17.1	1 0.5	33.3
	5.家・従	34 100%	4.9	22 64.7	5.6	12 35.3	4.1	– –	–
	6.主婦	59 100%	8.5	9 15.3	2.3	50 84.7	17.1	– –	–
	7.学生	132 100%	19.1	51 38.6	12.9	81 61.4	27.7	– –	–
	8.無回答	22 100%	3.2	8 36.4	2.0	12 54.5	4.1	2 9.0	66.7
4.学歴	1.低学歴	288 100%	41.7	156 54.2	39.4	132 45.8	45.2	– –	–
	2.高学歴	396 100%	57.3	238 60.1	60.1	157 39.6	53.8	1 0.3	33.3
	3.無回答	7 100%	1.0	2 28.6	0.5	3 42.9	1.0	2 28.6	66.7
5.韓国語の学習歴	1.ある	92 100%	13.3	50 54.3	12.6	42 45.7	14.4	– –	–
	2.ない	590 100%	85.4	340 57.6	85.9	249 42.2	85.3	1 0.2	33.3
	3.無回答	9 100%	1.3	6 66.7	1.5	1 11.1	0.3	2 22.2	66.7

6.外国人との対話の経験	1.ある	477 100%	69.0	285 59.7	72.0	192 40.3	65.8	– –	
	2.ない	203 100%	29.4	103 50.7	26.0	99 48.8	33.9	1 0.5	33.3
	3.無回答	11 100%	1.6	8 72.7	2.0	1 9.0	0.3	2 18.2	66.7
7.「6.1.」の程度	1.少ない	361 100%	75.7	219 60.7	76.8	142 39.3	74.0	– –	
	2.多い	112 100%	23.5	62 55.4	21.8	50 44.6	26.0	– –	
	3.無回答	4 100%	0.8	4 100	1.4	– –	–	– –	
8.外国人の日本語の誤文を読んだ経験	1.ある	270 100%	39.1	162 60.0	40.9	108 40.0	37.0	– –	
	2.ない	412 100%	59.6	228 55.3	57.6	183 44.4	62.7	1 0.2	33.3
	3.無回答	9 100%	1.3	6 66.7	1.5	1 11.1	0.3	2 22.2	66.7
9.「8.1.」の程度	1.少ない	225 100%	83.3	134 59.6	82.7	91 40.4	84.3	– –	
	2.多い	45 100%	16.7	28 62.2	17.3	17 37.8	15.7	– –	
10.話せる外国語	1.ある	259 100%	37.5	137 52.9	34.6	121 46.7	41.4	1 0.4	33.3
	2.ない	421 100%	60.9	252 59.9	63.6	169 40.1	57.9	– –	
	3.無回答	11 100%	1.6	7 63.6	1.8	2 18.2	0.7	2 18.2	66.7
11.外国に住んだ経験	1.ある	111 100%	16.1	60 54.1	15.2	50 45.0	17.1	1 0.9	33.3
	2.ない	570 100%	82.5	329 57.7	83.1	241 42.3	82.5	– –	
	3.無回答	10 100%	1.4	7 70.0	1.8	1 10.0	0.3	2 20.0	66.7
12.韓国のキムチについての知識	1.ある	110 100%	15.9	59 53.6	14.9	51 46.4	17.5	– –	
	2.ない	579 100%	83.8	337 58.2	85.1	241 41.6	82.5	1 0.2	33.3
	3.無回答	2 100%	0.3	– –	–	– –	–	2 100	66.7
13.韓国に対する関心	1.ある	461 100%	66.7	280 60.7	70.7	181 39.3	62.0	– –	
	2.ない	217 100%	31.4	108 49.8	27.3	108 49.8	37.0	1 0.5	33.3
	3.無回答	13 100%	1.9	8 61.5	2.0	3 23.1	1.0	2 15.4	66.7
14.韓国についての知識	1.ある	72 100%	10.4	43 59.7	10.9	29 40.3	9.9	– –	
	2.ない・無回答	619 100%	89.6	353 57.0	89.1	263 42.5	90.1	3 0.5	100

3.2　年齢によるインフォーマントの日本語母語話者の内訳

インフォーマントの要因		2.年齢別の人数														（人）
		合計		1. 10代		2. 20代		3. 30代		4. 40代		5. 50代		6. 60歳～		7.無回答
全体		691	100%	85	100%	189	100%	169	100%	107	100%	82	100%	55	100%	4	100%
		100%		12.3		27.4		24.4		15.5		11.9		8.0		0.6	
3	1	43	6.2	–	–	4	2.1	6	3.6	11	10.3	16	19.5	6	10.9	–	–
		100%		–		9.3		14.0		25.6		37.2		14.0		–	
	2	143	20.7	–	–	42	22.2	52	30.8	26	24.3	16	19.5	7	12.7	–	–
		100%		–		29.4		36.4		18.2		11.2		4.9		–	
	3	38	5.5	–	–	8	4.2	14	8.3	8	7.5	1	1.2	6	10.9	1	25.0
		100%		–		21.1		36.8		21.1		2.6		15.8		2.6	
	4	220	31.8	1	1.2	66	34.9	70	41.4	48	44.9	28	34.1	7	2.7	–	–
		100%		0.5		30.0		31.8		21.8		12.7		3.2		–	
	5	34	4.9	–	–	6	3.2	9	5.3	7	6.5	7	8.5	5	9.0	–	–
		100%		–		17.6		26.5		20.6		20.6		14.7		–	
	6	59	8.5	–	–	8	4.2	10	5.9	7	6.5	12	14.6	22	40.0	–	–
		100%		–		13.6		16.9		11.9		20.3		37.3		–	
	7	132	19.1	83	97.6	48	2.5	1	0.6	–	–	–	–	–	–	–	–
		100%		62.9		36.4		0.8		–		–		–		–	
	8	22	3.2	1	1.2	7	3.7	7	4.1	–	–	2	2.4	2	3.6	3	75.0
		100%		4.5		31.8		31.8		–		9.0		9.0		13.6	
4	1	288	41.7	80	94.1	38	20.1	48	28.4	43	40.2	48	58.5	31	56.4	–	–
		100%		27.8		13.2		16.7		14.9		16.7		10.8		–	
	2	396	57.3	5	5.9	151	79.9	119	70.4	63	58.9	33	40.2	24	43.6	1	25.0
		100%		1.3		38.1		30.0		15.9		8.3		6.1		0.3	
	3	7	1.0	–	–	–	–	2	1.2	1	0.9	1	1.2	–	–	3	75.0
		100%		–		–		28.6		14.3		14.3		–		42.9	
5	1	92	13.3	5	5.9	1 32	16.9	27	16.0	17	15.9	9	11.0	2	3.6	–	–
		100%		5.4		34.8		29.3		18.5		9.8		2.2		–	
	2	590	85.4	80	94.1	154	81.5	141	83.4	90	84.1	72	87.8	51	92.7	2	50.0
		100%		13.6		26.1		23.9		15.3		12.2		8.6		0.3	
	3	9	1.3	–	–	3	1.6	1	0.6	–	–	1	1.2	2	3.6	2	50.0
		100%		–		33.3		11.1		–		11.1		22.2		22.2	
6	1	477	69.0	43	50.6	148	78.3	124	73.4	78	72.9	58	70.7	25	45.5	1	25.0
		100%		9.0		31.0		26.0		16.4		12.2		5.2		0.2	
	2	203	29.4	42	49.4	38	20.1	44	26.0	28	26.2	23	28.0	27	49.1	1	25.0
		100%		20.7		18.7		21.7		13.8		11.3		13.3		0.5	
	3	11	1.6	–	–	3	1.6	1	0.6	1	0.9	1	1.2	3	5.5	2	50.0
		100%		–		27.3		9.0		9.0		9.0		27.3		18.2	

7	1	361	75.7	38	88.4	108	73.0	94	75.8	57	73.1	43	74.1	21	84.0	–	–
		100%		10.5		29.9		26.0		15.8		11.9		5.8		–	
	2	112	23.5	4	9.3	39	26.4	30	24.2	20	25.6	14	24.1	4	16.0	1	100
		100%		3.6		34.8		26.8		17.9		12.5		3.6		0.9	
	3	4	0.8	1	2.3	1	0.7	–	–	1	1.3	1	1.7	–	–	–	–
		100%		25.0		25.0		–		25.0		25.0		–		–	
8	1	270	39.1	15	17.6	84	44.4	72	42.6	48	44.9	34	41.5	16	29.1	1	25.0
		100%		5.6		31.1		26.7		17.8		12.6		5.9		0.4	
	2	412	59.6	70	82.4	102	54.0	96	26.8	59	55.1	47	57.3	37	67.3	1	25.0
		100%		17.0		24.8		23.3		14.3		11.4		9.0		0.2	
	3	9	1.3	–	–	3	1.6	1	0.6	–	–	1	1.2	2	3.6	2	50.0
		100%		–		33.3		11.1		–		11.1		22.2		22.2	
9	1	225	83.3	15	100	73	86.9	57	79.2	37	77.1	29	85.3	14	87.5	–	–
		100%		6.7		32.4		25.3		16.4		12.9		6.2		–	
	2	45	16.7	–	–	11	13.1	15	20.8	11	22.9	5	14.7	2	12.5	1	100
		100%		–		24.4		33.3		24.4		11.1		4.4		2.2	
10	1	259	37.5	57	67.1	75	39.7	61	36.1	31	29.0	21	25.6	13	23.6	1	25.0
		100%		22.0		29.0		23.6		12.0		8.1		5.0		0.4	
	2	421	60.9	28	32.9	110	58.2	106	62.7	76	71.0	60	73.2	40	72.7	1	25.0
		100%		6.7		26.1		25.2		18.1		14.3		9.5		0.2	
	3	11	1.6	–	–	4	2.1	2	1.2	–	–	1	1.2	2	3.6	2	50.0
		100%		–		36.4		18.2		–		9.1		18.2		18.2	
11	1	111	16.1	3	3.5	32	16.9	32	18.9	23	21.5	11	13.4	9	16.4	1	25.0
		100%		2.7		28.8		28.8		20.7		9.9		8.1		0.9	
	2	570	82.5	82	96.5	154	815	135	79.9	84	78.5	70	85.4	44	80.0	1	25.0
		100%		14.4		27.0		23.7		14.7		12.3		7.7		0.2	
	3	10	1.4	–	–	3	1.6	2	1.2	–	–	1	1.2	2	3.6	2	50.0
		100%		–		30.0		20.0		–		10.0		20.0		20.0	
12	1	110	15.9	3	3.5	24	12.7	34	20.1	33	30.8	13	15.9	2	3.6	1	25.0
		100%		2.7		21.8		30.9		30.0		11.8		1.8		0.9	
	2	579	83.8	82	96.5	165	87.3	135	79.9	74	69.2	69	84.1	53	96.4	1	25.0
		100%		14.2		28.5		23.3		12.8		11.9		9.2		0.2	
	3	2	0.3	–	–	–	–	–	–	–	–	–	–	–	–	2	50.0
		100%		–		–		–		–		–		–		100	
13	1	461	66.7	41	48.2	133	70.4	114	67.5	72	67.3	61	74.4	38	69.1	2	50.0
		100%		8.9		28.9		24.7		15.6		13.2		8.2		0.4	
	2	217	31.4	44	51.8	52	27.5	54	32.0	34	31.8	20	24.4	13	23.6	–	–
		100%		20.3		24.0		54.9		15.7		9.2		6.0		–	
	3	13	1.9	–	–	4	2.1	1	0.6	1	0.9	1	1.2	4	7.3	2	50.0
		100%		–		30.8		7.7		7.7		7.7		30.8		15.4	
14	1	72	10.4	9	10.6	23	12.2	16	9.5	13	12.1	5	6.1	6	10.9	–	–
		100%		12.5		31.9		22.2		18.1		6.9		8.3		–	
	2	619	89.6	76	89.4	166	87.8	153	90.5	94	87.9	77	93.9	49	89.1	4	100
		100%		12.3		26.8		24.7		15.2		12.4		7.9		0.6	

4．各問題の誤りを評価する際の、尺度値の使用率

番号：問題の番号(→付録2)
基準：評価の基準(理→理解度、不→不快度、自→自然度)
人数(人)：回答の人数は100%(691人で無回答を除いたもの)

番号	基準	人数	尺度値 1		2		3		4		5 (人｜%)	
1	理	686	130	19.0	256	37.3	149	21.7	117	17.1	34	5.0
	不	682	75	11.0	121	17.7	256	37.5	168	24.6	62	9.1
	自	682	7	1.0	24	3.5	133	19.5	296	43.4	222	32.6
2	理	685	150	21.9	257	37.5	142	20.7	115	16.8	21	3.1
	不	676	96	14.2	126	18.6	265	39.2	152	22.5	37	5.5
	自	680	24	3.5	51	7.5	175	25.7	284	41.8	146	21.5
3	理	679	143	21.1	253	37.3	160	23.6	100	14.7	23	3.4
	不	670	68	10.1	101	15.1	251	37.5	198	29.6	52	7.8
	自	671	29	4.3	48	7.2	123	18.3	273	40.7	198	29.5
4	理	665	397	59.7	158	23.8	68	10.2	28	4.2	14	2.1
	不	660	252	38.2	192	29.1	133	20.2	67	10.2	16	2.4
	自	661	149	22.5	192	29.0	170	25.7	107	16.2	43	6.5
5	理	669	155	23.2	212	31.7	164	24.5	105	15.7	33	4.9
	不	664	86	13.0	133	20.0	220	33.1	171	25.8	54	8.1
	自	659	38	5.8	71	10.8	149	22.6	259	39.3	142	21.5
6	理	660	191	28.9	217	32.9	152	23.0	78	11.8	22	3.3
	不	659	110	16.7	128	19.4	260	39.5	129	19.6	32	4.9
	自	658	58	8.8	94	14.3	186	28.3	233	35.4	87	13.2
7	理	680	337	49.6	158	23.2	99	14.6	58	8.5	28	4.1
	不	674	269	39.9	127	18.8	150	22.3	91	13.5	37	5.5
	自	675	242	35.9	101	15.0	136	20.1	137	20.3	59	8.7
8	理	670	45	6.7	55	8.2	100	14.9	218	32.5	252	37.6
	不	663	28	4.2	30	4.5	118	17.8	208	31.4	279	42.1
	自	666	5	0.8	11	1.7	50	7.5	128	19.2	472	70.9
9	理	667	94	14.1	168	25.2	196	29.4	133	19.9	76	11.4
	不	664	51	7.7	89	13.4	230	34.6	194	29.2	100	15.1
	自	668	8	1.2	46	6.9	134	20.1	262	39.2	218	32.6
10	理	661	271	41.0	178	26.9	139	21.0	49	7.4	24	3.6
	不	659	174	26.4	138	20.9	201	30.5	103	15.6	43	6.5
	自	660	121	18.3	134	20.3	175	26.5	164	24.8	66	10.0
11	理	675	317	47.0	201	29.8	94	13.9	56	8.3	7	1.0
	不	665	203	30.5	148	22.3	185	27.8	106	15.9	23	3.5
	自	673	143	21.2	130	19.3	185	27.5	160	23.8	55	8.2

12	理	673	282	41.9	204	30.3	123	18.3	52	7.7	12	1.8
	不	665	190	28.6	149	22.4	199	29.9	103	15.5	24	3.6
	自	671	124	18.5	127	18.9	172	25.6	189	28.2	59	8.8
13	理	671	256	38.2	215	32.0	104	15.5	62	9.2	34	5.1
	不	665	124	18.6	134	20.2	193	29.0	147	22.1	67	10.1
	自	668	81	12.1	90	13.5	143	21.4	201	30.1	153	22.9
14	理	675	274	40.6	226	33.5	110	16.3	50	7.4	15	2.2
	不	669	132	19.7	169	25.3	196	29.3	139	20.8	33	4.9
	自	673	61	9.1	125	18.6	168	25.0	247	36.7	72	10.7
15	理	656	153	23.3	199	30.3	170	25.9	95	14.5	39	5.9
	不	653	64	9.8	120	18.4	221	33.8	185	28.3	63	9.6
	自	657	10	1.5	81	12.3	146	22.2	270	41.1	150	22.8
16	理	669	235	35.1	161	24.1	129	19.3	101	15.1	43	6.4
	不	662	139	21.0	151	22.8	193	29.2	134	20.2	45	6.8
	自	662	86	13.0	108	16.3	179	27.0	203	30.7	86	13.0
17	理	672	270	40.2	195	29.0	116	17.3	70	10.4	21	3.1
	不	665	145	21.8	169	25.4	198	29.8	118	17.7	35	5.3
	自	667	80	12.0	148	22.2	187	28.0	189	28.3	63	9.4
18	理	664	326	49.1	183	27.6	101	15.2	42	6.3	12	1.8
	不	659	179	27.2	182	27.6	183	27.8	92	14.0	23	3.5
	自	662	121	18.3	156	23.6	194	29.3	149	22.5	42	6.3
19	理	650	218	33.5	152	23.4	141	21.7	85	13.1	54	8.3
	不	646	96	14.9	92	14.2	153	23.7	192	29.7	113	17.5
	自	649	37	5.7	57	8.8	109	16.8	189	29.1	257	39.6
20	理	661	164	24.8	178	26.9	164	24.8	107	16.2	48	7.3
	不	657	80	12.2	88	13.4	179	27.2	212	32.3	98	14.9
	自	664	39	5.9	53	8.0	117	17.6	223	33.6	232	34.9
21	理	664	231	34.8	171	25.8	156	23.5	83	12.5	23	3.5
	不	658	138	21.0	124	18.8	195	29.6	156	23.7	45	6.8
	自	664	85	12.8	90	13.6	169	25.5	202	30.4	118	17.8
22	理	668	120	18.0	200	29.9	187	28.0	118	17.7	43	6.4
	不	665	51	7.7	84	12.6	217	32.6	223	33.5	90	13.5
	自	669	14	2.1	38	5.7	137	20.5	268	40.1	212	31.7
23	理	672	363	54.0	188	28.0	99	14.7	17	2.5	5	0.7
	不	668	263	39.4	171	25.6	168	25.1	50	7.5	16	2.4
	自	674	190	28.2	168	24.9	191	28.3	95	14.1	30	4.5
24	理	667	205	30.7	211	31.6	162	24.3	69	10.3	20	3.0
	不	663	119	17.9	140	21.1	236	35.6	132	19.9	36	5.4
	自	666	76	11.4	89	13.4	179	26.9	226	33.9	96	14.4
25	理	656	276	42.1	194	29.6	119	18.1	47	7.2	20	3.0
	不	653	167	25.6	156	23.9	208	31.9	85	13.0	37	5.7
	自	656	105	16.0	125	19.1	208	31.7	156	23.8	62	9.5

	理	663	167	25.2	192	29.0	158	23.8	104	15.7	42	6.3
26	不	658	64	9.4	100	15.2	198	30.1	203	30.9	93	14.1
	自	659	16	2.4	53	8.0	135	20.5	247	37.5	208	31.6
	理	661	393	59.5	145	21.9	74	11.2	33	5.0	16	2.4
27	不	654	276	42.2	153	23.4	130	19.9	65	9.9	30	4.6
	自	656	224	34.1	143	21.8	143	21.8	102	15.5	44	6.7
	理	661	286	43.3	219	33.1	116	17.5	33	5.0	7	1.1
28	不	657	189	28.8	155	23.6	190	28.9	102	15.5	21	3.2
	自	661	133	20.1	108	16.3	192	29.0	167	25.3	61	9.2
	理	659	117	17.8	163	24.7	190	28.8	147	22.3	42	6.4
29	不	653	53	8.1	88	13.5	200	30.6	216	33.1	96	14.7
	自	658	13	2.0	43	6.5	119	18.1	258	39.2	225	34.2
	理	668	241	36.1	222	33.2	146	21.9	47	7.0	12	1.8
30	不	663	109	16.4	163	24.6	226	34.1	126	19.0	39	5.9
	自	667	58	8.7	121	18.1	170	25.5	213	31.9	105	15.7
	理	669	342	51.1	115	17.2	104	15.5	73	10.9	35	5.2
31	不	663	295	44.5	96	14.5	120	18.1	101	15.2	51	7.7
	自	667	267	40.0	62	9.3	100	15.0	140	21.0	98	14.7
	理	659	206	31.3	240	36.4	142	21.5	52	7.9	19	2.9
32	不	655	92	14.0	160	24.4	203	31.0	153	23.4	47	7.2
	自	662	33	5.0	92	13.9	180	27.2	230	34.7	127	19.2
	理	665	194	29.2	187	28.1	153	23.0	95	14.3	36	5.4
33	不	660	133	20.2	109	16.5	178	27.0	160	24.2	80	12.1
	自	665	96	14.4	72	10.8	140	21.1	212	31.9	145	21.8
	理	667	199	29.8	199	29.8	169	25.3	70	10.5	30	4.5
34	不	669	46	6.9	62	9.3	128	19.1	201	30.0	232	34.7
	自	664	25	3.8	47	7.1	105	15.8	231	34.8	256	38.6
	理	666	75	11.3	136	20.4	175	26.3	195	29.3	85	12.8
35	不	660	42	6.4	60	9.1	157	23.8	253	38.3	148	22.4
	自	663	11	1.7	26	3.9	81	12.2	238	35.9	307	46.3
	理	648	181	27.9	168	25.9	152	23.5	90	13.9	57	8.8
36	不	643	104	16.2	105	16.3	172	26.7	175	27.2	87	13.5
	自	647	65	10.0	64	9.9	118	18.2	180	27.8	220	34.0
	理	661	455	68.8	98	14.8	72	10.9	27	4.1	9	1.4
37	不	655	413	63.1	81	12.4	106	16.2	39	6.0	16	2.4
	自	661	369	55.8	84	12.7	96	14.5	66	10.0	46	7.0
	理	666	154	23.1	151	22.7	183	27.5	124	18.6	54	8.1
38	不	661	94	14.2	101	15.3	209	31.6	169	25.6	88	13.3
	自	667	50	7.5	52	7.8	141	21.1	229	34.3	195	29.2
	理	660	186	28.2	186	28.2	149	22.6	110	16.7	29	4.4
39	不	656	123	18.8	119	18.1	176	26.8	181	27.6	57	8.7
	自	662	82	12.4	77	11.6	133	20.1	196	29.6	174	26.3

40	理	664	498	75.0	79	11.9	61	9.2	20	3.0	6	0.9
	不	660	445	67.4	95	14.4	69	10.5	36	5.5	15	2.3
	自	663	412	62.1	93	14.0	82	12.4	50	7.5	26	3.9
41	理	660	189	28.6	232	35.2	149	22.6	68	10.3	22	3.3
	不	657	99	15.1	137	20.9	193	29.4	173	26.3	55	8.4
	自	659	37	5.6	86	13.1	180	27.3	236	35.8	120	18.2
42	理	660	354	53.6	114	17.3	104	15.8	61	9.2	27	4.1
	不	659	313	47.5	106	16.1	124	18.8	90	13.7	26	3.9
	自	662	273	41.2	93	14.0	110	16.6	112	16.9	74	11.2
43	理	663	134	20.2	181	27.3	172	25.9	120	18.1	56	8.4
	不	659	61	9.3	104	15.8	186	28.2	224	34.0	84	12.7
	自	661	20	3.0	58	8.8	128	19.4	263	39.8	192	29.0
44	理	666	315	47.3	214	32.1	102	15.3	26	3.9	9	1.4
	不	663	188	28.4	175	26.4	186	28.1	92	13.9	22	3.3
	自	666	109	16.4	144	21.6	198	29.7	173	26.0	42	6.3
45	理	668	365	54.6	160	24.0	92	13.8	36	5.4	15	2.2
	不	663	247	37.3	162	24.4	164	24.7	71	10.7	19	2.9
	自	663	163	24.6	164	24.7	161	24.3	133	20.1	42	6.3
46	理	665	330	49.6	149	22.4	119	17.9	51	7.7	16	2.4
	不	662	278	42.0	120	18.1	150	22.7	84	12.7	30	4.5
	自	664	216	32.5	94	14.2	134	20.2	152	22.9	68	10.2
47	理	662	221	33.4	206	31.1	136	20.5	83	12.5	16	2.4
	不	661	100	15.1	144	21.8	197	29.8	170	25.7	50	7.6
	自	664	41	6.2	101	15.2	165	24.8	229	34.5	128	19.3
48	理	667	122	18.3	174	26.1	190	28.5	127	19.0	54	8.1
	不	664	73	11.0	94	14.2	210	31.6	201	30.3	86	13.0
	自	666	20	3.0	57	8.6	137	20.6	234	35.1	218	32.7
49	理	668	334	50.0	173	25.9	110	16.5	44	6.6	7	1.0
	不	661	246	37.2	159	24.1	168	25.4	72	10.9	16	2.4
	自	666	198	29.7	138	20.7	151	22.7	144	21.6	35	5.3
50	理	669	205	30.6	184	27.5	161	24.1	80	12.0	39	5.8
	不	661	156	23.6	126	19.1	208	31.5	113	17.1	58	8.8
	自	663	118	17.8	106	16.0	170	25.6	176	26.5	93	14.0
51	理	660	185	28.0	194	29.4	179	27.1	76	11.5	26	3.9
	不	655	121	18.5	119	18.2	211	32.2	153	23.4	51	7.8
	自	658	69	10.5	74	11.2	185	28.1	209	31.8	121	18.4
52	理	666	138	20.7	225	33.8	187	28.1	93	14.0	23	3.5
	不	659	58	8.8	134	20.3	230	34.9	188	28.5	49	7.4
	自	663	17	2.6	84	12.7	175	26.4	248	37.4	139	21.0
53	理	660	219	33.2	212	32.1	150	22.7	52	7.9	27	4.1
	不	656	141	21.5	142	21.6	177	27.0	144	22.0	52	7.9
	自	657	96	14.61	110	16.7	157	23.9	197	30.0	97	14.8

54	理	663	136	20.5	198	29.9	196	29.6	93	14.0	40	6.0
	不	659	61	9.3	79	12.0	235	35.7	202	30.7	82	12.4
	自	660	17	2.6	45	6.8	137	20.8	260	39.4	201	30.5
55	理	666	96	14.4	147	22.1	179	26.9	155	23.3	89	13.4
	不	663	58	8.7	69	10.4	169	25.5	228	34.4	139	21.0
	自	665	14	2.1	36	5.4	89	13.4	223	33.5	303	45.6
56	理	660	340	51.5	158	23.9	96	14.5	39	5.9	27	4.1
	不	654	293	44.8	131	20.0	136	20.8	64	9.8	30	4.6
	自	654	249	38.1	108	16.5	137	20.9	107	16.4	53	8.1
57	理	656	77	11.7	134	20.4	171	26.1	130	19.8	144	22.0
	不	649	56	8.6	63	9.7	184	28.4	199	30.7	147	22.7
	自	651	21	3.2	26	4.0	119	18.3	222	34.1	263	40.4
58	理	654	226	34.6	179	27.4	134	20.5	71	10.9	44	6.7
	不	653	58	8.9	68	10.4	151	23.1	206	31.5	170	26.0
	自	656	20	3.0	36	5.5	99	15.1	198	30.5	303	46.2
59	理	649	92	14.2	95	14.6	124	19.1	146	22.5	192	29.6
	不	640	58	9.1	46	7.2	141	22.0	192	30.0	203	31.7
	自	642	23	3.6	27	4.2	85	13.2	176	27.4	331	51.6
60	理	647	160	24.7	201	31.1	158	24.4	89	13.8	39	6.0
	不	644	89	13.8	107	16.6	211	32.8	159	24.7	78	12.1
	自	648	46	7.1	55	8.5	158	24.4	210	32.4	179	27.6
61	理	664	236	35.5	151	22.7	167	25.2	80	12.0	30	4.5
	不	660	190	28.8	87	13.2	172	26.1	161	24.4	50	7.6
	自	662	151	22.8	55	8.3	126	19.0	189	28.5	141	21.3
62	理	663	112	16.9	176	26.5	195	29.4	127	19.2	53	8.0
	不	661	49	7.4	73	11.0	204	30.9	232	35.1	103	15.6
	自	664	14	2.1	41	6.2	132	19.9	227	34.2	250	37.7
63	理	660	82	12.4	128	19.4	188	28.5	163	24.7	99	15.0
	不	659	45	6.8	69	10.5	158	24.0	219	33.2	168	25.5
	自	663	10	1.5	28	4.2	100	15.1	195	29.4	330	49.8
64	理	658	437	66.4	113	17.2	77	11.7	15	2.3	16	2.4
	不	652	377	57.8	121	18.6	104	16.0	36	5.5	14	2.1
	自	653	338	51.8	121	18.5	115	17.6	59	9.0	20	3.1
65	理	651	302	46.4	174	26.7	117	18.0	49	7.5	9	1.4
	不	648	185	28.5	143	22.1	191	29.5	103	15.9	26	4.0
	自	652	136	20.9	112	17.2	170	26.1	164	25.2	70	10.7
66	理	662	252	38.1	206	31.1	122	18.4	57	8.6	25	3.8
	不	657	139	21.2	146	22.2	188	28.6	120	18.3	64	9.7
	自	661	79	12.0	126	19.1	167	25.3	173	26.2	116	17.5
67	理	651	196	30.1	200	30.7	140	21.5	77	11.8	38	5.8
	不	649	85	13.1	114	17.6	195	30.0	165	25.4	90	13.9
	自	652	38	5.8	83	12.7	154	23.6	186	28.5	191	29.3

68	理	646	168	26.0	107	16.6	149	23.1	141	21.8	81	12.5
	不	643	134	20.8	69	10.7	152	23.6	172	26.7	116	18.0
	自	646	102	15.8	43	6.7	98	15.2	170	26.3	233	36.1
69	理	656	358	54.6	150	22.9	88	13.4	44	6.7	16	2.4
	不	653	272	41.7	123	18.8	139	21.3	86	13.2	33	5.1
	自	654	229	35.0	105	16.1	140	21.4	114	17.4	66	10.1
70	理	645	162	25.1	188	29.1	155	24.0	88	13.6	52	8.1
	不	642	64	10.0	102	15.9	198	30.8	171	26.6	107	16.7
	自	646	21	3.3	49	7.6	139	21.4	201	31.1	237	36.7
71	理	653	313	47.9	175	26.8	102	15.6	43	6.6	20	3.1
	不	651	212	32.6	162	24.9	155	23.8	92	14.1	30	4.6
	自	652	152	23.3	128	19.6	165	25.3	149	22.9	58	8.9
72	理	651	93	14.3	108	16.6	131	20.1	176	27.0	143	22.0
	不	649	69	10.6	75	11.6	146	22.5	205	31.6	154	23.7
	自	655	40	6.1	33	5.0	94	14.4	200	30.5	288	44.0
73	理	645	49	7.6	65	10.1	88	13.6	181	28.1	262	40.6
	不	630	44	7.0	31	4.9	119	18.9	176	27.9	260	41.3
	自	632	15	2.4	15	2.4	64	10.1	149	23.6	389	61.6
74	理	658	268	40.7	213	32.4	113	17.2	49	7.4	15	2.3
	不	655	157	24.0	180	27.5	188	28.7	99	15.1	31	4.7
	自	657	98	14.9	144	21.9	171	26.0	169	25.7	75	11.4
75	理	659	308	46.7	196	29.7	105	15.9	40	6.1	10	1.5
	不	658	204	31.0	182	27.7	169	25.7	81	12.3	22	3.3
	自	660	141	21.4	159	24.1	165	25.0	141	21.4	54	8.2
76	理	655	195	29.8	210	32.1	157	24.0	74	11.3	19	2.9
	不	655	78	11.9	142	21.7	210	32.1	164	25.0	61	9.3
	自	658	20	3.0	81	12.3	158	24.0	237	36.0	162	24.6
77	理	628	103	16.4	130	20.7	163	26.0	138	22.0	94	15.0
	不	623	65	10.4	65	10.4	165	26.5	183	29.4	145	23.3
	自	625	23	3.7	42	6.7	97	15.5	184	29.4	279	44.6
78	理	654	388	59.3	140	21.4	82	12.5	30	4.6	14	2.1
	不	651	294	45.21	115	17.7	131	20.1	80	12.3	31	4.8
	自	654	263	40.2	119	18.21	124	19.0	102	15.6	46	7.0
79	理	660	346	52.4	173	26.2	97	14.7	27	4.1	17	2.6
	不	658	228	34.7	169	25.7	157	23.9	74	11.2	30	4.6
	自	660	160	24.2	171	25.9	161	24.4	129	19.5	39	5.9
80	理	654	202	30.9	195	29.8	158	24.2	66	10.1	33	5.0
	不	656	30	4.6	60	9.1	119	18.1	174	26.5	273	41.6
	自	653	14	2.1	45	6.9	124	19.0	194	29.7	276	42.3
81	理	656	122	18.6	165	25.2	170	25.9	127	19.4	72	11.0
	不	653	71	10.9	87	13.3	190	29.1	195	29.9	110	16.8
	自	655	32	4.9	57	8.7	117	17.9	221	33.7	228	34.8

82	理	657	324	49.3	206	31.4	91	13.9	28	4.3	8	1.2
	不	651	213	32.7	168	25.8	179	27.5	67	10.3	24	3.7
	自	651	157	24.1	137	21.0	175	26.9	132	20.3	50	7.7
83	理	632	342	54.1	138	21.8	92	14.6	43	6.8	17	2.7
	不	627	243	38.8	133	21.2	138	22.0	83	13.2	30	4.8
	自	629	183	29.1	110	17.5	138	21.9	137	21.8	61	9.7
84	理	654	73	11.2	98	15.0	143	21.9	174	26.6	166	25.4
	不	651	39	6.0	43	6.6	155	23.8	212	32.6	202	31.0
	自	654	11	1.7	13	2.0	79	12.11	171	26.1	380	58.1

5. 誤りの重要度の順位

5.1 誤りの原因別の重要度の順位

(1) 原因1における誤りの重要度の順位

順位	問題の番号	理解度 誤りの種類	M	SD	問題の番号	不快度 誤りの種類	M	SD	問題の番号	自然度 誤りの種類	M	SD	問題の番号	全体 誤りの種類	M
1	8	品詞	3.86	1.20	8	品詞	4.04	1.06	8	品詞	4.58	0.76	8	品詞	4.13
2	59	N	3.47	1.37	80	スタイル	3.92	1.17	84	ノダ	4.41	0.84	84	ノダ	3.85
3	84	ノダ	3.46	1.27	34	受給	3.80	1.21	63	ノ連	4.25	0.92	59	N	3.73
4	72	ダ	3.34	1.32	84	ノダ	3.78	1.12	59	N	4.20	1.05	63	ノ連	3.61
5	63	ノ連	3.08	1.24	59	N	3.68	1.24	55	コソア	4.18	0.96	72	ダ	3.57
6	55	コソア	3.02	1.25	63	ノ連	3.62	1.15	58	V	4.11	1.05	55	コソア	3.53
7	9	格デ	2.89	1.21	58	V	3.55	1.23	80	スタイル	4.03	1.04	80	スタイル	3.37
8	68	ムード	2.87	1.36	55	コソア	3.52	1.16	1	N(漢)	4.03	0.87	9	格デ	3.36
9	62	使役	2.77	1.18	72	ダ	3.46	1.27	72	ダ	4.01	1.16	62	使役	3.35
10	48	不定	2.74	1.20	62	使役	3.40	1.11	62	使役	3.99	1.01	34	受給	3.32
11	43	格ニヨッテ	2.69	1.22	9	格デ	3.33	1.11	34	受給	3.98	1.08	58	V	3.27
12	38	タ	2.69	1.25	43	格ニヨッテ	3.26	1.15	9	格デ	3.95	0.95	48	不定	3.24
13	20	複V	2.54	1.23	20	複V	3.25	1.22	48	不定	3.88	1.04	43	格ニヨッテ	3.24
14	1	N(漢)	2.52	1.13	26	表現	3.24	1.16	19	N	3.88	1.19	20	複V	3.18
15	15	格ニ	2.49	1.17	48	不定	3.21	1.16	26	表現	3.88	1.02	26	表現	3.17
16	26	表現	2.49	1.20	19	N	3.20	1.30	43	格ニヨッテ	3.85	1.03	68	ムード	3.17
17	5	引用	2.48	1.15	38	タ	3.11	1.21	20	複V	3.84	1.16	1	N(漢)	3.16
18	52	取立ハ	2.46	1.07	68	ムード	3.11	1.38	3	受身	3.84	1.06	38	タ	3.14
19	3	受身	2.42	1.08	3	受身	3.10	1.07	38	タ	3.71	1.18	19	N	3.13
20	2	N(漢)	2.42	1.10	15	格ニ	3.09	1.11	15	格ニ	3.71	1.00	3	受身	3.08
21	19	N	2.39	1.29	52	取立ハ	3.06	1.06	2	N(漢)	3.71	1.00	15	格ニ	3.07
22	34	受給	2.29	1.13	1	N(漢)	3.02	1.11	76	体修	3.66	1.07	52	取立ハ	3.01
23	61	格ニ	2.28	1.19	76	体修	2.98	1.15	52	取立ハ	3.62	1.03	5	引用	2.97
24	80	スタイル	2.26	1.15	5	引用	2.95	1.14	68	ムード	3.61	1.43	2	N(漢)	2.96
25	58	V	2.27	1.23	47	不定	2.89	1.18	5	引用	3.60	1.11	76	体修	2.93
26	24	格ニ	2.23	1.09	2	N(漢)	2.85	1.09	47	不定	3.45	1.15	47	不定	2.82
27	76	体修	2.22	1.07	53	ムード	2.74	1.24	24	格ニ	3.27	1.20	24	格ニ	2.72
28	47	不定	2.20	1.11	24	格ニ	2.74	1.13	14	ノダ	3.21	1.14	61	格ニ	2.68
29	53	ムード	2.15	1.09	61	格ニ	2.68	1.31	61	格ニ	3.16	1.45	53	ムード	2.65
30	10	取立マデ	2.06	1.11	14	ノダ	2.66	1.15	53	ムード	3.13	1.27	14	ノダ	2.59
31	25	N	2.00	1.08	10	取立マデ	2.53	1.21	74	ダ	2.97	1.23	10	取立	2.46

		理解度				不快度				自然度				全体	
32	14	ノダ	1.97	1.03	74	ダ	2.50	1.04	25	N	2.92	1.20	74	ダ	2.46
33	12	取立ハ	1.97	1.04	25	N	2.48	1.16	12	取立ハ	2.90	1.25	25	N	2.45
34	74	ダ	1.97	1.03	12	取立ハ	2.45	1.16	10	取立マデ	2.88	1.25	12	取立ハ	2.42
35	46	並N	1.91	1.09	28	VP	2.41	1.15	28	VP	2.85	0.98	28	VP	2.36
36	28	VP	1.87	0.94	83	表現	2.22	1.22	46	並N	2.63	1.40	46	並N	2.23
37	56	格ト	1.84	1.08	69	受給	2.21	1.26	83	表現	2.62	1.33	83	表現	2.20
38	83	表現	1.78	1.06	46	並N	2.20	1.24	69	受給	2.51	1.38	69	受給	2.15
39	69	受給	1.77	1.05	23	格デ	2.07	1.07	23	格デ	2.42	1.17	56	格ト	2.08
40	23	格デ	1.68	0.87	56	格ト	2.07	1.19	56	格ト	2.37	1.34	23	格デ	2.04
41	64	熟語	1.50	0.87	64	熟語	1.75	1.04	64	熟語	1.93	1.15	64	熟語	1.71
42	40	可能	1.40	0.82	40	可能	1.58	1.01	40	可能	1.74	1.14	40	可能	1.56

(2) 原因2における誤りの重要度の順位

| 順位 | 問題の番号 | 理解度 | | | 問題の番号 | 不快度 | | | 問題の番号 | 自然度 | | | 問題の番号 | 全体 | |
		誤りの種類	M	SD		誤りの種類	M	SD		誤りの種類	M	SD		誤りの種類	M
1	73	AN	3.95	1.20	73	AN	3.93	1.18	73	AN	4.42	0.91	73	AN	4.02
2	57	格ニツイテ	3.21	1.31	35	可能	3.64	1.10	35	可能	4.22	0.92	35	可能	3.61
3	35	可能	3.12	1.21	57	格ニツイテ	3.49	1.18	77	Ad	4.07	1.08	57	格ニツイテ	3.55
4	77	Ad	3.03	1.28	77	Ad	3.45	1.24	57	格ニツイテ	4.04	1.02	77	Ad	3.48
5	81	副用	2.81	1.26	22	可能	3.35	1.08	29	VP	3.98	0.98	29	VP	3.32
6	29	VP	2.72	1.16	29	VP	3.34	1.12	22	可能	3.94	0.97	81	副用	3.31
7	22	可能	2.65	1.15	81	副用	3.30	1.20	70	自他	3.93	1.06	22	可能	3.28
8	54	自他	2.56	1.14	70	自他	3.25	1.15	54	自他	3.88	1.00	70	自他	3.20
9	70	自他	2.53	1.22	54	自他	3.25	1.11	81	副用	3.87	1.12	54	自他	3.20
10	36	ノ連	2.52	1.27	67	活用	3.09	1.23	36	ノ連	3.68	1.30	36	ノ連	3.06
11	60	自発	2.46	1.18	60	自発	3.05	1.21	60	自発	3.66	1.16	60	自発	3.03
12	39	活用	2.41	1.19	36	ノ連	3.04	1.27	67	活用	3.62	1.20	67	活用	2.97
13	33	C	2.40	1.20	41	副用	2.92	1.19	32	VP	3.49	1.10	39	活用	2.91
14	50	ムード	2.36	1.20	39	活用	2.92	1.24	39	活用	3.49	1.30	41	副用	2.87
15	51	格カラ	2.35	1.13	33	C	2.92	1.29	41	副用	3.49	1.09	33	C	2.86
16	16	数	2.34	1.27	32	VP	2.86	1.15	13	活用	3.38	1.30	51	格カラ	2.82
17	67	活用	2.31	1.19	13	活用	2.85	1.24	51	格カラ	3.35	1.21	32	VP	2.80
18	6	Ad	2.28	1.10	51	格カラ	2.84	1.20	33	C	3.34	1.32	13	活用	2.75
19	41	副用	2.26	1.08	21	名詞節	2.78	1.22	6	Ad	3.30	1.14	6	Ad	2.75
20	21	名詞節	2.24	1.16	6	Ad	2.74	1.08	30	複V	3.27	1.18	21	名詞節	2.73
21	32	VP	2.13	1.04	30	複V	2.74	1.12	21	名詞節	3.27	1.26	16	数	2.70
22	13	活用	2.11	1.16	66	V	2.73	1.25	66	V	3.18	1.26	30	複V	2.66
23	17	名詞節	2.07	1.13	16	数	2.71	1.20	16	数	3.14	1.22	50	ムード	2.65

24	66	V	2.07	1.10	50	ムード	2.66	1.25	50	ムード	3.03	1.30	66	V	2.64
25	30	複V	2.04	1.00	17	名詞節	2.60	1.16	17	名詞節	3.01	1.17	17	名詞節	2.54
26	31	並V	1.99	1.24	65	条件	2.45	1.18	65	条件	2.87	1.30	65	条件	2.40
27	65	条件	1.95	1.05	11	取立ダケ	2.38	1.17	44	品詞	2.84	1.16	11	取立ダケ	2.32
28	7	格トシテ	1.94	1.16	18	条件	2.38	1.13	11	取立ダケ	2.78	1.25	18	条件	2.30
29	42	C	1.92	1.19	44	品詞	2.36	1.12	18	条件	2.75	1.18	44	品詞	2.30
30	71	副用	1.88	1.07	71	副用	2.31	1.19	71	副用	2.71	1.27	71	副用	2.29
31	11	取立ダケ	1.87	1.01	75	ル	2.29	1.13	75	ル	2.70	1.25	31	並V	2.28
32	75	ル	1.85	0.99	82	体修	2.27	1.13	82	体修	2.67	1.25	75	ル	2.26
33	18	条件	1.84	1.02	31	並V	2.28	1.37	31	並V	2.61	1.54	82	格トシテ	2.21
34	49	受身	1.78	0.96	79	原因	2.24	1.16	45	テ形	2.59	1.23	7	体修	2.20
35	44	品詞	1.76	0.88	7	格トシテ	2.23	1.25	4	連用形	2.55	1.19	79	原因	2.16
36	79	原因	1.74	0.98	45	テ形	2.17	1.13	79	原因	2.55	1.20	45	テ形	2.14
37	82	体修	1.73	0.91	49	受身	2.16	1.11	49	受身	2.51	1.26	49	受身	2.13
38	45	テ形	1.72	0.96	78	スタイル	2.14	1.25	7	格トシテ	2.51	1.38	42	C	2.13
39	27	並V	1.69	1.01	42	C	2.09	1.25	42	C	2.41	1.43	4	連用形	2.08
40	4	連用形	1.65	0.97	27	並V	2.08	1.18	27	並V	2.39	1.28	27	並V	2.03
41	78	スタイル	1.62	0.95	4	連用形	2.08	1.09	78	スタイル	2.31	1.32	78	スタイル	2.01
42	37	A	1.53	0.94	37	A	1.69	1.05	37	A	1.98	1.31	37	A	1.72

5.2 誤りの領域別の重要度の順位

(1) 語彙論的な誤りの重要度の順位

順位	問題の番号	理解度			問題の番号	不快度			問題の番号	自然度			問題の番号	全体	
		誤りの種類	M	SD		誤りの種類	M	SD		誤りの種類	M	SD		誤りの種類	M
1	73	AN	3.95	1.20	8	品詞	4.04	1.06	8	品詞	4.58	0.76	8	品詞	4.13
2	8	品詞	3.86	1.20	73	AN	3.93	1.18	73	AN	4.42	0.91	73	AN	4.02
3	59	N	3.47	1.37	59	N	3.68	1.24	59	N	4.20	1.05	59	N	3.73
4	72	ダ	3.34	1.32	58	V	3.55	1.23	55	コソア	4.18	0.96	72	ダ	3.57
5	77	Ad	3.03	1.28	55	コソア	3.52	1.16	58	V	4.11	1.05	55	コソア	3.53
6	55	コソア	3.02	1.25	72	ダ	3.46	1.27	77	Ad	4.07	1.08	77	Ad	3.48
7	48	不定	2.74	1.20	77	Ad	3.45	1.24	1	N(漢)	4.03	0.87	29	VP	3.32
8	29	VP	2.72	1.16	29	VP	3.34	1.12	72	ダ	4.01	1.16	58	V	3.27
9	1	N(漢)	2.52	1.13	48	不定	3.21	1.16	29	VP	3.98	0.98	48	不定	3.24
10	2	N(漢)	2.42	1.10	19	N	3.20	1.30	48	不定	3.88	1.04	1	N(漢)	3.16
11	33	C	2.40	1.20	1	N(漢)	3.02	1.11	19	N	3.88	1.19	19	N	3.13
12	19	N	2.39	1.29	33	C	2.92	1.29	2	N(漢)	3.71	1.00	2	N(漢)	2.96
13	16	数	2.34	1.27	47	不定	2.89	1.18	32	VP	3.49	1.10	33	C	2.86
14	6	Ad	2.28	1.10	32	VP	2.86	1.15	47	不定	3.45	1.15	47	不定	2.82

15	58	V	2.27	1.23	2	N(漢)	2.85	1.09	33	C	3.34	1.32	32	VP	2.80
16	47	不定	2.20	1.11	6	Ad	2.74	1.08	6	Ad	3.30	1.14	6	Ad	2.75
17	32	VP	2.13	1.04	30	複V	2.74	1.12	30	複V	3.27	1.18	16	数	2.70
18	66	V	2.07	1.10	66	V	2.73	1.25	66	V	3.18	1.26	30	複V	2.66
19	30	複V	2.04	1.00	16	数	2.71	1.20	16	数	3.14	1.22	66	V	2.64
20	25	N	2.00	1.08	74	ダ	2.50	1.04	74	ダ	2.97	1.23	74	ダ	2.46
21	74	ダ	1.97	1.03	25	N	2.48	1.16	25	N	2.92	1.20	25	N	2.45
22	42	C	1.92	1.19	28	VP	2.41	1.15	28	VP	2.85	0.98	28	VP	2.36
23	28	VP	1.87	0.94	44	品詞	2.36	1.12	44	品詞	2.84	1.16	44	品詞	2.30
24	44	品詞	1.76	0.88	42	C	2.09	1.25	42	C	2.41	1.43	42	C	2.13
25	37	A	1.53	0.94	64	熟語	1.75	1.04	37	A	1.98	1.31	37	A	1.72
26	64	熟語	1.50	0.87	37	A	1.69	1.05	64	熟語	1.93	1.15	64	熟語	1.71

(2) 形態論的な誤りの重要度の順位

順位	問題の番号	理解度			問題の番号	不快度			問題の番号	自然度			問題の番号	全体	
		誤りの種類	M	SD		誤りの種類	M	SD		誤りの種類	M	SD		誤りの種類	M
1	39	活用	2.41	1.19	67	活用	3.09	1.23	67	活用	3.62	1.20	67	活用	2.97
2	67	活用	2.31	1.19	39	活用	2.92	1.24	39	活用	3.49	1.30	39	活用	2.91
3	13	活用	2.11	1.16	13	活用	2.85	1.24	13	活用	3.38	1.30	13	活用	2.75

(3) シンタクス・意味論的な誤りの重要度の順位

順位	問題の番号	理解度			問題の番号	不快度			問題の番号	自然度			問題の番号	全体	
		誤りの種類	M	SD		誤りの種類	M	SD		誤りの種類	M	SD		誤りの種類	M
1	84	ノダ	3.46	1.27	80	スタイル	3.92	1.17	84	ノダ	4.41	0.84	84	ノダ	3.85
2	57	格ニツイテ	3.21	1.31	34	受給	3.80	1.21	63	ノ連	4.25	0.92	35	可能	3.61
3	35	可能	3.12	1.21	84	ノダ	3.78	1.12	35	可能	4.22	0.92	63	ノ連	3.61
4	63	ノ連	3.08	1.24	35	可能	3.64	1.10	57	格ニツイテ	4.04	1.02	57	格ニツイテ	3.55
5	9	格デ	2.89	1.21	63	ノ連	3.62	1.15	80	スタイル	4.03	1.04	80	スタイル	3.37
6	68	ムード	2.87	1.36	57	格ニツイテ	3.49	1.18	62	使役	3.99	1.01	9	格デ	3.36
7	81	副用	2.81	1.26	62	使役	3.40	1.11	34	受給	3.98	1.08	62	使役	3.35
8	62	使役	2.77	1.18	22	可能	3.35	1.08	9	格デ	3.95	0.95	34	受給	3.32
9	43	格ニヨッテ	2.69	1.22	9	格デ	3.33	1.11	22	可能	3.94	0.97	81	副用	3.31
10	38	タ	2.69	1.25	81	副用	3.30	1.20	70	自他	3.93	1.06	22	可能	3.28
11	22	可能	2.65	1.15	43	格ニヨッテ	3.26	1.15	26	表現	3.88	1.02	43	格ニヨッテ	3.24
12	54	自他	2.56	1.14	70	自他	3.25	1.15	54	自他	3.88	1.00	70	自他	3.20
13	20	複V	2.54	1.23	54	自他	3.25	1.11	81	副用	3.87	1.12	54	自他	3.20

14	70	自他	2.53	1.22	20	複V	3.25	1.22	43	格ニヨッテ	3.85	1.03	20	複V	3.18
15	36	ノ連	2.52	1.27	26	表現	3.24	1.16	3	受身	3.84	1.06	26	表現	3.17
16	15	格ニ	2.49	1.17	68	ムード	3.11	1.38	20	複V	3.84	1.16	68	ムード	3.17
17	26	表現	2.49	1.20	38	タ	3.11	1.21	15	格ニ	3.71	1.00	38	タ	3.14
18	5	引用	2.48	1.15	3	受身	3.10	1.07	38	タ	3.71	1.18	3	受身	3.08
19	60	自発	2.46	1.18	15	格ニ	3.09	1.11	36	ノ連	3.68	1.30	15	格ニ	3.07
20	52	取立ハ	2.46	1.07	52	取立ハ	3.06	1.06	76	体修	3.66	1.07	36	ノ連	3.06
21	3	受身	2.42	1.08	60	自発	3.05	1.21	60	自発	3.66	1.16	60	自発	3.03
22	50	ムード	2.36	1.20	36	ノ連	3.04	1.27	52	取立ハ	3.62	1.03	52	取立ハ	3.01
23	51	格カラ	2.35	1.13	76	体修	2.98	1.15	68	ムード	3.61	1.43	5	引用	2.97
24	34	受給	2.29	1.13	5	引用	2.95	1.14	5	引用	3.60	1.11	76	体修	2.93
25	61	格ニ	2.28	1.19	41	副用	2.92	1.19	41	副用	3.49	1.09	41	副用	2.87
26	41	副用	2.26	1.08	51	格カラ	2.84	1.20	51	格カラ	3.35	1.21	51	格カラ	2.82
27	80	スタイル	2.26	1.15	21	名詞節	2.78	1.22	21	名詞節	3.27	1.26	21	名詞節	2.73
28	21	名詞節	2.24	1.16	53	ムード	2.74	1.24	24	格ニ	3.27	1.20	24	格ニ	2.72
29	24	格ニ	2.23	1.09	24	格ニ	2.74	1.13	14	ノダ	3.21	1.14	61	格ニ	2.68
30	76	体修	2.22	1.07	61	格ニ	2.68	1.31	61	格ニ	3.16	1.45	50	ムード	2.65
31	53	ムード	2.15	1.09	14	ノダ	2.66	1.15	53	ムード	3.13	1.27	53	ムード	2.65
32	17	名詞節	2.07	1.13	50	ムード	2.66	1.25	50	ムード	3.03	1.30	14	ノダ	2.59
33	10	取立マデ	2.06	1.11	17	名詞節	2.60	1.16	17	名詞節	3.01	1.17	17	名詞節	2.54
34	31	並V	1.99	1.24	10	取立マデ	2.53	1.21	12	取立ハ	2.90	1.25	10	取立マデ	2.46
35	14	ノダ	1.97	1.03	12	取立ハ	2.45	1.16	10	取立マデ	2.88	1.25	12	取立ハ	2.42
36	12	取立ハ	1.97	1.04	65	条件	2.45	1.18	65	条件	2.87	1.30	65	条件	2.40
37	65	条件	1.95	1.05	11	取立ダケ	2.38	1.17	11	取立ダケ	2.78	1.25	11	取立ダケ	2.32
38	7	格トシテ	1.94	1.16	18	条件	2.38	1.13	18	条件	2.75	1.18	18	条件	2.30
39	46	並N	1.91	1.09	71	副用	2.31	1.19	71	副用	2.71	1.27	71	副用	2.29
40	71	副用	1.88	1.07	75	ル	2.29	1.13	75	ル	2.70	1.25	31	並V	2.28
41	11	取立ダケ	1.87	1.01	31	並V	2.28	1.37	82	体修	2.67	1.25	75	ル	2.26
42	75	ル	1.85	0.99	82	体修	2.27	1.13	46	並N	2.63	1.40	46	並N	2.23
43	18	条件	1.84	1.02	79	原因	2.24	1.16	83	表現	2.62	1.33	7	格トシテ	2.21
44	56	格ト	1.84	1.08	7	格トシテ	2.23	1.25	31	並V	2.61	1.54	82	体修	2.20
45	83	表現	1.78	1.06	83	表現	2.22	1.22	45	テ形	2.59	1.23	83	表現	2.20
46	49	受身	1.78	0.96	69	受給	2.21	1.26	4	連用形	2.55	1.19	79	原因	2.16
47	69	受給	1.77	1.05	46	並N	2.20	1.24	79	原因	2.55	1.20	69	受給	2.15
48	79	原因	1.74	0.98	45	テ形	2.17	1.13	69	受給	2.51	1.38	45	テ形	2.14
49	82	体修	1.73	0.91	49	受身	2.16	1.11	49	受身	2.51	1.26	49	受身	2.13
50	45	テ形	1.72	0.96	78	スタイル	2.14	1.25	7	格トシテ	2.51	1.38	4	連用形	2.08
51	27	並V	1.69	1.01	27	並V	2.08	1.18	23	格デ	2.42	1.17	56	格ト	2.08
52	23	格デ	1.68	0.87	4	連用形	2.08	1.09	27	並V	2.39	1.28	23	格デ	2.04
53	4	連用形	1.65	0.97	23	格デ	2.07	1.07	56	格ト	2.37	1.34	27	並V	2.03
54	78	スタイル	1.62	0.95	56	格ト	2.07	1.19	78	スタイル	2.31	1.32	78	スタイル	2.01
55	40	可能	1.40	0.82	40	可能	1.58	1.01	40	可能	1.74	1.14	40	可能	1.56

5.3　誤りの49種類別の重要度とその順位

順位	49種類別の誤りの重要度とその順位											
	番号	誤りの種類	理解度	番号	誤りの種類	不快度	番号	誤りの種類	自然度	番号	誤りの種類	全体
1	10	ＡＮ	3.95	10	ＡＮ	3.93	10	ＡＮ	4.42	10	ＡＮ	4.10
2	23	格ニツイテ	3.21	11	コソア	3.52	11	コソア	4.18	23	格ニツイテ	3.58
3	11	コソア	3.02	23	格ニツイテ	3.49	23	格ニツイテ	4.04	11	コソア	3.57
4	1	品詞	2.81	26	使役	3.40	26	使役	3.99	26	使役	3.39
5	24	ノ連	2.80	24	ノ連	3.33	24	ノ連	3.96	24	ノ連	3.36
6	26	使役	2.77	21	格ニヨッテ	3.26	29	自他	3.90	21	格ニヨッテ	3.36
7	48	ノダ	2.72	29	自他	3.25	7	N(漢)	3.87	48	ノダ	3.25
8	21	格ニヨッテ	2.69	48	ノダ	3.22	21	格ニヨッテ	3.85	1	品詞	3.24
9	31	タ	2.69	1	品詞	3.20	48	ノダ	3.81	29	自他	3.23
10	9	Ad	2.69	2	Ｖ	3.14	1	品詞	3.71	31	タ	3.17
11	6	ダ	2.65	8	Ｎ	3.12	31	タ	3.71	9	Ad	3.14
12	8	Ｎ	2.62	31	タ	3.11	9	Ad	3.68	8	Ｎ	3.14
13	29	自他	2.54	9	Ad	3.10	8	Ｎ	3.67	7	N(漢)	3.09
14	41	引用	2.48	28	自発	3.05	12	不定	3.67	12	不定	3.06
15	12	不定	2.47	12	不定	3.05	28	自発	3.66	28	自発	3.06
16	7	N(漢)	2.47	47	スタイル	3.03	2	Ｖ	3.64	6	ダ	3.04
17	28	自発	2.46	30	受給	3.01	41	引用	3.60	41	引用	3.01
18	46	ムード	2.45	6	ダ	2.98	16	活用	3.50	2	Ｖ	2.98
19	27	可能	2.39	16	活用	2.95	6	ダ	3.49	16	活用	2.91
20	20	格カラ	2.35	41	引用	2.95	4	ＶＰ	3.44	46	ムード	2.85
21	13	数	2.34	7	N(漢)	2.94	25	受身	3.40	17	格ニ	2.85
22	17	格ニ	2.34	4	ＶＰ	2.87	17	格ニ	3.38	20	格カラ	2.85
23	38	副用	2.32	27	可能	2.86	38	副用	3.36	27	可能	2.85
24	18	格デ	2.29	46	ムード	2.85	20	格カラ	3.35	4	ＶＰ	2.85
25	16	活用	2.28	38	副用	2.85	27	可能	3.30	38	副用	2.84
26	25	受身	2.25	20	格カラ	2.84	3	複Ｖ	3.27	25	受身	2.83
27	4	ＶＰ	2.24	17	格ニ	2.84	43	取立ハ	3.26	30	受給	2.76
28	43	取立ハ	2.22	25	受身	2.83	46	ムード	3.26	43	取立ハ	2.74
29	2	Ｖ	2.17	43	取立ハ	2.75	49	表現	3.25	13	数	2.73
30	14	Ｃ	2.16	3	複Ｖ	2.74	30	受給	3.24	18	格デ	2.72
31	40	名詞節	2.16	49	表現	2.73	18	格デ	3.18	47	スタイル	2.71
32	49	表現	2.14	13	数	2.71	47	スタイル	3.17	49	表現	2.71
33	45	取立マデ	2.06	18	格デ	2.70	39	連修	3.17	3	複Ｖ	2.68
34	3	複Ｖ	2.04	40	名詞節	2.69	13	数	3.14	40	名詞節	2.66
35	30	受給	2.03	39	連修	2.62	40	名詞節	3.14	39	連修	2.59
36	39	連修	1.98	45	取立マデ	2.53	45	取立マデ	2.88	14	Ｃ	2.51
37	22	格ニヨッテ	1.94	14	Ｃ	2.51	14	Ｃ	2.87	45	取立マデ	2.49
38	47	スタイル	1.94	33	条件	2.41	33	条件	2.81	33	条件	2.37

39	37	並N	1.91	44	取立ダケ	2.38	44	取立ダケ	2.78	44	取立ダケ	2.34
40	33	条件	1.89	32	ル	2.29	32	ル	2.70	32	ル	2.28
41	44	取立ダケ	1.87	42	原因	2.24	37	並N	2.63	37	並N	2.25
42	32	ル	1.85	22	格ニヨッテ	2.23	34	テ形	2.59	22	格ニヨッテ	2.23
43	36	並V	1.84	37	並N	2.20	35	連用形	2.55	42	原因	2.18
44	19	格ハ	1.84	36	並V	2.18	42	原因	2.55	36	並V	2.17
45	42	原因	1.74	34	テ形	2.17	22	格ニヨッテ	2.51	34	テ形	2.16
46	34	テ形	1.72	35	連用形	2.08	36	並V	2.50	35	連用形	2.09
47	35	連用形	1.65	19	格ハ	2.07	19	格ハ	2.37	19	格ハ	2.09
48	5	A	1.53	15	熟語	1.75	5	A	1.98	5	A	1.73
49	15	熟語	1.50	5	A	1.69	15	熟語	1.93	15	熟語	1.73

6.　誤りの重要度とその順位

6.1　インフォーマント全体において、誤りの重要度とその順位

(691人)

順位	問題の番号	理解度 誤りの種類	M	SD	問題の番号	不快度 誤りの種類	M	SD	問題の番号	自然度 誤りの種類	M	SD	問題の番号	全体 誤りの種類	M
1	73	ＡＮ	3.95	1.20	8	品詞	4.04	1.06	8	品詞	4.58	0.76	8	品詞	4.13
2	8	品詞	3.86	1.20	73	ＡＮ	3.93	1.18	73	ＡＮ	4.42	0.91	73	ＡＮ	4.02
3	59	Ｎ	3.47	1.37	80	スタイル	3.92	1.17	84	ノダ	4.41	0.84	84	ノダ	3.85
4	84	ノダ	3.46	1.27	34	受給	3.80	1.21	63	ノ連	4.25	0.92	59	Ｎ	3.73
5	72	ダ	3.34	1.32	84	ノダ	3.78	1.12	35	可能	4.22	0.92	35	可能	3.61
6	57	格ニツイテ	3.21	1.31	59	Ｎ	3.68	1.24	59	Ｎ	4.20	1.05	63	ノ連	3.61
7	35	可能	3.12	1.21	35	可能	3.64	1.10	55	コソア	4.18	0.96	72	ダ	3.57
8	63	ノ連	3.08	1.24	63	ノ連	3.62	1.15	58	Ｖ	4.11	1.05	57	格ニツイテ	3.55
9	77	Ad	3.03	1.28	58	Ｖ	3.55	1.23	77	Ad	4.07	1.08	55	コソア	3.53
10	55	コソア	3.02	1.25	55	コソア	3.52	1.16	57	格ニツイテ	4.04	1.02	77	Ad	3.48
11	9	格デ	2.89	1.21	57	格ニツイテ	3.49	1.18	80	スタイル	4.03	1.04	80	スタイル	3.37
12	68	ムード	2.87	1.36	72	ダ	3.46	1.27	1	Ｎ(漢)	4.03	0.87	9	格デ	3.36
13	81	副用	2.81	1.26	77	Ad	3.45	1.24	72	ダ	4.01	1.16	62	使役	3.35
14	62	使役	2.77	1.18	62	使役	3.40	1.11	62	使役	3.99	1.01	34	受給	3.32
15	48	不定	2.74	1.20	22	可能	3.35	1.08	29	ＶＰ	3.98	0.98	29	ＶＰ	3.32
16	29	ＶＰ	2.72	1.16	29	ＶＰ	3.34	1.12	34	受給	3.98	1.08	81	副用	3.31
17	43	格ニヨッテ	2.69	1.22	9	格デ	3.33	1.11	9	格デ	3.95	0.95	22	可能	3.28
18	38	タ	2.69	1.25	81	副用	3.30	1.20	22	可能	3.94	0.97	58	Ｖ	3.27
19	22	可能	2.65	1.15	43	格ニヨッテ	3.26	1.15	70	自他	3.93	1.06	48	不定	3.24
20	54	自他	2.56	1.14	70	自他	3.25	1.15	48	不定	3.88	1.04	43	格ニヨッテ	3.24
21	20	複Ｖ	2.54	1.23	54	自他	3.25	1.11	19	Ｎ	3.88	1.19	70	自他	3.20
22	70	自他	2.53	1.22	20	複Ｖ	3.25	1.22	26	表現	3.88	1.02	54	自他	3.20
23	36	ノ連	2.52	1.27	26	表現	3.24	1.16	54	自他	3.88	1.00	20	複Ｖ	3.18
24	1	Ｎ(漢)	2.52	1.13	48	不定	3.21	1.16	81	副用	3.87	1.12	26	表現	3.17
25	15	格ニ	2.49	1.17	19	Ｎ	3.20	1.30	43	格ニヨッテ	3.85	1.03	68	ムード	3.17
26	26	表現	2.49	1.20	68	ムード	3.11	1.38	3	受身	3.84	1.06	1	Ｎ(漢)	3.16
27	5	引用	2.48	1.15	38	タ	3.11	1.21	20	複Ｖ	3.84	1.16	38	タ	3.14
28	60	自発	2.46	1.18	3	受身	3.10	1.07	15	格ニ	3.71	1.00	19	Ｎ	3.13
29	52	取立ハ	2.46	1.07	15	格ニ	3.09	1.11	38	タ	3.71	1.18	3	受身	3.08
30	3	受身	2.42	1.08	67	活用	3.09	1.23	2	Ｎ(漢)	3.71	1.00	15	格ニ	3.07
31	2	Ｎ(漢)	2.42	1.10	52	取立ハ	3.06	1.06	36	ノ連	3.68	1.30	36	ノ連	3.06
32	39	活用	2.41	1.19	60	自発	3.05	1.21	76	体修	3.66	1.07	60	自発	3.03
33	33	Ｃ	2.40	1.20	36	ノ連	3.04	1.27	60	自発	3.66	1.16	52	取立ハ	3.01
34	19	Ｎ	2.39	1.29	1	Ｎ(漢)	3.02	1.11	52	取立ハ	3.62	1.03	5	引用	2.97

35	50	ムード	2.36	1.20	76	体修	2.98	1.15	67	活用	3.62	1.20	67	活用	2.97
36	51	格カラ	2.35	1.13	5	引用	2.95	1.14	68	ムード	3.61	1.43	2	N(漢)	2.96
37	16	数	2.34	1.27	41	副用	2.92	1.19	5	引用	3.60	1.11	76	体修	2.93
38	67	活用	2.31	1.19	39	活用	2.92	1.24	32	VP	3.49	1.10	39	活用	2.91
39	34	受給	2.29	1.13	33	C	2.92	1.29	39	活用	3.49	1.30	41	副用	2.87
40	61	格ニ	2.28	1.19	47	不定	2.89	1.18	41	副用	3.49	1.09	33	C	2.86
41	6	Ad	2.28	1.10	32	VP	2.86	1.15	47	不定	3.45	1.15	51	格カラ	2.82
42	58	V	2.27	1.23	2	N(漢)	2.85	1.09	13	活用	3.38	1.30	47	不定	2.82
43	41	副用	2.26	1.08	13	活用	2.85	1.24	51	格カラ	3.35	1.21	32	VP	2.80
44	80	スタイル	2.26	1.15	51	格カラ	2.84	1.20	33	C	3.34	1.32	13	活用	2.75
45	21	名詞節	2.24	1.16	21	名詞節	2.78	1.22	6	Ad	3.30	1.14	6	Ad	2.75
46	24	格ニ	2.23	1.09	6	Ad	2.74	1.08	30	複V	3.27	1.18	21	名詞節	2.73
47	76	体修	2.22	1.07	53	ムード	2.74	1.24	21	名詞節	3.27	1.26	24	格ニ	2.72
48	47	不定	2.20	1.11	24	格ニ	2.74	1.13	24	格ニ	3.27	1.20	16	数	2.70
49	53	ムード	2.15	1.09	30	複V	2.74	1.12	14	ノダ	3.21	1.14	61	格ニ	2.68
50	32	VP	2.13	1.04	66	V	2.73	1.25	66	V	3.18	1.26	30	複V	2.66
51	13	活用	2.11	1.16	16	数	2.71	1.20	61	格ニ	3.16	1.45	50	ムード	2.65
52	17	名詞節	2.07	1.13	61	格ニ	2.68	1.31	16	数	3.14	1.22	53	ムード	2.65
53	66	V	2.07	1.10	14	ノダ	2.66	1.15	53	ムード	3.13	1.27	66	V	2.64
54	10	取立マデ	2.06	1.11	50	ムード	2.66	1.25	50	ムード	3.03	1.30	14	ノダ	2.59
55	30	複V	2.04	1.00	17	名詞節	2.60	1.16	17	名詞節	3.01	1.17	17	名詞節	2.54
56	25	N	2.00	1.08	10	取立マデ	2.53	1.21	74	ダ	2.97	1.23	10	取立マデ	2.46
57	31	並V	1.99	1.24	74	ダ	2.50	1.04	25	N	2.92	1.20	74	ダ	2.46
58	14	ノダ	1.97	1.03	25	N	2.48	1.16	12	取立ハ	2.90	1.25	25	N	2.45
59	12	取立ハ	1.97	1.04	12	取立ハ	2.45	1.16	10	取立マデ	2.88	1.25	12	取立	2.42
60	74	ダ	1.97	1.03	65	条件	2.45	1.18	65	条件	2.87	1.30	65	条件	2.40
61	65	条件	1.95	1.05	28	VP	2.41	1.15	28	VP	2.85	0.98	28	VP	2.36
62	7	格トシテ	1.94	1.16	11	取立ダケ	2.38	1.17	44	品詞	2.84	1.16	11	取立ダケ	2.32
63	42	C	1.92	1.19	18	条件	2.38	1.13	11	取立ダケ	2.78	1.25	18	条件	2.30
64	46	並N	1.91	1.09	44	品詞	2.36	1.12	18	条件	2.75	1.18	44	品詞	2.30
65	71	副用	1.88	1.07	71	副用	2.31	1.19	71	副用	2.71	1.27	71	副用	2.29
66	28	VP	1.87	0.94	75	ル	2.29	1.13	75	ル	2.70	1.25	31	並V	2.28
67	11	取立ダケ	1.87	1.01	31	並V	2.28	1.37	82	条件	2.67	1.25	75	ル	2.26
68	75	ル	1.85	0.99	82	体修	2.27	1.13	46	並N	2.63	1.40	46	並N	2.23
69	18	条件	1.84	1.02	79	原因	2.24	1.16	83	表現	2.62	1.33	7	格トシテ	2.21
70	56	格ト	1.84	1.08	7	格トシテ	2.23	1.25	31	並V	2.61	1.54	82	体修	2.20
71	83	表現	1.78	1.06	83	表現	2.22	1.22	45	テ形	2.59	1.23	83	表現	2.20
72	49	受身	1.78	0.96	69	受給	2.21	1.26	4	連用形	2.55	1.19	79	原因	2.16
73	69	受給	1.77	1.05	46	並N	2.20	1.24	79	原因	2.55	1.20	69	受給	2.15
74	44	品詞	1.76	0.88	45	テ形	2.17	1.13	69	受給	2.51	1.38	45	テ形	2.14
75	79	原因	1.74	0.98	49	受身	2.16	1.11	49	受身	2.51	1.26	49	受身	2.13
76	82	体修	1.73	0.91	78	スタイル	2.14	1.25	7	格トシテ	2.51	1.38	42	C	2.13
77	45	テ形	1.72	0.96	42	C	2.09	1.25	23	格デ	2.42	1.17	4	連用形	2.08

順位	問題の番号	誤りの種類	M	SD	問題の番号	誤りの種類	M	SD	問題の番号	誤りの種類	M	SD	問題の番号	誤りの種類	M
78	27	並V	1.69	1.01	27	並V	2.08	1.18	42	C	2.41	1.43	56	格ト	2.08
79	23	格デ	1.68	0.87	4	連用形	2.08	1.09	27	並V	2.39	1.28	23	格デ	2.04
80	4	連用形	1.65	0.97	23	格デ	2.07	1.07	56	格ト	2.37	1.34	27	並V	2.03
81	78	スタイル	1.62	0.95	56	格ト	2.07	1.19	78	スタイル	2.31	1.32	78	スタイル	2.01
82	37	A	1.53	0.94	64	熟語	1.75	1.04	37	A	1.98	1.31	37	A	1.72
83	64	熟語	1.50	0.87	37	A	1.69	1.05	64	熟語	1.93	1.15	64	熟語	1.71
84	40	可能	1.40	0.82	40	可能	1.58	1.01	40	可能	1.74	1.14	40	可能	1.56

6.2　性別による誤りの重要度とその順位

6.2.1　男性における誤りの重要度とその順位

（396人）

順位	問題の番号	理解度 誤りの種類	M	SD	問題の番号	不快度 誤りの種類	M	SD	問題の番号	自然度 誤りの種類	M	SD	問題の番号	全体 誤りの種類	M
1	73	AN	3.93	1.21	8	品詞	4.02	1.07	8	品詞	4.61	0.74	8	品詞	4.15
2	8	品詞	3.88	1.14	80	スタイル	3.89	1.18	73	AN	4.42	0.92	73	AN	4.02
3	84	ノダ	3.50	1.25	73	AN	3.87	1.24	84	ノダ	4.37	0.83	84	ノダ	3.84
4	59	N	3.38	1.37	34	受給	3.69	1.26	63	ノ連	4.24	0.91	59	N	3.67
5	72	ダ	3.27	1.31	84	ノダ	3.68	1.13	55	コソア	4.17	0.93	63	ノ連	3.61
6	57	格ニツイテ	3.12	1.33	59	N	3.55	1.27	59	N	4.14	1.07	35	可能	3.55
7	63	ノ連	3.08	1.21	63	ノ連	3.54	1.17	35	可能	4.13	0.96	55	コソア	3.52
8	35	可能	3.07	1.21	35	可能	3.53	1.13	58	V	4.07	1.05	72	ダ	3.51
9	77	Ad	3.03	1.29	55	コソア	3.43	1.14	1	N(漢)	4.04	0.88	57	格ニツイテ	3.44
10	55	コソア	3.02	1.23	58	V	3.41	1.26	80	スタイル	4.03	1.02	77	Ad	3.42
11	9	格デ	2.90	1.21	72	ダ	3.36	1.29	77	Ad	4.00	1.11	9	格デ	3.38
12	81	副用	2.80	1.26	62	使役	3.32	1.10	62	使役	3.98	0.99	80	スタイル	3.37
13	68	ムード	2.79	1.37	77	Ad	3.31	1.24	9	格デ	3.97	0.95	62	使役	3.34
14	62	使役	2.75	1.15	9	格デ	3.31	1.12	57	格ニツイテ	3.95	1.03	29	VP	3.30
15	29	VP	2.74	1.18	57	格ニツイテ	3.30	1.19	72	ダ	3.94	1.17	81	副用	3.26
16	43	格ニヨッテ	2.71	1.22	29	VP	3.26	1.15	20	受身	3.93	1.10	34	受給	3.26
17	48	不定	2.66	1.21	20	受身	3.25	1.18	29	VP	3.93	1.00	20	受身	3.25
18	20	受身	2.61	1.22	22	可能	3.24	1.09	19	N	3.92	1.19	43	格ニヨッテ	3.24
19	38	タ	2.59	1.20	43	格ニヨッテ	3.20	1.15	34	受給	3.87	1.14	58	V	3.22
20	22	可能	2.59	1.14	81	副用	3.19	1.22	3	受身	3.87	1.04	22	可能	3.22
21	54	自他	2.51	1.11	19	N	3.17	1.28	22	可能	3.86	0.98	48	不定	3.19
22	1	N(漢)	2.51	1.15	26	表現	3.12	1.16	43	格ニヨッテ	3.85	1.04	1	N(漢)	3.17
23	70	自他	2.50	1.23	54	自他	3.12	1.12	26	表現	3.84	1.02	19	N	3.15
24	2	N(漢)	2.47	1.11	48	不定	3.11	1.16	70	自他	3.84	1.06	54	自他	3.14
25	26	表現	2.46	1.19	70	自他	3.10	1.17	48	不定	3.83	1.02	70	自他	3.13
26	52	取立ハ	2.45	1.08	3	受身	3.08	1.09	81	副用	3.83	1.10	26	表現	3.13

27	15	格ニ	2.45	1.14	15	格ニ	3.02	1.12	54	自他	3.81	1.02	3	受身	3.08
28	36	ノ連	2.43	1.21	1	N(漢)	3.01	1.12	2	N(漢)	3.76	0.98	68	ムード	3.06
29	19	N	2.43	1.31	67	活用	2.98	1.24	15	格ニ	3.62	1.01	38	タ	3.03
30	5	引用	2.41	1.14	52	取立ハ	2.97	1.07	38	タ	3.60	1.16	15	格ニ	3.02
31	60	自発	2.40	1.15	38	タ	2.94	1.18	52	取立ハ	3.58	1.06	2	N(漢)	2.99
32	3	受身	2.38	1.08	68	ムード	2.94	1.38	60	自発	3.57	1.15	52	取立ハ	2.98
33	16	数	2.36	1.27	60	自発	2.91	1.17	36	ノ連	3.57	1.29	36	ノ連	2.95
34	33	C	2.36	1.20	36	ノ連	2.91	1.23	76	体修	3.55	1.06	60	自発	2.95
35	39	活用	2.36	1.18	5	引用	2.87	1.14	5	引用	3.55	1.13	67	活用	2.92
36	6	Ad	2.35	1.11	2	N(漢)	2.84	1.10	67	活用	3.54	1.18	5	引用	2.91
37	51	格カラ	2.30	1.12	76	体修	2.84	1.15	68	ムード	3.51	1.44	76	体修	2.85
38	67	活用	2.27	1.17	41	副用	2.84	1.19	41	副用	3.44	1.08	41	副用	2.83
39	58	V	2.26	1.19	33	C	2.81	1.32	32	VP	3.43	1.08	39	活用	2.82
40	34	受給	2.25	1.09	39	活用	2.79	1.24	39	活用	3.36	1.33	6	Ad	2.80
41	50	ムード	2.25	1.17	32	VP	2.79	1.14	47	不定	3.35	1.12	33	C	2.79
42	61	格ニ	2.25	1.13	47	不定	2.78	1.14	6	Ad	3.34	1.13	32	VP	2.78
43	21	名詞節	2.24	1.20	6	Ad	2.77	1.07	13	活用	3.29	1.27	51	格カラ	2.76
44	41	副用	2.24	1.05	51	格カラ	2.73	1.20	51	格カラ	3.27	1.22	47	不定	2.75
45	80	スタイル	2.24	1.14	13	活用	2.72	1.18	24	格ニ	3.25	1.23	16	数	2.72
46	24	格ニ	2.23	1.09	16	数	2.70	1.20	33	C	3.24	1.32	24	格ニ	2.71
47	76	体修	2.17	1.08	24	格ニ	2.68	1.15	61	格ニ	3.21	1.46	21	名詞節	2.68
48	47	不定	2.16	1.09	21	名詞節	2.68	1.24	21	名詞節	3.20	1.29	13	活用	2.68
49	32	VP	2.16	1.05	61	格ニ	2.63	1.27	16	数	3.15	1.18	61	格ニ	2.68
50	17	名詞節	2.12	1.17	66	V	2.61	1.23	30	複V	3.15	1.16	30	複V	2.57
51	13	活用	2.10	1.14	30	複V	2.60	1.09	14	ノダ	3.13	1.11	66	V	2.56
52	53	ムード	2.03	1.05	17	名詞節	2.57	1.17	66	V	3.07	1.25	17	名詞節	2.55
53	66	V	2.02	1.07	14	ノダ	2.56	1.14	17	名詞節	2.99	1.18	14	ノダ	2.53
54	30	複V	1.99	0.97	53	ムード	2.53	1.20	53	ムード	2.96	1.25	50	ムード	2.53
55	10	取立マデ	1.99	1.05	50	ムード	2.48	1.20	50	ムード	2.89	1.30	53	ムード	2.50
56	7	格トシテ	1.98	1.18	10	取立マデ	2.44	1.16	25	N	2.89	1.17	25	N	2.42
57	25	N	1.98	1.09	25	N	2.43	1.16	12	取立ハ	2.86	1.25	10	取立マデ	2.40
58	12	取立ハ	1.96	1.04	12	取立ハ	2.37	1.15	74	ダ	2.83	1.21	12	取立ハ	2.38
59	14	ノダ	1.95	1.02	65	条件	2.37	1.15	10	取立マデ	2.82	1.22	65	条件	2.35
60	46	並N	1.92	1.13	74	ダ	2.34	1.13	65	条件	2.80	1.29	74	ダ	2.35
61	31	並V	1.92	1.19	71	副用	2.28	1.18	28	VP	2.76	1.23	71	副用	2.29
62	65	条件	1.92	1.05	28	VP	2.27	1.12	71	副用	2.74	1.28	28	VP	2.28
63	74	ダ	1.91	1.04	11	取立ダケ	2.26	1.16	44	品詞	2.72	1.16	11	取立ダケ	2.25
64	71	副用	1.88	1.06	18	条件	2.26	1.09	11	取立ダケ	2.68	1.28	7	格トシテ	2.24
65	42	C	1.86	1.20	44	品詞	2.24	1.09	75	ル	2.66	1.23	18	条件	2.22
66	11	取立ダケ	1.84	1.01	7	格トシテ	2.23	1.26	18	条件	2.65	1.17	44	品詞	2.22
67	56	格ト	1.84	1.10	75	ル	2.21	1.10	7	格トシテ	2.57	1.40	75	ル	2.21
68	28	VP	1.81	0.92	31	並V	2.17	1.33	4	連用形	2.57	1.21	31	並V	2.19
69	75	ル	1.80	0.99	79	原因	2.16	1.15	46	並N	2.56	1.39	46	並N	2.19

70	49	受身	1.78	0.96	82	体修	2.14	1.07	82	体修	2.52	1.19	49	受身	2.13
71	18	条件	1.77	0.96	49	受身	2.12	1.11	31	並V	2.52	1.51	4	連用形	2.11
72	44	品詞	1.73	0.87	46	並N	2.12	1.21	49	受身	2.49	1.26	82	体修	2.11
73	69	受給	1.71	1.03	4	連用形	2.12	1.11	83	表現	2.46	1.27	56	格ト	2.08
74	83	表現	1.71	1.02	23	格デ	2.07	1.08	45	テ形	2.44	1.18	79	原因	2.08
75	82	体修	1.71	0.89	78	スタイル	2.06	1.24	79	原因	2.42	1.17	83	表現	2.07
76	4	連用形	1.70	1.00	69	受給	2.06	1.18	23	格デ	2.42	1.18	42	C	2.05
77	79	原因	1.69	0.95	56	格ト	2.05	1.16	56	格ト	2.38	1.31	23	格デ	2.05
78	23	格デ	1.68	0.89	83	表現	2.04	1.13	69	受給	2.37	1.34	69	受給	2.04
79	27	並V	1.66	1.03	45	テ形	2.02	1.08	42	C	2.34	1.44	45	テ形	2.02
80	45	テ形	1.64	0.92	27	並V	1.99	1.15	27	並V	2.34	1.30	27	並V	1.99
81	78	スタイル	1.61	0.97	42	C	1.98	1.21	78	スタイル	2.26	1.32	78	スタイル	1.97
82	37	A	1.48	0.93	64	熟語	1.69	1.00	64	熟語	1.89	1.14	64	熟語	1.68
83	64	熟語	1.47	0.84	37	A	1.57	1.00	37	A	1.81	1.25	37	A	1.61
84	40	可能	1.39	0.81	40	可能	1.54	0.99	40	可能	1.71	1.14	40	可能	1.54

6.2.2　女性における誤りの重要度とその順位

（292人）

順位	問題の番号	理解度			問題の番号	不快度			問題の番号	自然度			問題の番号	全体	
		誤りの種類	M	SD		誤りの種類	M	SD		誤りの種類	M	SD		誤りの種類	M
1	73	AN	3.97	1.18	8	品詞	4.08	1.06	8	品詞	4.54	0.80	8	品詞	4.13
2	8	品詞	3.86	1.26	73	AN	4.02	1.10	84	ノダ	4.45	0.87	73	AN	4.04
3	59	N	3.59	1.36	80	スタイル	3.96	1.16	73	AN	4.42	0.91	84	ノダ	3.88
4	72	ダ	3.42	1.34	34	受給	3.94	1.12	35	可能	4.32	0.85	59	N	3.82
5	84	ノダ	3.42	1.29	84	ノダ	3.91	1.11	59	N	4.29	1.00	35	可能	3.71
6	57	格ニツイテ	3.34	1.27	59	N	3.85	1.18	63	ノ連	4.25	0.93	57	格ニツイテ	3.71
7	35	可能	3.21	1.19	35	可能	3.78	1.04	55	コソア	4.18	0.99	72	ダ	3.65
8	63	ノ連	3.10	1.28	57	格ニツイテ	3.76	1.11	57	格ニツイテ	4.18	0.98	63	ノ連	3.62
9	77	Ad	3.05	1.27	58	V	3.75	1.18	77	Ad	4.17	1.02	77	Ad	3.58
10	55	コソア	3.02	1.27	63	ノ連	3.73	1.12	58	V	4.15	1.05	55	コソア	3.56
11	68	ムード	2.97	1.34	55	コソア	3.64	1.16	34	受給	4.11	0.98	34	受給	3.42
12	9	格デ	2.90	1.21	77	Ad	3.64	1.22	72	ダ	4.09	1.14	62	使役	3.38
13	48	不定	2.85	1.17	72	ダ	3.58	1.23	70	自他	4.04	1.05	80	スタイル	3.37
14	81	副用	2.84	1.26	62	使役	3.51	1.10	29	VP	4.04	0.96	22	可能	3.36
15	38	タ	2.81	1.30	22	可能	3.48	1.06	22	可能	4.03	0.94	81	副用	3.36
16	62	使役	2.78	1.20	70	自他	3.46	1.18	80	スタイル	4.03	1.06	58	V	3.34
17	22	可能	2.73	1.16	29	VP	3.44	1.08	1	N(漢)	4.01	0.86	29	VP	3.34
18	29	VP	2.70	1.14	81	副用	3.43	1.17	62	使役	4.00	1.03	9	格デ	3.34
19	43	格ニヨッテ	2.68	1.22	54	自他	3.43	1.08	54	自他	3.97	0.98	48	不定	3.33
20	36	ノ連	2.65	1.34	26	表現	3.40	1.14	48	不定	3.95	1.07	68	ムード	3.32
21	54	自他	2.63	1.18	48	不定	3.34	1.14	81	副用	3.93	1.15	70	自他	3.30

22	5	引用	2.58	1.16	68	ムード	3.34	1.35	9	格デ	3.93	0.96	38	タ	3.29
23	15	格ニ	2.57	1.20	9	格デ	3.34	1.10	26	表現	3.92	1.03	54	自他	3.28
24	70	自他	2.57	1.21	43	格ニヨッテ	3.33	1.13	43	格ニヨッテ	3.86	1.02	43	格ニヨッテ	3.24
25	60	自発	2.56	1.22	38	タ	3.32	1.24	38	タ	3.84	1.19	26	表現	3.22
26	1	N(漢)	2.53	1.09	20	受身	3.25	1.26	36	ノ連	3.83	1.29	36	ノ連	3.21
27	26	表現	2.52	1.19	19	N	3.24	1.32	15	格ニ	3.83	0.97	15	格ニ	3.16
28	50	ムード	2.51	1.24	60	自発	3.24	1.23	19	N	3.82	1.19	1	N(漢)	3.16
29	3	受身	2.48	1.08	36	ノ連	3.23	1.29	76	体修	3.80	1.07	60	自発	3.15
30	52	取立ハ	2.48	1.04	67	活用	3.21	1.19	3	受身	3.79	1.10	20	受身	3.10
31	39	活用	2.47	1.19	15	格ニ	3.20	1.10	60	自発	3.78	1.17	19	N	3.10
32	33	C	2.47	1.20	52	取立ハ	3.18	1.03	68	ムード	3.76	1.40	3	受身	3.08
33	20	受身	2.47	1.23	76	体修	3.15	1.11	20	受身	3.73	1.22	52	取立ハ	3.06
34	51	格カラ	2.43	1.13	3	受身	3.11	1.04	67	活用	3.71	1.22	5	引用	3.06
35	67	活用	2.38	1.21	39	活用	3.11	1.20	39	活用	3.67	1.25	76	体修	3.05
36	2	N(漢)	2.36	1.08	33	C	3.06	1.25	52	取立	3.66	0.99	39	活用	3.04
37	34	受給	2.34	1.18	1	N(漢)	3.05	1.11	5	引用	3.66	1.08	67	活用	3.04
38	19	N	2.34	1.27	47	不定	3.03	1.20	2	N(漢)	3.63	1.03	33	C	2.97
39	61	格ニ	2.32	1.27	5	引用	3.03	1.13	32	V P	3.58	1.12	2	N(漢)	2.92
40	53	ムード	2.31	1.13	41	副用	3.03	1.18	47	不定	3.58	1.17	41	副用	2.92
41	76	体修	2.29	1.05	13	活用	3.01	1.30	41	副用	3.55	1.11	47	不定	2.91
42	58	V	2.29	1.28	53	ムード	3.01	1.24	13	活用	3.51	1.33	51	格カラ	2.90
43	16	数	2.29	1.26	51	格カラ	2.98	1.19	33	C	3.49	1.29	13	活用	2.85
44	41	副用	2.28	1.12	32	V P	2.95	1.14	51	格カラ	3.45	1.19	53	ムード	2.84
45	80	スタイル	2.28	1.17	30	複V	2.92	1.15	30	複V	3.45	1.18	32	V P	2.83
46	47	不定	2.25	1.15	66	V	2.91	1.26	21	名詞節	3.37	1.21	50	ムード	2.80
47	21	格ニ	2.25	1.10	21	名詞節	2.91	1.16	53	ムード	3.36	1.27	21	名詞節	2.80
48	24	格ニ	2.25	1.09	50	ムード	2.90	1.29	66	V	3.34	1.25	30	複V	2.78
49	6	Ad	2.18	1.09	2	N(漢)	2.87	1.06	14	ノダ	3.32	1.16	66	V	2.76
50	10	取立マデ	2.15	1.19	14	ノダ	2.79	1.15	24	格ニ	3.28	1.15	24	格ニ	2.73
51	66	V	2.13	1.14	24	格ニ	2.79	1.09	6	Ad	3.23	1.14	61	格ニ	2.68
52	13	活用	2.11	1.19	61	格ニ	2.74	1.37	50	ムード	3.21	1.29	16	数	2.68
53	32	V P	2.10	1.02	16	数	2.72	1.20	74	ダ	3.16	1.24	6	Ad	2.68
54	30	複V	2.10	1.04	74	ダ	2.70	1.13	16	数	3.13	1.27	14	ノダ	2.67
55	31	並V	2.09	1.29	6	Ad	2.69	1.09	61	格ニ	3.10	1.44	74	ダ	2.61
56	74	ダ	2.05	1.01	10	取立マデ	2.66	1.27	17	名詞節	3.02	1.15	10	取立マデ	2.54
57	25	N	2.03	1.07	17	名詞節	2.63	1.15	44	品詞	3.00	1.14	17	名詞節	2.52
58	17	名詞節	2.01	1.07	28	V P	2.59	1.17	25	N	2.97	1.24	25	N	2.49
59	14	ノダ	2.01	1.06	12	取立ハ	2.57	1.16	28	V P	2.97	1.28	12	取立ハ	2.48
60	42	C	2.00	1.18	25	N	2.55	1.15	12	取立ハ	2.97	1.24	28	V P	2.48
61	12	取立ハ	2.00	1.03	11	取立ダケ	2.55	1.16	65	条件	2.96	1.31	65	条件	2.47
62	65	条件	1.99	1.05	65	条件	2.55	1.20	10	取立マデ	2.96	1.29	18	条件	2.43
63	28	V P	1.96	0.96	18	条件	2.54	1.16	11	取立ダケ	2.93	1.19	11	取立ダケ	2.42
64	18	条件	1.94	1.09	44	品詞	2.52	1.15	18	条件	2.89	1.17	44	品詞	2.40

付録 411

順位	問題の番号	誤りの種類	M	SD	問題の番号	誤りの種類	M	SD	問題の番号	誤りの種類	M	SD	問題の番号	誤りの種類	M
65	11	取立ダケ	1.91	1.01	83	表現	2.48	1.30	82	体修	2.85	1.31	31	並V	2.39
66	46	並N	1.90	1.06	31	並V	2.43	1.41	83	表現	2.85	1.39	83	表現	2.38
67	7	格トシテ	1.90	1.14	82	体修	2.43	1.18	45	テ形	2.77	1.27	82	体修	2.32
68	75	ル	1.90	0.97	69	受給	2.42	1.32	31	並V	2.74	1.57	75	ル	2.31
69	83	表現	1.89	1.11	45	テ形	2.37	1.17	46	並N	2.74	1.40	69	受給	2.31
70	71	副用	1.88	1.09	75	ル	2.37	1.16	75	ル	2.73	1.26	45	テ形	2.30
71	69	受給	1.86	1.08	71	副用	2.36	1.20	79	原因	2.71	1.23	46	並N	2.30
72	45	テ形	1.83	1.01	79	原因	2.36	1.17	69	受給	2.71	1.41	71	副用	2.29
73	56	格ト	1.82	1.05	46	並N	2.31	1.26	71	副用	2.68	1.26	79	原因	2.26
74	44	品詞	1.80	0.90	78	スタイル	2.25	1.26	49	受身	2.56	1.27	42	C	2.22
75	79	原因	1.80	1.01	42	C	2.24	1.28	4	連用形	2.52	1.17	7	格トシテ	2.16
76	49	受身	1.79	0.95	7	格トシテ	2.22	1.23	42	C	2.49	1.43	49	受身	2.15
77	82	体修	1.77	0.93	49	受身	2.21	1.12	27	並V	2.46	1.25	27	並V	2.09
78	27	並V	1.73	0.99	27	並V	2.19	1.20	7	格トシテ	2.42	1.33	56	格ト	2.08
79	23	格デ	1.68	0.84	56	格ト	2.09	1.22	23	格デ	2.41	1.15	78	スタイル	2.07
80	78	スタイル	1.64	0.92	23	格デ	2.08	1.05	78	スタイル	2.38	1.33	4	連用形	2.03
81	37	A	1.62	0.94	4	連用形	2.03	1.06	56	格ト	2.36	1.36	23	格デ	2.02
82	4	連用形	1.59	0.93	37	A	1.86	1.11	37	A	2.21	1.36	37	A	1.88
83	64	熟語	1.54	0.91	64	熟語	1.83	1.09	64	熟語	2.00	1.17	64	熟語	1.76
84	40	可能	1.41	0.83	40	可能	1.63	1.02	40	可能	1.78	1.14	40	可能	1.59

6.3 年齢による誤りの重要度とその順位

6.3.1 10代における誤りの重要度とその順位

(85人)

順位	問題の番号	理解度 誤りの種類	M	SD	問題の番号	不快度 誤りの種類	M	SD	問題の番号	自然度 誤りの種類	M	SD	問題の番号	全体 誤りの種類	M
1	8	品詞	3.94	1.18	8	品詞	4.17	1.21	8	品詞	4.52	0.96	8	品詞	4.21
2	84	ノダ	3.64	1.30	80	スタイル	4.01	1.25	84	ノダ	4.41	0.98	84	ノダ	3.99
3	73	AN	3.58	1.32	84	ノダ	3.93	1.24	55	コソア	4.18	1.05	55	コソア	3.74
4	57	格ニツイテ	3.35	1.39	34	受給	3.83	1.42	35	可能	4.17	1.11	63	ノ連	3.72
5	35	可能	3.34	1.33	63	ノ連	3.83	1.31	63	ノ連	4.16	1.00	35	可能	3.72
6	55	コソア	3.33	1.28	35	可能	3.76	1.26	73	AN	4.09	1.18	73	AN	3.71
7	77	Ad	3.29	1.30	73	AN	3.72	1.42	1	N(漢)	4.07	1.06	57	格ニツイテ	3.64
8	63	ノ連	3.28	1.30	55	コソア	3.71	1.30	15	格ニ	4.06	0.99	77	Ad	3.62
9	59	N	3.19	1.49	15	格ニ	3.70	1.15	26	表現	4.06	1.14	15	格ニ	3.58
10	9	格デ	3.13	1.28	57	格ニツイテ	3.68	1.36	22	可能	4.02	1.10	9	格デ	3.56
11	15	格ニ	2.97	1.40	59	N	3.60	1.46	9	格デ	3.99	0.99	59	N	3.54
12	72	ダ	2.96	1.32	77	Ad	3.58	1.42	57	格ニツイテ	3.99	1.20	22	可能	3.45
13	48	不定	2.92	1.18	22	可能	3.57	1.22	77	Ad	3.99	1.22	80	スタイル	3.43

14	1	N(漢)	2.89	1.14	9	格デ	3.55	1.21	48	不定	3.90	1.14	48	不定	3.42
15	29	ＶＰ	2.88	1.37	70	自他	3.50	1.30	34	受給	3.90	1.32	29	ＶＰ	3.41
16	38	タ	2.85	1.37	29	ＶＰ	3.45	1.26	29	ＶＰ	3.90	1.20	26	表現	3.38
17	68	ムード	2.85	1.41	26	表現	3.45	1.30	80	スタイル	3.89	1.22	34	受給	3.38
18	54	自他	2.81	1.31	48	不定	3.44	1.23	54	自他	3.89	1.00	54	自他	3.37
19	81	副用	2.80	1.43	54	自他	3.42	1.22	59	N	3.88	1.35	70	自他	3.37
20	22	可能	2.77	1.28	67	活用	3.36	1.38	70	自他	3.85	1.14	1	N(漢)	3.36
21	70	自他	2.76	1.35	72	ダ	3.32	1.39	43	格ニヨッテ	3.75	1.27	72	ダ	3.31
22	33	C	2.68	1.39	58	V	3.30	1.48	81	副用	3.73	1.19	81	副用	3.28
23	26	表現	2.67	1.45	81	副用	3.29	1.27	13	活用	3.72	1.24	38	タ	3.24
24	50	ムード	2.66	1.38	38	タ	3.26	1.45	67	活用	3.71	1.23	67	活用	3.21
25	36	ノ連	2.66	1.53	43	格ニヨッテ	3.24	1.36	14	ノダ	3.70	1.28	43	格ニヨッテ	3.19
26	43	格ニヨッテ	2.65	1.33	62	使役	3.24	1.28	62	使役	3.65	1.19	62	使役	3.15
27	67	活用	2.65	1.32	66	V	3.20	1.32	72	ダ	3.65	1.36	68	ムード	3.15
28	60	自発	2.58	1.46	68	ムード	3.19	1.58	58	V	3.65	1.32	13	活用	3.12
29	62	使役	2.57	1.23	13	活用	3.18	1.31	38	タ	3.62	1.36	14	ノダ	3.11
30	51	格カラ	2.57	1.39	33	C	3.17	1.49	19	N	3.58	1.46	33	C	3.10
31	52	取立ハ	2.57	1.21	14	ノダ	3.14	1.27	41	副用	3.56	1.20	41	副用	3.07
32	53	ムード	2.56	1.42	1	N(漢)	3.14	1.24	76	体修	3.55	1.20	58	V	3.05
33	41	副用	2.56	1.28	19	N	3.13	1.46	5	引用	3.49	1.30	19	N	3.04
34	16	数	2.56	1.49	41	副用	3.10	1.32	32	ＶＰ	3.48	1.30	66	V	3.02
35	39	活用	2.55	1.38	52	取立ハ	3.10	1.21	66	V	3.47	1.24	36	ノ連	3.00
36	14	ノダ	2.49	1.35	32	ＶＰ	3.05	1.31	33	C	3.47	1.44	52	取立ハ	2.99
37	13	活用	2.47	1.32	76	体修	3.02	1.29	3	受身	3.46	1.35	39	活用	2.99
38	5	引用	2.45	1.28	39	活用	3.02	1.46	68	ムード	3.41	1.55	5	引用	2.97
39	66	V	2.44	1.31	60	自発	2.99	1.53	39	活用	3.39	1.54	60	自他	2.95
40	19	N	2.43	1.46	36	ノ連	2.97	1.59	2	N(漢)	3.35	1.25	32	ＶＰ	2.94
41	34	受給	2.41	1.34	5	引用	2.96	1.20	36	ノ連	3.35	1.59	76	体修	2.94
42	80	スタイル	2.39	1.39	3	受身	2.93	1.25	52	取立ハ	3.31	1.14	3	受身	2.86
43	20	受身	2.33	1.42	53	ムード	2.90	1.48	60	自発	3.28	1.45	53	ムード	2.83
44	47	不定	2.32	1.38	16	数	2.89	1.42	47	不定	3.21	1.34	51	格カラ	2.80
45	21	名詞節	2.30	1.27	51	格カラ	2.87	1.45	20	受身	3.16	1.54	16	数	2.79
46	32	ＶＰ	2.30	1.28	50	ムード	2.84	1.46	44	品詞	3.14	1.12	47	不定	2.78
47	17	名詞節	2.30	1.39	20	受身	2.82	1.49	53	ムード	3.11	1.44	2	N(漢)	2.78
48	3	受身	2.24	1.15	47	不定	2.80	1.44	51	格カラ	3.10	1.45	50	ムード	2.77
49	2	N(漢)	2.24	1.19	2	N(漢)	2.80	1.20	16	数	3.08	1.49	20	受身	2.77
50	76	体修	2.23	1.24	21	名詞節	2.78	1.35	50	ムード	3.01	1.50	21	名詞節	2.70
51	12	取立ハ	2.20	1.29	6	Ad	2.71	1.31	21	名詞節	3.01	1.37	17	名詞節	2.65
52	58	V	2.20	1.31	17	名詞節	2.70	1.35	6	Ad	3.01	1.38	6	Ad	2.62
53	10	取立マデ	2.19	1.24	11	取立ダケ	2.70	1.37	17	名詞節	2.96	1.38	44	品詞	2.58
54	31	並Ｖ	2.17	1.47	10	取立マデ	2.67	1.28	11	取立ダケ	2.87	1.40	11	取立ダケ	2.55
55	6	Ad	2.13	1.25	44	品詞	2.66	1.24	10	取立マデ	2.84	1.30	10	取立マデ	2.54
56	71	副用	2.13	1.30	24	格ニ	2.54	1.32	24	格ニ	2.80	1.36	12	取立ハ	2.49

57	24	格ニ	2.10	1.23	12	取立ハ	2.52	1.35	12	取立ハ	2.77	1.38	24	格ニ	2.48
58	11	取立ダケ	2.10	1.18	65	条件	2.50	1.23	71	副用	2.76	1.39	71	副用	2.46
59	46	並N	2.05	1.29	71	副用	2.48	1.38	65	条件	2.71	1.29	65	条件	2.40
60	25	N	2.00	1.24	82	体修	2.41	1.31	74	ダ	2.69	1.29	31	並V	2.33
61	65	条件	1.98	1.08	83	表現	2.40	1.46	30	複V	2.64	1.41	25	N	2.32
62	61	格ニ	1.94	1.23	25	N	2.38	1.37	82	体修	2.63	1.40	83	表現	2.31
63	44	品詞	1.94	1.03	30	複V	2.37	1.32	83	表現	2.60	1.57	74	ダ	2.31
64	83	表現	1.94	1.25	31	並V	2.36	1.64	79	原因	2.59	1.27	82	体修	2.31
65	74	ダ	1.89	1.12	79	原因	2.35	1.29	25	N	2.58	1.40	30	複V	2.29
66	82	体修	1.89	1.13	74	ダ	2.34	1.20	31	並V	2.46	1.66	79	原因	2.26
67	30	複V	1.87	1.19	61	格ニ	2.29	1.45	18	条件	2.44	1.39	46	並N	2.23
68	69	受給	1.87	1.17	45	テ形	2.24	1.34	61	格ニ	2.43	1.53	61	格ニ	2.22
69	75	ル	1.86	1.20	46	並N	2.22	1.47	45	テ形	2.43	1.32	45	テ形	2.15
70	79	原因	1.85	1.17	18	条件	2.20	1.35	46	並N	2.42	1.48	18	条件	2.15
71	7	格トシテ	1.83	1.29	69	受給	2.18	1.30	69	受給	2.29	1.32	69	受給	2.11
72	18	条件	1.83	1.23	75	ル	2.09	1.27	28	ＶＰ	2.29	1.33	75	ル	2.07
73	45	テ形	1.80	1.10	7	格トシテ	2.07	1.41	75	ル	2.25	1.32	7	格トシテ	2.02
74	56	格ト	1.78	1.10	28	ＶＰ	2.06	1.19	7	格トシテ	2.19	1.50	28	ＶＰ	2.02
75	42	C	1.78	1.14	42	C	2.02	1.38	27	並V	2.16	1.31	42	C	1.95
76	28	ＶＰ	1.72	1.05	27	並V	1.99	1.25	4	連用形	2.15	1.24	56	格ト	1.93
77	27	並V	1.62	1.10	78	スタイル	1.99	1.41	56	格ト	2.07	1.29	27	並V	1.92
78	64	熟語	1.60	1.08	56	格ト	1.98	1.28	42	C	2.06	1.38	78	スタイル	1.84
79	78	スタイル	1.58	1.10	4	連用形	1.92	1.17	49	受身	1.96	1.24	4	連用形	1.83
80	49	受身	1.55	0.83	23	格デ	1.83	1.19	78	スタイル	1.96	1.34	49	受身	1.78
81	23	格デ	1.51	0.95	49	受身	1.82	1.10	23	格デ	1.87	1.12	64	熟語	1.73
82	40	可能	1.46	0.88	40	可能	1.79	1.31	64	熟語	1.83	1.20	23	格デ	1.73
83	4	連用形	1.43	0.86	64	熟語	1.78	1.19	40	可能	1.81	1.25	40	可能	1.69
84	37	A	1.41	0.76	37	A	1.48	0.95	37	A	1.58	1.02	37	A	1.49

6.3.2　20代における誤りの重要度とその順位

（189人）

順位	問題の番号	理解度			問題の番号	不快度			問題の番号	自然度			問題の番号	全体	
		誤りの種類	M	SD		誤りの種類	M	SD		誤りの種類	M	SD		誤りの種類	M
1	73	ＡN	4.11	1.15	80	スタイル	4.08	1.16	8	品詞	4.61	0.77	73	ＡN	4.21
2	8	品詞	3.82	1.25	73	ＡN	4.06	1.05	73	ＡN	4.55	0.74	8	品詞	4.15
3	59	N	3.60	1.31	34	受給	4.06	0.99	84	ノダ	4.48	0.75	59	N	3.90
4	72	ダ	3.46	1.36	8	品詞	4.03	1.03	59	N	4.41	0.86	84	ノダ	3.89
5	84	ノダ	3.39	1.29	84	ノダ	3.85	1.08	77	Ad	4.39	0.84	35	可能	3.74
6	57	格ニシイテ	3.37	1.27	59	N	3.79	1.14	35	可能	4.38	0.80	57	格ニシイテ	3.73
7	77	Ad	3.16	1.29	35	可能	3.78	1.05	55	コソア	4.34	0.82	72	ダ	3.72
8	68	ムード	3.12	1.30	77	Ad	3.65	1.15	63	ノ連	4.31	0.88	77	Ad	3.69

9	35	可能	3.10	1.14	57	格ニツイテ	3.64	1.03	58	V	4.24	0.93	55	コソア	3.61
10	63	ノ連	2.94	1.20	55	コソア	3.64	1.04	57	格ニツイテ	4.22	0.86	63	ノ連	3.60
11	55	コソア	2.91	1.24	58	V	3.60	1.12	72	ダ	4.19	1.03	68	ムード	3.52
12	81	副用	2.82	1.26	63	ノ連	3.60	1.09	34	受給	4.15	0.89	34	受給	3.47
13	9	格デ	2.80	1.24	72	ダ	3.55	1.21	1	N(漢)	4.15	0.78	81	副用	3.43
14	38	タ	2.79	1.25	68	ムード	3.47	1.23	80	スタイル	4.13	1.00	80	スタイル	3.42
15	48	不定	2.75	1.20	62	使役	3.45	1.07	70	自他	4.11	0.92	62	使役	3.40
16	62	使役	2.71	1.21	54	自他	3.43	1.04	81	副用	4.09	0.96	9	格デ	3.36
17	36	ノ連	2.56	1.29	81	副用	3.42	1.13	62	使役	4.07	0.99	48	不定	3.35
18	43	格ニヨッテ	2.55	1.19	22	可能	3.37	1.03	48	不定	4.05	0.96	38	タ	3.33
19	22	可能	2.54	1.10	26	表現	3.37	1.13	54	自他	4.04	0.85	54	自他	3.32
20	54	自他	2.54	1.13	70	自他	3.31	1.11	29	VP	4.03	0.89	22	可能	3.29
21	29	VP	2.53	1.10	29	VP	3.31	1.03	68	ムード	4.02	1.18	58	V	3.28
22	16	数	2.51	1.31	9	格デ	3.30	1.12	9	格デ	4.01	0.96	29	VP	3.28
23	33	C	2.50	1.25	38	タ	3.28	1.11	22	可能	4.01	0.97	70	自他	3.27
24	5	引用	2.49	1.19	48	不定	3.27	1.15	26	表現	3.97	1.01	26	表現	3.24
25	70	自他	2.46	1.27	43	格ニヨッテ	3.26	1.13	36	ノ連	3.96	1.18	43	格ニヨッテ	3.22
26	26	表現	2.43	1.20	20	受身	3.25	1.23	38	タ	3.94	0.99	36	ノ連	3.22
27	1	N(漢)	2.43	1.06	60	自発	3.22	1.13	60	自発	3.90	1.06	1	N(漢)	3.20
28	60	自発	2.41	1.15	67	活用	3.21	1.11	3	受身	3.89	0.99	60	自発	3.15
29	50	ムード	2.40	1.19	36	ノ連	3.16	1.23	43	格ニヨッテ	3.89	0.99	20	受身	3.14
30	20	受身	2.39	1.16	33	C	3.14	1.27	76	体修	3.87	0.98	5	引用	3.11
31	51	格カラ	2.37	1.11	52	取立ハ	3.10	1.01	20	受身	3.86	1.08	67	活用	3.09
32	15	格ニ	2.36	1.09	41	副用	3.10	1.08	67	活用	3.86	1.10	33	C	3.08
33	52	取立ハ	2.31	0.99	76	体修	3.09	1.09	52	取立ハ	3.82	0.91	3	受身	3.07
34	61	格ニ	2.31	1.24	5	引用	3.09	1.17	5	引用	3.81	1.02	15	格ニ	3.07
35	39	活用	2.28	1.14	3	受身	3.09	1.05	2	N(漢)	3.79	0.94	52	取立ハ	3.05
36	3	受身	2.28	1.05	13	活用	3.08	1.27	15	格ニ	3.79	0.86	76	体修	3.03
37	2	N(漢)	2.26	1.05	15	格ニ	3.07	1.05	19	N	3.77	1.17	41	副用	3.01
38	67	活用	2.25	1.19	19	N	3.06	1.23	41	副用	3.74	1.00	51	格カラ	2.96
39	41	副用	2.25	1.04	1	N(漢)	3.01	1.10	13	活用	3.69	1.23	39	活用	2.95
40	24	格ニ	2.24	1.05	47	不定	2.98	1.12	39	活用	3.69	1.24	19	N	2.94
41	34	受給	2.22	1.09	51	格カラ	2.97	1.16	33	C	3.63	1.26	2	N(漢)	2.94
42	21	名詞節	2.19	1.02	39	活用	2.93	1.21	47	不定	3.62	1.07	16	数	2.93
43	31	並V	2.18	1.31	66	V	2.93	1.21	32	VP	3.60	1.07	13	活用	2.92
44	76	体修	2.16	1.03	32	VP	2.90	1.11	51	格カラ	3.59	1.13	47	不定	2.89
45	53	ムード	2.14	1.09	16	数	2.90	1.16	66	V	3.45	1.20	32	VP	2.84
46	47	不定	2.11	1.03	53	ムード	2.90	1.19	30	複V	3.44	1.06	24	格ニ	2.83
47	80	スタイル	2.09	1.13	24	格ニ	2.85	1.08	6	Ad	3.44	1.03	21	名詞節	2.80
48	6	Ad	2.08	1.01	21	名詞節	2.84	1.12	24	格ニ	3.42	1.18	66	V	2.80
49	46	並N	2.07	1.07	14	ノダ	2.83	1.10	16	数	3.42	1.11	50	ムード	2.80
50	66	V	2.06	1.08	50	ムード	2.80	1.22	14	ノダ	3.41	1.08	53	ムード	2.78

順位	問題の番号	理解度 誤りの種類	M	SD	問題の番号	不快度 誤りの種類	M	SD	問題の番号	自然度 誤りの種類	M	SD	問題の番号	全体 誤りの種類	M
51	58	V	2.05	1.17	2	N(漢)	2.80	1.11	21	名詞節	3.41	1.17	6	Ad	2.76
52	13	活用	2.05	1.17	30	複V	2.79	1.02	53	ムード	3.34	1.25	61	格ニ	2.75
53	32	VP	2.04	0.97	6	Ad	2.75	1.04	61	格ニ	3.25	1.43	30	複V	2.72
54	12	取立ハ	2.04	1.04	61	格ニ	2.74	1.34	74	ダ	3.23	1.15	14	ノダ	2.69
55	19	N	2.03	1.14	12	取立ハ	2.72	1.14	12	取立ハ	3.23	1.19	12	取立ハ	2.66
56	65	条件	2.02	1.08	65	条件	2.67	1.18	50	ムード	3.22	1.26	65	条件	2.62
57	42	C	2.01	1.17	74	ダ	2.64	1.09	44	品詞	3.20	1.02	74	ダ	2.59
58	7	格トシテ	1.99	1.14	17	名詞節	2.63	1.07	65	条件	3.20	1.22	31	並V	2.56
59	30	複V	1.95	0.91	44	品詞	2.60	1.12	46	並N	3.08	1.31	46	並N	2.55
60	56	格ト	1.94	1.13	28	VP	2.59	1.15	17	名詞節	3.07	1.09	17	名詞節	2.53
61	74	ダ	1.94	0.96	11	取立ダケ	2.59	1.16	25	N	3.01	1.22	44	品詞	2.52
62	10	取立マデ	1.93	1.07	31	並V	2.57	1.40	82	体修	3.01	1.18	28	VP	2.48
63	17	名詞節	1.91	1.03	46	並N	2.54	1.20	28	VP	3.01	1.20	11	取立ダケ	2.48
64	25	N	1.90	1.07	82	体修	2.52	1.09	11	取立ダケ	3.00	1.18	25	N	2.46
65	11	取立ダケ	1.86	1.01	25	N	2.49	1.16	45	テ形	2.98	1.22	10	取立マデ	2.42
66	28	VP	1.86	0.89	69	受給	2.48	1.23	31	並V	2.97	1.55	82	体修	2.40
67	14	ノダ	1.85	0.97	10	取立マデ	2.48	1.17	69	受給	2.89	1.35	69	受給	2.39
68	69	受給	1.84	1.03	71	副用	2.45	1.14	10	取立マデ	2.88	1.22	45	テ形	2.36
69	27	並V	1.82	1.04	79	原因	2.45	1.16	71	副用	2.87	1.22	71	副用	2.36
70	71	副用	1.79	0.96	18	条件	2.42	1.11	18	条件	2.86	1.14	18	条件	2.34
71	75	ル	1.79	0.94	45	テ形	2.40	1.09	75	ル	2.83	1.19	27	並V	2.32
72	44	品詞	1.78	0.90	27	並V	2.38	1.17	83	表現	2.82	1.28	75	ル	2.32
73	18	条件	1.75	0.98	75	ル	2.36	1.13	27	並V	2.79	1.21	42	C	2.31
74	45	テ形	1.74	0.96	83	表現	2.34	1.20	79	原因	2.74	1.24	7	格トシテ	2.30
75	79	原因	1.73	0.96	78	スタイル	2.29	1.24	7	格トシテ	2.66	1.43	79	原因	2.29
76	83	表現	1.73	1.02	42	C	2.29	1.24	56	格ト	2.65	1.37	83	表現	2.29
77	82	体修	1.73	0.89	7	格トシテ	2.28	1.24	42	C	2.65	1.43	56	格ト	2.27
78	49	受身	1.72	0.97	56	格ト	2.21	1.18	49	受身	2.64	1.28	49	受身	2.17
79	23	格デ	1.64	0.82	49	受身	2.21	1.11	4	連用形	2.63	1.18	4	連用形	2.10
80	78	スタイル	1.55	0.85	4	連用形	2.14	1.16	78	スタイル	2.47	1.33	78	スタイル	2.09
81	37	A	1.55	0.98	23	格デ	2.06	1.03	23	格デ	2.46	1.13	23	格デ	2.04
82	4	連用形	1.53	0.92	64	熟語	1.78	1.06	37	A	2.12	1.32	37	A	1.80
83	64	熟語	1.44	0.84	37	A	1.75	1.08	64	熟語	2.01	1.17	64	熟語	1.73
84	40	可能	1.40	0.82	40	可能	1.64	1.03	40	可能	1.79	1.19	40	可能	1.60

6.3.3　30代における誤りの重要度とその順位

(169人)

順位	問題の番号	理解度 誤りの種類	M	SD	問題の番号	不快度 誤りの種類	M	SD	問題の番号	自然度 誤りの種類	M	SD	問題の番号	全体 誤りの種類	M
1	73	AN	4.00	1.10	8	品詞	4.04	1.02	8	品詞	4.61	0.72	8	品詞	4.13
2	8	品詞	3.78	1.22	80	スタイル	3.97	1.13	73	AN	4.47	0.88	73	AN	4.06

3	59	N	3.58	1.36	73	AN	3.88	1.15	84	ノダ	4.47	0.77	84	ノダ	3.89
4	72	ダ	3.50	1.22	34	受給	3.84	1.15	63	ノ連	4.31	0.84	59	N	3.83
5	84	ノダ	3.46	1.26	84	ノダ	3.80	1.07	59	N	4.29	0.94	72	ダ	3.74
6	57	格ニツイテ	3.24	1.32	59	N	3.76	1.19	58	V	4.29	0.92	63	ノ連	3.66
7	35	可能	3.09	1.20	58	V	3.68	1.22	72	ダ	4.17	1.01	57	格ニツイテ	3.64
8	63	ノ連	3.09	1.23	63	ノ連	3.65	1.09	55	コソア	4.16	0.91	35	可能	3.60
9	68	ムード	3.03	1.36	35	可能	3.61	1.03	57	格ニツイテ	4.14	0.95	55	コソア	3.54
10	77	Ad	2.97	1.23	57	格ニツイテ	3.59	1.18	35	可能	4.14	0.92	77	Ad	3.49
11	55	コソア	2.96	1.26	72	ダ	3.58	1.19	1	N(漢)	4.08	0.81	62	使役	3.47
12	81	副用	2.89	1.28	55	コソア	3.54	1.13	70	自他	4.06	0.94	58	V	3.41
13	62	使役	2.87	1.13	62	使役	3.53	1.04	62	使役	4.06	0.91	80	スタイル	3.38
14	38	タ	2.80	1.24	77	Ad	3.47	1.20	77	Ad	4.04	1.06	81	副用	3.36
15	29	VP	2.74	1.12	29	VP	3.43	1.12	80	スタイル	4.01	1.03	29	VP	3.35
16	9	格デ	2.73	1.19	22	可能	3.35	1.07	29	VP	3.98	0.96	34	受給	3.33
17	48	不定	2.67	1.20	70	自他	3.34	1.18	34	受給	3.98	1.00	70	自他	3.31
18	43	格ニヨッテ	2.65	1.18	81	副用	3.32	1.22	22	可能	3.94	0.91	68	ムード	3.31
19	70	自他	2.59	1.22	9	格デ	3.30	1.11	19	N	3.94	1.22	9	格デ	3.29
20	60	自発	2.58	1.20	26	表現	3.30	1.17	3	受身	3.92	1.00	22	可能	3.26
21	1	N(漢)	2.54	1.12	43	格ニヨッテ	3.29	1.05	20	受身	3.92	1.02	43	格ニヨッテ	3.26
22	22	可能	2.54	1.10	20	受身	3.28	1.11	81	副用	3.91	1.14	38	タ	3.24
23	20	受身	2.50	1.15	54	自他	3.23	1.09	48	不定	3.91	0.97	48	不定	3.23
24	54	自他	2.49	1.14	60	自発	3.21	1.18	26	表現	3.90	1.04	20	受身	3.23
25	26	表現	2.48	1.21	48	不定	3.19	1.12	43	格ニヨッテ	3.89	0.93	26	表現	3.21
26	33	C	2.46	1.14	38	タ	3.18	1.16	54	自他	3.88	1.02	1	N(漢)	3.20
27	52	取立ハ	2.45	1.05	68	ムード	3.18	1.34	9	格デ	3.84	0.96	60	自発	3.19
28	36	ノ連	2.44	1.25	19	N	3.18	1.40	60	自発	3.80	1.07	54	自他	3.16
29	39	活用	2.43	1.19	67	活用	3.18	1.22	38	タ	3.79	1.11	19	N	3.14
30	5	引用	2.42	1.07	3	受身	3.13	1.04	68	ムード	3.77	1.34	3	受身	3.11
31	2	N(漢)	2.37	1.08	52	取立ハ	3.09	1.04	76	体修	3.75	1.06	67	活用	3.05
32	6	Ad	2.37	1.11	76	体修	3.05	1.18	2	N(漢)	3.75	0.93	36	ノ連	3.03
33	67	活用	2.36	1.19	32	VP	3.04	1.14	67	活用	3.64	1.16	52	取立ハ	3.02
34	16	数	2.35	1.24	1	N(漢)	3.03	1.12	32	VP	3.63	1.04	76	体修	3.00
35	3	受身	2.33	0.96	36	ノ連	3.03	1.20	36	ノ連	3.63	1.28	5	引用	2.98
36	61	格ニ	2.32	1.13	47	不定	2.99	1.15	5	引用	3.60	1.07	2	N(漢)	2.97
37	58	V	2.31	1.30	33	C	2.98	1.23	15	格ニ	3.59	1.04	32	VP	2.95
38	19	N	2.31	1.32	5	引用	2.97	1.12	52	取立ハ	3.57	0.98	15	格ニ	2.94
39	15	格ニ	2.29	1.09	15	格ニ	2.95	1.10	41	副用	3.52	0.97	33	C	2.92
40	51	格カラ	2.28	1.11	39	活用	2.95	1.23	47	不定	3.50	1.11	39	活用	2.92
41	34	受給	2.28	1.11	41	副用	2.92	1.22	39	活用	3.42	1.33	47	不定	2.87
42	50	ムード	2.27	1.23	2	N(漢)	2.90	1.04	24	格ニ	3.39	1.10	41	副用	2.86
43	24	格ニ	2.25	1.08	30	複V	2.85	1.16	13	活用	3.39	1.32	6	Ad	2.84
44	32	VP	2.21	1.12	51	格カラ	2.83	1.21	33	C	3.37	1.27	24	格ニ	2.80

45	41	副用	2.20	1.05	6	Ad	2.83	1.07	6	Ad	3.35	1.05	51	格カラ	2.79
46	47	不定	2.20	1.09	24	格ニ	2.82	1.11	30	複V	3.34	1.14	16	数	2.77
47	76	体修	2.20	1.03	16	数	2.77	1.19	21	名詞節	3.31	1.21	61	格ニ	2.74
48	80	スタイル	2.18	1.13	13	活用	2.77	1.21	51	格カラ	3.28	1.18	30	複V	2.74
49	21	名詞節	2.15	1.15	21	名詞節	2.76	1.22	61	格ニ	3.25	1.38	13	活用	2.72
50	42	C	2.08	1.32	66	V	2.71	1.17	14	ノダ	3.20	1.05	21	名詞節	2.70
51	30	複V	2.07	1.04	61	格ニ	2.71	1.28	16	数	3.19	1.11	66	V	2.64
52	13	活用	2.06	1.14	53	ムード	2.69	1.21	66	V	3.17	1.16	74	ダ	2.59
53	66	V	2.06	1.04	14	ノダ	2.66	1.13	74	ダ	3.12	1.14	14	ノダ	2.58
54	10	取立マデ	2.04	1.08	74	ダ	2.63	1.13	53	ムード	3.06	1.23	53	ムード	2.57
55	31	並V	2.04	1.23	10	取立マデ	2.58	1.25	28	VP	3.00	1.25	50	ムード	2.54
56	53	ムード	2.02	0.97	50	ムード	2.57	1.26	17	名詞節	2.99	1.11	10	取立マデ	2.53
57	74	ダ	2.02	0.97	17	名詞節	2.55	1.15	10	取立マデ	2.98	1.19	17	名詞節	2.49
58	17	名詞節	1.98	1.04	28	VP	2.49	1.16	25	N	2.93	1.10	28	VP	2.45
59	7	格トシテ	1.95	1.11	25	N	2.48	1.13	12	取立ハ	2.90	1.18	25	N	2.45
60	25	N	1.94	1.03	65	条件	2.44	1.19	44	品詞	2.90	1.08	65	条件	2.42
61	65	条件	1.93	1.03	44	品詞	2.42	1.06	50	ムード	2.89	1.30	12	取立ハ	2.39
62	14	ノダ	1.93	0.93	18	条件	2.41	1.13	65	条件	2.89	1.31	75	ル	2.39
63	12	取立ハ	1.92	0.96	75	ル	2.40	1.11	75	ル	2.84	1.21	44	品詞	2.34
64	75	ル	1.91	0.93	12	取立ハ	2.39	1.10	18	条件	2.80	1.13	31	並V	2.34
65	28	VP	1.89	0.93	79	原因	2.35	1.14	11	取立ダケ	2.80	1.16	18	条件	2.32
66	69	受給	1.88	1.13	69	受給	2.33	1.30	71	副用	2.79	1.24	71	副用	2.32
67	46	並N	1.87	1.06	7	格トシテ	2.33	1.19	82	体修	2.73	1.18	42	C	2.30
68	71	副用	1.86	1.05	71	副用	2.33	1.15	46	並N	2.71	1.39	7	格トシテ	2.30
69	56	格ト	1.85	1.04	31	並V	2.32	1.34	31	並V	2.67	1.53	11	取立ダケ	2.29
70	11	取立ダケ	1.84	0.97	11	取立ダケ	2.29	1.07	79	原因	2.66	1.14	69	受給	2.27
71	83	表現	1.83	1.22	82	体修	2.28	1.18	7	格トシテ	2.65	1.26	79	原因	2.27
72	18	条件	1.79	0.93	78	スタイル	2.22	1.23	42	C	2.61	1.53	46	並N	2.26
73	79	原因	1.79	0.97	42	C	2.20	1.32	69	受給	2.61	1.39	82	体修	2.24
74	44	品詞	1.75	0.84	46	並N	2.19	1.20	83	表現	2.60	1.25	83	表現	2.20
75	82	体修	1.75	0.90	83	表現	2.17	1.22	45	テ形	2.57	1.18	56	格ト	2.16
76	49	受身	1.72	0.93	45	テ形	2.16	1.17	4	連用形	2.54	1.06	45	テ形	2.13
77	78	スタイル	1.71	1.02	56	格ト	2.16	1.22	56	格ト	2.46	1.30	78	スタイル	2.10
78	45	テ形	1.71	0.99	4	連用形	2.07	0.97	49	受身	2.46	1.26	4	連用形	2.09
79	23	格デ	1.67	0.91	49	受身	2.07	1.09	78	スタイル	2.38	1.26	49	受身	2.07
80	4	連用形	1.65	0.90	23	格デ	2.05	1.06	23	格デ	2.33	1.12	23	格デ	2.01
81	27	並V	1.63	0.95	27	並V	1.99	1.13	27	並V	2.30	1.30	27	並V	1.96
82	64	熟語	1.58	0.89	64	熟語	1.83	1.02	64	熟語	2.05	1.17	64	熟語	1.81
83	37	A	1.54	0.93	37	A	1.72	1.07	37	A	2.02	1.34	37	A	1.76
84	40	可能	1.35	0.80	40	可能	1.46	0.89	40	可能	1.65	1.08	40	可能	1.49

6.3.4　40代における誤りの重要度とその順位

(107人)

順位	問題の番号	理解度 誤りの種類	M	SD	問題の番号	不快度 誤りの種類	M	SD	問題の番号	自然度 誤りの種類	M	SD	問題の番号	全体 誤りの種類	M
1	73	AN	4.00	1.22	8	品詞	4.03	1.06	8	品詞	4.58	0.71	8	品詞	4.17
2	8	品詞	3.90	1.22	73	AN	3.88	1.21	73	AN	4.43	0.89	73	AN	4.10
3	84	ノダ	3.43	1.30	80	スタイル	3.70	1.18	63	ノ連	4.30	0.97	84	ノダ	3.80
4	72	ダ	3.40	1.31	63	ノ連	3.68	1.18	84	ノダ	4.30	0.89	63	ノ連	3.71
5	59	N	3.39	1.39	84	ノダ	3.67	1.12	35	可能	4.11	0.99	59	N	3.68
6	63	ノ連	3.15	1.30	59	N	3.57	1.33	55	コソア	4.09	1.03	72	ダ	3.56
7	57	格ニツイテ	2.99	1.31	34	受給	3.55	1.33	59	N	4.08	1.15	35	可能	3.51
8	55	コソア	2.98	1.26	58	V	3.55	1.12	58	V	4.05	1.05	55	コソア	3.50
9	35	可能	2.97	1.26	35	可能	3.48	1.12	62	使役	4.01	1.00	9	格デ	3.41
10	9	格デ	2.93	1.22	55	コソア	3.42	1.22	80	スタイル	4.00	1.03	57	格ニツイテ	3.39
11	77	Ad	2.83	1.30	62	使役	3.40	1.13	70	自他	3.98	1.08	62	使役	3.39
12	43	格ニヨッテ	2.76	1.23	72	ダ	3.39	1.29	9	格デ	3.97	1.01	77	Ad	3.35
13	62	使役	2.75	1.16	20	受身	3.39	1.15	1	N(漢)	3.96	0.89	80	スタイル	3.33
14	29	VP	2.69	1.17	43	格ニヨッテ	3.37	1.22	20	受身	3.95	1.11	29	VP	3.33
15	81	副用	2.68	1.17	29	VP	3.36	1.13	19	N	3.94	1.12	20	受身	3.32
16	68	ムード	2.63	1.29	19	N	3.33	1.27	77	Ad	3.94	1.10	43	格ニヨッテ	3.30
17	48	不定	2.63	1.25	57	格ニツイテ	3.33	1.21	29	VP	3.93	0.97	58	V	3.29
18	20	受身	2.62	1.24	9	格デ	3.32	1.08	57	格ニツイテ	3.92	1.07	81	副用	3.28
19	70	自他	2.57	1.16	22	可能	3.29	1.10	81	副用	3.90	1.13	70	自他	3.27
20	38	タ	2.56	1.20	81	副用	3.27	1.20	72	ダ	3.88	1.21	19	N	3.26
21	22	可能	2.54	1.22	77	Ad	3.26	1.23	43	格ニヨッテ	3.83	1.09	22	可能	3.20
22	19	N	2.52	1.29	70	自他	3.26	1.21	54	自他	3.82	1.17	48	不定	3.19
23	52	取立ハ	2.51	1.12	48	不定	3.16	1.24	3	受身	3.82	1.10	34	受給	3.18
24	2	N(漢)	2.47	1.08	3	受身	3.11	1.08	2	N(漢)	3.82	0.98	1	N(漢)	3.12
25	54	自他	2.45	1.14	26	表現	3.09	1.11	34	受給	3.81	1.16	3	受身	3.10
26	3	受身	2.44	1.05	1	N(漢)	3.06	1.10	22	可能	3.78	1.03	54	自他	3.10
27	15	格ニ	2.42	1.16	38	タ	3.03	1.22	48	不定	3.77	1.19	38	タ	3.08
28	5	引用	2.41	1.06	15	格ニ	3.03	1.11	26	表現	3.75	0.98	52	取立ハ	3.06
29	1	N(漢)	2.36	1.22	54	自他	3.02	1.15	52	取立ハ	3.67	1.15	26	表現	3.05
30	51	格カラ	2.35	1.09	52	取立ハ	3.00	1.16	60	自発	3.64	1.19	2	N(漢)	3.02
31	36	ノ連	2.34	1.17	60	自発	2.94	1.18	38	タ	3.64	1.24	15	格ニ	3.02
32	60	自発	2.33	1.04	67	活用	2.94	1.27	15	格ニ	3.62	1.05	68	ムード	3.00
33	39	活用	2.32	1.14	68	ムード	2.92	1.30	76	体修	3.54	1.12	60	自発	2.97
34	26	表現	2.31	1.09	39	活用	2.90	1.26	5	引用	3.50	1.05	5	引用	2.91
35	80	スタイル	2.30	1.10	2	N(漢)	2.90	1.09	68	ムード	3.50	1.40	67	活用	2.90
36	61	格ニ	2.29	1.25	36	ノ連	2.90	1.26	67	活用	3.49	1.27	36	ノ連	2.88
37	58	V	2.27	1.13	21	名詞節	2.85	1.25	36	ノ連	3.43	1.35	51	格カラ	2.87
38	67	活用	2.26	1.20	51	格カラ	2.85	1.12	51	格カラ	3.42	1.16	76	体修	2.87
39	21	名詞節	2.25	1.20	76	体修	2.83	1.16	32	VP	3.39	1.07	39	活用	2.84

40	76	体修	2.23	1.07	5	引用	2.82	1.08	47	不定	3.38	1.23	21	名詞節	2.77
41	50	ムード	2.19	1.11	41	副用	2.81	1.16	41	副用	3.30	1.16	47	不定	2.76
42	34	受給	2.18	1.05	47	不定	2.80	1.20	39	活用	3.29	1.32	41	副用	2.76
43	41	副用	2.17	1.05	61	格ニ	2.77	1.25	21	名詞節	3.25	1.26	61	格ニ	2.76
44	33	C	2.12	1.08	32	VP	2.70	1.06	30	複V	3.24	1.22	32	VP	2.71
45	6	Ad	2.12	0.97	30	複V	2.67	1.04	24	格ニ	3.22	1.29	24	格ニ	2.66
46	47	不定	2.11	1.09	24	格ニ	2.67	1.20	61	格ニ	3.22	1.40	30	複V	2.62
47	17	名詞節	2.10	1.06	33	C	2.64	1.30	6	Ad	3.19	1.11	6	Ad	2.61
48	24	格ニ	2.07	1.03	13	活用	2.60	1.25	33	C	3.05	1.33	33	C	2.60
49	53	ムード	2.03	1.03	17	名詞節	2.58	1.13	17	名詞節	3.05	1.14	17	名詞節	2.58
50	32	VP	2.03	0.89	50	ムード	2.54	1.23	53	ムード	3.03	1.30	50	ムード	2.54
51	10	取立マデ	2.03	1.06	66	V	2.54	1.29	13	活用	2.98	1.30	53	ムード	2.52
52	74	ダ	2.00	1.10	6	Ad	2.53	0.97	66	V	2.98	1.39	13	活用	2.49
53	25	N	1.98	1.02	53	ムード	2.51	1.14	14	ノダ	2.93	1.11	66	V	2.47
54	30	複V	1.94	0.84	25	N	2.45	1.15	50	ムード	2.89	1.33	25	N	2.43
55	16	数	1.93	1.05	14	のだ	2.43	0.99	16	数	2.88	1.23	16	数	2.40
56	13	活用	1.89	1.08	16	数	2.40	1.08	25	N	2.87	1.22	74	ダ	2.40
57	66	V	1.88	1.04	74	ダ	2.40	1.27	74	ダ	2.79	1.41	14	ノダ	2.40
58	49	受身	1.86	1.01	10	取立マデ	2.39	1.15	10	取立マデ	2.76	1.26	10	取立マデ	2.39
59	75	ル	1.83	1.00	75	ル	2.32	1.16	75	ル	2.73	1.32	75	ル	2.29
60	14	ノダ	1.82	0.91	18	条件	2.31	1.00	28	VP	2.73	1.25	28	VP	2.26
61	71	副用	1.82	0.98	28	VP	2.29	1.13	71	副用	2.72	1.28	71	副用	2.26
62	46	並N	1.82	1.07	49	受身	2.28	1.18	18	条件	2.66	1.09	49	受身	2.26
63	65	条件	1.79	0.95	12	取立ハ	2.25	1.06	12	取立ハ	2.66	1.26	18	条件	2.25
64	31	並V	1.78	1.14	71	副用	2.24	1.12	4	連用形	2.66	1.25	12	取立ハ	2.23
65	56	格ト	1.78	1.08	11	取立ダケ	2.21	1.17	65	条件	2.63	1.37	65	条件	2.21
66	42	C	1.78	1.11	65	条件	2.21	1.11	49	受身	2.62	1.27	46	受身	2.16
67	28	VP	1.77	0.88	83	表現	2.17	1.20	83	表現	2.59	1.40	83	表現	2.16
68	7	格トシテ	1.77	1.08	7	格トシテ	2.13	1.21	46	並N	2.56	1.47	11	取立ダケ	2.15
69	18	条件	1.76	0.86	82	体修	2.10	1.06	44	品詞	2.53	1.26	31	並V	2.12
70	12	取立ハ	1.76	0.96	46	並N	2.10	1.25	11	取立ダケ	2.53	1.29	4	連用形	2.10
71	83	表現	1.72	1.00	44	品詞	2.10	1.03	31	並V	2.51	1.51	44	品詞	2.09
72	11	取立ダケ	1.69	0.93	31	並V	2.08	1.26	82	体修	2.46	1.22	7	格トシテ	2.08
73	82	体修	1.67	0.84	23	格デ	2.06	1.04	23	格デ	2.46	1.18	82	体修	2.08
74	4	連用形	1.65	0.97	79	原因	2.05	1.13	45	テ形	2.43	1.20	56	格ト	2.03
75	44	品詞	1.65	0.81	45	テ形	2.04	1.03	79	原因	2.39	1.16	23	格デ	2.03
76	79	原因	1.63	0.85	69	受給	2.02	1.25	69	受給	2.38	1.48	45	テ形	2.02
77	45	テ形	1.60	0.82	56	格ト	2.02	1.14	7	格トシテ	2.35	1.27	79	原因	2.02
78	69	受給	1.60	0.90	4	連用形	1.99	1.05	56	格ト	2.32	1.35	69	受給	2.00
79	23	格デ	1.58	0.78	78	スタイル	1.94	1.19	42	C	2.25	1.40	42	C	1.99
80	78	スタイル	1.49	0.81	42	C	1.93	1.17	78	スタイル	2.20	1.35	78	スタイル	1.88
81	27	並V	1.49	0.87	27	並V	1.92	1.12	27	並V	2.17	1.22	27	並V	1.84
82	64	熟語	1.46	0.81	37	A	1.67	0.98	37	A	1.92	1.31	37	A	1.68
83	37	A	1.45	0.85	64	熟語	1.64	0.99	64	熟語	1.85	1.14	64	熟語	1.65
84	40	可能	1.39	0.82	40	可能	1.57	0.98	40	可能	1.71	1.06	40	可能	1.55

6.3.5 50代における誤りの重要度とその順位

(82人)

順位	問題の番号	理解度 誤りの種類	M	SD	問題の番号	不快度 誤りの種類	M	SD	問題の番号	自然度 誤りの種類	M	SD	問題の番号	全体 誤りの種類	M
1	8	品詞	3.97	1.11	73	AN	4.00	1.29	8	品詞	4.52	0.75	8	品詞	4.08
2	73	AN	3.95	1.25	8	品詞	3.95	1.20	84	ノダ	4.47	0.82	73	AN	3.97
3	84	ノダ	3.71	1.16	80	スタイル	3.87	1.25	73	AN	4.45	1.00	84	ノダ	3.93
4	59	N	3.54	1.30	84	ノダ	3.78	1.25	35	可能	4.35	0.82	59	N	3.73
5	63	ノ連	3.28	1.20	34	受給	3.67	1.24	59	N	4.29	0.98	63	ノ連	3.61
6	57	格ニツイテ	3.22	1.36	59	N	3.58	1.30	63	ノ連	4.27	0.91	35	可能	3.60
7	35	可能	3.21	1.15	35	可能	3.57	1.19	80	スタイル	4.25	1.00	55	コソア	3.52
8	55	コソア	3.18	1.21	58	V	3.55	1.40	58	V	4.25	1.04	80	スタイル	3.46
9	72	ダ	3.16	1.34	63	ノ連	3.50	1.27	55	コソア	4.22	1.02	57	格ニツイテ	3.45
10	9	格デ	3.14	1.18	20	受身	3.37	1.21	19	N	4.16	0.99	72	ダ	3.43
11	43	格ニヨッテ	3.01	1.33	55	コソア	3.37	1.22	20	受身	4.14	1.01	9	格デ	3.41
12	77	Ad	2.95	1.27	72	ダ	3.35	1.33	29	VP	4.12	1.03	58	V	3.39
13	81	副用	2.91	1.27	19	N	3.32	1.23	34	受給	4.10	1.10	34	受給	3.38
14	20	受身	2.84	1.18	9	格デ	3.30	1.14	9	格デ	4.09	0.82	19	N	3.35
15	62	使役	2.83	1.22	57	格ニツイテ	3.27	1.25	62	使役	4.06	1.03	20	受身	3.34
16	3	受身	2.80	1.21	62	使役	3.26	1.16	57	格ニツイテ	4.00	1.02	43	格ニヨッテ	3.32
17	29	VP	2.80	1.17	77	Ad	3.23	1.32	72	ダ	3.99	1.19	77	Ad	3.32
18	22	可能	2.78	1.11	81	副用	3.20	1.35	3	受身	3.97	1.00	62	使役	3.30
19	48	不定	2.76	1.19	43	格ニヨッテ	3.13	1.16	77	Ad	3.97	1.09	29	VP	3.29
20	19	N	2.75	1.19	29	VP	3.12	1.21	1	N(漢)	3.95	0.95	81	副用	3.25
21	68	ムード	2.73	1.37	36	ノ連	3.12	1.22	43	格ニヨッテ	3.94	1.05	3	受身	3.19
22	2	N(漢)	2.71	1.12	22	可能	3.08	1.11	36	ノ連	3.93	1.14	22	可能	3.18
23	36	ノ連	2.68	1.20	3	受身	3.05	1.11	22	可能	3.93	0.92	36	ノ連	3.17
24	39	活用	2.59	1.20	54	自他	3.03	1.13	70	自他	3.82	1.10	48	不定	3.10
25	58	V	2.58	1.25	70	自他	3.01	1.17	81	副用	3.78	1.24	1	N(漢)	3.09
26	15	格ニ	2.58	1.12	48	不定	2.96	1.12	2	N(漢)	3.73	1.00	70	自他	3.06
27	52	取立ハ	2.55	1.11	52	取立ハ	2.95	1.02	26	表現	3.73	0.95	2	N(漢)	3.03
28	70	自他	2.55	1.17	1	N(漢)	2.92	1.18	48	不定	3.71	1.05	54	自他	3.03
29	1	N(漢)	2.54	1.11	26	表現	2.85	1.15	39	活用	3.67	1.20	52	取立ハ	2.98
30	6	Ad	2.54	1.15	68	ムード	2.81	1.44	54	自他	3.66	1.11	68	ムード	2.95
31	54	自他	2.51	0.99	15	格ニ	2.81	1.15	52	取立ハ	3.63	1.05	26	表現	2.93
32	5	引用	2.50	1.23	39	活用	2.81	1.20	76	体修	3.59	0.98	39	活用	2.92
33	34	受給	2.49	1.12	2	N(漢)	2.80	1.15	15	格ニ	3.49	1.12	15	格ニ	2.90
34	80	スタイル	2.49	1.16	76	体修	2.79	1.11	5	引用	3.48	1.26	76	体修	2.86
35	26	表現	2.43	1.12	47	不定	2.74	1.03	47	不定	3.47	0.99	47	不定	2.81
36	61	格ニ	2.40	1.23	67	活用	2.68	1.24	68	ムード	3.43	1.57	5	引用	2.80
37	47	不定	2.39	1.04	38	タ	2.66	1.31	38	タ	3.39	1.35	38	タ	2.78
38	50	ムード	2.36	1.14	30	複V	2.66	1.11	32	VP	3.34	1.07	6	Ad	2.76
39	38	タ	2.34	1.22	6	Ad	2.65	1.10	67	活用	3.33	1.20	61	格ニ	2.73

40	60	自発	2.32	1.11	61	格ニ	2.65	1.29	41	副用	3.32	1.14	60	自発	2.72
41	51	格カラ	2.32	1.12	41	副用	2.63	1.21	61	格ニ	3.32	1.53	51	格カラ	2.68
42	76	体修	2.32	1.17	60	自発	2.62	1.12	60	自発	3.31	1.18	41	副用	2.67
43	21	名詞節	2.30	1.26	53	ムード	2.61	1.23	30	複V	3.31	1.11	67	活用	2.66
44	16	数	2.28	1.27	5	引用	2.60	1.17	6	Ad	3.27	1.24	30	複V	2.63
45	33	C	2.26	1.19	10	取立マデ	2.58	1.24	51	格カラ	3.25	1.29	21	名詞節	2.62
46	24	格ニ	2.23	1.10	33	C	2.57	1.22	33	C	3.21	1.31	33	C	2.59
47	17	名詞節	2.23	1.22	51	格カラ	2.57	1.23	21	名詞節	3.21	1.42	50	ムード	2.59
48	41	副用	2.20	1.09	21	名詞節	2.55	1.30	24	格ニ	3.19	1.16	53	ムード	2.57
49	10	取立マデ	2.20	1.21	16	数	2.54	1.24	53	ムード	3.06	1.25	32	VP	2.56
50	67	活用	2.15	1.12	50	ムード	2.53	1.18	50	ムード	3.05	1.22	24	格ニ	2.56
51	53	ムード	2.14	1.06	13	活用	2.52	1.18	16	数	3.04	1.26	16	数	2.56
52	7	格トシテ	2.14	1.35	32	VP	2.50	1.07	13	活用	3.01	1.35	10	取立マデ	2.49
53	30	複V	2.13	0.95	17	名詞節	2.48	1.23	25	N	2.99	1.11	17	名詞節	2.48
54	32	VP	2.08	0.93	24	格ニ	2.46	1.05	10	取立マデ	2.96	1.32	13	活用	2.48
55	13	活用	2.08	1.13	25	N	2.33	1.08	17	名詞節	2.95	1.20	25	N	2.38
56	71	副用	2.05	1.18	66	V	2.33	1.20	66	V	2.91	1.26	66	V	2.36
57	25	N	1.99	1.04	18	条件	2.30	1.14	14	ノダ	2.90	1.25	14	ノダ	2.31
58	28	VP	1.95	1.05	23	格デ	2.26	1.10	23	格デ	2.83	1.10	28	VP	2.28
59	49	受身	1.94	0.96	14	ノダ	2.25	1.23	28	VP	2.81	1.31	71	副用	2.28
60	66	V	1.94	1.02	71	副用	2.25	1.21	11	取立ダケ	2.81	1.29	23	格デ	2.27
61	14	ノダ	1.93	1.03	49	受身	2.23	1.10	12	取立ハ	2.73	1.28	18	条件	2.26
62	4	連用形	1.93	1.13	12	取立ハ	2.21	1.18	4	連用形	2.68	1.27	11	取立ダケ	2.23
63	18	条件	1.92	1.04	65	条件	2.21	1.18	49	受身	2.68	1.23	49	受身	2.23
64	11	取立ダケ	1.92	1.02	28	VP	2.20	1.20	18	条件	2.66	1.20	12	取立ハ	2.22
65	65	条件	1.90	1.10	74	ダ	2.18	1.06	74	ダ	2.65	1.21	4	連用形	2.20
66	23	格デ	1.90	0.87	4	連用形	2.17	1.17	65	条件	2.65	1.33	65	条件	2.20
67	12	取立ハ	1.89	1.04	78	スタイル	2.15	1.35	71	副用	2.62	1.18	74	ダ	2.20
68	42	C	1.81	1.18	7	格トシテ	2.15	1.31	83	表現	2.52	1.25	7	格トシテ	2.19
69	74	ダ	1.81	0.99	11	取立ダケ	2.14	1.09	75	ル	2.51	1.17	78	スタイル	2.08
70	78	スタイル	1.77	1.06	75	ル	2.05	1.01	44	品詞	2.48	1.22	75	ル	2.06
71	75	ル	1.75	0.96	79	原因	2.05	1.07	78	スタイル	2.45	1.49	83	表現	2.04
72	46	並N	1.74	1.14	83	表現	2.04	1.05	7	格トシテ	2.43	1.47	79	原因	2.03
73	79	原因	1.73	0.98	44	品詞	2.00	1.08	79	原因	2.40	1.14	44	品詞	2.00
74	83	表現	1.70	1.00	82	体修	1.91	0.93	82	体修	2.37	1.23	82	体修	1.94
75	56	格ト	1.68	0.98	45	テ形	1.86	1.07	45	テ形	2.31	1.25	42	C	1.92
76	45	テ形	1.67	1.00	56	格ト	1.84	1.14	42	C	2.21	1.33	45	テ形	1.90
77	44	品詞	1.65	0.89	42	C	1.81	1.10	69	受給	2.17	1.26	56	格ト	1.85
78	69	受給	1.64	1.02	69	受給	1.77	1.03	31	並V	2.16	1.46	46	並N	1.85
79	82	体修	1.63	0.81	31	並V	1.76	1.11	46	並N	2.13	1.33	69	受給	1.84
80	37	A	1.57	1.06	27	並V	1.73	1.06	56	格ト	2.12	1.30	31	並V	1.78
81	31	並V	1.57	0.89	46	並N	1.72	1.04	27	並V	2.11	1.25	27	並V	1.76
82	27	並V	1.54	0.95	64	熟語	1.68	1.04	37	A	2.01	1.46	37	A	1.70
83	64	熟語	1.45	0.81	37	A	1.67	1.12	64	熟語	1.82	1.11	64	熟語	1.62
84	40	可能	1.29	0.64	40	可能	1.39	0.81	40	可能	1.64	1.09	40	可能	1.42

6.3.6　60歳以上における誤りの重要度とその順位

(55人)

順位	問題の番号	理解度 誤りの種類	M	SD	問題の番号	不快度 誤りの種類	M	SD	問題の番号	自然度 誤りの種類	M	SD	問題の番号	全体 誤りの種類	M
1	8	品詞	4.02	0.99	8	品詞	4.02	0.85	8	品詞	4.53	0.70	8	品詞	4.06
2	73	AN	3.76	1.22	73	AN	3.93	1.16	73	AN	4.23	0.96	73	AN	3.73
3	22	可能	3.19	1.05	80	スタイル	3.51	0.91	19	N	4.04	0.98	84	ノダ	3.39
4	84	ノダ	3.19	1.28	59	N	3.49	1.10	84	ノダ	4.02	1.02	19	N	3.35
5	35	可能	3.18	1.16	35	可能	3.47	0.98	20	受身	3.96	1.07	35	可能	3.35
6	59	N	3.15	1.40	19	N	3.47	1.01	35	可能	3.94	0.88	22	可能	3.33
7	19	N	3.11	1.17	84	ノダ	3.44	1.06	63	ノ連	3.91	0.97	20	受身	3.31
8	72	ダ	3.08	1.37	63	ノ連	3.44	0.97	55	コソア	3.87	0.98	59	N	3.30
9	29	VP	3.06	1.08	22	可能	3.40	0.93	3	受身	3.87	0.89	63	ノ連	3.26
10	20	受身	3.04	1.22	20	受身	3.38	1.09	15	格ニ	3.85	0.91	29	VP	3.21
11	15	格ニ	3.02	1.08	58	V	3.38	1.16	22	可能	3.83	0.83	3	受身	3.21
12	9	格デ	2.98	0.97	34	受給	3.35	1.22	59	N	3.83	1.13	15	格ニ	3.19
13	3	受身	2.94	1.04	62	使役	3.30	0.97	62	使役	3.81	0.98	55	コソア	3.18
14	77	Ad	2.94	1.33	3	受身	3.27	0.79	29	VP	3.78	0.90	62	使役	3.17
15	55	コソア	2.93	1.16	15	格ニ	3.25	0.94	9	格デ	3.78	0.91	72	ダ	3.13
16	63	ノ連	2.92	1.16	77	Ad	3.24	1.25	54	自他	3.69	0.83	77	Ad	3.13
17	6	Ad	2.92	1.08	55	コソア	3.24	1.01	58	V	3.68	1.08	9	格デ	3.12
18	26	表現	2.88	1.06	29	VP	3.23	1.02	80	スタイル	3.66	0.84	43	格ニヨッテ	3.08
19	62	使役	2.86	1.04	72	ダ	3.19	1.33	26	表現	3.65	0.95	26	表現	3.07
20	2	N(漢)	2.85	0.97	54	自他	3.18	1.01	43	格ニヨッテ	3.65	0.91	54	自他	3.04
21	57	格ニツイテ	2.84	1.08	9	格デ	3.17	0.91	48	不定	3.63	0.99	80	スタイル	3.03
22	43	格ニヨッテ	2.78	1.00	43	格ニヨッテ	3.16	0.94	72	ダ	3.63	1.33	2	N(漢)	3.02
23	81	副用	2.76	1.14	26	表現	3.13	0.98	77	Ad	3.61	1.24	57	格ニツイテ	3.00
24	5	引用	2.74	1.12	48	不定	3.10	1.02	34	受給	3.59	1.19	58	V	2.99
25	48	不定	2.73	1.11	57	格ニツイテ	3.04	1.08	1	N(漢)	3.59	0.75	48	不定	2.98
26	54	自他	2.72	1.07	81	副用	3.00	1.05	2	N(漢)	3.57	0.93	34	受給	2.94
27	24	格ニ	2.71	1.02	30	複V	2.98	1.02	60	自発	3.57	0.89	6	Ad	2.93
28	36	ノ連	2.65	1.14	52	取立ハ	2.98	0.90	57	格ニツイテ	3.55	1.12	81	副用	2.92
29	60	自発	2.64	1.16	60	自発	2.98	1.00	61	格ニ	3.46	1.31	60	自発	2.91
30	30	複V	2.63	1.00	1	N(漢)	2.96	0.83	36	ノ連	3.43	1.16	30	複V	2.90
31	25	N	2.61	0.95	6	Ad	2.96	1.01	30	複V	3.42	0.98	36	ノ連	2.88
32	58	V	2.58	1.09	5	引用	2.96	0.91	52	取立ハ	3.41	1.02	1	N(漢)	2.87
33	52	取立ハ	2.57	0.92	2	N(漢)	2.94	0.90	81	副用	3.33	1.13	52	取立ハ	2.84
34	21	名詞節	2.52	1.20	36	ノ連	2.93	1.10	39	活用	3.33	1.10	24	格ニ	2.80
35	80	スタイル	2.51	0.93	24	格ニ	2.88	0.96	6	Ad	3.33	1.18	25	N	2.77
36	18	条件	2.49	1.21	25	N	2.87	0.89	5	引用	3.32	1.03	5	引用	2.76
37	1	N(漢)	2.48	1.09	61	格ニ	2.83	1.21	38	タ	3.30	1.14	61	格ニ	2.76
38	38	タ	2.48	1.13	76	体修	2.81	0.96	24	格ニ	3.25	1.01	39	活用	2.72
39	39	活用	2.46	0.97	39	活用	2.80	0.96	67	活用	3.20	1.26	38	タ	2.70
40	61	格ニ	2.44	1.13	47	不定	2.78	1.06	76	体修	3.20	1.06	21	名詞節	2.69

41	13	活用	2.44	0.94	53	ムード	2.75	1.28	32	VP	3.18	1.08	76	体修	2.66
42	76	体修	2.39	0.93	21	名詞節	2.73	1.11	47	不定	3.17	1.11	13	活用	2.62
43	34	受給	2.33	1.14	38	タ	2.73	1.06	13	活用	3.14	1.09	18	条件	2.61
44	33	C	2.33	1.06	67	活用	2.72	1.08	21	名詞節	3.12	1.32	47	不定	2.59
45	50	ムード	2.29	1.07	51	格カラ	2.72	0.97	51	格カラ	3.09	1.04	67	活用	2.57
46	41	副用	2.28	0.99	13	活用	2.70	1.00	25	N	3.09	1.07	51	格カラ	2.56
47	27	並V	2.26	1.18	32	VP	2.67	1.14	18	条件	3.02	1.16	32	VP	2.55
48	28	VP	2.26	0.92	18	条件	2.67	1.02	28	VP	3.02	1.00	41	副用	2.54
49	51	格カラ	2.25	0.84	41	副用	2.65	1.09	41	副用	3.00	1.17	28	VP	2.51
50	32	VP	2.25	0.98	70	自他	2.64	1.13	70	自他	2.98	1.25	53	ムード	2.49
51	17	名詞節	2.24	1.12	33	C	2.60	1.12	53	ムード	2.96	1.22	33	C	2.49
52	49	受身	2.21	0.94	17	名詞節	2.58	1.13	50	ムード	2.94	1.17	50	ムード	2.49
53	16	数	2.20	1.10	28	VP	2.57	0.98	17	名詞節	2.92	1.29	17	名詞節	2.48
54	10	取立マデ	2.20	1.14	10	取立マデ	2.56	1.18	74	ダ	2.88	1.19	70	自他	2.44
55	53	ムード	2.19	0.95	50	ムード	2.53	1.05	33	C	2.84	1.24	16	数	2.40
56	47	不定	2.19	1.07	16	数	2.49	1.06	14	ノダ	2.82	1.15	74	ダ	2.39
57	68	ムード	2.19	1.28	74	ダ	2.48	1.09	16	数	2.81	1.20	10	取立マデ	2.37
58	67	活用	2.19	1.02	65	条件	2.42	1.01	65	条件	2.74	1.13	49	受身	2.36
59	74	ダ	2.18	1.20	49	受身	2.41	0.98	10	取立マデ	2.71	1.35	65	条件	2.33
60	14	ノダ	2.15	1.01	14	ノダ	2.37	0.97	49	受身	2.65	1.06	14	ノダ	2.29
61	65	条件	2.13	1.02	7	格トシテ	2.34	1.17	66	V	2.63	1.18	12	取立ハ	2.24
62	12	取立ハ	2.12	0.88	66	V	2.31	1.19	12	取立ハ	2.62	1.10	66	V	2.23
63	66	V	2.10	1.16	27	並V	2.30	1.21	23	格デ	2.62	1.19	27	並V	2.22
64	70	自他	2.09	0.98	68	ムード	2.28	1.33	75	ル	2.59	1.24	68	ムード	2.20
65	4	連用形	2.09	1.08	23	格デ	2.26	0.99	7	格トシテ	2.59	1.36	7	格トシテ	2.19
66	7	格トシテ	2.02	1.04	12	取立ハ	2.25	0.98	68	ムード	2.50	1.47	23	格デ	2.18
67	23	格デ	2.00	0.86	75	ル	2.19	1.04	27	並V	2.48	1.22	75	ル	2.18
68	75	ル	1.98	0.99	31	並V	2.18	1.17	4	連用形	2.47	1.23	4	連用形	2.12
69	31	並V	1.94	1.07	4	連用形	2.18	0.96	11	取立ダケ	2.31	1.22	31	並V	2.06
70	11	取立ダケ	1.94	0.97	11	取立ダケ	2.10	1.06	31	並V	2.30	1.25	83	表現	2.02
71	83	表現	1.90	0.97	83	表現	2.08	1.15	83	表現	2.25	1.28	11	取立ダケ	2.00
72	45	テ形	1.88	0.92	45	テ形	2.00	0.94	45	テ形	2.22	0.97	45	テ形	1.97
73	56	格ト	1.82	1.11	69	受給	1.94	1.12	82	体修	2.10	1.08	42	C	1.86
74	44	品詞	1.82	0.87	46	並N	1.93	0.93	42	C	2.10	1.24	44	品詞	1.86
75	42	C	1.82	1.03	42	C	1.92	1.06	44	品詞	2.10	1.01	78	スタイル	1.86
76	37	A	1.79	1.01	78	スタイル	1.92	0.99	56	格ト	2.08	1.18	56	格ト	1.85
77	82	体修	1.76	0.85	44	品詞	1.88	0.94	46	並N	2.06	1.00	82	体修	1.82
78	78	スタイル	1.76	0.88	82	体修	1.88	0.91	78	スタイル	2.06	1.07	46	並N	1.82
79	46	並N	1.70	0.86	56	格ト	1.88	1.04	37	A	2.02	1.19	37	A	1.82
80	71	副用	1.66	0.98	37	A	1.81	1.08	71	副用	2.00	1.20	69	受給	1.80
81	40	可能	1.65	0.98	71	副用	1.76	1.03	79	原因	1.98	1.18	71	副用	1.76
82	69	受給	1.63	0.93	40	可能	1.72	1.01	69	受給	1.98	1.15	40	可能	1.71
83	79	原因	1.63	1.00	79	原因	1.67	1.03	40	可能	1.90	1.19	79	原因	1.65
84	64	熟語	1.42	0.70	64	熟語	1.63	0.86	64	熟語	1.84	1.06	64	熟語	1.59

7. 誤りの重要度

7.1 職業による誤りの重要度

問題の番号	誤りの種類	1.大手企業の幹部 (43人)							2.事務系 (143人)						
		理解度		不快度		自然度		全体	理解度		不快度		自然度		全体
		M	SD	M	SD	M	SD	M	M	SD	M	SD	M	SD	M
1	N	1.88	0.98	2.79	1.16	4.10	0.73	2.87	2.42	1.08	3.03	1.10	4.05	0.86	3.17
2	N	2.33	0.17	2.64	0.16	3.98	0.95	2.93	2.37	1.11	2.84	1.03	3.70	0.96	2.94
3	受身	2.19	0.94	3.00	1.05	4.05	0.85	2.99	2.42	1.08	3.04	0.96	3.94	0.97	3.13
4	連用形	1.50	0.99	1.80	1.10	2.45	1.28	1.87	1.65	0.97	2.01	1.06	2.48	1.10	2.05
5	引用	1.98	0.96	2.40	1.15	3.61	1.14	2.59	2.58	1.13	2.88	1.11	3.55	1.07	2.99
6	Ad	2.00	0.90	2.50	0.92	3.45	0.97	2.60	2.36	1.10	2.78	1.08	3.33	1.02	2.82
7	格トシテ	1.65	1.00	1.93	1.07	2.27	1.12	1.90	1.94	1.17	2.26	1.22	2.58	1.33	2.24
8	品詞	3.40	1.38	4.02	1.12	4.67	0.61	3.96	3.81	1.22	3.99	1.08	4.62	0.74	4.14
9	格デ	2.36	1.21	3.07	1.15	3.93	0.85	3.06	2.87	1.21	3.26	1.09	3.89	0.91	3.34
10	取立マデ	1.50	0.83	2.02	1.15	2.40	1.26	1.92	2.03	1.07	2.42	1.22	2.83	1.24	2.42
11	取立ダケ	1.74	1.00	2.26	1.19	2.71	1.24	2.20	1.84	1.01	2.25	1.13	2.68	1.19	2.25
12	取立ハ	1.67	0.90	2.22	1.11	2.78	1.21	2.18	1.96	1.02	2.43	1.14	2.83	1.22	2.41
13	活用	1.67	0.92	2.67	1.28	3.48	1.38	2.56	2.06	1.13	2.78	1.19	3.29	1.26	2.71
14	ノダ	1.44	0.70	2.10	1.08	2.86	1.24	2.09	1.80	0.89	2.52	1.12	2.93	1.11	2.42
15	格ニ	2.02	0.99	2.74	1.15	3.57	1.06	2.73	2.40	1.13	2.96	1.12	3.64	0.97	3.00
16	数	1.86	1.04	2.33	1.10	2.88	1.19	2.32	2.33	1.24	2.74	1.17	3.14	1.20	2.74
17	名詞節	1.63	0.93	2.40	1.11	2.86	1.09	2.26	2.06	1.12	2.46	1.08	2.92	1.10	2.48
18	条件	1.42	0.59	2.17	1.08	2.90	1.05	2.12	1.85	1.02	2.28	1.09	2.70	1.14	2.28
19	N	2.30	1.19	3.33	1.32	4.43	0.89	3.29	2.29	1.24	3.10	1.27	3.84	1.15	3.07
20	受身	2.26	1.08	3.27	1.25	4.29	0.98	3.21	2.42	1.17	3.22	1.17	3.84	1.02	3.16
21	名詞節	1.95	1.29	2.67	1.43	3.24	1.36	2.57	2.23	1.10	2.67	1.13	3.34	1.15	2.75
22	可能	2.07	1.03	3.07	1.11	3.98	0.75	2.98	2.57	1.18	3.22	1.04	3.81	0.94	3.20
23	格デ	1.47	0.59	1.90	1.05	2.52	1.19	1.93	1.65	0.87	1.95	0.99	2.33	1.09	1.98
24	格ニ	2.02	1.03	2.62	1.27	3.33	1.26	2.61	2.16	1.12	2.72	1.10	3.30	1.15	2.73
25	N	1.91	1.11	2.24	1.10	2.98	1.12	2.33	1.96	0.97	2.44	1.09	2.93	1.14	2.44
26	表現	2.00	1.04	2.76	1.07	3.71	1.15	2.77	2.40	1.19	3.21	1.18	3.86	0.99	3.16
27	並V	1.37	0.85	1.83	1.12	2.39	1.24	1.80	1.74	1.00	2.11	1.15	2.40	1.23	2.08
28	V P	1.56	0.83	2.26	1.21	3.12	1.29	2.27	1.94	0.97	2.44	1.13	2.93	1.20	2.42
29	V P	2.56	1.14	3.24	1.28	4.12	0.89	3.25	2.62	1.14	3.26	1.07	3.92	0.92	3.25
30	複V	2.05	0.95	2.90	1.21	3.74	1.08	2.84	2.01	1.00	2.67	1.08	3.27	1.12	2.65

31	並V	1.69	1.02	1.98	1.21	2.61	1.51	2.06	2.00	1.26	2.23	1.33	2.60	1.53	2.28
32	VP	1.84	1.81	2.63	1.16	3.59	0.97	2.59	2.02	0.95	2.74	1.10	3.43	1.02	2.73
33	C	2.12	1.23	2.68	1.42	3.21	1.41	2.59	2.38	1.13	2.82	1.18	3.38	1.19	2.86
34	受給	1.95	1.00	3.71	1.13	4.12	0.92	3.20	2.26	1.10	3.72	1.18	3.95	1.07	3.31
35	可能	2.74	1.18	3.62	1.27	4.43	0.74	3.53	3.02	1.27	3.50	1.11	4.21	0.88	3.58
36	ノ連	2.24	1.21	3.00	1.24	4.03	1.07	3.00	2.54	1.32	3.05	1.24	3.67	1.21	3.09
37	A	1.50	0.94	1.56	0.98	1.71	1.11	1.54	1.50	0.88	1.68	1.05	2.01	1.35	1.73
38	タ	2.26	1.11	2.83	1.19	3.79	1.14	2.91	2.64	1.25	3.07	1.18	3.71	1.12	3.14
39	活用	2.21	1.15	2.93	1.31	3.69	1.30	2.89	2.44	1.16	2.90	1.18	3.49	1.21	2.94
40	可能	1.33	0.68	1.45	0.83	1.57	0.94	1.43	1.43	0.91	1.60	1.05	1.79	1.23	1.61
41	副用	1.79	0.83	2.50	1.11	3.14	1.14	2.43	2.20	1.08	2.85	1.21	3.45	1.00	2.83
42	C	1.91	1.32	2.07	1.24	2.81	1.52	2.22	1.99	1.15	2.12	1.19	2.49	1.41	2.20
43	格ニヨッテ	2.42	1.03	2.98	1.20	3.71	0.99	2.98	2.69	1.24	3.26	1.12	3.86	0.98	3.27
44	品詞	1.36	0.58	1.78	1.04	2.12	1.19	1.72	1.72	0.84	2.26	1.04	2.77	1.08	2.25
45	テ形	1.35	0.69	1.88	1.09	2.29	1.17	1.81	1.69	0.92	2.12	1.09	2.61	1.16	2.14
46	並N	1.62	1.17	2.02	1.27	2.49	1.40	2.01	1.76	0.97	2.06	1.15	2.58	1.38	2.13
47	不定	1.81	0.88	2.62	0.99	3.29	0.81	2.53	2.03	0.97	2.83	1.09	3.40	1.09	2.75
48	不定	2.33	1.13	3.10	1.21	3.90	1.05	3.05	2.76	1.23	3.21	1.16	3.87	0.95	3.27
49	受身	1.70	0.86	2.05	1.17	2.64	1.30	2.09	1.81	0.89	2.15	1.03	2.62	0.19	2.19
50	ムード	2.12	0.98	2.57	0.97	3.00	1.06	2.52	2.34	1.20	2.68	1.24	3.09	1.29	2.70
51	格カラ	2.21	1.04	2.90	1.21	3.57	1.15	2.84	2.27	1.06	2.80	1.20	3.42	1.11	2.83
52	取立ハ	2.23	1.00	2.93	1.11	3.74	1.01	2.91	2.34	0.99	2.94	1.04	3.62	1.01	2.97
53	ムード	1.83	1.06	2.63	1.24	3.20	1.17	2.51	2.14	1.02	2.72	1.22	3.12	1.23	2.66
54	自他	2.23	1.11	3.21	1.24	4.05	1.02	3.08	2.46	1.05	3.12	1.02	3.85	0.98	3.13
55	コソア	2.79	1.34	3.45	1.21	4.33	0.98	3.47	2.98	1.24	3.43	1.17	4.13	0.95	3.50
56	格ト	1.93	1.12	2.43	1.35	2.86	1.37	2.36	1.92	1.07	2.16	1.14	2.54	1.30	2.18
57	格ニツイテ	2.65	1.33	3.24	1.25	3.95	0.79	3.22	3.16	1.27	3.48	1.11	4.01	0.94	3.51
58	V	1.95	1.13	3.52	1.47	4.36	0.85	3.22	2.26	1.28	3.54	1.26	4.22	0.96	3.34
59	N	3.25	1.50	3.77	1.49	4.46	0.79	3.76	3.45	1.34	3.55	1.19	4.23	1.01	3.71
60	自発	2.09	1.02	2.88	1.27	3.69	1.09	2.84	2.54	1.13	3.04	1.12	3.68	1.00	3.08
61	格ニ	2.19	1.10	2.67	1.26	3.62	1.40	2.78	2.27	1.13	2.67	1.31	3.22	1.41	2.71
62	使役	2.40	1.07	3.07	1.20	4.05	1.07	3.09	2.79	1.19	3.38	1.10	3.99	0.96	3.39
63	ノ連	2.90	1.34	3.73	1.23	4.51	0.81	3.65	2.99	1.26	3.59	1.13	4.25	0.88	3.61
64	熟語	1.29	0.63	1.68	1.04	1.88	1.16	1.57	1.48	0.83	1.70	0.93	1.99	1.18	1.73
65	条件	1.63	1.04	2.33	1.16	2.80	1.24	2.21	1.92	1.03	2.38	1.16	2.77	1.28	2.36
66	V	1.52	0.89	2.15	1.15	2.63	1.30	2.06	1.91	1.00	2.65	1.24	3.21	1.18	2.61
67	活用	1.86	1.05	2.76	1.18	3.49	1.19	2.65	2.21	1.12	2.96	1.17	3.56	1.16	2.90
68	ムード	3.00	1.31	3.51	1.42	4.17	1.12	3.50	2.84	1.29	3.12	1.27	3.75	1.28	3.20

69	受給	1.40	0.73	2.00	1.24	2.66	1.49	1.98	1.88	1.06	2.32	1.30	2.65	1.38	2.28
70	自他	2.12	1.09	3.24	1.22	4.10	0.92	3.10	2.48	1.19	3.15	1.19	3.82	1.05	3.13
71	副用	1.67	1.10	2.15	1.26	2.44	1.23	2.05	1.78	0.97	2.23	1.05	2.68	1.18	2.23
72	ダ	3.45	1.47	3.49	1.55	4.02	1.33	3.60	3.35	1.25	3.46	1.15	4.10	0.99	3.63
73	ＡＮ	4.00	1.31	4.00	1.41	4.59	0.89	4.13	3.94	1.20	3.86	1.18	4.43	0.85	4.01
74	ダ	1.76	1.02	2.30	1.24	2.85	1.25	2.26	1.99	0.97	2.42	1.04	2.96	1.14	2.45
75	ル	1.53	0.89	2.17	1.14	2.63	1.13	2.07	1.89	0.93	2.33	1.07	2.84	1.10	2.36
76	体修	1.88	0.98	2.85	1.22	3.76	1.04	2.76	2.25	1.07	2.94	1.12	3.65	1.05	2.95
77	Ad	2.83	1.39	3.38	1.33	4.15	0.95	3.39	2.97	1.24	3.44	1.15	4.21	0.93	3.48
78	スタイル	1.37	0.62	2.08	1.37	2.53	1.50	1.95	1.69	0.94	2.20	1.18	2.51	1.30	2.13
79	原因	1.45	0.74	2.00	1.14	2.27	1.12	1.87	1.74	0.91	2.19	1.11	2.60	1.18	2.18
80	スタイル	1.83	0.91	3.93	1.15	4.13	1.02	3.20	2.15	1.07	3.82	1.17	3.97	1.01	3.31
81	副用	2.66	1.32	3.40	1.35	4.20	0.97	3.36	2.88	1.16	3.36	1.14	3.93	1.02	3.39
82	体修	1.41	0.71	2.23	1.12	2.68	1.33	2.07	1.62	0.76	2.16	1.12	2.68	1.21	2.15
83	表現	1.43	0.89	1.95	1.16	2.51	1.34	1.93	1.77	1.00	2.27	1.21	2.71	1.32	2.25
84	ノダ	3.26	1.38	3.85	1.22	4.56	0.67	3.83	3.46	1.23	3.75	1.11	4.45	0.73	3.88

問題の番号	誤りの種類	3.教員						(38人)	4.労務系						(220人)
		理解度		不快度		自然度		全体	理解度		不快度		自然度		全体
		M	SD	M	SD	M	SD	M	M	SD	M	SD	M	SD	M
1	N	2.21	0.96	3.19	0.98	3.86	0.99	3.03	2.66	1.12	3.03	1.15	4.01	0.86	3.21
2	N	2.46	1.12	3.24	0.80	3.70	0.94	3.14	2.59	1.07	2.94	1.08	3.80	0.96	3.05
3	受身	2.62	0.98	3.46	0.93	3.65	0.92	3.24	2.40	1.06	3.07	1.10	3.85	1.08	3.06
4	連用形	1.70	0.78	2.32	0.94	2.76	1.04	2.26	1.75	1.00	2.13	1.05	2.65	1.17	2.15
5	引用	2.50	1.00	3.29	1.10	3.83	0.92	3.14	2.53	1.09	3.07	1.08	3.65	1.06	3.02
6	Ad	2.68	1.00	3.41	0.93	3.84	0.99	3.31	2.29	1.09	2.73	1.01	3.26	1.07	2.72
7	格トシテ	2.13	1.21	2.68	1.42	2.82	1.47	2.54	2.03	1.12	2.34	1.21	2.66	1.34	2.32
8	品詞	3.82	1.25	4.26	0.76	4.66	0.63	4.25	3.94	1.14	4.04	1.05	4.56	0.76	4.14
9	格デ	3.00	1.25	3.65	1.06	4.00	0.97	3.55	3.00	1.20	2.25	1.06	3.99	0.99	3.40
10	取立マデ	2.00	1.00	2.73	1.12	3.05	1.20	2.59	2.19	1.11	2.57	1.14	3.02	1.19	2.56
11	取立ダケ	1.62	0.68	2.33	1.07	2.61	1.20	2.14	1.85	1.02	2.30	1.13	2.72	1.27	2.26
12	取立ハ	1.97	0.96	2.65	1.09	3.16	1.19	2.59	1.94	0.95	2.36	1.11	2.82	1.27	2.34
13	活用	2.17	1.03	3.19	1.24	3.50	1.32	2.95	2.13	1.18	2.66	1.18	3.16	1.29	2.61
14	ノダ	2.24	1.12	3.06	0.98	3.53	1.06	2.88	2.07	0.97	2.64	1.07	3.24	1.05	2.62
15	格ニ	2.51	1.15	3.38	0.92	3.70	0.91	3.20	2.55	1.14	3.04	1.04	3.65	1.01	3.04
16	数	2.27	1.04	2.84	1.07	3.31	1.06	2.77	2.45	1.28	2.79	1.20	3.24	1.15	2.79
17	名詞節	2.05	1.18	2.78	1.29	3.03	1.24	2.62	2.21	1.10	2.69	1.16	3.17	1.15	2.64

18	条件	2.19	1.22	2.95	1.22	3.22	1.27	2.78	1.84	0.96	2.37	1.06	2.69	1.12	2.27
19	N	2.57	1.30	3.64	1.25	3.86	1.27	3.29	2.44	1.31	3.19	1.30	3.86	1.17	3.14
20	受身	2.81	1.20	3.62	1.06	3.92	1.19	3.45	2.67	1.22	3.22	1.13	3.83	1.09	3.20
21	名詞節	2.56	1.21	3.22	1.12	3.47	1.08	3.08	2.29	1.15	2.78	1.21	3.25	1.23	2.71
22	可能	2.84	1.12	3.78	0.89	3.97	0.87	3.53	2.69	1.12	3.29	1.05	3.93	0.96	3.26
23	格デ	2.00	0.75	2.46	0.93	2.70	1.08	2.39	1.75	0.92	2.17	1.06	2.49	1.16	2.11
24	格ニ	2.36	1.07	3.00	1.07	3.42	1.13	2.93	2.33	1.05	2.78	1.11	3.37	1.18	2.78
25	N	2.17	1.06	2.86	0.99	3.14	1.05	2.72	2.04	1.08	2.54	1.12	2.99	1.14	2.50
26	表現	2.59	1.04	3.51	1.04	3.78	1.06	3.30	2.57	1.16	3.24	1.10	3.85	1.08	3.17
27	並V	1.76	0.93	2.49	1.10	2.73	1.24	2.32	1.68	0.97	1.99	1.14	2.31	1.28	1.97
28	VP	2.22	0.72	3.14	0.87	3.42	1.00	2.93	1.88	0.95	2.29	1.08	2.73	1.19	2.27
29	VP	2.84	1.09	3.54	1.04	3.92	1.01	3.43	2.80	1.15	3.36	1.11	3.97	0.95	3.34
30	複V	2.17	1.03	3.42	1.00	3.58	1.05	3.06	2.04	0.97	2.67	1.05	3.15	1.11	2.59
31	並V	2.17	1.36	2.72	1.34	2.97	1.48	2.62	1.89	1.14	2.13	1.29	2.49	1.48	2.14
32	VP	2.19	1.05	3.22	0.95	3.57	1.04	2.99	2.19	1.07	2.86	1.12	3.47	1.08	2.81
33	C	2.57	1.09	3.32	1.06	3.65	1.14	3.18	2.35	1.19	2.81	1.28	3.17	1.33	2.74
34	受給	2.46	1.24	3.92	1.21	3.84	1.19	3.41	2.29	1.05	3.75	1.18	3.90	1.06	3.27
35	可能	3.50	1.18	3.86	0.94	4.20	0.99	3.78	3.14	1.15	3.58	1.04	4.14	0.89	3.56
36	ノ連	2.54	1.22	3.35	1.16	3.70	1.27	3.20	2.45	1.19	2.94	1.22	3.56	1.29	2.95
37	A	1.54	1.04	1.59	1.04	1.78	1.27	1.64	1.56	1.01	1.70	1.07	2.00	1.33	1.74
38	タ	2.95	1.08	3.62	0.98	3.84	0.99	3.47	2.73	1.21	3.02	1.18	3.64	1.17	3.09
39	活用	2.61	1.10	3.36	0.96	3.56	1.03	3.18	2.43	1.20	2.84	1.25	3.36	1.35	2.84
40	可能	1.36	0.59	1.58	0.87	1.69	1.09	1.55	1.39	0.80	1.54	0.97	1.69	1.09	1.53
41	副用	2.19	0.94	2.89	1.15	3.32	1.08	2.80	2.37	1.03	3.01	1.12	3.61	1.05	2.96
42	C	1.97	1.28	2.28	1.28	2.58	1.50	2.28	1.91	1.23	2.03	1.22	2.32	1.39	2.07
43	格ニヨッテ	2.92	1.16	3.69	1.01	4.00	0.89	3.54	2.82	1.21	3.28	1.10	3.88	1.00	3.28
44	品詞	1.83	0.88	2.47	1.13	2.61	1.10	2.31	1.82	0.90	2.34	1.10	2.82	1.16	2.31
45	テ形	1.86	0.79	2.59	1.07	2.86	1.11	2.44	1.73	0.97	2.11	1.08	2.53	1.19	2.09
46	並N	2.14	1.13	2.59	1.34	2.86	1.49	2.53	1.99	1.11	2.18	1.19	2.64	1.31	2.25
47	不定	2.64	1.15	3.36	1.13	3.67	1.04	3.22	2.30	1.10	2.87	1.15	3.40	1.14	2.82
48	不定	2.78	1.24	3.58	1.11	4.03	1.06	3.46	2.76	1.18	3.10	1.13	3.81	1.05	3.19
49	受身	2.08	1.02	2.64	1.02	3.06	1.09	2.59	1.79	0.99	2.15	1.13	2.42	1.23	2.10
50	ムード	2.08	1.16	2.56	1.30	2.91	1.44	2.49	2.27	1.16	2.50	1.18	2.85	1.25	2.50
51	格カラ	2.44	1.00	3.11	1.12	3.34	1.19	2.94	2.39	1.14	2.82	1.17	3.35	1.16	2.82
52	取立ハ	2.64	1.05	3.34	1.06	3.56	1.11	3.08	2.53	1.08	3.06	1.03	3.61	1.00	3.02
53	ムード	2.40	1.03	3.00	1.16	3.46	1.22	2.95	2.04	1.02	2.57	1.15	2.98	1.20	2.49
54	自他	2.70	1.33	3.62	1.04	4.00	0.94	3.44	2.61	1.11	3.18	1.10	3.82	1.03	3.17

55	コソア	3.03	1.28	3.81	1.97	4.19	0.97	3.68	3.10	1.18	3.54	1.11	4.21	0.91	3.58
56	格ト	1.89	1.14	2.06	1.19	2.14	1.22	2.03	1.81	1.07	2.00	1.15	2.32	1.33	2.03
57	格ニツイテ	2.76	1.23	3.54	0.87	3.89	0.88	3.40	3.44	1.31	3.52	1.21	4.08	1.03	3.65
58	V	2.35	1.11	3.58	0.97	3.97	0.75	3.20	2.40	1.20	3.47	1.14	4.05	1.04	3.26
59	N	3.11	1.54	3.56	1.32	3.97	1.18	3.48	3.57	1.27	3.68	1.16	4.17	0.98	3.75
60	自発	2.67	1.31	3.67	1.12	4.11	0.89	3.48	2.44	1.09	2.99	1.12	3.60	1.17	2.97
61	格ニ	2.18	1.27	2.78	1.38	2.97	1.42	2.57	2.41	1.18	2.74	1.25	3.21	1.38	2.76
62	使役	2.82	1.29	3.76	0.94	3.89	0.92	3.49	2.92	1.12	3.43	1.03	4.00	0.97	3.41
63	ノ連	2.89	1.27	3.63	1.02	3.95	1.04	3.49	3.22	1.14	3.59	1.07	4.28	0.88	3.66
64	熟語	1.59	0.96	2.00	1.05	2.08	1.04	1.89	1.53	0.86	1.72	1.02	1.89	1.11	1.69
65	条件	2.14	0.98	2.84	1.04	3.05	1.18	2.68	1.85	0.99	2.24	1.10	2.69	1.30	2.24
66	V	2.22	1.13	3.00	1.18	3.30	1.20	2.84	2.15	1.07	2.69	1.18	3.15	1.27	2.64
67	活用	2.24	1.05	3.26	1.13	3.58	1.29	3.03	2.40	1.19	3.05	1.21	3.56	1.19	2.97
68	ムード	3.06	1.33	3.33	1.26	3.58	1.36	3.32	2.84	1.38	2.93	1.33	3.48	1.44	3.04
69	受給	2.00	1.14	2.71	1.23	3.03	1.32	2.55	1.73	1.02	2.07	1.17	2.32	1.29	2.02
70	自他	2.58	1.25	3.47	1.13	3.92	1.11	3.32	2.66	1.19	3.25	1.13	3.97	1.01	3.26
71	副用	1.95	1.27	2.39	1.46	2.68	1.44	2.34	2.02	1.05	2.47	1.16	2.92	1.25	2.45
72	ダ	3.46	1.24	3.68	1.11	4.11	1.07	3.74	3.38	1.28	3.47	1.23	4.01	1.13	3.58
73	A N	4.06	1.12	4.19	0.82	4.54	0.73	4.19	4.00	1.16	3.90	1.12	4.29	0.90	4.02
74	ダ	2.24	1.22	3.03	1.35	3.47	1.33	2.91	1.98	1.02	2.44	1.14	2.85	1.20	2.40
75	ル	2.24	1.05	2.81	1.05	3.13	1.12	2.70	1.83	0.93	2.25	1.10	2.64	1.25	2.22
76	体修	2.36	1.15	3.25	1.08	3.67	1.10	3.09	2.27	1.05	2.93	1.13	3.60	1.05	2.90
77	Ad	3.22	1.08	3.84	1.01	4.11	0.97	3.72	3.04	1.27	3.38	1.21	4.04	1.08	3.45
78	スタイル	1.92	1.15	2.39	1.17	2.53	1.20	2.28	1.64	0.94	2.12	1.26	2.25	1.30	1.98
79	原因	1.66	0.88	2.11	1.01	2.32	1.23	2.01	1.83	0.99	2.34	1.16	2.60	1.18	2.22
80	スタイル	2.29	1.16	3.89	1.20	3.95	1.11	3.38	2.37	1.16	3.91	1.16	4.05	1.01	3.41
81	副用	2.95	1.31	3.50	1.01	3.92	1.05	3.46	2.82	1.25	3.21	1.19	3.80	1.16	3.25
82	体修	1.89	0.77	2.57	0.99	2.97	1.17	2.48	1.77	0.93	2.23	1.13	2.51	1.21	2.14
83	表現	2.08	1.06	2.73	1.10	3.00	1.13	2.60	1.79	1.07	2.08	1.16	2.44	1.27	2.09
84	ノダ	3.26	1.25	3.97	0.82	4.45	0.72	3.89	3.57	1.23	3.73	1.07	4.35	0.89	3.84

問題の番号	誤りの種類	5.家事従業者 (34人)							6.主婦 (59人)						
		理解度		不快度		自然度		全体	理解度		不快度		自然度		全体
		M	SD	M	SD	M	SD	M	M	SD	M	SD	M	SD	M
1	N	2.48	0.97	2.94	0.92	3.94	0.90	3.06	2.63	1.23	3.10	1.12	3.88	0.80	3.17
2	N	2.38	1.07	2.71	0.97	3.32	1.09	2.80	2.42	0.97	2.81	1.05	3.62	0.79	2.92
3	受身	2.73	1.18	3.28	0.92	3.91	0.86	3.23	2.61	1.02	3.09	0.97	3.79	1.06	3.08
4	連用形	2.29	1.30	2.45	1.31	2.81	1.47	2.52	1.67	0.98	1.96	0.93	2.54	1.20	2.01
5	引用	2.39	1.23	2.50	1.14	2.97	1.30	2.56	2.74	1.23	2.93	1.18	3.53	1.07	3.02
6	Ad	2.17	1.05	2.40	1.00	2.90	1.18	2.49	2.38	1.11	2.52	1.04	3.20	1.27	2.67
7	格トシテ	1.91	1.26	2.09	1.22	2.09	1.22	2.03	1.79	1.06	2.02	1.16	2.23	1.30	1.97
8	品詞	4.18	0.73	4.09	0.78	4.41	0.87	4.14	4.06	1.02	3.92	1.09	4.57	0.66	4.16
9	格デ	2.97	1.27	3.20	1.10	3.77	0.99	3.25	2.84	1.03	3.03	1.06	3.87	0.98	3.18
10	取立マデ	2.19	1.25	2.65	1.28	3.03	1.31	2.57	2.20	1.23	2.64	1.38	2.81	1.47	2.48
11	取立ダケ	2.03	0.84	2.37	0.96	3.03	1.05	2.38	2.00	0.93	2.54	1.18	2.89	1.18	2.43
12	取立ハ	2.15	1.12	2.47	1.22	3.22	1.18	2.56	1.94	1.03	2.31	1.11	2.73	1.14	2.30
13	活用	2.19	1.06	2.72	1.22	3.31	1.47	2.74	2.17	1.12	2.79	1.30	3.34	1.30	2.70
14	ノダ	1.84	1.14	2.33	1.18	3.07	1.34	2.30	1.91	0.83	2.38	1.11	2.93	1.15	2.35
15	格ニ	2.37	1.07	2.80	1.10	3.40	1.07	2.86	2.69	1.04	2.94	1.06	3.68	1.06	3.03
16	数	1.84	1.02	2.16	1.14	2.50	1.27	2.17	2.25	1.21	2.65	1.19	3.02	1.28	2.60
17	名詞節	1.97	0.81	2.53	1.01	2.94	0.96	2.43	2.00	1.03	2.53	1.23	2.92	1.31	2.45
18	条件	1.87	0.94	2.45	1.09	2.86	1.09	2.33	2.10	1.12	2.56	1.03	2.82	1.09	2.46
19	N	2.26	1.10	2.78	1.15	3.37	1.21	2.80	2.82	1.34	3.50	1.26	4.19	0.99	3.42
20	受身	2.83	1.14	3.41	1.15	4.03	1.07	3.36	2.98	1.23	3.63	1.06	4.16	0.86	3.47
21	名詞節	2.06	1.00	2.50	1.14	2.87	1.45	2.38	2.23	1.25	2.80	1.28	3.13	1.40	2.69
22	可能	2.87	1.11	3.42	1.03	3.84	1.16	3.24	2.85	1.10	3.42	1.15	3.87	0.88	3.32
23	格デ	1.75	0.76	2.26	1.06	2.66	1.26	2.13	1.80	0.89	2.14	1.09	2.54	1.09	2.11
24	格ニ	2.28	0.99	2.56	1.08	3.28	1.11	2.71	2.38	1.02	2.83	1.05	3.28	1.10	2.73
25	N	1.96	1.04	2.32	1.19	2.90	1.26	2.34	2.06	1.06	2.51	1.14	2.88	1.19	2.45
26	表現	2.42	1.15	3.03	1.25	3.71	0.94	2.93	2.55	1.10	3.15	1.13	3.85	0.95	3.12
27	並V	1.74	1.18	1.90	1.12	2.30	1.37	1.94	1.79	1.06	2.02	1.14	2.25	1.27	1.94
28	VP	1.90	1.11	2.35	1.23	2.77	1.33	2.34	1.94	0.85	2.49	1.15	2.94	1.21	2.43
29	VP	2.58	1.23	3.20	1.00	3.93	1.05	3.16	2.66	1.07	3.19	1.14	3.94	0.95	3.20
30	複V	2.38	1.01	2.87	1.12	3.41	1.19	2.77	2.17	0.80	2.87	1.10	3.43	1.01	2.79
31	並V	1.87	1.09	2.30	1.34	2.75	1.63	2.24	1.89	1.13	2.19	1.27	2.41	1.47	2.13
32	VP	2.38	0.87	2.94	1.12	3.63	1.07	2.86	1.96	0.82	2.63	1.17	3.27	1.10	2.56
33	C	2.44	1.05	3.16	1.13	3.53	1.24	2.92	2.13	1.11	2.41	1.20	2.78	1.32	2.41
34	受給	2.52	1.18	3.81	1.33	4.13	1.13	3.40	2.20	1.11	3.52	1.25	3.94	1.05	3.15
35	可能	3.00	1.08	3.77	0.92	4.19	0.90	3.51	3.04	1.09	3.46	1.18	4.09	1.05	3.49

36	ノ連	2.65	1.28	3.10	1.25	3.61	1.38	3.12	2.58	1.13	3.10	1.20	3.92	1.25	3.12
37	A	1.53	0.88	1.94	1.01	2.39	1.48	1.92	1.75	1.00	1.89	1.08	2.15	1.31	1.90
38	タ	2.56	1.24	2.88	1.14	3.52	1.23	2.92	2.51	1.27	3.00	1.29	3.59	1.29	3.00
39	活用	2.35	0.98	3.03	1.07	3.71	1.16	2.91	2.13	1.05	2.72	1.25	3.39	1.27	2.65
40	可能	1.47	0.95	1.66	1.00	0.91	1.26	1.65	1.32	0.74	1.50	0.83	1.66	1.07	1.49
41	副用	2.12	1.08	2.81	1.20	3.19	1.20	2.65	2.18	1.09	2.68	1.21	3.22	1.17	2.66
42	C	1.55	1.00	1.82	1.16	2.06	1.34	1.81	1.88	1.10	2.13	1.21	2.42	1.39	2.10
43	格ニヨッテ	2.65	1.07	3.15	1.00	3.54	1.06	3.05	2.64	1.08	3.19	1.03	3.83	0.83	3.18
44	品詞	1.76	0.87	2.16	1.05	2.70	1.13	2.12	1.72	0.81	2.21	1.03	2.67	1.18	2.15
45	テ形	1.82	1.13	2.31	1.23	2.58	1.20	2.15	1.70	0.95	1.91	1.02	2.18	1.14	1.90
46	並N	1.73	0.91	2.06	1.03	2.30	1.31	2.03	1.62	0.84	2.02	1.07	2.32	1.36	1.99
47	不定	2.31	1.09	2.97	1.14	3.56	1.24	2.83	2.13	1.02	2.82	1.16	3.46	1.21	2.74
48	不定	2.50	1.16	2.94	1.09	3.58	1.25	2.94	2.71	1.21	3.20	1.16	3.78	0.96	3.13
49	受身	2.12	1.02	2.56	1.11	3.06	1.25	2.48	1.82	0.94	2.19	0.99	2.44	1.11	2.12
50	ムード	2.52	1.06	2.66	1.12	3.12	1.19	2.66	2.36	1.20	2.63	1.33	3.02	1.25	2.60
51	格カラ	1.97	0.81	2.44	1.08	2.91	1.33	2.38	2.24	0.99	2.69	1.07	3.15	1.11	2.63
52	取立ハ	2.52	0.97	3.00	0.98	3.76	0.97	2.97	2.52	1.00	3.00	0.98	3.53	1.01	2.98
53	ムード	1.91	0.83	2.39	1.14	2.67	1.38	2.27	2.28	0.96	3.07	1.21	3.42	1.17	2.86
54	自他	2.61	1.06	3.00	1.11	3.56	1.16	2.99	2.49	1.03	3.20	1.11	3.76	0.93	3.08
55	コソア	2.88	1.19	3.41	1.10	3.94	1.06	3.27	2.85	1.11	3.32	1.19	4.00	0.97	3.32
56	格ト	1.66	1.00	1.91	1.12	2.13	1.18	1.90	1.60	0.96	1.80	1.10	2.12	1.31	1.81
57	格ニツイテ	3.10	1.09	3.31	1.07	3.90	0.98	3.36	3.00	1.22	3.42	1.21	3.98	1.18	3.40
58	V	2.48	1.18	3.84	1.25	4.33	0.99	3.41	2.33	1.23	3.72	1.20	4.11	1.05	3.31
59	N	3.47	1.46	3.81	1.22	4.29	1.16	3.77	3.31	1.35	3.66	1.21	4.23	1.03	3.64
60	自発	2.47	1.11	2.88	1.10	3.31	1.28	2.89	2.37	1.25	2.98	1.23	3.62	1.03	2.95
61	格ニ	2.00	0.93	2.58	1.20	3.34	1.38	2.59	2.36	1.27	2.74	1.30	3.23	1.46	2.74
62	使役	2.75	1.11	3.45	0.93	4.00	0.92	3.26	2.71	1.12	3.38	1.10	3.98	1.02	3.28
63	ノ連	3.16	1.11	3.58	1.12	4.19	0.86	3.49	2.93	1.26	3.49	1.25	4.18	0.98	3.45
64	熟語	1.50	0.92	1.68	1.08	1.87	1.18	1.65	1.36	0.67	1.65	0.97	1.84	1.03	1.60
65	条件	1.94	1.00	2.52	1.15	3.13	1.29	2.48	1.98	1.01	2.37	1.14	2.86	1.25	2.37
66	V	1.91	1.09	2.47	1.29	2.81	1.38	2.40	1.95	1.08	2.57	1.22	2.93	1.17	2.40
67	活用	2.35	1.25	2.93	1.17	3.48	1.21	2.80	2.13	1.09	2.79	1.23	3.43	1.26	2.72
68	ムード	2.70	1.32	2.70	1.26	3.37	1.61	2.92	2.44	1.30	2.76	1.54	3.17	1.69	2.76
69	受給	1.68	1.19	2.06	1.31	2.29	1.47	2.01	1.53	0.79	2.02	1.17	2.15	1.25	1.88
70	自他	2.83	1.34	3.38	1.12	4.03	1.07	3.27	2.15	1.06	2.98	1.25	3.68	1.24	2.87
71	副用	1.71	1.01	2.06	1.09	2.35	1.25	2.04	1.73	0.90	1.94	0.98	2.25	1.13	1.95
72	ダ	3.30	1.34	3.43	1.22	4.16	1.13	3.56	3.06	1.31	3.26	1.32	3.93	1.18	3.33
73	AN	3.97	1.08	4.10	1.04	4.50	0.88	4.10	3.63	1.22	3.86	1.23	4.31	1.01	3.86

74	ダ	1.87	0.96	2.45	1.06	2.71	1.24	2.34	2.16	1.05	2.71	1.13	3.09	1.24	2.63
75	ル	1.73	1.05	2.03	1.10	2.58	1.31	2.08	1.89	0.98	2.24	1.12	2.50	1.31	2.18
76	体修	2.20	1.00	3.07	1.05	3.67	1.00	2.98	2.11	0.87	2.65	1.08	3.41	1.11	2.66
77	Ad	2.70	1.29	3.17	1.32	3.70	1.39	3.19	2.76	1.31	3.29	1.40	3.78	1.17	3.24
78	スタイル	1.75	1.02	2.28	1.33	2.47	1.44	2.17	1.55	0.86	1.94	1.12	2.06	1.22	1.82
79	原因	1.68	0.98	2.16	1.16	2.42	1.20	2.09	1.61	0.92	1.87	1.04	2.27	1.18	1.88
80	スタイル	2.45	1.06	3.77	1.01	4.13	0.96	3.30	2.38	1.14	3.63	1.22	3.92	1.01	3.23
81	副用	2.67	1.08	3.06	1.19	3.69	1.15	3.07	2.65	1.25	3.07	1.27	3.56	1.36	3.02
82	体修	1.91	0.96	2.19	0.98	2.58	1.12	2.18	1.72	0.91	1.98	1.07	2.28	1.23	1.97
83	表現	1.67	0.96	2.11	1.12	2.63	1.33	2.14	1.78	1.06	1.84	1.19	2.16	1.23	2.09
84	ノダ	3.63	1.21	3.81	1.11	4.29	0.94	3.82	3.25	1.31	3.67	1.29	4.27	0.95	3.66

問題の番号	誤りの種類	7.学生 (132人)						
		理解度		不快度		自然度		全体
		M	SD	M	SD	M	SD	M
1	N	2.59	1.17	3.00	1.16	4.14	0.95	3.23
2	N	2.15	1.12	2.69	1.24	3.56	1.19	2.80
3	受身	2.24	1.11	3.00	1.21	3.66	1.28	2.95
4	連用形	1.34	0.76	1.96	1.17	2.29	1.22	1.86
5	引用	2.36	1.25	2.98	1.19	3.65	1.21	2.99
6	Ad	2.11	1.20	2.75	1.24	3.25	1.30	2.70
7	格トシテ	1.84	1.22	2.08	1.33	2.34	1.52	2.08
8	品詞	3.79	1.30	4.05	1.22	4.52	0.92	4.12
9	格デ	2.92	1.26	3.42	1.22	4.04	0.98	3.46
10	取立マデ	1.97	1.16	2.57	1.23	2.80	1.24	2.43
11	取立ダケ	1.91	1.09	2.63	1.28	2.94	1.35	2.49
12	取立ハ	2.05	1.19	2.63	1.26	3.02	1.32	2.56
13	活用	2.17	1.28	3.17	1.32	3.81	1.26	3.03
14	ノダ	2.15	1.29	3.04	1.20	3.66	1.10	2.95
15	格ニ	2.61	1.37	3.46	1.19	4.01	0.97	3.36
16	数	2.42	1.44	2.79	1.30	3.24	1.36	2.79
17	名詞節	2.02	1.27	2.61	1.23	2.96	1.27	2.53
18	条件	1.75	1.11	2.26	1.26	2.58	1.33	2.20
19	N	2.23	1.38	3.12	1.38	3.72	1.37	3.02
20	受身	2.20	1.29	2.98	1.46	3.46	1.46	2.87
21	名詞節	2.20	1.18	2.82	1.26	3.26	1.34	2.76
22	可能	2.59	1.23	3.45	1.18	4.06	1.10	3.36

23	格デ	1.49	0.90	1.87	1.14	2.08	1.22	1.81
24	格ニ	2.07	1.16	2.56	1.23	2.94	1.34	2.52
25	N	1.88	1.21	2.35	1.34	2.65	1.39	2.29
26	表現	2.55	1.41	3.38	1.28	4.08	1.10	3.33
27	並V	1.64	1.05	2.14	1.23	2.41	1.28	2.06
28	VP	1.76	0.99	2.36	1.26	2.68	1.41	2.27
29	VP	2.75	1.29	3.39	1.20	4.00	1.13	3.38
30	複V	1.84	1.09	2.52	1.22	3.09	1.42	2.48
31	並V	2.17	1.41	2.48	1.57	2.68	1.65	2.44
32	VP	2.21	1.23	2.96	1.25	3.58	1.28	2.92
33	C	2.62	1.35	3.22	1.44	3.64	1.40	3.16
34	受給	2.33	1.29	4.01	1.28	4.04	1.19	3.46
35	可能	3.28	1.31	3.84	1.18	4.34	1.00	3.80
36	ノ連	2.62	1.43	3.07	1.44	3.67	1.49	3.12
37	A	1.42	0.81	1.60	1.00	1.86	1.19	1.62
38	タ	2.81	1.37	3.27	1.35	3.81	1.28	3.29
39	活用	2.40	1.31	2.95	1.34	3.57	1.44	2.97
40	可能	1.40	0.82	1.66	1.14	1.78	1.17	1.61
41	副用	2.34	1.23	3.05	1.27	3.63	1.16	3.01
42	C	1.93	1.17	2.15	1.36	2.34	1.47	2.14
43	格ニヨッテ	2.49	1.33	3.21	1.30	3.85	1.23	3.16
44	品詞	1.79	0.97	2.73	1.19	3.29	1.10	2.60
45	テ形	1.71	1.05	2.30	1.26	2.79	1.39	2.27
46	並N	2.05	1.20	2.38	1.40	2.78	1.53	2.40
47	不定	2.18	1.27	2.86	1.35	3.46	1.30	2.83
48	不定	2.83	1.22	3.34	1.22	4.05	1.09	3.40
49	受身	1.53	0.87	1.87	1.11	2.14	1.34	1.84
50	ムード	2.62	1.37	2.91	1.41	3.23	1.43	2.87
51	格カラ	2.50	1.32	2.91	1.36	3.33	1.43	2.88
52	取立ハ	2.43	1.15	3.12	1.16	3.59	1.13	3.05
53	ムード	2.40	1.33	2.94	1.39	3.29	1.43	2.86
54	自他	2.64	1.27	3.45	1.17	4.04	0.97	3.38
55	コソア	3.09	1.36	3.66	1.24	4.27	1.00	3.67
56	格ト	1.88	1.15	2.06	1.25	2.32	1.36	2.08
57	格ニツイテ	3.28	1.37	3.60	1.28	4.14	1.09	3.65
58	V	2.05	1.27	3.51	1.38	3.92	1.25	3.16
59	N	3.54	1.44	3.73	1.38	4.14	1.21	3.79

60	自発	2.48	1.34	3.04	1.38	3.62	1.39	3.03
61	格ニ	2.13	1.32	2.49	1.46	2.79	1.60	2.47
62	使役	2.61	1.25	3.36	1.27	3.94	1.15	3.30
63	ノ連	3.06	1.33	3.70	1.31	4.20	1.01	3.63
64	熟語	1.54	1.01	1.81	1.16	1.95	1.25	1.76
65	条件	2.05	1.11	2.67	1.22	3.06	1.31	2.60
66	V	2.22	1.26	3.11	1.34	3.53	1.25	2.94
67	活用	2.48	1.32	3.41	1.29	3.93	1.15	3.25
68	ムード	3.06	1.41	3.40	1.48	3.73	1.44	3.40
69	受給	1.81	1.10	2.28	1.26	2.60	1.43	2.23
70	自他	2.55	1.36	3.38	1.27	3.98	1.11	3.30
71	副用	1.89	1.16	2.42	1.31	2.83	1.35	2.38
72	ダ	3.27	1.42	3.45	1.38	3.88	1.30	3.54
73	AN	3.90	1.30	3.90	1.34	4.36	1.05	3.98
74	ダ	1.80	1.03	2.40	1.15	3.00	1.30	2.40
75	ル	1.79	1.11	2.22	1.25	2.60	1.38	2.20
76	体修	2.18	1.18	3.08	1.23	3.80	1.15	3.02
77	Ad	3.22	1.33	3.59	1.34	4.15	1.13	3.65
78	スタイル	1.51	0.99	2.05	1.32	2.10	1.34	1.89
79	原因	1.78	1.14	2.45	1.26	2.69	1.26	2.31
80	スタイル	2.15	1.28	4.09	1.23	3.98	1.17	3.41
81	副用	2.78	1.43	3.35	1.24	3.94	1.10	3.36
82	体修	1.77	1.06	2.41	1.22	2.88	1.35	2.35
83	表現	1.84	1.19	2.41	1.37	2.82	1.51	2.36
84	ノダ	3.47	1.37	3.85	1.21	4.46	0.91	3.93

7.2　学歴による誤りの重要度

問題の番号	誤りの種類	1. 低学歴 (288人)						全体	2. 高学歴 (396人)						全体
		理解度		不快度		自然度			理解度		不快度		自然度		
		M	SD	M	SD	M	SD	M	M	SD	M	SD	M	SD	M
1	N	2.80	1.15	3.06	1.12	3.93	0.95	3.22	2.31	1.06	3.00	1.11	4.10	0.80	3.12
2	N	2.53	1.11	2.86	1.06	3.51	1.11	2.92	2.32	1.08	2.84	1.11	3.85	0.89	2.98
3	受身	2.51	1.15	3.07	1.08	3.70	1.16	3.04	2.35	1.02	3.10	1.06	3.94	0.99	3.11
4	連用形	1.77	1.04	2.12	1.15	2.51	1.29	2.10	1.56	0.91	2.05	1.04	2.58	1.12	2.05
5	引用	2.57	1.18	2.95	1.13	3.53	1.16	2.96	2.40	1.13	2.94	1.15	3.65	1.08	2.97

6	Ad	2.29	1.17	2.64	1.13	3.06	1.24	2.63	2.26	1.07	2.80	1.05	3.47	1.03	2.83
7	格トシテ	1.91	1.21	2.09	1.25	2.27	1.36	2.06	1.97	1.13	2.32	1.24	2.69	1.37	2.32
8	品詞	4.05	1.06	4.06	1.06	4.51	0.79	4.16	3.73	1.27	4.02	1.07	4.62	0.75	4.12
9	格デ	3.16	1.16	3.38	1.11	3.95	0.99	3.43	2.71	1.21	3.27	1.11	3.95	0.93	3.30
10	取立マデ	2.26	1.17	2.69	1.25	3.00	1.27	2.59	1.91	1.05	2.42	1.21	2.80	1.24	2.37
11	取立ダケ	1.98	1.03	2.39	1.17	2.73	1.25	2.33	1.78	0.98	2.37	1.17	2.82	1.25	2.31
12	取立ハ	2.07	1.10	2.40	1.19	2.80	1.28	2.38	1.90	0.98	2.48	1.13	2.97	1.21	2.44
13	活用	2.32	1.26	2.83	1.25	3.27	1.30	2.75	1.96	1.06	2.86	1.24	3.47	1.30	2.76
14	ノダ	2.18	1.12	2.72	1.18	3.19	1.19	2.64	1.82	0.94	2.62	1.13	3.24	1.10	2.55
15	格二	2.80	1.21	3.22	1.10	3.78	1.04	3.22	2.29	1.09	3.00	1.12	3.66	0.97	2.98
16	数	2.36	1.26	2.72	1.22	3.01	1.27	2.65	2.31	1.27	2.70	1.19	3.23	1.17	2.74
17	名詞節	2.26	1.16	2.69	1.20	3.05	1.25	2.61	1.94	1.08	2.52	1.13	2.97	1.11	2.47
18	条件	1.95	1.06	2.36	1.16	2.63	1.21	2.28	1.76	0.98	2.38	1.11	2.82	1.15	2.32
19	N	2.57	1.33	3.16	1.29	3.72	1.23	3.10	2.26	1.24	3.23	1.31	3.99	1.15	3.15
20	受身	2.66	1.29	3.19	1.25	3.67	1.25	3.12	2.45	1.17	3.28	1.20	3.96	1.07	3.22
21	名詞節	2.30	1.17	2.69	1.24	3.04	1.30	2.63	2.20	1.14	2.84	1.20	3.42	1.22	2.80
22	可能	2.82	1.15	3.38	1.13	3.86	1.00	3.30	2.52	1.13	3.33	1.06	3.98	0.94	3.27
23	格デ	1.74	0.92	2.10	1.15	2.37	1.22	2.03	1.63	0.83	2.04	1.01	2.44	1.13	2.03
24	格二	2.31	1.16	2.72	1.20	3.12	1.25	2.67	2.18	1.04	2.74	1.09	3.37	1.16	2.75
25	N	2.12	1.13	2.51	1.18	2.84	1.24	2.46	1.91	1.04	2.46	1.15	2.97	1.17	2.44
26	表現	2.59	1.23	3.22	1.16	3.79	1.04	3.14	2.42	1.19	3.26	1.17	3.94	1.01	3.20
27	並V	1.72	1.07	1.98	1.19	2.20	1.26	1.93	1.66	0.97	2.14	1.16	2.52	1.27	2.09
28	VP	1.87	0.99	2.18	1.12	2.47	1.25	2.15	1.87	0.91	2.56	1.15	3.10	1.19	2.51
29	VP	2.85	1.22	3.28	1.18	3.87	1.08	3.29	2.63	1.12	3.38	1.09	4.05	0.90	3.35
30	複V	2.10	1.07	2.59	1.16	2.99	1.24	2.52	1.99	0.94	2.84	1.09	3.46	1.10	2.76
31	並V	1.97	1.22	2.16	1.34	2.44	1.50	2.16	2.00	1.25	2.36	1.39	2.73	1.55	2.36
32	VP	2.27	1.09	2.87	1.19	3.40	1.15	2.79	2.04	0.99	2.85	1.12	3.56	1.06	2.81
33	C	2.46	1.23	2.85	1.34	3.20	1.39	2.79	2.36	1.18	2.96	1.26	3.43	1.26	2.91
34	受給	2.41	1.16	3.65	1.29	3.83	1.18	3.24	2.20	1.10	3.89	1.14	4.07	1.00	3.38
35	可能	3.20	1.21	3.57	1.13	4.07	1.03	3.53	3.08	1.20	3.69	1.08	4.32	0.82	3.68
36	ノ連	2.52	1.27	2.88	1.34	3.36	1.41	2.88	2.53	1.27	3.14	1.20	3.89	1.17	3.18
37	A	1.59	0.90	1.73	1.07	1.99	1.30	1.75	1.50	0.96	1.66	1.03	1.97	1.31	1.70
38	タ	2.70	1.26	3.03	1.30	3.51	1.29	3.04	2.68	1.24	3.15	1.16	3.83	1.08	3.21
39	活用	2.48	1.25	2.86	1.33	3.33	1.39	2.83	2.34	1.14	2.96	1.18	3.60	1.23	2.96
40	可能	1.48	0.90	1.68	1.13	1.82	1.22	1.64	1.34	0.75	1.51	0.90	1.68	1.08	1.50
41	副用	2.41	1.15	2.95	1.32	3.45	1.13	2.89	2.15	1.02	2.90	1.17	3.51	1.07	2.84
42	C	1.83	1.10	1.98	1.34	2.14	1.31	1.96	1.99	1.25	2.17	1.27	2.60	1.49	2.25

43	格ニヨッテ	2.85	1.23	3.30	1.26	3.78	1.10	3.25	2.57	1.21	3.23	1.13	3.90	0.98	3.22
44	品詞	1.91	0.98	2.44	1.18	2.87	1.17	2.37	1.64	0.79	2.30	1.10	2.82	1.16	2.25
45	テ形	1.84	1.07	2.14	1.14	2.44	1.25	2.10	1.63	0.88	2.19	1.10	2.69	1.22	2.16
46	並N	1.84	1.07	2.02	1.33	2.33	1.34	2.04	1.97	1.11	2.33	1.24	2.86	1.39	2.38
47	不定	2.36	1.18	2.89	1.22	3.36	1.22	2.82	2.08	1.05	2.89	1.13	3.51	1.09	2.82
48	不定	2.78	1.15	3.17	1.24	3.71	1.10	3.17	2.70	1.23	3.23	1.17	4.00	0.99	3.30
49	受身	1.82	0.97	2.11	1.16	2.35	1.17	2.07	1.75	0.94	2.18	1.08	2.62	1.25	2.18
50	ムード	2.45	1.22	2.68	1.30	2.95	1.25	2.64	2.29	1.19	2.65	1.22	3.08	1.30	2.65
51	格カラ	2.41	1.17	2.78	1.33	3.18	1.34	2.73	2.32	1.10	2.88	1.22	3.46	1.18	2.88
52	取立ハ	2.59	1.09	3.05	1.17	3.45	1.22	2.98	2.36	1.04	3.06	1.05	3.74	0.96	3.03
53	ムード	2.31	1.17	2.78	1.23	2.99	1.10	2.64	2.04	1.02	2.71	1.21	3.22	1.26	2.65
54	自他	2.71	1.18	3.24	1.26	3.72	1.27	3.17	2.45	1.11	3.26	1.08	3.99	0.94	3.22
55	コソア	3.19	1.23	3.54	1.25	4.05	1.31	3.53	2.90	1.25	3.51	1.15	4.26	0.92	3.55
56	格ト	1.81	1.06	2.00	1.26	2.20	1.24	1.99	1.86	1.10	2.13	1.19	2.51	1.33	2.15
57	格ニツイテ	3.35	1.31	3.53	1.26	3.94	1.11	3.56	3.12	1.30	3.47	1.13	4.12	0.91	3.55
58	V	2.43	1.23	3.44	1.42	3.94	1.30	3.21	2.16	1.22	3.64	1.24	4.22	0.97	3.32
59	N	3.41	1.40	3.62	1.31	4.02	1.07	3.61	3.51	1.35	3.72	1.20	4.34	0.91	3.83
60	自発	2.52	1.22	2.91	1.30	3.34	1.27	2.89	2.42	1.15	3.16	1.16	3.89	1.02	3.14
61	格ニ	2.22	1.18	2.55	1.40	2.90	1.48	2.52	2.32	1.21	2.77	1.30	3.35	1.40	2.80
62	使役	2.84	1.18	3.35	1.29	3.85	1.09	3.29	2.72	1.18	3.44	1.09	4.08	0.94	3.40
63	ノ連	3.24	1.18	3.64	1.26	4.13	0.97	3.59	2.98	1.27	3.61	1.13	4.33	0.88	3.63
64	熟語	1.57	0.94	1.76	1.02	1.91	1.16	1.72	1.44	0.82	1.75	1.02	1.96	1.15	1.71
65	条件	1.99	1.08	2.37	1.16	2.68	1.28	2.32	1.92	1.03	2.49	1.16	2.99	1.30	2.46
66	V	2.26	1.21	2.78	1.39	3.12	1.33	2.68	1.93	1.00	2.70	1.21	3.23	1.21	2.61
67	活用	2.49	1.27	3.01	1.28	3.44	1.27	2.91	2.18	1.12	3.13	1.18	3.73	1.13	3.01
68	ムード	2.67	1.34	2.87	1.37	3.25	1.50	2.90	3.01	1.35	3.29	1.33	3.88	1.31	3.37
69	受給	1.81	1.11	2.08	1.32	2.23	1.34	2.02	1.75	1.01	2.31	1.24	2.72	1.38	2.25
70	自発	2.75	1.25	3.27	1.29	3.78	1.13	3.21	2.37	1.18	3.24	1.19	4.02	1.01	3.20
71	副用	2.03	1.17	2.32	1.16	2.67	1.31	2.32	1.77	0.99	2.31	1.16	2.74	1.24	2.27
72	ダ	3.18	1.33	3.29	1.32	3.74	1.28	3.35	3.45	1.30	3.57	1.23	4.19	1.03	3.73
73	AN	3.75	1.28	3.81	1.28	4.19	1.10	3.83	4.09	1.13	4.01	1.12	4.57	0.72	4.16
74	ダ	2.01	1.09	2.37	1.15	2.75	1.26	2.35	1.93	0.98	2.58	1.14	3.12	1.20	2.54
75	ル	1.88	1.07	2.18	1.07	2.43	1.28	2.14	1.82	0.93	2.35	1.11	2.87	1.20	2.34
76	体修	2.32	1.10	2.95	1.19	3.51	1.12	2.89	2.15	1.05	3.00	1.14	3.77	1.03	2.97
77	Ad	3.06	1.31	3.35	1.36	2.84	1.20	3.37	3.02	1.26	3.52	1.20	4.24	0.94	3.57
78	スタイル	1.67	1.02	2.01	1.25	2.15	1.32	1.92	1.59	0.89	2.23	1.24	2.42	1.31	2.07
79	原因	1.80	1.07	2.21	1.21	2.51	1.26	2.14	1.69	0.90	2.26	1.11	2.56	1.16	2.16

80	スタイル	2.53	1.23	3.89	1.19	4.02	1.06	3.42	2.06	1.06	3.94	1.16	4.04	1.03	3.34
81	副用	2.80	1.27	3.21	1.22	3.68	1.22	3.19	2.83	1.26	3.37	1.17	4.02	1.02	3.40
82	体修	1.81	0.99	2.18	1.14	2.46	1.27	2.12	1.68	0.84	2.31	1.11	2.80	1.23	2.26
83	表現	1.89	1.14	2.21	1.28	2.50	1.37	2.18	1.71	1.00	2.21	1.20	2.68	1.30	2.20
84	ノダ	3.58	1.26	3.74	1.17	4.26	0.98	3.80	3.39	1.28	3.81	1.09	4.51	0.72	3.90

7.3 韓国語の学習歴の有無による誤りの重要度

問題の番号	誤りの種類	1. ある (92人)							2. ない (590人)						
		理解度		不快度		自然度		全体	理解度		不快度		自然度		全体
		M	SD	M	SD	M	SD	M	M	SD	M	SD	M	SD	M
1	N	1.92	1.00	2.79	1.18	3.99	0.90	2.89	2.62	1.11	3.06	1.10	4.04	0.86	3.21
2	N	2.02	0.95	2.58	1.10	3.78	1.01	2.77	2.48	1.10	2.89	1.08	3.68	1.00	2.98
3	受身	2.18	0.97	3.01	1.19	3.96	1.04	3.05	2.47	1.09	3.11	1.05	3.82	1.07	3.09
4	連用形	1.42	0.70	2.04	1.11	2.51	1.12	1.98	1.70	1.00	2.09	1.08	2.57	1.20	2.10
5	引用	2.16	1.14	2.68	1.14	3.55	1.10	2.80	2.53	1.15	2.98	1.13	3.61	1.11	3.00
6	Ad	2.04	0.98	2.64	1.09	3.46	1.09	2.71	2.33	1.12	2.76	1.08	3.27	1.14	2.76
7	格トシテ	1.76	1.03	2.18	1.16	2.49	1.29	2.12	1.97	1.18	2.24	1.26	2.51	1.39	2.22
8	品詞	3.55	1.46	3.88	1.16	4.66	0.70	4.03	3.92	1.13	4.07	1.04	4.57	0.77	4.16
9	格デ	2.43	1.29	3.13	1.17	3.88	0.92	3.15	2.98	1.17	3.36	1.09	3.96	0.96	3.40
10	取立マデ	1.69	0.94	2.35	1.17	2.57	1.15	2.19	2.13	1.13	2.57	1.22	2.94	1.26	2.51
11	取立ダケ	1.64	0.94	2.40	1.23	2.80	1.27	2.26	1.91	1.01	2.38	1.16	2.79	1.25	2.33
12	取立ハ	1.64	0.86	2.39	1.23	2.92	1.34	2.31	2.03	1.05	2.47	1.14	2.90	1.23	2.44
13	活用	1.77	1.01	2.89	1.38	3.57	1.45	2.74	2.16	1.17	2.84	1.22	3.35	1.28	2.75
14	ノダ	1.52	0.82	2.49	1.21	3.02	1.23	2.34	2.04	1.04	2.69	1.14	3.25	1.12	2.63
15	格ニ	2.01	1.12	2.93	1.20	3.58	1.07	2.84	2.58	1.16	3.12	1.09	3.74	0.99	3.12
16	数	1.93	1.13	2.42	1.20	2.96	1.26	2.44	2.40	1.28	2.77	1.19	3.18	1.21	2.75
17	名詞節	1.55	0.83	2.34	1.12	2.79	1.17	2.23	2.16	1.15	2.64	1.16	3.05	1.17	2.59
18	条件	1.48	0.72	2.18	1.02	2.70	1.14	2.12	1.90	1.05	2.41	1.14	2.76	1.19	2.34
19	N	2.16	1.24	3.31	1.32	4.09	1.10	3.19	2.43	1.29	3.19	1.29	3.85	1.20	3.13
20	受身	2.18	1.23	3.22	1.25	3.96	1.15	3.12	2.60	1.22	3.25	1.21	3.82	1.16	3.19
21	名詞節	1.90	1.07	2.75	1.27	3.33	1.32	2.66	2.31	1.16	2.79	1.21	3.27	1.25	2.75
22	可能	2.36	1.19	3.39	1.11	4.09	0.96	3.28	2.69	1.14	3.34	1.07	3.91	0.97	3.28
23	格デ	1.51	0.79	1.90	1.04	2.32	1.16	1.91	1.71	0.88	2.10	1.07	2.43	1.17	2.06
24	格ニ	1.95	1.03	2.71	1.23	3.31	1.31	2.66	2.27	1.09	2.73	1.12	3.25	1.18	2.72
25	N	1.72	1.03	2.23	1.21	2.74	1.30	2.23	2.05	1.08	2.53	1.15	2.95	1.18	2.49

26	表現	2.13	1.24	3.06	1.24	3.71	1.22	2.97	2.55	1.19	3.27	1.15	3.90	0.99	3.20
27	並V	1.55	0.97	2.24	1.31	2.57	1.33	2.12	1.71	1.02	2.05	1.15	2.36	1.27	2.02
28	VP	1.73	0.87	2.67	1.22	3.27	1.26	2.56	1.90	0.95	2.36	1.13	2.78	1.24	2.33
29	VP	2.53	1.14	3.40	1.22	4.08	0.97	3.34	2.75	1.16	3.33	1.10	3.97	0.97	3.32
30	複V	1.78	0.94	2.93	1.19	3.64	1.18	2.79	2.08	1.00	2.70	1.11	3.21	1.17	2.64
31	並V	2.09	1.30	2.43	1.42	2.85	1.61	2.45	1.97	1.22	2.25	1.36	2.57	1.52	2.24
32	VP	1.89	0.89	2.88	1.25	3.69	1.10	2.82	2.18	1.04	2.86	1.13	3.48	1.10	2.81
33	C	2.22	1.22	2.99	1.40	3.44	1.36	2.88	2.44	1.19	2.91	1.27	3.33	1.31	2.86
34	受給	2.09	1.16	4.15	1.16	4.14	1.02	3.46	2.33	1.12	3.75	1.20	3.96	1.09	3.31
35	可能	3.05	1.24	3.73	1.09	4.34	0.90	3.71	3.15	1.19	3.64	1.09	4.20	0.91	3.61
36	ノ連	2.34	1.28	3.14	1.27	3.98	1.25	3.15	2.57	1.27	3.03	1.27	3.63	1.30	3.05
37	A	1.42	0.88	1.69	1.04	1.99	1.35	1.70	1.56	0.95	1.70	1.06	1.98	1.31	1.73
38	タ	2.54	1.35	3.17	1.28	3.98	1.15	3.23	2.72	1.23	3.10	1.21	3.66	1.18	3.13
39	活用	2.37	1.30	3.05	1.38	3.79	1.33	3.05	2.41	1.17	2.91	1.21	3.45	1.30	2.89
40	可能	1.39	0.91	1.64	1.04	1.84	1.12	1.62	1.40	0.81	1.57	1.01	1.72	1.15	1.56
41	副用	2.00	1.14	2.82	1.32	3.52	1.12	2.76	2.31	1.06	2.95	1.16	3.49	1.08	2.89
42	C	2.18	1.34	2.24	1.34	2.70	1.55	2.37	1.88	1.16	2.07	1.23	2.36	1.41	2.09
43	格ニヨッテ	2.22	1.25	3.00	1.26	3.81	1.17	3.01	2.78	1.20	3.32	1.11	3.87	1.00	3.29
44	品詞	1.47	0.74	2.28	1.18	2.70	1.23	2.15	1.81	0.89	2.37	1.11	2.87	1.15	2.33
45	テ形	1.43	0.81	2.12	1.14	2.78	1.31	2.11	1.77	0.98	2.19	1.13	2.56	1.22	2.15
46	並N	1.76	1.14	2.25	1.33	2.78	1.52	2.26	1.93	1.09	2.19	1.22	2.61	1.38	2.23
47	不定	1.87	1.00	2.87	1.22	3.44	1.24	2.73	2.26	1.12	2.90	1.17	3.46	1.13	2.84
48	不定	2.57	1.35	3.22	1.24	4.12	1.03	3.29	2.77	1.16	3.22	1.14	3.85	1.04	3.25
49	受身	1.54	0.90	1.89	1.16	2.38	1.32	1.92	1.83	0.96	2.20	1.10	2.54	1.26	2.17
50	ムード	2.20	1.22	2.66	1.30	3.07	1.25	2.60	2.38	1.20	2.66	1.24	3.02	1.31	2.65
51	格カラ	2.15	1.18	2.98	1.33	3.55	1.21	2.89	2.39	1.11	2.83	1.18	3.33	1.20	2.82
52	取立ハ	2.19	1.16	3.03	1.17	3.80	1.06	3.01	2.51	1.04	3.07	1.04	3.60	1.02	3.02
53	ムード	1.97	1.15	2.76	1.23	3.31	1.33	2.68	2.19	1.08	2.75	1.24	3.11	1.27	2.65
54	自他	2.21	1.19	3.20	1.26	3.97	1.20	3.08	2.63	1.12	3.27	1.08	3.87	0.96	3.23
55	コソア	2.76	1.33	3.56	1.25	4.38	1.00	3.57	3.06	1.23	3.52	1.13	4.15	0.95	3.54
56	格ト	1.90	1.19	2.15	1.26	2.70	1.47	2.21	1.83	1.06	2.06	1.18	2.32	1.31	2.06
57	格ニツイテ	3.06	1.43	3.40	1.26	4.11	1.05	3.47	3.26	1.28	3.53	1.16	4.04	1.01	3.58
58	V	1.80	1.13	3.48	1.42	4.09	1.21	3.12	2.36	1.23	3.57	1.20	4.11	1.03	3.31
59	N	3.51	1.48	3.77	1.31	4.45	0.90	3.86	3.47	1.34	3.67	1.23	4.17	1.06	3.72
60	自発	2.22	1.15	3.08	1.30	3.94	1.12	3.07	2.51	1.18	3.06	1.19	3.61	1.17	3.04
61	格ニ	2.31	1.29	2.82	1.40	3.53	1.44	2.89	2.28	1.18	2.65	1.30	3.10	1.44	2.65
62	使役	2.57	1.26	3.28	1.29	4.00	1.12	3.28	2.80	1.16	3.43	1.07	3.98	0.99	3.37
63	ノ連	2.76	1.37	3.60	1.26	4.40	1.02	3.59	3.15	1.20	3.64	1.13	4.22	0.90	3.63

64	熟語	1.36	0.75	1.62	1.02	1.84	1.12	1.61	1.52	0.88	1.77	1.04	1.95	1.16	1.73
65	条件	1.66	0.90	2.35	1.16	2.89	1.37	2.30	2.00	1.06	2.46	1.18	2.86	1.29	2.42
66	V	1.71	0.98	2.58	1.39	3.13	1.44	2.47	2.13	1.11	2.77	1.23	3.20	1.23	2.67
67	活用	2.20	1.34	3.33	1.28	3.90	1.20	3.14	2.34	1.16	3.05	1.21	3.57	1.19	2.95
68	ムード	3.04	1.35	3.33	1.37	4.00	1.26	3.46	2.85	1.35	3.08	1.38	3.56	1.44	3.13
69	受給	1.69	0.97	2.35	1.32	2.84	1.46	2.29	1.79	1.06	2.20	1.25	2.47	1.36	2.14
70	自発	2.21	1.15	3.24	1.29	4.22	0.98	3.22	2.59	1.22	3.27	1.17	3.89	1.06	3.21
71	副用	1.63	1.00	2.10	1.16	2.64	1.16	2.12	1.93	1.08	2.36	1.19	2.74	1.29	2.33
72	ダ	3.44	1.43	3.53	1.32	4.10	1.25	3.69	3.33	1.30	3.46	1.25	4.00	1.14	3.56
73	AN	3.93	1.36	3.97	1.28	4.54	0.88	4.15	3.96	1.16	3.93	1.17	4.40	0.92	4.01
74	ダ	1.76	0.92	2.52	1.15	3.18	1.23	2.49	2.01	1.04	2.50	1.15	2.94	1.24	2.46
75	ル	1.52	0.81	2.19	1.07	2.69	1.20	2.13	1.90	1.01	2.31	1.14	2.71	1.26	2.29
76	体修	2.09	1.06	3.08	1.19	3.90	1.06	3.01	2.25	1.07	2.97	1.13	3.64	1.07	2.93
77	Ad	2.98	1.35	3.40	1.36	4.25	1.00	3.48	3.04	1.26	3.47	1.22	4.05	1.08	3.49
78	スタイル	1.47	0.84	2.26	1.25	2.43	1.33	2.05	1.66	0.97	2.13	1.25	2.30	1.33	2.01
79	原因	1.53	0.86	2.16	1.21	2.51	1.22	2.07	1.78	0.99	2.26	1.15	2.56	1.20	2.18
80	スタイル	1.82	1.00	4.16	1.19	4.14	1.11	3.36	2.34	1.16	3.89	1.16	4.02	1.02	3.38
81	副用	2.73	1.33	3.46	1.22	4.03	1.07	3.39	2.83	1.25	3.28	1.20	3.85	1.13	3.30
82	体修	1.54	0.88	2.21	1.14	2.87	1.87	2.21	1.76	0.91	2.27	1.12	2.63	1.23	2.20
83	表現	1.70	1.11	2.18	1.28	2.85	1.38	2.25	1.80	1.05	2.23	1.21	2.59	1.33	2.19
84	ノダ	3.12	1.35	3.78	1.17	4.49	0.85	3.80	3.53	1.24	3.78	1.12	4.39	0.85	3.87

7.4 外国人との対話の経験の有無による誤りの重要度

問題の番号	誤りの種類	1. ある (477人)							2. ない (203人)						
		理解度		不快度		自然度		全体	理解度		不快度		自然度		全体
		M	SD	M	SD	M	SD	M	M	SD	M	SD	M	SD	M
1	N	2.35	1.04	2.95	1.10	4.07	0.85	3.10	2.95	1.19	3.21	1.11	3.94	0.89	3.33
2	N	2.37	1.08	2.81	1.05	3.78	0.96	2.95	2.54	1.13	2.95	1.16	3.50	1.06	2.97
3	受身	2.37	1.04	3.09	1.03	3.90	1.02	3.09	2.58	1.17	3.11	1.15	3.68	1.17	3.07
4	連用形	1.59	0.91	2.07	1.06	2.57	1.17	2.06	1.83	1.10	2.14	1.14	2.55	1.24	2.15
5	引用	2.40	1.15	2.90	1.14	3.64	1.11	2.95	2.67	1.16	3.02	1.13	3.51	1.12	3.02
6	Ad	2.21	1.07	2.74	1.07	3.36	1.11	2.74	2.47	1.18	2.75	1.12	3.15	1.19	2.76
7	格トシテ	1.92	1.15	2.23	1.22	2.54	1.36	2.21	1.99	1.20	2.21	1.31	2.44	1.42	2.19
8	品詞	3.77	1.22	4.03	1.04	4.61	0.71	4.12	4.12	1.09	4.10	1.11	4.52	0.87	4.20
9	格デ	2.78	1.20	3.27	1.10	3.95	0.93	3.32	3.22	1.17	3.47	1.13	3.94	1.03	3.48

10	取立マデ	1.98	1.07	2.51	1.19	2.90	1.22	2.45	2.26	1.19	2.61	1.28	2.86	1.33	2.52
11	取立ダケ	1.78	0.95	2.36	1.14	2.83	1.24	2.31	2.09	1.11	2.44	1.23	2.69	1.28	2.36
12	取立ハ	1.94	1.01	2.48	1.15	2.95	1.24	2.44	2.07	1.09	2.39	1.17	2.77	1.26	2.37
13	活用	2.00	1.10	2.85	1.25	3.45	1.31	2.75	2.39	1.26	2.83	1.23	3.23	1.27	2.76
14	ノダ	1.86	0.95	2.63	1.13	3.23	1.13	2.55	2.24	1.16	2.76	1.18	3.19	1.16	2.68
15	格ニ	2.35	1.11	3.04	1.12	3.70	0.99	3.02	2.88	1.21	3.23	1.07	3.76	1.03	3.24
16	数	2.34	1.29	2.74	1.20	3.23	1.21	2.75	2.34	1.22	2.66	1.20	2.95	1.24	2.61
17	名詞節	1.97	1.11	2.53	1.16	2.96	1.17	2.47	2.34	1.13	2.76	1.15	3.13	1.16	2.70
18	条件	1.76	0.97	2.35	1.10	2.76	1.15	2.28	2.07	1.11	2.46	1.20	2.73	1.25	2.38
19	N	2.29	1.25	3.17	1.29	3.93	1.19	3.11	2.64	1.33	3.27	1.31	3.75	1.18	3.18
20	受身	2.44	1.18	3.27	1.20	3.92	1.12	3.19	2.79	1.31	3.19	1.26	3.64	1.24	3.14
21	名詞節	2.18	1.13	2.76	1.19	3.32	1.23	2.73	2.42	1.20	2.83	1.28	3.17	1.32	2.75
22	可能	2.52	1.12	3.31	1.07	3.97	0.95	3.25	2.95	1.17	3.44	1.11	3.84	1.00	3.35
23	格デ	1.63	0.82	2.05	1.04	2.41	1.14	2.03	1.79	0.99	2.13	1.15	2.41	1.23	2.06
24	格ニ	2.17	1.06	2.71	1.11	3.27	1.19	2.70	2.37	1.14	2.77	1.18	3.21	1.23	2.73
25	N	1.91	1.03	2.43	1.13	2.90	1.17	2.40	2.24	1.18	2.62	1.23	2.97	1.28	2.58
26	表現	2.34	1.16	3.19	1.15	3.88	1.01	3.13	2.84	1.24	3.36	1.19	3.86	1.05	3.27
27	並V	1.67	0.98	2.14	1.17	2.49	1.27	2.09	1.74	1.10	1.93	1.19	2.14	1.27	1.90
28	VP	1.84	0.91	2.44	1.12	2.94	1.23	2.39	1.97	1.03	2.33	1.22	2.62	1.26	2.28
29	VP	2.66	1.15	3.36	1.10	4.01	0.96	3.33	2.87	1.18	3.31	1.15	3.91	1.01	3.31
30	複V	2.00	0.97	2.78	1.10	3.36	1.16	2.70	2.11	1.06	2.63	1.18	3.05	1.21	2.55
31	並V	2.05	1.26	2.34	1.37	2.71	1.55	2.36	1.85	1.16	2.13	1.36	2.37	1.48	2.08
32	VP	2.08	1.00	2.87	1.11	3.56	1.07	2.83	2.28	1.12	2.85	1.23	3.37	1.16	2.77
33	C	2.39	1.19	2.96	1.29	3.44	1.29	2.91	2.44	1.23	2.81	1.30	3.12	1.35	2.74
34	受給	2.23	1.10	3.87	1.17	4.04	1.05	3.36	2.48	1.18	3.66	1.27	3.84	1.14	3.26
35	可能	3.11	1.22	3.66	1.09	4.29	0.88	3.66	3.20	1.16	3.62	1.09	4.06	0.97	3.55
36	ノ連	2.46	1.25	3.03	1.25	3.73	1.28	3.06	2.71	1.31	3.08	1.32	3.56	1.32	3.08
37	A	1.51	0.92	1.69	1.04	2.01	1.33	1.73	1.62	0.98	1.73	1.10	1.93	1.27	1.74
38	タ	2.68	1.24	3.12	1.19	3.79	1.14	3.19	2.72	1.27	3.08	1.29	3.48	1.25	3.04
39	活用	2.38	1.17	2.92	1.21	3.54	1.30	2.92	2.49	1.22	2.95	1.29	3.40	1.31	2.89
40	可能	1.38	0.79	1.56	0.97	1.74	1.12	1.55	1.43	0.89	1.62	1.09	1.73	1.18	1.58
41	副用	2.17	1.03	2.90	1.15	3.51	1.06	2.85	2.48	1.17	2.98	1.25	3.44	1.16	2.92
42	C	1.97	1.23	2.12	1.24	2.52	1.46	2.20	1.80	1.09	2.02	1.25	2.15	1.33	1.96
43	格ニヨッテ	2.60	1.22	3.22	1.15	3.87	1.02	3.21	2.94	1.19	3.39	1.12	3.85	1.04	3.34
44	品詞	1.70	0.83	2.34	1.09	2.91	1.17	2.31	1.91	0.98	2.41	1.20	2.71	1.14	2.30
45	テ形	1.65	0.93	2.14	1.13	2.61	1.25	2.12	1.92	1.04	2.28	1.15	2.54	1.19	2.20
46	並N	1.94	1.09	2.27	1.23	2.76	1.40	2.32	1.86	1.12	2.04	1.25	2.34	1.35	2.05

47	不定	2.11	1.08	2.88	1.15	3.49	1.14	2.82	2.44	1.14	2.93	1.22	3.37	1.15	2.85
48	不定	1.71	1.19	3.21	1.13	3.97	0.99	3.28	2.82	1.19	3.23	1.21	3.70	1.13	3.19
49	受身	1.76	0.94	2.16	1.09	2.57	1.27	2.15	1.86	0.99	2.17	1.18	2.40	1.25	2.11
50	ムード	2.34	1.19	2.65	1.24	3.06	1.29	2.66	2.40	1.24	2.69	1.28	2.95	1.34	2.63
51	格カラ	2.31	1.08	2.84	1.17	3.40	1.18	2.84	2.49	1.22	2.86	1.28	3.24	1.27	2.80
52	取立ハ	2.41	1.06	3.07	1.04	3.71	1.00	3.04	2.59	1.07	3.05	1.09	3.44	1.06	2.97
53	ムード	2.12	1.10	2.74	1.23	3.18	1.29	2.66	2.24	1.09	2.76	1.26	3.02	1.25	2.62
54	自他	2.45	1.11	3.23	1.09	3.91	0.99	3.18	2.84	1.17	3.33	1.14	3.81	1.02	3.26
55	コソア	2.93	1.23	3.50	1.14	4.23	0.94	3.54	3.23	1.26	3.58	1.17	4.04	0.99	3.54
56	格ト	1.84	1.09	2.08	1.17	2.44	1.35	2.10	1.83	1.06	2.04	1.23	2.24	1.29	2.02
57	格ニツイテ	3.16	1.29	3.47	1.13	4.10	0.95	3.55	3.39	1.33	3.61	1.28	3.95	1.16	3.60
58	V	2.18	1.18	3.58	1.23	4.17	1.02	3.29	2.54	1.31	3.50	1.24	3.97	1.12	3.26
59	N	3.49	1.33	3.69	1.21	4.29	0.99	3.79	3.45	1.43	3.67	1.31	4.02	1.15	3.63
60	自発	2.44	1.15	3.06	1.19	3.75	1.13	3.06	2.57	1.25	3.05	1.25	3.44	1.22	2.98
61	格ニ	2.28	1.17	2.70	1.29	3.24	1.42	2.72	2.29	1.24	2.63	1.37	2.98	1.51	2.59
62	使役	2.73	1.17	3.40	1.12	4.03	1.00	3.37	2.88	1.18	3.44	1.08	3.89	1.04	3.33
63	ノ連	2.99	1.23	3.60	1.16	4.29	0.91	3.62	3.34	1.22	3.70	1.13	4.14	0.95	3.63
64	熟語	1.47	0.85	1.74	1.02	1.96	1.15	1.72	1.56	0.92	1.77	1.09	1.89	1.16	1.71
65	条件	1.89	1.03	2.41	1.17	2.90	1.31	2.39	2.10	1.08	2.51	1.20	2.78	1.28	2.43
66	V	1.96	1.04	2.69	1.24	3.21	1.27	2.61	2.35	1.20	2.87	1.28	3.15	1.25	2.75
67	活用	2.23	1.17	3.09	1.22	3.67	1.17	2.99	2.52	1.22	3.07	1.23	3.48	1.25	2.94
68	ムード	2.98	1.34	3.18	1.35	3.77	1.37	3.28	2.63	1.36	2.96	1.45	3.26	1.50	2.91
69	受給	1.72	0.99	2.23	1.24	2.60	1.38	2.17	1.94	1.17	2.19	1.29	2.34	1.36	2.14
70	自発	2.45	1.20	3.23	1.17	3.99	1.04	3.21	2.76	1.23	3.33	1.22	3.80	1.10	3.22
71	副用	1.77	1.00	2.23	1.14	2.72	1.27	2.23	2.18	1.19	2.58	1.27	2.73	1.29	2.47
72	ダ	3.38	1.31	3.48	1.24	4.08	1.13	3.63	3.27	1.31	3.44	1.32	3.87	1.18	3.41
73	AN	3.99	1.16	3.94	1.15	4.49	0.83	4.07	3.86	1.28	3.90	1.27	4.23	1.08	3.92
74	ダ	1.93	0.99	2.53	1.12	3.06	1.21	2.50	2.07	1.11	2.43	1.22	2.77	1.28	2.39
75	ル	1.78	0.94	2.25	1.08	2.74	1.21	2.25	2.03	1.09	2.37	1.25	2.62	1.32	2.31
76	体修	2.15	1.06	2.97	1.12	3.74	1.03	2.94	2.43	1.08	3.02	1.20	3.52	1.14	2.94
77	Ad	3.01	1.24	3.43	1.21	4.12	1.02	3.49	3.07	1.35	3.52	1.31	3.96	1.18	3.48
78	スタイル	1.59	0.90	2.18	1.23	2.38	1.31	2.04	1.72	1.07	2.08	1.31	2.19	1.37	1.98
79	原因	1.68	0.91	2.21	1.10	2.53	1.14	2.14	1.88	1.12	2.36	1.30	2.61	1.34	2.24
80	スタイル	2.16	1.10	3.98	1.14	4.08	1.01	3.40	2.52	1.22	3.80	1.21	3.94	1.09	3.34
81	副用	2.82	1.25	3.28	1.16	3.96	1.06	3.34	2.83	1.28	3.34	1.29	3.67	1.23	3.23
82	体修	1.70	0.87	2.29	1.08	2.78	1.22	2.25	1.81	0.99	2.21	1.24	2.39	1.29	2.10
83	表現	1.74	1.01	2.22	1.18	2.68	1.31	2.21	1.88	1.14	2.22	1.30	2.47	1.38	2.16
84	ノダ	3.42	1.24	3.76	1.10	4.46	0.79	3.87	3.60	1.34	3.82	1.18	4.28	0.97	3.83

7.5　外国人との対話の経験の程度による誤りの重要度

問題の番号	誤りの種類	1. 少ない　(361人)							2. 多い　(112人)						
		理解度		不快度		自然度		全体	理解度		不快度		自然度		全体
		M	S D	M	S D	M	S D	M	M	S D	M	S D	M	S D	M
1	N	2.43	1.02	2.95	1.08	4.05	0.85	3.12	2.04	1.06	2.91	1.20	4.12	0.87	3.01
2	N	2.43	1.08	2.80	1.02	3.75	0.98	2.95	2.17	1.05	2.81	1.17	3.86	0.96	2.95
3	受身	2.39	1.05	3.04	1.02	3.83	1.06	3.05	2.29	0.99	3.23	1.06	4.10	0.86	3.20
4	連用形	1.63	0.92	2.07	1.07	2.55	1.19	2.07	1.50	0.89	2.09	1.07	2.66	1.10	2.08
5	引用	2.46	1.17	2.94	1.11	3.60	1.10	2.96	2.23	1.07	2.84	1.23	3.76	1.13	2.94
6	Ad	2.26	1.10	2.73	1.08	3.31	1.10	2.75	2.04	0.97	2.78	1.04	3.50	1.14	2.77
7	格トシテ	1.94	1.14	2.23	1.21	2.50	1.34	2.20	1.87	1.18	2.24	1.28	2.67	1.40	2.26
8	品詞	3.91	1.11	4.03	1.05	4.58	0.74	4.15	3.38	1.42	4.04	1.02	4.71	0.58	4.04
9	格デ	2.90	1.19	3.30	1.09	3.96	0.93	3.37	2.41	1.18	3.15	1.16	3.92	0.93	3.16
10	取立マデ	2.03	1.07	2.53	1.15	2.91	1.21	2.47	1.86	1.07	2.45	1.31	2.88	1.26	2.38
11	取立ダケ	1.78	0.92	2.35	1.11	2.79	1.20	2.29	1.80	1.06	2.44	1.27	3.00	1.33	2.41
12	取立ハ	2.00	1.03	2.51	1.14	2.96	1.22	2.47	1.74	0.95	2.40	1.20	2.93	1.33	2.35
13	活用	2.05	1.12	2.84	1.24	3.39	1.32	2.74	1.83	1.04	2.90	1.31	3.63	1.30	2.79
14	ノダ	1.95	0.99	2.67	1.12	3.28	1.08	2.60	1.57	0.75	2.45	1.17	3.06	1.27	2.36
15	格ニ	2.45	1.11	3.08	1.10	3.68	0.97	3.05	2.07	1.10	2.91	1.21	3.75	1.06	2.91
16	数	2.39	1.28	2.76	1.20	3.20	1.20	2.76	2.19	1.32	2.68	1.22	3.35	1.21	2.74
17	名詞節	2.02	1.10	2.53	1.14	2.97	1.18	2.49	2.80	1.15	2.54	1.23	3.96	1.12	2.43
18	条件	1.78	0.98	2.32	1.10	2.68	1.14	2.25	1.71	0.93	2.45	1.11	3.02	1.15	2.39
19	N	2.33	1.27	3.13	1.30	3.84	1.23	3.08	2.20	0.24	3.34	1.28	4.25	0.96	3.26
20	受身	2.50	1.19	3.26	1.19	3.88	1.13	3.19	2.26	1.17	3.26	1.25	4.03	1.10	3.18
21	名詞節	2.21	1.10	2.72	1.16	3.23	1.21	2.69	2.06	1.18	2.88	1.27	3.62	1.21	2.85
22	可能	2.56	1.09	3.27	1.05	3.93	0.97	3.24	2.43	1.23	3.42	1.12	4.14	0.88	3.32
23	格デ	1.68	0.84	2.08	1.05	2.42	1.14	2.05	1.54	0.80	1.97	1.07	2.44	1.20	1.98
24	格ニ	2.23	1.05	2.73	1.10	3.28	1.16	2.73	2.00	1.10	2.66	1.20	3.26	1.30	2.64
25	N	1.91	1.00	2.46	1.10	2.88	1.14	2.41	1.92	1.17	2.37	1.25	2.98	1.25	2.42
26	表現	2.38	1.15	3.18	1.13	3.83	1.02	3.11	2.21	1.17	3.22	1.23	4.01	1.00	3.15
27	並V	1.68	0.98	2.08	1.14	2.40	1.25	2.03	1.66	1.01	2.34	1.25	2.78	1.31	2.26
28	VP	1.83	0.90	2.34	1.05	2.79	1.19	2.30	1.88	0.94	2.74	1.26	3.40	1.27	2.67
29	VP	2.68	1.14	3.33	1.09	3.94	0.99	3.29	2.62	1.18	3.45	1.16	4.24	0.82	3.43
30	複V	2.03	0.94	2.75	1.05	3.27	1.13	2.67	1.90	1.09	2.85	1.28	3.63	1.22	2.79
31	並V	2.06	1.26	2.35	1.36	2.67	1.54	2.35	2.05	1.28	2.38	1.41	2.89	1.57	2.44
32	VP	2.10	0.98	2.84	1.09	3.51	1.08	2.80	2.05	1.11	2.99	1.19	3.71	1.05	2.92
33	C	2.41	1.20	2.95	1.28	3.37	1.30	2.89	2.34	1.18	2.98	1.32	3.64	1.26	2.99

34	受給	2.23	1.09	3.81	1.18	3.97	1.06	3.32	2.24	1.17	4.02	1.15	4.24	1.01	3.50
35	可能	3.11	1.19	3.62	1.08	4.22	0.91	3.61	3.12	1.33	3.78	1.13	4.49	0.75	3.80
36	ノ連	2.50	1.25	2.98	1.25	3.60	1.33	3.00	2.31	1.23	3.13	1.23	4.08	1.08	3.17
37	A	2.52	0.92	3.72	1.07	2.01	1.32	1.74	1.48	0.95	1.58	0.96	2.01	1.36	1.69
38	タ	2.69	1.25	3.09	1.20	3.72	1.17	3.16	2.65	1.23	3.22	1.19	4.02	1.05	3.29
39	活用	2.41	1.14	2.93	1.18	3.50	1.27	2.92	2.29	1.29	2.88	1.30	3.66	1.41	2.93
40	可能	1.38	0.77	1.57	0.97	1.73	1.12	1.55	1.38	0.84	1.51	0.98	1.74	1.14	1.54
41	副用	2.19	1.02	2.88	1.14	3.45	1.07	2.82	2.14	1.10	2.99	1.22	3.71	1.05	2.94
42	C	1.94	1.21	2.11	1.24	2.47	1.44	2.17	2.07	1.30	2.16	1.25	2.67	1.53	2.30
43	格ニヨッテ	2.66	1.21	3.23	1.11	3.83	1.04	3.21	2.40	1.25	3.20	1.27	3.97	0.96	3.19
44	品詞	1.73	0.84	2.38	1.10	2.93	1.15	2.33	1.61	0.81	2.21	1.05	2.80	1.24	2.20
45	テ形	1.66	0.95	2.11	1.12	2.53	1.20	2.09	1.59	0.86	2.23	1.14	2.88	1.36	2.22
46	並N	1.93	1.06	2.22	1.21	2.68	1.39	2.27	1.93	1.14	2.36	1.26	2.95	1.43	2.42
47	不定	2.15	1.08	2.86	1.15	3.45	1.14	2.81	2.02	1.12	2.94	1.20	3.64	1.16	2.86
48	不定	2.68	1.17	3.20	1.10	3.89	1.01	3.24	2.77	1.25	3.21	1.23	4.21	0.93	3.38
49	受身	1.84	0.97	2.24	1.09	2.65	1.28	2.23	1.52	0.81	1.89	1.05	2.30	1.21	1.90
50	ムード	2.37	1.18	2.62	1.23	2.99	1.30	2.63	2.25	1.21	2.73	1.26	3.25	1.28	2.71
51	格カラ	2.30	1.05	2.78	1.13	3.32	1.16	2.78	2.34	1.19	3.03	1.28	3.66	1.24	3.01
52	取立ハ	2.43	1.04	3.05	1.01	3.65	0.98	3.02	2.34	1.14	3.11	1.16	3.88	1.04	3.11
53	ムード	2.14	1.07	2.73	1.22	3.13	1.27	2.65	2.04	1.21	2.74	1.30	3.33	1.37	2.68
54	自他	2.50	1.11	3.20	1.08	3.85	0.99	3.16	2.28	1.12	3.29	1.17	4.11	1.03	3.22
55	コソア	2.97	1.20	3.49	1.12	4.17	0.97	3.52	2.79	1.32	3.49	1.25	4.43	0.87	3.57
56	格ト	1.86	1.12	2.07	1.16	2.38	1.34	2.09	1.75	1.02	2.08	1.20	2.58	1.38	2.12
57	格ニツイテ	3.21	1.28	3.46	1.12	4.03	1.01	3.54	3.03	1.34	3.49	1.20	4.30	0.75	3.58
58	V	2.25	1.18	3.56	1.20	4.13	1.01	3.29	1.97	1.19	3.58	1.34	4.23	1.09	3.25
59	N	3.50	1.30	3.66	1.20	2.26	1.02	3.77	3.44	1.44	3.74	1.27	4.35	0.92	3.82
60	自発	2.50	1.17	3.02	1.18	3.68	1.16	3.04	2.23	1.08	3.19	1.23	3.96	1.04	3.12
61	格ニ	2.28	1.19	2.66	1.29	3.13	1.43	2.67	2.29	1.16	2.84	1.29	3.62	1.31	2.92
62	使役	2.77	1.17	3.39	1.10	3.97	1.01	3.36	2.60	1.20	3.40	1.20	4.20	0.95	3.40
63	ノ連	3.02	1.17	3.58	1.13	4.22	0.94	3.59	2.86	1.38	3.62	1.26	4.49	0.82	3.66
64	熟語	1.49	0.85	1.74	1.01	1.95	1.15	1.71	1.47	0.93	1.78	1.10	2.00	1.18	1.75
65	条件	1.94	1.07	2.40	1.16	2.82	1.29	2.38	1.76	0.94	2.46	1.22	3.15	1.40	2.46
66	V	1.99	1.02	2.73	1.21	3.20	1.25	2.62	1.87	1.10	2.54	1.34	3.22	1.34	2.54
67	活用	2.27	1.15	3.06	1.21	3.62	1.16	2.97	2.12	1.24	3.15	1.28	3.82	1.25	3.03
68	ムード	2.97	1.32	3.13	1.32	3.68	1.39	3.23	2.99	1.42	3.30	1.42	4.04	1.29	3.42
69	受給	1.71	0.99	2.18	1.22	2.53	1.36	2.13	1.75	1.04	2.38	1.31	2.84	1.46	2.32
70	自発	2.51	1.20	3.20	1.15	3.92	1.05	3.19	2.28	1.20	3.33	1.27	4.22	0.98	3.28
71	副用	1.79	1.00	2.23	1.13	2.72	1.28	2.24	1.73	1.04	2.20	1.21	2.75	1.26	2.22

72	ダ	3.35	1.31	3.46	1.22	4.05	1.13	3.60	3.48	1.36	3.54	1.30	4.16	1.15	3.73
73	AN	3.99	1.13	3.91	1.16	4.43	0.90	4.03	3.96	1.28	3.96	1.19	4.64	0.62	4.14
74	ダ	1.97	1.02	2.53	1.11	3.02	1.22	2.50	1.86	0.99	2.53	1.20	3.22	1.22	2.53
75	ル	1.84	0.97	2.27	1.10	2.71	1.21	2.26	1.59	0.85	2.23	1.09	2.83	1.24	2.22
76	体修	2.17	1.05	2.96	1.12	3.70	1.02	2.93	2.08	1.09	3.01	1.16	3.86	1.10	2.98
77	Ad	3.08	1.24	3.41	1.19	4.07	1.05	3.49	2.79	1.28	3.43	1.29	4.27	0.95	3.47
78	スタイル	1.58	0.89	2.15	1.24	2.35	1.31	2.01	1.61	0.92	2.23	1.19	2.46	1.29	2.10
79	原因	1.71	0.92	2.21	1.09	2.52	1.13	2.14	1.62	0.94	2.21	1.16	2.58	1.21	2.14
80	スタイル	2.24	1.12	3.95	1.13	4.04	1.01	3.40	1.94	1.09	4.07	1.21	4.19	1.03	3.40
81	副用	2.81	1.21	3.26	1.14	3.90	1.10	3.29	2.83	1.40	3.44	1.25	4.15	0.96	3.48
82	体修	1.71	0.86	2.26	1.07	2.71	1.19	2.22	1.68	0.89	2.33	1.11	2.98	1.32	2.33
83	表現	1.80	1.04	2.25	1.18	2.67	1.31	2.23	1.58	0.93	2.11	1.21	2.71	1.34	2.14
84	ノダ	3.40	1.20	3.72	1.08	4.39	0.84	3.83	3.36	1.36	3.88	1.20	4.62	0.64	3.95

7.6　外国人の日本語の誤文を読んだ経験の有無による誤りの重要度

問題の番号	誤りの種類	1. ある　　　　（270人）							2.ない　　　　（412人）						
		理解度		不快度		自然度		全体	理解度		不快度		自然度		全体
		M	SD	M	SD	M	SD	M	M	SD	M	SD	M	SD	M
1	N	2.17	1.01	2.95	1.11	4.01	0.83	3.05	2.76	1.13	3.07	1.11	3.99	0.88	3.25
2	N	2.29	1.04	2.84	1.08	3.80	0.96	2.94	2.50	1.12	2.86	1.09	3.63	1.02	2.96
3	受身	2.32	1.01	3.14	1.06	3.92	1.02	3.10	2.50	1.12	3.07	1.07	3.79	1.09	3.08
4	連用形	1.55	0.87	2.06	1.04	2.52	1.15	2.03	1.73	1.03	2.11	1.12	2.58	1.21	2.12
5	引用	2.34	1.13	2.89	1.15	3.64	1.11	2.92	2.57	1.16	2.97	1.13	3.58	1.11	3.00
6	Ad	2.22	1.09	2.83	1.06	3.45	1.11	2.81	2.33	1.11	2.69	1.09	3.20	1.15	2.72
7	格トシテ	1.91	1.12	2.23	1.19	2.58	1.31	2.22	1.96	1.19	2.23	1.28	2.46	1.41	2.20
8	品詞	3.69	1.26	4.03	1.03	4.64	0.66	4.10	3.99	1.13	4.06	1.08	4.55	0.82	4.18
9	格デ	2.66	1.18	3.26	1.10	3.94	0.90	3.27	3.07	1.19	3.37	1.12	3.95	0.99	3.43
10	取立マデ	1.90	1.02	2.43	1.18	2.77	1.21	2.34	2.18	1.17	2.61	1.23	2.96	1.27	2.55
11	取立ダケ	1.74	0.96	2.37	1.15	2.79	1.24	2.28	1.96	1.03	2.40	1.18	2.79	1.26	2.35
12	取立ハ	1.82	0.94	2.44	1.11	2.95	1.22	2.39	2.08	1.08	2.47	1.18	2.87	1.27	2.45
13	活用	1.84	1.02	2.89	1.28	3.47	1.34	2.71	2.28	1.22	2.82	1.23	3.32	1.29	2.78
14	ノダ	1.68	0.85	2.54	1.11	3.14	1.16	2.44	2.16	1.09	2.75	1.16	3.28	1.12	2.69
15	格ニ	2.24	1.09	3.02	1.13	3.68	1.02	2.96	2.68	1.19	3.15	1.09	3.75	0.99	3.17
16	数	2.25	1.28	2.66	1.21	3.21	1.23	2.69	2.40	1.26	2.76	1.19	3.11	1.21	2.72
17	名詞節	1.89	1.08	2.55	1.16	2.99	1.18	2.46	2.20	1.14	2.63	1.16	3.03	1.17	2.59

18	条件	1.70	0.89	2.34	1.06	2.83	1.12	2.28	1.95	1.09	2.40	1.17	2.69	1.22	2.32
19	N	2.22	1.20	3.27	1.28	4.05	1.10	3.17	2.52	1.33	3.16	1.31	3.76	1.23	3.12
20	受身	2.43	1.19	3.37	1.18	4.05	1.07	3.26	2.62	1.25	3.18	1.23	3.70	1.20	3.13
21	名詞節	2.15	1.13	2.80	1.16	3.41	1.23	2.77	2.32	1.17	2.78	1.25	3.18	1.27	2.72
22	可能	2.50	1.13	3.34	1.04	4.02	0.94	3.27	2.75	1.16	3.36	1.10	3.88	0.99	3.29
23	格デ	1.64	0.81	2.05	1.04	2.51	1.17	2.05	1.71	0.91	2.10	1.09	2.36	1.16	2.03
24	格二	2.14	1.04	2.74	1.11	3.30	1.20	2.72	2.29	1.11	2.73	1.14	3.23	1.21	2.71
25	N	1.88	1.06	2.42	1.17	2.94	1.22	2.40	2.09	1.09	2.53	1.15	2.90	1.19	2.49
26	表現	2.25	1.14	3.19	1.15	3.90	1.03	3.10	2.65	1.22	3.27	1.17	3.85	1.03	3.21
27	並V	1.65	1.00	2.22	1.21	2.59	1.28	2.14	1.71	1.03	1.98	1.15	2.25	1.27	1.96
28	VP	1.86	0.91	2.62	1.18	3.16	1.25	2.54	1.89	0.97	2.27	1.10	2.64	1.21	2.24
29	VP	2.68	1.14	3.41	1.13	4.11	0.90	3.39	2.76	1.18	3.30	1.10	3.89	1.01	3.28
30	複V	1.97	0.95	2.86	1.12	3.50	1.16	2.77	2.08	1.03	2.66	1.12	3.12	1.17	2.59
31	並V	2.02	1.26	2.31	1.38	2.70	1.58	2.33	1.97	1.22	2.26	1.36	2.55	1.51	2.24
32	VP	2.01	0.95	2.89	1.12	3.64	1.05	2.83	2.22	1.08	2.85	1.16	3.41	1.12	2.79
33	C	2.31	1.17	2.92	1.30	3.41	1.34	2.86	2.47	1.22	2.92	1.28	3.30	1.29	2.87
34	受給	2.14	1.06	3.91	1.19	4.11	1.02	3.37	2.41	1.17	3.74	1.21	3.89	1.12	3.31
35	可能	3.12	1.21	3.75	1.06	4.35	0.85	3.72	3.15	1.19	3.59	1.11	4.14	0.95	3.57
36	ノ連	2.50	1.27	3.14	1.22	3.86	1.22	3.15	2.56	1.28	2.98	1.30	3.56	1.33	3.01
37	A	1.47	0.92	1.65	1.00	1.98	1.33	1.69	1.58	0.95	1.73	1.10	1.98	1.30	1.75
38	タ	2.69	1.26	3.21	1.19	3.91	1.13	3.26	2.70	1.25	3.05	1.23	3.56	1.20	3.07
39	活用	2.37	1.17	2.97	1.20	3.65	1.28	2.97	2.44	1.20	2.90	1.25	3.40	1.31	2.88
40	可能	1.34	0.77	1.50	0.92	1.69	1.10	1.51	1.44	0.86	1.63	1.06	1.77	1.17	1.60
41	副用	2.12	1.06	2.85	1.21	3.48	1.13	2.81	2.36	1.08	2.99	1.16	3.50	1.06	2.91
42	C	1.96	1.22	2.08	1.26	2.50	1.50	2.18	1.90	1.17	2.10	1.24	2.35	1.39	2.10
43	格ニヨッテ	2.55	1.23	3.28	1.15	3.96	0.97	3.24	2.81	1.20	3.27	1.13	3.80	1.06	3.26
44	品詞	1.59	0.78	2.28	1.10	2.80	1.22	2.22	1.87	0.92	2.42	1.13	2.88	1.12	2.36
45	テ形	1.56	0.86	2.13	1.09	2.66	1.26	2.11	1.83	1.02	2.21	1.16	2.54	1.21	2.17
46	並N	1.92	1.12	2.27	1.23	2.80	1.45	2.32	1.91	1.08	2.16	1.24	2.52	1.36	2.18
47	不定	2.03	1.01	2.91	1.11	3.53	1.09	2.81	2.33	1.16	2.89	1.21	3.41	1.18	2.84
48	不定	2.72	1.22	3.28	1.13	4.07	0.95	3.34	2.76	1.17	3.18	1.16	3.77	1.08	3.20
49	受身	1.72	0.93	2.12	1.10	2.60	1.28	2.13	1.83	0.97	2.19	1.12	2.49	1.26	2.15
50	ムード	2.30	1.17	2.66	1.25	3.13	1.29	2.67	2.40	1.22	2.66	1.25	2.96	1.31	2.63
51	格カラ	2.29	1.12	2.91	1.20	3.46	1.18	2.87	2.41	1.13	2.81	1.20	3.29	1.22	2.80
52	取立ハ	2.41	1.06	3.11	1.03	3.80	0.94	3.09	2.50	1.07	3.04	1.07	3.52	1.06	2.98
53	ムード	2.05	1.10	2.74	1.23	3.29	1.30	2.69	2.23	1.09	2.76	1.25	3.04	1.25	2.64
54	自他	2.40	1.13	3.25	1.09	3.98	1.02	3.19	2.68	1.14	3.27	1.11	3.82	0.98	3.22
55	コソア	2.90	1.25	3.53	1.14	4.30	0.93	3.56	3.10	1.24	3.53	1.16	4.10	0.97	3.53

問題の番号	誤りの種類	M	SD	M	SD	M	SD	M	M	SD	M	SD	M	SD	M
56	格ト	1.89	1.12	2.15	1.21	2.56	1.37	2.18	1.80	1.05	2.02	1.17	2.25	1.29	2.01
57	格ニツイテ	3.14	1.31	3.52	1.13	4.16	0.91	3.58	3.29	1.30	3.51	1.20	3.98	1.08	3.55
58	V	2.13	1.19	3.63	1.25	4.21	1.00	3.31	2.39	1.25	3.51	1.22	4.04	1.09	3.27
59	N	3.49	1.36	3.74	1.20	4.32	0.98	3.82	3.48	1.36	3.65	1.25	4.14	1.08	3.70
60	自発	2.43	1.12	3.15	1.18	3.90	1.07	3.13	2.51	1.21	3.01	1.21	3.50	1.20	2.98
61	格ニ	2.35	1.21	2.83	1.28	3.45	1.38	2.87	2.24	1.18	2.58	1.33	2.98	1.46	2.57
62	使役	2.75	1.17	3.46	1.11	4.12	0.95	3.43	2.79	1.18	3.38	1.10	3.90	1.04	3.31
63	ノ連	2.98	1.30	3.64	1.17	4.39	0.89	3.66	3.17	1.18	3.63	1.13	4.16	0.93	3.60
64	熟語	1.41	0.79	1.73	1.02	1.94	1.13	1.68	1.56	0.91	1.77	1.05	1.94	1.17	1.74
65	条件	1.87	1.00	2.49	1.19	3.00	1.34	2.45	2.00	1.07	2.41	1.17	2.77	1.27	2.37
66	V	1.90	1.02	2.69	1.32	3.27	1.31	2.61	2.18	1.14	2.78	1.20	3.14	1.23	2.67
67	活用	2.24	1.23	3.22	1.20	3.84	1.14	3.09	2.37	1.16	3.01	1.23	3.47	1.21	2.91
68	ムード	3.07	1.35	3.30	1.30	3.92	1.27	3.41	2.76	1.34	3.01	1.41	3.43	1.48	3.03
69	受給	1.68	0.99	2.26	1.28	2.74	1.44	2.22	1.85	1.09	2.19	1.24	2.38	1.33	2.13
70	自発	2.35	1.18	2.31	1.18	4.10	0.96	3.24	2.67	1.23	3.24	1.18	3.83	1.10	3.21
71	副用	1.69	0.95	2.18	1.16	2.67	1.25	2.17	2.02	1.13	2.42	1.20	2.76	1.29	2.39
72	ダ	3.48	1.32	3.55	1.22	4.15	1.10	3.72	3.27	1.30	3.42	1.28	3.93	1.17	3.50
73	AN	4.08	1.15	3.99	1.13	4.57	0.78	4.17	3.88	1.21	3.90	1.22	4.32	0.98	3.94
74	ダ	1.90	0.98	2.54	1.16	3.17	1.20	2.53	2.02	1.06	2.48	1.14	2.85	1.24	2.43
75	ル	1.67	0.86	2.25	1.07	2.78	1.23	2.23	1.97	1.05	2.32	1.17	2.66	1.25	2.29
76	体修	2.16	1.08	3.06	1.11	3.84	1.01	3.01	2.27	1.06	2.94	1.16	3.57	1.09	2.90
77	Ad	3.02	1.28	3.52	1.20	4.21	0.98	3.56	3.05	1.27	3.42	1.26	3.99	1.11	3.45
78	スタイル	1.61	0.94	2.25	1.25	2.49	1.35	2.11	1.65	0.96	2.08	1.25	2.21	1.31	1.96
79	原因	1.64	0.89	2.27	1.10	2.57	1.16	2.16	1.81	1.03	2.24	1.20	2.54	1.23	2.17
80	スタイル	2.08	1.06	4.14	1.07	4.21	0.94	3.46	2.39	1.19	3.79	1.20	3.93	1.08	3.33
81	副用	2.81	1.29	3.40	1.15	4.06	1.01	3.41	2.83	1.24	3.25	1.23	3.76	1.17	3.25
82	体修	1.68	0.85	2.30	1.06	2.92	1.21	2.30	1.77	0.94	2.24	1.17	2.50	1.25	2.15
83	表現	1.66	0.92	2.16	1.16	2.71	1.26	2.17	1.87	1.13	2.26	1.27	2.57	1.38	2.21
84	ノダ	3.41	1.28	3.83	1.07	4.55	0.73	3.92	3.52	1.25	3.76	1.15	4.32	0.90	3.82

7.7　外国人の日本語の誤文を読んだ経験の程度による誤りの重要度

問題の番号	誤りの種類	1. 少ない　　　　（225人）							2.多い　　　　（45人）						
		理解度		不快度		自然度		全体	理解度		不快度		自然度		全体
		M	SD	M	SD	M	SD	M	M	SD	M	SD	M	SD	M
1	N	2.26	1.02	2.99	1.08	4.06	0.85	3.08	1.82	0.96	2.86	1.25	4.27	0.75	2.94
2	N	2.33	1.01	2.86	1.05	3.77	0.98	2.95	2.09	1.10	2.78	1.22	3.96	0.90	2.94

3	受身	2.35	1.00	3.11	1.03	3.85	1.04	3.08	2.20	1.02	3.32	1.22	4.20	0.88	3.24
4	連用形	1.56	0.87	2.05	1.05	2.49	1.16	2.02	1.47	0.84	2.11	1.07	2.75	1.06	2.09
5	引用	2.36	1.13	2.88	1.12	3.56	1.11	2.89	2.25	1.12	3.00	1.28	4.02	1.07	3.09
6	Ad	2.30	1.11	2.84	1.07	3.44	1.11	2.84	1.89	0.93	2.80	0.99	3.56	1.01	2.75
7	格トシテ	1.94	1.12	2.21	1.19	2.54	1.30	2.20	1.78	1.11	2.33	1.22	2.76	1.35	2.29
8	品詞	3.87	1.14	4.05	0.99	4.63	0.65	4.16	2.84	1.43	3.89	1.19	4.64	0.68	3.79
9	格デ	2.77	1.14	3.30	1.05	3.95	0.87	3.32	2.07	1.19	3.04	1.30	3.89	1.09	3.00
10	取立マデ	1.92	0.99	2.42	1.15	2.76	1.19	2.34	1.79	1.17	2.59	1.42	2.91	1.39	2.41
11	取立ダケ	1.73	0.93	2.32	1.09	2.73	1.21	2.23	1.80	1.10	2.67	1.37	3.07	1.34	2.51
12	取立ハ	1.86	0.94	2.42	1.10	2.94	1.18	2.38	1.62	0.86	2.56	1.12	3.11	1.37	2.43
13	活用	1.92	1.05	2.90	1.25	3.46	1.33	2.74	1.57	0.93	2.93	1.42	3.64	1.35	2.71
14	ノダ	1.74	0.88	2.58	1.11	3.17	1.16	2.48	1.43	0.70	2.48	1.13	3.14	1.17	2.35
15	格二	2.32	1.08	3.03	1.12	3.66	1.04	2.99	1.93	1.17	3.00	1.26	3.84	0.94	2.92
16	数	2.27	1.26	2.63	1.20	3.16	1.24	2.67	2.11	1.34	2.82	1.21	3.49	1.10	2.81
27	名詞節	1.89	1.05	2.49	1.15	2.93	1.22	2.41	1.82	1.23	2.82	1.19	3.29	0.94	2.64
18	条件	1.71	0.90	2.27	1.04	2.76	1.11	2.24	1.64	0.86	2.73	1.12	3.20	1.12	2.53
19	N	2.27	1.20	3.24	1.27	4.02	1.13	3.16	2.16	1.35	3.49	1.32	4.27	0.91	3.30
20	受身	2.52	1.18	3.38	1.13	4.03	1.07	3.28	2.02	1.17	3.36	1.42	4.23	1.08	3.20
21	名詞節	2.21	1.14	2.78	1.12	3.34	1.22	2.75	2.02	1.23	3.07	1.34	3.93	1.09	3.01
22	可能	2.57	1.11	3.32	0.99	3.99	0.94	3.28	2.16	1.19	3.53	1.24	4.25	0.78	3.28
23	格デ	1.64	0.82	2.01	1.01	2.46	1.15	2.03	1.58	0.69	2.18	1.11	2.76	1.25	2.17
24	格二	2.20	1.04	2.74	1.09	3.26	1.18	2.72	1.82	1.01	2.76	1.21	3.51	1.25	2.70
25	N	1.85	1.00	2.39	1.13	2.86	1.20	2.36	2.07	1.34	2.60	1.30	3.40	1.27	2.69
26	表現	2.31	1.12	3.19	1.12	3.85	1.03	3.10	1.98	1.13	3.25	1.26	4.20	0.93	3.14
27	並V	1.67	1.02	2.16	1.18	2.50	1.27	2.09	1.57	0.93	2.52	1.32	3.00	1.28	2.36
28	VP	1.88	0.91	2.55	1.14	3.08	1.20	2.49	1.76	0.93	2.98	1.31	3.60	1.40	2.78
29	VP	2.74	1.12	3.39	1.11	4.08	0.92	3.39	2.36	1.21	3.58	1.23	4.31	0.76	3.41
30	複V	2.00	0.91	2.81	1.07	3.43	1.15	2.74	1.91	1.14	3.20	1.27	3.98	1.01	3.03
31	並V	2.05	1.26	2.33	1.37	2.72	1.57	2.35	1.89	1.25	2.31	1.41	2.67	1.62	2.29
32	VP	2.05	0.95	2.84	1.10	3.59	1.06	2.81	1.89	0.98	3.16	1.19	3.98	0.89	3.01
33	C	2.33	1.14	2.87	1.29	3.34	1.34	2.83	2.20	1.24	3.22	1.35	3.78	1.20	3.07
34	受給	2.18	1.04	3.88	1.17	4.09	1.00	3.36	1.91	1.12	4.16	1.24	4.27	1.12	3.44
35	可能	3.19	1.16	3.72	1.04	4.29	0.89	3.71	2.73	1.44	3.80	1.20	4.60	0.58	3.71
36	ノ連	2.59	1.27	3.14	1.19	3.80	1.21	3.16	2.20	1.32	3.27	1.34	4.29	1.04	3.25
37	A	1.52	0.95	1.70	1.03	2.01	1.34	1.73	1.29	0.73	1.44	0.81	1.82	1.28	1.52
38	タ	2.73	1.24	3.20	1.17	3.90	1.12	3.26	2.56	1.25	3.31	1.22	4.07	1.10	3.31
39	活用	2.43	1.15	2.97	1.15	3.62	1.25	2.98	2.18	1.25	3.16	1.38	3.91	1.35	3.08
40	可能	1.34	0.73	1.50	0.90	1.69	1.07	1.50	1.36	0.91	1.47	1.01	1.73	1.23	1.50

41	副用	2.16	1.05	2.81	1.19	3.44	1.14	2.79	1.91	1.04	3.09	1.29	3.69	1.10	2.90
42	C	1.92	1.16	2.01	1.22	2.40	1.47	2.10	2.16	1.48	2.42	1.38	3.00	1.54	2.53
43	格ニヨッテ	2.62	1.23	3.30	1.11	3.95	0.96	3.27	2.31	1.28	3.24	1.35	4.07	1.05	3.21
44	品詞	1.63	0.79	2.27	1.09	2.82	1.22	2.24	1.44	0.76	2.36	1.17	2.78	1.26	2.19
45	テ形	1.58	0.89	2.06	1.07	2.56	1.21	2.06	1.49	0.73	2.44	1.16	3.11	1.35	2.35
46	並N	1.96	1.13	2.25	1.23	2.78	1.45	2.32	1.70	1.02	2.39	1.19	2.93	1.44	2.34
47	不定	2.08	1.02	2.88	1.09	3.49	1.07	2.80	1.82	0.96	3.16	1.19	3.80	1.10	2.93
48	不定	2.78	1.19	3.30	1.10	4.02	0.95	3.36	2.42	1.32	3.18	1.28	4.30	0.93	3.27
49	受身	1.77	0.95	2.14	1.09	2.60	1.27	2.16	1.47	0.84	1.98	1.20	2.38	1.34	1.94
50	ムード	2.31	1.13	2.61	1.24	3.05	1.29	2.62	2.25	1.38	2.95	1.26	3.55	1.21	2.92
51	格カラ	2.30	1.08	2.84	1.15	3.38	1.16	2.82	2.29	1.31	3.29	1.36	3.91	1.18	3.16
52	取立ハ	2.47	1.04	3.08	0.99	3.75	0.94	3.08	2.18	1.19	3.18	1.28	4.00	1.00	3.12
53	ムード	2.08	1.06	2.73	1.20	3.26	1.28	2.68	1.98	1.25	2.91	1.31	3.57	1.32	2.82
54	自他	2.45	1.10	3.22	1.04	3.93	0.99	3.18	2.20	1.29	3.47	1.28	4.33	0.97	3.30
55	コソア	2.98	1.19	3.55	1.08	4.26	0.93	3.58	2.53	1.44	3.47	1.39	4.44	0.94	3.48
36	格ト	1.90	1.11	2.13	1.19	2.51	1.37	2.17	1.82	1.21	2.25	1.31	2.82	1.40	2.26
57	格ニツイテ	3.17	1.25	3.50	1.11	4.09	0.94	3.56	2.96	1.57	3.64	1.24	4.48	0.63	3.63
58	V	2.20	1.18	3.63	1.21	4.18	0.98	3.33	1.84	1.17	3.62	1.39	4.36	1.07	3.27
59	N	3.51	1.31	3.69	1.18	4.28	1.00	3.80	3.33	1.58	3.98	1.30	4.55	0.83	3.88
60	自発	2.49	1.11	3.10	1.14	3.83	1.08	3.11	2.07	1.10	3.32	1.33	4.20	1.00	3.18
61	格ニ	2.38	1.21	2.79	1.29	3.36	1.38	2.84	2.20	1.16	3.00	1.21	3.91	1.22	3.04
62	使役	2.83	1.14	3.46	1.06	4.04	0.95	3.43	2.29	1.24	3.42	1.37	4.42	0.92	3.38
63	ノ連	3.03	1.28	3.61	1.14	4.34	0.91	3.65	2.64	1.33	3.76	1.38	4.60	0.81	3.67
64	熟語	1.46	0.86	1.73	1.03	1.95	1.13	1.70	1.18	0.44	1.73	1.03	1.91	1.14	1.61
65	条件	1.91	1.01	2.47	1.16	2.93	1.31	2.43	1.59	0.84	2.52	1.23	3.23	1.40	2.45
66	V	1.96	1.01	2.73	1.29	3.29	1.25	2.65	1.71	1.01	2.60	1.42	3.24	1.49	2.52
67	活用	2.31	1.22	3.19	1.17	3.82	1.12	3.09	1.89	1.13	3.29	1.34	3.89	1.27	3.02
68	ムード	3.09	1.31	3.29	1.24	3.87	1.28	3.40	3.04	1.49	3.43	1.48	4.25	1.10	3.52
69	受給	1.70	1.01	2.21	1.25	2.65	1.39	2.18	1.64	0.96	2.62	1.43	3.20	1.56	2.49
70	自発	2.39	1.18	3.29	1.14	4.05	0.98	3.23	2.14	1.19	3.36	1.38	4.30	0.88	3.27
71	副用	1.67	0.90	2.12	1.10	2.57	1.21	2.11	1.76	1.13	2.44	1.32	3.07	1.32	2.42
72	ダ	3.52	1.29	3.56	1.19	4.14	1.08	3.73	3.31	1.43	3.56	1.34	4.22	1.11	3.70
73	AN	4.10	1.10	4.00	1.10	4.54	0.83	4.18	3.87	1.42	3.93	1.34	4.66	0.64	4.09
74	ダ	1.94	0.98	2.54	1.14	3.13	1.20	2.52	1.76	0.96	2.62	1.28	3.42	1.18	2.60
75	ル	1.68	0.84	2.20	1.05	2.72	1.21	2.19	1.71	0.97	2.60	1.16	3.20	1.20	2.50
76	体修	2.21	1.07	3.05	1.10	3.18	1.02	3.01	1.95	1.12	3.11	1.17	4.02	0.98	3.03
77	Ad	3.12	1.23	3.55	1.14	4.19	0.99	3.60	2.67	1.46	3.41	1.45	4.36	0.94	3.42
78	スタイル	1.63	0.95	2.24	1.26	2.49	1.34	2.11	1.51	0.92	2.27	1.25	2.47	1.41	2.08

79	原因	1.71	0.92	2.33	1.09	2.62	1.17	2.21	1.40	0.72	2.11	1.13	2.47	1.10	1.99
80	スタイル	2.18	1.06	4.11	1.05	4.20	0.92	3.48	1.62	0.91	4.31	1.16	4.29	1.01	3.41
81	副用	2.84	1.24	3.35	1.14	3.40	1.04	3.38	2.69	1.53	3.64	1.21	4.36	0.80	3.56
82	体修	1.72	0.84	2.31	1.05	2.88	1.18	2.30	1.53	0.89	2.36	1.11	3.16	1.33	2.35
83	表現	1.68	0.91	2.16	1.12	2.68	1.23	2.17	1.67	1.15	2.23	1.29	2.88	1.40	2.26
84	ノダ	3.49	1.23	3.82	1.03	4.51	0.77	3.93	2.96	1.46	3.91	1.26	4.69	0.56	3.85

7.8 話せる外国語の有無による誤りの重要度

問題の番号	誤りの種類	1. ある (259人)							2. ない (421人)						
		理解度		不快度		自然度		全体	理解度		不快度		自然度		全体
		M	SD	M	SD	M	SD	M	M	SD	M	SD	M	SD	M
1	N	2.36	1.14	3.07	1.18	4.14	0.87	3.18	2.62	1.10	3.00	1.07	3.96	0.86	3.16
2	N	2.21	1.07	2.77	1.13	3.69	1.07	2.87	2.55	1.09	2.90	1.05	3.70	0.96	3.01
3	受身	2.36	1.04	3.13	1.12	3.89	1.09	3.12	2.47	1.10	3.08	1.03	3.81	1.05	3.07
4	連用形	1.53	0.87	2.07	1.08	2.52	1.13	2.03	1.74	1.03	2.10	1.10	2.58	1.22	2.12
5	引用	2.32	1.16	2.93	1.19	3.60	1.15	2.95	2.59	1.14	2.95	1.10	3.60	1.09	2.98
6	Ad	2.22	1.17	2.83	1.16	3.42	1.14	2.82	2.33	1.06	2.67	1.02	3.22	1.13	2.72
7	格トシテ	1.93	1.19	2.27	1.30	2.60	1.40	2.25	1.96	1.15	2.21	1.22	2.46	1.36	2.18
8	品詞	3.69	1.34	4.17	1.02	4.65	0.71	4.17	4.00	1.06	3.97	1.08	4.54	0.79	4.13
9	格デ	2.69	1.25	3.38	1.12	3.99	0.94	3.35	3.04	1.15	3.30	1.10	3.93	0.96	3.38
10	取立マデ	1.92	1.10	2.48	1.24	2.80	1.25	2.39	2.16	1.11	2.58	1.19	2.94	1.25	2.52
11	取立ダケ	1.82	1.01	2.47	1.18	2.93	1.24	2.39	1.91	1.00	2.33	1.16	2.71	1.25	2.28
12	取立ハ	1.86	1.05	2.42	1.17	2.86	1.28	2.38	2.05	1.02	2.49	1.15	2.93	1.22	2.46
13	活用	2.06	1.20	3.00	1.31	3.60	1.30	2.88	2.14	1.13	2.75	1.19	3.24	1.30	2.67
14	ノダ	1.82	1.03	2.65	1.14	3.25	1.17	2.57	2.06	1.02	2.67	1.15	3.20	1.12	2.61
15	格ニ	2.35	1.22	3.13	1.13	3.77	1.00	3.09	2.60	1.13	3.07	1.09	3.69	1.00	3.08
16	数	2.33	1.35	2.73	1.27	3.20	1.29	2.74	2.35	1.22	2.71	1.16	3.13	1.18	2.70
17	名詞節	1.91	1.14	2.55	1.19	2.94	1.18	2.47	2.18	1.11	2.63	1.14	3.05	1.16	2.58
18	条件	1.77	1.07	2.34	1.17	2.79	1.24	2.30	1.90	0.98	2.40	1.10	2.73	1.14	2.32
19	N	2.28	1.32	3.32	1.31	4.05	1.18	3.20	2.47	1.26	3.13	1.29	3.78	1.19	3.10
20	受身	2.31	1.24	3.15	1.29	3.76	1.27	3.07	2.70	1.20	3.31	1.16	3.88	1.09	3.25
21	名詞節	2.21	1.19	2.89	1.24	3.42	1.25	2.83	2.28	1.14	2.72	1.19	3.19	1.29	2.68
22	可能	2.54	1.15	3.49	1.08	4.05	0.90	3.36	2.72	1.15	3.26	1.07	3.86	1.00	3.23
23	格デ	1.62	0.89	2.02	1.10	2.37	1.21	2.00	1.72	0.85	2.11	1.05	2.45	1.14	2.07
24	格ニ	2.14	1.09	2.75	1.14	3.31	1.24	2.73	2.29	1.08	2.72	1.13	3.24	1.18	2.71

25	N	1.90	1.15	2.44	1.26	2.90	1.32	2.41	2.07	1.03	2.51	1.09	2.93	1.12	2.48
26	表現	2.37	1.26	3.30	1.21	3.93	1.06	3.19	2.56	1.16	3.20	1.13	3.84	1.00	3.15
27	並V	1.68	1.05	2.23	1.25	2.55	1.33	2.15	1.69	1.00	1.98	1.11	2.28	1.24	1.95
28	VP	1.85	0.95	2.54	1.21	3.00	1.32	2.47	1.89	0.95	2.31	1.10	2.74	1.19	2.29
29	VP	2.67	1.18	3.42	1.13	4.04	1.00	3.38	2.76	1.15	3.29	1.10	3.94	0.96	3.28
30	複V	1.96	1.06	2.75	1.20	3.30	1.29	2.67	2.09	0.96	2.73	1.07	3.26	1.11	2.66
31	並V	2.13	1.38	2.43	1.49	2.75	1.64	2.44	1.90	1.12	2.19	1.28	2.53	1.47	2.18
32	VP	2.14	1.11	3.02	1.20	3.64	1.11	2.93	2.14	0.99	2.77	1.10	3.42	1.08	2.73
33	C	2.48	1.26	3.13	1.34	3.55	1.33	3.05	2.36	1.16	2.78	1.25	3.22	1.29	2.75
34	受給	2.24	1.19	3.99	1.16	4.07	1.10	3.43	2.33	1.09	3.69	1.22	3.93	1.07	3.27
35	可能	3.12	1.29	3.80	1.07	4.38	0.88	3.74	3.14	1.15	3.55	1.10	4.12	0.92	3.55
36	ノ連	2.43	1.33	3.07	1.35	3.76	1.36	3.08	2.59	1.24	3.02	1.22	3.63	1.25	3.05
37	A	1.54	0.98	1.66	1.04	1.96	1.33	1.71	1.54	0.92	1.72	1.07	2.00	1.31	1.74
38	タ	2.68	1.28	3.22	1.27	3.83	1.21	3.24	2.70	1.24	3.03	1.18	3.63	1.16	3.09
39	活用	2.43	1.25	3.08	1.27	3.65	1.33	3.04	2.39	1.15	2.82	1.20	3.39	1.28	2.83
40	可能	1.41	0.84	1.62	1.08	1.78	1.16	1.60	1.39	0.81	1.55	0.96	1.71	1.13	1.54
41	副用	2.18	1.10	2.97	1.23	3.52	1.12	2.89	2.31	1.06	2.90	1.15	3.47	1.07	2.86
42	C	1.92	1.23	2.08	1.26	2.39	1.47	2.13	1.92	1.17	2.11	1.24	2.42	1.41	2.13
43	格ニヨッテ	2.44	1.23	3.18	1.18	3.82	1.09	3.14	2.87	1.18	3.33	1.11	3.89	0.99	3.32
44	品詞	1.71	0.87	2.43	1.13	2.89	1.18	2.34	1.79	0.89	2.32	1.11	2.82	1.15	2.28
45	テ形	1.64	0.94	2.23	1.17	2.67	1.26	2.17	1.78	0.98	2.15	1.11	2.54	1.21	2.13
46	並N	2.01	1.19	2.34	1.27	2.81	1.45	2.39	1.85	1.03	2.11	1.20	2.51	1.36	2.14
47	不定	2.10	1.13	2.97	1.24	3.50	1.21	2.86	2.27	1.09	2.85	1.13	3.43	1.10	2.81
48	不定	2.75	1.17	3.30	1.17	4.04	1.02	3.36	2.73	1.20	3.16	1.14	3.79	1.04	3.19
49	受身	1.64	0.88	2.03	1.09	2.37	1.26	2.01	1.88	0.99	2.24	1.12	2.61	1.26	2.22
50	ムード	2.34	1.30	2.66	1.36	2.97	1.40	2.62	2.37	1.14	2.66	1.18	3.06	1.24	2.66
51	格カラ	2.39	1.17	2.98	1.24	3.45	1.22	2.92	2.34	1.10	2.77	1.17	3.30	1.20	2.77
52	取立ハ	2.41	1.11	3.16	1.11	3.74	1.03	3.09	2.50	1.03	3.01	1.02	3.56	1.01	2.98
53	ムード	2.14	1.21	2.81	1.30	3.23	1.37	2.72	2.17	1.01	2.71	1.21	3.08	1.22	2.62
54	自他	2.52	1.20	3.38	1.10	4.03	0.98	3.30	2.60	1.11	3.18	1.10	3.79	1.00	3.14
55	コソア	2.96	1.30	3.60	1.18	4.26	0.99	3.61	3.06	1.21	3.47	1.13	4.12	0.94	3.50
36	格ト	1.83	1.11	2.10	1.24	2.48	1.39	2.12	1.84	1.06	2.05	1.15	2.31	1.30	2.05
57	格ニツイテ	3.18	1.29	3.56	1.15	4.10	1.01	3.58	3.26	1.31	3.48	1.20	4.02	1.02	3.55
58	V	2.07	1.19	3.55	1.29	4.12	1.13	3.24	2.42	1.24	3.56	1.20	4.10	1.01	3.31
59	N	3.47	1.38	3.73	1.23	4.33	1.01	3.81	3.49	1.34	3.65	1.24	4.13	1.06	3.70
60	自発	2.44	1.18	3.16	1.27	3.80	1.22	3.12	2.50	1.18	2.99	1.15	3.57	1.12	2.99
61	格ニ	2.25	1.21	2.72	1.33	3.25	1.45	2.73	2.31	1.18	2.66	1.30	3.12	1.44	2.67
62	使役	2.70	1.19	3.49	1.15	4.04	1.01	3.40	2.82	1.16	3.36	1.07	3.95	1.01	3.33

問題の番号	誤りの種類	M	SD	M	SD	M	SD	M	M	SD	M	SD	M	SD	M
63	ノ連	2.97	1.29	3.69	1.17	4.34	0.94	3.65	3.17	1.19	3.59	1.14	4.19	0.91	3.60
64	熟語	1.47	0.89	1.75	1.08	1.95	1.19	1.72	1.52	0.86	1.75	1.02	1.93	1.13	1.71
65	条件	1.94	1.05	2.54	1.16	3.04	1.33	2.51	1.96	1.05	2.38	1.18	2.76	1.27	2.34
66	V	2.02	1.11	2.87	1.32	3.37	1.30	2.75	2.11	1.10	2.65	1.20	3.07	1.22	2.58
67	活用	2.31	1.22	3.31	1.23	3.83	1.19	3.14	2.33	1.17	2.94	1.20	3.48	1.18	2.87
68	ムード	3.09	1.39	3.38	1.39	3.90	1.36	3.44	2.74	1.32	2.95	1.35	3.44	1.44	3.01
69	受給	1.80	1.04	2.35	1.29	2.73	1.44	2.29	1.77	1.06	2.14	1.23	2.39	1.44	2.08
70	自発	2.46	1.21	3.36	1.19	4.07	1.04	3.30	2.59	1.22	3.20	1.18	3.85	1.06	3.16
71	副用	1.86	1.14	2.33	1.26	2.75	1.33	2.31	1.91	1.03	2.32	1.14	2.71	1.24	2.29
72	ダ	3.42	1.34	3.55	1.26	4.10	1.18	3.69	3.31	1.30	3.42	1.26	3.97	1.13	3.52
73	AN	4.00	1.19	4.01	1.18	4.52	0.87	4.11	3.93	1.20	3.88	1.19	4.35	0.93	3.98
74	ダ	1.95	1.03	2.60	1.22	3.08	1.29	2.54	1.99	1.03	2.44	1.10	2.91	1.20	2.43
75	ル	1.88	1.04	2.35	1.16	2.80	1.27	2.34	1.84	0.96	2.25	1.12	2.64	1.23	2.22
76	体修	2.20	1.08	3.08	1.16	3.79	1.09	3.02	2.25	1.06	2.92	1.13	3.60	1.05	2.89
77	Ad	3.06	1.28	3.57	1.24	4.20	1.06	3.59	3.01	1.28	3.37	1.23	3.99	1.07	3.42
78	スタイル	1.58	0.95	2.21	1.29	2.39	1.33	2.05	1.66	0.96	2.11	1.23	2.28	1.32	2.00
79	原因	1.69	1.00	2.33	1.19	2.63	1.25	2.22	1.77	0.97	2.20	1.14	2.50	1.17	2.13
80	スタイル	2.10	1.13	4.09	1.13	4.08	1.08	3.42	2.37	1.15	2.82	1.18	4.01	1.01	3.35
81	副用	2.88	1.32	3.43	1.19	4.05	1.05	3.45	2.78	1.22	3.22	1.20	3.77	1.15	3.22
82	体修	1.72	0.95	2.36	1.19	2.79	1.32	2.29	1.75	0.88	2.20	1.08	2.58	1.20	2.15
83	表現	1.73	1.06	2.21	1.27	2.69	1.39	2.21	1.82	1.05	2.23	1.19	2.59	1.30	2.19
84	ノダ	3.42	1.30	3.90	1.07	4.52	0.79	3.95	3.49	1.25	3.70	1.15	4.33	0.87	3.80

7.9 外国に住んだ経験の有無による誤りの重要度

問題の番号	誤りの種類	1.ある						(111人)	2.ない						(570人)
		理解度		不快度		自然度		全体	理解度		不快度		自然度		全体
		M	SD	M	SD	M	SD	M	M	SD	M	SD	M	SD	M
1	N	2.10	1.02	3.07	1.16	4.12	0.83	3.09	2.60	1.13	3.01	1.10	4.01	0.87	3.18
2	N	2.21	1.00	2.95	1.09	3.85	0.96	2.96	2.46	1.11	2.83	1.08	3.67	1.01	2.96
3	受身	2.24	0.95	3.27	1.10	3.95	1.01	3.16	2.46	1.10	3.06	1.06	3.81	1.07	3.07
4	連用形	1.60	0.91	2.17	1.08	2.67	1.06	2.13	1.67	0.98	2.07	1.09	2.54	1.21	2.07
5	引用	2.20	1.05	2.99	1.25	3.64	1.15	2.94	2.54	1.17	2.93	1.12	3.59	1.10	2.98
6	Ad	2.16	1.09	2.87	1.04	3.54	1.06	2.86	2.31	1.11	2.72	1.09	3.25	1.15	2.74
7	格トシテ	1.83	1.10	2.35	1.29	2.60	1.36	2.25	1.97	1.17	2.21	1.24	2.49	1.38	2.20
8	品詞	3.50	1.38	4.16	0.95	4.68	0.60	4.11	3.95	1.13	4.02	1.08	4.56	0.79	4.15

9	格デ	2.51	1.25	3.39	1.13	3.96	0.94	3.29	2.98	1.18	3.31	1.10	3.95	0.96	3.38
10	取立マデ	1.95	1.03	2.69	1.24	2.96	1.26	2.53	2.09	1.13	2.51	1.20	2.87	1.25	2.46
11	取立ダケ	1.90	1.08	2.66	1.26	3.10	1.23	2.54	1.87	0.99	2.33	1.14	2.73	1.24	2.28
12	取立ハ	1.68	0.91	2.37	1.20	2.81	1.37	2.28	2.03	1.05	2.48	1.15	2.92	1.22	2.45
13	活用	1.94	1.17	3.04	1.38	3.55	1.38	2.84	2.14	1.16	2.81	1.21	3.34	1.29	2.73
14	ノダ	1.63	0.87	2.61	1.16	3.14	1.22	2.46	2.04	1.05	2.67	1.14	3.24	1.12	2.61
15	格ニ	2.16	1.16	3.05	1.16	3.72	1.01	2.98	2.57	1.16	3.10	1.10	3.72	1.00	3.10
16	数	2.29	1.35	2.82	1.31	3.32	1.28	2.81	2.35	1.25	2.70	1.18	3.12	1.20	2.69
17	名詞節	1.91	1.15	2.77	1.29	3.22	1.17	2.63	2.11	1.12	2.56	1.13	2.97	1.17	2.52
18	条件	1.74	0.95	2.57	1.15	3.05	1.16	2.45	1.87	1.03	2.34	1.12	2.69	1.17	2.28
19	N	2.34	1.28	3.74	1.18	4.43	0.91	3.50	2.41	1.29	3.09	1.29	3.77	1.21	3.06
20	受身	2.36	1.24	3.38	1.26	3.97	1.15	3.24	2.58	1.22	3.22	1.21	3.81	1.16	3.17
21	名詞節	2.22	1.15	3.05	1.21	3.65	1.18	2.97	2.26	1.16	2.73	1.21	3.20	1.26	2.69
22	可能	2.50	1.22	3.62	1.07	4.16	0.86	3.43	2.68	1.14	3.29	1.07	3.89	0.98	3.25
23	格デ	1.59	0.86	2.05	1.13	2.49	1.26	2.05	1.70	0.87	2.08	1.06	2.40	1.15	2.04
24	格ニ	2.14	1.13	2.90	1.20	3.50	1.25	2.85	2.25	1.08	2.70	1.12	3.21	1.19	2.69
25	N	1.94	1.16	2.58	1.25	3.05	1.29	2.52	2.01	1.06	2.46	1.14	2.89	1.18	2.44
26	表現	2.24	1.23	3.28	1.20	3.85	1.07	3.12	2.54	1.19	3.23	1.16	3.88	1.02	3.18
27	並V	1.72	1.05	2.45	1.30	2.79	1.33	2.32	1.68	1.01	2.00	1.14	2.30	1.25	1.97
28	VP	1.92	0.95	2.78	1.21	3.27	1.24	2.66	1.87	0.94	2.32	1.12	2.76	1.24	2.30
29	VP	2.66	1.19	3.68	1.10	4.28	0.75	3.54	2.73	1.16	3.28	1.11	3.92	1.00	3.28
30	複V	2.10	1.10	3.11	1.26	3.68	1.19	2.96	2.02	0.98	2.66	1.08	3.19	1.16	2.60
31	並V	2.14	1.35	2.56	1.48	2.95	1.67	2.55	1.96	1.21	2.22	1.34	2.54	1.50	2.22
32	VP	2.09	1.03	3.17	1.25	3.81	1.02	3.02	2.15	1.04	2.80	1.11	3.44	1.10	2.77
33	C	2.38	1.20	3.15	1.36	3.66	1.29	3.07	2.41	1.20	2.87	1.27	3.28	1.31	2.82
34	受給	2.29	1.14	4.15	1.10	4.31	0.91	3.58	2.30	1.13	3.74	1.21	3.92	1.10	3.28
35	可能	3.06	1.21	3.90	1.04	4.45	0.78	3.80	3.15	1.20	3.60	1.10	4.17	0.93	3.59
36	ノ連	2.30	1.22	3.08	1.25	3.85	1.28	3.08	2.58	1.28	3.04	1.27	3.65	1.30	3.06
37	A	1.46	0.92	1.66	0.97	1.92	1.33	1.68	1.55	0.95	1.71	1.08	2.00	1.31	1.74
38	タ	2.60	1.23	3.35	1.17	3.95	1.11	3.30	2.71	1.26	3.06	1.22	3.65	1.19	3.12
39	活用	2.32	1.20	3.13	1.33	3.68	1.32	3.04	2.42	1.18	2.88	1.21	3.46	1.30	2.89
40	可能	1.41	0.86	1.66	1.03	1.84	1.19	1.64	1.40	0.81	1.56	1.00	1.72	1.13	1.55
41	副用	2.13	1.09	3.06	1.31	3.63	1.10	2.93	2.29	1.08	2.91	1.15	3.46	1.09	2.86
42	C	2.08	1.27	2.26	1.25	2.67	1.49	2.34	1.89	1.17	2.06	1.24	2.36	1.42	2.09
43	格ニヨッテ	2.42	1.20	3.28	1.23	3.94	1.07	3.21	2.76	1.22	3.27	1.12	3.84	1.02	3.26
44	品詞	1.69	0.85	2.43	1.14	2.92	1.18	2.34	1.77	0.89	2.35	1.11	2.83	1.16	2.30
45	テ形	1.59	0.86	2.33	1.17	2.83	1.30	2.24	1.75	0.99	2.15	1.13	2.55	1.21	2.13
46	並N	1.96	1.18	2.42	1.29	2.93	1.44	2.44	1.90	1.08	2.15	1.22	2.57	1.38	2.20

47	不定	2.11	1.11	3.13	1.17	3.69	1.06	2.98	2.22	1.11	2.85	1.17	3.41	1.15	2.80
48	不定	2.73	1.24	3.49	1.17	4.25	0.92	3.49	2.74	1.18	3.16	1.14	3.82	1.05	3.21
49	受身	1.69	0.93	2.19	1.18	2.61	1.31	2.17	1.81	0.96	2.15	1.10	2.50	1.26	2.13
50	ムード	2.27	1.22	2.99	1.27	3.29	1.26	2.85	2.37	1.20	2.59	1.24	2.97	1.31	2.60
51	格カラ	2.43	1.12	3.26	1.22	3.76	1.04	3.15	2.35	1.13	2.76	1.18	3.27	1.22	2.76
52	取立ハ	2.37	1.07	3.29	1.12	3.96	0.98	3.21	2.48	1.07	3.02	1.04	3.56	1.02	2.98
53	ムード	2.01	1.12	2.82	1.33	3.39	1.40	2.74	2.19	1.09	2.73	1.22	3.09	1.25	2.64
54	自他	2.48	1.17	3.51	1.12	4.19	0.95	3.38	2.58	1.14	3.20	1.10	3.82	1.00	3.17
55	コソア	2.91	1.32	3.67	1.17	4.41	0.97	3.66	3.04	1.23	3.49	1.15	4.13	0.95	3.52
36	格ト	1.85	1.23	2.16	1.30	2.54	1.42	2.17	1.83	1.05	2.05	1.16	2.34	1.32	2.06
57	格ニツイテ	3.15	1.35	3.70	1.10	4.24	0.87	3.67	3.25	1.30	3.47	1.19	4.02	1.04	3.54
58	V	2.14	1.26	3.71	1.32	4.27	1.08	3.37	2.31	1.23	3.53	1.22	4.08	1.05	3.26
59	N	3.41	1.44	3.86	1.27	4.37	0.99	3.83	3.49	1.34	3.65	1.23	4.18	1.05	3.72
60	自発	2.40	1.18	3.39	1.24	4.04	1.03	3.24	2.49	1.18	2.99	1.19	3.58	1.18	3.00
61	格ニ	2.39	2.39	2.97	1.30	3.53	1.32	2.96	2.27	1.19	2.62	1.31	3.09	1.46	2.63
62	使役	2.69	1.23	3.65	1.15	4.17	1.00	3.50	2.79	1.16	3.36	1.09	3.95	1.01	3.33
63	ノ連	2.97	1.35	3.92	1.11	4.55	0.83	3.82	3.12	1.21	3.57	1.15	4.19	0.93	3.58
64	熟語	1.39	0.80	1.75	1.09	1.89	1.14	1.68	1.52	0.88	1.75	1.03	1.95	1.16	1.72
65	条件	1.86	1.03	2.53	1.21	3.04	1.41	2.48	1.97	1.05	2.42	1.17	2.83	1.28	2.39
66	V	1.92	1.05	2.86	1.38	3.39	1.35	2.72	2.10	1.11	2.71	1.22	3.15	1.24	2.63
67	活用	2.17	1.24	3.36	1.30	3.84	1.29	3.12	2.35	1.18	3.03	1.20	3.57	1.18	2.95
68	ムード	3.07	1.32	3.46	1.29	4.05	1.21	3.51	2.84	1.36	3.04	1.38	3.54	1.45	3.11
69	受給	1.84	1.06	2.53	1.33	2.99	1.49	2.45	1.77	1.05	2.16	1.23	2.43	1.34	2.11
70	自発	2.32	1.14	3.46	1.26	4.20	1.00	3.33	2.58	1.23	3.22	1.17	3.88	1.06	3.19
71	副用	1.85	1.11	2.39	1.29	2.77	1.26	2.34	1.90	1.07	2.31	1.17	2.71	1.28	2.29
72	ダ	3.51	1.43	3.71	1.34	4.23	1.19	3.82	3.32	1.29	3.42	1.24	3.97	1.14	3.53
73	AN	4.04	1.25	4.14	1.19	4.64	0.77	4.22	3.94	1.18	3.89	1.18	4.37	0.93	3.99
74	ダ	1.95	1.04	2.73	1.28	3.26	1.32	2.65	1.98	1.03	2.45	1.11	2.92	1.21	2.43
75	ル	1.83	0.94	2.47	1.16	2.97	1.26	2.43	1.85	1.00	2.25	1.13	2.65	1.24	2.23
76	体修	2.31	1.17	3.28	1.17	3.93	1.01	3.17	2.21	1.05	2.92	1.13	3.62	1.07	2.90
77	Ad	2.99	1.40	3.68	1.24	4.37	0.94	3.63	3.04	1.25	3.41	1.23	4.02	1.08	3.46
78	スタイル	1.61	0.92	2.35	1.23	2.50	1.30	2.15	1.63	0.96	2.11	1.26	2.29	1.33	1.99
79	原因	1.62	0.87	2.38	1.18	2.67	1.26	2.22	1.76	1.00	2.23	1.16	2.53	1.19	2.15
80	スタイル	2.07	1.09	4.25	1.05	4.37	0.87	3.55	2.30	1.16	3.86	1.18	3.97	1.05	3.34
81	副用	2.86	1.33	3.66	1.27	4.13	1.07	3.54	2.81	1.25	3.23	1.18	3.83	1.12	3.27
82	体修	1.69	0.92	2.56	1.13	3.08	1.28	2.44	1.74	0.90	2.20	1.12	2.58	1.23	2.16
83	表現	1.76	1.11	2.27	1.27	2.72	1.35	2.25	1.79	1.05	2.21	1.21	2.61	1.33	2.19
84	ノダ	3.38	1.32	4.03	1.09	4.61	0.68	4.01	3.49	1.26	3.73	1.12	4.36	0.87	3.83

7.10　韓国のキムチについての知識の有無による誤りの重要度

問題の番号	誤りの種類	1.ある　　（110人）								2.ない　　（579人）							
		理解度		不快度		自然度		全体		理解度		不快度		自然度		全体	
		M	SD	M	SD	M	SD	M		M	SD	M	SD	M	SD	M	
1	N	2.19	1.13	3.03	1.18	4.13	0.81	3.08		2.58	1.12	3.02	1.10	4.01	0.88	3.18	
2	N	2.28	1.08	2.85	1.12	3.89	0.89	2.95		2.44	1.10	2.85	1.08	3.67	1.02	2.96	
3	受身	2.36	0.96	3.20	1.03	4.04	0.94	3.15		2.43	1.10	3.08	1.07	3.80	1.08	3.07	
4	連用形	1.59	0.94	2.17	1.13	2.69	1.18	2.13		1.67	0.98	2.07	1.08	2.52	1.19	2.07	
5	引用	2.41	1.20	2.75	1.18	3.43	1.17	2.84		2.49	1.14	2.99	1.13	3.64	1.10	2.99	
6	Ad	2.29	1.23	2.69	1.09	3.43	1.02	2.78		2.27	1.08	2.75	1.08	3.27	1.16	2.75	
7	格トシテ	1.93	1.15	2.28	1.21	2.61	1.35	2.25		1.95	1.17	2.22	1.26	2.49	1.38	2.20	
8	品詞	3.83	1.41	4.07	1.09	4.72	0.68	4.20		3.87	1.16	4.03	1.06	4.55	0.78	4.12	
9	格デ	2.63	1.26	3.24	1.12	3.93	0.92	3.24		2.94	1.19	3.34	1.11	3.96	0.96	3.38	
10	取立マデ	1.98	1.06	2.63	1.26	2.86	1.24	2.47		2.07	1.12	2.51	1.21	2.88	1.26	2.46	
11	取立ダケ	1.76	1.05	2.36	1.17	2.81	1.19	2.28		1.89	1.00	2.38	1.17	2.78	1.26	2.32	
12	取立ハ	1.75	0.96	2.44	1.16	2.90	1.20	2.35		2.01	1.04	2.45	1.16	2.90	1.26	2.43	
13	活用	1.90	1.12	2.94	1.35	3.50	1.45	2.76		2.15	1.17	2.83	1.22	3.36	1.27	2.75	
14	ノダ	1.69	0.92	2.56	1.11	3.10	1.18	2.42		2.03	1.04	2.68	1.16	3.23	1.13	2.62	
15	格ニ	2.27	1.14	2.97	1.09	3.70	1.00	2.96		2.54	1.17	3.12	1.12	3.72	1.00	3.10	
16	数	2.03	1.13	2.47	1.17	3.00	1.25	2.48		2.40	1.29	2.76	1.20	3.17	1.22	2.74	
27	名詞節	1.85	1.08	2.62	1.22	2.97	1.18	2.46		2.12	1.13	2.59	1.15	3.02	1.17	2.55	
18	条件	1.66	0.85	2.34	1.02	2.78	1.15	2.25		1.88	1.04	2.39	1.15	2.75	1.18	2.32	
19	N	2.41	1.34	3.38	1.31	4.20	1.05	3.31		2.39	1.28	3.17	1.29	3.82	1.21	3.10	
20	受身	2.49	1.29	3.41	1.21	4.11	0.99	3.31		2.55	1.22	3.21	1.22	3.78	1.18	3.15	
21	名詞節	2.17	1.19	2.91	1.21	3.42	1.23	2.81		2.25	1.15	2.75	1.20	3.24	1.27	2.71	
22	可能	2.60	1.21	3.52	1.07	4.11	0.87	3.39		2.66	1.14	3.31	1.08	3.90	0.98	3.26	
23	格デ	1.57	0.75	1.94	0.97	2.45	1.15	1.98		1.70	0.89	2.10	1.09	2.41	1.17	2.05	
24	格ニ	2.16	1.13	2.82	1.13	3.46	1.16	2.80		2.25	1.08	2.72	1.14	3.23	1.20	2.70	
25	N	1.95	1.16	2.42	1.21	2.84	1.26	2.39		2.00	1.06	2.49	1.15	2.93	1.19	2.46	
26	表現	2.27	1.25	3.19	1.14	3.80	1.09	3.07		2.53	1.19	3.25	1.17	3.89	1.01	3.19	
27	並V	1.72	1.17	2.20	1.29	2.53	1.42	2.14		1.68	0.98	2.06	1.16	2.36	1.25	2.01	
28	VP	1.83	0.91	2.61	1.20	3.15	1.34	2.51		1.88	0.95	2.37	1.14	2.79	1.23	2.33	
29	VP	2.76	1.18	3.49	1.08	4.16	0.76	3.45		2.71	1.16	3.31	1.13	3.94	1.02	3.29	
30	複V	2.04	0.98	2.94	1.13	3.52	1.18	2.82		2.04	1.00	2.70	1.12	3.22	1.17	2.63	
31	並V	1.96	1.31	2.30	1.41	2.72	1.63	2.31		2.00	1.22	2.28	1.37	2.59	1.52	2.27	
32	VP	2.13	1.07	2.97	1.21	3.58	1.02	2.88		2.13	1.03	2.84	1.13	3.48	1.12	2.78	
33	C	2.47	1.24	3.01	1.42	3.57	1.38	3.00		2.39	1.19	2.90	1.27	3.30	1.30	2.83	

34	受給	2.19	1.16	4.01	1.21	4.09	1.07	3.41	2.31	1.12	3.76	1.20	3.96	1.09	3.31
35	可能	3.28	1.27	3.73	1.12	4.38	0.83	3.77	3.09	1.19	3.62	1.10	4.18	0.93	3.58
36	ノ連	2.62	1.36	3.31	1.27	4.05	1.20	3.29	2.50	1.25	2.99	1.26	3.61	1.30	3.01
37	A	1.55	0.98	1.83	1.10	2.25	1.50	1.86	1.53	0.93	1.67	1.04	1.93	1.26	1.70
38	タ	2.75	1.26	3.31	1.17	4.05	1.01	3.37	2.68	1.25	3.07	1.23	3.64	1.20	3.10
39	活用	2.42	1.24	2.99	1.29	3.62	1.30	2.97	2.41	1.18	2.91	1.23	3.47	1.30	2.90
40	可能	1.43	0.92	1.61	1.02	1.80	1.15	1.61	1.39	0.80	1.57	1.01	1.73	1.14	1.55
41	副用	2.06	1.14	2.91	1.30	3.51	1.17	2.80	2.30	1.06	2.93	1.17	3.48	1.08	2.88
42	C	1.97	1.28	2.06	1.25	2.42	1.49	2.14	1.91	1.17	2.10	1.25	2.40	1.42	2.12
43	格ニヨッテ	2.60	1.26	3.28	1.23	3.91	1.07	3.24	2.71	1.21	3.26	1.13	3.84	1.02	3.24
44	品詞	1.57	0.78	2.20	1.09	2.63	1.18	2.12	1.79	0.90	2.39	1.13	2.88	1.16	2.33
45	テ形	1.62	1.02	2.19	1.21	2.69	1.37	2.15	1.74	0.95	2.17	1.12	2.57	1.20	2.14
46	並N	1.93	1.15	2.37	1.25	2.84	1.44	2.38	1.91	1.08	2.17	1.23	2.59	1.39	2.21
47	不定	2.14	1.10	3.02	1.23	3.66	1.15	2.92	2.21	1.11	2.86	1.16	3.41	1.14	2.80
48	不定	2.75	1.35	3.24	1.19	4.03	1.07	3.32	2.73	1.16	3.20	1.15	3.86	1.03	3.23
49	受身	1.69	1.05	2.07	1.25	2.42	1.35	2.05	1.80	0.94	2.17	1.09	2.53	1.25	2.15
50	ムード	2.42	1.31	2.87	1.35	3.18	1.33	2.79	2.34	1.18	2.62	1.23	3.00	1.30	2.62
51	格カラ	2.46	1.18	3.02	1.24	3.62	1.08	3.01	2.33	1.12	2.81	1.19	3.30	1.23	2.78
52	取立ハ	2.40	1.13	3.14	1.12	3.79	1.00	3.09	2.47	1.06	3.04	1.05	3.59	1.03	3.00
53	ムード	2.06	1.18	2.75	1.26	3.25	1.34	2.67	2.17	1.07	2.74	1.24	3.25	1.34	2.64
54	自他	2.50	1.29	3.33	1.18	3.98	1.10	3.21	2.57	1.11	3.24	1.10	3.86	0.98	3.20
55	コソア	3.15	1.35	3.69	1.16	4.33	0.91	3.70	2.99	1.22	3.48	1.15	4.15	0.96	3.50
36	格ト	1.79	1.07	2.10	1.23	2.45	1.39	2.08	1.85	1.09	2.07	1.19	2.36	1.33	2.08
57	格ニツイテ	3.16	1.35	3.58	1.16	4.19	0.89	3.60	3.22	1.30	3.48	1.19	4.01	1.04	3.54
58	V	2.10	1.22	3.63	1.25	4.27	1.02	3.31	2.31	1.23	3.54	1.23	4.07	1.05	3.27
59	N	3.68	1.35	3.82	1.22	4.46	0.87	3.93	3.43	1.37	3.65	1.24	4.16	1.08	3.70
60	自発	2.46	1.17	3.12	1.27	3.74	1.17	3.09	2.46	1.18	3.04	1.19	3.64	1.16	3.02
61	格ニ	2.47	1.27	2.94	1.28	3.48	1.31	2.95	2.24	1.18	2.63	1.31	3.10	1.47	2.63
62	使役	2.88	1.24	3.61	1.18	4.15	0.97	3.53	2.74	1.16	3.36	1.09	3.96	1.01	3.32
63	ノ連	3.17	1.32	3.77	1.12	4.41	1.88	3.76	3.07	1.22	3.59	1.16	4.21	0.93	3.58
64	熟語	1.34	0.71	1.58	0.94	1.74	1.06	1.54	1.53	0.89	1.78	1.05	1.97	1.17	1.74
65	条件	1.91	1.12	2.47	1.26	2.81	1.40	2.38	1.95	1.03	2.44	1.16	2.88	1.28	2.40
66	V	1.85	1.02	2.70	1.32	3.20	1.40	2.56	2.11	1.11	2.74	1.24	3.18	1.23	2.65
67	活用	2.27	1.34	3.27	1.32	3.70	1.33	3.06	2.32	1.16	3.05	1.21	3.60	1.17	2.95
68	ムード	3.02	1.40	3.38	1.40	3.92	1.34	3.42	2.84	1.35	3.06	1.37	3.55	1.44	3.12
69	受給	1.64	0.98	2.23	1.32	2.59	1.45	2.14	1.80	1.06	2.21	1.24	2.50	1.37	2.16
70	自発	2.46	1.20	3.34	1.26	4.15	1.08	3.30	2.54	1.23	3.24	1.18	3.88	1.06	3.19
71	副用	1.80	1.11	2.28	1.26	2.73	1.33	2.26	1.89	1.06	2.32	1.18	2.71	1.26	2.30

問題の番号	誤りの種類	理解度 M	SD	不快度 M	SD	自然度 M	SD	全体 M	理解度 M	SD	不快度 M	SD	自然度 M	SD	全体 M
72	ダ	3.61	1.32	3.70	1.23	4.27	1.02	3.84	3.29	1.31	3.41	1.27	3.96	1.18	3.52
73	AN	4.07	1.25	4.11	1.14	4.62	0.75	4.22	3.92	1.19	3.89	1.19	4.38	0.94	3.99
74	ダ	1.96	0.99	2.63	1.19	3.15	1.26	2.58	1.97	1.04	2.47	1.14	2.94	1.23	2.44
75	ル	1.86	0.99	2.31	1.10	2.75	1.18	2.29	1.84	0.99	2.28	1.14	2.68	1.26	2.25
76	体修	2.36	1.15	3.05	1.12	3.83	1.02	3.05	2.20	1.05	2.96	1.15	3.63	1.08	2.91
77	Ad	3.06	1.36	3.59	1.30	4.29	0.98	3.60	3.03	1.26	3.43	1.23	4.03	1.09	3.46
78	スタイル	1.59	0.97	2.29	1.29	2.55	1.40	2.13	1.63	0.94	2.11	1.24	2.26	1.31	1.99
79	原因	1.55	0.81	2.20	1.20	2.51	1.24	2.07	1.77	1.00	2.25	1.16	2.55	1.20	2.17
80	スタイル	2.26	1.17	4.11	1.17	4.23	0.99	3.51	2.25	1.15	3.88	1.17	3.99	1.04	3.34
81	副用	2.91	1.34	3.52	1.25	4.09	1.09	3.47	2.80	1.25	3.25	1.19	3.83	1.12	3.27
82	体修	1.71	0.99	2.30	1.18	2.80	1.33	2.26	1.74	0.89	2.26	1.12	2.64	1.24	2.19
83	表現	1.74	1.12	2.21	1.29	2.70	1.40	2.20	1.79	1.05	2.23	1.21	2.60	1.32	2.19
84	ノダ	3.53	1.33	3.99	1.13	4.60	0.67	4.02	3.45	1.26	3.74	1.12	4.37	0.87	3.82

7.11　韓国に対する関心の有無による誤りの重要度

問題の番号	誤りの種類	1.ある (461人)							2.ない (217人)						
		理解度		不快度		自然度		全体	理解度		不快度		自然度		全体
		M	SD	M	SD	M	SD	M	M	SD	M	SD	M	SD	M
1	N	2.41	1.11	2.94	1.11	4.02	0.85	3.09	2.77	1.13	3.19	1.11	4.07	0.89	3.33
2	N	2.37	1.05	2.82	1.05	3.75	0.96	2.94	2.52	1.17	2.92	1.14	3.60	1.06	2.99
3	受身	2.37	1.03	3.05	1.05	3.85	1.03	3.05	2.54	1.17	3.17	1.11	3.80	1.14	3.16
4	連用形	1.62	0.95	2.05	1.07	2.55	1.19	2.05	1.75	1.02	2.15	1.13	2.56	1.20	2.15
5	引用	2.39	1.12	2.84	1.11	3.60	1.10	2.89	2.64	1.21	3.13	1.18	3.57	1.15	3.10
6	Ad	2.26	1.10	2.70	1.06	3.32	1.11	2.73	2.32	1.11	2.80	1.13	3.25	1.19	2.79
7	格トシテ	1.91	1.09	2.20	1.18	2.54	1.35	2.18	2.00	1.30	2.29	1.36	2.45	1.43	2.24
8	品詞	3.85	1.22	4.00	1.07	4.60	0.72	4.13	3.90	1.14	4.12	1.05	4.54	0.83	4.17
9	格デ	2.83	1.21	3.26	1.10	3.95	0.93	3.31	3.05	1.18	3.47	1.11	3.96	0.93	3.48
10	取立マデ	1.94	1.05	2.44	1.20	2.80	1.24	2.36	2.33	1.20	2.76	1.23	3.08	1.26	2.71
11	取立ダケ	1.80	0.96	2.33	1.13	2.78	1.23	2.27	2.02	1.08	2.50	1.25	2.81	1.31	2.43
12	取立ハ	1.87	0.97	2.40	1.13	2.84	1.23	2.35	2.18	1.13	2.56	1.21	3.01	1.27	2.57
13	活用	2.00	1.11	2.79	1.27	3.39	1.33	2.69	2.34	1.24	2.96	1.20	3.38	1.26	2.87
14	ノダ	1.83	0.94	2.56	1.13	3.14	1.15	2.48	2.26	1.15	2.88	1.17	3.40	1.11	2.83
15	格二	2.40	1.15	3.04	1.10	3.71	0.98	3.02	2.71	1.20	3.21	1.14	3.75	1.04	3.21
16	数	2.28	1.26	2.69	1.19	3.17	1.20	2.68	2.46	1.28	2.78	1.22	3.12	1.25	2.77
17	名詞節	1.95	1.08	2.49	1.13	2.96	1.17	2.44	2.36	1.18	2.83	1.20	3.15	1.16	2.75

18	条件	1.80	1.00	2.34	1.09	2.77	1.18	2.29	1.94	1.05	2.45	1.21	2.70	1.19	2.35
19	N	2.32	1.27	3.17	1.30	3.90	1.19	3.10	2.54	1.32	3.26	1.30	3.84	1.18	3.20
20	受身	2.51	1.23	3.25	1.20	3.93	1.12	3.19	2.60	1.23	3.23	1.27	3.62	1.23	3.14
21	名詞節	2.21	1.17	2.76	1.22	3.33	1.26	2.74	2.34	1.13	2.82	1.21	3.15	1.26	2.73
22	可能	2.56	1.15	3.29	1.07	3.95	0.97	3.23	2.81	1.15	3.47	1.10	3.90	0.97	3.37
23	格デ	1.63	0.84	2.01	1.00	2.41	1.15	2.00	1.78	0.92	2.18	1.20	2.41	1.20	2.11
24	格ニ	2.16	1.06	2.66	1.12	3.24	1.19	2.66	2.38	1.14	2.87	1.16	3.30	1.23	2.83
25	N	1.94	1.09	2.43	1.15	2.93	1.24	2.41	2.12	1.05	2.60	1.17	2.91	1.13	2.54
26	表現	2.39	1.20	3.16	1.15	3.86	1.02	3.10	2.70	1.19	3.39	1.17	3.88	1.05	3.30
27	並V	1.63	0.98	2.04	1.14	2.40	1.28	2.00	1.80	1.08	2.16	1.25	2.36	1.30	2.08
28	VP	1.84	0.91	2.42	1.13	2.95	1.24	2.38	1.93	1.00	2.36	1.18	2.60	1.26	2.29
29	VP	2.69	1.17	3.32	1.13	4.02	0.95	3.31	2.76	1.15	3.35	1.09	3.86	1.02	3.30
30	複V	1.98	0.97	2.72	1.10	3.35	1.18	2.66	2.11	1.05	2.73	1.17	3.08	1.17	2.62
31	並V	2.00	1.24	2.28	1.36	2.65	1.56	2.29	1.96	1.22	2.29	1.39	2.53	1.49	2.25
32	VP	2.12	1.03	2.86	1.15	3.56	1.07	2.81	2.16	1.05	2.85	1.14	3.37	1.16	5.27
33	C	2.35	1.19	2.86	1.30	3.36	1.34	2.83	2.53	1.22	3.01	1.27	3.30	1.26	2.93
34	受給	2.24	1.12	3.82	1.23	4.01	1.11	3.33	2.40	1.14	3.74	1.16	3.92	1.03	3.32
35	可能	3.11	1.23	3.63	1.11	4.24	0.92	3.61	3.16	1.16	3.66	1.07	4.16	0.90	3.64
36	ノ連	2.50	1.28	3.03	1.27	3.74	1.30	3.06	2.58	1.26	3.04	1.28	3.53	1.29	3.04
37	A	1.50	0.93	1.68	1.07	1.98	1.33	1.70	1.62	0.96	1.75	1.04	2.00	1.28	1.79
38	タ	2.68	1.23	3.08	1.20	3.73	1.17	3.14	2.69	1.29	3.13	1.26	3.63	1.21	3.15
39	活用	2.39	1.18	2.89	1.21	3.54	1.31	2.90	2.42	1.20	3.00	1.30	3.39	1.31	2.93
40	可能	1.35	0.78	1.50	0.92	1.70	1.11	1.51	1.50	0.90	1.74	1.17	1.81	1.21	1.68
41	副用	2.19	1.07	2.87	1.20	3.48	1.11	2.82	2.41	1.10	3.04	1.15	3.52	1.06	2.97
42	C	1.88	1.18	2.04	1.21	2.41	1.45	2.10	2.02	1.22	2.22	1.31	2.39	1.39	2.20
43	格ニヨッテ	2.63	1.20	3.23	1.13	3.87	1.00	3.22	2.83	1.26	3.36	1.17	3.82	1.10	3.29
44	品詞	1.69	0.81	2.30	1.09	2.82	1.17	2.25	1.90	1.00	2.48	1.17	2.90	1.14	2.41
45	テ形	1.64	0.92	2.11	1.11	2.59	1.24	2.10	1.91	1.03	2.32	1.17	2.60	1.23	2.25
46	並N	1.87	1.08	2.18	1.22	2.67	1.40	2.23	2.00	1.13	2.24	1.27	2.55	1.39	2.26
47	不定	2.14	1.10	2.86	1.17	3.47	1.15	2.80	2.34	1.12	2.97	1.17	3.43	1.13	2.89
48	不定	2.72	1.21	3.18	1.18	3.94	1.04	3.25	2.77	1.15	3.28	1.11	3.78	1.05	3.25
49	受身	1.72	0.91	2.09	1.07	2.50	1.26	2.09	1.93	1.04	2.29	1.19	2.54	1.28	2.24
50	ムード	2.31	1.21	2.62	1.25	3.04	1.30	2.62	2.43	1.17	2.72	1.24	2.99	1.32	2.69
51	格カラ	2.31	1.12	2.83	1.21	3.37	1.20	2.81	2.46	1.14	2.88	1.18	3.31	1.22	2.86
52	取立ハ	2.44	1.07	3.05	1.07	3.70	1.00	3.03	2.47	1.05	3.05	1.03	3.43	1.05	2.97
53	ムード	2.10	1.11	2.70	1.22	3.16	1.28	2.63	2.26	1.06	2.84	1.28	3.07	1.27	2.71
54	自他	2.48	1.13	3.20	1.13	3.91	1.02	3.16	2.71	1.13	3.35	1.06	3.81	0.95	3.27
55	コソア	2.97	1.25	3.48	1.16	4.23	0.94	3.53	3.10	1.23	3.59	1.14	4.05	0.98	3.55

問題の番号	誤りの種類	理解度 M	SD	不快度 M	SD	自然度 M	SD	全体 M	理解度 M	SD	不快度 M	SD	自然度 M	SD	全体 M
56	格ト	1.78	1.04	2.00	1.14	2.36	1.34	2.03	1.95	1.14	2.20	1.26	2.41	1.33	2.18
57	格ニツイテ	3.13	1.30	3.44	1.19	4.06	1.03	3.51	3.41	1.30	3.65	1.15	4.02	0.99	3.66
58	V	2.16	1.19	3.52	1.27	4.12	1.08	3.23	2.53	1.29	3.62	1.17	4.07	1.00	3.38
59	N	3.49	1.35	3.67	1.24	4.26	1.02	3.76	3.42	1.38	3.68	1.25	4.07	1.10	3.68
60	自発	2.43	1.16	3.04	1.19	3.73	1.11	3.04	2.55	1.21	3.09	1.23	3.51	1.26	3.04
61	格ニ	2.29	1.19	2.68	1.28	3.26	1.41	2.72	2.23	1.19	2.63	1.38	2.93	1.51	2.59
62	使役	2.75	1.18	3.37	1.12	4.03	0.98	3.35	2.80	1.18	3.46	1.09	3.88	1.08	3.36
63	ノ連	3.07	1.26	3.60	1.17	4.30	0.91	3.63	3.11	1.19	3.67	1.10	4.11	0.95	3.59
64	熟語	1.43	0.81	1.66	1.00	1.87	1.16	1.64	1.65	0.97	1.94	1.09	2.07	1.12	1.88
65	条件	1.90	1.06	2.40	1.18	2.90	1.34	2.38	2.04	1.03	2.53	1.16	2.78	1.23	2.44
66	V	1.99	1.07	2.66	1.27	3.19	1.29	2.59	2.24	1.16	2.92	1.21	3.19	1.19	2.77
67	活用	2.24	1.20	3.07	1.23	3.64	1.20	2.95	2.47	1.17	3.13	1.23	3.57	1.21	3.03
68	ムード	2.86	1.36	3.10	1.39	3.67	1.44	3.18	2.91	1.34	3.15	1.36	3.53	1.38	3.18
69	受給	1.72	1.02	2.19	1.25	2.54	1.39	2.14	1.89	1.12	2.28	1.27	2.47	1.36	2.21
70	自発	2.49	1.23	3.24	1.20	3.98	1.02	3.20	2.63	1.19	3.30	1.16	3.82	1.13	3.23
71	副用	1.80	1.05	2.26	1.16	2.71	1.28	2.24	2.08	1.11	2.47	1.24	1.74	1.27	2.42
72	ダ	3.40	1.30	3.49	1.24	4.10	1.11	3.63	3.21	1.36	3.39	1.32	3.81	1.23	3.46
73	AN	3.98	1.21	3.94	1.22	4.46	0.91	4.05	3.87	1.17	3.90	1.11	4.31	0.92	3.96
74	ダ	1.96	1.01	2.53	1.15	3.07	1.22	2.50	2.00	1.07	2.43	1.15	2.77	1.27	2.39
75	ル	1.79	0.96	2.23	1.12	2.72	1.25	2.23	1.98	1.05	2.42	1.17	2.66	1.24	2.35
76	体修	2.15	1.03	2.95	1.15	3.71	1.08	2.91	2.37	1.13	3.06	1.13	3.58	1.04	2.99
77	Ad	2.99	1.28	3.40	1.27	4.12	1.08	3.46	3.13	1.28	3.57	1.18	3.99	1.05	3.55
78	スタイル	1.56	0.88	2.13	1.22	2.33	1.30	1.99	1.77	1.08	2.14	1.31	2.28	1.39	2.06
79	原因	1.64	0.92	2.18	1.12	2.48	1.19	2.08	1.94	1.07	2.39	1.24	2.69	1.24	2.33
80	スタイル	2.20	1.11	3.95	1.17	4.07	1.04	3.37	2.40	1.23	3.86	1.17	3.97	1.01	3.38
81	副用	2.80	1.28	3.28	1.23	3.94	1.12	3.32	2.84	1.22	3.33	1.15	3.73	1.11	3.28
82	体修	1.69	0.87	2.23	1.11	2.69	1.27	2.19	1.83	0.97	2.34	1.16	2.62	1.21	2.24
83	表現	1.73	1.05	2.17	1.21	2.64	1.34	2.17	1.90	1.07	2.33	1.24	2.58	1.34	2.26
84	ノダ	3.47	1.26	3.76	1.16	4.46	0.82	3.87	3.45	1.29	3.81	1.05	4.28	0.90	3.82

7.12　韓国についての知識の有無による誤りの重要度

問題の番号	誤りの種類	1.ある （72人）							2.ない （619人）						
		理解度		不快度		自然度		全体	理解度		不快度		自然度		全体
		M	SD	M	SD	M	SD	M	M	SD	M	SD	M	SD	M
1	N	2.21	1.09	2.87	1.09	4.14	0.93	3.03	2.56	1.13	3.04	1.11	4.01	0.86	3.18
2	N	2.27	1.13	2.80	1.13	3.96	0.96	2.94	2.44	1.09	2.86	1.08	3.67	1.00	2.96

3	受身	2.36	0.99	3.09	1.03	3.88	1.13	3.06	2.43	1.09	3.10	1.07	3.83	1.06	3.08
4	連用形	1.49	0.92	2.15	1.16	2.64	1.35	2.07	1.67	0.97	2.08	1.08	2.55	1.17	2.08
5	引用	2.30	1.06	2.97	1.18	3.84	1.12	2.97	2.49	1.16	2.94	1.14	3.57	1.11	2.97
6	Ad	2.26	1.16	2.78	1.18	3.47	1.31	2.81	2.28	1.10	2.74	1.07	3.28	1.11	2.75
7	格トシテ	1.72	1.02	2.06	1.22	2.46	1.51	2.04	1.97	1.18	2.26	1.25	2.52	1.36	2.23
8	品詞	3.79	1.34	3.93	1.13	4.51	1.06	4.04	3.88	1.18	4.06	1.06	4.59	0.72	4.15
9	格デ	2.86	1.26	3.28	1.10	4.21	0.97	3.41	2.90	1.20	3.33	1.11	3.92	0.95	3.35
10	取立マデ	1.78	1.07	2.40	1.26	2.78	1.38	2.27	2.09	1.12	2.55	1.21	2.89	1.24	2.48
11	取立ダケ	1.69	1.04	2.16	1.16	2.83	1.32	2.20	1.89	1.01	2.40	1.17	2.78	1.24	2.33
12	取立ハ	1.94	1.06	2.46	1.12	3.01	1.27	2.45	1.97	1.03	2.45	1.16	2.88	1.25	2.42
13	活用	2.00	1.12	2.90	1.28	3.83	1.32	2.88	2.12	1.16	2.83	1.24	3.32	1.29	2.73
14	ノダ	1.81	0.97	2.61	1.11	3.36	1.24	2.57	1.99	1.04	2.67	1.15	3.20	1.13	2.59
15	格ニ	2.34	1.18	3.06	1.14	3.97	0.92	3.09	2.51	1.17	3.09	1.11	3.68	1.01	3.08
16	数	2.23	1.34	2.77	1.31	3.38	1.34	2.76	2.35	1.27	2.71	1.19	3.12	1.21	2.70
17	名詞節	1.97	1.21	2.59	1.25	3.13	1.24	2.54	2.08	1.12	2.60	1.15	2.99	1.16	2.53
18	条件	1.77	1.02	2.32	1.19	2.88	1.33	2.30	1.84	1.01	2.38	1.12	2.73	1.15	2.30
19	N	2.32	1.27	3.24	1.28	4.13	1.23	3.17	2.40	1.30	3.19	1.30	3.85	1.18	3.12
20	受身	2.39	1.23	3.18	1.38	4.12	1.23	3.19	2.56	1.23	3.25	1.20	3.80	1.15	3.18
21	名詞節	2.28	1.12	2.82	1.29	3.54	1.26	2.85	2.23	1.16	2.77	1.21	3.23	1.26	2.71
22	可能	2.57	1.15	3.22	1.20	4.01	1.14	3.23	2.65	1.16	3.36	1.07	3.92	0.95	3.28
23	格デ	1.63	0.90	1.94	1.01	2.44	1.30	1.99	1.68	0.87	2.09	1.08	2.41	1.15	2.04
24	格ニ	2.25	1.13	2.69	1.14	3.53	1.25	2.79	2.23	1.08	2.74	1.13	3.24	1.19	2.71
25	N	2.09	1.23	2.59	1.19	3.25	1.31	2.61	1.98	1.06	2.47	1.16	2.87	1.18	2.43
26	表現	2.40	1.28	3.10	1.18	3.92	1.13	3.09	2.50	1.20	3.26	1.16	3.87	1.01	3.18
27	並V	1.74	1.06	2.12	1.14	2.61	1.29	2.12	1.68	1.01	2.07	1.18	2.36	1.28	2.02
28	VP	1.86	0.87	2.58	1.08	3.25	1.26	2.53	1.87	0.95	2.39	1.16	2.80	1.25	2.34
29	VP	2.96	1.20	3.50	1.05	4.30	0.94	3.55	2.69	1.16	3.32	1.13	3.94	0.98	3.29
30	複V	2.08	1.13	2.77	1.07	3.60	1.17	2.79	2.03	0.98	2.73	1.13	3.23	1.17	2.64
31	並V	2.09	1.35	2.38	1.39	2.84	1.45	2.41	1.97	1.22	2.27	1.37	2.58	1.52	2.26
32	VP	2.14	1.05	2.94	1.13	3.57	1.10	2.86	2.13	1.04	2.85	1.15	3.48	1.10	2.79
33	C	2.41	1.22	3.01	1.24	3.81	1.23	3.05	2.40	1.20	2.90	1.30	3.28	1.32	2.83
34	受給	2.37	1.27	4.04	1.10	4.20	0.93	3.50	2.28	1.11	3.77	1.22	3.95	1.10	3.30
35	可能	3.07	1.29	3.61	1.14	4.42	0.86	3.66	3.13	1.20	3.65	1.10	4.19	0.92	3.61
36	ノ連	2.48	1.31	3.06	1.28	3.94	1.37	3.13	2.52	1.27	3.04	1.27	3.64	1.29	3.04
37	A	1.54	0.98	1.57	0.92	1.90	1.33	1.65	1.53	0.93	1.70	1.06	1.98	1.30	1.72
38	タ	2.76	1.20	3.17	1.12	4.04	0.92	3.29	2.68	1.25	3.10	1.23	3.66	1.20	3.12
39	活用	2.41	1.12	2.94	1.10	3.64	1.24	2.93	2.41	1.20	2.92	1.25	3.48	1.31	2.91
40	可能	1.30	0.60	1.46	0.80	1.76	1.21	1.48	1.41	0.83	1.59	1.03	1.73	1.13	1.56

41	副用	2.21	1.05	2.96	1.16	3.75	1.05	2.94	2.26	1.08	2.92	1.19	3.46	1.10	2.86
42	C	2.07	1.36	2.12	1.23	2.74	1.58	2.29	1.90	1.17	2.09	1.25	2.37	1.41	2.10
43	格ニヨッテ	1.43	1.23	3.22	1.20	4.07	1.10	3.20	2.72	1.22	3.26	1.14	3.82	1.02	3.24
44	品詞	1.70	0.90	2.50	1.17	2.97	1.25	2.36	1.76	0.88	2.34	1.12	2.83	1.15	2.29
45	テ形	1.74	1.08	2.21	1.23	2.76	1.34	2.20	1.71	0.95	2.17	1.13	2.56	1.22	2.13
46	並N	2.00	1.27	2.28	1.33	2.85	1.56	2.35	1.90	1.07	2.19	1.23	2.60	1.38	2.22
47	不定	2.22	1.19	2.94	1.29	3.65	1.30	2.90	2.19	1.10	2.88	1.16	3.42	1.13	2.80
48	不定	2.72	1.29	3.18	1.29	4.07	1.15	3.29	2.74	1.19	3.21	1.15	3.86	1.03	3.24
49	受身	1.81	1.00	2.15	1.17	2.66	1.39	2.18	1.78	0.95	2.15	1.11	2.49	1.25	2.12
50	ムード	2.49	1.26	2.75	1.18	3.18	1.28	2.72	2.34	1.19	2.65	1.26	3.01	1.30	2.63
51	格カラ	2.33	1.16	2.90	1.24	3.63	1.26	2.92	2.35	1.13	2.83	1.20	3.32	1.20	2.80
52	取立ハ	2.36	1.17	3.32	1.09	3.97	1.06	3.18	2.47	1.06	3.03	1.05	3.58	1.02	2.99
53	ムード	2.04	1.21	2.79	1.32	3.30	1.39	2.67	2.16	1.08	2.73	1.24	3.11	1.26	2.64
54	自他	2.41	1.20	3.23	1.16	4.16	0.98	3.23	2.57	1.14	3.25	1.11	3.84	1.00	3.19
55	コソア	2.83	1.35	3.38	1.19	4.35	0.95	3.48	3.04	1.23	3.54	1.15	4.16	0.96	3.54
56	格ト	1.84	1.11	2.13	1.20	2.66	1.51	2.17	1.84	1.08	2.06	1.19	2.34	1.31	2.06
57	格ニツイテ	3.16	1.36	3.44	1.20	4.26	1.00	3.58	3.21	1.31	3.50	1.18	4.02	1.02	3.54
58	V	2.07	1.23	3.60	1.24	4.36	0.93	3.29	2.29	1.23	3.55	1.24	4.07	1.06	3.27
59	N	3.39	1.43	3.52	1.24	4.38	1.09	3.70	3.48	1.36	3.70	1.24	4.18	1.05	3.74
60	自発	2.30	1.14	2.95	1.24	3.83	1.34	2.99	2.48	1.19	3.06	1.20	3.64	1.14	3.03
61	格ニ	2.18	1.16	2.67	1.24	3.31	1.45	2.69	2.29	1.20	2.68	1.32	3.14	1.45	2.68
62	使役	2.73	1.24	3.43	1.10	4.27	0.88	3.44	2.77	1.17	3.40	1.11	3.95	1.02	3.34
63	ノ連	3.03	1.28	3.60	1.11	4.49	0.85	3.67	3.09	1.24	3.62	1.16	4.22	0.93	3.61
64	熟語	1.41	0.84	1.57	0.93	1.89	1.23	1.61	1.51	0.87	1.77	1.05	1.94	1.14	1.73
65	条件	1.91	0.94	2.49	1.15	2.97	1.30	2.43	1.94	1.05	2.44	1.18	2.85	1.30	2.39
66	V	2.17	1.20	2.83	1.27	3.48	1.35	2.80	2.05	1.09	2.72	1.25	3.14	1.25	2.62
67	活用	2.46	1.30	3.34	1.18	3.97	1.22	3.23	2.29	1.18	3.05	1.23	3.57	1.19	2.94
68	ムード	3.24	1.37	3.23	1.43	3.92	1.49	3.43	2.82	1.35	3.10	1.38	3.57	1.42	3.13
69	受給	1.79	1.03	2.22	1.25	2.58	1.44	2.18	1.77	1.05	2.21	1.26	2.50	1.37	2.15
70	自発	2.44	1.23	3.19	1.29	4.04	1.21	3.19	2.54	1.22	3.26	1.18	3.91	1.05	3.21
71	副用	1.99	1.29	2.44	1.29	2.99	1.39	2.44	1.86	1.04	2.30	1.18	2.68	1.25	2.27
72	ダ	3.41	1.36	3.37	1.27	4.03	1.22	3.55	3.33	1.32	3.47	1.27	4.00	1.15	3.57
73	AN	4.16	1.31	3.99	1.17	4.64	0.73	4.22	3.92	1.18	3.92	1.19	4.39	0.93	4.00
74	ダ	1.85	0.97	2.43	1.14	3.09	1.36	2.43	1.98	1.04	2.50	1.15	2.96	1.22	2.46
75	ル	1.85	0.92	2.34	1.07	2.82	1.18	2.31	1.84	1.00	2.28	1.14	2.68	1.25	2.25
76	体修	2.13	1.08	2.87	1.17	3.87	1.17	2.92	2.23	1.07	2.99	1.15	3.64	1.06	2.93
77	Ad	2.97	1.34	3.55	1.27	4.35	0.95	3.58	3.03	1.27	3.44	1.24	4.03	1.09	3.47

78	スタイル	1.64	0.90	2.32	1.22	2.59	1.42	2.16	1.62	0.96	2.12	1.25	2.27	1.31	1.99
79	原因	1.70	0.98	2.32	1.20	2.54	1.32	2.14	1.74	0.98	2.23	1.16	2.54	1.19	2.15
80	スタイル	2.17	1.15	4.13	1.21	4.29	0.92	3.49	2.26	1.15	3.89	1.17	4.00	1.05	3.35
81	副用	2.94	1.43	3.53	1.21	4.17	1.06	3.51	2.80	1.24	3.27	1.20	3.84	1.12	3.28
82	体修	1.70	0.91	2.15	1.11	2.69	1.35	2.14	1.74	0.90	2.27	1.13	2.66	1.24	2.20
83	表現	1.84	1.18	2.21	1.34	2.64	1.49	2.20	1.78	1.05	2.22	1.21	2.61	1.32	2.19
84	ノダ	3.34	1.33	3.73	1.12	4.51	0.86	3.82	3.48	1.27	3.79	1.13	4.39	0.84	3.86

8.　日本語母語話者の要因による、各問題の誤りに対する訂正の種類別の人数

84問題の番号				問題1			
誤りの訂正の種類(→表8-4)				1		その他	
日本語母語話者の要因別の人数(100%)……………………………………………↓				人	%	人	%
日本語母語話者の要因	1. 性別		1. 男性	362	360	99.5	2	0.6
			2. 女性	279	278	99.6	1	0.4
	2. 年齢(満)		1. 10代(16〜19歳)	81	81	100	−	−
			2. 20代(20〜29歳)	180	180	100	−	−
			3. 30代(30〜39歳)	160	157	98.1	3	1.9
			4. 40代(40〜49歳)	96	96	100	−	−
			5. 50代(50〜59歳)	75	75	100	−	−
			6. 60歳以上	48	48	100	−	−
	3. 職業		1. 大・幹	41	41	100	−	−
			2. 事務系	134	133	99.3	1	0.8
			3. 教員	35	35	100	−	−
			4. 労務系	196	194	99.0	2	1.0
			5. 家・従	33	33	100	−	−
			6. 主婦	57	57	100	−	−
			7. 学生	127	127	100	−	−
	4. 学歴		1. 低学歴	263	262	99.6	1	0.4
			2. 高学歴	374	372	99.5	2	0.5
	5. 韓国語の学習歴		1. ある	87	87	100	−	−
			2. ない	548	545	99.5	3	0.6
	6. 外国人との対話の経験		1. ある	453	452	99.8	1	0.2
			2. ない	181	179	98.9	2	1.1
	7. 外国人との対話の経験の程度		1. 少ない	341	340	99.7	1	0.2
			2. 多い	107	107	100	−	−
	8. 外国人の日本語の誤文を読んだ経験		1. ある	257	257	100	−	−
			2. ない	377	374	99.2	3	0.8
	9. 外国人の日本語の誤文を読んだ経験の程度		1. 少ない	215	215	100	−	−
			2. 多い	44	44	100	−	−
	10. 話せる外国語		1. ある	245	245	100	−	−
			2. ない	388	385	99.2	3	0.8
	11. 外国に住んだ経験		1. ある	103	103	100	−	−
			2. ない	531	528	99.4	3	0.6
	12. 韓国のキムチについての知識		1. 多い	104	104	100	−	−
			2. 少ない	540	537	99.4	3	0.6
	13. 韓国に対する関心		1. ある	430	428	99.5	2	0.5
			2. ない	201	200	99.5	1	0.5
	14. 韓国についての知識		1. ある	70	70	100	−	−
			2. ない	572	569	99.5	3	0.5

| 番号 | | | 問題2 | | | | | | | | | | | | | | |
種類			1		2		3		4		5		6		7		その他	
1	1	357	181	50.7	105	29.4	18	5.0	16	4.5	14	3.9	8	2.2	7	2.0	8	2.2
	2	267	165	61.8	59	22.1	15	5.6	4	1.5	4	1.5	8	3.0	6	2.3	6	2.2
2	1	71	43	60.6	16	22.5	3	4.2	–	–	1	1.4	6	8.5	–	–	2	2.8
	2	178	128	71.9	31	17.4	3	1.7	6	3.4	3	1.7	4	2.3	1	0.6	2	1.1
	3	157	85	54.1	38	24.2	11	7.0	5	3.2	9	5.7	3	1.9	3	1.9	3	1.9
	4	96	53	55.2	29	30.2	2	2.1	5	5.2	1	1.0	–	–	3	3.1	3	3.1
	5	73	26	35.6	34	46.6	2	2.7	2	2.7	2	2.7	2	2.7	2	2.7	3	4.1
	6	48	10	20.8	16	33.3	12	25.0	2	4.2	2	4.2	1	2.1	4	8.3	1	2.1
3	1	40	23	57.5	10	25.0	1	2.5	3	7.5	1	2.5	–	–	2	5.0	–	–
	2	133	69	51.9	39	29.3	6	4.5	6	4.5	8	6.0	2	1.5	–	–	3	2.3
	3	35	23	65.7	5	14.3	4	11.4	2	5.7	–	–	–	–	–	–	1	2.9
	4	193	109	56.5	51	26.3	7	3.6	4	2.1	6	3.1	5	2.6	5	2.6	6	3.1
	5	33	11	33.3	10	30.3	4	12.1	1	3.0	–	–	3	9.1	2	6.1	2	6.1
	6	55	20	36.4	21	38.2	6	10.9	3	5.5	2	0.0	–	–	3	5.5	–	–
	7	117	83	70.9	21	18.0	3	2.6	1	0.9	1	0.0	6	5.1	–	–	2	1.7
4	1	250	123	49.2	69	27.6	19	7.6	6	2.4	3	1.2	14	5.6	8	3.2	8	3.2
	2	370	220	59.5	95	25.7	14	3.8	14	3.8	15	4.1	2	0.5	4	1.1	6	1.6
5	1	85	56	65.9	17	20.0	3	3.5	4	4.7	2	2.4	1	1.2	1	1.2	1	1.2
	2	533	287	53.9	146	27.4	28	5.3	16	3.0	16	3.0	15	2.8	12	2.3	13	2.4
6	1	443	260	58.7	114	25.7	23	5.2	12	2.7	10	2.3	6	1.4	6	1.4	12	2.7
	2	174	83	47.7	48	27.6	8	4.6	8	4.6	8	4.6	10	5.8	7	4.0	2	1.1
7	1	333	180	54.1	94	28.2	22	6.6	8	2.4	8	2.4	5	1.5	5	1.5	11	3.3
	2	105	75	71.4	20	19.1	1	1.0	4	3.8	2	1.9	1	1.0	1	1.0	1	1.0
8	1	252	153	60.7	62	24.6	10	4.0	9	3.6	8	3.2	2	0.8	3	1.2	5	2.0
	2	365	190	52.1	100	27.4	21	5.8	11	3.0	10	2.7	14	3.8	10	2.7	9	2.5
9	1	211	119	56.4	57	27.0	12	5.7	6	2.8	8	3.8	1	0.5	3	1.4	5	2.4
	2	43	35	81.4	5	11.6	–	–	2	4.7	–	–	1	2.3	–	–	–	–
10	1	237	150	63.3	54	22.8	7	3.0	6	2.5	7	3.0	6	2.5	3	1.3	4	1.7
	2	379	192	50.7	108	28.5	24	6.3	14	3.7	11	2.9	10	2.6	10	2.6	10	2.6
11	1	100	64	64.0	25	25.0	3	3.0	3	3.0	2	2.0	–	–	1	1.0	2	2.0
	2	517	278	53.8	138	26.7	28	5.4	17	2.8	16	3.1	16	3.1	12	2.3	12	2.3
12	1	102	59	57.8	26	25.5	3	2.9	5	4.9	3	2.9	–	–	2	2.0	4	3.9
	2	525	288	54.9	138	26.3	30	5.7	15	2.9	16	3.1	16	3.1	11	2.1	11	2.1
13	1	421	232	55.1	120	28.5	19	4.5	13	3.1	12	2.9	5	1.2	10	5.2	10	2.4
	2	193	109	56.5	42	21.8	12	6.2	7	3.7	6	3.1	10	2.4	3	1.6	4	2.1
14	1	69	39	56.5	19	27.5	3	4.3	3	4.3	2	2.9	–	–	2	2.9	1	1.4
	2	556	307	55.2	145	26.1	30	5.4	17	3.1	16	2.9	16	2.9	11	2.0	14	2.5

問題 3

番号	種類		1		2		3		その他	
1	1	354	267	75.4	65	18.4	9	2.5	13	3.7
	2	274	210	76.6	49	17.9	5	1.8	10	3.6
2	1	76	45	59.2	22	29.0	5	6.6	4	5.3
	2	179	127	71.0	44	24.6	3	1.7	5	2.8
	3	158	126	79.8	24	15.2	1	0.6	7	4.4
	4	91	71	78.0	13	14.3	5	5.5	2	2.2
	5	75	62	82.7	10	13.3	-	-	3	4.0
	6	48	44	91.7	2	4.2	-	-	2	4.2
3	1	39	34	87.2	3	7.7	-	-	2	5.1
	2	132	108	81.8	22	16.7	1	0.8	1	0.8
	3	35	31	88.6	3	8.6	-	-	1	2.9
	4	193	136	70.5	43	22.3	7	3.6	7	3.6
	5	33	25	75.8	5	15.2	-	-	3	9.1
	6	57	46	80.7	5	8.8	2	3.5	4	7.0
	7	121	83	68.6	30	24.8	4	3.3	4	3.3
4	1	256	171	66.8	57	22.3	12	4.7	16	6.3
	2	368	304	82.3	57	15.5	2	0.5	5	1.4
5	1	87	77	88.5	9	10.3	1	1.2	-	-
	2	535	394	73.6	106	19.8	13	2.4	22	4.1
6	1	443	351	79.2	78	17.6	6	1.4	8	1.8
	2	178	119	66.9	37	20.8	8	4.5	14	7.9
7	1	333	260	78.1	61	18.3	6	1.8	6	1.8
	2	105	89	84.8	14	13.3	-	-	2	1.9
8	1	248	208	83.9	33	13.3	2	0.8	5	2.0
	2	373	262	70.2	82	22.0	12	3.2	17	4.6
9	1	209	174	83.3	28	13.4	2	1.0	5	2.4
	2	41	35	85.4	6	14.6	-	-	-	-
10	1	240	187	77.9	40	16.7	5	2.1	8	3.3
	2	380	283	74.5	74	19.5	9	2.4	14	3.7
11	1	101	88	87.1	12	11.9	1	1.0	-	-
	2	520	383	73.7	102	19.6	13	2.5	22	4.2
12	1	103	85	82.5	14	13.6	2	1.9	2	1.9
	2	528	393	74.4	102	19.3	12	2.3	21	4.0
13	1	423	335	79.2	69	16.3	7	1.7	12	2.8
	2	195	134	68.7	46	23.6	7	3.6	8	4.1
14	1	67	54	80.6	12	17.9	1	1.5	-	-
	2	562	424	75.4	102	18.1	13	2.3	23	4.1

問題 4

番号	種類		1		2		その他	
1	1	327	279	85.3	42	12.8	6	1.8
	2	255	218	85.5	28	11.0	9	3.5
2	1	64	55	85.9	9	14.1	-	-
	2	163	138	84.7	19	11.7	6	3.7
	3	150	136	90.7	12	8.0	2	1.3
	4	89	75	84.3	11	12.4	3	3.4
	5	72	56	77.8	12	16.7	4	5.6
	6	43	36	83.7	7	16.3	-	-
3	1	39	31	79.5	6	15.4	2	5.1
	2	121	106	87.6	13	10.7	2	1.7
	3	34	31	91.2	3	8.8	-	-
	4	185	159	86.0	19	10.3	7	3.8
	5	30	25	83.3	3	10.0	2	6.7
	6	49	38	77.6	9	18.4	2	4.1
	7	107	92	86.0	15	14.0	-	-
4	1	232	189	81.5	34	14.7	9	3.9
	2	346	304	87.9	36	10.4	6	1.7
5	1	79	71	89.9	6	7.6	2	2.5
	2	497	422	84.9	63	12.7	12	2.4
6	1	409	353	86.3	49	12.0	7	1.7
	2	165	139	84.2	19	11.5	7	4.2
7	1	303	258	85.2	40	13.2	5	1.7
	2	101	91	90.1	8	7.9	2	2.0
8	1	234	206	88.0	23	9.8	5	2.1
	2	341	286	83.9	46	13.5	9	2.6
9	1	194	168	86.6	22	11.3	4	2.1
	2	42	39	92.9	2	4.8	1	2.4
10	1	216	190	88.0	23	10.7	3	1.4
	2	358	301	84.1	46	12.9	11	3.1
11	1	95	85	89.5	8	8.4	2	2.1
	2	480	407	84.8	61	12.7	12	2.5
12	1	95	82	86.3	10	10.5	3	3.2
	2	490	418	85.3	60	12.2	12	2.4
13	1	389	334	85.9	46	11.8	9	2.3
	2	183	155	84.7	23	12.6	5	2.7
14	1	61	55	90.2	5	3.0	1	1.6
	2	522	444	85.1	64	12.3	14	2.7

番号	種類		問題 5 1		2		3		4		5		6		7		8		9	
1	1	351	104	29.6	22	6.3	28	8.0	16	4.6	17	4.8	21	6.0	18	5.1	14	4.0	15	4.3
	2	270	99	36.7	22	8.2	11	4.1	19	7.0	16	5.9	10	3.7	12	4.4	9	3.3	7	2.6
2	1	75	11	14.7	13	17.3	2	2.7	3	4.0	7	9.3	4	5.3	6	8.0	-	-	1	1.3
	2	178	66	37.1	8	4.5	7	3.9	16	9.0	9	5.1	8	4.5	13	7.3	6	3.4	5	2.8
	3	157	56	37.6	12	7.6	9	5.7	9	5.7	7	4.5	5	3.2	5	3.2	5	3.2	2	1.3
	4	90	38	42.2	1	1.1	7	7.8	3	3.3	2	2.2	4	4.4	3	3.3	5	5.6	4	4.4
	5	73	17	23.3	7	9.6	6	8.2	2	2.7	4	5.5	8	11.0	1	1.4	4	5.5	8	11.0
	6	47	12	25.5	3	6.4	8	17.0	2	4.3	4	8.5	2	4.3	2	4.3	3	6.4	2	4.3
3	1	41	13	31.7	3	7.3	8	19.5	3	7.3	1	2.4	-	-	-	-	2	4.9	5	12.2
	2	132	42	31.8	6	4.6	12	9.1	7	5.3	7	5.3	3	2.3	9	6.8	8	6.1	3	2.3
	3	35	10	28.6	3	8.6	3	8.6	3	8.6	-	-	3	8.6	1	2.9	1	2.9	-	-
	4	189	74	39.2	11	5.8	4	2.1	6	3.2	6	3.2	17	9.0	1	5.8	3	1.6	6	3.2
	5	32	13	40.6	2	6.3	2	6.3	1	3.1	3	9.4	1	3.1	-	-	2	6.3	2	6.3
	6	54	14	25.9	3	5.6	4	7.4	3	5.6	4	7.4	2	3.7	2	3.7	4	7.4	3	5.6
	7	120	30	25.0	14	11.7	4	3.3	10	8.3	10	8.3	5	4.2	6	5.0	3	2.5	3	2.5
4	1	252	68	27.0	21	8.3	7	2.8	6	2.4	17	6.8	18	7.1	14	5.6	8	3.2	9	3.6
	2	365	135	37.0	22	6.0	32	8.8	29	8.0	16	4.4	12	3.3	16	4.4	15	4.1	13	3.6
5	1	87	36	41.4	3	3.5	9	10.3	10	11.5	4	4.6	3	3.5	-	-	3	3.5	2	2.3
	2	528	167	31.6	40	7.6	30	5.7	24	4.6	28	5.3	28	5.3	29	5.5	20	3.8	20	3.8
6	1	440	152	34.6	24	5.5	21	8.9	22	9.3	20	4.6	24	5.5	9	3.8	17	3.9	17	3.9
	2	173	51	29.5	18	10.4	17	4.5	12	3.2	12	6.9	7	4.1	20	5.3	6	3.5	5	2.9
7	1	330	112	33.9	19	5.8	24	7.3	19	5.8	17	5.2	20	6.1	16	4.9	14	4.2	13	3.9
	2	105	39	37.1	5	4.8	8	7.6	12	11.4	3	2.9	3	2.9	3	2.9	3	2.9	3	2.9
8	1	250	84	33.6	18	7.2	23	9.2	21	8.4	10	4.0	16	6.4	6	2.4	10	4.0	4	1.6
	2	364	119	32.7	25	6.9	16	4.4	13	3.6	22	6.0	15	4.1	22	6.0	13	3.6	18	5.0
9	1	208	70	33.7	16	7.7	19	9.1	14	6.7	8	3.9	14	6.7	5	2.4	10	4.8	4	1.9
	2	44	13	29.6	2	4.6	5	11.4	7	15.9	2	4.6	2	4.6	1	2.3	1	2.3	-	-
10	1	236	69	29.2	24	10.2	21	8.9	22	9.3	10	4.2	10	4.2	9	3.8	10	4.2	8	3.4
	2	377	134	35.5	19	5.0	17	4.5	12	3.2	22	5.8	21	5.6	20	5.3	13	3.5	14	3.7
11	1	98	37	37.8	7	7.1	14	14.3	10	10.2	5	5.1	2	2.0	1	1.0	5	5.1	-	-
	2	516	166	32.2	36	7.0	25	4.8	24	4.7	27	5.2	29	5.6	28	5.4	18	3.5	22	4.3
12	1	101	34	33.7	2	2.0	10	9.9	5	5.0	6	5.9	5	5.0	2	2.0	4	4.0	4	4.0
	2	523	170	32.5	43	8.2	29	5.5	30	5.7	28	5.4	26	5.0	28	5.4	19	3.6	18	3.4
13	1	420	144	34.3	23	5.5	32	7.6	25	6.0	19	4.5	19	4.5	16	3.8	21	5.0	16	3.8
	2	191	59	30.9	19	10.0	6	3.1	9	4.7	14	7.3	12	6.3	13	6.8	2	1.1	5	2.6
14	1	66	26	39.4	3	4.5	6	9.1	5	7.6	2	3.0	3	4.5	5	7.6	1	1.5	3	4.5
	2	556	178	32.0	42	7.6	32	5.8	29	5.2	32	5.8	28	5.0	25	4.5	22	4.0	19	3.4

10		その他	
6	1.7	90	25.6
9	3.3	56	20.7
3	4.0	25	33.3
5	2.8	35	19.7
5	3.2	39	24.8
2	2.2	21	23.3
-	-	16	21.9
-	-	9	19.1
1	2.4	5	12.2
5	3.8	30	22.7
3	8.6	8	22.9
1	0.5	50	26.5
-	-	6	18.8
1	1.9	14	25.9
4	3.3	31	25.8
4	1.6	80	31.7
11	3.0	64	17.5
5	5.8	12	13.8
9	1.7	133	25.2
9	3.8	125	28.4
5	1.3	20	11.6
7	2.1	69	20.9
3	2.9	23	21.9
8	3.2	50	20.0
6	1.7	95	26.1
7	3.4	41	19.7
1	2.3	10	22.7
9	3.8	44	18.6
5	1.3	100	26.5
4	4.1	13	13.3
10	1.9	131	25.4
4	4.0	25	24.8
11	2.1	121	23.1
10	2.4	95	22.6
4	2.1	48	25.1
1	1.5	11	16.7
14	2.5	135	24.3

番号	種類	問題6	1		2		3		4		5		6	
1	1	349	217	62.2	32	9.2	29	8.3	16	4.6	14	4.0	11	3.2
	2	270	185	68.5	10	3.7	9	3.3	15	5.6	16	5.9	12	4.4
2	1	72	44	61.1	3	4.2	2	2.8	5	6.9	2	2.8	4	5.6
	2	178	120	67.4	8	4.5	6	3.4	13	7.3	11	6.2	6	3.4
	3	159	114	71.7	14	8.8	2	1.3	6	3.8	10	6.3	3	1.9
	4	88	56	63.6	8	9.1	6	6.8	3	3.4	4	4.6	3	3.4
	5	73	44	60.3	3	4.1	9	12.3	4	5.5	1	1.4	4	5.5
	6	48	22	45.8	6	12.5	13	27.1	-	-	2	4.2	4	8.3
3	1	41	24	58.5	1	2.4	9	22.0	3	7.3	2	4.9	1	2.4
	2	130	90	69.2	10	7.7	6	4.6	8	6.2	6	4.6	2	1.5
	3	35	28	80.0	1	2.9	1	2.9	1	2.9	2	5.7	1	2.9
	4	187	118	63.1	18	9.6	7	3.7	5	2.7	11	5.9	6	3.2
	5	32	16	50.0	4	12.5	3	9.4	3	9.4	1	3.1	3	9.4
	6	57	33	57.9	4	7.0	8	14.0	1	1.8	2	3.5	4	7.0
	7	119	80	67.2	3	2.5	3	2.5	10	8.4	5	4.2	4	3.4
4	1	245	134	54.7	24	9.8	14	5.7	10	4.1	10	4.1	17	6.9
	2	370	264	71.4	18	4.9	24	6.5	20	5.4	20	5.4	7	1.9
5	1	86	61	70.9	-	-	5	5.8	6	7.0	5	5.8	-	-
	2	526	338	64.1	42	8.0	32	6.1	25	4.7	24	4.6	23	4.4
6	1	437	301	68.9	24	5.5	24	5.5	21	4.8	23	5.3	11	2.5
	2	174	97	55.8	18	10.3	12	6.9	10	5.8	6	3.5	12	6.9
7	1	327	219	67.0	19	5.8	17	5.2	15	4.6	18	5.5	10	3.1
	2	105	81	77.1	4	3.8	6	5.7	5	4.8	4	3.8	1	1.0
8	1	249	185	74.3	5	2.0	11	4.4	13	5.2	13	5.2	1	0.4
	2	363	213	58.7	37	10.2	26	7.2	18	5.0	16	4.4	22	6.1
9	1	208	154	74.0	6	2.9	8	3.9	10	4.8	11	5.3	1	0.5
	2	43	32	74.4	-	-	4	9.3	2	4.7	2	4.7	-	-
10	1	240	184	76.7	4	1.7	10	4.2	12	5.0	9	3.8	4	1.7
	2	371	214	57.7	37	10.0	27	7.3	19	5.1	20	5.4	19	5.1
11	1	101	78	77.2	4	4.0	8	7.9	2	2.0	5	5.0	1	1.0
	2	511	321	62.8	37	7.2	29	5.7	29	5.7	24	4.7	22	4.3
12	1	104	68	65.4	8	7.7	6	5.8	4	3.9	7	6.7	1	1.0
	2	518	335	64.7	34	6.6	32	6.2	27	5.2	24	4.6	23	4.4
13	1	417	275	6.0	24	5.8	28	6.7	20	4.8	22	5.3	12	2.9
	2	192	121	63.2	17	8.9	8	4.2	11	5.7	8	4.2	11	5.7
14	1	66	44	66.7	3	4.6	4	6.1	4	6.1	4	6.1	2	3.0
	2	556	358	64.6	39	7.0	34	6.1	27	4.9	27	4.9	22	4.0

7		その他	
9	2.6	21	6.0
4	1.5	19	7.0
3	4.2	9	12.5
4	2.3	10	5.6
4	2.5	6	3.8
–	–	8	9.1
2	2.7	6	8.2
–	–	1	2.1
–	–	1	2.4
2	1.5	6	4.6
–	–	1	2.9
5	2.7	17	9.1
–	–	2	6.3
2	3.5	3	5.3
4	3.4	10	8.4
8	3.3	28	11.4
5	1.4	12	3.2
3	3.5	6	7.0
10	1.9	32	6.1
9	2.1	24	5.5
4	2.3	15	8.6
8	2.5	21	6.4
1	1.0	3	2.9
5	2.0	16	6.4
8	2.2	23	6.3
4	1.9	14	6.7
1	2.3	2	4.7
3	1.3	14	5.8
10	2.7	25	6.7
–	–	3	3.0
13	2.5	36	7.0
1	1.0	9	8.7
12	2.3	31	6.0
11	2.6	25	6.0
2	1.0	14	7.3
1	1.5	4	6.1
12	2.2	37	6.7

番号			問題 7					
種類			1		2		その他	
1	1	334	220	65.9	97	29.0	17	5.1
	2	259	167	64.5	76	29.3	16	6.2
2	1	65	29	44.6	31	47.7	5	7.7
	2	172	126	73.3	39	22.7	7	4.1
	3	153	111	72.6	34	22.2	8	5.2
	4	84	55	65.5	23	27.4	6	7.1
	5	73	39	53.4	29	39.7	5	6.8
	6	45	28	62.2	15	33.3	2	4.4
3	1	39	25	64.1	12	30.8	2	5.1
	2	125	92	73.6	27	21.6	6	4.8
	3	35	27	77.1	7	20.0	1	2.9
	4	181	123	68.0	48	26.5	10	5.5
	5	33	16	48.5	12	36.4	5	5.2
	6	54	30	55.6	22	40.7	2	3.7
	7	109	63	57.8	39	35.8	7	6.4
4	1	231	117	50.7	96	41.6	18	7.8
	2	358	268	74.9	75	21.0	15	4.2
5	1	81	68	84.0	11	13.6	2	2.5
	2	507	316	62.3	160	31.6	31	6.1
6	1	415	295	71.1	100	24.1	20	4.8
	2	171	88	51.5	71	41.5	12	7.0
7	1	308	214	69.5	78	25.3	16	5.2
	2	102	77	75.5	21	20.6	4	3.9
8	1	240	181	75.4	47	19.6	12	5.0
	2	347	202	58.2	124	35.7	21	6.1
9	1	199	147	73.9	41	20.6	11	5.5
	2	43	36	83.7	6	14.0	1	2.3
10	1	224	162	72.3	54	24.1	8	3.6
	2	362	221	61.0	116	32.0	25	6.9
11	1	95	74	77.9	20	21.0	1	1.1
	2	492	309	62.8	151	30.7	32	6.5
12	1	97	76	78.4	17	17.5	4	4.1
	2	499	313	62.7	156	31.3	30	6.0
13	1	403	281	69.7	98	24.3	24	6.0
	2	181	101	55.8	71	39.2	9	5.0
14	1	61	42	68.9	15	24.6	4	6.6
	2	533	347	65.1	156	29.3	30	5.6

番号			問題 8															
種類			1		2		3		4		5		6		7		その他	
1	1	360	171	47.5	62	17.2	42	11.7	28	7.8	12	3.3	7	1.9	8	2.2	30	8.3
	2	276	123	44.6	35	12.7	40	14.5	24	8.7	13	4.7	13	4.7	10	3.6	18	6.5
2	1	74	38	51.4	11	14.9	7	9.5	3	4.1	8	10.8	–	–	1	1.4	6	8.1
	2	180	82	45.6	35	19.4	28	15.6	11	6.1	6	3.3	4	2.2	1	0.6	13	7.2
	3	162	75	46.3	25	15.4	27	16.7	9	5.6	2	1.2	6	3.7	5	3.1	13	8.0
	4	94	48	51.1	13	13.8	6	6.4	8	8.5	2	2.1	5	5.3	5	5.3	7	7.4
	5	75	33	44.0	9	12.0	8	10.7	13	17.3	2	2.7	3	4.0	1	1.3	6	8.0
	6	50	18	36.0	5	10.0	4	8.0	8	16.0	5	10.0	2	4.0	5	10.0	3	6.0
3	1	42	23	54.8	7	16.7	1	2.4	3	7.1	–	–	5	11.9	–	–	3	7.1
	2	134	67	50.0	21	15.7	15	11.2	6	4.5	4	2.3	6	4.5	1	0.8	14	10.4
	3	36	19	52.8	4	11.1	7	19.4	1	2.8	–	–	1	2.8	2	5.6	2	5.6
	4	195	83	42.6	40	20.5	21	10.8	21	10.8	6	1.5	3	1.5	6	3.1	15	7.7
	5	33	13	39.4	3	9.1	5	15.2	4	12.1	2	6.1	1	3.0	3	9.1	2	6.1
	6	57	22	38.6	2	3.5	9	15.8	10	17.5	3	5.3	3	5.3	4	7.0	4	7.0
	7	121	59	48.8	18	14.9	18	14.9	7	5.8	9	7.4	1	0.8	1	0.8	8	6.6
4	1	257	99	38.5	36	14.0	31	12.1	29	11.3	18	7.0	8	3.1	10	3.9	26	10.1
	2	375	193	51.5	61	16.3	50	13.3	22	5.9	7	1.9	12	3.2	8	2.1	22	5.9
5	1	88	39	44.3	19	21.6	11	12.5	5	5.7	1	1.1	9	10.2	1	1.1	3	3.4
	2	542	252	46.5	79	14.6	70	12.9	46	8.5	24	4.4	11	2.0	17	4.4	43	7.9
6	1	451	216	47.9	76	16.9	63	14.0	34	7.5	15	3.3	13	2.9	7	1.6	27	6.0
	2	177	73	41.2	22	13.4	18	10.2	17	9.6	10	5.7	7	4.0	11	6.2	19	10.7
7	1	341	164	48.1	56	16.4	47	13.8	26	7.6	13	3.8	7	2.1	6	1.8	22	6.5
	2	106	48	45.3	20	18.9	16	15.1	8	7.6	2	1.9	6	5.7	1	0.9	5	4.7
8	1	258	126	48.8	46	17.8	37	14.3	15	5.8	4	1.6	11	4.3	3	1.2	16	6.2
	2	371	164	44.0	52	14.0	44	11.9	36	9.7	21	5.7	9	2.4	15	4.0	30	8.1
9	1	216	110	50.9	38	17.6	28	13.0	13	6.0	5	2.3	6	2.8	3	1.4	13	6.0
	2	44	18	40.9	8	18.2	9	20.5	2	4.6	–	–	5	11.4	–	–	2	4.5
10	1	244	117	48.0	50	20.5	31	12.7	11	4.5	6	2.5	10	4.1	3	1.2	16	6.6
	2	384	173	45.1	47	12.2	50	13.0	40	10.4	19	5.0	10	2.6	15	3.9	30	7.8
11	1	104	48	46.2	23	22.1	12	11.5	3	2.9	2	1.9	10	9.6	2	1.9	4	3.8
	2	525	242	46.1	75	14.3	69	13.1	48	9.1	23	4.4	10	1.9	16	3.1	42	8.0
12	1	104	47	45.2	19	18.3	15	14.4	6	5.8	1	1.0	9	8.7	2	1.9	5	4.8
	2	535	248	46.4	79	14.8	67	12.5	46	8.6	24	4.5	11	2.1	16	3.0	44	8.2
13	1	430	203	47.2	67	15.6	62	14.4	32	7.4	13	3.0	15	3.5	10	2.3	28	6.5
	2	196	86	43.9	31	15.8	18	9.2	19	9.7	12	6.1	5	2.6	8	4.1	17	8.7
14	1	69	31	44.9	11	15.9	7	10.1	7	10.1	3	4.4	2	2.9	2	2.9	6	8.7
	2	568	264	46.5	86	15.1	75	13.2	45	7.9	22	3.9	17	3.0	16	2.8	43	7.6

番号	種類	問題 9	1		2		その他	
1	1	360	273	75.8	83	23.1	4	1.1
	2	279	226	81.0	49	17.6	4	1.4
2	1	78	64	82.1	14	18.0	-	-
	2	178	143	80.3	32	18.0	3	1.7
	3	160	121	75.6	36	22.5	3	1.9
	4	96	81	84.4	15	15.6	-	-
	5	75	56	74.7	18	24.0	1	1.3
	6	51	33	64.7	17	33.3	1	2.0
3	1	42	28	66.7	14	33.3	-	-
	2	134	102	76.1	28	20.9	4	3.0
	3	35	26	74.3	9	25.7	-	-
	4	195	159	81.5	33	16.9	3	1.5
	5	33	25	75.8	8	24.2	-	-
	6	57	46	80.7	10	17.5	1	1.8
	7	125	101	80.8	24	19.2	-	-
4	1	261	214	82.0	44	16.9	3	1.1
	2	374	284	75.9	85	22.7	5	1.3
5	1	88	66	75.0	22	25.0	-	-
	2	546	429	78.6	109	20.0	8	1.5
6	1	452	361	79.9	85	18.8	6	1.3
	2	180	132	73.3	46	25.6	2	1.1
7	1	340	278	81.8	56	16.5	6	1.8
	2	107	79	73.8	28	26.2	-	-
8	1	257	205	79.8	50	19.5	2	0.8
	2	376	289	76.9	81	21.5	6	1.6
9	1	215	176	81.9	37	17.2	2	0.9
	2	44	32	72.7	12	27.3	-	-
10	1	244	197	80.7	46	18.9	1	0.4
	2	388	297	76.6	84	21.7	7	1.8
11	1	104	78	75.0	25	24.0	1	1.0
	2	529	416	78.6	106	20.0	7	1.3
12	1	104	84	80.8	20	19.2	-	-
	2	538	418	77.7	112	20.8	8	1.5
13	1	431	339	78.7	87	20.2	5	1.2
	2	199	154	77.4	42	21.1	3	1.5
14	1	70	55	78.6	14	20.0	1	1.4
	2	570	446	78.3	117	20.5	7	1.2

番号	種類	問題 10	1		2		3		4		その他	
1	1	332	247	74.4	59	17.8	11	3.3	9	2.7	9	1.8
	2	258	202	78.3	39	15.0	7	2.7	5	1.9	5	1.9
2	1	71	54	76.1	12	16.9	2	2.8	1	1.4	2	2.8
	2	163	127	77.9	23	14.1	6	3.7	3	1.8	4	2.5
	3	152	120	79.0	22	14.5	6	4.0	2	1.3	2	1.3
	4	88	65	73.9	18	20.5	2	2.3	3	3.4	-	-
	5	69	52	75.4	12	17.4	-	-	4	5.8	1	1.4
	6	46	31	67.4	10	21.7	2	4.4	1	2.2	2	4.3
3	1	38	24	63.2	11	29.0	2	5.3	1	2.6	-	-
	2	123	91	74.0	19	15.5	6	4.9	5	4.1	2	1.6
	3	34	27	79.4	4	11.8	1	2.9	2	5.9	-	-
	4	186	147	79.0	26	14.0	4	2.2	5	2.7	4	2.2
	5	32	25	78.1	6	18.8	1	3.1	-	-	-	-
	6	50	36	72.0	11	22.0	1	2.0	-	-	2	4.0
	7	113	88	77.9	18	15.9	3	2.7	1	0.9	3	2.7
4	1	241	185	76.8	41	17.0	5	2.1	5	2.1	5	2.1
	2	345	262	75.9	55	15.9	13	3.8	9	2.6	6	1.7
5	1	80	55	68.8	17	21.3	7	8.8	-	-	1	1.3
	2	507	392	77.3	80	15.8	11	2.2	14	2.8	10	2.0
6	1	418	324	77.5	62	14.8	14	3.4	12	2.9	6	1.4
	2	168	122	72.6	35	20.8	4	2.4	2	1.2	5	3.0
7	1	314	248	79.0	45	14.3	8	2.6	9	2.9	4	1.3
	2	99	72	72.7	16	16.2	6	6.1	3	3.0	2	2.0
8	1	235	179	76.2	38	16.2	10	4.3	4	1.7	4	1.7
	2	351	267	76.1	59	16.8	8	2.3	10	2.9	7	2.0
9	1	195	151	77.4	29	14.9	8	4.1	4	2.1	3	1.5
	2	41	29	70.7	9	22.0	2	4.9	-	-	1	2.4
10	1	216	158	73.2	38	17.6	11	5.1	5	2.3	4	1.9
	2	369	288	78.1	58	15.7	7	1.9	9	2.4	7	1.9
11	1	94	67	71.3	17	18.1	5	5.3	2	2.1	3	3.2
	2	492	376	77.0	80	16.3	13	2.6	12	2.4	8	1.6
12	1	92	71	77.2	14	15.2	4	4.4	2	2.2	1	1.1
	2	501	381	76.1	84	16.8	14	2.8	12	2.4	10	2.0
13	1	393	293	74.6	68	17.3	18	4.6	10	2.5	4	1.0
	2	191	151	79.1	29	15.2	-	-	4	2.1	7	3.7
14	1	60	39	65.0	13	21.7	3	5.0	4	6.7	1	1.7
	2	531	411	77.4	85	16.0	15	2.8	10	1.9	10	1.9

問題 11

番号	種類		1		2		3		4		その他	
1	1	341	230	67.5	51	15.0	27	7.9	31	9.1	2	0.6
	2	268	214	79.9	24	9.0	20	7.5	9	3.4	1	0.4
2	1	74	52	70.3	7	9.5	12	16.2	2	2.7	1	1.4
	2	171	131	76.6	14	8.2	12	7.0	13	7.6	1	0.6
	3	153	120	78.4	14	9.2	7	4.6	11	7.2	1	0.7
	4	90	59	65.6	20	22.2	5	5.6	6	6.7	-	-
	5	73	53	72.6	8	11.0	6	8.2	6	8.2	-	-
	6	47	27	57.5	12	25.5	5	10.6	3	6.4	-	-
3	1	40	33	82.5	4	10.0	2	5.0	1	2.5	-	-
	2	128	104	81.3	9	7.0	5	3.9	10	7.8	-	-
	3	34	24	70.6	5	14.7	1	2.9	3	8.8	1	2.9
	4	185	117	63.2	35	18.9	18	9.7	15	8.1	-	-
	5	33	26	78.8	2	6.1	4	12.1	1	3.0	-	-
	6	53	40	75.5	8	15.1	3	5.7	2	3.8	-	-
	7	119	87	73.1	10	8.4	14	11.8	6	5.0	2	1.7
4	1	250	164	65.6	40	16.0	28	11.2	17	6.8	1	0.4
	2	355	276	77.8	35	9.9	19	5.4	23	6.5	2	0.6
5	1	86	71	82.6	9	10.5	2	2.3	4	4.7	-	-
	2	518	369	71.2	64	12.4	45	8.7	37	7.1	3	0.6
6	1	430	329	76.5	45	10.5	24	5.6	30	7.0	2	0.5
	2	172	110	64.0	27	15.7	23	13.4	11	6.4	1	0.6
7	1	321	240	74.8	37	11.5	18	5.6	24	7.5	2	0.6
	2	104	84	80.8	8	7.7	6	5.8	6	5.8	-	-
8	1	243	188	77.4	25	10.3	11	4.5	17	7.0	2	0.8
	2	360	251	69.7	48	13.3	36	10.0	24	6.7	1	0.3
9	1	203	153	75.4	22	10.9	10	4.9	16	7.9	2	1.0
	2	42	36	85.7	4	9.5	2	4.8	-	-	-	-
10	1	231	187	81.0	15	6.5	13	5.6	14	6.1	2	0.9
	2	371	251	67.7	58	15.6	34	9.2	27	7.3	1	0.3
11	1	97	83	85.6	5	5.2	4	4.1	4	4.1	1	1.0
	2	506	356	70.4	68	13.4	43	8.5	37	7.3	2	0.4
12	1	99	83	83.8	9	9.1	5	5.1	2	2.0	-	-
	2	512	361	70.5	66	12.9	43	8.4	39	7.6	3	0.6
13	1	408	307	75.3	46	11.3	23	5.6	31	7.6	1	0.2
	2	192	129	67.2	28	14.6	23	12.0	10	5.2	2	1.0
14	1	63	47	74.6	7	11.1	4	6.4	5	7.9	-	-
	2	546	395	72.3	68	12.5	44	8.1	36	6.6	3	0.5

問題 12

番号	種類		1		2		3	
1	1	346	253	73.1	44	12.7	42	12.1
	2	270	212	78.5	27	10.0	27	10.0
2	1	75	52	69.3	11	14.7	9	12.0
	2	174	140	80.5	12	6.9	20	11.5
	3	157	113	72.0	21	13.4	20	12.7
	4	91	59	64.8	16	17.6	14	15.4
	5	70	58	82.9	5	7.1	6	8.6
	6	48	41	85.4	7	14.6	-	-
3	1	40	34	85.0	4	10.0	2	5.0
	2	131	99	75.6	14	10.7	16	12.2
	3	34	27	79.4	3	8.8	4	11.8
	4	187	132	70.6	28	15.0	23	12.3
	5	33	25	75.8	2	6.1	6	18.2
	6	53	41	77.4	8	15.1	2	3.8
	7	119	92	77.4	11	9.2	14	11.8
4	1	251	179	71.3	37	14.7	29	11.6
	2	361	282	78.1	34	9.4	40	11.1
5	1	87	63	72.4	12	13.8	12	13.8
	2	524	396	75.6	60	11.5	57	10.9
6	1	435	332	76.3	46	10.6	50	11.5
	2	174	125	71.8	26	14.9	19	10.9
7	1	327	255	78.0	30	9.2	36	11.0
	2	103	74	71.8	16	15.5	12	11.7
8	1	245	184	75.1	26	10.6	32	13.1
	2	365	274	75.1	46	12.6	37	10.1
9	1	205	154	75.1	20	9.8	28	13.7
	2	42	33	78.6	5	11.9	4	9.5
10	1	231	172	74.5	28	12.1	27	11.7
	2	378	286	75.7	43	11.4	42	11.1
11	1	95	68	71.6	16	16.8	10	10.5
	2	515	390	75.7	56	10.9	59	11.5
12	1	100	77	77.0	8	8.0	14	14.0
	2	518	388	74.9	64	12.4	55	10.6
13	1	414	312	75.4	49	11.8	47	11.4
	2	193	144	74.6	23	11.9	21	10.9
14	1	67	52	77.6	6	9.0	8	11.9
	2	549	411	74.9	66	12.0	61	11.1

その他		番号	種類		問題 13 1		2		3		4		5		6		その他	
7	2.0	1	1	181	339	53.4	50	14.8	42	12.1	17	5.0	12	3.5	6	1.8	32	9.4
4	1.5		2	166	262	63.4	31	11.8	24	9.2	8	3.1	8	3.1	6	2.3	19	7.3
3	4.0	2	1	53	73	72.6	–	–	7	9.6	6	8.2	3	4.1	–	–	4	5.5
2	1.1		2	170	109	64.1	25	14.7	13	7.7	5	2.9	4	2.4	2	1.2	12	7.1
3	1.9		3	154	87	56.5	19	12.3	19	12.3	3	2.0	7	4.6	1	0.7	18	11.7
2	2.2		4	89	44	49.4	13	14.6	11	12.4	5	5.6	4	4.5	2	2.3	10	11.2
1	1.4		5	69	30	43.5	17	24.6	12	17.4	4	5.8	1	1.5	1	1.5	4	5.8
–	–		6	45	24	53.3	6	13.3	3	6.7	2	4.4	1	2.2	6	13.3	3	6.7
–	–	3	1	41	24	58.5	8	19.5	3	7.3	2	4.9	2	4.9	–	–	2	4.9
2	1.5		2	127	73	57.5	24	18.9	11	8.7	3	2.4	5	3.9	–	–	11	8.7
–	–		3	34	20	58.8	6	17.7	2	5.9	2	5.9	2	5.9	–	–	2	5.9
4	2.1		4	182	86	47.3	22	12.1	29	15.9	11	6.0	7	3.9	4	2.2	23	12.6
–	–		5	32	10	31.3	9	28.1	5	15.6	2	6.3	–	–	4	12.5	2	6.3
2	3.8		6	49	28	57.1	7	14.3	4	8.2	–	–	1	2.0	3	6.1	6	12.2
2	1.7		7	117	91	77.8	3	2.6	10	8.6	4	3.4	3	2.6	1	0.9	5	4.3
6	2.4	4	1	238	120	50.4	30	12.6	34	14.3	17	7.1	6	2.5	10	4.2	21	8.8
5	1.4		2	359	225	62.7	51	14.2	30	8.4	8	2.2	13	3.6	2	0.6	30	8.4
–	–	5	1	86	65	75.6	4	4.7	7	8.1	2	2.3	3	3.5	–	–	5	5.8
11	2.1		2	510	277	54.3	77	15.1	59	11.6	22	4.3	17	3.3	12	2.4	46	9.0
7	1.6	6	1	430	264	61.4	60	14.0	39	9.1	11	2.6	14	3.3	3	0.2	39	9.1
4	2.3		2	164	77	47.0	21	12.8	26	15.9	13	7.9	6	3.7	9	5.5	12	7.3
6	1.8	7	1	321	190	59.2	46	14.3	32	10.0	7	2.2	9	2.8	3	0.9	34	10.6
1	1.0		2	104	72	69.2	11	10.6	7	6.7	4	3.9	5	4.8	–	–	5	4.8
3	1.2	8	1	249	170	68.3	27	10.8	22	8.8	4	1.6	6	2.4	1	0.4	19	7.6
8	2.2		2	346	171	49.4	54	15.6	44	12.7	20	5.8	14	4.1	11	3.2	32	9.2
3	1.5	9	1	208	139	66.8	25	12.0	19	9.1	2	1.0	3	1.4	1	0.5	19	9.1
–	–		2	43	33	76.7	3	7.0	3	7.0	2	4.7	2	4.7	–	–	–	–
4	1.7	10	1	230	162	70.4	20	8.7	18	7.8	6	2.6	9	3.9	1	0.4	14	6.1
7	1.9		2	364	178	48.9	61	16.8	48	13.2	18	5.0	11	3.0	11	3.0	37	10.2
1	1.1	11	1	100	69	69.0	9	9.0	10	10.0	2	2.0	3	3.0	2	2.0	5	5.0
10	1.9		2	495	272	55.0	72	14.6	56	11.3	22	4.4	17	3.4	10	2.0	46	9.3
1	1.0	12	1	97	61	62.9	11	11.3	8	8.3	3	3.1	2	2.1	1	1.1	11	11.3
11	2.1		2	507	287	56.6	70	13.8	58	11.4	22	4.3	18	3.6	11	2.2	41	8.1
6	1.4	13	1	406	236	58.1	56	13.8	43	10.6	15	3.7	15	3.7	6	1.5	35	8.6
5	2.6		2	186	104	55.9	23	12.4	22	11.8	10	5.4	5	2.7	6	3.2	16	8.6
1	1.5	14	1	65	47	72.3	7	10.8	1	1.5	3	4.6	4	6.2	1	1.5	2	3.1
11	2.0		2	538	300	55.8	74	13.8	65	12.1	22	4.1	16	3.0	11	2.0	50	9.3

問題 14

番号	種類		1		2		3		4		その他	
1	1	352	298	84.7	21	6.0	15	4.3	15	4.3	3	0.9
	2	275	236	85.8	19	6.9	11	4.0	6	2.2	3	1.1
2	1	77	67	87.0	5	6.5	2	2.6	3	3.9	-	-
	2	178	155	87.1	15	8.4	3	1.7	4	2.3	1	0.6
	3	159	138	86.8	9	5.7	4	2.5	7	4.4	1	0.6
	4	92	78	84.8	7	7.6	6	6.5	1	1.1	-	-
	5	73	63	86.3	2	2.7	5	6.9	2	2.7	1	1.4
	6	47	32	68.1	2	4.3	6	2.8	4	8.5	3	6.4
3	1	40	29	72.5	6	5.0	4	10.0	1	2.5	-	-
	2	133	110	82.7	10	7.5	7	5.3	5	3.8	1	0.8
	3	34	30	88.2	3	8.8	-	-	1	2.9	-	-
	4	191	174	91.1	3	1.6	4	2.1	7	3.7	3	1.6
	5	33	27	81.8	-	-	3	9.1	2	6.1	1	3.0
	6	54	45	83.3	2	3.7	4	7.4	2	3.7	1	1.9
	7	123	105	85.4	13	10.6	2	1.6	3	2.4	-	-
4	1	253	211	83.4	13	5.1	16	6.3	11	4.4	2	0.8
	2	370	319	86.2	27	7.3	10	2.7	10	2.7	4	1.1
5	1	86	64	74.4	15	17.4	4	4.7	2	2.3	1	1.2
	2	536	468	87.3	24	4.5	21	3.9	18	3.4	5	0.9
6	1	444	382	86.0	33	7.4	13	2.9	12	2.7	4	0.9
	2	176	149	84.7	6	3.4	11	6.3	8	4.6	2	1.1
7	1	334	299	89.5	14	4.2	8	2.4	11	3.3	2	0.6
	2	105	78	74.3	19	18.1	5	4.8	1	1.0	2	1.9
8	1	252	202	80.2	28	11.1	8	3.2	11	4.4	3	1.2
	2	369	329	89.2	11	3.0	17	4.6	9	2.4	3	0.8
9	1	210	174	82.9	17	8.1	6	2.9	10	4.8	3	1.4
	2	44	30	68.2	12	27.3	1	2.3	1	2.3	-	-
10	1	237	198	83.5	21	8.9	9	3.8	7	3.0	2	0.8
	2	383	333	87.0	17	4.4	16	4.2	13	3.4	4	1.0
11	1	99	74	74.8	15	15.2	6	6.1	2	2.0	2	2.0
	2	522	457	87.6	24	4.6	19	3.6	18	3.5	4	0.8
12	1	101	80	79.2	11	10.9	6	5.9	3	3.0	1	1.0
	2	528	456	86.4	29	5.5	20	3.8	18	3.4	5	0.9
13	1	421	363	86.2	28	6.7	14	3.3	11	2.6	5	1.2
	2	197	166	84.3	10	5.1	11	5.6	9	4.6	1	0.5
14	1	67	60	89.6	3	4.5	1	1.5	2	3.0	1	1.5
	2	560	475	84.8	37	6.6	24	4.3	19	3.4	5	0.9

問題 15

番号	種類		1		2		その他	
1	1	352	327	92.9	22	6.3	3	0.9
	2	266	251	94.4	14	5.3	1	0.4
2	1	73	62	84.9	11	15.1	-	-
	2	171	160	93.6	10	5.9	1	0.6
	3	157	147	93.6	8	5.1	2	1.3
	4	95	92	96.8	3	3.2	-	-
	5	72	68	94.4	3	4.2	1	1.4
	6	49	48	98.0	1	2.0	-	-
3	1	42	39	92.9	2	4.8	1	2.4
	2	129	123	95.4	4	3.1	2	1.6
	3	34	34	100	-	-	-	-
	4	193	177	91.7	15	7.8	1	0.5
	5	32	30	93.8	2	6.3	-	-
	6	59	52	88.1	-	-	7	11.9
	7	119	106	89.1	13	10.9	-	-
4	1	249	227	91.2	22	8.8	-	-
	2	365	347	95.1	14	3.8	4	1.1
5	1	84	79	94.1	4	4.8	1	1.2
	2	529	495	93.6	31	5.9	3	0.6
6	1	437	406	92.9	29	6.6	2	0.5
	2	174	166	95.4	6	3.5	2	1.1
7	1	327	304	93.0	22	6.7	1	0.3
	2	105	97	92.4	7	6.7	1	1.0
8	1	252	238	94.4	12	4.8	2	0.8
	2	360	335	93.1	23	6.4	2	0.6
9	1	211	199	94.3	10	4.7	2	0.9
	2	43	41	95.4	2	4.7	-	-
10	1	235	219	93.2	14	6.0	2	0.9
	2	376	353	93.9	21	5.6	2	0.5
11	1	101	93	92.1	6	5.9	2	2.0
	2	511	480	93.9	29	5.7	2	0.4
12	1	100	92	92.0	7	7.0	1	1.0
	2	521	489	93.9	29	5.6	3	0.6
13	1	418	396	94.7	21	5.0	1	0.2
	2	191	174	91.1	14	7.3	3	1.6
14	1	68	61	89.7	6	8.8	1	1.5
	2	551	518	94.0	30	5.4	3	0.5

番号	種類		問題 16					
			1		2		その他	
1	1	336	288	85.7	25	7.4	23	6.8
	2	259	227	87.6	20	7.7	12	4.6
2	1	65	48	73.9	9	13.9	8	12.3
	2	170	155	91.2	7	4.1	8	4.7
	3	157	141	89.8	9	5.7	7	4.5
	4	89	74	83.2	10	11.2	5	5.6
	5	68	59	86.8	3	4.4	6	8.8
	6	44	36	81.8	7	15.9	1	2.3
3	1	40	36	90.0	2	5.0	2	5.0
	2	129	116	89.9	7	5.4	6	4.7
	3	34	30	88.2	2	5.9	2	5.9
	4	182	156	85.7	13	7.1	13	7.1
	5	31	26	83.9	5	16.1	-	-
	6	50	45	90.0	5	10.0	-	-
	7	109	89	81.7	9	8.3	11	10.1
4	1	234	186	79.5	29	12.4	19	8.1
	2	356	325	91.3	16	4.5	15	4.2
5	1	85	79	92.9	1	1.2	5	5.9
	2	504	431	85.5	43	8.5	30	6.0
6	1	424	375	88.4	22	5.2	27	6.4
	2	163	133	81.6	22	13.5	8	4.9
7	1	317	279	88.0	16	5.1	22	6.9
	2	102	91	89.2	6	5.9	5	4.9
8	1	241	217	90.0	12	5.0	12	5.0
	2	347	292	84.2	32	9.2	23	6.6
9	1	200	180	90.0	9	4.5	11	5.5
	2	43	38	88.4	3	7.0	2	4.7
10	1	223	194	87.0	15	6.7	14	6.3
	2	364	314	86.3	29	8.0	21	5.8
11	1	94	83	88.3	6	6.4	5	5.3
	2	494	426	86.2	38	7.7	30	6.1
12	1	100	94	94.0	4	4.0	2	2.0
	2	496	421	84.9	41	8.3	34	6.9
13	1	401	358	89.3	21	5.3	22	5.5
	2	185	150	81.1	22	11.9	13	7.0
14	1	63	57	90.5	3	4.8	3	4.8
	2	531	456	85.9	42	7.9	33	6.2

番号	種類		問題 17								
			1		2		3		その他	
1	1	349	282	80.8	27	7.7	30	8.6	10	2.9
	2	271	232	85.6	20	7.4	14	5.2	5	1.8
2	1	75	56	74.7	11	14.7	8	10.7	-	-
	2	177	150	84.8	17	9.6	5	2.8	5	2.8
	3	156	135	86.5	10	6.4	8	5.1	3	1.9
	4	92	78	84.8	5	5.4	7	7.6	2	2.2
	5	72	66	91.7	-	-	5	6.9	1	1.4
	6	47	28	59.6	4	8.5	11	23.4	4	8.5
3	1	41	35	85.4	1	2.4	3	7.3	2	4.9
	2	132	112	84.9	7	5.3	10	7.6	3	2.3
	3	33	26	78.8	4	12.1	3	9.1	-	-
	4	189	158	83.6	16	8.5	8	4.2	7	3.7
	5	32	27	84.4	2	6.3	3	9.4	-	-
	6	53	40	75.5	3	5.7	7	13.2	3	5.7
	7	122	99	81.2	14	11.5	9	7.4	-	-
4	1	248	203	81.9	19	7.7	24	9.7	2	0.8
	2	368	307	83.4	28	7.6	20	5.4	13	3.5
5	1	86	75	87.2	4	4.7	4	4.7	3	3.5
	2	529	435	82.2	43	8.1	39	7.4	12	2.3
6	1	439	364	82.9	38	8.7	26	5.9	11	2.5
	2	174	144	82.8	9	5.2	17	9.8	4	2.3
7	1	329	267	81.2	32	9.7	22	6.7	8	2.4
	2	105	94	89.5	5	4.8	3	2.9	3	2.9
8	1	253	215	85.0	20	7.9	13	5.1	5	2.0
	2	361	294	81.4	27	7.5	30	8.3	10	2.8
9	1	212	174	82.2	19	9.0	14	6.6	5	2.4
	2	43	41	95.4	2	4.7	-	-	-	-
10	1	238	193	81.1	27	11.3	14	5.9	4	1.7
	2	375	316	84.3	19	5.1	29	7.7	11	2.9
11	1	101	86	85.2	7	6.9	4	4.0	4	4.0
	2	513	424	82.7	39	7.6	39	7.6	11	2.1
12	1	102	89	87.3	6	5.9	4	3.9	3	2.9
	2	521	427	82.0	41	7.9	40	7.7	13	2.5
13	1	418	343	82.1	33	7.9	28	6.7	14	3.3
	2	193	164	85.0	14	7.3	14	7.3	1	0.5
14	1	68	54	79.4	8	11.8	3	4.4	3	4.4
	2	553	460	83.2	39	7.1	41	7.4	13	2.4

問題 18

番号	種類		1		2		3		その他	
1	1	346	230	66.5	50	14.5	41	11.9	25	7.2
	2	266	211	79.3	21	7.9	26	9.8	8	3.0
2	1	69	49	71.0	14	20.3	4	5.8	2	2.9
	2	172	120	69.8	17	9.9	28	16.3	7	4.1
	3	159	120	75.5	17	10.7	13	8.2	9	5.7
	4	91	62	68.1	11	12.1	13	14.3	5	5.5
	5	72	52	72.2	8	8.3	6	8.3	6	8.3
	6	48	36	75.0	5	10.4	3	6.3	4	8.3
3	1	41	31	75.6	2	4.9	5	12.2	3	7.3
	2	131	90	68.7	17	13.0	16	12.2	8	6.1
	3	34	28	82.4	3	8.8	-	-	3	8.8
	4	188	131	69.7	23	12.2	22	11.7	12	6.4
	5	31	26	83.9	3	9.7	2	6.5	-	-
	6	53	40	75.5	5	9.4	5	9.4	3	5.7
	7	116	83	71.6	17	14.7	13	11.2	3	2.6
4	1	244	172	70.5	39	16.0	19	7.8	14	5.7
	2	364	264	72.5	33	9.1	48	13.2	19	5.2
5	1	87	64	73.6	7	8.1	14	16.1	2	2.3
	2	520	372	71.5	65	12.5	52	10.0	31	6.0
6	1	437	311	71.2	48	11.0	54	12.4	24	5.5
	2	168	123	73.2	24	14.3	12	7.1	9	5.4
7	1	328	222	67.7	43	13.1	43	13.1	20	6.1
	2	104	85	81.7	3	3.9	11	10.6	5	4.8
8	1	249	175	70.3	19	7.6	41	16.5	14	5.6
	2	357	260	72.8	53	14.9	25	7.0	19	5.3
9	1	208	142	68.3	18	8.7	34	16.4	14	6.7
	2	43	35	81.4	1	2.3	7	16.3	-	-
10	1	235	172	73.2	25	10.6	29	12.3	9	3.8
	2	370	264	71.4	46	12.4	36	9.7	24	6.5
11	1	100	76	76.0	6	6.0	15	15.0	3	3.0
	2	506	360	71.2	65	12.9	51	10.1	30	5.9
12	1	103	77	74.8	9	8.7	14	13.6	3	2.9
	2	512	365	71.3	64	12.5	53	10.4	30	5.9
13	1	415	298	71.8	42	10.1	53	12.8	22	5.3
	2	189	136	72.0	30	15.9	13	6.9	10	5.3
14	1	64	42	65.6	7	10.9	12	18.8	3	4.7
	2	549	398	72.5	66	12.0	55	10.0	30	5.5

問題 19

番号	種類		1		2		3		その他	
1	1	345	310	89.9	24	7.0	9	2.6	2	0.6
	2	267	242	90.6	16	6.0	7	2.6	2	0.7
2	1	70	54	77.1	10	14.3	5	7.2	1	1.4
	2	168	153	91.1	8	4.8	5	3.0	2	1.2
	3	156	144	92.3	7	4.5	4	2.6	1	0.6
	4	93	89	95.7	3	3.2	1	1.1	-	-
	5	74	66	89.2	8	10.8	-	-	-	-
	6	50	45	90.0	4	8.0	1	2.0	-	-
3	1	42	41	97.6	1	2.4	-	-	-	-
	2	126	113	89.7	8	6.4	4	3.2	1	0.8
	3	34	32	94.1	-	-	-	-	2	5.9
	4	189	173	91.5	12	6.4	4	2.1	-	-
	5	32	28	87.5	2	6.3	2	6.3	-	-
	6	55	49	89.1	6	10.9	-	-	-	-
	7	117	99	84.6	11	9.4	6	5.1	1	0.9
4	1	246	214	87.0	23	9.4	8	3.3	1	0.4
	2	362	335	92.5	16	9.4	8	2.2	3	0.8
5	1	83	78	94.0	4	4.8	-	-	1	1.2
	2	525	470	89.5	36	6.9	16	3.1	3	0.6
6	1	433	395	91.2	22	5.1	12	2.8	4	0.9
	2	173	151	87.3	18	10.4	4	2.3	-	-
7	1	324	293	90.4	17	5.3	11	3.4	3	0.9
	2	104	97	93.3	5	4.8	1	1.0	1	1.0
8	1	249	226	90.8	14	5.6	6	2.4	3	1.2
	2	358	321	89.7	26	7.3	10	2.8	1	0.3
9	1	208	187	89.9	13	6.3	5	2.4	3	1.4
	2	43	40	93.0	2	4.7	1	2.3	-	-
10	1	232	212	91.4	13	5.6	4	1.7	3	1.3
	2	374	334	89.3	27	7.2	12	3.2	1	0.3
11	1	101	94	93.7	4	4.0	1	1.0	2	2.0
	2	506	453	89.5	36	7.1	15	3.0	2	0.4
12	1	100	95	95.0	5	5.0	-	-	-	-
	2	515	459	89.1	35	6.8	17	3.3	4	0.8
13	1	413	375	90.8	25	6.1	10	2.4	3	0.7
	2	191	169	88.5	15	7.9	6	3.2	1	0.5
14	1	67	62	92.5	2	3.0	1	1.5	2	3.0
	2	546	490	89.7	38	7.0	16	2.9	2	0.4

番号	種類		1		2		3		4		5		その他	
1	1	354	226	63.8	70	19.8	13	3.7	17	4.8	12	3.4	16	4.5
	2	272	157	57.7	51	18.8	20	7.4	15	5.5	13	4.8	16	5.9
2	1	72	22	30.6	8	11.1	14	19.4	6	8.3	13	18.1	9	12.5
	2	174	92	52.9	41	23.6	16	9.2	7	4.0	6	3.5	12	6.9
	3	160	115	71.9	28	17.5	2	1.3	6	3.8	3	1.9	6	3.8
	4	95	73	76.8	13	13.7	–	–	5	5.3	2	2.1	2	2.1
	5	74	50	67.6	13	17.6	1	1.4	6	8.1	1	1.4	3	4.1
	6	50	29	58.0	18	36.0	–	–	2	4.0	1	2.0	–	–
3	1	41	30	73.2	9	22.0	–	–	1	2.4	1	2.4	–	–
	2	134	91	67.9	28	20.9	5	3.7	3	2.2	4	3.0	3	2.2
	3	35	23	65.7	11	31.4	–	–	–	–	–	–	1	2.9
	4	191	121	63.4	31	16.2	8	4.2	14	7.3	5	2.6	12	6.3
	5	32	15	46.9	10	31.3	1	3.1	4	12.5	–	–	2	6.3
	6	56	40	71.4	8	14.3	3	5.4	2	3.6	–	–	3	5.4
	7	119	47	39.5	23	19.3	16	13.5	8	6.7	16	13.5	9	7.6
4	1	252	144	57.1	39	15.5	17	6.8	17	6.8	15	6.0	20	7.9
	2	370	234	63.2	82	22.2	16	4.3	15	4.1	11	3.0	12	3.2
5	1	86	58	67.4	20	23.3	1	1.2	3	3.5	3	3.5	1	1.2
	2	535	321	60.0	101	18.9	32	6.0	28	5.2	23	4.3	30	5.6
6	1	443	273	61.6	91	20.5	21	4.7	21	4.7	16	3.6	21	4.7
	2	176	105	59.7	29	16.5	12	6.8	10	5.7	10	5.7	10	5.7
7	1	332	199	59.9	67	20.2	17	5.1	16	4.8	13	3.9	20	6.0
	2	106	70	66.0	23	21.7	4	3.8	5	4.7	3	2.8	1	0.9
8	1	253	154	60.9	62	24.5	8	3.2	14	5.5	9	3.6	6	2.4
	2	367	224	61.0	59	16.1	25	6.8	17	4.6	17	4.6	25	6.8
9	1	212	126	59.4	50	23.6	8	3.8	14	6.6	8	3.8	6	2.8
	2	43	29	67.4	13	30.2	–	–	–	–	1	2.3	–	–
10	1	239	131	54.8	46	19.3	19	8.0	11	4.6	18	7.5	14	5.9
	2	380	246	64.7	75	19.7	14	3.7	20	5.3	8	2.1	17	4.5
11	1	102	63	61.8	23	22.6	4	3.9	3	2.9	5	4.9	4	3.9
	2	518	315	60.8	98	18.9	29	5.6	28	5.4	21	4.1	27	5.2
12	1	103	68	66.0	26	25.2	3	2.9	3	2.9	1	1.0	2	1.9
	2	526	316	60.1	95	18.1	30	5.7	29	5.5	26	4.9	30	5.7
13	1	425	264	62.1	85	20.0	20	4.7	20	4.7	18	4.2	18	4.2
	2	192	112	58.3	34	17.7	13	6.8	12	6.3	8	4.2	13	6.8
14	1	64	37	57.8	15	23.4	4	6.3	3	4.7	–	–	5	7.8
	2	563	346	61.5	106	18.8	28	5.0	29	5.2	27	4.8	27	4.8

番号	種類		問題 21										
			1		2		3		4		5		その他	
1	1	343	222	64.7	42	12.2	39	11.4	9	2.6	8	2.3	23	6.7
	2	270	202	74.8	21	7.8	17	6.3	5	1.9	6	2.2	19	7.0
2	1	70	56	80.0	5	7.1	7	10.0	–	–	–	–	2	2.9
	2	174	123	70.7	19	10.9	7	4.0	5	2.9	8	4.6	12	6.9
	3	155	104	67.1	19	12.2	12	7.7	5	3.2	1	0.7	14	9.0
	4	92	59	64.1	13	14.1	11	12.0	3	3.3	1	1.1	5	5.4
	5	73	50	68.5	3	4.1	11	15.1	–	–	2	2.7	7	9.6
	6	48	31	64.6	4	8.3	8	16.7	1	2.1	2	4.2	2	4.2
3	1	41	31	75.6	2	4.9	5	12.2	1	2.4	–	–	2	4.9
	2	128	86	67.2	17	13.3	6	4.7	6	4.7	2	1.6	11	8.6
	3	34	26	76.5	4	11.8	2	5.9	–	–	–	–	2	5.9
	4	188	122	64.9	23	12.2	16	8.5	5	2.7	4	2.1	18	9.6
	5	31	18	58.1	2	6.5	7	22.6	1	3.2	1	3.2	2	6.5
	6	55	34	61.8	4	7.3	11	20.0	–	–	3	5.5	3	5.5
	7	117	92	78.6	10	8.6	7	6.0	1	0.9	4	3.4	3	2.6
4	1	246	169	68.7	28	11.4	28	11.4	3	1.2	2	0.8	16	6.5
	2	363	252	69.4	35	9.6	28	7.7	11	3.0	12	3.3	25	6.9
5	1	86	69	80.2	5	5.8	4	4.7	2	2.3	1	1.2	5	5.8
	2	522	352	67.4	58	11.1	51	9.8	12	2.3	13	2.5	36	6.9
6	1	436	301	69.0	46	10.6	33	7.6	12	2.8	10	2.3	34	7.8
	2	170	119	70.0	17	10.0	22	12.9	2	1.2	4	2.4	6	3.5
7	1	324	213	65.7	37	11.4	27	8.3	11	3.4	8	2.5	28	8.6
	2	107	86	80.4	7	6.5	5	4.7	1	0.9	2	1.9	6	5.6
8	1	252	186	73.8	18	7.1	16	6.4	8	3.2	6	2.4	18	7.1
	2	355	234	65.9	45	12.7	39	11.0	6	1.7	8	2.3	23	6.5
9	1	210	150	71.4	17	8.1	14	6.7	7	3.3	5	2.4	17	8.1
	2	44	38	86.4	1	2.3	1	2.3	1	2.3	1	2.3	2	4.5
10	1	234	176	75.2	19	8.1	14	6.0	5	2.1	5	2.1	15	6.4
	2	372	245	65.9	43	11.6	40	10.8	9	2.4	9	2.4	26	7.0
11	1	100	80	80.0	7	7.0	3	3.0	3	3.0	2	2.0	5	5.0
	2	507	341	67.3	55	10.9	52	10.3	11	2.2	12	2.4	36	7.1
12	1	101	69	68.3	11	10.9	6	5.9	5	5.0	1	1.0	9	8.9
	2	515	357	69.3	52	10.1	50	9.7	9	1.8	13	2.5	34	6.6
13	1	415	292	70.4	40	9.6	33	8.0	11	2.7	11	2.7	28	6.7
	2	189	128	67.7	22	11.6	21	11.1	3	1.6	3	1.6	12	6.3
14	1	65	45	69.2	7	10.8	3	4.6	2	3.1	3	4.6	5	7.7
	2	549	379	69.0	56	10.2	53	9.7	12	2.2	11	2.0	38	6.9

番号			問題 22										
種類			1		2		3		4		5		その他	
1	1	357	158	44.3	129	36.1	19	5.3	19	1.1	9	2.5	23	6.4
	2	276	132	47.8	99	35.9	12	4.4	8	0.4	13	4.7	12	4.3
2	1	74	49	66.2	10	13.5	2	2.7	2	2.7	3	4.1	8	10.8
	2	176	73	41.5	64	36.4	9	5.1	12	6.8	9	5.1	9	5.1
	3	161	69	42.9	59	36.7	7	4.4	8	5.0	7	4.4	11	6.8
	4	96	41	42.7	40	41.7	5	5.2	3	3.1	4	4.2	3	3.1
	5	74	29	39.2	35	47.3	7	9.5	1	1.4	–	–	2	2.7
	6	51	28	54.9	19	37.3	1	2.0	1	2.0	–	–	2	3.9
3	1	41	22	53.7	14	34.2	2	4.9	3	7.3	–	–	–	–
	2	135	63	46.7	48	35.6	10	7.4	6	4.4	3	2.2	5	3.7
	3	35	19	54.3	9	25.7	2	5.7	1	2.9	3	8.6	1	2.9
	4	192	69	35.9	89	46.4	5	2.6	7	3.7	8	4.2	14	7.3
	5	33	15	45.5	11	33.3	2	6.1	2	6.1	2	6.1	1	3.0
	6	57	26	45.6	23	40.4	4	7.0	1	1.8	1	1.8	2	3.5
	7	121	68	56.2	25	20.7	6	5.0	7	5.8	4	3.3	11	9.1
4	1	257	136	52.9	86	33.5	7	2.7	3	1.2	7	2.7	18	7.0
	2	372	151	40.6	140	37.6	24	6.5	24	6.5	16	4.3	17	4.6
5	1	87	47	54.0	22	25.3	6	6.9	8	9.2	3	3.5	1	1.1
	2	541	239	44.2	205	37.9	25	4.6	19	3.5	20	3.7	33	6.1
6	1	448	199	44.4	166	37.1	23	5.1	22	4.9	17	3.8	21	4.7
	2	178	86	48.3	61	34.3	8	4.5	4	2.3	6	3.4	13	7.3
7	1	338	142	42.0	132	39.1	18	5.3	14	4.1	11	3.3	21	6.2
	2	105	54	51.4	32	30.5	5	4.8	8	7.6	6	5.7	–	–
8	1	254	119	46.9	83	32.7	15	5.9	20	7.9	12	4.7	5	2.0
	2	373	166	44.5	144	38.6	16	4.3	7	1.9	11	3.0	29	7.8
9	1	213	99	46.5	74	34.7	12	5.6	17	8.0	6	2.8	5	2.3
	2	43	22	51.2	9	20.9	3	7.0	3	7.0	6	14.0	–	–
10	1	240	126	52.5	61	25.4	14	5.8	18	7.5	11	4.6	10	4.2
	2	386	159	41.2	166	43.0	17	4.4	9	2.3	11	2.9	24	6.2
11	1	103	54	52.4	25	24.3	9	8.7	8	7.8	6	5.8	1	1.0
	2	524	231	44.1	202	38.6	22	4.2	19	3.6	17	3.2	33	6.3
12	1	104	51	49.0	32	30.8	5	4.8	11	10.6	3	2.9	2	1.9
	2	532	239	44.9	196	36.8	26	4.9	17	3.2	20	3.8	34	6.4
13	1	430	197	45.8	153	35.6	23	5.4	23	5.4	15	3.5	19	4.4
	2	194	89	45.9	71	36.6	7	3.6	4	2.1	81	4.1	15	7.7
14	1	67	30	44.8	22	32.8	4	6.0	4	6.0	2	3.0	5	7.5
	2	567	259	45.7	205	36.2	27	4.8	24	4.2	21	3.7	31	5.5

問題 23

番号	種類		1		2		3		その他	
1	1	338	255	75.4	64	18.9	14	4.1	5	1.5
1	2	264	204	77.3	47	17.8	7	2.7	6	2.3
2	1	65	33	58.5	23	35.4	3	4.6	1	1.5
2	2	169	135	79.9	27	16.0	5	3.0	2	1.2
2	3	151	113	74.8	29	19.2	6	4.0	3	2.0
2	4	92	70	76.1	18	19.6	4	4.4	-	-
2	5	74	63	85.1	5	6.8	3	4.1	3	4.1
2	6	50	38	76.0	10	20.0	-	-	2	4.0
3	1	47	29	70.7	8	19.5	2	4.9	8	17.0
3	2	127	97	76.4	25	19.7	4	3.2	1	0.8
3	3	33	31	93.9	-	-	2	6.1	-	-
3	4	186	143	76.9	33	17.7	7	3.8	3	1.6
3	5	31	26	83.9	3	9.7	-	-	2	6.5
3	6	56	44	78.6	10	17.9	1	1.8	1	1.8
3	7	110	74	67.3	30	27.3	5	4.6	1	0.9
4	1	241	180	74.7	52	21.6	5	2.1	4	1.7
4	2	357	274	76.8	60	16.8	16	4.5	7	2.0
5	1	85	68	80.0	11	12.9	5	5.9	1	1.2
5	2	512	386	75.4	100	19.5	16	3.1	10	2.0
6	1	426	334	78.4	70	16.4	15	3.5	7	1.6
6	2	169	118	69.8	41	24.3	6	3.6	4	2.4
7	1	318	252	79.3	52	16.4	10	3.1	4	1.3
7	2	103	78	75.7	17	16.5	5	4.9	3	2.9
8	1	244	198	81.2	33	13.5	10	4.1	3	1.2
8	2	352	255	72.4	78	22.2	11	3.1	8	2.3
9	1	202	161	79.9	30	14.9	8	4.0	3	1.5
9	2	44	38	86.4	4	9.1	2	4.6	-	-
10	1	224	169	75.5	44	19.6	9	4.0	2	0.9
10	2	371	284	76.6	66	17.8	12	3.2	9	2.4
11	1	98	74	75.5	20	20.4	3	3.1	1	1.0
11	2	498	380	76.3	90	18.1	18	3.6	10	2.0
12	1	98	77	78.6	15	15.3	5	5.1	1	1.0
12	2	507	383	75.5	97	19.1	16	3.2	11	2.2
13	1	410	320	78.1	68	16.6	13	3.2	9	2.2
13	2	183	131	71.6	42	23.0	8	4.4	2	1.1
14	1	63	49	77.8	10	15.9	2	3.2	2	3.2
14	2	540	409	72.7	102	18.9	19	3.5	10	1.9

問題 24

番号	種類		1		2		3		その他	
1	1	345	236	68.4	76	22.0	28	8.1	5	1.4
1	2	272	187	68.8	64	23.5	14	5.2	7	2.6
2	1	71	51	71.8	10	14.1	7	9.9	3	4.2
2	2	174	121	69.5	42	24.1	8	4.6	3	1.7
2	3	156	111	71.2	35	22.4	10	6.4	-	-
2	4	92	60	65.2	22	23.9	9	9.8	1	1.1
2	5	74	45	60.8	23	31.1	5	6.8	1	1.4
2	6	49	35	71.4	7	14.3	3	6.1	4	8.2
3	1	41	29	70.7	9	22.0	3	7.3	-	-
3	2	130	93	71.5	31	23.9	6	4.6	-	-
3	3	33	22	66.7	7	21.2	4	12.1	-	-
3	4	188	125	66.5	46	24.5	12	6.4	5	2.7
3	5	33	22	66.7	6	18.2	3	9.1	2	6.1
3	6	57	36	63.2	14	24.6	5	8.8	2	3.5
3	7	117	84	71.8	21	18.0	9	7.7	3	2.6
4	1	247	155	62.8	59	23.9	23	9.3	10	4.0
4	2	366	265	72.4	80	21.9	19	5.2	2	0.5
5	1	87	67	77.0	15	17.2	5	5.8	-	-
5	2	525	353	67.0	124	23.6	37	7.1	11	2.1
6	1	437	311	71.2	96	22.0	26	6.0	4	0.9
6	2	173	108	62.4	42	24.3	16	9.3	7	4.0
7	1	329	229	69.6	78	23.7	18	5.5	4	1.2
7	2	103	78	75.7	17	16.5	8	7.8	-	-
8	1	246	176	71.5	58	23.6	11	4.5	1	0.4
8	2	365	243	66.6	81	22.2	31	8.5	10	2.7
9	1	205	146	71.2	50	24.4	8	3.9	1	0.5
9	2	43	33	76.7	7	16.3	3	7.0	-	-
10	1	237	178	75.1	42	17.7	14	5.9	3	1.3
10	2	373	240	64.3	97	26.0	28	7.5	8	2.1
11	1	101	72	71.3	22	21.8	6	5.9	1	1.0
11	2	510	347	68.0	117	22.9	36	7.1	10	2.0
12	1	103	74	71.8	25	24.3	4	3.9	-	-
12	2	517	351	67.9	116	22.4	38	7.4	12	2.3
13	1	420	299	71.2	91	21.7	24	5.7	6	1.4
13	2	188	119	63.3	47	25.0	17	9.0	5	2.7
14	1	70	52	74.3	11	15.7	4	5.7	3	4.3
14	2	549	372	67.8	130	23.7	38	6.9	9	1.6

番号	種類		問題 25									
			1		2		3		4		その他	
1	1	329	195	59.3	71	21.6	35	10.6	17	5.2	11	3.3
	2	260	140	53.9	81	31.2	21	8.1	7	2.7	11	4.2
2	1	70	40	57.1	17	24.3	7	10.0	4	5.7	2	2.9
	2	164	86	52.4	51	31.1	16	9.8	4	2.4	7	4.3
	3	151	91	60.3	38	25.2	9	6.0	7	4.6	6	4.0
	4	86	52	60.5	16	18.6	12	14.0	4	4.7	2	2.3
	5	70	39	55.7	14	20.0	9	12.9	5	7.1	3	4.3
	6	47	27	57.5	15	31.9	4	8.5	–	–	1	2.1
3	1	39	19	48.7	10	25.6	5	12.8	1	2.6	4	10.3
	2	125	75	60.0	36	28.8	7	5.6	2	1.6	5	4.0
	3	31	18	58.1	8	25.8	1	3.2	3	9.7	1	3.2
	4	180	99	55.0	44	24.4	19	10.6	11	6.1	7	3.9
	5	32	15	46.9	9	28.1	5	15.6	3	9.4	–	–
	6	51	32	62.8	13	25.5	6	11.8	–	–	–	–
	7	114	65	57.0	27	23.7	14	12.3	4	3.5	4	3.5
4	1	241	135	56.0	59	24.5	30	12.5	11	4.6	6	2.5
	2	344	198	57.6	90	26.2	27	7.9	13	3.8	16	4.7
5	1	79	41	51.9	27	34.2	6	7.6	–	–	5	6.3
	2	505	289	57.2	124	24.6	51	10.1	24	4.8	17	3.4
6	1	415	238	57.4	106	25.5	38	9.2	17	4.1	16	3.9
	2	167	91	54.5	44	26.4	19	11.4	7	4.2	6	3.6
7	1	310	178	57.4	78	25.2	30	9.7	14	4.5	10	3.2
	2	100	58	58.0	28	28.0	7	7.0	2	2.0	5	5.0
8	1	228	134	58.8	59	25.9	20	8.8	5	2.2	10	4.4
	2	355	195	54.9	92	25.9	37	10.4	19	5.4	12	3.4
9	1	188	114	60.6	47	25.0	16	8.5	5	2.7	6	3.2
	2	42	22	52.4	12	28.6	4	9.5	–	–	4	9.5
10	1	221	127	57.5	54	24.4	21	9.5	10	4.5	9	4.1
	2	361	203	56.2	97	26.9	36	10.0	14	3.9	11	3.0
11	1	92	52	56.5	23	25.0	8	8.7	3	3.3	6	6.5
	2	491	278	56.6	128	26.1	49	10.0	21	4.3	15	3.1
12	1	93	51	54.8	25	26.9	9	9.7	1	1.1	7	7.5
	2	498	285	57.2	127	25.5	48	9.6	23	4.6	15	3.0
13	1	396	232	58.6	94	23.7	39	9.9	15	3.8	16	4.0
	2	184	96	52.2	56	30.4	17	9.2	9	4.9	6	3.3
14	1	63	36	57.1	14	22.2	6	9.5	1	1.6	6	9.5
	2	526	299	56.8	137	26.1	51	9.7	23	4.4	16	3.0

番号	種類		1		2	
1	1	354	148	41.8	89	25.1
	2	268	111	41.2	73	27.2
2	1	76	15	19.7	28	36.8
	2	173	78	45.1	58	33.5
	3	152	64	42.1	45	29.6
	4	95	42	44.2	20	21.1
	5	75	39	52.0	6	8.0
	6	50	20	40.0	5	10.0
3	1	41	21	51.2	9	22.0
	2	129	57	44.2	32	24.8
	3	35	19	54.3	11	31.4
	4	188	85	45.2	39	20.7
	5	33	12	36.4	9	27.3
	6	56	27	48.2	7	12.5
	7	121	32	26.5	48	39.7
4	1	252	101	40.1	56	22.2
	2	366	156	42.6	106	29.0
5	1	84	23	27.4	34	40.5
	2	533	235	44.1	128	24.0
6	1	443	187	42.2	125	28.2
	2	172	71	41.3	35	20.4
7	1	334	146	43.7	94	28.1
	2	104	38	36.5	30	28.9
8	1	250	94	37.6	80	32.0
	2	366	163	44.5	82	22.4
9	1	210	78	37.1	65	31.0
	2	42	15	35.7	17	40.5
10	1	236	76	32.2	79	33.5
	2	379	181	47.8	82	21.6
11	1	98	27	27.6	38	38.8
	2	518	230	44.4	124	23.9
12	1	99	38	38.4	33	33.3
	2	526	222	42.2	129	24.5
13	1	422	169	40.1	119	28.2
	2	191	87	45.6	41	21.5
14	1	65	23	35.4	17	26.2
	2	558	236	42.3	144	25.8

問題 26									
3		4		5		6		その他	
30	8.5	19	5.4	10	2.8	7	2.0	51	14.4
28	10.5	8	3.0	5	1.9	6	2.2	37	13.8
19	25.0	1	1.3	2	2.6	1	1.3	10	13.2
15	8.7	3	1.7	1	0.6	-	-	18	10.4
11	7.2	9	5.9	6	4.0	4	2.6	13	8.6
11	11.6	3	3.2	3	3.2	2	2.1	14	14.7
2	2.7	3	4.0	1	1.3	3	4.0	21	28.0
-	-	8	16.0	2	4.0	3	6.0	12	24.0
2	4.9	3	7.3	-	-	1	2.4	5	12.2
13	10.1	7	5.4	2	1.6	2	1.6	16	12.4
3	8.6	-	-	-	-	-	-	22	5.7
14	7.5	11	5.9	9	4.8	4	2.1	26	13.8
2	6.1	1	3.0	-	-	1	3.0	8	24.2
2	3.6	3	5.4	2	3.6	3	5.4	12	21.4
20	16.5	2	1.7	2	1.7	1	0.8	16	13.2
27	10.7	9	3.6	8	3.2	7	2.8	44	17.5
31	8.5	18	4.9	6	1.6	6	1.6	43	11.7
8	9.5	4	4.8	1	1.2	-	-	14	16.7
49	9.2	22	4.1	14	2.6	13	2.4	72	13.5
40	9.0	18	4.1	5	1.1	8	1.8	60	13.5
17	9.9	8	4.7	10	5.8	5	2.9	26	15.1
27	8.1	13	3.9	3	0.9	8	2.4	43	12.9
13	12.5	5	4.8	2	1.9	-	-	16	15.4
19	7.6	16	6.4	1	0.4	4	1.6	36	14.4
38	10.4	10	2.7	14	3.8	9	2.5	50	13.7
18	8.6	14	6.7	1	0.5	4	1.9	30	14.3
3	7.2	1	2.4	-	-	-	-	6	14.3
27	11.4	13	5.5	2	0.9	3	1.3	36	15.3
30	7.9	13	3.4	13	3.4	10	2.6	50	13.2
7	7.1	9	9.2	-	-	-	-	17	17.3
50	9.7	17	3.3	15	2.9	13	2.5	69	13.3
7	7.1	5	5.1	-	-	4	4.0	12	12.1
51	9.7	23	4.4	15	2.9	9	1.7	77	14.6
40	9.5	18	4.3	9	2.1	8	1.9	59	14.0
17	8.9	8	4.2	6	3.1	5	2.6	27	14.1
11	16.9	2	3.1	-	-	3	4.6	9	13.8
47	8.4	26	1.1	15	2.7	10	1.8	80	14.3

番号	種類	問題 27									
			1		2		3		その他	
1	1	317	162	51.1	105	33.1	14	4.4	36	11.4
	2	250	158	63.2	65	26.0	7	2.8	20	8.0
2	1	64	29	45.3	28	43.8	1	1.6	6	9.4
	2	165	122	73.9	26	15.8	3	1.8	14	8.5
	3	141	75	53.2	47	33.3	4	2.8	15	10.6
	4	85	45	52.9	29	34.1	5	5.9	6	7.1
	5	67	31	46.3	26	38.8	4	6.0	6	9.0
	6	44	17	38.6	14	31.8	4	9.1	9	20.5
3	1	38	26	68.4	8	21.1	2	5.3	2	5.3
	2	118	78	66.1	27	22.9	2	1.7	11	9.3
	3	33	23	69.7	7	21.2	-	-	3	9.1
	4	170	73	42.9	66	38.8	10	5.9	21	12.4
	5	31	17	54.8	10	32.3	1	3.2	3	9.7
	6	51	26	51.0	18	35.3	3	5.9	4	7.8
	7	110	66	60.0	30	27.3	3	2.7	11	10.0
4	1	224	100	44.6	90	40.2	9	4.0	25	11.2
	2	339	218	64.3	79	23.3	11	3.2	31	9.1
5	1	81	53	65.4	15	18.5	2	2.5	11	13.6
	2	481	264	54.9	154	32.0	19	4.0	44	9.1
6	1	405	250	61.7	98	24.2	14	3.5	43	10.6
	2	156	67	43.0	70	44.9	7	4.5	12	7.7
7	1	298	176	43.0	80	26.9	12	4.0	40	13.4
	2	102	71	59.1	17	16.7	2	2.0	2	2.0
8	1	230	145	69.6	45	19.6	8	3.5	32	13.9
	2	331	172	63.0	124	37.5	13	3.9	22	6.6
9	1	191	113	52.0	42	22.0	9	4.7	27	14.1
	2	41	32	59.2	4	9.8	-	-	5	12.2
10	1	217	132	78.1	55	25.4	5	2.3	25	11.5
	2	343	183	60.8	114	33.2	16	4.7	30	8.7
11	1	92	59	53.4	18	19.6	3	3.3	12	13.0
	2	469	257	64.1	151	32.2	18	3.8	43	9.2
12	1	94	53	54.8	26	27.7	4	4.3	11	11.7
	2	476	268	56.4	146	30.7	17	3.6	45	9.5
13	1	386	229	56.3	103	26.7	16	4.2	38	9.8
	2	172	84	48.8	66	38.4	5	2.9	17	9.9
14	1	58	38	65.5	12	20.7	1	1.7	7	12.1
	2	510	282	55.3	160	31.4	20	3.9	48	9.4

番号	種類	問題 28							
			1		2		3		その他	
1	1	327	181	55.4	65	19.9	41	12.5	40	12.2
	2	258	149	57.8	49	19.0	44	17.1	16	6.2
2	1	62	32	51.6	22	35.5	2	3.2	6	9.7
	2	165	110	66.7	27	16.4	22	13.3	6	3.6
	3	149	80	53.7	20	13.4	32	21.5	17	11.4
	4	88	48	54.6	21	23.9	10	11.4	9	10.2
	5	70	31	44.3	20	28.6	11	15.7	8	11.4
	6	50	29	58.0	5	10.0	7	14.0	9	18.0
3	1	41	22	53.7	8	19.5	8	19.5	3	7.3
	2	124	75	60.5	18	14.5	19	15.3	12	9.7
	3	33	25	75.8	2	6.1	3	9.1	3	9.1
	4	177	81	45.8	42	23.7	35	19.8	19	10.7
	5	31	17	54.8	7	22.6	4	12.9	3	9.7
	6	55	30	54.6	11	20.0	9	16.4	5	9.1
	7	107	69	64.5	24	22.4	5	4.7	9	8.4
4	1	230	106	46.1	74	32.2	27	11.7	23	10.0
	2	351	224	63.8	41	11.7	54	15.4	32	9.1
5	1	85	50	58.8	4	4.7	23	27.1	8	9.4
	2	596	275	55.4	111	22.4	62	12.5	48	9.7
6	1	418	250	59.8	64	15.3	63	15.1	41	9.8
	2	161	74	46.0	50	31.1	22	13.7	15	9.3
7	1	311	175	56.3	56	18.0	48	15.4	32	10.3
	2	102	72	70.6	7	6.9	14	13.7	9	8.8
8	1	243	147	60.5	27	11.1	43	17.7	26	10.7
	2	337	177	52.5	88	26.1	42	12.5	30	8.9
9	1	202	118	58.4	23	11.4	38	18.8	23	11.4
	2	43	31	72.1	4	9.3	6	14.0	2	4.7
10	1	221	141	63.8	31	14.0	31	14.0	18	8.1
	2	358	183	51.1	84	23.5	53	14.8	38	10.6
11	1	98	60	61.2	9	9.2	21	21.4	8	8.2
	2	482	265	55.0	106	22.0	63	13.1	48	10.0
12	1	101	57	56.4	11	10.9	24	23.8	9	8.9
	2	487	273	56.1	105	21.6	62	12.7	47	9.7
13	1	401	231	57.6	62	15.5	62	15.5	46	11.5
	2	175	91	52.0	51	29.1	23	13.1	10	5.7
14	1	61	40	65.6	5	8.2	8	13.1	8	13.1
	2	526	289	54.9	111	21.1	78	14.8	48	9.1

番号	種類	問題 29						
			1		2		3	
1	1	358	311	86.9	9	2.5	9	2.5
	2	278	245	88.1	8	2.9	7	2.5
2	1	77	66	85.7	1	1.3	1	1.3
	2	177	155	87.6	8	4.5	5	2.8
	3	158	139	88.0	5	3.2	2	1.3
	4	97	87	89.7	2	2.1	4	4.1
	5	75	67	89.3	1	1.3	-	-
	6	51	41	80.4	-	-	4	7.8
3	1	42	38	90.5	-	-	2	4.8
	2	134	122	91.0	3	2.2	2	1.5
	3	35	32	91.4	-	-	1	2.9
	4	192	162	84.4	7	3.7	5	2.6
	5	33	28	84.9	1	3.0	1	3.0
	6	57	51	89.5	1	1.8	2	3.5
	7	124	108	87.1	3	2.4	2	1.6
4	1	259	221	85.3	7	2.7	6	2.3
	2	373	331	88.7	10	2.7	10	2.7
5	1	88	81	92.1	2	2.3	1	1.1
	2	543	471	86.7	15	2.8	15	2.8
6	1	452	403	89.2	11	2.4	11	2.4
	2	177	147	83.1	6	3.4	5	2.8
7	1	340	302	88.8	7	2.1	8	2.4
	2	107	96	89.7	4	3.7	3	2.8
8	1	257	232	90.3	4	1.6	8	3.1
	2	373	319	85.5	13	3.5	8	2.1
9	1	215	193	89.8	3	1.4	7	3.3
	2	44	41	93.2	1	2.3	1	2.3
10	1	241	219	90.9	3	1.2	6	2.5
	2	388	331	85.3	14	3.6	10	2.6
11	1	102	93	91.2	3	2.9	2	2.0
	2	528	458	86.7	14	2.7	14	2.7
12	1	105	98	93.3	2	1.9	1	1.0
	2	534	460	86.1	15	2.8	15	2.8
13	1	433	384	88.7	8	1.9	10	2.3
	2	194	163	84.2	9	4.6	6	3.1
14	1	69	58	84.1	-	-	3	4.4
	2	568	499	87.9	17	3.0	12	2.1

4		その他	
9	2.5	20	5.6
4	1.4	14	5.0
2	2.6	7	9.1
1	0.6	8	4.5
5	3.2	7	4.4
2	2.1	2	2.1
2	2.7	5	6.7
1	2.0	5	9.8
–	–	2	4.8
1	0.8	6	4.5
–	–	2	5.7
7	3.7	11	5.7
1	3.0	2	6.1
2	3.5	1	1.8
2	1.6	9	7.3
8	3.1	17	6.6
5	1.3	17	4.6
–	–	4	4.5
13	2.4	29	5.3
7	1.6	20	4.4
6	3.4	13	7.3
5	1.5	18	5.3
2	1.9	2	1.9
4	1.6	9	3.5
9	2.4	24	6.4
4	1.9	8	3.7
–	–	1	2.3
3	1.2	10	4.1
10	2.6	23	5.9
1	1.0	3	2.9
12	2.3	30	5.7
–	–	4	3.8
13	2.4	31	5.8
10	2.3	21	4.8
3	1.6	13	6.7
2	2.9	6	8.7
11	1.9	29	5.1

番号	種類	問題 30		1		2		3		4		5		その他	
1	1	343		241	70.3	39	11.4	19	5.5	12	3.5	12	3.5	20	5.8
1	2	273		190	69.6	34	12.5	12	4.4	11	4.0	7	2.6	19	7.0
2	1	69		31	44.9	10	14.5	16	23.2	4	5.8	2	2.9	6	8.7
2	2	175		129	73.7	17	9.7	3	1.7	7	4.0	6	3.4	13	7.4
2	3	154		116	75.3	17	11.0	7	4.6	4	2.6	3	2.0	7	4.5
2	4	94		60	63.8	19	20.2	3	3.2	3	3.2	3	3.2	6	6.4
2	5	75		56	74.7	7	9.3	2	2.7	4	5.3	2	2.7	4	5.3
2	6	48		38	79.2	3	6.3	–	–	1	2.1	3	6.3	3	6.3
3	1	42		34	81.0	4	9.5	–	–	3	7.1	–	–	1	2.4
3	2	132		89	67.4	18	13.6	7	5.3	3	2.3	5	3.8	10	7.6
3	3	35		32	91.4	3	8.6	–	–	–	–	–	–	–	–
3	4	183		122	66.7	23	12.6	7	3.8	9	4.9	7	3.8	15	8.2
3	5	33		31	93.9	1	3.0	1	3.0	–	–	–	–	–	–
3	6	56		42	75.0	8	14.3	–	–	–	–	2	3.6	4	7.1
3	7	116		69	58.5	13	11.2	16	13.8	6	5.2	3	2.6	9	7.8
4	1	242		148	61.2	29	12.0	23	9.5	15	6.2	9	3.7	18	7.4
4	2	370		281	76.0	43	11.6	8	2.2	8	2.2	10	2.7	20	5.4
5	1	87		67	77.0	12	13.8	1	1.2	2	2.3	1	1.2	4	4.6
5	2	524		360	68.7	61	11.6	30	5.7	21	4.0	17	3.2	35	6.7
6	1	443		324	73.1	58	13.1	13	2.9	15	3.4	8	1.8	25	5.6
6	2	166		101	60.8	15	9.0	18	10.8	8	4.8	10	6.0	14	8.4
7	1	334		240	71.9	47	14.1	10	3.0	13	3.9	5	1.5	19	5.7
7	2	104		79	76.0	11	10.6	3	2.9	2	1.9	3	2.9	6	5.8
8	1	256		186	72.7	35	13.7	7	2.7	6	2.3	7	2.7	15	5.9
8	2	355		241	67.9	38	10.7	24	6.8	17	4.8	11	3.1	24	6.8
9	1	214		156	72.9	30	14.0	5	2.3	5	2.3	5	2.3	13	6.1
9	2	44		33	75.0	6	13.6	–	–	1	2.3	2	4.6	2	4.5
10	1	233		161	69.1	25	10.7	17	7.3	8	3.4	5	2.2	17	7.3
10	2	376		265	70.5	47	12.5	14	3.7	15	4.0	13	3.5	22	5.9
11	1	101		78	77.2	10	9.9	3	3.0	2	2.0	3	3.0	5	5.0
11	2	509		348	68.4	63	12.4	28	5.5	21	4.1	15	3.0	34	6.7
12	1	104		79	76.0	12	11.5	2	1.9	2	1.9	2	1.9	7	6.7
12	2	515		353	68.5	61	11.8	29	5.6	21	4.1	19	3.7	32	6.2
13	1	421		303	72.0	48	11.4	15	3.6	16	3.8	10	2.4	29	6.9
13	2	186		120	64.5	25	13.4	16	8.6	7	7.8	8	4.3	10	5.4
14	1	64		46	71.9	6	9.4	–	–	2	3.1	1	1.6	9	14.1
14	2	553		385	69.6	67	12.1	31	5.6	21	3.8	20	3.6	29	5.2

番号			問題 31															
種類			1		2		3		4		5		6		7		8		その他
1	1	312	92	29.5	76	24.4	52	16.7	39	12.5	14	4.5	11	3.5	5	1.6	10	3.2	13	4.2
	2	252	84	33.3	60	23.8	51	20.2	25	9.9	14	5.6	5	2.0	7	2.8	2	0.8	4	1.6
2	1	68	27	39.7	10	14.7	10	14.7	8	11.8	6	8.8	1	1.5	1	1.5	3	4.4	2	2.9
	2	162	40	24.7	49	30.3	38	23.5	12	7.4	9	5.6	5	3.1	3	1.9	2	1.2	4	2.5
	3	143	40	28.7	33	23.1	24	16.8	16	11.2	8	5.6	5	3.5	4	2.8	6	4.2	7	4.9
	4	85	28	32.9	23	27.1	14	16.5	12	14.1	4	4.7	2	2.4	-	-	1	1.2	1	1.2
	5	64	26	40.6	15	23.4	10	15.6	9	14.1	1	1.6	1	1.6	1	1.6	-	-	1	1.6
	6	41	14	34.2	5	12.2	7	17.1	7	17.1	-	-	2	4.9	3	7.3	-	-	3	7.3
3	1	38	8	21.1	19	50.0	4	10.5	2	5.3	3	7.9	-	-	-	-	-	-	2	5.3
	2	116	32	27.6	32	27.6	21	18.1	11	9.5	7	6.0	6	5.2	1	0.9	2	1.7	4	3.4
	3	30	7	23.3	13	43.3	6	20.0	2	6.7	1	3.3	-	-	-	-	-	-	11	3.3
	4	171	58	33.9	29	17.0	34	19.9	23	13.5	6	3.5	7	4.1	5	2.9	5	2.9	4	2.3
	5	30	10	33.3	4	13.3	2	6.7	8	26.7	2	6.7	-	-	2	6.7	1	3.3	1	3.3
	6	49	19	38.8	11	22.5	10	20.4	7	14.3	-	-	-	-	1	2.0	-	-	1	2.0
	7	113	39	34.5	22	19.5	23	20.4	9	8.0	9	8.0	2	1.8	2	1.8	4	3.5	3	2.7
4	1	232	90	38.8	38	16.4	32	13.8	41	17.7	8	3.5	5	2.2	5	2.2	7	3.0	6	2.6
	2	330	86	26.1	97	29.4	71	21.5	23	7.0	20	6.1	11	3.3	6	1.8	5	1.5	11	3.3
5	1	80	17	21.3	28	35.0	20	25.0	4	5.0	6	7.5	1	1.3	2	2.5	1	1.3	1	1.3
	2	481	160	33.3	107	22.3	83	17.3	57	11.9	22	4.6	15	3.1	10	2.1	11	2.3	16	3.3
6	1	406	112	27.6	107	26.4	80	19.7	37	9.1	22	5.4	12	3.0	11	2.7	11	2.7	14	3.4
	2	154	64	41.6	28	18.2	23	14.9	24	15.6	6	3.9	4	2.6	1	0.7	1	0.7	3	1.9
7	1	298	83	27.9	69	23.2	56	18.8	31	10.4	19	6.4	9	3.0	10	3.4	11	3.7	10	3.4
	2	103	26	25.2	37	35.9	24	23.3	5	4.9	3	2.9	3	2.9	1	1.0	-	-	4	3.9
8	1	227	57	25.1	63	27.8	50	22.0	20	8.8	11	4.9	7	3.1	7	3.1	4	1.8	8	3.5
	2	333	120	36.0	72	21.6	52	15.6	41	12.3	17	5.1	9	2.7	5	1.5	8	2.4	9	2.7
9	1	186	42	22.6	49	26.3	42	22.6	18	9.7	11	5.9	7	3.8	7	3.8	4	2.2	6	3.2
	2	43	14	32.6	16	37.2	8	18.6	2	4.7	1	2.3	-	-	-	-	-	-	2	4.7
10	1	213	59	27.7	58	27.2	40	18.8	13	6.1	13	6.1	8	3.8	7	3.3	5	2.4	10	4.7
	2	346	116	33.5	77	22.3	63	18.2	48	13.9	15	4.3	8	2.3	5	1.5	7	2.0	7	2.0
11	1	89	20	22.5	33	37.1	15	16.9	4	4.5	4	4.5	6	6.7	2	2.3	1	1.1	4	4.5
	2	471	156	33.1	102	21.7	88	18.7	57	12.1	24	5.1	10	2.1	10	2.1	11	2.3	13	2.8
12	1	92	28	30.4	22	23.9	21	22.8	7	7.6	5	5.4	2	2.2	3	3.3	2	2.2	2	2.2
	2	475	149	31.4	114	24.0	83	17.5	57	12.0	23	4.8	14	3.0	9	1.9	10	2.1	16	3.4
13	1	384	112	29.2	100	26.0	74	19.3	38	9.9	19	5.0	12	3.1	8	2.1	7	1.8	14	3.6
	2	174	63	36.2	34	19.5	28	16.1	24	13.8	9	5.2	4	2.3	4	2.3	5	2.9	3	1.7
14	1	56	13	23.2	18	32.1	13	23.2	2	3.6	2	3.6	2	3.6	1	1.8	1	1.8	4	7.1
	2	509	164	32.2	117	23.0	91	17.9	61	12.0	26	5.1	14	2.8	11	2.2	11	2.2	14	2.8

問題 32

番号	種類		1		2		3		4		その他	
1	1	356	231	64.9	76	21.4	20	5.6	6	1.7	23	6.5
	2	276	202	73.2	39	14.1	12	4.4	6	2.2	8	2.9
2	1	76	50	65.8	13	17.1	5	6.6	4	5.3	4	5.3
	2	175	114	65.1	37	21.1	8	4.6	2	1.1	14	8.0
	3	157	109	69.4	30	19.1	8	5.1	-	-	10	6.4
	4	97	63	65.0	19	19.6	6	6.2	2	2.1	7	7.2
	5	75	58	77.0	10	13.3	2	2.7	4	5.3	1	1.3
	6	51	38	74.5	5	9.8	3	5.9	-	-	5	9.8
3	1	42	27	64.3	12	28.6	1	2.4	1	2.4	1	2.4
	2	133	94	70.7	21	15.8	8	6.0	4	3.0	6	4.5
	3	35	26	74.3	5	14.3	2	5.7	-	-	2	5.7
	4	190	123	64.7	39	20.5	7	3.7	2	1.1	19	10.0
	5	33	20	60.6	9	27.3	3	9.1	-	-	1	3.0
	6	57	40	70.2	9	15.8	4	7.0	-	-	4	7.0
	7	123	87	70.7	18	14.6	6	4.9	5	4.1	7	5.7
4	1	257	172	66.9	46	17.9	16	6.2	8	3.1	15	5.8
	2	371	258	66.5	67	18.0	16	4.3	4	1.1	26	7.0
5	1	88	65	73.9	18	20.5	2	2.3	1	1.1	2	2.3
	2	539	362	67.2	97	18.0	30	5.6	11	2.0	39	7.2
6	1	448	316	70.5	76	17.0	22	4.9	6	1.3	28	6.3
	2	177	110	62.2	38	21.5	10	5.7	6	3.4	13	7.3
7	1	337	236	70.0	51	15.1	18	5.3	6	1.8	26	7.7
	2	106	76	71.7	24	22.6	4	3.8	-	-	2	1.9
8	1	256	186	72.7	36	14.1	12	4.7	3	1.2	19	7.4
	2	370	241	65.1	78	21.1	20	5.4	9	2.4	22	5.9
9	1	215	161	74.9	22	10.2	11	5.1	3	1.4	18	8.4
	2	43	28	65.1	13	30.2	1	2.3	-	-	1	2.3
10	1	241	181	75.1	41	17.0	5	2.1	5	2.1	9	3.7
	2	384	244	63.5	74	19.3	27	7.0	7	1.8	32	8.3
11	1	102	76	74.5	19	18.6	2	2.0	-	-	5	4.9
	2	524	350	66.8	96	18.3	30	5.7	12	2.3	36	6.9
12	1	104	71	68.3	19	18.3	5	4.8	1	1.0	8	7.7
	2	531	363	68.4	96	18.1	27	5.1	12	2.3	33	6.2
13	1	429	300	69.9	83	19.4	19	4.4	4	0.9	23	5.4
	2	194	126	65.0	30	15.5	12	6.2	8	4.1	18	9.3
14	1	69	52	75.4	10	14.5	3	4.4	-	-	4	5.8
	2	564	382	67.7	104	18.4	28	5.0	13	2.3	37	6.6

問題 33

番号	種類		1		2		3		4		その他	
1	1	336	220	65.5	41	12.2	32	9.5	6	1.8	37	11.0
	2	266	169	63.5	50	18.8	18	6.8	6	2.3	23	8.6
2	1	68	29	42.7	19	27.9	5	7.4	3	4.4	12	17.6
	2	171	116	67.8	23	13.5	11	6.4	3	1.8	18	10.5
	3	153	105	68.6	24	15.7	12	7.8	-	-	12	7.8
	4	90	56	62.2	13	14.4	12	13.3	1	1.1	8	8.9
	5	73	54	74.0	6	8.2	6	8.2	2	2.7	5	6.8
	6	46	28	60.9	5	10.9	5	10.9	3	6.5	5	10.9
3	1	40	29	72.5	7	17.5	2	5.0	-	-	2	5.0
	2	129	94	72.9	13	10.1	8	6.2	4	3.1	10	7.8
	3	33	22	66.7	7	21.2	1	3.0	2	6.1	1	3.0
	4	182	117	64.3	23	12.6	21	11.5	2	1.1	19	10.4
	5	32	19	59.4	7	21.9	2	6.3	-	-	4	12.5
	6	53	32	60.4	6	11.3	8	15.1	1	1.9	6	11.3
	7	115	64	55.7	26	22.6	7	6.1	3	2.6	15	13.0
4	1	237	124	52.3	41	17.3	32	13.5	7	3.0	33	13.9
	2	361	262	72.6	50	13.9	19	5.3	4	1.1	26	7.2
5	1	85	61	71.8	15	17.7	4	4.7	1	1.2	4	4.7
	2	512	326	63.7	74	14.5	45	8.8	11	2.2	56	10.9
6	1	431	294	68.2	62	14.4	28	6.5	7	1.6	40	9.3
	2	164	91	55.5	27	16.5	21	12.8	5	3.1	20	12.2
7	1	320	210	65.6	44	13.8	26	8.1	5	1.6	35	10.9
	2	106	80	75.5	17	16.0	2	1.9	2	1.9	5	4.7
8	1	246	182	74.0	34	13.8	12	4.9	2	0.8	16	6.5
	2	350	204	58.3	55	15.7	37	10.6	10	2.9	44	12.6
9	1	204	155	76.0	22	10.8	10	4.9	1	0.5	16	7.8
	2	44	30	68.2	12	27.3	1	2.3	1	2.3	-	-
10	1	230	160	69.6	36	15.7	11	4.8	6	2.6	17	7.4
	2	365	225	61.6	53	14.5	38	10.4	6	1.6	43	11.8
11	1	98	77	78.6	15	15.3	2	2.0	-	-	4	4.1
	2	498	309	62.1	74	14.9	47	9.4	12	2.4	56	11.2
12	1	100	68	68.0	18	18.0	6	6.0	1	1.0	7	7.0
	2	505	321	63.6	74	14.7	46	9.1	11	2.2	53	10.5
13	1	407	272	66.8	55	13.5	31	7.6	9	2.2	40	9.8
	2	186	111	59.7	33	17.7	19	10.2	3	1.6	20	10.8
14	1	66	48	72.7	10	15.2	2	3.0	1	1.5	5	7.6
	2	537	340	63.3	82	15.3	50	9.3	10	1.9	55	10.2

番号	種類		問題 34															
			1		2		3		4		5		6		7		その他	
1	1	352	114	32.4	106	30.1	35	9.9	29	8.2	22	6.3	15	4.3	11	3.1	20	5.7
	2	275	111	40.4	73	26.6	20	7.3	23	8.4	14	5.1	12	4.4	4	1.5	18	6.5
2	1	73	26	35.6	26	35.6	1	1.4	5	6.9	4	5.5	–	–	–	–	11	15.1
	2	175	66	37.7	56	32.0	7	4.0	16	9.1	10	5.7	5	2.9	5	2.9	10	5.7
	3	156	53	34.0	39	25.0	21	13.5	11	7.1	10	6.4	7	4.5	6	3.9	9	5.8
	4	97	34	35.1	32	33.0	9	9.3	6	6.2	9	9.3	4	4.1	–	–	3	3.1
	5	75	28	37.3	14	18.7	4	5.3	11	14.7	3	4.0	11	14.7	2	2.7	2	2.7
	6	50	16	32.0	13	26.0	13	26.0	3	6.0	–	–	–	–	2	4.0	3	6.0
3	1	42	17	40.5	7	16.7	7	16.7	5	11.9	–	–	5	11.9	1	2.4	–	–
	2	132	46	34.9	37	28.0	13	9.9	16	12.1	8	6.1	5	3.8	5	3.8	2	1.5
	3	34	18	52.9	6	17.7	2	5.9	2	5.9	2	5.9	–	–	1	2.9	3	8.8
	4	190	63	33.2	61	32.1	14	7.4	13	6.8	15	7.9	7	3.7	4	2.1	13	6.8
	5	33	8	24.2	12	36.4	6	18.2	–	–	2	6.1	1	3.0	1	3.0	3	9.1
	6	57	19	33.3	11	19.3	8	14.0	5	8.8	2	3.5	8	14.0	1	1.8	3	5.3
	7	121	48	39.7	43	35.5	2	1.7	8	6.6	6	5.0	–	–	1	0.8	13	10.7
4	1	254	79	31.1	78	30.7	26	10.2	21	8.3	12	4.7	12	4.7	2	0.8	24	9.4
	2	369	142	38.5	102	27.6	29	7.9	31	8.4	23	6.2	15	4.1	13	3.5	14	3.8
5	1	88	37	42.1	16	18.2	10	11.4	10	11.4	6	6.8	3	3.4	2	2.3	4	4.5
	2	534	184	34.5	163	30.5	45	8.4	42	7.9	30	5.6	24	4.5	13	2.4	33	6.2
6	1	447	166	37.1	119	26.6	41	9.2	40	9.0	27	6.0	22	4.9	10	2.2	22	4.9
	2	173	54	31.2	59	34.1	14	8.1	12	6.9	9	5.2	5	2.9	5	2.9	15	8.7
7	1	336	122	36.3	90	26.8	33	9.8	30	8.9	21	6.3	17	5.1	7	2.1	16	4.8
	2	107	44	41.1	28	26.2	6	5.6	10	9.4	6	5.6	4	3.7	3	2.8	6	5.6
8	1	256	110	43.0	62	24.2	26	10.2	18	7.0	15	5.9	8	3.1	9	3.5	8	3.1
	2	365	111	30.4	117	32.1	28	7.7	34	9.3	21	5.8	19	5.2	6	1.6	29	7.9
9	1	214	92	43.0	52	24.3	22	10.3	13	6.1	14	6.5	8	3.7	8	3.7	5	2.3
	2	44	18	40.9	11	25.0	4	9.1	5	11.4	2	4.6	–	–	1	2.3	3	6.8
10	1	238	93	39.1	60	25.2	23	9.7	20	8.4	13	5.5	7	2.9	7	2.9	15	6.3
	2	382	128	33.5	117	30.6	32	8.4	32	8.4	23	6.0	20	5.2	8	2.1	22	5.8
11	1	102	41	40.2	20	19.6	13	12.8	9	8.8	7	6.9	4	3.9	4	3.9	4	3.9
	2	519	180	34.7	158	30.4	42	8.1	43	8.3	29	5.6	23	4.4	11	2.1	33	6.4
12	1	105	45	42.9	17	16.2	15	14.3	11	10.5	7	6.7	6	5.7	3	2.9	1	1.0
	2	524	180	34.4	163	31.1	40	7.6	41	7.8	29	5.5	21	4.0	12	2.3	38	7.3
13	1	427	156	36.5	113	26.5	45	10.5	36	8.4	28	6.5	20	4.7	6	1.4	23	5.4
	2	191	65	34.0	65	34.0	10	5.2	14	7.3	8	4.2	6	3.1	9	4.7	17	8.9
14	1	69	28	40.6	16	23.3	6	8.7	10	14.5	2	2.9	1	1.5	2	2.9	4	5.8
	2	558	197	35.3	163	29.2	48	8.6	42	7.5	34	6.1	26	4.7	13	2.3	35	6.3

番号		問題 35															
種類		1		2		3		4		5		6		7		その他	
1	1	354	218	61.6	33	9.3	20	5.7	13	3.7	12	3.4	14	4.0	9	2.5	35	9.9
	2	274	170	62.0	24	8.8	10	3.7	14	5.1	10	3.7	2	0.7	6	2.2	38	13.9
2	1	74	50	67.6	10	13.5	–	–	–	–	3	4.1	–	–	4	5.4	7	9.5
	2	175	117	66.9	22	12.6	3	1.7	5	2.9	6	3.4	–	–	4	2.3	18	10.3
	3	155	93	60.0	9	5.8	3	1.9	7	4.5	5	3.2	7	4.5	5	3.2	26	16.8
	4	97	61	62.9	8	8.3	6	6.2	6	6.2	2	2.1	3	3.1	1	1.0	10	10.3
	5	75	39	52.0	5	6.7	12	16.0	6	8.0	3	4.0	3	4.0	1	1.3	6	8.0
	6	51	29	56.9	3	5.9	6	11.8	2	3.9	2	3.9	3	5.9	–	–	6	11.8
3	1	42	30	71.4	5	11.9	1	2.4	2	4.8	1	2.4	–	–	–	–	3	7.1
	2	132	88	66.7	11	8.3	7	5.3	2	1.5	3	2.3	1	0.8	4	3.0	16	12.1
	3	36	25	69.4	2	5.6	–	–	3	8.3	1	2.8	–	–	–	–	5	13.9
	4	190	108	56.8	8	4.2	11	5.8	10	5.3	11	5.8	1	5.8	6	3.2	35	18.4
	5	33	14	42.4	5	15.2	3	9.1	4	12.1	1	3.0	2	6.1	–	–	4	12.1
	6	56	32	57.1	3	5.4	8	14.3	4	7.1	1	1.8	2	3.6	–	–	6	10.7
	7	121	81	66.9	21	17.4	–	–	2	1.7	3	2.5	–	–	4	3.3	10	8.3
4	1	256	149	58.2	20	7.8	17	6.6	13	5.1	9	3.5	5	2.0	7	2.7	36	14.1
	2	368	238	64.7	37	10.1	13	3.5	14	3.8	11	3.0	11	3.0	8	2.2	36	9.8
5	1	86	56	65.1	11	12.8	1	1.2	4	4.7	–	–	2	2.3	2	2.3	10	11.6
	2	536	328	61.2	45	8.4	29	5.4	23	4.3	21	3.9	14	2.6	13	2.4	63	11.8
6	1	446	283	63.5	42	9.4	19	4.3	20	4.5	13	2.9	11	2.5	10	2.2	48	10.8
	2	174	100	57.5	13	7.5	11	6.3	7	4.0	8	4.6	5	2.9	5	2.9	25	14.4
7	1	335	215	64.2	29	8.7	15	4.5	14	4.2	10	3.0	9	2.7	7	2.1	36	10.7
	2	106	64	60.4	13	12.3	4	3.8	6	5.7	2	1.9	2	1.9	3	2.8	12	11.3
8	1	254	143	56.3	32	12.6	10	3.9	14	5.5	8	3.2	6	2.4	7	2.8	34	13.4
	2	367	241	65.7	24	6.5	20	5.5	13	3.5	13	3.5	10	2.7	8	2.2	38	10.4
9	1	212	117	55.2	28	13.2	11	5.2	9	4.3	7	3.3	5	2.4	7	3.3	28	13.2
	2	44	26	59.1	5	11.4	–	–	5	11.4	–	–	11	2.3	11	2.3	6	13.6
10	1	238	150	63.0	28	11.8	4	1.7	8	3.4	6	2.5	5	2.1	8	3.4	29	12.2
	2	382	232	60.7	28	7.3	26	6.8	19	5.0	15	3.9	11	2.9	7	1.8	44	11.5
11	1	101	63	62.4	12	11.9	3	3.0	4	4.0	4	4.0	1	1.0	3	3.0	11	10.9
	2	520	320	61.5	44	8.5	27	5.2	23	4.4	17	3.3	15	2.9	12	2.3	62	11.9
12	1	103	52	50.5	12	11.7	8	7.8	6	5.8	2	1.9	2	1.9	4	3.9	17	16.5
	2	528	338	64.0	46	8.7	22	4.2	21	4.0	20	3.8	14	2.7	11	2.1	56	10.6
13	1	425	260	61.2	39	9.2	21	4.9	18	4.2	15	3.5	13	3.1	14	3.3	45	10.6
	2	193	122	63.2	17	8.8	8	4.2	9	4.7	6	3.1	2	1.0	1	0.5	28	14.5
14	1	67	36	53.7	8	11.9	1	1.5	5	7.5	3	4.5	2	3.0	3	4.5	9	13.4
	2	562	352	62.6	50	8.9	29	5.2	22	3.9	19	3.4	14	2.5	12	2.1	64	11.4

番号	種類	問題36	1		2		3		その他	
1	1	337	287	85.2	26	7.7	13	3.9	11	3.3
	2	258	238	92.3	16	6.2	1	0.4	3	1.2
2	1	67	57	85.1	8	11.9	1	1.5	1	1.5
	2	165	149	90.3	9	5.5	3	1.8	4	2.4
	3	148	133	89.9	10	6.8	3	2.0	2	1.4
	4	92	73	79.4	12	13.0	3	3.3	4	4.3
	5	74	68	91.9	2	2.7	3	4.1	1	1.4
	6	48	44	91.7	1	2.1	1	2.1	2	4.2
3	1	41	38	92.7	1	2.4	–	–	2	4.9
	2	125	114	91.2	8	6.4	1	0.8	2	1.6
	3	34	32	94.1	1	2.9	–	–	1	2.9
	4	181	154	85.1	15	8.3	6	3.3	6	3.3
	5	32	25	78.1	3	9.4	4	12.5	–	–
	6	53	48	90.6	3	5.7	–	–	2	3.8
	7	112	99	88.4	10	8.9	3	2.7	–	–
4	1	237	202	85.2	26	11.0	6	2.5	3	1.3
	2	354	309	90.1	16	4.5	8	2.3	21	5.9
5	1	81	71	87.7	4	4.9	3	3.7	3	3.7
	2	509	449	88.2	38	7.5	11	2.2	11	2.2
6	1	415	365	88.0	26	6.3	10	2.4	14	3.4
	2	173	153	88.4	16	9.3	4	2.3	–	–
7	1	308	268	87.0	23	7.5	5	1.6	12	3.9
	2	102	93	91.2	3	2.9	4	3.9	2	2.0
8	1	240	216	90.0	10	4.2	5	2.1	9	3.8
	2	349	303	86.8	32	9.2	9	2.6	5	1.4
9	1	198	180	90.9	7	3.5	3	1.5	8	4.0
	2	44	40	90.9	1	2.3	2	4.6	1	2.3
10	1	222	195	87.8	14	6.3	5	2.3	8	3.6
	2	366	323	88.3	28	7.7	9	2.5	6	1.6
11	1	95	86	90.5	4	4.2	1	1.1	4	4.2
	2	494	433	87.7	38	7.7	13	2.6	10	2.0
12	1	90	83	87.4	3	3.2	4	4.2	–	–
	2	501	444	88.6	40	8.0	10	2.0	7	1.4
13	1	403	358	88.8	25	6.2	8	2.0	12	3.0
	2	183	158	86.3	17	9.3	6	3.3	2	1.1
14	1	62	57	91.9	2	3.2	1	1.6	2	3.2
	2	534	468	87.6	41	7.7	13	2.4	12	2.2

番号	種類	問題37	1		2		3	
1	1	303	182	60.1	68	22.4	44	14.5
	2	247	111	44.9	83	33.6	36	14.6
2	1	61	48	78.7	5	8.2	6	9.8
	2	155	73	47.1	53	34.2	25	16.1
	3	139	68	48.9	40	28.8	17	12.2
	4	85	49	57.7	24	28.2	8	9.4
	5	66	38	57.6	18	27.3	10	15.2
	6	43	17	39.5	10	23.3	14	32.6
3	1	37	20	54.1	13	35.1	3	8.1
	2	111	57	51.4	28	25.2	19	17.1
	3	34	19	55.9	5	14.7	5	14.7
	4	169	91	53.9	48	28.4	24	14.2
	5	30	12	40.0	12	40.0	6	20.0
	6	50	21	42.0	17	34.0	8	16.0
	7	104	64	61.5	22	21.2	15	14.4
4	1	225	128	56.9	47	20.9	41	18.2
	2	322	165	51.2	102	31.7	39	12.1
5	1	76	38	50.0	26	34.2	8	10.5
	2	469	255	54.4	122	26.0	70	14.9
6	1	390	199	51.0	121	31.0	51	13.1
	2	154	93	60.4	27	17.5	27	17.5
7	1	288	144	50.0	94	32.6	36	12.5
	2	98	52	53.1	27	27.6	14	14.3
8	1	221	116	52.5	70	31.7	26	11.8
	2	323	177	54.8	78	24.2	51	15.8
9	1	181	90	49.7	64	35.4	21	11.6
	2	42	27	64.3	7	16.7	7	11.9
10	1	203	113	55.7	61	30.1	24	11.8
	2	340	178	52.4	87	25.6	54	15.9
11	1	83	46	55.4	27	32.5	6	7.2
	2	461	246	53.4	121	26.3	72	15.6
12	1	90	40	44.4	32	35.6	15	16.7
	2	462	255	55.2	119	25.8	65	14.1
13	1	371	190	51.2	112	30.2	54	14.6
	2	171	102	59.7	36	21.1	23	13.5
14	1	51	25	49.0	10	19.6	12	23.5
	2	499	270	54.1	140	28.1	67	13.4

4		その他	
3	1.0	6	2.0
10	4.1	7	2.8
1	1.6	1	1.6
2	1.3	2	1.3
8	5.8	6	4.3
2	2.4	2	2.4
–	–	–	–
–	–	2	4.7
–	–	1	2.7
4	3.6	3	2.7
1	2.9	4	11.8
3	1.8	3	1.8
–	–	–	–
3	6.0	1	2.0
2	1.9	1	1.0
6	2.7	3	1.3
6	1.9	10	3.1
3	4.0	1	1.3
10	2.1	12	2.6
11	2.8	8	2.1
2	1.3	5	3.2
9	3.1	5	1.7
2	2.0	3	3.1
6	2.7	3	1.4
7	2.2	10	3.1
5	2.8	1	0.6
1	2.4	–	–
2	1.0	3	1.5
11	3.2	10	2.9
2	2.4	2	2.4
11	2.4	11	2.4
–	–	3	3.3
13	2.8	10	2.2
8	2.2	7	1.9
5	2.9	5	2.9
1	2.0	3	5.9
12	2.4	10	2.0

番号			問題 38											
種類			1		2		3		4		5		その他	
1	1	347	272	78.4	22	6.3	15	4.3	5	1.4	9	2.6	24	6.9
	2	273	223	81.7	18	6.6	8	2.9	10	3.7	5	1.8	9	3.3
2	1	73	51	69.9	8	11.0	5	6.9	–	–	4	5.5	5	6.8
	2	176	148	84.1	4	2.3	4	2.3	6	3.4	4	2.3	10	5.7
	3	156	123	78.9	8	5.1	8	5.1	6	3.9	1	0.6	10	6.4
	4	93	77	82.8	7	7.5	1	1.1	1	1.1	2	2.2	5	5.4
	5	71	56	78.9	7	9.9	2	2.8	–	–	3	4.2	3	4.2
	6	50	39	78.0	6	12.0	3	6.0	1	2.0	–	–	1	2.0
3	1	41	38	92.7	–	–	1	2.4	1	2.4	–	–	1	2.4
	2	130	110	84.6	8	6.2	4	3.1	3	2.3	1	0.8	4	3.1
	3	35	29	82.9	1	2.9	1	2.9	2	5.7	–	–	2	5.7
	4	186	145	78.0	13	7.0	7	3.8	4	2.2	4	2.2	13	7.0
	5	33	22	66.7	4	12.1	1	3.0	1	3.0	3	9.1	2	6.1
	6	56	45	80.4	4	7.1	2	3.6	2	3.6	1	1.8	2	3.6
	7	120	92	76.7	9	7.5	6	5.0	1	0.8	4	3.3	8	6.7
4	1	251	192	76.5	26	10.4	9	3.6	3	1.2	9	3.6	12	4.8
	2	365	299	81.9	14	3.8	14	3.8	12	3.3	5	1.4	21	5.8
5	1	88	76	86.4	3	3.4	3	3.4	4	4.6	–	–	2	2.3
	2	526	413	78.5	37	7.0	20	3.8	11	2.1	14	2.7	31	5.9
6	1	439	360	82.0	22	5.0	15	3.4	12	2.7	11	2.5	19	4.3
	2	173	127	73.4	18	10.4	8	4.6	3	1.7	3	1.7	14	8.1
7	1	328	266	81.1	18	5.5	13	4.0	10	3.1	8	2.4	13	4.0
	2	106	89	84.0	4	3.8	2	1.9	2	1.9	3	2.8	6	5.7
8	1	250	209	83.6	11	4.4	7	2.8	6	2.4	3	1.2	14	5.6
	2	363	279	76.9	29	8.0	16	4.4	9	2.5	11	3.0	19	5.2
9	1	208	172	82.7	9	4.3	8	3.9	5	2.4	3	1.4	11	5.3
	2	44	39	88.6	1	2.3	–	–	1	2.3	1	2.3	2	4.5
10	1	231	185	80.1	14	6.1	10	4.3	5	2.2	4	1.7	13	5.6
	2	381	302	79.3	26	6.8	13	3.4	10	2.6	10	2.6	20	5.2
11	1	98	79	80.6	5	5.1	3	3.1	3	3.1	1	1.0	7	7.1
	2	515	409	79.4	35	6.8	20	3.9	12	2.3	13	2.5	26	5.0
12	1	102	85	83.3	2	2.0	4	3.9	4	3.9	2	2.0	5	4.9
	2	521	411	78.9	39	7.5	19	3.7	11	2.1	12	2.3	29	5.6
13	1	420	346	82.4	24	5.7	13	3.1	9	2.1	10	2.4	18	4.3
	2	190	139	73.2	16	8.4	10	5.3	6	3.2	4	2.1	15	7.9
14	1	69	58	84.1	1	1.5	2	2.9	2	2.9	–	–	6	8.7
	2	552	437	79.2	40	7.3	21	3.8	12	2.2	14	2.5	28	5.1

番号	種類		問題 39							
			1		2		3		その他	
1	1	344	248	72.1	33	9.6	43	12.5	20	5.8
	2	272	202	74.3	39	14.3	18	6.6	13	4.8
2	1	71	54	76.1	8	11.3	7	9.9	2	2.8
	2	177	132	74.6	25	14.1	11	6.2	9	5.1
	3	153	104	68.0	18	11.8	19	12.4	12	7.8
	4	91	69	75.8	10	11.0	9	9.9	3	3.3
	5	73	53	72.6	8	11.0	7	9.6	5	6.8
	6	50	36	72.0	3	6.0	9	18.0	2	4.0
3	1	41	33	80.5	5	12.2	2	4.9	1	2.4
	2	128	89	69.5	20	15.6	10	7.8	9	7.0
	3	35	28	80.0	4	11.4	1	2.9	2	5.7
	4	185	132	71.4	15	8.1	29	15.7	9	4.9
	5	33	26	78.8	2	6.1	2	6.1	3	9.1
	6	57	38	66.7	8	14.0	9	15.8	2	3.5
	7	118	93	78.8	12	10.2	8	6.8	5	4.2
4	1	248	174	70.2	23	9.3	35	14.1	16	6.5
	2	364	272	74.7	48	13.2	27	7.4	17	4.7
5	1	86	64	74.4	10	11.6	5	5.8	7	8.1
	2	524	382	72.9	61	11.6	55	10.5	26	5.0
6	1	436	322	73.9	50	11.5	38	8.7	26	6.0
	2	172	123	71.5	20	11.6	22	12.8	7	4.1
7	1	326	242	74.2	40	12.3	24	7.4	20	6.1
	2	105	76	72.4	9	8.6	14	13.3	6	5.7
8	1	250	188	75.2	27	10.8	19	7.6	16	6.4
	2	359	258	71.9	44	12.3	40	11.1	17	4.7
9	1	208	159	76.4	24	11.5	13	6.3	12	5.8
	2	44	31	70.5	5	11.4	4	9.1	4	9.1
10	1	231	167	72.3	32	13.9	19	8.2	13	5.6
	2	377	277	73.5	39	10.3	41	10.9	20	5.3
11	1	99	65	65.7	15	15.2	11	11.1	8	8.1
	2	510	380	74.5	56	11.0	49	9.6	25	4.9
12	1	101	66	65.4	15	14.9	8	7.9	12	11.9
	2	518	386	74.5	57	11.0	54	10.4	21	4.1
13	1	416	308	74.0	46	11.1	37	8.9	25	6.0
	2	190	134	70.5	25	13.2	23	12.1	8	4.2
14	1	68	51	75.0	9	13.2	4	5.9	4	5.9
	2	550	400	72.7	63	11.5	58	10.6	29	5.3

番号	種類		問題 40					
			1		2		3	
1	1	303	201	66.3	51	16.8	15	5.0
	2	239	138	57.7	55	23.0	20	8.4
2	1	65	42	64.6	13	20.0	8	12.3
	2	153	89	58.2	34	22.2	13	8.5
	3	136	85	62.5	26	19.1	6	4.4
	4	82	51	62.2	18	22.0	3	3.7
	5	66	49	74.2	6	9.1	1	1.5
	6	39	22	56.4	9	23.1	4	10.3
3	1	38	23	60.5	7	18.4	2	5.3
	2	114	72	63.2	22	19.3	7	6.2
	3	31	16	51.6	8	25.8	2	6.5
	4	163	110	67.5	26	16.0	6	3.7
	5	29	17	58.6	5	17.2	3	10.3
	6	45	29	64.4	8	17.8	3	6.7
	7	107	63	58.9	25	23.4	11	10.3
4	1	221	148	67.0	36	16.3	18	8.1
	2	318	189	59.0	69	21.7	17	5.4
5	1	80	36	45.0	24	30.0	7	8.8
	2	457	301	65.9	80	17.5	27	5.9
6	1	387	236	61.0	77	19.9	25	6.5
	2	148	100	67.6	26	17.6	9	6.1
7	1	287	178	62.0	55	19.2	19	6.6
	2	95	55	57.9	21	22.1	6	6.3
8	1	219	130	59.4	50	22.8	10	4.6
	2	317	207	65.3	54	17.0	23	7.3
9	1	181	108	59.7	43	23.8	8	4.4
	2	40	23	57.5	8	20.0	2	5.0
10	1	202	118	58.4	45	22.3	12	6.0
	2	333	217	65.2	59	17.7	22	6.6
11	1	85	44	51.8	24	28.2	2	2.4
	2	451	292	64.8	80	17.7	32	7.1
12	1	87	42	48.3	27	31.0	5	5.8
	2	458	299	65.3	79	17.3	30	6.6
13	1	363	224	61.7	74	20.4	21	5.8
	2	171	112	65.5	28	16.4	13	7.6
14	1	53	28	52.8	8	15.1	7	13.2
	2	490	313	63.9	96	19.6	28	5.7

<table>
<tr><th colspan="2">4</th><th colspan="2">5</th><th colspan="2">その他</th></tr>
<tr><td>19</td><td>6.3</td><td>11</td><td>3.6</td><td>6</td><td>2.0</td></tr>
<tr><td>16</td><td>6.7</td><td>8</td><td>3.4</td><td>2</td><td>0.8</td></tr>
<tr><td>–</td><td>–</td><td>1</td><td>1.5</td><td>1</td><td>1.5</td></tr>
<tr><td>9</td><td>5.9</td><td>8</td><td>5.2</td><td>–</td><td>–</td></tr>
<tr><td>10</td><td>7.4</td><td>7</td><td>5.2</td><td>2</td><td>1.5</td></tr>
<tr><td>5</td><td>6.1</td><td>1</td><td>1.2</td><td>4</td><td>4.9</td></tr>
<tr><td>7</td><td>10.6</td><td>2</td><td>3.0</td><td>1</td><td>1.5</td></tr>
<tr><td>4</td><td>10.3</td><td>–</td><td>–</td><td>–</td><td>–</td></tr>
<tr><td>5</td><td>13.2</td><td>1</td><td>2.6</td><td>–</td><td>–</td></tr>
<tr><td>6</td><td>5.3</td><td>5</td><td>4.4</td><td>2</td><td>1.8</td></tr>
<tr><td>3</td><td>9.7</td><td>–</td><td>–</td><td>2</td><td>6.5</td></tr>
<tr><td>11</td><td>6.8</td><td>8</td><td>4.9</td><td>2</td><td>1.2</td></tr>
<tr><td>1</td><td>3.5</td><td>2</td><td>6.9</td><td>1</td><td>3.4</td></tr>
<tr><td>4</td><td>8.9</td><td>1</td><td>2.2</td><td>–</td><td>–</td></tr>
<tr><td>5</td><td>4.7</td><td>2</td><td>1.9</td><td>1</td><td>0.9</td></tr>
<tr><td>11</td><td>5.0</td><td>6</td><td>2.7</td><td>2</td><td>0.9</td></tr>
<tr><td>24</td><td>7.6</td><td>13</td><td>4.1</td><td>6</td><td>1.9</td></tr>
<tr><td>9</td><td>11.3</td><td>2</td><td>2.5</td><td>2</td><td>2.5</td></tr>
<tr><td>26</td><td>5.7</td><td>17</td><td>3.7</td><td>6</td><td>1.3</td></tr>
<tr><td>27</td><td>7.0</td><td>16</td><td>4.1</td><td>6</td><td>1.6</td></tr>
<tr><td>8</td><td>5.4</td><td>3</td><td>2.0</td><td>2</td><td>1.4</td></tr>
<tr><td>21</td><td>7.3</td><td>11</td><td>3.8</td><td>3</td><td>1.0</td></tr>
<tr><td>6</td><td>6.3</td><td>4</td><td>4.2</td><td>3</td><td>3.2</td></tr>
<tr><td>19</td><td>8.7</td><td>5</td><td>2.3</td><td>5</td><td>2.3</td></tr>
<tr><td>16</td><td>5.1</td><td>14</td><td>4.4</td><td>3</td><td>0.9</td></tr>
<tr><td>14</td><td>7.7</td><td>4</td><td>2.2</td><td>4</td><td>2.2</td></tr>
<tr><td>5</td><td>12.5</td><td>1</td><td>2.5</td><td>1</td><td>2.5</td></tr>
<tr><td>17</td><td>8.4</td><td>6</td><td>3.0</td><td>4</td><td>2.0</td></tr>
<tr><td>18</td><td>5.4</td><td>13</td><td>3.9</td><td>4</td><td>1.2</td></tr>
<tr><td>11</td><td>12.9</td><td>3</td><td>3.5</td><td>1</td><td>1.2</td></tr>
<tr><td>24</td><td>5.3</td><td>16</td><td>3.6</td><td>7</td><td>1.6</td></tr>
<tr><td>7</td><td>8.1</td><td>3</td><td>3.5</td><td>3</td><td>3.4</td></tr>
<tr><td>28</td><td>6.1</td><td>17</td><td>3.7</td><td>5</td><td>1.1</td></tr>
<tr><td>24</td><td>6.6</td><td>13</td><td>3.6</td><td>7</td><td>1.9</td></tr>
<tr><td>11</td><td>7.6</td><td>6</td><td>3.5</td><td>1</td><td>0.6</td></tr>
<tr><td>5</td><td>9.4</td><td>4</td><td>7.6</td><td>1</td><td>1.9</td></tr>
<tr><td>30</td><td>6.1</td><td>16</td><td>3.3</td><td>7</td><td>1.4</td></tr>
</table>

<table>
<tr><th>番号</th><th>種類</th><th colspan="8">問題 41</th></tr>
<tr><th></th><th></th><th colspan="2">1</th><th colspan="2">2</th><th colspan="2">3</th><th colspan="2">その他</th></tr>
<tr><td rowspan="2">1</td><td>1</td><td>354</td><td>268</td><td>75.7</td><td>53</td><td>15.0</td><td>17</td><td>4.8</td><td>16</td><td>4.5</td></tr>
<tr><td>2</td><td>274</td><td>203</td><td>74.1</td><td>28</td><td>10.2</td><td>30</td><td>11.0</td><td>13</td><td>4.7</td></tr>
<tr><td rowspan="6">2</td><td>1</td><td>77</td><td>41</td><td>53.3</td><td>21</td><td>27.3</td><td>7</td><td>9.1</td><td>8</td><td>10.4</td></tr>
<tr><td>2</td><td>176</td><td>137</td><td>77.8</td><td>14</td><td>8.0</td><td>18</td><td>10.2</td><td>7</td><td>4.0</td></tr>
<tr><td>3</td><td>156</td><td>124</td><td>79.5</td><td>16</td><td>10.3</td><td>13</td><td>8.3</td><td>3</td><td>1.9</td></tr>
<tr><td>4</td><td>96</td><td>71</td><td>74.0</td><td>15</td><td>15.6</td><td>6</td><td>6.3</td><td>4</td><td>4.2</td></tr>
<tr><td>5</td><td>74</td><td>62</td><td>83.8</td><td>5</td><td>6.8</td><td>2</td><td>2.7</td><td>5</td><td>6.8</td></tr>
<tr><td>6</td><td>48</td><td>35</td><td>72.9</td><td>10</td><td>20.8</td><td>1</td><td>2.1</td><td>2</td><td>4.2</td></tr>
<tr><td rowspan="7">3</td><td>1</td><td>41</td><td>31</td><td>75.6</td><td>5</td><td>12.2</td><td>4</td><td>9.8</td><td>1</td><td>2.4</td></tr>
<tr><td>2</td><td>130</td><td>99</td><td>76.2</td><td>14</td><td>10.8</td><td>15</td><td>11.5</td><td>2</td><td>1.5</td></tr>
<tr><td>3</td><td>36</td><td>26</td><td>72.2</td><td>8</td><td>22.2</td><td>2</td><td>5.6</td><td>–</td><td>–</td></tr>
<tr><td>4</td><td>190</td><td>153</td><td>80.5</td><td>19</td><td>10.0</td><td>7</td><td>3.7</td><td>11</td><td>5.8</td></tr>
<tr><td>5</td><td>33</td><td>26</td><td>78.8</td><td>3</td><td>9.1</td><td>1</td><td>3.0</td><td>3</td><td>9.1</td></tr>
<tr><td>6</td><td>55</td><td>45</td><td>81.8</td><td>7</td><td>12.7</td><td>1</td><td>1.8</td><td>2</td><td>3.6</td></tr>
<tr><td>7</td><td>125</td><td>77</td><td>61.6</td><td>22</td><td>17.6</td><td>16</td><td>12.8</td><td>10</td><td>8.0</td></tr>
<tr><td rowspan="2">4</td><td>1</td><td>257</td><td>177</td><td>68.9</td><td>47</td><td>18.3</td><td>14</td><td>5.5</td><td>19</td><td>7.4</td></tr>
<tr><td>2</td><td>367</td><td>291</td><td>79.3</td><td>33</td><td>9.0</td><td>33</td><td>9.0</td><td>10</td><td>2.7</td></tr>
<tr><td rowspan="2">5</td><td>1</td><td>87</td><td>65</td><td>74.7</td><td>9</td><td>10.3</td><td>11</td><td>12.6</td><td>2</td><td>2.3</td></tr>
<tr><td>2</td><td>535</td><td>401</td><td>75.0</td><td>72</td><td>13.5</td><td>36</td><td>6.7</td><td>26</td><td>4.9</td></tr>
<tr><td rowspan="2">6</td><td>1</td><td>446</td><td>337</td><td>75.6</td><td>58</td><td>13.0</td><td>35</td><td>7.9</td><td>16</td><td>3.6</td></tr>
<tr><td>2</td><td>175</td><td>128</td><td>73.1</td><td>23</td><td>13.1</td><td>12</td><td>6.9</td><td>12</td><td>6.9</td></tr>
<tr><td rowspan="2">7</td><td>1</td><td>334</td><td>253</td><td>75.8</td><td>47</td><td>14.1</td><td>23</td><td>6.9</td><td>11</td><td>3.3</td></tr>
<tr><td>2</td><td>107</td><td>80</td><td>74.8</td><td>10</td><td>9.4</td><td>12</td><td>11.2</td><td>5</td><td>4.7</td></tr>
<tr><td rowspan="2">8</td><td>1</td><td>252</td><td>192</td><td>76.2</td><td>28</td><td>11.1</td><td>23</td><td>9.1</td><td>9</td><td>3.6</td></tr>
<tr><td>2</td><td>369</td><td>273</td><td>74.0</td><td>53</td><td>14.4</td><td>24</td><td>6.5</td><td>19</td><td>5.1</td></tr>
<tr><td rowspan="2">9</td><td>1</td><td>210</td><td>160</td><td>76.2</td><td>25</td><td>11.9</td><td>17</td><td>8.1</td><td>8</td><td>3.8</td></tr>
<tr><td>2</td><td>44</td><td>34</td><td>77.3</td><td>4</td><td>9.1</td><td>5</td><td>11.4</td><td>1</td><td>2.3</td></tr>
<tr><td rowspan="2">10</td><td>1</td><td>241</td><td>178</td><td>73.9</td><td>32</td><td>13.3</td><td>19</td><td>7.9</td><td>12</td><td>5.0</td></tr>
<tr><td>2</td><td>379</td><td>286</td><td>75.5</td><td>49</td><td>12.9</td><td>28</td><td>7.4</td><td>16</td><td>4.2</td></tr>
<tr><td rowspan="2">11</td><td>1</td><td>100</td><td>73</td><td>73.0</td><td>11</td><td>11.0</td><td>14</td><td>14.0</td><td>2</td><td>2.0</td></tr>
<tr><td>2</td><td>521</td><td>392</td><td>75.2</td><td>70</td><td>13.4</td><td>33</td><td>6.3</td><td>26</td><td>5.0</td></tr>
<tr><td rowspan="2">12</td><td>1</td><td>102</td><td>82</td><td>80.4</td><td>10</td><td>9.8</td><td>7</td><td>6.9</td><td>3</td><td>2.9</td></tr>
<tr><td>2</td><td>529</td><td>390</td><td>73.7</td><td>72</td><td>13.6</td><td>41</td><td>7.8</td><td>26</td><td>4.9</td></tr>
<tr><td rowspan="2">13</td><td>1</td><td>425</td><td>323</td><td>76.0</td><td>50</td><td>11.8</td><td>32</td><td>7.5</td><td>20</td><td>4.7</td></tr>
<tr><td>2</td><td>193</td><td>140</td><td>72.5</td><td>31</td><td>16.1</td><td>14</td><td>7.3</td><td>8</td><td>4.1</td></tr>
<tr><td rowspan="2">14</td><td>1</td><td>69</td><td>48</td><td>69.6</td><td>11</td><td>15.9</td><td>7</td><td>10.1</td><td>3</td><td>4.3</td></tr>
<tr><td>2</td><td>560</td><td>423</td><td>75.5</td><td>70</td><td>12.5</td><td>41</td><td>7.3</td><td>26</td><td>4.6</td></tr>
</table>

番号	種類		問題 42											
			1		2		3		4		5		その他	
1	1	304	125	41.1	119	39.1	26	8.6	13	4.3	8	2.6	13	4.3
	2	253	96	37.9	84	33.2	34	13.4	16	6.3	8	3.2	15	5.9
2	1	62	32	51.6	7	11.3	11	17.7	4	6.5	2	3.2	6	9.7
	2	161	56	34.8	54	33.5	19	11.8	12	7.5	10	6.2	10	6.2
	3	147	49	33.3	70	47.6	12	8.2	8	5.4	2	1.4	6	4.1
	4	81	33	40.7	28	34.6	9	11.1	2	2.5	3	3.7	6	7.4
	5	65	29	44.6	31	47.7	4	6.2	1	1.5	-	-	-	-
	6	40	20	50.0	13	32.5	5	12.5	2	5.0	-	-	-	-
3	1	39	10	25.6	22	56.4	2	5.1	1	2.6	1	2.6	3	7.7
	2	119	38	31.9	61	51.3	11	9.2	6	5.0	2	1.7	1	0.8
	3	32	7	21.9	14	43.8	4	12.5	2	6.3	2	6.3	3	9.4
	4	166	71	42.8	59	35.5	19	11.5	7	4.2	3	4.2	7	4.2
	5	29	16	55.2	9	31.0	2	6.9	-	-	-	-	2	6.9
	6	48	20	41.7	14	29.2	10	20.8	3	6.3	1	2.1	-	-
	7	109	50	45.9	20	18.4	12	11.0	8	7.3	8	7.3	11	10.1
4	1	221	110	49.8	54	24.4	34	15.4	11	5.0	3	1.4	9	4.1
	2	333	109	32.7	147	44.1	26	7.8	18	5.4	14	4.2	19	5.7
5	1	82	22	26.8	43	52.4	4	4.9	6	7.3	3	3.7	4	4.9
	2	470	196	41.7	158	33.6	56	11.9	23	4.9	14	3.0	23	4.9
6	1	396	139	35.1	163	41.2	39	9.9	21	5.3	15	3.8	19	4.8
	2	154	78	50.7	37	24.0	21	13.6	8	5.2	2	1.3	8	5.2
7	1	291	108	37.1	118	40.6	29	10.0	14	4.8	12	4.1	10	3.4
	2	100	30	30.0	43	43.0	8	8.0	7	7.0	3	3.0	9	9.0
8	1	224	76	33.9	95	42.4	17	7.6	12	5.4	10	4.5	14	6.3
	2	327	142	43.4	106	32.4	42	12.8	17	5.2	7	2.1	13	4.0
9	1	185	68	36.8	76	41.1	14	7.6	11	6.0	8	4.3	8	4.3
	2	41	9	22.0	19	46.3	3	7.3	2	4.9	2	4.9	6	14.6
10	1	208	77	37.0	77	37.0	18	8.7	14	6.7	10	4.8	12	5.8
	2	342	140	40.9	123	36.0	42	12.3	15	4.4	7	2.1	15	4.4
11	1	90	25	27.8	40	44.4	7	7.8	8	8.9	5	5.6	5	5.6
	2	461	193	41.9	160	34.7	53	11.5	21	4.6	12	2.6	22	4.8
12	1	94	34	36.2	36	38.3	6	6.4	5	5.3	3	3.2	10	10.6
	2	466	187	40.1	168	36.1	54	11.6	24	5.2	15	3.2	18	3.9
13	1	372	141	37.9	146	39.3	36	9.7	22	5.9	11	3.0	16	4.3
	2	177	76	42.9	53	29.9	24	13.6	7	4.0	6	3.4	11	6.2
14	1	55	16	29.1	22	40.0	8	14.6	-	-	5	9.1	4	7.3
	2	503	204	40.6	181	36.0	52	10.3	29	5.8	13	2.6	24	4.8

番号	種類	1		
1	1	356	303	85.1
	2	274	250	91.2
2	1	76	64	84.2
	2	176	162	92.1
	3	157	137	87.3
	4	95	87	91.6
	5	74	58	78.4
	6	51	44	86.3
3	1	42	39	92.9
	2	132	120	90.9
	3	36	34	94.4
	4	189	161	85.2
	5	33	27	81.8
	6	57	50	87.7
	7	123	107	87.0
4	1	256	220	85.9
	2	370	330	89.2
5	1	88	81	92.1
	2	536	466	86.9
6	1	444	396	89.2
	2	178	149	83.7
7	1	333	295	88.6
	2	106	96	90.6
8	1	254	226	89.0
	2	369	320	86.7
9	1	212	187	88.2
	2	44	42	95.5
10	1	240	213	88.8
	2	382	332	86.9
11	1	101	93	92.1
	2	522	453	86.8
12	1	101	94	93.1
	2	532	462	86.8
13	1	428	378	88.3
	2	192	165	85.9
14	1	67	61	91.0
	2	564	493	87.4

問題 43			
2		その他	
20	5.6	33	9.3
8	2.9	16	5.8
-	-	12	15.8
5	2.8	9	5.1
11	7.0	9	5.7
4	4.2	4	4.2
7	9.5	9	12.2
1	2.0	6	11.8
2	4.8	1	2.4
3	2.3	9	6.8
-	-	2	5.6
15	7.9	13	6.9
1	3.0	5	15.2
4	7.0	3	5.3
1	0.8	15	12.2
11	4.3	25	9.8
17	4.6	23	6.2
3	3.4	4	4.5
25	4.7	45	8.4
20	4.5	28	6.3
8	4.5	21	11.8
15	4.5	23	6.9
5	4.7	5	4.7
14	5.5	14	5.5
14	3.8	35	9.5
12	5.7	13	6.1
1	2.3	1	2.3
7	2.9	20	8.3
21	5.5	29	7.6
4	4.0	4	4.0
24	4.6	45	8.6
5	5.0	2	2.0
23	4.3	47	8.8
20	4.7	30	7.0
8	4.2	19	9.9
4	6.0	2	3.0
24	4.3	47	8.3

番号	種類	問題 44												
			1		2		3		4		5		その他	
1	1	339	260	76.7	30	8.9	19	5.6	8	2.4	8	2.4	14	4.1
	2	269	211	78.4	26	9.7	8	3.0	10	3.7	5	1.9	9	3.3
2	1	75	63	84.0	2	2.7	2	2.7	3	4.0	2	2.7	3	4.0
	2	173	146	84.4	6	3.5	9	5.2	3	1.7	6	3.5	3	1.7
	3	157	129	82.2	7	4.5	4	2.6	9	5.7	1	0.6	7	4.5
	4	91	67	73.6	9	9.9	8	8.8	-	-	2	2.2	5	5.5
	5	70	46	65.7	16	22.9	3	4.3	1	1.4	1	1.4	3	4.3
	6	41	19	46.3	16	39.0	1	2.4	2	4.9	1	2.4	2	4.9
3	1	37	27	73.0	6	16.2	-	-	2	5.4	1	2.7	1	2.7
	2	130	102	78.5	12	9.2	7	5.4	3	2.3	2	1.5	4	3.1
	3	35	27	77.1	3	8.6	-	-	2	5.7	1	2.9	2	5.7
	4	183	144	78.7	16	8.7	13	7.1	3	1.6	1	0.6	6	3.3
	5	32	21	65.6	5	15.6	2	6.3	1	3.1	1	3.1	2	6.3
	6	52	34	65.4	10	19.2	1	1.9	3	5.8	2	3.9	2	3.8
	7	122	102	83.6	3	2.5	4	3.3	4	3.3	4	3.3	5	4.1
4	1	249	184	73.9	29	11.7	13	5.2	4	1.6	7	2.8	12	4.8
	2	355	283	79.7	27	7.6	14	3.9	14	3.9	6	1.7	11	3.1
5	1	85	73	85.9	4	4.7	1	1.2	2	2.4	4	4.7	1	1.2
	2	517	393	76.0	51	9.9	26	5.0	16	3.1	9	1.7	22	4.3
6	1	430	345	80.2	29	6.7	18	4.2	14	3.3	8	1.9	16	3.7
	2	170	119	70.0	26	15.3	9	5.3	4	2.4	5	2.9	7	4.1
7	1	323	257	79.6	21	6.5	14	4.3	12	3.7	6	1.9	13	4.0
	2	102	84	82.4	8	7.8	4	3.9	2	2.0	1	1.0	3	2.9
8	1	240	194	80.8	19	7.9	9	3.8	6	2.5	4	1.7	8	3.3
	2	361	271	75.1	36	10.0	18	5.0	12	3.3	9	2.5	15	4.2
9	1	199	161	80.9	15	7.5	8	4.0	4	2.0	3	1.5	8	4.0
	2	43	36	83.7	3	7.0	1	2.3	2	4.7	1	2.3	-	-
10	1	229	185	80.8	16	7.0	6	2.6	9	3.9	6	2.6	7	3.1
	2	371	279	75.2	39	10.5	21	5.7	9	2.8	7	1.9	16	4.3
11	1	98	79	80.6	8	8.2	1	1.0	5	5.1	3	3.1	2	2.0
	2	503	386	76.7	47	9.3	26	5.2	13	2.6	10	2.0	21	4.2
12	1	98	79	80.6	9	9.2	2	2.0	3	3.1	3	3.1	2	2.0
	2	513	393	76.6	49	9.6	25	4.9	15	2.9	10	2.0	21	4.1
13	1	407	319	78.4	31	7.6	17	4.2	13	3.2	9	2.2	18	4.4
	2	192	145	75.5	24	12.5	9	4.7	5	2.6	4	2.1	5	2.6
14	1	66	48	72.7	4	6.1	5	7.6	4	6.1	3	4.6	2	3.0
	2	543	422	77.7	54	9.9	22	4.1	14	2.6	10	1.8	21	3.9

番号	種類		問題 45									
			1		2		3		4		その他	
1	1	332	104	31.3	85	25.6	61	18.4	70	21.1	12	3.6
	2	265	73	27.6	91	34.3	59	22.4	36	13.6	6	2.3
2	1	72	15	20.8	27	37.5	13	18.1	14	19.4	3	4.2
	2	170	63	37.1	45	26.5	45	26.5	13	7.7	4	2.4
	3	150	48	32.0	39	26.0	25	23.3	22	14.7	16	10.7
	4	89	24	27.0	27	30.3	13	14.6	23	25.8	2	2.2
	5	71	23	32.4	17	23.9	8	11.3	22	31.0	1	1.4
	6	44	4	9.1	20	45.5	6	13.6	12	27.3	2	4.5
3	1	39	10	25.6	14	35.9	6	15.4	9	23.1	-	-
	2	124	40	32.3	34	27.4	35	28.2	13	10.5	2	1.6
	3	35	10	28.6	13	37.1	7	20.0	3	8.6	2	5.7
	4	181	63	34.8	34	18.8	35	19.3	43	23.8	6	3.3
	5	31	14	45.2	10	32.3	1	3.2	4	12.9	2	6.5
	6	52	8	15.4	14	26.9	11	21.2	17	32.7	2	3.8
	7	117	26	22.2	51	43.6	22	18.8	16	13.7	2	1.7
4	1	242	62	25.6	77	31.8	35	14.5	58	24.0	10	4.1
	2	351	114	32.5	96	27.4	85	24.2	48	13.7	8	2.3
5	1	85	24	28.2	29	34.1	24	28.2	6	7.1	2	2.4
	2	506	152	30.0	145	28.7	94	18.6	99	19.6	16	3.2
6	1	421	126	29.9	128	30.4	92	21.9	65	15.4	10	2.4
	2	168	50	29.8	45	26.8	26	15.5	39	23.2	8	4.8
7	1	313	91	29.1	89	28.4	71	22.7	55	17.6	7	2.2
	2	103	34	33.0	38	36.9	19	18.5	9	8.7	3	2.9
8	1	236	68	28.8	83	35.2	54	22.9	26	11.0	5	2.1
	2	354	108	30.5	91	25.7	63	17.8	79	22.3	13	3.7
9	1	194	54	27.8	64	33.0	48	24.7	25	12.9	3	1.5
	2	44	14	31.8	20	45.5	7	15.9	1	2.3	2	4.5
10	1	226	67	29.7	71	31.4	57	25.2	26	11.5	5	2.2
	2	363	107	29.5	103	28.4	61	16.8	79	21.8	13	3.6
11	1	94	32	34.0	31	33.0	19	20.2	9	9.6	3	3.2
	2	496	143	28.8	143	28.8	99	20.0	96	19.4	15	3.0
12	1	98	31	31.6	26	26.5	26	26.5	12	12.2	3	3.1
	2	502	148	29.5	150	30.0	94	18.7	95	18.9	15	3.0
13	1	404	118	29.2	120	29.7	89	22.0	66	16.3	11	2.7
	2	184	57	31.0	52	28.3	30	16.3	38	20.7	7	3.8
14	1	62	18	29.0	15	24.2	21	33.9	7	11.3	1	1.6
	2	536	160	29.9	160	29.9	99	18.5	100	18.7	17	3.2

番号	種類		1		2	
1	1	314	193	61.5	85	27.1
	2	254	163	64.2	67	26.4
2	1	62	33	53.2	21	33.9
	2	166	125	75.3	23	13.9
	3	146	101	69.2	34	23.3
	4	83	44	53.0	27	32.5
	5	69	29	42.0	32	46.4
	6	41	24	58.5	14	34.2
3	1	39	22	56.4	10	25.6
	2	119	81	68.1	27	22.7
	3	33	23	69.7	7	21.2
	4	171	108	63.2	45	26.3
	5	31	15	48.4	12	38.7
	6	50	25	50.0	22	44.0
	7	109	70	64.2	27	24.8
4	1	222	113	50.9	87	39.2
	2	343	242	70.6	63	18.4
5	1	83	64	77.1	12	14.5
	2	479	288	60.1	139	29.0
6	1	405	269	66.4	89	22.0
	2	155	82	52.9	61	39.4
7	1	297	191	64.3	71	23.9
	2	103	75	72.8	17	16.5
8	1	230	163	70.9	43	18.7
	2	331	189	57.1	108	32.6
9	1	189	133	70.4	35	18.5
	2	43	32	74.4	7	16.3
10	1	214	147	68.7	42	19.6
	2	346	203	58.7	109	31.5
11	1	92	66	71.7	14	15.2
	2	469	285	60.8	137	29.2
12	1	92	65	70.7	16	17.4
	2	479	291	60.8	138	28.8
13	1	386	257	66.6	89	23.1
	2	173	94	54.3	60	34.7
14	1	54	33	61.1	12	22.2
	2	515	321	62.3	142	27.6

問題 46

3		4		その他	
18	5.7	9	2.9	9	2.9
19	7.5	3	1.2	2	0.8
7	11.3	-	-	1	1.6
13	7.8	2	1.2	3	1.8
5	3.4	2	1.4	4	2.7
6	7.2	3	3.6	3	3.6
4	5.8	4	5.8	-	-
2	4.9	1	2.4	-	-
2	5.1	5	12.8	-	-
7	5.9	3	2.5	1	0.8
2	6.1	-	-	1	3.0
10	5.9	2	1.2	6	3.5
2	6.5	1	3.2	1	3.2
3	6.0	-	-	-	-
9	8.3	1	0.9	2	1.8
13	5.9	3	1.4	6	2.7
24	7.0	9	2.6	5	1.5
3	3.6	4	4.8	-	-
34	7.1	8	1.7	10	2.1
30	7.4	10	2.5	7	1.7
7	4.5	2	1.3	3	1.9
23	7.7	6	2.0	6	2.0
6	5.8	4	3.8	1	1.0
13	5.7	6	2.6	5	2.2
23	7.0	6	1.8	5	1.5
13	6.9	2	1.1	6	3.2
-	-	4	9.3	-	-
18	8.4	6	2.8	1	0.5
19	5.5	6	1.7	9	2.6
7	7.6	5	5.4	-	-
30	6.4	7	1.5	10	2.1
7	7.6	4	4.4	-	-
31	6.5	8	1.7	11	2.3
25	6.5	10	2.6	5	1.3
12	6.9	2	1.2	5	2.9
6	11.1	2	3.7	1	1.9
32	6.2	10	1.9	10	1.9

問題 47

番号	種類		1		2		3		4		5		その他	
1	1	351	259	73.8	45	12.8	6	1.7	6	1.7	8	2.3	27	7.7
	2	274	214	78.1	29	10.6	8	2.9	7	2.6	5	1.8	11	4.0
2	1	75	56	74.7	6	8.0	5	6.7	1	1.3	2	2.7	5	6.7
	2	175	144	82.3	13	7.4	1	0.6	7	4.0	5	2.9	5	2.9
	3	157	131	83.4	12	7.6	2	1.3	3	1.9	2	1.3	7	4.5
	4	93	66	71.0	16	17.2	2	2.2	1	1.1	2	2.2	6	6.5
	5	73	44	60.3	16	21.9	1	1.4	1	1.4	1	1.4	10	13.7
	6	51	31	60.8	11	21.6	3	5.9	-	-	1	2.0	5	9.8
3	1	42	29	69.1	7	16.7	-	-	-	-	-	-	6	14.3
	2	129	103	79.8	19	14.7	-	-	1	0.8	2	1.6	4	3.1
	3	36	31	86.1	2	5.6	-	-	-	-	-	-	3	8.3
	4	190	133	70.0	25	13.2	5	2.6	8	4.2	6	4.2	13	6.8
	5	32	28	87.5	1	3.1	1	3.1	-	-	-	-	2	6.3
	6	57	36	63.2	12	21.1	3	5.3	1	1.8	2	3.5	3	5.3
	7	121	98	81.0	6	5.0	5	4.1	3	2.5	2	1.7	7	5.8
4	1	255	172	67.5	40	15.7	12	4.7	6	2.4	4	1.6	21	8.2
	2	366	299	81.7	32	8.7	2	0.6	7	1.9	9	2.5	17	4.6
5	1	88	77	87.5	1	1.1	1	1.1	2	2.3	2	2.3	5	5.7
	2	531	392	73.8	72	13.6	12	2.3	11	2.1	11	2.1	33	6.2
6	1	442	342	77.4	48	10.9	7	1.6	10	2.3	9	2.0	26	5.9
	2	175	126	72.0	25	14.3	6	3.4	3	1.7	4	2.3	11	6.3
7	1	331	247	74.6	40	12.1	6	1.8	9	2.7	7	2.1	22	6.6
	2	106	91	85.9	7	6.6	1	0.9	1	0.9	2	1.9	4	3.8
8	1	250	204	81.6	19	7.6	3	1.2	5	2.0	6	2.4	13	5.2
	2	368	265	72.0	53	14.4	10	2.7	8	2.2	7	1.9	25	6.8
9	1	208	168	80.8	16	7.7	3	1.4	4	1.9	5	2.4	12	5.8
	2	44	39	88.6	2	4.6	-	-	1	2.3	1	2.3	1	2.3
10	1	235	190	80.9	15	6.4	5	2.1	4	1.7	5	2.1	16	6.8
	2	382	278	72.8	58	15.2	8	2.1	9	2.4	7	1.8	22	5.8
11	1	100	80	80.0	9	9.0	-	-	1	1.0	4	4.0	6	6.0
	2	518	388	74.9	64	12.4	13	2.5	12	2.3	9	1.7	32	6.2
12	1	102	78	76.5	13	12.8	1	1.0	2	2.0	2	2.0	6	5.9
	2	526	397	75.5	61	11.6	14	2.7	11	2.1	11	2.1	32	6.1
13	1	424	321	75.7	48	11.3	8	1.9	10	2.4	7	1.7	30	7.1
	2	192	146	76.0	24	12.5	5	2.6	3	1.6	6	3.1	8	4.2
14	1	68	47	69.1	12	17.7	3	4.4	1	1.5	1	1.5	4	5.9
	2	558	426	76.3	62	11.1	12	2.2	12	2.2	12	2.2	34	6.1

番号	種類		問題 48			
			1		その他	
1	1	359	355	98.9	4	1.1
	2	274	270	98.5	4	1.5
2	1	79	78	98.7	1	1.3
	2	176	174	98.9	2	1.1
	3	156	155	99.4	1	0.6
	4	95	93	97.9	2	2.1
	5	75	73	97.3	2	2.7
	6	51	51	100	–	–
3	1	42	42	100	–	–
	2	131	130	99.2	1	0.8
	3	36	36	100	–	–
	4	191	187	97.9	4	2.1
	5	33	32	97.0	1	3.0
	6	56	56	100	–	–
	7	126	125	99.2	1	0.8
4	1	260	254	97.7	6	2.3
	2	369	367	99.5	2	0.5
5	1	88	87	98.9	1	1.1
	2	539	532	98.7	7	1.3
6	1	447	443	99.1	4	0.9
	2	178	174	97.8	4	2.2
7	1	335	332	99.1	3	0.9
	2	107	106	99.1	1	0.9
8	1	255	254	99.6	1	0.4
	2	371	364	98.1	7	1.9
9	1	213	213	100	–	–
	2	44	43	97.7	1	2.3
10	1	242	240	99.2	2	0.8
	2	383	377	98.4	6	1.6
11	1	101	100	99.0	1	1.0
	2	525	518	98.7	7	1.3
12	1	102	101	99.0	1	1.0
	2	534	526	98.5	8	1.5
13	1	428	423	98.8	5	1.2
	2	195	192	98.5	3	1.5
14	1	69	69	100	–	–
	2	565	556	98.4	9	1.6

番号	種類		問題 49					
			1		2		その他	
1	1	329	221	67.2	92	28.0	16	4.9
	2	252	173	68.7	62	24.6	17	6.7
2	1	64	28	43.8	34	53.1	2	3.1
	2	163	110	67.5	40	24.5	13	8.0
	3	147	95	64.6	43	29.3	9	6.1
	4	85	62	72.9	19	22.4	4	4.7
	5	73	60	82.2	11	15.1	2	2.7
	6	48	37	77.1	8	16.7	3	6.3
3	1	41	32	78.1	7	17.1	2	4.9
	2	122	94	77.1	23	18.9	5	4.1
	3	35	30	85.7	3	8.6	2	5.7
	4	173	110	63.6	53	30.6	10	5.8
	5	32	24	75.0	6	18.8	2	6.3
	6	53	37	69.8	13	24.5	3	5.7
	7	107	52	48.6	47	43.9	8	7.5
4	1	229	138	60.3	80	34.9	11	4.8
	2	348	251	72.1	75	21.6	22	6.3
5	1	82	61	74.4	16	19.5	5	6.1
	2	493	327	66.3	138	28.0	28	5.7
6	1	413	284	68.8	101	24.5	28	6.8
	2	160	103	64.4	52	32.5	5	3.1
7	1	307	208	67.8	76	24.8	23	7.5
	2	101	72	71.3	24	23.8	5	5.0
8	1	238	170	71.4	55	23.1	13	5.5
	2	336	217	64.6	99	29.5	20	6.0
9	1	197	141	71.6	44	22.3	12	6.1
	2	43	30	69.8	12	27.9	1	2.3
10	1	219	141	64.4	65	29.7	13	5.9
	2	354	245	69.2	89	25.1	20	5.6
11	1	97	72	74.2	20	20.6	5	5.2
	2	477	315	66.0	134	28.1	28	5.9
12	1	97	60	61.9	29	29.9	8	8.2
	2	486	334	68.7	127	26.1	25	5.1
13	1	397	276	69.5	97	24.4	24	6.0
	2	174	109	62.6	56	32.2	9	5.2
14	1	64	40	62.5	16	25.0	8	12.5
	2	517	352	68.1	140	27.1	25	4.8

番号	種類		問題 50											
			1		2		3		4		5		その他	
1	1	326	135	41.4	55	16.9	62	19.0	41	12.6	20	6.1	13	4.0
	2	255	104	40.8	53	20.8	35	13.7	38	14.9	9	3.5	16	6.3
2	1	65	22	33.9	7	10.8	17	26.2	15	23.1	2	3.1	2	3.1
	2	164	73	44.5	22	13.4	28	17.1	25	15.2	8	4.9	8	4.9
	3	146	67	45.9	26	17.8	22	15.1	19	13.0	7	4.8	5	3.4
	4	90	31	34.4	21	23.3	18	20.0	12	13.3	4	4.4	4	4.4
	5	71	31	43.7	17	23.9	7	9.9	8	11.3	4	5.6	4	5.6
	6	44	13	29.6	16	36.4	5	11.4	–	–	4	9.1	6	13.6
3	1	41	21	51.2	6	14.6	5	12.2	4	9.8	3	7.3	2	4.9
	2	123	62	50.4	17	13.8	18	14.6	15	12.2	5	4.1	6	4.9
	3	33	17	51.5	7	21.2	7	21.2	2	6.1	–	–	–	–
	4	181	69	38.1	34	18.8	36	19.9	23	12.7	11	6.1	8	4.4
	5	29	11	37.9	10	34.5	1	3.5	2	6.9	4	13.8	1	3.4
	6	50	12	24.0	15	30.0	6	12.0	11	22.0	1	2.0	5	10.0
	7	107	40	37.4	18	16.8	22	20.6	20	18.7	2	1.9	5	4.7
4	1	233	78	33.5	52	22.3	45	19.3	30	12.9	13	5.6	15	6.4
	2	344	158	45.9	57	16.6	52	15.1	48	14.0	15	4.4	14	4.1
5	1	84	47	56.0	10	11.9	12	14.3	9	10.7	3	3.6	3	3.6
	2	492	190	38.6	96	19.5	85	17.3	70	14.2	25	5.1	26	5.3
6	1	415	188	45.3	66	15.9	69	16.6	50	12.1	22	5.3	20	4.8
	2	159	48	30.2	40	25.2	27	17.0	29	18.2	6	3.8	9	5.7
7	1	308	128	41.6	57	18.5	51	16.6	38	12.3	17	5.5	17	5.5
	2	103	58	56.3	8	7.8	18	17.5	11	10.7	5	4.9	3	2.9
8	1	239	113	47.3	41	17.2	41	17.2	21	8.8	11	4.6	12	5.0
	2	336	123	36.6	65	19.4	56	16.7	58	17.3	17	5.1	17	5.1
9	1	198	88	44.4	38	19.2	35	17.7	19	9.6	8	4.0	10	5.1
	2	43	25	58.1	4	9.3	6	14.0	3	7.0	3	7.0	2	4.7
10	1	217	98	45.2	28	12.9	48	22.1	24	11.1	7	3.2	12	5.5
	2	357	139	38.9	78	21.9	48	13.5	54	15.1	21	5.9	17	4.8
11	1	96	51	53.1	15	15.6	15	15.6	5	5.2	5	5.2	5	5.2
	2	479	186	38.8	91	19.0	82	17.1	73	15.2	23	4.8	24	5.0
12	1	97	47	48.5	14	14.4	10	10.3	11	11.3	5	5.2	10	10.3
	2	487	192	39.4	96	19.7	87	17.9	69	14.2	24	4.9	19	3.9
13	1	395	171	43.3	72	18.2	65	16.5	47	11.9	18	4.6	22	5.6
	2	177	65	36.7	32	18.1	31	17.5	32	18.1	10	5.7	7	4.0
14	1	60	28	46.7	9	15.0	9	15.0	7	11.7	2	3.3	5	8.3
	2	522	209	40.0	101	19.4	88	16.9	73	14.0	27	5.2	24	4.6

問題 51

番号	種類		1		2		3		その他	
1	1	340	294	86.5	23	6.8	17	5.0	6	1.8
1	2	265	226	85.3	16	6.0	21	7.9	2	0.8
2	1	67	54	80.6	7	10.5	5	7.5	1	1.5
2	2	175	157	89.7	10	5.7	8	4.6	-	-
2	3	149	124	83.2	9	6.0	14	9.4	2	1.3
2	4	95	84	88.4	4	4.2	4	4.2	3	3.2
2	5	70	61	87.1	5	7.1	3	4.3	1	1.4
2	6	48	39	81.3	4	8.3	4	8.3	1	2.1
3	1	41	40	97.6	1	2.4	-	-	-	-
3	2	130	112	86.2	6	4.6	10	7.7	2	1.5
3	3	34	31	91.2	2	5.9	-	-	1	2.9
3	4	184	155	84.2	13	7.1	13	7.1	3	1.6
3	5	32	24	75.0	3	9.4	5	15.6	-	-
3	6	53	44	83.0	5	9.4	3	5.7	1	1.9
3	7	113	98	86.7	9	8.0	5	4.4	1	0.9
4	1	241	194	80.5	19	7.9	24	10.0	4	1.7
4	2	361	323	89.5	20	5.5	14	3.9	4	1.1
5	1	87	81	93.1	4	4.6	2	2.3	-	-
5	2	512	434	84.8	34	6.6	36	7.0	8	1.6
6	1	432	382	88.4	21	4.9	24	5.6	5	1.2
6	2	165	131	79.4	17	10.3	14	8.5	3	1.8
7	1	323	285	88.2	14	4.3	19	5.9	5	1.5
7	2	104	94	90.4	6	5.8	4	3.9	-	-
8	1	247	225	91.1	12	4.9	8	3.2	2	0.8
8	2	351	289	82.3	26	7.4	30	8.6	6	1.7
9	1	205	187	91.2	8	3.9	8	3.9	2	1.0
9	2	44	41	93.2	3	6.8	-	-	-	-
10	1	227	207	91.2	10	4.4	8	3.5	2	0.9
10	2	370	307	83.0	28	7.6	29	7.8	6	1.6
11	1	99	95	96.0	2	2.0	2	2.0	-	-
11	2	499	420	84.2	36	7.2	35	7.0	8	1.6
12	1	102	96	94.1	3	2.9	3	2.9	-	-
12	2	506	426	84.2	36	7.1	35	6.9	9	1.8
13	1	409	357	87.3	25	6.1	20	4.9	7	1.7
13	2	186	156	83.9	12	6.5	17	9.1	1	0.5
14	1	68	62	91.2	3	4.4	2	2.9	1	1.5
14	2	538	458	85.1	36	6.7	36	6.7	8	1.5

問題 52

番号	種類		1		2		その他	
1	1	355	333	93.8	13	3.7	9	2.5
1	2	276	260	94.2	8	2.9	8	2.9
2	1	77	63	81.8	7	9.1	7	9.1
2	2	176	171	97.2	4	2.3	1	0.6
2	3	156	147	94.2	4	2.6	5	3.2
2	4	95	92	96.8	1	1.1	2	2.1
2	5	76	71	93.4	3	4.0	2	2.6
2	6	50	48	96.0	2	4.0	-	-
3	1	42	42	100	-	-	-	-
3	2	133	121	91.0	6	4.5	6	4.5
3	3	35	33	94.3	2	5.7	-	-
3	4	190	184	96.8	3	1.6	3	1.6
3	5	32	30	93.8	1	3.1	1	3.1
3	6	57	57	100	-	-	-	-
3	7	124	110	88.7	7	5.7	7	5.6
4	1	257	232	90.3	13	5.1	12	4.7
4	2	370	358	96.8	8	2.2	4	1.1
5	1	88	87	98.9	1	1.1	-	-
5	2	537	500	93.1	20	3.7	17	3.2
6	1	447	425	95.1	11	2.5	11	2.5
6	2	176	160	90.9	10	5.7	6	3.4
7	1	335	317	94.6	9	2.7	9	2.7
7	2	107	104	97.2	2	1.9	1	0.9
8	1	256	247	96.5	7	2.7	2	0.8
8	2	368	339	92.1	14	3.8	15	4.1
9	1	214	205	95.8	7	3.3	2	0.9
9	2	44	44	100	-	-	-	-
10	1	240	228	95.0	4	1.7	8	3.3
10	2	383	358	93.5	17	4.4	8	2.1
11	1	102	100	98.0	1	1.0	1	1.0
11	2	522	467	93.3	20	3.8	15	2.9
12	1	103	100	97.1	3	2.9	-	-
12	2	531	496	93.4	18	3.4	17	3.2
13	1	426	411	96.5	9	2.1	6	1.4
13	2	195	172	88.2	12	6.2	11	5.6
14	1	69	68	98.6	1	1.5	-	-
14	2	563	526	93.4	20	3.6	17	3.0

番号	種類	問題 53	1		2		3		4		5		6		その他	
1	1	341	208	61.0	35	10.3	21	6.2	35	10.3	19	5.6	3	0.9	20	5.9
	2	266	146	54.9	25	9.4	31	11.7	16	6.0	10	3.8	9	3.4	29	10.9
2	1	71	37	52.1	9	12.7	4	5.6	4	5.6	1	1.4	2	2.8	14	19.7
	2	169	86	50.9	18	10.7	24	14.2	15	8.9	10	5.9	2	1.2	14	8.3
	3	154	89	57.8	13	8.4	9	5.8	21	13.6	7	4.6	4	2.6	11	7.1
	4	90	58	64.4	9	10.0	7	7.8	5	5.6	5	5.6	1	1.1	5	5.6
	5	73	50	68.5	5	6.9	3	4.1	5	6.9	5	6.9	1	1.4	4	5.5
	6	49	34	69.4	6	12.2	4	8.2	1	2.0	1	2.0	2	4.1	1	2.0
3	1	42	29	69.1	–	–	4	9.5	2	4.8	1	2.4	1	2.4	5	11.9
	2	125	71	56.8	9	7.2	12	9.6	14	11.2	5	4.0	2	1.6	12	9.6
	3	35	22	62.9	1	2.9	5	14.3	1	2.9	2	5.7	1	2.9	3	8.6
	4	186	106	57.0	24	12.9	13	7.0	20	10.8	15	8.1	1	0.5	7	3.8
	5	32	22	68.8	4	12.5	–	–	3	9.4	2	6.3	–	–	1	3.1
	6	55	33	60.0	3	5.5	10	18.2	3	5.5	1	1.8	3	5.5	2	3.6
	7	116	63	54.3	15	12.9	8	6.9	7	6.0	2	1.7	3	2.6	18	15.5
4	1	245	149	60.8	27	11.0	15	6.1	14	5.7	11	4.5	5	2.0	24	9.8
	2	358	202	56.4	33	9.2	37	10.3	37	10.3	18	5.0	7	2.0	24	6.7
5	1	85	53	62.4	5	5.9	7	8.2	9	10.6	2	2.4	1	1.2	8	9.4
	2	516	299	58.0	55	10.7	44	8.5	41	8.0	25	4.8	11	2.1	41	7.9
6	1	431	250	58.0	36	8.4	41	9.5	41	9.5	19	4.4	6	1.4	38	8.8
	2	168	100	59.5	24	14.3	10	6.0	9	5.4	8	4.8	6	2.6	11	6.5
7	1	324	188	58.0	27	8.3	29	9.0	32	9.9	17	5.3	3	0.9	28	8.6
	2	102	58	56.9	8	7.8	12	11.8	9	8.8	2	2.0	3	2.9	10	9.8
8	1	245	150	61.2	21	8.6	22	9.0	22	9.0	13	5.3	2	0.8	15	6.1
	2	355	201	56.6	39	11.0	29	8.2	28	7.9	14	3.9	10	2.8	34	9.6
9	1	204	126	61.8	17	8.3	17	8.3	19	9.3	12	5.9	1	0.5	12	5.9
	2	43	27	62.8	2	4.7	5	11.6	3	7.0	1	2.3	1	2.3	4	9.3
10	1	227	124	54.6	22	9.7	21	9.3	22	9.7	11	4.9	4	1.8	23	10.1
	2	372	226	60.8	38	10.2	30	8.1	28	7.5	16	4.3	8	2.2	26	7.0
11	1	96	58	60.4	8	8.3	9	9.4	6	6.3	2	2.1	4	4.2	9	9.4
	2	504	293	58.1	52	10.3	42	8.3	44	8.7	25	5.0	8	1.6	40	7.9
12	1	99	64	64.7	6	6.1	8	8.1	6	6.1	4	4.0	3	3.0	8	8.1
	2	511	292	57.1	54	10.6	44	8.6	45	8.8	25	4.9	9	1.8	42	8.2
13	1	407	246	60.4	40	9.8	34	8.4	33	8.1	16	3.9	9	2.2	29	7.1
	2	191	103	53.9	20	10.5	17	8.9	17	8.9	11	5.8	3	1.6	20	10.5
14	1	65	36	55.4	6	9.2	3	4.6	9	13.9	3	4.6	1	1.5	7	10.8
	2	543	318	58.6	54	9.9	49	9.0	42	7.7	26	4.8	11	2.0	43	7.9

番号	種類	問題54		1		2		3		その他	
1	1	355		186	52.4	150	42.3	9	2.5	10	2.8
1	2	277		135	48.7	131	47.3	9	3.3	2	0.7
2	1	76		42	55.3	32	42.1	-	-	2	2.6
2	2	177		107	60.5	64	36.2	6	3.4	-	-
2	3	157		67	42.7	79	50.3	7	4.5	4	2.5
2	4	95		43	45.3	48	50.5	1	1.1	3	3.2
2	5	75		35	46.7	38	50.7	-	-	2	2.7
2	6	51		27	52.9	19	37.3	4	7.8	1	2.0
3	1	42		25	59.5	17	40.5	-	-	-	-
3	2	133		64	48.1	63	47.4	4	3.0	2	1.5
3	3	36		17	47.2	19	52.8	-	-	-	-
3	4	191		87	45.6	90	47.1	8	4.2	6	3.1
3	5	33		20	60.6	12	36.4	1	3.0	-	-
3	6	57		25	43.9	25	43.9	5	8.8	2	3.5
3	7	124		74	59.7	48	38.7	-	-	2	1.6
4	1	257		125	48.6	119	46.3	7	2.7	6	2.3
4	2	371		196	52.8	158	42.6	11	3.0	6	1.6
5	1	88		57	64.8	28	31.8	-	-	3	3.4
5	2	538		261	48.5	251	46.7	18	3.4	8	1.5
6	1	448		235	52.5	193	43.1	12	2.7	8	1.8
6	2	176		82	46.6	85	48.3	6	3.4	3	1.7
7	1	337		177	52.5	146	43.3	10	3.0	4	1.2
7	2	106		55	51.9	45	42.5	2	1.9	4	3.8
8	1	254		135	53.2	108	42.5	6	2.4	5	2.0
8	2	371		183	49.3	170	45.8	12	3.2	6	1.6
9	1	213		110	51.6	96	45.1	5	2.4	2	0.9
9	2	43		28	65.1	13	30.2	-	-	2	4.7
10	1	240		132	55.0	102	42.5	2	0.8	4	1.7
10	2	384		185	48.2	176	45.8	16	4.2	7	1.8
11	1	102		52	51.0	48	47.1	2	2.0	-	-
11	2	523		266	50.9	230	44.0	16	3.1	11	2.1
12	1	104		56	53.9	46	44.2	1	1.0	1	1.0
12	2	531		267	50.3	236	44.4	17	3.2	11	2.1
13	1	426		225	52.8	183	43.0	11	2.6	7	1.6
13	2	196		92	46.9	93	47.5	7	3.6	4	2.0
14	1	69		35	50.7	31	44.9	3	4.4	-	-
14	2	564		286	50.7	251	44.5	15	2.7	12	2.1

番号	種類	問題55		1		2		3		4	
1	1	355		238	67.0	46	13.0	22	6.2	15	4.2
1	2	276		192	69.6	28	10.1	17	6.2	13	4.7
2	1	77		57	74.0	5	6.5	7	9.1	2	2.6
2	2	176		124	70.5	15	8.5	12	6.8	11	6.3
2	3	156		100	64.1	22	14.1	15	9.6	8	5.1
2	4	96		67	69.8	12	12.5	2	2.1	1	1.0
2	5	75		50	66.7	11	14.7	1	1.3	5	6.7
2	6	50		30	60.0	10	20.0	2	4.0	1	2.0
3	1	42		31	73.8	3	7.1	1	2.4	2	4.8
3	2	133		92	69.2	17	12.8	5	3.8	9	6.8
3	3	36		24	66.7	7	19.4	4	11.1	-	-
3	4	188		118	62.8	30	16.0	12	6.4	7	3.7
3	5	33		28	84.9	4	12.1	1	3.0	-	-
3	6	57		31	54.4	8	14.0	3	5.3	5	8.8
3	7	124		92	74.2	5	4.0	12	9.7	4	3.2
4	1	256		173	67.6	34	13.3	13	5.1	12	4.7
4	2	371		253	68.2	40	10.8	26	7.0	16	4.3
5	1	88		61	69.3	12	13.6	4	4.6	3	3.4
5	2	537		364	67.8	62	11.6	35	6.5	25	4.7
6	1	447		314	70.3	49	11.0	27	6.0	17	3.8
6	2	176		111	63.1	24	13.6	12	6.8	11	6.3
7	1	336		238	70.8	35	10.4	21	6.3	12	3.6
7	2	106		72	67.9	14	13.2	6	5.7	5	4.7
8	1	254		174	68.5	33	13.0	16	6.3	10	3.9
8	2	370		251	67.8	41	11.1	23	6.2	17	4.6
9	1	212		144	67.9	27	12.7	16	7.6	9	4.3
9	2	44		31	70.5	6	13.6	-	-	1	2.3
10	1	241		162	67.2	29	12.0	20	8.3	7	2.9
10	2	382		262	68.6	45	11.8	19	5.0	21	5.5
11	1	102		66	64.7	16	15.7	5	4.9	4	3.9
11	2	522		359	68.8	58	11.1	34	6.5	24	4.6
12	1	103		66	64.1	13	12.6	6	5.8	6	5.8
12	2	531		365	68.7	62	11.7	33	6.2	22	4.1
13	1	428		289	67.5	49	11.5	30	7.0	20	4.7
13	2	193		134	69.4	25	13.0	8	4.2	7	3.6
14	1	69		46	66.7	5	7.3	6	8.7	5	7.3
14	2	563		384	68.2	69	12.3	33	5.9	23	4.1

5		その他	
12	3.4	22	6.2
10	3.6	16	5.8
1	1.3	5	6.5
7	4.0	7	4.0
1	0.6	10	6.4
7	7.3	7	7.3
3	4.0	5	6.7
3	6.0	4	8.0
3	7.1	2	4.8
5	3.8	5	3.8
–	–	1	2.8
4	2.1	17	9.0
–	–	–	–
6	10.5	4	7.0
3	2.4	8	6.5
7	2.7	17	6.6
15	4.0	21	5.7
3	3.4	5	5.7
19	3.5	32	6.0
16	3.6	24	5.4
5	2.8	13	7.4
12	3.6	18	5.4
3	2.8	6	5.7
8	3.2	13	5.1
14	3.8	24	6.5
6	2.8	10	4.7
3	6.8	3	6.8
7	2.9	16	6.6
14	3.7	21	5.5
6	5.9	5	4.9
15	2.9	32	6.1
5	4.9	7	6.8
18	3.4	31	5.8
17	4.0	23	5.4
4	2.1	15	7.8
2	2.9	5	7.2
21	3.7	33	5.9

問題 56				1		2		その他	
種類				1		2		その他	
1	1	311	189	60.8	109	35.1	13	4.2
1	2	251	145	57.8	92	36.7	14	5.6
2	1	62	27	43.6	31	50.0	4	6.5
2	2	161	116	72.1	37	23.0	8	5.0
2	3	147	95	64.6	45	30.6	7	4.8
2	4	85	46	54.1	36	42.4	3	3.5
2	5	65	34	52.3	29	44.6	2	3.1
2	6	41	17	41.5	21	51.2	3	7.3
3	1	40	32	80.0	7	17.5	1	2.5
3	2	121	80	66.1	35	28.9	6	5.0
3	3	35	20	57.1	15	42.9	–	–
3	4	166	91	54.8	67	40.4	8	4.8
3	5	30	15	50.0	12	40.0	3	10.0
3	6	47	23	48.9	21	44.7	3	6.4
3	7	107	62	57.9	39	36.5	6	5.6
4	1	222	106	47.8	105	47.3	11	5.0
4	2	336	228	67.9	93	27.7	15	4.5
5	1	80	54	67.5	19	23.8	7	8.8
5	2	477	276	57.9	181	38.0	20	4.2
6	1	398	256	64.3	125	31.4	17	4.3
6	2	157	73	46.5	74	47.1	10	6.4
7	1	294	187	63.6	97	33.0	10	3.4
7	2	99	65	65.7	28	28.3	6	6.1
8	1	229	163	71.2	58	25.3	8	3.5
8	2	328	167	50.9	142	43.3	19	5.8
9	1	188	133	70.7	48	25.5	7	3.7
9	2	43	31	72.1	11	25.6	1	2.3
10	1	215	137	63.7	67	31.2	11	5.1
10	2	340	192	56.5	132	38.8	16	4.7
11	1	89	56	62.9	27	30.3	6	6.7
11	2	467	273	58.5	173	37.0	21	4.5
12	1	92	62	67.4	26	28.3	4	4.3
12	2	472	273	57.8	176	37.3	23	4.9
13	1	377	231	61.3	130	34.5	16	4.2
13	2	176	98	55.7	67	38.1	11	6.3
14	1	53	35	66.0	15	28.3	3	5.7
14	2	510	300	58.8	187	36.7	23	4.5

番号				1		2		3	
種類				1		2		3	
1	1	337	118	35.0	68	20.2	20	5.9
1	2	264	89	33.7	62	23.5	20	7.6
2	1	66	11	16.7	20	30.3	5	7.6
2	2	170	63	37.1	46	27.1	12	7.1
2	3	153	65	42.5	30	19.6	15	9.8
2	4	92	39	42.4	17	18.5	4	4.4
2	5	70	17	24.3	13	18.6	1	1.4
2	6	49	12	24.5	4	8.2	3	6.1
3	1	40	17	42.5	11	27.5	–	–
3	2	130	53	40.8	25	19.2	10	7.7
3	3	35	14	40.0	11	31.4	–	–
3	4	182	64	35.2	36	19.8	11	6.0
3	5	32	7	21.9	3	9.4	3	9.4
3	6	52	16	30.8	6	11.5	6	11.5
3	7	113	31	27.4	36	31.9	8	7.1
4	1	238	57	24.0	41	17.2	20	8.4
4	2	359	146	40.7	89	24.8	20	5.6
5	1	85	42	49.4	16	18.8	7	8.2
5	2	510	163	32.0	114	22.4	32	6.3
6	1	430	158	36.7	103	24.0	27	6.3
6	2	163	46	28.2	27	16.6	12	7.4
7	1	321	105	32.7	83	25.9	19	5.9
7	2	104	51	49.0	19	18.3	7	6.7
8	1	248	99	39.9	59	23.8	12	4.8
8	2	346	106	30.6	70	20.2	27	7.8
9	1	208	76	36.5	55	26.4	9	4.3
9	2	42	24	57.1	6	14.3	2	4.8
10	1	229	89	38.9	49	21.4	17	7.4
10	2	364	114	31.3	81	22.3	22	6.0
11	1	99	46	46.5	15	15.2	8	8.1
11	2	495	158	31.9	115	23.2	31	6.3
12	1	101	47	46.5	18	17.8	7	6.9
12	2	503	160	31.8	113	22.5	33	6.6
13	1	408	150	36.8	93	22.8	25	6.1
13	2	184	54	29.4	36	20.0	13	7.1
14	1	64	23	35.9	20	31.3	3	4.7
14	2	539	183	34.0	111	20.6	37	6.9

問題 57											
4		5		6		7		8		その他	
20	5.9	17	5.0	13	3.9	10	3.0	6	1.8	65	19.3
16	6.1	13	4.9	13	4.9	4	1.5	6	2.3	41	15.5
6	9.1	5	7.6	4	6.1	2	3.0	3	4.6	10	15.2
9	5.3	3	1.8	8	4.7	6	3.5	2	1.2	21	12.4
5	3.3	6	3.9	9	5.9	2	1.3	2	1.3	19	12.4
9	9.8	2	2.2	1	1.1	2	2.2	-	-	18	19.6
7	10.0	8	11.4	3	4.3	1	1.4	1	1.4	19	27.1
-	-	6	12.2	1	2.0	1	2.0	4	8.2	18	36.7
2	5.0	1	2.5	-	-	2	5.0	1	2.5	6	15.0
8	6.2	8	6.2	3	2.3	3	2.3	2	1.5	18	13.8
2	5.7	4	11.4	2	5.7	-	-	-	-	2	5.7
11	6.0	5	2.8	10	5.5	2	0.6	3	1.7	40	22.0
6	18.8	-	-	3	9.4	1	3.1	1	3.1	8	25.0
1	1.9	6	11.5	-	-	-	-	1	1.9	16	30.8
6	5.3	5	4.4	5	4.4	6	5.3	3	2.7	13	11.5
18	7.6	15	6.3	14	5.9	3	1.3	9	3.8	61	25.6
18	5.0	15	4.2	12	3.3	11	3.1	3	0.8	45	12.5
4	4.7	1	1.2	5	5.9	3	3.5	1	1.2	6	7.1
32	6.3	29	5.7	19	3.7	11	2.2	11	2.2	99	19.4
25	5.8	18	4.2	21	4.9	12	2.8	6	1.4	60	14.0
11	6.8	12	7.4	3	1.8	2	1.2	6	3.7	44	27.0
20	6.2	14	4.4	18	2.5	8	2.5	6	1.9	48	15.0
5	4.8	4	3.9	3	2.9	4	3.9	-	-	11	10.6
14	5.7	9	3.6	12	4.8	8	3.2	3	1.2	32	12.9
22	6.4	21	6.1	12	3.5	6	1.7	9	2.6	73	21.1
13	6.3	9	4.3	11	5.3	7	3.4	3	1.4	25	12.0
1	2.4	-	-	1	2.4	1	2.4	-	-	7	16.7
15	6.6	9	3.9	10	4.4	7	3.1	5	2.2	28	12.2
21	5.8	21	5.8	14	3.9	7	1.9	7	1.9	77	21.2
7	7.1	3	3.0	5	5.1	2	2.0	-	-	13	13.0
29	5.9	27	5.5	19	3.8	12	2.4	12	2.4	92	18.6
3	3.0	4	4.0	5	5.0	4	4.0	-	-	13	12.9
33	6.6	26	5.2	21	4.2	10	2.0	13	2.6	94	18.7
22	5.4	22	5.4	16	3.9	12	2.9	6	1.5	62	15.2
14	7.6	7	3.8	8	4.4	2	1.1	6	3.3	44	23.9
2	3.1	3	4.7	1	1.6	4	6.3	-	-	8	12.5
34	6.3	27	5.0	25	4.6	10	1.9	13	2.4	99	18.4

番号	種類		問題 58					
			1		2		その他	
1	1	352	308	87.5	10	2.8	34	9.7
	2	273	253	92.7	4	1.5	16	5.9
2	1	74	65	87.8	2	2.7	7	9.5
	2	174	166	95.4	2	1.2	6	3.4
	3	156	136	87.2	3	1.9	17	10.9
	4	95	87	91.6	3	3.2	5	5.3
	5	76	69	90.8	2	2.6	5	6.6
	6	49	37	75.5	2	4.1	10	20.4
3	1	41	38	92.7	1	2.4	2	4.9
	2	132	121	91.7	3	2.3	8	6.1
	3	35	34	97.1	1	2.9	-	-
	4	189	163	86.2	5	2.7	21	11.1
	5	33	29	87.9	1	3.0	3	9.1
	6	57	50	87.7	1	1.8	6	10.5
	7	121	112	92.6	2	1.7	7	5.8
4	1	255	223	87.5	6	2.4	26	10.2
	2	366	334	91.3	8	2.2	24	6.6
5	1	87	79	90.8	-	-	8	9.2
	2	532	477	89.7	13	2.4	42	7.9
6	1	443	408	92.1	5	1.1	30	6.8
	2	174	146	83.9	8	4.6	20	11.5
7	1	334	305	91.3	3	0.9	26	7.8
	2	104	98	94.2	2	1.9	4	3.8
8	1	252	232	92.1	2	0.8	18	7.1
	2	366	323	88.3	11	3.0	32	8.7
9	1	211	194	91.9	2	1.0	15	7.1
	2	43	41	95.4	-	-	2	4.7
10	1	239	220	92.1	2	0.8	17	7.1
	2	378	334	88.4	11	2.9	33	8.7
11	1	101	92	91.1	-	-	9	8.9
	2	517	463	89.6	13	2.5	41	7.9
12	1	102	92	90.2	1	1.0	9	8.8
	2	526	472	89.7	13	2.5	41	7.8
13	1	422	380	90.1	5	1.2	37	8.8
	2	193	172	89.1	8	4.2	13	6.7
14	1	69	64	92.8	-	-	5	7.2
	2	557	498	89.4	14	2.5	45	8.1

番号	種類		1		2		3		4		5		6		7		8		その他	
																				問題 59
1	1	327	155	47.4	70	21.4	29	8.9	18	5.5	17	5.2	8	2.5	7	2.1	10	3.1	13	4.0
	2	252	128	50.8	57	22.6	16	6.4	12	4.8	10	4.0	6	2.4	7	2.8	3	1.2	13	5.2
2	1	62	28	45.2	14	22.6	2	3.2	2	3.2	7	11.3	1	1.6	3	4.8	-	-	5	8.1
	2	164	90	54.9	30	18.3	8	4.9	17	10.4	3	1.8	4	2.4	4	2.4	1	0.6	7	4.3
	3	145	63	43.5	36	24.8	16	11.0	8	5.5	4	2.8	7	4.8	4	2.8	1	0.7	6	4.1
	4	87	39	44.8	29	33.3	8	9.2	3	3.5	4	4.6	1	1.2	1	1.2	2	2.3	-	-
	5	73	39	53.4	11	15.1	8	11.0	-	-	2	2.7	-	-	2	2.7	7	9.6	4	5.5
	6	47	22	46.8	7	14.9	3	6.4	1	2.1	7	14.9	1	2.1	-	-	2	4.3	4	8.5
3	1	41	26	63.4	6	14.6	4	9.8	-	-	-	-	-	-	-	-	4	9.8	1	2.4
	2	124	57	46.0	28	22.6	15	12.1	7	5.7	3	2.4	4	3.2	4	3.2	-	-	6	4.8
	3	32	11	34.4	11	34.4	4	12.5	1	3.1	3	9.4	1	3.1	-	-	-	-	1	3.1
	4	177	82	46.3	45	25.4	11	6.2	8	4.5	7	4.0	5	2.8	6	3.4	5	2.8	8	4.5
	5	41	13	44.8	4	13.8	4	13.8	1	3.5	4	13.8	-	-	-	-	1	3.5	14	34.1
	6	124	31	56.4	8	14.6	3	5.5	1	1.8	3	5.5	2	3.6	1	1.8	3	5.5	72	58.1
	7	106	55	51.9	20	18.9	3	2.8	11	10.4	7	6.6	2	1.9	3	2.8	-	-	5	4.7
4	1	228	103	45.2	51	22.4	10	4.4	10	4.4	18	7.9	6	2.6	8	3.5	7	3.1	15	6.6
	2	347	178	51.3	75	21.6	33	9.5	21	6.1	9	2.6	8	2.3	6	1.7	6	1.7	11	3.2
5	1	83	54	65.1	12	14.5	5	6.0	6	7.2	2	2.4	1	1.2	-	-	-	-	3	3.6
	2	490	224	45.7	113	23.1	40	8.2	25	5.1	25	5.1	13	2.7	14	2.9	13	2.7	23	4.7
6	1	413	202	48.9	92	22.3	35	8.5	23	5.6	14	3.4	11	2.7	10	2.4	10	2.4	16	3.9
	2	158	74	46.8	33	20.9	10	6.3	8	5.1	13	8.2	3	1.9	4	2.5	3	1.9	10	6.3
7	1	311	153	49.2	69	22.2	24	7.7	17	5.5	11	3.5	11	3.5	6	1.9	8	2.6	12	3.9
	2	97	48	49.5	22	22.7	9	9.3	6	6.2	3	3.1	-	-	4	4.1	1	1.0	4	4.1
8	1	239	129	54.0	47	19.7	18	7.5	17	7.1	8	3.4	5	2.1	4	1.7	2	0.8	9	3.8
	2	333	148	44.4	78	23.2	27	8.1	14	4.2	19	5.7	9	2.7	10	3.0	11	3.3	17	5.1
9	1	199	108	54.3	37	18.6	14	7.0	14	7.0	7	3.5	6	3.0	4	2.0	2	1.0	7	3.5
	2	41	23	56.1	9	22.0	4	9.8	2	4.9	1	2.4	-	-	-	-	-	-	2	4.9
10	1	218	120	55.1	44	20.2	15	6.9	13	6.0	8	3.7	2	0.9	5	2.3	-	-	11	5.0
	2	353	158	44.8	80	22.7	29	8.2	18	5.1	19	5.4	12	3.4	9	2.6	13	3.7	15	4.2
11	1	91	49	53.9	18	19.8	8	8.8	5	5.5	4	4.4	1	1.1	2	2.2	-	-	4	4.4
	2	481	229	47.6	107	22.3	36	7.5	26	5.4	23	4.8	13	2.7	12	2.5	13	2.7	22	4.6
12	1	95	52	54.7	18	19.0	9	9.5	5	5.3	3	3.2	1	1.1	2	2.1	-	-	5	5.3
	2	487	231	47.4	109	22.4	36	7.4	27	5.5	25	5.1	13	2.7	12	2.5	13	2.7	21	4.3
13	1	393	204	51.9	78	19.9	28	7.1	23	5.9	14	3.6	12	3.1	8	2.0	9	2.3	17	4.3
	2	177	75	42.4	45	25.4	17	9.6	8	4.5	13	7.3	2	1.1	6	3.4	3	1.7	8	4.5
14	1	62	26	41.9	19	30.7	7	11.3	3	4.8	2	3.2	-	-	-	-	-	-	5	8.1
	2	518	255	49.2	108	20.9	38	7.3	29	5.6	26	5.0	14	2.7	14	2.7	14	2.7	21	4.1

番号	種類		問題 60											
			1		2		3		4		5		その他	
1	1	340	239	70.3	29	8.5	15	4.4	7	2.1	7	2.1	43	12.6
	2	263	193	73.4	16	6.1	14	5.3	7	2.7	6	2.3	27	10.3
2	1	64	34	53.1	4	6.3	6	9.4	2	3.1	3	4.7	15	23.4
	2	171	126	73.7	10	5.9	9	5.3	5	2.9	3	1.8	18	10.5
	3	151	114	75.5	13	8.6	6	4.0	3	2.0	2	1.3	13	8.6
	4	92	70	76.1	4	4.4	4	4.4	–	–	2	2.2	12	13.0
	5	74	51	68.9	7	9.5	3	4.1	2	2.7	2	2.7	9	12.2
	6	50	37	74.0	7	14.0	1	2.0	1	2.0	1	2.0	3	6.0
3	1	42	36	85.7	2	4.8	–	–	2	4.8	–	–	2	4.8
	2	130	103	79.2	11	8.5	4	3.1	1	0.8	2	1.5	9	6.9
	3	35	28	80.0	2	5.7	–	–	2	5.7	–	–	3	8.6
	4	185	122	66.0	17	9.2	11	6.0	4	2.2	3	1.6	28	15.1
	5	31	21	67.7	–	–	4	12.9	–	–	3	9.7	3	9.7
	6	52	38	73.1	5	9.6	2	3.9	1	1.9	–	–	6	11.5
	7	112	72	64.3	4	3.6	8	7.1	4	3.6	5	4.5	19	17.0
4	1	235	144	61.3	17	7.2	22	9.4	5	2.1	8	3.4	39	16.6
	2	364	285	78.3	28	7.7	7	1.9	9	2.5	5	1.4	30	8.2
5	1	84	75	89.3	2	2.4	–	–	3	3.6	1	1.2	3	3.6
	2	514	354	68.9	43	8.4	29	5.6	11	2.1	12	2.3	65	12.6
6	1	433	326	75.3	29	6.7	15	3.5	11	2.5	9	2.1	43	9.9
	2	163	101	62.0	16	9.8	14	8.6	3	1.8	4	2.5	25	15.3
7	1	323	238	73.7	20	6.2	13	1.6	6	1.9	7	2.2	39	12.1
	2	105	83	79.1	9	8.6	2	1.0	5	4.8	2	1.9	4	3.8
8	1	250	200	80.0	17	6.8	3	1.2	10	4.0	3	1.2	17	6.8
	2	347	229	66.0	27	7.8	26	2.9	4	1.2	10	2.9	51	14.7
9	1	208	165	79.3	16	7.7	3	1.4	7	3.4	3	1.4	14	6.7
	2	44	37	84.1	1	2.3	–	–	3	6.8	–	–	3	6.8
10	1	228	176	77.2	16	7.0	10	4.4	5	2.2	3	1.3	18	7.9
	2	368	251	68.2	29	7.9	19	5.2	9	2.5	10	2.7	50	13.6
11	1	97	78	80.4	8	8.3	1	1.0	5	5.2	–	–	5	5.2
	2	500	350	70.0	37	7.4	28	5.6	9	1.8	13	2.6	63	12.6
12	1	101	79	78.2	4	4.0	4	4.0	4	4.0	2	2.0	8	7.9
	2	505	355	70.3	41	8.1	28	5.2	10	2.0	11	2.2	62	12.3
13	1	411	311	75.7	29	7.1	14	3.4	9	2.2	4	1.0	44	10.7
	2	183	115	62.8	15	8.2	14	7.7	5	2.7	9	4.9	25	13.7
14	1	62	41	66.1	7	11.3	3	4.8	3	4.8	1	1.6	7	11.3
	2	542	392	72.3	38	7.0	27	5.0	11	2.0	12	2.2	62	11.4

番号	種類	問題 61	1		2		3		4		その他	
1	1	328	188	57.3	63	19.2	54	16.5	19	5.8	4	1.2
1	2	255	134	52.6	56	22.0	47	18.4	11	4.3	7	2.7
2	1	62	25	40.3	8	12.9	22	35.5	5	8.1	2	3.2
2	2	163	93	57.1	30	18.4	29	17.8	9	5.5	2	1.2
2	3	146	84	57.5	30	20.6	21	14.4	8	5.5	3	2.1
2	4	90	53	58.9	18	20.0	14	15.6	4	4.4	1	1.1
2	5	72	40	55.6	17	23.6	11	15.3	3	4.2	1	1.4
2	6	49	26	53.1	15	30.6	5	10.2	1	2.0	2	4.1
3	1	40	32	80.0	5	12.5	2	5.0	1	2.5	-	-
3	2	123	74	60.2	24	19.5	18	14.6	5	4.1	2	1.6
3	3	35	17	48.6	9	25.7	7	20.0	1	2.9	1	2.9
3	4	179	93	52.0	41	22.9	30	16.8	14	7.8	1	0.6
3	5	31	16	51.6	6	19.4	6	19.4	1	3.2	2	6.5
3	6	55	30	54.6	13	23.6	9	16.4	-	-	3	5.5
3	7	102	52	51.0	15	14.7	28	27.5	5	4.9	2	2.0
4	1	230	107	46.5	48	20.9	57	24.8	11	4.8	7	3.0
4	2	349	214	61.3	69	19.8	44	12.6	19	5.4	3	0.9
5	1	82	49	59.8	16	19.5	9	11.0	7	8.5	1	1.2
5	2	496	270	54.4	101	20.4	92	18.6	23	4.6	10	2.0
6	1	414	244	58.9	81	19.6	61	14.7	23	5.6	5	1.2
6	2	162	74	45.7	35	21.6	40	24.7	7	4.3	6	3.7
7	1	308	172	55.8	61	19.8	53	17.2	18	5.8	4	1.3
7	2	101	69	68.3	20	19.8	7	6.9	5	5.0	-	-
8	1	234	146	62.4	48	20.5	24	10.3	14	6.0	2	0.9
8	2	343	172	50.2	69	20.1	77	22.5	16	4.7	9	2.6
9	1	193	118	61.1	41	21.2	21	10.9	11	5.7	2	1.0
9	2	43	30	69.8	8	18.6	2	4.7	3	7.0	-	-
10	1	219	124	56.6	45	20.6	33	15.1	15	6.9	2	0.9
10	2	357	194	54.3	72	20.2	67	18.8	15	4.2	9	2.5
11	1	97	61	62.9	18	18.6	9	9.3	8	8.3	1	1.0
11	2	480	257	53.5	99	20.6	92	19.2	22	4.6	10	2.1
12	1	97	60	61.9	23	23.7	7	7.2	7	7.2	-	-
12	2	489	263	53.8	96	19.6	96	19.6	23	4.7	11	2.2
13	1	398	224	56.3	84	21.1	57	14.3	26	6.5	7	1.8
13	2	176	91	51.7	33	18.8	44	25.0	4	2.3	4	2.3
14	1	61	37	60.7	10	16.4	9	14.8	4	6.6	1	1.6
14	2	523	285	54.5	108	20.7	94	18.0	26	5.0	10	1.9

番号	種類	問題 62	1		2		その他	
1	1	351	332	94.6	7	2.0	12	3.4
1	2	274	253	92.3	10	3.7	11	4.0
2	1	75	69	92.0	3	4.0	3	4.0
2	2	175	164	93.7	6	3.4	5	2.9
2	3	154	142	92.7	4	2.6	8	5.2
2	4	94	90	95.7	2	2.1	2	2.1
2	5	76	75	98.7	-	-	1	1.3
2	6	50	45	90.0	2	4.0	3	6.0
3	1	42	42	100	-	-	-	-
3	2	130	124	95.4	2	1.5	4	3.1
3	3	36	32	88.9	-	-	4	11.1
3	4	190	177	93.2	6	3.2	7	3.7
3	5	32	31	96.9	1	3.1	-	-
3	6	56	50	89.3	4	7.1	2	3.6
3	7	121	113	93.4	4	3.3	4	3.3
4	1	253	233	92.1	9	3.6	11	4.3
4	2	368	350	95.1	8	2.2	10	2.7
5	1	87	86	98.9	1	1.2	-	-
5	2	532	493	92.7	16	3.0	23	4.3
6	1	443	426	96.2	7	1.6	10	2.3
6	2	174	151	86.8	10	5.8	13	7.5
7	1	332	320	96.4	5	1.5	7	2.1
7	2	106	101	95.3	2	1.9	3	2.8
8	1	252	242	96.0	6	2.4	4	1.6
8	2	366	336	91.8	11	3.0	19	5.2
9	1	210	201	95.7	5	2.4	4	1.9
9	2	44	42	95.5	1	2.3	1	2.3
10	1	238	223	93.7	7	2.9	8	3.4
10	2	379	354	93.4	10	2.6	15	4.0
11	1	101	96	95.1	3	3.0	2	2.0
11	2	517	482	93.2	14	2.7	21	4.1
12	1	103	96	93.2	4	3.9	3	2.9
12	2	525	492	93.7	13	2.5	20	3.8
13	1	426	397	93.2	13	3.1	16	3.8
13	2	189	178	94.2	4	2.1	7	3.7
14	1	69	65	94.2	3	4.4	1	1.4
14	2	557	521	93.5	14	2.5	22	3.9

問題 63

番号	種類		1		2	
1	1	354	340	96.1	14	4.0
1	2	277	272	98.2	5	1.8
2	1	78	78	100	-	-
2	2	176	171	97.2	5	2.8
2	3	156	153	98.1	3	1.9
2	4	95	88	92.6	7	7.4
2	5	75	72	96.0	3	4.0
2	6	50	49	98.0	1	2.0
3	1	41	38	92.7	3	7.3
3	2	131	130	99.2	1	0.8
3	3	36	35	97.2	1	2.8
3	4	192	182	94.8	10	5.2
3	5	32	31	96.9	1	3.1
3	6	56	56	100	-	-
3	7	126	124	98.4	2	1.6
4	1	258	248	96.1	10	3.9
4	2	369	360	97.6	9	2.4
5	1	88	87	98.9	1	1.1
5	2	537	519	96.7	18	3.4
6	1	447	433	96.9	14	3.1
6	2	176	171	97.2	5	2.8
7	1	337	327	97.0	10	3.0
7	2	106	102	96.2	4	3.8
8	1	253	245	96.8	8	3.2
8	2	371	360	97.0	11	3.0
9	1	211	205	97.2	6	2.8
9	2	44	42	95.5	2	4.6
10	1	243	237	97.5	6	2.5
10	2	380	367	96.6	13	3.4
11	1	104	101	97.1	3	2.9
11	2	520	504	96.9	16	3.1
12	1	103	100	97.1	3	2.9
12	2	531	515	97.0	16	3.0
13	1	428	414	96.7	14	3.3
13	2	193	188	97.4	5	2.6
14	1	69	66	95.7	3	4.4
14	2	563	547	97.2	16	2.8

問題 64

番号	種類		1		2		3		その他	
1	1	297	166	55.9	111	37.4	12	4.0	8	2.7
1	2	246	131	53.3	105	42.7	4	1.6	6	2.4
2	1	61	41	67.2	18	29.5	1	1.6	1	1.6
2	2	154	86	55.8	64	41.6	2	1.3	2	1.3
2	3	139	64	46.0	64	46.0	6	4.3	5	3.6
2	4	80	40	50.0	34	42.5	4	5.0	2	2.5
2	5	65	41	63.1	20	30.8	1	1.5	3	4.6
2	6	43	25	58.1	15	34.9	2	4.7	1	2.3
3	1	37	20	54.1	15	40.5	-	-	2	5.4
3	2	110	54	49.1	51	46.4	1	0.9	4	3.6
3	3	32	14	43.8	15	46.9	2	6.3	1	3.1
3	4	167	94	56.3	64	38.3	5	3.0	4	2.4
3	5	31	18	58.1	9	29.0	4	12.9	-	-
3	6	48	26	54.2	18	37.5	2	4.2	2	4.2
3	7	104	66	63.5	36	34.6	1	1.0	1	1.0
4	1	219	128	58.5	78	35.6	10	4.6	3	1.4
4	2	322	168	52.2	137	42.6	6	1.9	11	3.4
5	1	80	42	52.5	34	42.5	2	2.5	2	2.5
5	2	457	252	55.1	179	39.2	14	3.1	12	2.6
6	1	387	204	52.7	165	42.6	9	2.3	9	2.3
6	2	148	89	60.1	47	31.8	7	4.7	5	3.4
7	1	285	156	54.7	117	41.1	5	1.8	7	2.5
7	2	97	45	46.4	47	48.5	3	3.1	2	2.1
8	1	219	107	48.9	100	45.7	5	2.3	7	3.2
8	2	317	187	59.0	112	35.3	11	3.5	7	2.2
9	1	180	87	48.3	82	45.6	4	2.2	7	3.9
9	2	41	21	51.2	19	46.3	1	2.4	-	-
10	1	203	111	54.7	87	42.9	2	1.0	3	1.5
10	2	332	181	54.5	126	38.0	14	4.2	11	3.3
11	1	87	50	57.5	33	37.9	1	1.2	3	3.4
11	2	449	243	54.1	180	40.1	15	3.3	11	2.4
12	1	87	46	52.9	38	43.7	2	2.3	1	1.1
12	2	458	253	55.2	178	38.9	14	3.1	13	2.8
13	1	364	208	57.1	141	38.7	6	1.7	9	2.5
13	2	170	84	49.4	71	41.8	10	5.9	5	2.9
14	1	56	26	46.4	28	50.0	1	1.8	1	1.8
14	2	488	272	55.7	188	38.5	15	3.1	13	2.7

番号	種類	問題 65											
		1		2		3		4		5		その他	
1	1	325	141	43.4	76	23.4	46	14.2	17	5.2	5	1.5	40	12.3
	2	257	124	48.3	38	14.8	33	12.8	15	5.8	7	2.7	40	15.6
2	1	68	23	33.8	10	14.7	19	27.9	5	7.4	2	2.9	9	13.2
	2	167	89	53.3	19	11.4	18	10.8	8	4.8	4	2.4	29	17.4
	3	146	63	43.2	33	22.6	16	11.0	10	5.9	1	0.7	23	15.8
	4	89	38	42.7	24	27.0	12	13.5	2	2.3	4	4.5	9	10.1
	5	69	31	44.9	21	30.4	9	13.0	2	2.9	-	-	6	8.7
	6	42	20	47.6	8	19.1	5	11.9	4	9.5	1	2.4	4	9.5
3	1	40	24	60.0	5	12.5	3	7.5	4	10.0	1	2.5	3	7.5
	2	124	54	43.6	24	19.4	15	12.1	7	5.7	-	-	24	19.4
	3	33	17	51.5	4	12.1	3	9.1	3	9.1	1	3.0	5	15.2
	4	174	61	35.1	55	31.6	21	12.1	7	4.0	4	2.3	26	14.9
	5	30	14	46.7	4	13.3	7	13.3	2	6.7	1	3.3	2	6.7
	6	50	26	52.0	8	16.0	6	12.0	2	4.0	2	4.0	6	12.0
	7	113	56	49.6	5	23.8	23	20.4	7	6.2	3	2.7	19	16.8
4	1	230	92	40.0	60	26.1	42	18.3	8	3.5	5	2.2	23	10.0
	2	348	169	48.6	55	15.8	36	10.3	24	6.9	7	2.0	57	16.4
5	1	86	49	57.0	11	12.8	8	9.3	6	7.0	1	1.2	11	12.8
	2	490	210	42.9	103	21.0	71	14.5	26	5.3	1	2.2	69	14.1
6	1	416	199	47.8	73	17.6	50	12.0	23	5.5	9	2.2	62	14.9
	2	158	60	38.0	41	26.0	28	17.7	9	5.7	3	1.9	17	10.8
7	1	310	128	41.3	61	19.7	44	14.2	17	5.5	6	1.9	54	17.4
	2	101	66	65.4	12	11.9	6	5.9	6	5.9	3	3.0	8	7.9
8	1	237	125	52.7	33	13.9	23	9.7	14	5.9	3	1.3	39	16.5
	2	338	133	39.4	81	24.0	56	16.6	18	5.3	9	2.7	41	12.1
9	1	197	96	48.7	31	15.7	21	10.7	12	6.1	2	1.0	35	17.8
	2	42	30	71.4	3	7.1	2	4.8	2	4.8	1	2.4	4	9.5
10	1	224	120	53.6	24	10.7	37	16.5	12	5.4	5	2.2	26	11.6
	2	350	138	39.4	89	25.4	42	12.0	20	5.7	7	2.0	54	15.4
11	1	92	58	63.0	10	10.9	10	10.9	4	4.4	2	2.2	8	8.7
	2	483	200	41.4	104	21.5	69	14.3	28	5.8	10	2.1	72	14.9
12	1	97	46	47.2	16	16.5	12	12.4	5	5.2	2	2.1	16	16.5
	2	488	219	44.9	100	20.5	68	13.9	27	5.5	10	2.1	64	13.1
13	1	395	184	46.6	75	19.0	50	12.7	21	5.3	6	1.5	59	14.9
	2	178	73	41.0	39	21.9	29	16.3	11	5.2	6	3.4	20	11.2
14	1	60	25	41.7	5	8.3	11	18.3	7	11.7	1	1.7	11	18.3
	2	523	240	45.9	111	21.2	68	13.0	25	4.8	11	2.1	68	13.0

番号	種類	1		
1	1	338	269	79.6
	2	269	234	87.0
2	1	77	73	94.8
	2	174	159	91.4
	3	150	127	84.7
	4	90	69	76.7
	5	70	50	71.4
	6	45	26	57.8
3	1	38	26	68.4
	2	127	110	86.6
	3	35	33	94.3
	4	183	146	79.8
	5	31	22	70.1
	6	51	35	68.6
	7	124	118	95.2
4	1	245	195	79.6
	2	358	305	85.2
5	1	86	76	88.4
	2	515	423	82.1
6	1	430	365	84.9
	2	169	133	78.7
7	1	321	269	83.8
	2	105	92	87.6
8	1	243	210	86.4
	2	357	288	80.7
9	1	201	177	88.1
	2	44	36	81.8
10	1	234	208	88.9
	2	365	289	79.2
11	1	100	90	90.0
	2	500	408	81.6
12	1	100	82	82.0
	2	509	423	83.1
13	1	409	343	83.9
	2	188	154	81.9
14	1	68	54	79.4
	2	539	450	83.5

問題 66

2		3		その他	
30	8.9	32	9.5	7	2.1
20	7.4	12	4.5	3	1.1
3	3.9	1	1.3	-	-
9	5.2	3	1.7	3	1.7
11	7.3	8	5.3	4	2.7
12	13.3	8	8.9	1	1.1
6	8.6	13	18.6	1	1.4
8	17.8	10	22.2	1	2.2
4	10.5	7	18.4	1	2.6
6	4.7	9	7.1	2	1.6
1	2.9	-	-	1	2.9
18	9.8	14	7.7	5	2.7
5	16.1	4	12.9	-	-
9	17.7	7	13.7	-	-
5	4.0	-	-	1	0.8
29	11.8	18	7.4	3	1.2
21	5.9	25	7.0	7	2.0
6	7.0	4	4.7	-	-
43	8.4	40	7.8	9	1.7
32	7.4	27	6.3	6	1.4
17	10.1	16	9.5	3	1.8
23	7.2	24	7.5	5	1.6
9	8.6	3	2.9	1	1.0
15	6.2	13	5.4	5	2.1
34	9.5	31	8.7	4	1.1
8	4.0	12	6.0	4	2.0
5	11.4	2	4.6	1	2.3
13	5.6	12	5.1	1	0.4
36	9.9	32	8.8	8	2.2
5	5.0	5	5.0	-	-
44	8.8	39	7.8	9	1.8
11	11.0	6	6.0	1	1.0
39	7.7	38	7.5	9	1.8
34	8.3	27	6.6	5	1.2
14	7.5	17	9.0	3	1.6
8	11.8	5	7.4	1	1.5
41	7.6	39	7.2	9	1.7

問題 67

番号	種類	数	1		2		3		4		5		その他	
1	1	345	146	42.3	74	21.5	54	15.7	25	7.3	11	3.2	35	10.1
1	2	273	145	53.1	43	15.8	42	15.4	12	4.4	9	3.3	22	8.1
2	1	76	49	64.5	19	25.0	4	5.3	1	1.3	1	1.3	2	2.6
2	2	173	88	50.9	21	12.1	37	21.4	12	6.9	3	1.7	12	6.9
2	3	155	73	47.1	23	14.8	32	20.7	9	5.8	4	2.6	14	9.0
2	4	93	41	44.1	21	22.6	8	8.6	8	8.6	4	4.3	11	11.8
2	5	72	23	31.9	24	33.3	7	9.7	4	5.6	5	6.9	9	12.5
2	6	48	17	35.4	8	16.7	8	16.7	3	6.3	3	6.3	9	18.8
3	1	41	13	31.7	12	29.3	8	19.5	1	2.4	-	-	7	17.1
3	2	129	64	49.6	24	18.6	21	16.3	10	7.8	4	3.1	6	4.7
3	3	34	20	58.8	2	5.9	5	14.7	2	5.9	1	2.9	4	11.8
3	4	185	78	42.2	33	17.8	28	15.1	17	9.2	6	3.2	23	12.4
3	5	32	11	34.4	8	25.0	6	18.8	2	6.3	2	6.3	3	9.4
3	6	56	27	48.2	8	14.3	8	14.3	3	5.4	4	7.1	6	10.7
3	7	123	70	56.9	26	21.1	17	13.8	2	1.6	2	1.6	6	4.9
4	1	250	117	46.8	51	20.4	26	10.4	15	6.0	11	4.4	30	12.0
4	2	364	172	47.3	64	17.6	70	19.2	22	6.0	9	2.5	27	7.4
5	1	88	45	51.1	10	11.4	23	26.1	6	6.8	1	1.1	3	3.4
5	2	524	245	46.8	107	20.4	70	13.4	31	5.9	19	3.6	52	9.9
6	1	438	202	46.1	89	20.3	75	17.1	25	5.7	12	2.7	35	8.0
6	2	172	87	50.6	28	16.3	18	10.5	12	7.0	8	4.7	19	11.0
7	1	328	148	45.1	74	22.6	48	14.6	19	5.8	10	3.1	29	8.8
7	2	105	52	9.5	13	12.4	27	25.7	6	5.7	2	1.9	5	4.8
8	1	249	119	47.8	48	19.3	45	18.1	15	6.0	3	1.2	19	7.6
8	2	362	171	47.2	69	19.1	47	13.0	22	6.1	17	4.7	36	9.9
9	1	208	96	46.2	46	22.1	34	16.4	12	5.8	3	1.4	17	8.2
9	2	43	23	53.5	3	7.0	11	25.6	3	7.0	-	-	3	7.0
10	1	235	128	54.5	32	13.6	45	19.2	14	6.0	4	1.7	12	5.1
10	2	375	161	42.9	85	22.7	47	12.5	23	6.1	16	4.3	43	11.5
11	1	101	55	54.5	9	8.9	18	17.8	7	6.9	3	3.0	9	8.9
11	2	510	234	45.9	108	21.2	75	14.7	30	5.9	17	3.3	46	9.0
12	1	101	56	55.5	16	15.8	15	14.9	7	6.9	2	2.0	5	5.0
12	2	520	236	45.4	102	19.6	81	15.6	30	5.8	18	3.5	53	10.2
13	1	418	186	44.5	88	21.1	73	17.5	25	6.0	12	2.9	34	8.1
13	2	190	102	53.7	26	13.7	20	10.5	12	6.3	8	4.2	22	11.6
14	1	67	33	49.3	5	7.5	18	26.9	6	9.0	-	-	5	7.5
14	2	552	258	46.7	113	20.5	78	14.1	31	5.6	20	3.6	52	9.4

番号			問題 68								
種類			1		2		3		4		その他	
1	1	310	166	53.6	46	14.8	49	15.8	18	5.8	31	10.0
	2	254	138	54.3	54	21.3	36	14.2	4	1.6	22	8.7
2	1	64	27	42.2	9	14.1	14	21.9	1	1.6	13	20.3
	2	163	98	60.1	38	23.3	11	6.8	2	1.2	14	8.6
	3	146	89	61.0	25	17.1	18	12.3	5	3.4	9	6.2
	4	88	48	54.6	14	15.9	15	17.1	2	2.3	9	10.2
	5	63	26	41.3	9	14.3	11	17.5	11	17.5	6	9.5
	6	39	16	41.0	3	7.7	17	43.6	1	2.6	2	5.1
3	1	39	19	48.7	11	28.2	1	2.6	5	12.8	3	7.7
	2	119	72	60.5	21	17.7	13	10.9	4	3.4	9	7.6
	3	32	25	78.1	2	6.3	4	12.5	–	–	1	3.1
	4	172	99	57.6	20	11.6	31	18.0	7	4.1	15	8.7
	5	27	14	51.9	2	7.4	6	22.2	3	11.1	2	7.4
	6	49	23	46.9	7	14.3	13	26.5	2	4.1	4	8.2
	7	110	45	40.9	29	26.4	16	14.6	1	0.9	19	17.3
4	1	223	114	51.1	28	12.6	52	23.3	9	4.0	20	9.0
	2	337	189	56.1	70	20.8	32	9.5	13	3.9	33	9.8
5	1	84	41	48.8	28	33.3	6	7.1	1	1.2	8	9.5
	2	475	259	54.5	72	15.2	79	16.6	20	4.2	45	9.5
6	1	405	222	54.8	74	18.3	50	12.4	16	4.0	43	10.6
	2	152	77	50.7	25	16.5	35	23.0	5	3.3	10	6.6
7	1	297	164	55.2	41	13.8	42	14.1	13	4.4	37	12.5
	2	103	55	53.4	32	31.1	8	7.8	2	1.9	6	5.8
8	1	234	127	54.3	53	22.7	21	9.0	6	2.6	27	11.5
	2	324	172	53.1	47	14.5	64	19.8	15	4.6	26	8.0
9	1	194	101	52.1	43	22.2	20	10.3	5	2.6	25	12.9
	2	42	26	61.9	12	28.6	–	–	1	2.4	3	7.1
10	1	216	104	48.2	56	25.9	23	10.7	4	1.9	29	13.4
	2	341	195	57.2	43	12.6	62	18.2	17	5.0	24	7.0
11	1	95	49	51.6	29	30.5	8	8.4	–	–	9	9.5
	2	463	251	54.2	70	15.1	77	16.6	21	4.5	44	9.5
12	1	95	52	54.7	27	28.4	6	6.3	–	–	10	10.5
	2	472	253	53.0	73	15.7	80	17.0	22	4.7	44	9.3
13	1	380	201	52.9	78	20.5	49	12.9	13	3.4	39	10.3
	2	175	87	55.4	22	12.6	34	19.4	8	4.6	24	13.7
14	1	58	36	62.1	12	20.7	5	8.6	1	1.7	4	6.9
	2	507	268	52.9	88	17.4	81	16.0	20	3.9	50	9.9

番号	種類	問題69	1		2		3		その他	
1	1	315	136	43.2	111	35.2	64	20.3	4	1.3
	2	251	115	45.8	75	29.9	50	19.9	11	4.4
2	1	64	23	36.0	20	31.3	20	31.3	1	1.6
	2	164	78	47.6	37	22.6	41	25.0	8	4.9
	3	144	83	57.6	38	26.4	20	13.9	3	2.1
	4	84	31	36.9	39	46.4	12	14.3	2	2.4
	5	68	23	33.8	31	45.6	14	20.6	-	-
	6	41	13	31.7	20	48.8	7	17.1	1	2.4
3	1	39	18	46.2	15	38.5	5	12.8	1	2.6
	2	120	60	50.0	34	28.3	24	20.0	2	1.7
	3	34	21	61.8	7	20.6	6	17.7	-	-
	4	172	69	40.1	64	37.2	35	20.4	4	2.3
	5	28	7	25.0	12	42.9	8	28.6	1	3.6
	6	48	20	41.7	21	43.8	6	12.5	1	2.1
	7	107	50	46.7	29	27.1	25	23.4	3	2.8
4	1	224	69	30.8	104	46.4	47	21.0	4	1.8
	2	338	180	53.3	81	24.0	66	19.5	11	3.3
5	1	82	44	53.7	17	20.7	15	18.3	6	7.3
	2	479	205	42.8	167	34.9	99	20.7	8	1.7
6	1	406	198	48.8	119	29.3	79	19.5	10	2.5
	2	153	50	32.7	64	41.8	35	22.9	4	2.6
7	1	301	145	48.2	90	29.9	59	19.6	7	2.3
	2	100	52	52.0	27	27.0	18	18.0	3	3.0
8	1	231	117	50.7	58	25.1	49	21.2	7	3.0
	2	329	132	40.1	125	38.0	65	19.8	7	2.1
9	1	191	92	48.2	47	24.6	46	24.1	6	3.1
	2	42	27	64.3	11	26.2	3	7.1	1	2.4
10	1	216	115	53.2	47	21.8	49	22.7	5	2.3
	2	343	134	39.1	136	39.7	65	19.0	8	2.3
11	1	93	50	53.8	19	20.4	19	20.4	5	5.4
	2	467	199	42.6	164	35.1	95	20.3	9	1.9
12	1	97	52	53.6	28	28.9	13	13.4	4	4.1
	2	472	199	42.2	160	33.9	102	21.6	11	2.3
13	1	384	180	46.9	117	30.5	76	19.8	11	2.9
	2	173	66	38.2	66	38.2	38	22.0	3	1.7
14	1	58	27	46.6	14	24.1	15	25.9	2	3.4
	2	509	222	43.6	174	34.2	100	19.7	13	2.6

番号	種類	問題70	1		その他	
1	1	346	336	97.1	10	2.9
	2	277	268	96.8	9	3.2
2	1	75	74	98.7	1	1.3
	2	176	171	97.2	5	2.8
	3	154	150	97.4	4	2.6
	4	94	90	95.7	4	4.3
	5	74	73	98.7	1	1.4
	6	49	45	91.8	4	8.2
3	1	41	38	92.7	3	7.3
	2	130	128	98.5	2	1.5
	3	35	34	97.1	1	2.9
	4	189	183	96.8	6	3.2
	5	32	32	100	-	-
	6	56	52	92.9	4	7.1
	7	122	119	97.5	3	2.5
4	1	252	244	96.8	8	3.2
	2	367	356	97.0	11	3.0
5	1	87	86	98.9	1	1.1
	2	530	513	96.8	17	3.2
6	1	441	426	96.6	15	3.4
	2	174	171	98.3	3	1.7
7	1	331	319	96.4	12	3.6
	2	105	102	97.1	3	2.9
8	1	251	246	98.0	5	2.0
	2	365	352	96.4	13	3.6
9	1	209	205	98.1	4	1.9
	2	44	43	97.7	1	2.3
10	1	235	232	98.7	3	1.3
	2	380	365	96.1	15	3.9
11	1	102	100	98.0	2	2.0
	2	514	498	96.9	16	3.1
12	1	103	98	95.2	5	4.9
	2	523	509	97.3	14	2.7
13	1	422	413	97.9	9	2.1
	2	191	182	95.3	9	4.7
14	1	67	64	95.5	3	4.5
	2	557	541	97.1	16	2.9

番号			問題 71									
種類			1		2		3		4		その他	
1	1	321	130	40.5	109	34.0	58	18.1	14	4.4	10	3.1
	2	258	94	36.4	90	34.9	45	17.4	15	5.8	14	5.4
2	1	69	24	34.8	26	37.7	13	18.8	4	5.8	2	2.9
	2	169	82	48.5	54	32.0	18	10.7	11	6.5	4	2.4
	3	146	60	41.1	60	41.1	17	11.6	4	2.7	5	3.4
	4	86	28	32.6	32	37.2	19	22.1	3	3.5	4	4.7
	5	68	19	27.9	20	29.4	20	29.4	5	7.4	4	5.9
	6	40	11	27.5	7	17.5	16	40.0	1	2.5	5	12.5
3	1	37	13	35.1	4	10.8	12	32.4	2	5.4	6	16.2
	2	127	49	39.6	49	38.6	17	13.4	7	5.5	5	3.9
	3	32	14	43.8	12	37.5	5	15.6	1	3.1	–	–
	4	175	67	38.3	69	39.4	24	13.7	9	5.1	6	3.4
	5	29	8	27.6	10	34.5	11	37.3	–	–	–	–
	6	48	14	29.2	16	33.3	12	25.0	3	6.3	3	6.3
	7	115	51	44.4	37	32.2	17	14.8	6	5.2	4	3.5
4	1	232	72	31.0	91	39.2	50	21.6	11	4.7	8	3.4
	2	343	149	43.4	108	31.5	53	15.5	17	5.0	16	4.7
5	1	83	32	38.6	27	32.5	14	16.9	5	6.0	5	6.0
	2	491	190	38.7	171	34.8	89	18.1	24	4.9	17	3.5
6	1	412	170	41.3	136	33.0	69	16.8	21	5.1	16	3.9
	2	160	50	31.3	62	38.8	34	21.3	8	5.0	6	3.8
7	1	308	127	41.2	107	34.7	48	15.6	17	5.5	9	2.9
	2	99	41	41.4	28	28.3	19	19.2	4	4.0	7	7.1
8	1	234	102	43.6	73	31.2	37	15.8	12	5.1	10	4.3
	2	339	120	35.4	124	36.6	66	19.5	17	5.0	12	3.5
9	1	195	85	43.6	62	31.8	32	16.5	9	4.6	7	3.6
	2	41	18	43.9	11	26.8	6	14.6	3	7.3	3	7.3
10	1	215	94	43.7	68	31.6	33	15.4	11	5.1	9	4.2
	2	357	128	35.9	130	36.4	68	19.1	18	5.0	13	3.6
11	1	92	37	40.2	28	30.4	16	17.4	4	4.4	7	7.6
	2	481	185	38.5	170	35.3	86	17.9	25	5.2	15	3.1
12	1	95	32	33.7	33	34.7	18	19.0	7	7.4	5	5.3
	2	486	193	39.7	167	34.4	85	17.5	22	4.5	19	3.9
13	1	394	163	41.4	131	33.3	64	16.3	20	5.1	16	4.1
	2	176	58	33.0	66	37.5	37	21.0	9	5.1	6	3.4
14	1	62	28	45.2	20	32.3	6	9.7	3	4.8	5	8.1
	2	517	197	38.1	179	34.6	96	18.6	26	1.0	19	3.7

番号	種類		問題 72											
			1		2		3		4		5		その他	
1	1	326	169	51.8	83	25.5	14	4.3	7	2.2	11	3.4	42	12.9
	2	257	156	60.7	34	13.2	17	6.6	10	3.9	4	1.6	36	14.0
2	1	64	42	65.6	10	15.6	2	3.1	2	3.1	1	1.6	7	10.9
	2	163	100	61.3	27	16.6	8	4.9	3	1.8	7	4.3	18	11.0
	3	145	92	63.5	20	13.8	3	2.1	5	3.5	1	0.7	24	16.6
	4	93	49	52.7	18	19.4	9	9.7	2	2.2	2	2.2	13	14.0
	5	72	25	34.7	29	40.3	3	4.2	5	6.9	3	4.2	7	9.7
	6	46	16	34.8	14	30.4	6	13.0	–	–	1	2.2	9	19.6
3	1	39	15	38.5	11	28.2	2	5.1	1	2.6	3	7.7	7	17.9
	2	121	72	59.5	25	20.7	4	3.3	2	1.7	1	0.8	17	14.0
	3	33	25	75.8	5	15.2	1	3.0	–	–	1	3.0	1	3.0
	4	183	94	51.4	42	23.0	11	6.0	7	3.8	3	1.6	26	14.2
	5	30	16	53.3	7	23.3	2	6.7	–	–	–	–	5	16.7
	6	54	29	53.7	11	20.4	4	7.4	1	1.9	–	–	9	16.7
	7	108	68	63.0	14	13.0	5	4.6	4	3.7	6	5.6	11	10.2
4	1	235	113	48.1	48	20.4	20	8.5	13	5.5	4	1.7	37	15.7
	2	344	208	60.5	70	20.4	11	3.2	4	1.2	11	3.2	40	11.6
5	1	83	50	60.2	10	12.1	3	3.6	3	3.6	4	4.8	13	15.7
	2	494	272	55.1	107	21.7	26	5.3	14	2.8	11	2.2	64	13.0
6	1	416	242	58.2	80	19.2	16	3.9	11	2.6	12	2.9	55	13.2
	2	160	79	49.4	37	23.1	13	8.1	6	3.8	3	1.9	22	13.8
7	1	311	182	58.5	63	20.3	12	3.9	9	2.9	8	2.6	37	11.9
	2	100	56	56.0	16	16.0	4	4.0	2	2.0	4	4.0	18	18.0
8	1	236	136	57.6	41	17.4	8	3.4	4	1.7	9	3.8	38	16.1
	2	340	186	54.7	76	22.4	21	6.2	13	3.8	6	1.8	38	11.2
9	1	197	116	58.9	33	16.8	6	3.1	4	2.0	6	3.1	32	16.2
	2	41	23	56.1	7	17.1	1	2.4	–	–	3	7.3	7	17.1
10	1	222	135	60.8	35	15.8	7	3.2	4	1.8	7	3.2	34	15.3
	2	353	186	52.7	82	23.2	21	6.0	13	3.7	8	2.3	43	12.2
11	1	94	55	58.5	16	17.0	5	5.3	2	2.1	2	2.1	14	14.9
	2	482	266	55.2	101	21.0	24	5.0	15	3.1	13	2.7	63	13.1
12	1	99	56	56.6	18	18.2	2	2.0	2	2.0	4	4.0	17	17.2
	2	485	269	55.5	100	20.6	29	6.0	15	3.1	11	2.3	61	12.6
13	1	400	224	56.0	81	20.3	17	4.3	9	2.3	10	2.5	59	14.8
	2	174	96	55.2	34	19.5	12	6.9	8	4.6	5	2.9	19	10.9
14	1	61	32	52.5	10	16.4	3	4.9	1	1.6	4	6.6	11	18.0
	2	521	292	56.1	107	20.5	28	5.4	16	3.1	11	2.1	67	12.9

番号	種類		問題 73												
			1		2		3		4		5		6		その他	
1	1	326	164	50.3	57	17.5	25	7.7	10	3.1	14	4.3	17	5.2	39	12.0
	2	250	136	54.4	43	17.2	19	7.6	14	5.6	8	3.2	3	1.2	27	10.8
2	1	63	23	36.5	14	22.2	10	15.9	3	4.8	1	1.6	2	3.2	10	15.9
	2	165	101	61.2	21	12.7	8	4.9	6	3.6	10	6.1	3	1.8	16	9.7
	3	142	84	59.2	20	14.1	8	5.6	6	4.2	4	2.8	9	6.3	11	7.7
	4	90	43	47.8	22	24.4	5	5.6	5	5.6	2	2.2	4	4.4	9	10.0
	5	70	33	47.1	9	12.9	8	11.4	3	4.3	5	7.1	2	2.9	10	14.3
	6	45	16	35.6	14	31.1	5	11.1	1	2.2	–	–	–	–	9	20.0
3	1	40	32	80.0	5	12.5	–	–	–	–	2	5.0	–	–	1	2.5
	2	121	67	55.4	16	13.2	6	5.0	7	5.8	6	5.0	3	2.5	16	13.2
	3	33	20	60.6	4	12.1	1	3.0	1	6.1	2	6.1	2	6.1	3	9.1
	4	180	80	44.4	32	17.8	17	9.4	8	4.4	7	3.9	10	5.6	26	14.4
	5	28	11	39.3	7	25.0	3	10.7	1	3.6	–	–	2	7.1	4	14.3
	6	53	28	52.8	15	28.3	5	9.4	2	3.8	1	1.9	–	–	2	3.8
	7	106	50	47.2	20	18.9	11	10.4	3	2.8	5	4.7	3	2.8	14	13.2
4	1	226	82	36.3	57	25.2	32	14.2	10	4.4	6	2.7	9	4.0	30	13.3
	2	346	215	62.1	43	12.4	11	3.2	14	4.1	17	4.9	11	3.2	35	10.1
5	1	84	64	76.2	6	7.1	3	3.6	1	1.2	4	4.8	1	1.2	5	6.0
	2	486	213	47.5	93	19.1	41	8.4	23	4.7	19	3.9	19	3.9	60	12.3
6	1	416	236	56.7	57	13.7	26	6.3	22	5.3	21	5.1	17	4.1	37	8.9
	2	152	59	38.8	41	27.0	18	11.8	2	1.3	2	1.3	3	2.0	27	17.8
7	1	310	164	52.9	46	14.8	22	7.1	18	5.8	16	5.2	13	4.2	31	10.0
	2	102	69	67.7	10	9.8	4	3.9	4	3.9	5	4.9	4	3.9	6	5.9
8	1	237	146	61.6	30	12.7	12	5.1	11	4.6	12	5.1	10	4.2	16	6.8
	2	332	148	44.6	69	20.8	32	9.6	13	3.9	11	3.3	10	3.0	49	14.8
9	1	195	115	59.0	26	13.3	10	5.1	10	5.1	8	4.1	9	4.6	17	8.7
	2	44	31	70.5	5	11.4	–	–	1	2.3	4	9.1	2	4.6	1	2.3
10	1	219	134	61.2	22	10.1	14	6.4	7	3.2	15	6.9	8	3.7	19	8.7
	2	350	160	45.7	77	22.0	30	8.6	17	4.9	8	2.3	12	3.4	46	13.1
11	1	97	65	67.0	7	7.2	3	3.1	2	2.1	9	9.3	3	3.1	8	8.2
	2	473	230	48.6	92	19.5	41	8.7	22	4.7	14	3.0	17	3.6	57	12.1
12	1	95	59	62.1	9	9.5	2	2.1	4	4.2	7	7.4	6	6.3	8	8.4
	2	484	241	49.8	91	18.8	43	8.9	20	4.1	16	3.3	14	2.9	59	12.2
13	1	397	210	52.9	58	14.6	31	7.8	17	4.3	21	5.3	13	3.3	47	11.8
	2	170	82	48.2	40	23.5	13	7.7	7	4.1	2	1.2	7	4.1	19	11.2
14	1	64	31	48.4	6	9.4	3	4.7	3	4.7	6	9.4	6	9.4	9	14.1
	2	513	269	52.4	93	18.1	42	8.2	21	4.1	17	3.3	14	2.7	57	11.1

番号		計	問題 74		2		その他	
種類			1		2		その他	
1	1	334	256	76.7	52	15.6	26	7.8
	2	264	220	83.3	18	6.8	26	9.8
2	1	70	60	85.7	8	11.4	2	2.9
	2	171	150	87.7	7	4.1	14	8.2
	3	152	119	78.3	15	9.9	18	11.8
	4	87	59	67.8	19	21.8	9	10.3
	5	71	54	76.1	14	19.7	3	4.2
	6	46	32	69.6	8	17.4	6	13.0
3	1	39	32	82.1	5	12.8	2	5.1
	2	124	104	83.9	11	8.9	9	7.3
	3	34	27	79.4	3	8.8	4	11.8
	4	182	133	73.1	28	15.4	21	11.5
	5	31	23	74.2	6	19.4	2	6.5
	6	54	41	75.9	6	11.1	7	13.0
	7	116	100	86.2	10	8.6	6	5.2
4	1	239	186	77.8	38	15.9	15	6.3
	2	355	285	80.3	33	9.3	37	10.4
5	1	86	75	87.2	6	7.0	5	5.8
	2	506	395	78.1	64	12.7	47	9.3
6	1	429	354	82.5	37	8.6	38	8.9
	2	161	114	70.8	33	20.5	14	8.7
7	1	319	259	81.2	29	9.1	31	9.7
	2	105	90	85.7	8	7.6	7	6.7
8	1	243	200	82.3	22	9.1	21	8.6
	2	348	269	77.3	48	13.8	31	8.9
9	1	201	161	80.1	20	10.0	20	10.0
	2	44	40	90.9	2	4.6	2	4.5
10	1	227	185	81.5	23	10.1	19	8.4
	2	363	283	78.0	47	13.0	33	9.1
11	1	97	81	83.1	12	12.4	4	4.1
	2	494	388	78.5	58	11.7	48	9.7
12	1	98	76	77.6	10	10.2	12	12.2
	2	503	402	79.9	61	12.1	40	8.0
13	1	407	327	80.3	41	10.1	39	9.6
	2	181	140	77.4	28	15.5	13	7.2
14	1	65	51	78.5	6	9.2	8	12.3
	2	534	425	79.6	65	12.2	44	8.2

番号		計	問題 75		2		3		その他	
種類			1		2		3		その他	
1	1	325	183	56.3	63	19.4	70	21.5	9	2.8
	2	254	146	57.5	55	21.7	46	18.1	7	2.8
2	1	62	21	33.9	12	19.4	27	43.6	2	3.2
	2	166	100	60.2	41	24.7	22	13.3	3	1.8
	3	146	92	63.0	30	20.6	23	15.8	1	0.7
	4	86	53	61.6	17	19.8	15	17.4	1	1.2
	5	73	37	50.7	11	15.1	20	27.4	5	6.8
	6	45	25	55.6	7	15.6	9	20.0	4	8.9
3	1	38	23	60.5	8	21.1	7	18.4	-	-
	2	123	85	69.1	21	17.1	15	12.2	2	1.6
	3	36	24	66.7	8	22.2	3	8.3	1	2.8
	4	176	92	52.3	44	25.0	35	19.9	5	2.8
	5	30	15	50.0	2	6.7	11	36.7	2	6.7
	6	51	34	66.7	4	7.8	10	19.6	3	5.9
	7	108	51	47.2	22	20.4	32	29.6	3	2.8
4	1	225	101	44.9	45	20.0	70	31.1	9	4.0
	2	350	224	64.0	73	20.9	46	13.1	7	2.0
5	1	84	53	63.1	17	20.2	12	14.3	2	2.4
	2	490	272	55.5	101	20.6	103	21.0	14	2.9
6	1	417	245	58.8	89	21.3	73	17.5	10	2.4
	2	155	79	51.0	28	18.1	42	27.1	6	3.9
7	1	311	173	55.6	71	22.8	59	19.0	8	2.6
	2	101	69	68.2	17	16.8	13	12.9	2	2.0
8	1	237	142	59.9	52	21.9	40	16.9	3	1.3
	2	336	183	54.5	65	19.4	75	22.3	13	3.9
9	1	197	116	58.9	43	21.8	35	17.8	3	1.5
	2	42	29	69.1	10	23.8	3	7.1	-	-
10	1	222	129	58.1	50	22.5	39	17.6	4	1.8
	2	350	194	55.4	68	19.4	76	21.7	12	3.4
11	1	93	57	61.3	25	26.9	10	10.8	1	1.1
	2	480	267	55.6	93	19.4	105	21.9	15	3.1
12	1	99	71	71.7	16	16.2	11	11.1	1	1.0
	2	483	260	53.8	103	21.3	105	21.7	15	3.1
13	1	398	237	59.6	80	20.1	70	17.6	11	2.8
	2	172	87	50.6	37	21.5	44	25.6	4	2.3
14	1	61	40	65.5	15	24.6	5	8.2	1	1.6
	2	519	291	56.1	103	19.9	110	21.2	15	2.9

問題 76

番号	種類	計	1		2		その他	
1	1	350	219	62.6	109	31.1	22	6.3
1	2	275	142	51.6	125	45.5	8	2.9
2	1	78	39	50.0	31	39.7	8	10.3
2	2	174	90	51.7	80	46.0	4	2.3
2	3	154	87	56.5	60	39.0	7	4.5
2	4	94	58	61.7	28	29.8	8	8.5
2	5	75	52	69.3	20	26.7	3	4.0
2	6	49	33	67.4	16	32.7	-	-
3	1	41	22	53.7	18	43.9	1	2.4
3	2	130	83	63.9	44	33.9	3	2.3
3	3	36	21	58.3	15	41.7	-	-
3	4	189	109	57.7	66	34.9	14	7.4
3	5	31	22	71.0	7	22.6	2	6.5
3	6	55	40	72.7	14	25.5	1	1.8
3	7	125	53	42.4	63	50.4	9	7.2
4	1	255	166	63.5	76	29.8	13	5.1
4	2	366	195	53.3	158	43.2	13	3.6
5	1	88	32	36.4	52	59.1	4	4.5
5	2	531	326	61.4	179	33.7	26	4.9
6	1	442	241	54.5	182	41.2	19	4.3
6	2	175	117	66.9	47	26.9	11	6.3
7	1	331	190	57.4	126	38.1	15	4.5
7	2	106	46	43.4	56	52.8	4	3.8
8	1	251	117	46.6	126	50.2	8	3.2
8	2	367	240	65.4	105	28.6	22	6.0
9	1	209	100	47.9	104	49.8	5	2.4
9	2	44	16	36.4	25	56.8	3	6.8
10	1	239	110	46.0	118	49.4	11	4.6
10	2	378	247	65.3	112	29.6	19	5.0
11	1	100	40	40.0	55	55.0	5	5.0
11	2	518	317	61.2	176	34.0	25	4.8
12	1	103	46	44.7	50	48.5	7	6.8
12	2	525	315	60.0	186	35.4	24	4.6
13	1	425	230	54.1	175	41.2	20	4.7
13	2	190	125	65.8	55	29.0	10	5.3
14	1	68	41	60.3	25	36.8	2	2.9
14	2	558	318	57.0	211	37.8	29	5.2

問題 77

番号	種類	計	1		2		3		4		その他	
1	1	329	151	45.9	121	36.8	12	3.7	9	2.7	36	10.9
1	2	268	115	42.9	116	43.3	3	1.1	6	2.2	28	10.4
2	1	69	18	26.1	38	55.1	5	7.3	1	1.5	7	10.1
2	2	172	80	46.5	67	39.0	1	0.6	7	4.1	17	9.9
2	3	146	79	54.1	51	34.9	3	2.1	4	2.7	9	6.2
2	4	93	40	43.0	39	41.9	2	2.2	2	2.2	10	10.8
2	5	70	34	48.6	27	38.6	1	1.4	1	1.4	7	10.0
2	6	46	15	32.6	15	32.6	3	6.5	-	-	13	28.3
3	1	40	22	55.0	13	32.5	-	-	2	5.0	3	7.5
3	2	127	65	51.2	49	38.6	-	-	2	1.6	11	8.7
3	3	36	20	55.6	13	36.1	-	-	-	-	3	8.3
3	4	178	81	45.5	68	38.2	5	2.8	5	2.8	19	10.7
3	5	30	13	43.3	10	33.3	2	6.7	-	-	5	16.7
3	6	53	22	41.5	19	35.9	2	3.8	1	1.9	9	17.0
3	7	117	36	30.8	59	50.4	6	5.1	4	3.4	12	10.3
4	1	237	76	32.1	112	47.3	13	5.5	6	2.5	30	12.7
4	2	356	189	53.1	122	34.3	2	0.6	9	2.5	34	9.6
5	1	85	39	45.9	33	38.8	1	1.2	6	7.1	6	7.1
5	2	507	225	44.4	201	39.6	14	2.8	9	1.8	58	11.4
6	1	426	199	46.7	159	37.3	8	1.9	13	3.1	47	11.0
6	2	164	64	39.0	74	45.1	7	4.3	2	1.2	17	10.4
7	1	317	142	44.8	122	38.5	7	2.2	10	3.2	36	11.4
7	2	104	53	51.0	37	35.6	1	1.0	3	2.9	10	9.6
8	1	248	123	49.6	88	35.5	1	0.4	8	3.2	28	11.3
8	2	343	140	40.8	146	42.6	14	4.1	7	2.0	36	10.5
9	1	207	102	49.3	74	35.8	1	0.5	6	2.9	24	11.6
9	2	43	22	51.2	16	37.2	-	-	1	2.3	4	9.3
10	1	228	110	48.3	81	35.5	5	2.2	10	4.4	22	9.6
10	2	362	153	42.3	153	42.3	10	2.8	5	1.4	41	11.3
11	1	98	49	50.0	32	32.7	-	-	5	5.1	12	12.2
11	2	493	215	43.6	202	41.0	15	3.0	10	2.0	51	10.3
12	1	99	43	43.3	41	41.4	-	-	5	5.1	10	10.1
12	2	501	224	44.7	197	39.2	16	3.2	10	2.0	54	10.8
13	1	409	185	45.2	155	37.9	11	2.7	13	3.2	45	11.0
13	2	179	77	43.0	77	43.0	4	2.2	2	1.1	19	10.6
14	1	68	30	44.1	24	35.3	1	1.5	4	5.9	9	13.2
14	2	530	236	44.5	213	40.2	15	2.8	11	2.1	55	10.4

番号	種類		問題 78					
			1		2		その他	
1	1	309	159	51.8	133	43.3	17	5.5
	2	245	150	61.2	89	36.3	6	2.4
2	1	55	18	32.7	34	61.8	3	5.5
	2	161	102	63.4	55	34.2	4	2.5
	3	147	89	60.5	56	38.1	2	1.4
	4	82	43	52.4	36	43.9	3	3.7
	5	67	34	50.8	27	40.3	6	9.0
	6	39	21	53.9	15	38.5	3	7.7
3	1	38	26	68.4	10	26.3	2	5.3
	2	117	79	67.5	34	29.1	4	3.4
	3	34	23	67.7	9	26.5	2	5.9
	4	172	86	50.0	77	44.8	9	5.2
	5	29	16	55.2	13	44.3	–	–
	6	46	24	52.2	22	47.8	–	–
	7	100	45	45.0	52	52.0	3	3.0
4	1	210	83	39.5	115	54.8	12	5.7
	2	340	223	65.6	108	31.8	9	2.6
5	1	83	56	67.5	25	30.1	2	2.4
	2	464	250	53.9	195	42.0	19	4.1
6	1	394	239	60.7	141	35.8	14	3.6
	2	151	66	43.7	78	51.7	7	4.6
7	1	289	165	57.1	111	38.4	13	4.5
	2	100	69	69.0	30	30.0	1	1.0
8	1	228	148	64.9	72	31.6	8	3.5
	2	318	157	49.4	148	46.5	13	4.1
9	1	188	120	63.8	61	32.5	7	3.7
	2	42	28	66.7	13	31.0	1	2.4
10	1	213	132	62.0	73	34.3	8	3.8
	2	332	172	51.8	147	44.3	13	3.9
11	1	94	64	68.1	27	28.7	3	3.2
	2	452	241	53.3	193	42.7	18	4.0
12	1	93	62	66.7	26	28.0	5	5.4
	2	461	247	53.6	198	43.0	16	3.5
13	1	376	226	60.1	138	36.7	12	3.2
	2	167	76	45.5	83	49.7	8	4.8
14	1	58	42	72.4	14	24.1	2	3.4
	2	494	266	53.9	209	42.3	19	3.8

番号	種類		問題 79							
			1		2		3		その他	
1	1	327	257	78.6	46	14.1	15	4.6	9	2.8
	2	262	212	80.9	35	13.4	12	4.6	3	1.1
2	1	70	54	77.1	12	17.1	4	5.7	–	–
	2	168	146	86.9	16	9.5	3	1.8	3	1.8
	3	152	123	80.9	14	9.2	11	7.2	4	2.6
	4	86	69	80.2	12	14.0	4	4.7	1	1.2
	5	71	51	71.8	14	19.7	4	5.6	2	2.8
	6	41	25	61.0	13	31.7	1	2.4	2	4.9
3	1	37	27	73.0	3	8.1	5	13.5	2	5.4
	2	126	106	84.1	14	11.1	4	3.2	2	1.6
	3	34	27	79.4	7	20.6	–	–	–	–
	4	180	139	77.2	25	13.9	9	5.0	7	3.9
	5	30	23	76.7	6	20.0	1	3.3	–	–
	6	50	37	74.0	11	22.0	2	4.0	–	–
	7	116	96	82.8	14	12.1	6	5.2	–	–
4	1	235	171	72.8	49	20.9	10	4.3	5	2.1
	2	350	294	84.0	33	9.4	16	4.6	7	2.0
5	1	84	67	79.8	9	10.7	6	7.1	2	2.4
	2	499	397	79.6	71	14.2	21	4.2	10	2.0
6	1	420	345	82.1	45	10.7	22	5.2	8	1.9
	2	162	119	73.5	34	21.0	5	3.1	4	2.5
7	1	313	262	83.7	34	10.9	15	4.8	2	0.6
	2	102	78	76.5	11	10.8	7	6.9	6	5.9
8	1	236	195	82.6	21	8.9	13	5.5	7	3.0
	2	346	268	77.5	59	17.1	14	4.1	5	1.4
9	1	195	167	85.6	15	7.7	10	5.1	3	1.5
	2	43	31	72.1	5	11.6	3	7.0	4	9.3
10	1	224	186	83.0	21	9.4	12	5.4	5	2.2
	2	357	276	77.3	59	16.5	15	4.2	7	2.0
11	1	94	80	85.1	7	7.5	5	5.3	2	2.1
	2	488	383	78.5	73	15.0	22	4.5	10	2.0
12	1	97	75	77.3	12	12.4	8	8.3	2	2.1
	2	495	395	79.8	71	14.3	19	3.8	10	2.0
13	1	397	315	79.4	51	12.9	22	5.5	9	2.3
	2	182	145	79.7	29	15.9	5	2.8	3	1.6
14	1	63	50	79.4	6	9.5	3	4.8	4	6.3
	2	527	418	79.3	77	14.6	24	4.6	8	1.5

問題 80

番号	種類		1		その他	
1	1	350	342	97.7	8	2.3
1	2	274	268	97.8	6	2.2
2	1	77	75	97.4	2	2.6
2	2	175	172	98.3	3	1.7
2	3	153	149	97.4	4	2.6
2	4	95	95	100	-	-
2	5	73	71	97.3	2	2.7
2	6	50	47	94.0	3	6.0
3	1	41	40	97.6	1	2.4
3	2	130	128	98.5	2	1.5
3	3	36	36	100	-	-
3	4	188	183	97.3	5	2.7
3	5	32	32	100	-	-
3	6	55	54	98.2	1	1.8
3	7	124	120	96.8	4	3.2
4	1	252	246	97.6	6	2.4
4	2	368	360	97.8	8	2.2
5	1	88	88	100	-	-
5	2	530	516	97.4	14	2.6
6	1	443	437	98.7	6	1.4
6	2	173	165	95.4	8	4.6
7	1	332	327	98.5	5	1.5
7	2	106	105	99.1	1	0.9
8	1	252	248	98.4	4	1.6
8	2	365	355	97.3	10	2.7
9	1	210	206	98.1	4	1.9
9	2	44	44	100	-	-
10	1	240	234	97.5	6	2.5
10	2	376	368	97.9	8	2.1
11	1	102	101	99.0	1	1.0
11	2	515	502	97.5	13	2.5
12	1	103	102	99.0	1	1.0
12	2	524	511	97.5	13	2.5
13	1	424	417	98.4	7	1.7
13	2	190	183	96.3	7	3.7
14	1	69	68	98.6	1	1.4
14	2	556	543	97.7	13	2.3

問題 81

番号	種類		1		2		3		その他	
1	1	345	205	59.4	103	29.9	9	2.6	28	8.1
1	2	271	169	62.4	65	24.0	5	1.9	32	11.8
2	1	74	59	79.7	5	6.8	3	4.1	7	9.5
2	2	174	116	66.7	35	20.1	3	1.7	20	11.5
2	3	152	92	60.5	49	32.2	1	0.7	10	6.6
2	4	93	59	63.4	28	30.1	3	3.2	3	3.2
2	5	72	37	51.4	22	30.6	3	4.2	10	13.9
2	6	50	11	22.0	28	56.0	1	2.0	10	20.0
3	1	41	24	58.5	14	34.2	-	-	3	7.3
3	2	128	72	56.3	48	37.5	-	-	8	6.3
3	3	36	20	55.6	11	30.6	-	-	5	13.9
3	4	186	112	60.2	45	24.2	9	4.8	20	10.8
3	5	32	17	53.1	11	34.4	2	6.3	2	6.3
3	6	54	29	53.7	15	27.8	-	-	10	18.5
3	7	122	91	74.6	17	13.9	3	2.5	11	9.0
4	1	247	161	65.2	51	20.7	10	4.1	25	10.1
4	2	365	211	57.8	116	31.8	4	1.1	34	9.3
5	1	88	56	63.6	25	28.4	1	1.1	6	6.8
5	2	522	316	60.5	139	26.6	13	2.5	54	10.3
6	1	437	268	61.3	123	28.2	8	1.8	38	8.7
6	2	171	104	60.8	39	22.8	6	3.5	22	12.9
7	1	326	205	62.9	88	27.0	4	1.2	29	8.9
7	2	106	60	56.6	33	31.1	4	3.8	9	8.5
8	1	251	146	58.2	83	33.1	3	1.2	19	7.6
8	2	358	226	63.1	80	22.4	11	3.1	41	11.5
9	1	209	119	56.9	72	34.5	3	1.4	15	7.2
9	2	44	28	63.6	13	30.0	-	-	3	6.8
10	1	238	148	62.2	63	26.5	3	1.3	24	10.1
10	2	370	223	60.3	100	27.0	11	3.0	36	9.7
11	1	100	54	54.0	37	37.0	2	2.0	7	7.0
11	2	509	318	62.5	126	24.8	12	2.4	53	10.4
12	1	103	61	59.2	31	30.1	2	1.9	9	8.7
12	2	516	315	61.1	137	26.5	12	2.3	52	10.1
13	1	420	248	59.1	124	29.5	10	2.4	38	9.0
13	2	186	122	65.6	38	20.4	4	2.2	22	11.8
14	1	69	43	62.3	21	30.4	-	-	5	7.2
14	2	548	332	60.6	146	26.6	14	2.6	56	10.2

番号	種類	問題 82	1		2		3		その他		番号	種類	問題 83	1		2		3	
1	1	325	180	55.4	68	20.9	69	21.3	8	2.5	1	1	301	178	59.1	84	27.9	21	7.0
	2	257	160	62.3	51	19.8	41	16.0	5	1.9		2	248	172	69.4	46	18.6	13	5.2
2	1	64	38	59.4	12	18.8	14	21.9	–	–	2	1	59	36	61.0	16	27.1	22	3.4
	2	170	109	64.1	43	25.3	16	9.4	2	1.2		2	163	112	68.7	32	19.6	9	5.5
	3	146	79	54.1	37	25.3	25	17.1	5	3.4		3	138	86	62.3	30	21.7	13	9.4
	4	87	53	60.9	14	16.1	20	23.0	–	–		4	81	54	66.7	19	23.5	4	4.9
	5	71	38	53.9	9	12.7	20	28.2	4	5.6		5	68	39	57.4	18	26.5	5	7.4
	6	43	22	51.2	4	9.3	15	34.9	2	4.7		6	39	22	56.4	15	38.5	1	2.6
3	1	39	26	66.7	4	10.3	8	20.5	1	2.6	3	1	36	20	55.6	11	30.6	2	5.6
	2	118	72	61.0	25	21.2	20	17.0	1	0.8		2	120	75	62.5	26	21.7	11	9.2
	3	33	23	69.7	8	24.2	2	6.1	–	–		3	33	25	75.8	3	9.1	4	12.1
	4	183	93	50.8	43	23.5	41	22.4	6	3.3		4	166	93	56.0	52	31.3	8	4.8
	5	30	16	53.3	8	26.7	5	16.7	1	3.3		5	29	20	69.0	5	17.2	3	10.3
	6	51	30	58.8	6	11.8	14	27.5	1	2.0		6	47	31	66.0	12	25.5	1	2.1
	7	111	68	61.3	23	20.7	18	16.2	2	1.8		7	103	74	71.8	19	18.5	5	4.9
4	1	232	123	53.0	44	19.0	58	25.0	7	3.0	4	1	214	128	59.8	63	29.4	7	3.3
	2	347	214	61.7	75	21.6	52	15.0	6	1.7		2	331	218	65.9	68	20.5	26	7.9
5	1	84	57	67.9	15	17.9	11	13.1	1	1.2	5	1	80	57	71.3	10	12.5	7	8.8
	2	492	280	56.9	102	20.7	98	19.9	12	2.4		2	465	290	62.4	119	25.6	27	5.8
6	1	418	262	62.7	79	18.9	66	15.8	11	2.6	6	1	395	255	64.6	85	21.5	28	7.1
	2	156	73	46.8	38	24.4	43	27.6	2	1.3		2	148	90	60.8	44	29.7	6	4.1
7	1	310	192	62.0	59	19.0	51	16.5	8	2.6	7	1	290	187	64.5	62	21.4	18	6.2
	2	103	65	63.1	20	19.4	15	14.6	3	2.9		2	100	64	64.0	22	22.0	10	10.0
8	1	239	157	65.7	48	20.1	30	12.6	4	1.7	8	1	225	153	68.0	40	17.8	20	8.9
	2	336	180	53.6	69	20.5	78	23.2	9	2.7		2	319	193	60.1	89	27.9	14	4.4
9	1	199	131	65.8	39	19.6	25	12.6	4	2.0	9	1	185	128	69.2	29	15.7	18	9.7
	2	42	28	66.7	10	23.8	4	9.5	–	–		2	42	28	66.7	10	23.8	2	4.8
10	1	220	129	58.6	45	20.5	40	18.2	6	2.7	10	1	204	127	62.3	49	24.0	18	8.8
	2	354	206	58.2	72	20.3	69	19.5	7	2.0		2	339	220	64.9	78	23.0	16	4.7
11	1	95	62	65.3	19	20.0	13	13.7	1	1.1	11	1	86	58	67.4	18	20.9	4	4.7
	2	480	274	57.1	98	20.4	96	20.0	12	2.5		2	458	289	63.1	110	24.0	30	6.6
12	1	98	55	56.1	22	22.5	19	19.4	2	2.0	12	1	94	60	63.8	20	21.3	8	8.5
	2	487	287	58.9	97	19.9	92	18.9	11	2.3		2	458	291	63.5	112	24.5	26	5.7
13	1	399	236	59.2	81	20.3	73	18.3	9	2.3	13	1	374	243	65.0	82	21.9	25	6.7
	2	174	98	56.3	37	21.3	35	20.1	4	2.3		2	167	101	60.5	47	28.1	8	4.8
14	1	59	33	55.9	13	22.0	11	18.6	2	3.4	14	1	53	29	54.7	14	26.7	8	15.1
	2	524	307	58.6	106	20.2	100	19.1	11	2.1		2	497	320	64.4	118	23.7	26	5.2

4		その他	
10	3.3	8	2.7
4	1.6	13	5.2
2	3.4	3	5.1
3	1.8	7	4.3
3	2.2	6	4.3
4	4.9	–	–
2	2.9	4	5.9
–	–	1	2.6
–	–	3	8.3
2	1.7	6	5.0
–	–	1	3.0
10	6.0	3	1.8
–	–	1	3.4
–	–	3	6.4
1	1.0	4	3.9
8	3.7	8	3.7
6	1.8	13	3.9
2	2.5	4	5.0
12	2.6	17	3.7
12	3.0	15	3.8
2	1.4	6	4.1
11	3.8	12	4.1
1	1.0	2	2.0
5	2.2	7	3.1
9	2.8	14	4.4
5	2.7	5	2.7
–	–	2	4.8
3	1.5	7	3.4
11	3.2	14	4.1
1	1.2	5	5.8
13	2.8	16	3.5
2	2.1	4	4.3
12	2.6	17	3.7
11	2.9	13	3.5
3	1.8	8	4.8
1	1.9	–	–
13	2.6	20	4.0

番号	種類	問題 84					その他	
			1		2			
1	1	349	293	84.0	17	4.9	39	11.2
	2	275	250	90.9	11	4.0	14	5.1
2	1	76	59	77.6	9	1.8	8	10.5
	2	175	158	90.3	7	4.0	10	5.7
	3	155	141	91.0	6	3.9	8	5.2
	4	94	78	83.0	4	4.3	12	12.8
	5	73	64	87.7	1	1.4	8	11.0
	6	50	42	84.0	1	2.0	7	14.0
3	1	40	37	92.5	–	–	3	7.5
	2	131	120	91.6	4	3.1	7	5.3
	3	36	33	91.7	–	–	3	8.3
	4	189	158	83.6	11	5.8	20	10.6
	5	31	29	93.6	–	–	2	6.5
	6	56	46	82.1	2	3.6	8	14.3
	7	123	104	84.6	10	8.1	9	7.3
4	1	251	204	81.3	19	7.6	28	11.2
	2	369	335	90.8	9	2.4	25	6.8
5	1	88	85	96.6	2	2.3	1	1.1
	2	530	453	85.5	26	4.9	51	9.6
6	1	442	395	89.4	16	3.6	31	7.0
	2	174	141	81.0	12	6.9	21	12.1
7	1	331	292	88.2	15	4.5	24	7.3
	2	106	98	92.5	1	0.9	7	6.6
8	1	251	223	88.8	10	4.0	18	7.2
	2	366	314	85.8	18	4.9	34	9.3
9	1	209	183	87.6	10	4.8	16	7.7
	2	44	42	95.5	–	–	2	4.5
10	1	239	210	87.9	13	5.4	16	6.7
	2	377	326	86.5	15	4.0	36	9.5
11	1	101	93	92.1	1	1.0	7	6.9
	2	516	444	86.1	27	5.2	45	8.7
12	1	103	94	91.3	3	2.9	6	5.8
	2	524	452	86.3	25	4.8	47	9.0
13	1	426	371	87.1	18	4.2	37	8.7
	2	188	164	87.2	9	4.8	15	8.0
14	1	69	61	88.4	1	1.5	7	10.1
	2	556	484	87.1	27	4.9	45	8.1

▌趙南星

국제대학 일어일문학과 졸업
쓰쿠바(筑波)대학 지역연구연구과 졸업(국제학 석사)
쓰쿠바(筑波)대학 문예·언어연구과 박사과정 수료
도호쿠(東北)대학 (문학박사)
현재 : 한밭대학교 일본어과 교수
전자우편 : chons@hanbat.ac.kr

일본어의 오용 평가

韓国人日本語学習者の誤りについての評価の研究

2008년 7월 12일 초판 발행

지은이   조남성
펴낸이   김흥국
펴낸곳   도서출판 **보고사**
등 록   1990년 12월(제6-0429)
주 소   서울시 성북구 보문동 7가 11번지
편집부   922-5120~1, 영업부 922-2246, 팩스 922-6990
홈페이지 www.bogosabooks.co.kr
메일   kanapub3@chol.com

ⓒ 조남성, 2008
ISBN 978-89-8433-610-0 (93730)
정가 25,000원